한국전쟁의 기원
폭포의 굉음 1947~1950
2-II

한국전쟁의 기원

폭포의 굉음 1947~1950

2-II

브루스 커밍스 지음 김범 옮김

글항아리

차례

3부

1950년 6월의 서곡

12장

적절한 간격: 미군 철수, 38도선 일대의 전투, 유격대 진압

한국인은 미군 기동부대의 철수를 정말 두렵게 생각하고 있다―신경과민에 걸린 사람도 있다. 그들은 철수를 늦추려고 온갖 노력을 기울이고 있다. 미군 기동부대를 연루시켜 철수를 막으려는 목적으로 북한과 사건을 일으키려고 획책하는 부류까지 있다.

_존 무초

한국의 무력 분쟁은 1949년 여름과 1950년 여름 옹진과 개성에서 일어난 사건으로 시작됐다. 현장도, 등장인물도, 첫 충돌도 비슷했다. 그러나 한 사건은 전쟁을 불러왔고 다른 사건은 그렇지 않았다. 이 장에서는 대한민국이 미국의 방어 또는 미군이 한국군을 공동으로 통제한다는 보장을 받지 못한 전후戰後(제2차 세계대전 후) 역사의 1년인 1949년에 일어난 전투와 그것을 유발한 쟁점을 분석할 것이다.

미국과 한국의 우익에 대한 역사 서술과 우화에서 맥아더는 한국의 자유로운 공화국의 이익이 위협받을 때 방어한 영웅이며, 애치슨은 잘못된 판단에 따라 유럽에 집착하고 어리석게 한국에서 철수해 공산 세력에게 공격의 "청신호"를 준 혐오의 대상이다. 하지만 진실은 그 반대다. 한반도의 공산화를 무릅쓰고 미군 철수를 밀어붙인 사람은 이승만의 옹호자인 맥아더와 국방부 관료들이었으며, 미군 전투부대의 보호 없이 이승만 정권을 내버려두는 시점을 늦추려고 계속 노력한 것은 겁 많은 국무부였다. 그러나 철수 압력에 더 이상 저항할 수 없어지자 전투부대는 나갔다.

내전에서 억제 논리는 적국과 동맹국을 모두 억제하는 것이며, 그것은 동맹국의 군사력을 통제함으로써 가장 잘 이뤄진다. 그러나 마지막 미군 부대가 한국에서 철수했을 때 미국은 이승만 군대의 작전 지휘권을 보유하지 않았다. 이런 이유 때문에 애치슨은 면밀하지만 이전보다 예측하기 어려운 방어와 억제 계획을 고안해야 했으며, 13장에서 살펴보겠지만 그런 계획은 그의 프레스 클럽 연설에 반영됐다.

앞서 본 대로 워싱턴의 군부—주로 육군성을 뜻하는데—는 1947년 봄 트루먼 독트린을 입안하면서 미군 철수를 검토하기 시작했다. 국가안보회의 문서 8에서는 이런 관료들의 대립을 중재할 방안을 모색했다. 그것은 점진적으로 철수하면서 군사 및 경제 고문을 두고 원조를 제공해 간접이며 트루먼 독트린에 입각한 방식으로 한국에서 공산주의를 봉쇄하는 것이었다.

1947~1949년 철수의 주요 지지자는 로버트 패터슨, 윌리엄 드레이퍼, 케네스 로열, 로버트 러벳 같은 인물로 잠시 월가를 떠나 국방부에 재직하던 일본 우선주의자들이었다는 사실은 주목할 만하다. 그들은 비용이 많이 들고 비판도 많이 받는 점령에서 군대를 철수하려는 육군의 바람을 대변했지만, 철수를 강력히 지지한 데는 일본과 관련된 계획이 있던 것이 분명했다. 이를테면 미국의 제한된 인적·물적 자원을 가장 먼저 투입해야 할 곳은 남한이 아니라 일본이었으며, 일본은 재건된 뒤 한국에서 미국의 권한을 대신할 수 있었다. 앞서 본 대로 적어도 고위 관료 한 사람은 이런 구상을 명확히 밝혔다. 그는 '역진reverse course 계획'을 설계한 조지 케넌이다.

철수 계획과 관련된 발언은 1948년 3월, 그러니까 "한국에서 선거가 끝나는 대로 미군을 철수해야 한다는 주장"을 육군성이 국무부에 전달한 것이 "매우 중요하다"고 로열이 지적한 시점부터 다시 검토해야 한다. 로열이 4월에 열린 국가안보회의에서 신속한 철수를 다시 주장하자 로버트 러벳은 "철수하기 전 적당한 간격을 두어야 한다"고 맞섰는데,[1] 그 발언은, 강력히 추진하는 것처럼 보이지 않게 남한이 붕괴하게 내버려두자는 오언 래티모어의 권고가 매우 반역적 함의를 지니고 있다고 매카시가 생각한 것과 일치했다.

이후 군부는 이승만 정권의 수립 그리고 미군정의 종료와 함께 철수가 이뤄지기를 바랐다. 1948년 8월 드레이퍼는 극비 회의에서 북한군은 언론에서 퍼뜨리는 것처럼 12만5000명이 아니라 5만 명 정도며, 미국이 남한에 제공한 무기는 소련이 북한에 제공한 것보다 훨씬 우수하다고 무초에게 말했다. "균형은 이뤄졌다." 그러므로 미군은 철수할 수 있었다. 그러나 1948년 8월로 예정된 철수는 소련군이 철수하기로 한 12월로 미뤄졌다가 1949년 3월, 5월 그리고 마지막으로 6월로 계속 늦춰졌다. 그렇게 만든 기관은 모두 미 국무부였다. 처음에는 1948년 10월에 일어난 여순반란 때문이었고 그다음은 남한군의 능력 부족, 그다음은 북한에 대한 우려 때문이었다. 그 배후에는 모두 한국을 잃으면 미국의 위신에 크나큰 손상이 있을 것이라는 국무부의 지속적인 생각이 깔려 있었다.[2]

국무부의 견해는 서울에서 빈번한 압력을 받으면서 강화됐으며, 무초는 미군 전투부대를 이용해 직접 봉쇄하고 한국 공군과 해군의 능력을 향상시켜야 한다고 강력히 주장했다. 여순반란 사건을 겪으면서 무초는 "미군이 마침내 철수해도 한국군은 충실한 정부군으로 국내 질서를 유지할" 능력이 있는지 의문을 품게 됐다. 1949년 5월 그는 국내 치안을 좀더 낙관했지만 남한은 해군함선과 무기와 전투기가 추가로 배치되지 않으면 북한에 대항할 수 없을 것이라고 생각했다.[3] 무초는 미군 철수를 지연시킨 주요 인물 가운데 한 사람이었다.

육군성 장관 로열은 철수를 더 이상 늦추는 것에 계속 반대했다. 1949년 1월, 그는 3월 말까지 모든 부대가 철수해야 한다고 주장했다. 그러다가 "심리적 이유" 때문에 첫 국회의원 선거 1주년인 5월 10일까지 철수하지 말아야 한다는 맥아더의 의견에 양보했다. 몇 주 뒤 로열은 한국을 방문해 극비 회의에서 다음과 같은 이승만의 말을 들었다.

이승만은 군대를 증강하고 장비와 무기를 준비해 빠른 시간 안에 북진하고 싶다고 말했다. 그는 유엔이 남한을 승인함에 따라 남한이 한반도 전체로 영토를 확장하는 것이 합법화됐으나 기다려서는 아무것도 얻을 수 없다고 생각했다. (…) 물론 나는 미국이 전투부대를 한국에 배치하고 있는 동안 어떤 형태로든 북한을 침략하는 사태가 일어나서는 안 되며 대통령의 요구는 미국의 모든 전투부대가 철수하기를 요구하는 것과 마찬가지라고 말했다.

미국 고위 관료와 비밀회의에서 나온 이런 공격적인 협박은 "북벌"과 관련된 이승만의 공개적 엄포와는 매우 달랐으며, 로열을 불안하게 만들었다. 로열은 "우리가 5월 10일까지 기다릴 필요가 없다고 생각한다"는 발언으로 그 회의 관련 보고를 마쳤다. 무초는 곧장 미국이 가장 중요하게 생각한 약속을 이승만에서 받아냈다. "그는 극동에서 미국의 입장을 곤란하게 민들 수 있는 어떤 행동도 삼갈 것이며 (…) 현지의 미군을 휘말리게 만들 수 있는, 북한에 대한 어떤 공격적 행동도 일으키지 않을 것이다."[4]

철수는 다시 6월 말로 미뤄졌다. 5월에 무초와 국무부는 6월 계획도 미루도록 압력을 넣었고, 그 결과 육군성 장관 대리 고든 그레이는 국무부가 "미군 철수 완료일을 세 번 미룬 것은 사기·예산·수송에 심각한 문제를 야기했다"고 루이스 존슨에게 말했다.[5]

군부는 북한의 위협을 거의 모르고 있었다. 1949년 초반 합동참모본부와 CIA는 미군 철수에 이어 침략이 일어날 가능성이 높다고 단언했다. 로열은 그런 견해를 기꺼이 받아들이려고 했다. 도쿄에 있는 맥아더 사령부의 G-2는 "소련이 수송 지원과 조언 외에 군사 작전에서 적극적인 역할을 담당하지 않아도" 북한의 공격을 받으면 "남한은 정복될 것"이라고 판단했다. 맥아더의 참모는 미 해군과 공군은 "일본이 계속 미국에 협력하도록 만들 수 있는 유일하고 견고한 장기적 기반"이라고 지적하면서, "일본은 자국이 소련에 지배될 가능성에도 대비해야 한다"는 주장까지 제기했다.[6] 이것은 지상군을 배치하지 않고도 오키나와에 주둔한 해군과 공군으로 일본을 방어할 수 있다는 맥아더의 신념과 일치했다(맥아더는 한국전쟁 직전 이런 생각을 바꿨다). 그러나 1949년 시점에서 맥아더는 남한이 공격받더라도 그것을 수복하는 데 미 해군과 공군을 투입하지는 않으려고 생각했다.

1949년 5월 9일 애치슨은 정면으로 돌파하기로 결심하고 무초가 요구한 해군함선이 도착할 때까지 철수를 더 이상 연기할 수는 없다고 말했다. 그는 미국의 지원과 조언을 받아 남한이 스스로 방어할 수 있다는 것을 조건으로 철수에 찬성했던 무초에게 그 생각은 바뀌지 않았는지 물었다. 생각이 바뀌었다면 "철수 문제 전체"를 다시 검토해야 했다. 함선은 필요하지만 정책을 다시 검토해야 할 필요는 없다고 무초는 회답했다.[7] 그 결과 마침내 철수가 결정됐다.

6월 29일 마지막 미군 전투부대(1500명 규모)가 인천항을 떠났으며 다음 날 자정 주한 미군은 공식적으로 해산했다. 남은 것은 장교와 병사 500명으로 이뤄진 주한 미군 군사고문단과 김포공항을 운영하는 미국 공군 요원 150명이었다.[8] 주한 미군이 해산되면서 표면적으로 미국은 한국군과 경찰의 작전 지휘권을 잃었지만 주한 미군 군사고문단과 한국군 장교 사이의 긴밀한 협조는 한국전쟁 때까지 지속됐으며, 미국은 15개의 정보기관과 위원회를 유지하면서 한국을 계속 주시했다. 육군성도 침략에 대비해 철수와 동시에 북한에 대한 비밀전 계획을 추진했는데 반격 정책을 떠올리게 하는 것이었다. 육군성은 "북한에서 활동하는 한국인 지하 특수부대"를 만들어 미국이 "반혁명 활동을 전개하는 데 주도권"을 갖게 하고 "북한의 침공"을 방어하라고 권고했다.[9] 그동안 워싱턴에서는 국가안보회의 문서 48에 최종적으로 모아질 논의가 형성됐고 미국의 아시아 정책 논리가 급변하기 시작했다.

이승만은 공개적으로 미군 철수를 부정하거나 관심이 없다는 태도를 보이기도 했지만 철수를 강력히 반대했다. 1949년 여름 그는 외교와 군사의 이원전략을 전개해 미국이 자신의 정권을 지켜주도록 만들려고 했다. 외교적 노력은 한국·타이완·필리핀 그리고 참가할 수 있는 모든 나라를 아울러 나토NATO와 비슷한 반공 국가의 "태평양 협정"을 만드는 것이었다. 이승만과 그에게 협력한 학자들은 태평양 협정의 필요성을 호소하는 수많은 글과 연설문을 작성했다. 1949년 4월 그는 유엔 한국위원회 필리핀 대표에게 그 가능성을 전달했으며 5월에는 미군이 철수한 뒤 일본과 한국을 포함하는 태평양 지역의 방위 협정에 따라 한국을 미국의 "제1방어선" 안에 둘 것을 요구하는 내용의 보도문을 발표해 무초에게 "충격을 줬다". 이승만은 1949년 8월 장제스와 회담하면서 그 협정에 대해 장제스의 찬성을 얻었다. 그들은 필리핀 대통령 엘피디오 퀴리노Elpidio Quirino에게 참가할 것을 촉구했다.[10]

태평양 협정은 그리 진전되지 않았지만 미국이 지원하지 않은 것은 아니었다. 미국이 이승만과 장제스에게 공식적 방위 보장을 확대하려고 하지 않은 것은 사실이지만 동아시아 국가들이 스스로 추진한 방위 협정을 호의적으로 봤다.[11] 걸림돌은 이승만과 장제스, 퀴리노 모두 서로 다른 공산주의 문제를 안고 있다는 것이었다. 이승만에게는 문제가 분단국 가운데 더 넓은 쪽이었고, 장제스에게는 본토에서 떨어진 섬이었으며, 퀴리노에게는 후크단圍●이었다. 그들은 모두 미국이 불 속에서 자신의 밤을 꺼내주기를 바랐고, 자국을 제외한 두 나라가 미국에게 인적·물적 자원을 요구하는 것을 위협으로 봤다. 그들은 공산주의에 저항할 수 있는 서로의 능력을 의심했다. 그것은 이득도 손실도 없는 시합이었고 그 결과 협정은 이뤄지지 않았다.

자신의 한국 문제를 지닌 채 혼자 남게 된 이승만이 선호한 전략은 전쟁을 도발하거나 38도선 일대에서 대규모 전투를 일으켜 한국에 군대를 계속 주둔시켜야 할 필요성을 미국에게 확신시키는 것이었다. 이승만 정권의 상태를 "공포심을 감추려는 허세"(호주) "집단적 과잉 반응"(CIA) "공황 상태에 가까운 위기"(무초) "정신착란의 절정"(북한)이라고 지적하는 몇 개의 자료가 있다.[12] 이승만의 군대는 자신들이 북한에 맞서 방어선을 유지할 수 없다는 것을 알았다. 1949년 6월의 공황 상태는 1950년 6월의 붕괴를 미리 보여주는 것이었다. 그러나 적어도 이승만은 공황 상태의 겉모습을 위장해 미국을 계속 주둔시키는 미끼를 놓으려고 했다. 좀더 중요한 사실은 그가 38도선 일대에서 충돌을 일으키라고 군 지휘관들에게 지시했다는 것이다.

38도선 일대에서 벌어진 전투와 관련된 사항은 이 장 뒷부분에서 살펴볼 것이다. 그저 지금은 1949년 여름 이승만의 행동에 대한 무초의 분석을 인용하려고 한다. 5~6월까지 무초는 이렇게 말했다. "한국인은 미군 기동부대의 철수를 정말 두렵게 생각하고 있다―신경과민에 걸린 사람도 있다. 그들은 철수를 늦추려고 온갖 노력을 기울이고 있다. 미군 기동부대를 연루시켜 철수를 막으려는 목적으로 북한과 사건을 일으키려고 획책하는 부류까지 있다."[13]

● Huk guerrillas. 제2차 세계대전 때 결성된 필리핀의 항일 게릴라 조직으로 1969년 공산당의 신인민군NPA으로 재건됐다.

사실 이것은 상황을 약간 부드럽게 표현한 것이다. 1949년 여름 옹진과 개성에서 일어난 전투는 대부분 한국군이 일으킨 것이었다. 그러나 1949년 여름 시점에 북한은 전쟁을 벌일 준비가 되지 않았다. 그들은 이르면 1947년 여름 무렵 이승만 정권이 미군을 잔류시키기 위해 소요를 일으킬 수도 있다는 것을 인식했으며 1949년에는 미군 철수를 실현시키기 위해 공격과 반격을 자제했다고 생각된다.[14] 그 결과 미군은 철수했고 지난 40년 중에서 오직 1년 동안 한국은 겉으로 보기에 미군 전투부대의 보호를 받지 못하거나 미국이 작전 통제권을 갖지 못한 상황에 놓이게 됐다.

"겉으로 보기에"라고 말한 까닭은 북한의 공격이 일어날 경우 미군이 남한을 방어하기로 한 극비 계획이 한국전쟁 1년 전 준비됐다고 생각되기 때문이다. 웰링턴 구는 매우 중요한 극비 정보를 가져온 여러 특사를 두었는데, 거기에는 존슨 국방장관 집무실 관계자도 있었다. 1949년 6월 29일 로스 정 대위라는 수수께끼 같은 정보 관련 핵심 인물이 대사관의 웰링턴 구를 방문해 "북한이 지금 남한을 침략하고 있으며" 미군 부대는 한국을 떠났지만 "일본 정도" 갔을 뿐이라고 말했다. 미래의 어느 시점에 북한이 더 남하하면 "남한 국민에 대한 미국의 책무는 아직 유효하므로 미군 부대는 남한을 지키기 위해 다시 한국으로 이동할 것이다". 로스 정은 또 다른 세계대전이 일어난다면 "그것은 극동에서 시작될 것이며 한국은 그 무대가 될 것이라고 확신"했다. 로스 정은 극동으로 가서 장제스와 면담을 하게 해달라고 부탁했으며 웰링턴 구에게 "자신이 소속된 부서는 동북아시아와 태평양의 미국 방어 체제 전체에서 만주의 전략적 중요성을 충분히 알고 있다"고 말했다. 웰링턴 구는 극비 통신망으로 이 정보를 타이베이로 타전했다.

로스 정에게는 훌륭한 정보망이 있었다. 1949년 2월 8일 그는 하루 전에 열린 국가안보회의에서 결정된 사항을 중화민국 대사관에 통지했다. 1949년 6월에는 일본이 만주에서 추진한 대량 학살 세균전 계획을 지휘한 이시이 시로石井四郎에 대한 미국의 비호를 알았으며, 그런 세균전의 효과와 거기에 대해 소련이 알고 있는 사항에 관심을 나타냈다. 로스 정은 1950년 11월 원자폭탄을 사용하려는 미국의 작전 계획도 웰링턴 구에게 말해줬는데, 그것은 가장 높은 수준의 비밀 정보였다. 웰링턴 구의 일기에는 로스 정이 애치슨과 접촉했음을 보여주는 수수께끼 같은 내용도 있다. 1949년 6월 28일자 일기에는 "[로스 정은] 내 도움에 감사했지만, 그의 아내가 도쿄로 갈 수 있는 방법을 찾아준 것은 애치슨이다"라고 씌어 있다. 이것은 애치슨이 로스 정의 외국 방문을 알고 있었음을 보여준다—그 방문은 1949년 6월 마지막 주에 있었는데, 마지막 미군 전투부대가 한국을 떠나 돌아오는 바로 그 시점이었으며, 옹진에서 전투가 일어난 직후 유엔 한국위원회가 현지를 조사하기 위해 옹진으로 떠난 때였다(아래 참조). 정보로 판단하건대 로스 정은 도쿄와 타이베이에 들른 것으로 보인다.

로스 정은 국무부 정보기관에서 근무하고 있었다고 웰링턴 구는 말했다. 로스 정의 신원을 확실히 밝히지는 못했지만 그는 윙 푹 정Wing Fook Jung이라는 중국 이름을 지녔으며 1950년 시점에 육군 중위 정도였던 인물로 생각된다. 한국전쟁이 일어난 시점의 G-2 사무 서류에는 배포 명단에 "정 중위, G-2"라는 인물이 기재돼 있다.[15]

봉쇄선 위의 한국

미군 전투부대는 철수했지만 그래도 남한에 주재한 경제협력국과 군사고문단의 규모는 다른 어느 나라보다 컸다. 주한 미군 군사고문단에는 500명 이상의 장교와 직원이 있었는데 주그리스 군사고문단의 378명과 비교된다. 군사고문단은 미군 전투부대를 주둔시키는 대신 미국의 관심의 표시로 군사고문을 배치한다는 트루먼 독트린의 봉쇄 정책의 일부였다는 것은 거듭 강조할 필요가 있다.[16]

애치슨과 트루먼은 자주 한국을 그리스·튀르키예와 같은 범주에 놓았지만 늘 타이완과 관련해서는 그러기를 거부했다. 다음과 같은 이유로 애치슨은 "주타이완 미국 군사고문단"을 파견하는 데 반대했다. "그것은 미국이 그 섬의 군사적 방어를 보장할 것이라는 의도로 널리 해석될 것이다. 그런 고문단을 보냈어도 그 섬의 방어가 무너진다면 미국의 위신은 아주 크게 손상될 것이다."[17] 애치슨의 말을 보충하면 다음과 같다. '그러므로 주한 미군 군사고문단은 미국이 한국의 군사적 방어를 보장할 것이라는 의도로 널리 해석될 것이다. 그런 고문단을 보냈어도 한국의 방어가 무너진다면 미국의 위신은 아주 크게 손상될 것이다.' 애치슨은 이런 생각을 명시하지는 않았지만 이것이 그의 한국정책이었다.

또한 애치슨은 이런 정책에 반덴버그 상원의원의 이해를 얻었다. 1949년 6월 몇 차례 열린 공청회에서 반덴버그는 "저 멀리 있는 사람들이 우리가 자신들을 도울 것이라고 생각하는 것은 매우 이상한 일"이라고 적절히 언급했다. 그러나 계속해서 그는 한국은 "아시아에서 공산주의의 위협을 봉쇄하기 위해 (…) 미국 정부의 건설적 관심이 남아 있는 유일한 상징"이라고 덧붙였다. 한국은 "유엔의 후원 아래" 건국됐으며 "외부의 침략으로 간주될 수 있는 어떤 잠식도 유엔 전체에 대한 근본적 도전일 뿐이며, 그런 책임을 가볍게 약속했다고는 생각하지 않는다"고 그는 말했다.[18]

남한이 세계 규모로 추진된 봉쇄의 일부였다는 가설은 처음으로 한반도에 분단선을 그은 인물인 딘 러스크의 생각에서도 뚜렷이 나타났다. 1949년 10월 러스크는 이렇게 말했다. "우리가 우호적으로 보지 않는 나라들이라도 외부의 공격적 압력에 맞서 지원해야 한다. 우리는 그들을 국가로 유지시켜야 한다. 우리는 그리스·한국·유고슬라비아에서 그렇게 해왔다"(강조는 인용자). 거의 같은 때 CIA는 다음과 같이 말했다. "한국은 자신의 존속을 미국의 경제적·군사적 원조에 전면적으로 의존하고 있다. [원조] 감축의 가혹한 심리적 효과는 공산주의 지배로 직결될 것이다"(기밀 해제 과정에서 검열로 한 문단 삭제됨).[19] 트루먼 행정부는 이 기간 동안 정부·군부 고위 인사가 방한하고 제7함대가 기항함으로써 남한을 지지했는데, 타이완에는 허용하지 않았던 사항들이다. 북한은 미국 공군 러셀 E. 랜들 장군 같은 친장제스 인물의 "비공식" 방문을 포함해 이런 모든 행동을 주의 깊게 추적했다.[20]

제한전과 전면전

지금까지 쓰인 연구 문헌들은 전쟁 이전 한국에서 미국이 행사한 억제력의 본질을 파악하는 데 혼란을 겪고 있는데, 제한전과 세계전의 상황을 구별하지 못했고 한국전쟁의 기원이 내전에 있다는 것을 이해하지 못한 결과, 내전이라는 상황에서 행사한 억제력의 구체적 본질을 파악하지 못했기 때문이다. 나는 내전 상황에서 행사한 억제력이라는 특징을 거듭 강조해왔는데, 1949년 10월 군사 원조 물자 수송과 관련해 보낸 전문電文에서 그 논리를 살펴볼 수 있다. 장비는 "한국의 치안 부대가 북한을 공격하도록 유도할 만큼 충분히 비축되지 않았다. 정당한 이유 없이 남한이 공격받고 미국 정책에서 전면적 원조의 필요성이 지적된다면, 군사 원조 계획 자금을 고려하지 않고 미 제8군이 비축하고 있는 분량에서 제공하도록 승인될 가능성이 있다."[21] 다시 말해 적과 자기 편 모두 봉쇄하고 싶었던 것이다.

전면전이 일어난다면 한국에 있던 미군 부대가 곤란한 존재가 되리라는 것은 누구라도 알았을 것이다. 1948년 12월 맥아더는 "남한 방어에 [내가] 최종 책임을 지니고 있다는 생각은 (⋯) 주한 미군을 신속히 철수한다는 극동군 사령부의 긴급사태 계획 규정과 모순되지 않는다"고 밝혔다.[22] 그러나 이것은 특별히 주목할 만한 발언은 아니다. 동일한 계획이 일본에도 적용됐다. 1940년대 후반부터 카터 행정부까지 긴급전 계획에는 "스윙전략swing strategy"●이 필요하다고 생각됐다. 이것은 세계 규모의 전쟁이 일어날 경우 미군을 일본에서 철수해 유럽을 방어하도록 이동하는 것이었다. 소련은 다른 지역으로 확장해 극동에서는 세력이 약화될 것이며, 일본은 공군과 해군력으로 방어할 수 있다는 것이 그 논리였다고 생각된다.[23]

그 전략은 제3차 세계대전에 미치지 못하는 분쟁에서 미군이 어떻게 할 것인지는 거의 언급하지 않았다. 세계전의 기준에서 보면 인도차이나는 한국보다 전략적으로 훨씬 덜 중요했지만, 미국은 4반세기 동안 그곳에 군사

● 유사시에 다른 지역의 전력戰力을 분쟁 지역으로 옮겨 쓰는 전략.

원조를 하거나 참전했다. 1950년 합동참모본부는 그 논리를 명확히 설명했으며 이는 한국에도 동일하게 적용됐다. "대규모 전쟁이 일어날 경우와 냉전이 전개되는 상황에서 미국과 관련된 인도차이나의 전략적 중요성은 큰 차이가 있다." 미국은 앞의 상황에서는 그 지역에 참전하지 않을 것이지만, 뒤의 상황에서는 도미노이론domino theory●과 국가 위신과 신용 등 여러 문제 때문에 그곳이 중요해진다는 것이었다.[24]

거기에는 성패가 달려 있는 정치적 요소도 있었다. 자유주의 세력은 미국의 전략이 유연해야 한다고 생각한 반면, 보수 세력은 승리를 대신할 것은 없다고 생각했다. 전쟁은 전쟁이고, 모든 방법으로 싸워 되도록 빨리 승리를 쟁취해야 한다는 것이었다. 이런 차이는 전략 논의에서 흔히 나타났는데, 덜레스의 "대규모 보복 전략"과 케네디의 "유연한 대응 전략"의 대조로 나타났다. 그러나 이런 문제는 한국전쟁이 일어나기 전에 불거졌으며, 전쟁의 방법과 역사적 판단이라는 두 사안의 구조를 형성했다. 1950년 6월 이전 유연한 대응의 필요성을 주장한 사람은 "가장 뛰어나고 명민한" 인물이었다. 4월 맥조지 번디McGeorge Bundy와 아서 슐레진저 2세는 원자폭탄을 사용하기보다는 제한적 방법으로 대응할 수 있는 군사적 능력이 필요하다고 주장했다. 그래야 미국이 제한적 형태의 공격을 받을 수 있다는 논거였다. 한국전쟁이 시작되자 슐레진저는 "한국에서 일어난 사태는 주변 지역의 유격대 전투와 국내 반란"과 관련된 "우리의 주장에 힘을 실어주고 있다"고 썼다.[25] 이것은 1950년 무렵 형성된 결정의 논리가 어떻게 그 뒤 이뤄진 선택의 모형이 됐는지를 보여주는 또 하나의 사례일 뿐이다.

케넌은 냉전 전략의 수많은 측면을 정교하게 설계했지만 거기서 보여준 선견성先見性은 좀더 복잡하다. 케넌은 1947년 1월 시점에서 유연한 대응 논리와 관련해 명확한 의견을 밝혔다. 미국은 "긴급사태가 일어날 경우 어디로든 이동해 배치할 수 있고" 언제든 실전에 나설 준비를 갖춘 고도로 훈련된 지상군을 유지해야 한다는 것이다. 다시 말해, 봉쇄 주변 지역의 누출을 막

● 어떤 지역의 한 나라가 공산화되면 인접 나라들도 차례로 공산화된다는 이론.

을 수 있는 긴급 배치군을 유지해야 한다는 것이었다.

다른 대륙의 해외기지나 반도에 있는 기지를 (⋯) 즉시 점유해 확보할 필요가 있다. (⋯) 그런 군대를 유지하지 않는다면, 통제되지 않는 지역의 세력은 우리가 아무것도 할 수 없을 것이라고 판단해 일정 범위의 고립된 목표 지점을 확보하려고 끊임없이 시도할 것이다. (⋯) [우리에게는] 전 세계 7개 해양 가까운 거의 모든 지역의 제한된 전선에서 미국의 힘을 신속하고 효율적이라고 느끼게 할 수 있는 기동력 있고 강력한 소규모 작전부대가 필요하다.[26]

1949년 10월 군부는 "폭탄 사용" 즉 세계 규모의 전쟁을 "기초로 모든 계획을 세우고 있지만", "총력전보다는 제한전을 목표로 삼아야 한다"고 케넌은 말했다.[27] 국방 관련 부서들은 한국에서는 전면전을 전제로 생각했지만, 그들이 불합리한 생각을 끈질기게 고집한 데는 미국이 보유한 기본 전력의 한계를 보여주려 함은 물론, 비용은 많이 들지만 보상은 없는 분쟁에서 손을 떼고 그 책임을 국무부에 넘기려는 의도가 감춰져 있었다.

애치슨은 케넌에게 전적으로 동의했다. 1953년 그는 국방부가 "한 지역에 국한된 전쟁보다 전면전이 일어날 우발적 사태에 더 많은 관심을 기울이고 있다"고 말했다. 어떤 사람이 끼어들어 물었다. "그렇다면 이것은 한국에 연대 규모의 전투부대를 유지할 것인가 하는 문제와 관련되었는가? 이것을 전면전의 문제라고 판단한다면 당신은 일종의 결론을 내린 것이다. 당신이 그것을 주로 정치적 문제로 생각한다면 당신은 다른 결정을 내릴 것이다."[28] 정확히 그랬다.

1949년 38도선 일대의 전투

1950년 6월 천둥소리처럼 시작된 전쟁은 한 해 전 여름의 전투에 내재되어 있었다. 38도선 일대의 전투는 5월 초부터 10월 말까지 이어졌으며 수백 명이 죽고 수천 명이 참전했다. 1949년에 전쟁이 일어나지 않은 까닭은 단순하며, 한국에서 일어난 분쟁의 기원이 내전에 있음을 이해하는 데 핵심적이다. 남한은 그때 전쟁을 바랐지만 북한은 그렇지 않았으며 미국도 마찬가지였다. 1년 뒤 이런 상황은 바뀌었다.

1949년 38도선 일대의 전투는 1950년 6월의 무대를 마련했다. 전투는 이른 아침 시간에 갑자기 시작된 것이 아니라 멀리 떨어진 옹진반도에서 일어나 개성을 거쳐 춘천으로 확대된 뒤 동해안까지 이르렀다. 1950년 6월은 1949년 여름의 축소판이었으며, 시간적 측면에서는 달랐지만 특징은 달라지지 않았다. 다른 게 있다면 이번에는 북한이 전투를 벌일 준비를 갖췄다는 것이다.

한국전쟁에 관련된 역사 서술은 대부분 1949년의 전투를 언급하지 않는다. 언급하더라도 전투를 시작한 책임을 모두 북한에 돌리고 남한은 처음부터 아무 잘못 없는 상태였다거나 방어적 위치에 있었거나 상대를 위협할 의도나 능력이 없었다고 서술하고 있다. 성실하고 신념 강한 한 한국 전문가가 내게 말했다. "나는 당신이 북진하겠다는 이승만의 위협을 진지하게 받아들이지 않기를 정말 바랍니다! 이승만이 그런 말을 할 때 그의 지휘관들은 뒤에서 웃곤 했기 때문입니다."

그러나 이전에 기밀 해제된 자료는 다른 이야기를 알려준다. 육군 G-2가 수행한 연구에서는 남한군이 "미군 철수에 편승해 더욱 공격적 태도를 보였으며" 한국 정부 지도층은 "자신들의 지위와 재산 그리고 어쩌면 생명까지도 의지하고 있는 미군이 계속 주둔하게 만들기 위해 모든 수단을 다할 것"이라고 말했다. 그러므로 1949년 여름 38도선 일대의 수많은 전투는 한국 정부의 "특정 인물들이 부추겼을 뿐 아니라 시작했을 수도 있다"고 그 연구는 말했다. 그것은 절제된 표현이었다.

주한 미군 군사고문단장 로버츠 장군은 8월에 일어난 수많은 충돌은 "38도선 북쪽에 남한 측의 소규모 돌출부가 있기 때문에 일어난 것으로 생각된다. (…) 남한은 북한을 침입하고자 한다. 그런 사태가 일어나면 군사고문단은 모두 철수하고 경제협력국의 원조도 중단될 것이라고 그들에게 말했다". 계속해서 로버츠는 38도선을 따라 오가면서 "일어나는 분쟁"은 "북한과 남한 모두의 잘못"이라고 말했다.[29] 그러나 북한에서 유엔으로 보낸 노획 문서에 따르면, 로버츠는 1949년 8월 2일 한국군 사단장을 만난 자리에서 "거의 모든 사건은 남한 치안부대가 일으키고 있다"고 강경한 어조로 말했다. 그러나 1950년의 분위기에서 이런 주장을 보도하려고 한 미국 신문은 『데일리 워커The Daily Worker』뿐이었다.[30]

이 기간 동안 이승만은 군대를 빠르게 증강했다. 1949년 6월 2개 사단(수도경비사령부와 8사단)이 새로 편성됐다. 7월 말 육군은 8만1000명이었으며 8월 말에는 10만 명이었다.[31] 그 무렵 한국군은 북한군의 추정 병력보다 많았다. 지속적인 북한군의 병력 증강과 중국에서 참전했던 병사의 귀환은 북한이 균형을 맞추려는 시도로 보일 수 있었다(미국 정보기관은 1950년 6월 조선인민군 병력을 9만5000명으로 판단했다).

또한 이승만은 일본군에서 복무했거나 북한에서 피란온 사람들을 육군 장교로 받아들였지만 중국 국민정부군과 함께 싸웠던 민족주의자는 배제했다. 주요한 까닭은 모든 것을 자신 덕분에 얻은, 그리고 쿠데타를 일으키지 않을 것이라고 믿을 수 있는(아울러 공산주의자를 혐오하는) 군인으로 자신의 주위를 채우려고 했기 때문이다. 백선엽·백인엽 형제는 육군의 서북파를 이끌었는데, 거기에는 양국진·김석범을 비롯해 서북청년회 출신이 많이 있었다. 두 형제는 김일성보다 몇 년 뒤 평양 근처에서 태어났으며 일본 만주군에서 장교로 복무했다. 동북파를 이끈 정일권도 만주군 장교였다. 1950년 정일권은 32세, 백선엽은 30세였다.[32]

1945년 9월 하순 미국과 소련이 한반도의 분단이 진행되고 있음을 상징하는 검문소와 장벽을 세운 이후 38도선은 발화점이 될 가능성을 품고 있었다. 그러나 그 뒤 3년 동안 심각한 충돌은 일어나지 않았으며, 38도선의 검문소는 상당한 분량의 남북 교역은 물론 수백만 명이 오가는 관문이 됐다. 그러나 1948년 초 전투가 터지자 존 R. 하지 장군은 남한은 "변함없이" 북한을 비난하고 있지만 대부분의 사건은 서북청년회 구성원의 도발 때문에 일어났다고 보고했다. 1948년 5월 선거 뒤 양쪽 모두 38도선 일대에서 상당히 많은 충돌을 일으켰다. 1948년 8월 한국은 미군 방첩대를 모방해 "대한관찰부大韓觀察府"를 만들었다. 대한관찰부는 첩보와 방해 활동을 목적으로 북한에 일상적으로 공작원을 파견했고 우익 청년 단체의 도움을 받았는데, 가장 두드러진 것은 서북청년회였다. 미군 방첩대는 1949년 1월 서북청년회원이 한국 육군 안에 특수 습격 부대를 만들어 가장 좋은 장비를 지급하고 38도선 부근에 배치해 "한국군이 북한을 침략할 경우 선봉으로" 행동하도록 했다고 보고했다. 달리 말하면 38도선 일대의 전투는, 한반도의 다른 모든 사건과 마찬가지로 혁명과 반혁명의 구도를 보인 것이다.[33]

38도선은 북한의 의도를 미리 보여주기도 했다. 앞서 본 대로 여수·순천 사건 동안 38도선은 지극히 조용했다. 1949년 여름 남한은 미군이 계속 주둔하도록 전투를 일으키려고 했지만 북한은 미군 철수를 바랐기 때문에 남한보다 덜 공격적이었다. 그러나 북한은 수동적이지 않았으며 전투에 통일정책을 융합했는데, 그것 또한 1950년 6월의 전조였다.

1949년의 전투는 5월 4일 개성에서 시작됐는데, 교전은 나흘 동안 이어졌으며 미국과 한국의 공식 집계에 따르면 전사한 군인은 북한이 400명, 한국이 22명이며, 개성에서는 100명 이상의 민간인이 사망했다. 남한은 보병 중대 6개와 몇 개의 보병 대대를 투입했으며, 그 가운데 2개 대대는 북한으로 도망쳤다.[34] 남한이 그렇게 많은 북한군을 죽였을 것 같지는 않다. 나중의 보고에서는 남한군이 큰 손상을 입었다고 말했기 때문이다.

몇 달 뒤 북한은 김석원이 이끈 수천 명의 부대가 5월 4일 아침 38도선을 넘어 송악산 근처를 공격했다고 주장했다.[35] 김석원은 대단히 중요한 제1사단의 사단장이었다. 그는 북한 출신으로 1930년대 후반 관동군에서 특수부대를 이끌고 만주 벌판에서 김일성을 추적한 인물이었다. 그때 그의 이름은 가네야마 샤쿠겐金山錫源이었다. 일왕 히로히토는 산시성 작전에서 보인 "용맹"을 칭찬해 그에게 훈장을 수여했다. 그는 빌헬름 황제처럼 콧수염을 길렀으며 전쟁 동안 중국 민간인에게 수많은 잔혹 행위를 저질렀다고 널리 알려졌다. 그는 이승만·임영신(루이스 임)·이청천과 매우 가까웠다. 1948년 6월 2일 김석원은 일본군에서 복무했던 병사 2500명을 이끌고 서울 시내를 통과했다. 군복은 낡았지만 엄정하게 행진하는 모습은 매우 인상적이었다. 사열대에 선 이청천은 그들을 한국군의 핵심이라고 불렀다. 김석원의 아들은 이청천과 자신의 아버지는 좋은 친구였다고 한 기자에게 말했다. 그들은 제2차 세계대전 때 서로 적군이었지만 같은 일본의 육군사관학교 출신이었기 때문이었다.[36]

나중에 로버츠가 개성에서 "돌발적 충돌"이 일어난 것은 김석원이 북한을 "자극했기 때문"이라고 쓴 것을 볼 때, 로버츠는 북한의 주장을 받아들인 것으로 생각된다 — "제1사단장은 오만하고 잘난 체하며 일본군에서 훈련을 받았고 대통령의 친구다. 현재 그는 자신의 대대를 38도선 위에 배치하고 예비역으로 편성된 1개 중대를 인솔하고 있기 때문에 우리 미국인과 한국인 참모들은 모두 그의 지휘를 따르고 있다. 그는 [주한 미군 군사고문단] 고문들을 교묘히 속이고 자기가 하고 싶은 대로 하고 있다."[37]

이반자離反者는 한국군 제8연대 1대대와 2대대에서 나왔다. 모두 245명 정도로 소령 표무원·강태무가 이끌었다. 두 소령은 북한 기자들과 대담하면서 "한국군 장교는 대부분 일제의 주구"며 그 가운데 가장 악명 높은 사람은 김석원으로, "일본의 중국 침략 전쟁에 한국 청년들을 강제로 동원"하고 "중국 인민을 학살했다"고 말했다. 그 아래서 싸운 한국군 장교들은 그의 "수하"였으며 전직 일본군 장교였다. 제6사단장 김백일은 "중국에서 일본군 특수부대"를 지휘했다고 그들은 말했다.[38] 김석원과 김백일의 경력은 이미 말했지만 그들의 이름이 1949년 5월 초의 전투에서 나오는 것은 중요하다.

5월 중순 북한은 선전 표현의 수위를 눈에 띄게 높여 "장제스는 패망했고 이승만은 무너지고 있으며" 이승만은 자신을 보호하기 위해 일본 제국주의자에게 도움을 요청하고 있다고 비난했다.[39] 5월 21일 옹진반도 두락산 자락의 38도선에 배치된 조선인민군 2개 경비 부대는 작은 충돌을 기화로 대규모 공격을 전개했다. 남한은 며칠 안에 바다로 증원군을 보내고 병력을 8개 대대로 늘렸다. 이제 북한이 38도선 5킬로미터 이남 지점까지 장악하자 남한은 38도선 10킬로미터 이북인 태탄苔灘을 공격했다. 5월 28일 조선인민군 500명이 다시 38도선 아래로 내려와 전투가 벌어져 양쪽에서 수십 명이 사망했다. 이 전투에서도 남한은 큰 피해를 입었다. 그 부대들은 "대규모 합동 공격을 전개할 수 없다는 것이 드러났다". 6월 5일 김백일은 옹진 지역 총사령관이 됐다. 부관은 강영훈(1989년 현재 대한민국 국무총리)이었다. 옹진 전투는 6월 말까지 이어졌으며, 38도선 다른 지역에서도 규모는 작지만 더 격렬한 전투가 벌어졌다. 북한 언론은 이승만이 미군을 남한에 계속 주둔시키는 방법을 찾으려고 전투를 일으켰다고 비난했다.[40]

북한도 한국전쟁이 일어나기 꼭 1년 전인 1949년 6월 25일 평양에서 개최할 예정인 조국 통일 민주주의전선 "전국" 회의를 축하하기 위해 대규모 작전을 전개했다. 1949년 6월의 마지막 일요일 새벽 옹진반도에서 격렬한 전투가 시작됐다. 3일 뒤 남한은 38도선을 넘어 150명의 호림虎林 유격대를 보냈다. 그들은 며칠 동안 철원 북쪽부터 동쪽 일대에서 소요를 일으켰지만 7월 5일 소탕됐다.[41]

6월 26일 일요일 전투는 중요한데 "격렬한 전투"가 일어났다는 소식을 들은 뒤 유엔 한국위원회가 옹진으로 대표단을 보냈기 때문이다. 그들은 한국 해군 함정을 타고 도착해 한국 육군 요원의 안내를 받았다. 유엔 한국위원회 대표단은 하루 정도 옹진반도에 머무른 뒤 월요일 저녁 서울로 돌아와 유엔으로 보낼 보고서를 작성하며 소요의 책임은 "북한의 침입자"들에게 있다고 비난했다.[42] 북한은 비난받을 만했지만, 주목해야 할 사실은 유엔 한국위원회가 남한의 도발 행위를 조사해 보고하지 않고 공식문서에서 한국과 미국의 주장을 사실로 받아들였다는 것이다. 그 결과 유엔 한국위원회는 내전에서 어느 한쪽 편을 든 것이다.

이 사건 직전 김석원이 38도선에 포진한 한국군 부대의 지휘관 자격으로 유엔 한국위원회에 상황 보고를 했다는 것도 주목할 만하다. 북한과 남한은 "언제라도 대규모 전투를 일으킬 수 있으며" 한국은 "전쟁 상태"에 돌입했다고 그는 말했다. "우리는 1945년 이후 존재하는 38도선을 돌파해 우리가 잃어버린 땅인 북한을 수복할 계획을 세워야 한다." 대규모 전투가 일어날 순간이 빠르게 다가오고 있다고 김석원은 생각했다.[43] 이런 남한의 위협은 유엔 한국위원회 군사감시단 임명으로 이어졌다(15장 참조).

충돌 사태로는 충분하지 않았는지 6월 마지막 일요일 정오가 막 지났을 때 서북청년회원이자 한국군 장교인 안두희는 김구의 자택으로 들어가 그를 암살했다. "근처에 군사시설이 없었음에도 김구가 사망한 지 몇 분 만에 헌병대가 도착했다"고 드럼라이트는 언급했다. 미국과 영국 자료에서는 이승만이 암살의 배후라고 봤으며, 영국 자료에서는 김구가 이승만에 대한 쿠데타를 계획하고 있다는 소문을 인용했다.[44]

1년 뒤 전쟁이 발발한 후, 당시 북한에 망명 중인 남한의 전직 내무장관 김효석은 이승만이 1949년 7월 15일 "북벌"을 시작하려고 계획해 김석원이 옹진반도부터 북쪽을 공격해 해주와 평양을 점령하는 것을 목표로 삼았다고 말했다. 이것이 사실이든 아니든, 자료에 따르면 7월 중순 미국은 남한이 북한을 공격할 준비를 마쳤는지 우려했다. 이 시기에 노획된 문서는 북한이 자국 쪽으로 들어오는 모든 도로에 지뢰를 매설했으며, 항구도시 원산으로 상륙작전이 전개될 것을 우려했음을 보여준다.[45] 이런 사태는 미국이 한국군에 대한 작전 지휘권을 잃은 직후 일어났으며, 8월 초 전쟁이 임박했음을 보여주는 전주곡이 분명했다.

늦어도 8월 1일 남한군은 옹진의 38도선 이북의 중요한 돌출지로 근처 대부분의 지역을 조망할 수 있는 은파산銀波山을 점령했다. 주한 미군 군사고문단은 같은 날 옹진으로 군사고문단을 파견했는데, 남한을 억제하려는 것이 분명했다. 8월 4일 아침 북한은 야포와 박격포로 격렬한 일제포격을 시작했으며 오전 5시 30분 4000~6000명 정도의 북한군 국경 경비부대가 공격해, 로버츠의 말에 따르면 "남한군이 점령한 북한 지역의 고지를 탈환하려고 했다". 북한은 8월 4일 남한의 백골 부대가 은파산에서 북쪽을 공격했다고 주장했다.[46] 아무튼 은파산은 북한 영토였으며 북한이 그것을 되찾으려고 한 것을 비난할 수 없다. 무초에 따르면 남한은 "완패했다". 제18연대의 2개 중대가 전멸해 수백 명이 사망했고 북한은 그 산을 점령했다. 그 뒤 북한은 이 전투를 중요하게 평가해 전쟁 박물관에 은파산 전투를 전기 장치로 묘사한 거대한 벽화를 설치했다.[47]

그다음에 일어난 사건은 무초가 8월 13일 국방장관 신성모와 그리고 8월

16일 이승만과 나눈 대화와 관련돼 있다. 두 내용 모두 거의 전체를 인용할 필요가 있다.

신성모 장관은 8월 4일 아침 옹진에서 사령부로 보낸 보고들은 대부분 경계 경보에 관련된 것이었다고 말했다. 그 보고의 내용은 [옹진]반도의 한국군이 완패해 북한의 맹공에 아무 대항도 할 수 없다는 것이었다. 그는 참모들과 상황을 검토했지만 (…) 옹진의 긴장을 완화할 수 있는 유일한 방법은 북진하는 것이라고 군부는 주장했다. 군부는 철원을 목표로 즉시 북진해 공격해야 한다고 주장했다.

신 장관은 로버츠 장군의 조언에 따라 공격하지 않기로 결정하고 한정된 규모의 증원군을 옹진에 투입하는 절차에 즉시 착수했다고 말했다.

진해에서 열리고 있던 이승만과 장제스의 회담에 참석했던 총리[이범석]는 돌아오자마자 신 장관을 불러 좀더 용기를 내서 북한을 공격해야 했다고 질책했다. 이범석 장군이 이런 태도를 보인 것은 그리 놀랍지 않았다. 그러나 다음과 같은 신 장관의 말을 듣고 나는 놀랐다. 이튿날 진해에서 돌아온 이 대통령도 그에게 철원 공격을 반대하는 결정을 내리지 말아야 했다고 말했다는 것이다.

8월 16일 무초는 다음과 같이 말했다.

이승만은 채[병덕 참모총장]를 김석원으로 교체하려는 생각을 내비쳤다. 김석원은 이 대통령이 오래 총애해온 인물이었다. 여순반란사건이 일어나기 전인 지난 가을, 이 대통령은 콜터 장군과 내게 이렇게 말했다. 일본군에서 복무한 경험이 있는 김석원은 애국심에 불타는 남한군에게 소총 2만 정을 공급해주면 "북한을 처리할 수 있다"고 자신에게 말했다는 것이었다. 한국의 국방장관과 참모총장, 미국의 군사고문은 모두 김석원 장군에게 반대했다. 그들은 김석원을 훌륭한 군인이 아니라 허풍쟁이로 생각했다. 그들은 그가 예전 일본군이 사용하던 반자이萬歲 자살 돌격 작전으로 전선의 관할 지구에서 북한군을 공격하고, 충분한 준비를 갖추지 않고서 휘하의 모든 부대를 가장 위험한 방법으로 전선에 배치하는 경향이 있다고 내게 주의를 촉구했다. 그들은 그가 사령부를 무시하고 이 대통령에게 직접 보고하는 것에 특히 강력히 반대했다.[48]

이런 진술을 뒷받침하는 증거는 로버츠가 남한군 지휘관들에게 북한을 공격하지 말라고 실제로 명령했으며, 그럴 경우 주한 미군 군사고문단을 철수시키겠다고 위협한 것, 그리고 다음과 같은 영국의 발언이다. 한국군 지휘관의 머리에는 "북한을 정복해 수복하겠다는 생각으로 가득 차 있다. 공산주의자가 옹진을 공격했을 때 한국군은 38도선을 넘어 다른 지점을 공격하려고 했지만 (…) 그렇게 하면 미국의 모든 원조가 중단될 것이라는 미국 대사의 단호한 경고만이 그것을 막았다". 로버츠는 맥아더 사령부의 올먼드 장군에게 한국군 참모총장은 "옹진을 잃을 경우 북쪽의 철원(38도선에서 32킬로미터 지점)을 공격하는 것 외에 다른 방법이 없다고 생각하고 있다. 우리는 그럴 경우 격렬한 내전이 일어나 확산될 수 있다는 것을 그에게 설득시켰다"고 말했다.[49] 옹진과 철원을 연결시킨 이런 각본은 1950년 6월에 일어난 사건을 검토할 때 잊지 말아야 한다.

8월 초의 공격은 무산됐지만 그달 말 무초는 상황을 다음과 같이 설명했다.

군부의 자신감이 커지고 있다. 호전적이고 공격적인 기세가 나타나고 있다. 지난 몇 달 동안 날카로워지고 초조했던 신경은 이런 새로운 기세에 물러났다. 군부의 상당수가 북진을 열망하고 있다. 통일을 가져올 수 있는 유일한 방법은 무력으로 북진하는 것밖에 없다고, 점차 더 많은 사람이 생각하고 있다. 딕 존스턴[『뉴욕타임스』] 기자)은, 장제스가 이승만에게 중화민국 공군이 북진을 지원할 수 있다고 말했고, 그들은 중화민국군이 한국을 거쳐 만주를 침공할 가능성을 논의했다고 내게 알려줬다. 중국 공산 세력이 걸리기는 하지만 지금이야말로 북진할 때라는 생각이 어느 정도 형성돼 있다. 판단력이 있는 상태에서 이승만이 실제로 북진을 명령할지는 의심스럽다. 내가 알기에 신장관은 결사적으로 반대하고 있다. 이범석은 북진에 찬성하는 것으로 보인다. 그러나 개성이나 옹진에서 다시 돌발적인 사건이 터진다면 반격 이후 일어날 사태는 아무도 예측할 수 없을 것이다(강조는 인용자).[50]

1950년의 시점에서 돌이켜보면 이런 사건들의 몇 가지 요소는 주목할 만하다. 이범석의 중요성과 장제스와의 오랜 관계, 옹진에서 패배할 경우 "북진"할 지역은 철원이라는 판단, 38도선 이북으로 이어지는 도로에 북한이 지뢰를 매설한 것, 미국과 친밀한 국방장관 신성모가 자제를 촉구하는 역할을 한 것 그리고 38도선에 장비는 풍부하지만 거의 대비하지 않은 한국군을 배치한 위험한 조처 등이다.

비슷한 때 한국은 소해정掃海艇 6척을 보내 평양 근처의 군사항구 몽금포夢金浦를 공격해 35~40톤급 북한 선박 4척을 침몰시켰다. 인천항은 반격에 대비해 방어가 증강됐다(반격은 일어나지 않았다). 존 메릴에 따르면 이 공격의 지휘관은 이영은인데 "국방장관의 직접 명령을 받는" 해군의 명령 계통을 무시했다(앞으로 보듯 1950년 6월 25일 이영은은 해주항 공격을 이끈 것으로 생각된다).

9월 초순 미국 정보기관은 남한군이 38도선을 넘어 몇 차례 공격했다고 보고했다. 9월 1일 주요 부대인 수도경비사령부에 소속된 옹진 기동부대의 지휘관은 해주반도 정남쪽 용담포龍潭浦에 소재한 시멘트를 제조하며 조선인민군의 무기를 수리하는 "공장 두 곳을 파괴했다"고 말했다. 그러나 현장에 있던 미국인은 "38도선 이북"에 있는 시설은 파괴하지 말라고 그에게 명령했다. 9월 5일 한 남한 경비병은 장전長箭에 있는 북한 보안대 157중대 본부를 공격해 320명을 죽였다고 주장했다. 그동안 남한 지휘관들은 군 내부의 사기와 관련해 심각한 문제를 계속 겪었다. 대한민국이 수립된 때부터 1949년 9월까지 한국군 5268명이 탈영해 월북했는데, 한 달에 300~1000명 가까운 인원이었다.[51]

8월 초 옹진 전투가 일어난 지 며칠 만에 미국 국방부 군사정보 책임자 르로이 S. 어윈 소장은 9월 하순, 북한이 남한에 대해 "직접적인 군사 침략"

을 일으킬 것이라는 보고서를 올렸다. 그는 8월 9일 북한이 라디오 방송에서 이승만을 타도하는 데 "전력을 다하라"고 촉구하고 9월 19일을 통일된 인민공화국의 총선거일로 잡은 것을 인용했다. 그런 침략은 수많은 유격대 활동으로 이어지는 "간접적 공격"을 수반할 것이라고 그는 생각했다. 어원은 중국 공산 세력이나 소련군이 합세하지 않는다면 그런 침략이 성공하기 어려울 것이라고 보았다. 그 보고서는 8월 10일에 "추이를 면밀히 관찰해야 하며 높은 단계의 행동이 필요할 수도 있는 잠재적 위기 상황"이라는 메모와 함께 루이스 존슨에게 보내졌다.[52]

프레스턴 굿펠로 대령이 전쟁을 예상하고 서울로 날아온 것은 이런 추정 때문이 분명하다. 그 뒤 웰링턴 구가 한국에서 "내전"의 가능성을 묻자 굿펠로는 "작년 9월 초 이승만의 급한 호출을 받고 서울에 도착해 북한이 19일에 공격하려고 계획했다는 소식을 들었다"고 말했다. 굿펠로는 이제(1950년 1월) 공격의 추진력이 이동했다고 웰링턴 구에게 말했다.

> 남한은 잘 훈련되고 예기銳氣로 넘치는 10만 명의 강력한 군대(원문 그대로)를 보유하고 있기 때문에 북한으로 진격하고자 했다. 그러나 미국 정부는 남한의 어떤 도발도 막으려고 매우 주시하고 있으며, 굿펠로는 바로 그런 임무를 수행하려고 최근 한국에 갔다. 나는 한국에서 전쟁이 일어날 가능성이나 위험성은 어느 정도인지 물었다. 굿펠로는 미국 정부의 입장을 이렇게 알려줬다. 남한이 먼저 북한을 공격하는 사태는 어떻게든 피하려고 하지만, 북한이 남한을 공격한다면 남한은 맞서 싸우면서 북한으로 진격할 것이며 그런 사태의 결과 제3차 세계대전이 일어날 수도 있으나 북한이 먼저 침략했다면 미국 국민은 이해할 것이다(강조는 인용자).[53]

몇 년 뒤 웰링턴 구는 한 대담에서 한국전쟁이 일어났을 때를 회고해달라는 질문을 받자 굿펠로와 있던 이 일화를 가장 먼저 언급했다.[54]

그러나 9월에는 많은 일이 일어나지 않았다. 그달 중순 무렵 유격대 활동은 강화됐으며, 38도선 일대의 전투도 약간 증가한 것 같다. 그러나 9월

19~20일은 사소한 사건 하나만 보고될 정도로 8월 초순 이후 가장 조용한 기간 가운데 하나였다. 9월 21일 앞서와 같은 작은 충돌이 다시 시작됐다. 9월 마지막 열흘 동안 활동은 약간 늘었으며, 조선인민군 부대가 남쪽, 특히 해주 지역에 배치됐다는 보고가 들어왔다.[55] 그러나 어원의 보고는 흥미롭다. 내가 살펴본 첩보 관련 기록에는 9월 하순 전투가 임박했었다는 증거는 없다. 북한은 건국 기념일인 9월 9일을 목표로 삼았을 가능성이 더 크다.

9월 말 이승만은 북진의 열망을 다시 명확히 나타냈다. 1949년 9월 30일 올리버에게 보낸 편지에서 이승만은 이렇게 썼다(미국은 1950년 가을 유엔 회의에서 그 편지의 신빙성을 부정했지만 올리버 박사는 그렇지 않다고 확인해줬다).

> 지금이야말로 공격적 수단을 동원해 우리에게 동조하는 북한군(원문 그대로) 과 합세해 평양에 남아 있는 세력을 소탕할 절호의 기회라고 확신합니다. 우 리는 김일성 세력을 산악 지대로 몰아내 그들을 서서히 굶주리게 만들 것입 니다. 그런 뒤 두만강과 압록강[곧 한·중 국경]의 방어선을 강화해야 합니다.[56]

1949년 10월 14일 북한은 옹진반도의 은파산에서 남한군을 몰아내려고 다시 시도했다. 그들은 야포와 박격포를 발사한 뒤 은파산을 습격해 남한군의 진지를 무너뜨렸다. 이튿날 남한군은 반격했고 며칠 동안 격전이 이어졌다. 10월 19일 전투는 춘천 지역으로 확대됐고 남한군 보병 소대가 북한군 부대를 공격했다. 10월 24일, 미국이 남한 해군에 제공한 가장 우수한 경비정 가운데 하나인 미국 해군 전함 킴벌 스미스호의 한국인 승무원이 반란을 일으켜 배와 함께 월북했다. 이튿날 남한은 은파산의 북한군 진지를 포격한 뒤 공격했다. 옹진의 병원에서 올린 보고에서는 남한군 사상자는 장교 13명과 사병 344명이며, 북한군 사망자는 400명이 넘는다고 주장했다. 이 기간 동안 만주에서 귀환한 병사들이 투입된 조선인민군 부대가 신속히 이동하고 있다는 보고가 많았으며, 소련으로부터 중화기가 청진에 도착했다. 전차부대가 38도선으로 이동하고 민간인은 전선前線 지역에서 소개됐다. 또한 10월에 북한은 군대에 쓸 장비, 특히 소련제 전차를 구매하기 위해 모금

을 요청하는 대규모 운동을 시작했다.[57]

이런 와중에 국방장관 신성모는 갑자기 도쿄로 가서 맥아더를 만났다. 이승만은 굿펠로에게 보낸 편지에서 한국인 장교 30~40명을 일본에서 군사훈련을 받게 하는 데 맥아더가 동의했다고 썼다.[58] 앞으로 보겠지만, 바로 같은 시간에 미국은 이승만을 설득해 김석원을 경질했다. 그 뒤 38도선은 12월 중순까지 조용했지만, "사태를 계속 평온히 유지하라는 명령을 받고" 옹진에 새로 배치된 지휘관 백인엽 중령은 기습 공격을 감행해 은파산을 일시적으로 다시 차지했다. 북한군은 신속히 반격했지만 1개 대대가 한국군의 매복에 걸려 "대패"했는데 북한에게는 굴욕적인 사건이었다.[59] 1950년 6월 25일까지 옹진에서 대규모 전투는 일어나지 않았다.

이런 충돌들 때문으로 생각되는데, 11월 초 미국 해군 기동부대가 한국에 입항했다. 이승만은 미국 중순양함 세인트 폴호의 갑판에 올라가 미국을 산타클로스에 비유했으며, 미 대사관의 표현에 따르면 통일을 위해서는 "전쟁이 필요할 수도 있다고 기자회견 때보다 강경하게 공표했다"—그는 "우리는 전투에 필요한 모든 일을 할 것"이라고 산타클로스에게 확약했다.[60]

1949년 38도선 일대의 전투가 격화되면서 무초와 애치슨은 내전을 억제해야 할 필요성을 강하게 느꼈다. 11월 무초는 이렇게 썼다.

지금 당면한 문제를 해결하는 방법은 충분한 군사원조를 통해 한국인이 이 지역을 방어할 수 있게 함과 동시에 그들이 열망하는 북진을 실행하지 못하도록 막는 것이라고 생각한다. (…)
이곳의 상황에 대해 강력하고 명료하게 생각해야 한다. [이승만은] 세계 48개 국의 호의를 얻고 있지만 먼저 공격을 감행한다면 그런 호의를 잃을 것이라고 (…) 직접적으로 거듭 그에게 지적했다. 그런 일이 일어날 경우 미국은 그 특정 시점에서 사태의 추이에 비춰 입장을 재검토할 수밖에 없다. 이렇게 하면 그를 억제할 수 있을 것으로 생각된다. 그는 공개적으로 북진하지 않을 것이라고 확신한다. 그러나 개성이나 옹진에서 또다시 실제 공격 사태가 일어난다는 압박을 느끼는 순간이 오면 그는 냉정을 잃을 위험성이 있다(강

조는 인용자).[61]

한국전쟁이 일어난 뒤 로버츠는 잘 알려지지 않은 대담에서, 한국군 지휘관들은 "최선의 방어는 공격이라고 믿었다"고 좀더 직설적으로 말했다. 이로 인해 "한국군의 공격을 미연에 방지하고자 부대를 가변성이 높게 운영했으며 전투기도, 전차도, 중화기도 주지 않았다"고 그는 말했다.[62] 요컨대 애치슨과 무초 같은 자유주의자는 타이완에 바랐던 것을 이승만에게도 바랐던 것이다. 그것은 "적극적 행동"을 자제하고 공격받을 경우 봉쇄 전략에 따라 방어하는 것이었다—미국이 공격에 필요한 무기 제공을 거부한 것을 감안하면 한국에게 이런 상황은 대단히 중요했다. 그러나 물론 봉쇄 전략을 지지한 자유주의자가 이런 난국에서 유일한 배우는 아니었다.

12월 백인엽 중령의 공격을 빼면, 남한은 개성과 옹진 전투에서 심각한 타격을 받았다. 로버츠는 이런 사태에 특히 불안해했는데 한국군을 훈련시키는 것이 자신의 임무였기 때문이다. 그러므로 로버츠가 한국군을 그렇게 높이 평가한 것은 이상한데, 그는 한국전쟁이 일어난 시점과 직전 모두에서 기자들에게뿐 아니라 미국 국회의원을 포함한 요인들과의 비공개 회의에서도 그런 의견을 표명했다.[63]

1949년 전투에는 그 밖에도 특이한 측면이 있다. 이를테면 애치슨은 8월과 10월의 옹진 전투를 알고 있었으며 "북한이 옹진반도 깊이 습격했지만 물리쳤다"고 메모했다.[64] 그러나 두 경우 모두 습격은 "깊이" 이뤄지지 않았고 대부분 은파산에 국한됐다. 쉽게 "물리쳤던" 것도 아니었다. 그러나 가장 특이한 것은 1950년 6월 옹진에서 전투가 일어났을 때 이런 아주 최근의 경험과 연결시키지 못했다는 것이다—무초는 이승만이 공개적으로는 아니지만 은밀히 어떤 행동을 했을지도 모른다고 의심했으며, "개성이나 옹진에서 실제로 공격이 다시" 일어날 경우 어떤 일이 일어날지 예상하지 못했다.

1987년에 나는 1949년 여름 38도선 북한 부대의 서기였던 한진형과 대담할 수 있었다. 그는 1949년 전투가 "전쟁의 시작"이었으며 1950년의 전쟁은 그때 "이미 시작된 것"이라고 생각했다. 이것은 북한의 공식 입장이 아니며, 텔레비전 대담에서 불쑥 말한 것이어서 진실한 발언이라고 생각한다.[65] 내전은 1945년에 시작됐으며 1949년부터는 정규군이 38도선 일대에서 직접 대결하는 국면이 시작됐다는 것을 빼면, 그 발언은 옳다.

유격대 문제의 최종적 해결

육군 정보기관이 9월 말로 예상한 전쟁이 일어나지 않자 미국인과 그들이 비호하는 한국인은 사람에 따라 안도 또는 실망의 한숨을 쉬었으며, 이승만 정권은 후방을 안정시키는 임무에 매진했다. 38도선이 조용해지고 북벌 논란이 잦아들면서 미국인과 그들에게 협력하는 한국인은 유격대 문제로 관심을 돌렸다. 그다음 6개월 동안 목표는 한국 정부가 국내의 지배력을 공고히 하는 것과 서울의 반대 세력을 진압하는 것이었다.

경험 많은 기자 A. T. 스틸은 1949년 10월 당시의 분위기를 이렇게 포착했다. "오늘 미국 정부와 소련 정부는 정당하다고 인정되지 않은 전쟁을 38도선 일대에서 실제로 전개했다. (…) 새로 건국된 대한민국의 영토 곳곳에서 포연이 피어올랐다. (…) 미국의 자금과 무기, 기술적 지원만이 [대한민국을] 몇 시간 더 지탱시킬 수 있다." 한국은 "자유를 기반으로 하고 있지만" "빈틈없이 관리되고 있는 독재 체제의 작은 경찰국가"라고 그는 썼다. 그는 감옥이 3만 명의 죄수로 넘치고 있다고 추정했다. "체포된 정치적 적대 세력에게는 고문이 일상적으로 자행되며" 정부와 적대 세력 모두 "아무런 죄책감 없이 여성과 아이들을 죽인다". 현지의 미국인들은 "거의 선교사처럼 한국의 부흥을 위해 열정을 쏟고 있지만" "미국이라는 버팀목이 철거되면 남한은 아시아 공산 세력의 무게를 이기지 못하고 무너질 것"이라고 스틸은 생각했다.[66] 그렇다면 한국은 "작은 중국", 아니 작은 중국 국민당이 될 것인가? 한 가지 차이가 있었다. 적어도 미국이 보기에 그리고 미국의 지원을 받는다면 남한은 국내의 공산 세력을 억압할 의지가 있었으며 그 방법을 알고 있었다는 것이다. 이런 제한적이지만 매우 중요한 의미에서 한국은 국민당과 달리 능력을 발휘했다.

9월 말 로버츠는 유격대를 "되도록 빨리 소탕"하는 것이 "무엇보다 중요하다"면서 미국 육군은 보병 장교를 더 많이 파견해 한국군과 협력해야 한다고 요구했다. 한국군의 모든 사단은 그 일부나 전부를 38도선에서 남쪽 내륙으로 이동시켜 "유격대를 섬멸하도록 명령해야 한다"고 그는 맥아더에게 말했다. 태백산·지리산·호남에 기동부대가 하나씩 설치됐다. 가장 중요한 전라도에 배치된 호남 기동부대 지휘는 김백일 대령이 맡았다.[67]

주한 미군 군사고문단 베니 W. 그리피스 2세 소령은 토벌 작전을 지원했다. 산악과 삼림지대 전투에 풍부한 경험이 있는 그는 기동력 있는 소규모 부대가 유격대를 "끊임없이 압박해야 한다"고 생각했다. 그는 함께하는 한국인 동료에게, 가장 잘 훈련된 부대를 유격대 토벌 기동부대로 편성해 "어느 지역으로든 이동할 수 있는 매우 기동력 있는 병력으로 야전에서 활동하게 해야 한다. (…) 내 동료와 나는 함정 작전과 전술을 개발했고 (…) 일부 유격대에게 적용해 상당한 효과를 거두었다"고 말했다. 그는 1949년 초반 그런 방법을 채택했지만, 1949년 봄과 여름 "유격대는 현실적 문제가 됐으며" 가을 무렵에는 "유격대가 작전기지를 확대하고 기지 숫자를 늘렸으며 습격 회수도 증가했다"고 인정했다. 그리하여 그리피스는 "대규모 유격대 토벌 군사작전"을 요청하는 계획을 제출했다. 그러나 이 계획은 "주한 미군 군사고문단이 고안한" 다른 계획에 밀려났다. 여순반란을 진압한 하우스만 대위와 리드 대위가 그 계획을 고안했다고 그는 기억했다.[68] 아무튼 미국은 1949~1950년 가을부터 겨울까지 전개된 진압 작전의 입안자였다.

미국 자료는 전라도와 경상도가 "해방 이후 광범한 좌익 활동으로 주목받았다"고 말했다. 그곳은 "인민공화국과 인민위원회가 가장 강력한 지역이었다. 일본이 농민을 가장 철저하게 수탈한 지역은 부유한 곡창지대인 그곳이었다. 그 지역에서는 공산주의자의 주도로 전국농민조합총연맹(전농)이 신속히 조직됐으며 미군정 초기 동안 매우 잘 운영됐다".

계속해서 그 자료는 전라도와 경상도의 유격대가 "공산주의자가 지배하는 견고한 세력권"을 이루지는 못했지만 지역 주민을 이용할 수 있었다고 평가했다. 도쿄의 G-2 보고서에서는 서쪽의 목포부터 북쪽의 남원에 이르며 지리산 일대부터 순천을 포괄하는 타원형 지역이 1949년 후반까지 "남한의 유격대 거점이며, 유격대가 전라남도를 거의 완전히 장악했다"고 파악했다. 강원도의 유격대는 북한에서 내려왔지만 "전라도와 경상도의 유격대는 거의 100퍼센트 현지에서 충원됐다"고 보고서는 말했다. 북한 자료에서는 8월 4만4000명이 넘는 유격대가 남한에서 활동하고 있었다고 추산했지만, 그것은 너무 많은 수치다. 미국 자료에서는 9월 유격대 병력을 3000명 정도로 파악했는데, 그것은 너무 적다.[69]

주한 미군 군사고문단 정보 보고에 따르면, 1949년 가을 내내 격렬한 유격대 전투가 이어졌으며 9월 3000명으로 파악한 수치보다 훨씬 많은 유격대가 활동했다.[70] 한국군의 "전과"는 언제나 부풀려졌기 때문에 자료에 편견을 갖게 한다. 앞서 본 대로 10월에는 100명 이상의 유격대와의 충돌이 많이 일어났다. 11월 말이 가까워오자 주한 미군 군사고문단의 한 고문은 "모든 지역을 철저히 수색하기 때문에 유격대가 계속 이동하고 있으며" 주민이 유격대를 적대하는 경향이 늘어나고 있다고 보고했다. 1주 뒤 김백일은 "자신이 맡은 지역의 유격대 저항은 늦어도 1950년 2월 15일 이전까지 붕괴될 것이라고 자신있게 예측"했는데 그의 미국인 고문은 동의하지 않았다. 앞서 본 대로 이 무렵 김백일이 맡은 호남 지역의 유격대는 약화한 것으로 보이며, 경상도의 활동은 활발했다.

1949년 12월 하순 1만2000명 정도의 한국군이 1000명 정도의 유격대를 대상으로 강원도에서 작전을 펼쳤는데 "경찰과 수많은 보충 부대의 지원을 받았다". 지역 농민은 대부분 유격대 관련 정보를 한국군에게 제공하기를 거부했는데, 대부분 곡물 배급 정지와 몰수 등 가혹한 보복이 뒤따랐다.[71] 영국 자료에서는 이승만 정권이 "반란자에게 먹을 것이나 숨을 곳을 제공한 촌락은 파괴하는" "정책"을 세웠다고 말했다. 동계 공세가 시작될 무렵 같은 자료는 한국군이 주민을 1년 넘게 내쫓고 "촌락을 파괴"했지만, 다시 "남부 지방의 넓은 몇 지역으로 주민을 내쫓으려고 계획하고 있다"고 언급했다. 존 메릴은 "지리산 서쪽 기슭 일대의 9만 명 이상과 태백산 지역의

1만5000명 정도가 혹한에 전략촌락으로 이동되거나 집에서 강제로 내쫓겼다"고 말했다. 고아만 해도 많게는 2만 명 정도로 추산됐지만, 정부는 그들에게 어떤 도움도 주지 않았다. 이를테면 1949년 10월 한국 경찰은 제천堤川에서 2000가구를 내쫓고 "모든 집과 작물을 파괴"했다. 이때 쫓겨난 사람들은 "큰 고통을 겪으며" 동굴에서 살아갔다.[72]

국회는 "경찰·군인·청년 단체"가 곡물을 강제로 요구하고, 경찰은 유격대를 숨겨주거나 도와줬다고 간주된 마을을 자주 "잔인하게 공격"했다고 보고했다. 경찰과 청년 단체는 농민을 보호촌으로 다시 편성했으며, 보수를 지급하지 않는 강제 노역을 마을마다 할당해 구릉지대의 나무와 나뭇잎을 벌채하게 했다. 보고서는 전라남도에서만 유격대의 공격과 진압 작전으로 농민 가옥 4만 채가 파괴됐다고 추산했다.[73]

1949년 11월 2일 동계 공세가 시작된 직후 트럭 2대에 나눠 탄 한국군 제22연대는 산악 지역에서 진압 작전을 마치고, 경상북도 청도군 지촌동芝村洞 근처에서 넓이 732미터, 길이 1.6킬로미터의 좁고 바위 많은 계곡을 통과해 돌아가는 중이었다. 그런데 그들이 시내를 건너려고 할 때 유격대가 습격해 병사 18명을 죽였다. 그러자 남은 부대는 "지촌동 주민들이 유격대와 협력해왔다"고 주장하면서 그곳의 가옥을 대부분 불태우고 많은 사람을 죽였다. 한 미국인 고문은 이런 "무질서한" 행동은 다른 데서도 볼 수 있는 "전형적"인 사례라고 평가했다.[74]

미국 자료에서는 1949년 12월 24일에 일어난 끔찍한 사건을 기록했는데, 유진규 중령이 이끈 한국군 제25연대 7중대가 석달石達(경상북도 문경군 소재)이라는 외딴 산간 마을에 들어가 주민들을 모두 모은 뒤 유격대를 도왔다고 지목했다. 미국 자료는 다음과 같이 기록했다. "그들은 아무 이유 없이 소총과 수류탄·바주카포로 민간인에게 발포했다. 아기 3명, 남학생 9명, 남성 43명, 여성 43명이 사망하고 (…) 마을의 가옥 27채 가운데 23채가 불탔다." 그 뒤 그 사건은 "유격대 70명이 자행한 학살"로 잘못 보고됐다.[75]

한국군 제19연대에 파견된 미국인 군사고문 페인터 소령은 1949년 마지막 주에 지리산에서 벌어진 유격대와의 총격전에서 64명이 사살되고 수십 명이 생포됐으며 32명은 "전향"하기로 약속하고 "보도 연맹에 들어갔다"고 보고했다. 그러나 그는 한국군이 제시한 사망자 숫자에 의문을 제기했다. 소총이 15정 정도만 수거됐기 때문이다. "그들은 산에서 발견된 사람은 모두 쏘았거나 항복하려던 사람도 죽인 것으로 생각된다"고 그는 밝혔다.[76]

11월 말 한국군은 전라남도 장흥 전투에서 중요한 유격대 지도자 최현을 죽였다. 그는 동일한 이름의 김일성의 동지와는 다른 인물이었다. 그의 본명은 최성우로 1915년 충청도에서 태어났다. 1949년 12월에는 100명 이상의 유격대가 가담한 사건이 거의 날마다 일어나 진압군과 충돌했으며 경찰과 공무원을 습격했다. 한 집계에 따르면, 그 한 달 동안 양쪽에서 모두 402명이 죽었다. 1월에는 사건 발생 횟수가 줄어 100명 이상의 유격대가 연루된 사건이 7번만 일어났다. 혹한이어서 유격대 활동은 대부분 식량과 물자를 보급하는 것이었다. 그달 말 드럼라이트는 "반란군을 근절하는 임무"는 전라남도에서는 대부분 완료됐다고 보고했으며, 김백일은 김응준 소장의 후임으로 경상북도 진압 부대로 옮겼다.[77]

1월 말 한국군 제25연대는 진부珍富에서 유격대 175명을 습격해 57명을 죽였다. "몇 사람을 죽였는지" 증명하기 위해 "아군은 죽은 유격대원 몇 사람의 신체 일부(코와 성기)를 잘랐다". 이런 보고를 받은 주한 미군 군사고문단 고문은 한국군 지휘관들에게 그런 행동을 용납하지 말고 처벌하라고 요구했지만, 그런 조치가 이뤄졌다는 기록은 없다.[78] 2월 말 유격대는 경상남도 양산군의 한 촌락을 습격해 가옥 96채를 태우고 8명을 죽였다. 진압군은 유격대 36명을 체포해 29명을 죽이고 7명을 포로로 삼았는데, 4명은 남성이고 3명은 여성이었다 — 이 포로들은 신문기자를 위해 살려두었는데, 기자는 그들의 목을 베고 배를 가르는 것을 목격했다.[79]

한국 정부는 1950년 1월 모두 1만2000명의 조선인민군 및 유격대와 교전해 813명을 죽였지만 아군 사상자는 51명밖에 되지 않는다고 주장했다. 로버츠는 기자들에게 1949년 11월부터 1950년 3월까지 "유격대 활동의 중추를 파괴하는 철저한 토벌 작전을 전개해" 6000명의 유격대를 죽였다고 말했다. 4월 중순의 내부 보고에서는 10월 1일 이후 죽인 유격대의 총수를

4996명이라고 했으므로 로버츠의 수치는 신뢰할 만하다.[80]

사로잡힌 유격대와 좌익 의심자 가운데 처형되지 않은 사람은 정치적 신념과 소속 정당을 "변경"하라는 강한 압박을 받았다. 경찰은 고문을 널리 자행했고, 전향을 거부하는 사람은 "모두 죽이겠다"고 위협했다. 미국 사회과학자들의 면밀한 조사에 따르면, 지방에서 좌익이나 공산주의자로 고발된 사람은 모두 이른바 보도연맹(6장 참조)에 가입해야 했는데, 그 조직은 "의심스러운 사람을 모두 감시하고 (…) 이전의 사상에서 전향시키기 위해 (…) 경찰이 지역에서 조직하고 관리한" 것이었다. 한국전쟁이 일어나자 그들은 전향했지만 대부분 이승만 정권의 경찰에게 살해됐다. 위 학자들의 연구 결과, 한 작은 마을에서는 그런 사망자가 6명 발생했다[81]는 사실이 밝혀졌다.

물론 이런 방식은 원래 식민지 시대 헌병대가 공산주의자와 민족주의자를 전향시키려고 사용한 것이었다. 그것은 일제의 분할통치 방법 가운데 가장 증오스러운 것으로, 본질 자체는 사악하지만 저항 세력 내부에 쓰라리고 지속적인 균열을 내는 데는 효과적이었다. 1945년 이전 일본이 지배한 한국과 중국의 일부 지역에서 저항 세력 가운데 동지를 배반했다고 의심받지 않은 사람은 한 번도 체포되지 않은 사람들뿐이었다. 북한 사람들은 이런 과거의 수법이 다시 자행되는 것에 특히 격분했다.[82]

1950년 3월 북한은 정예 유격대 수백 명을 침투시켜 남한 빨치산의 기우는 운명을 일으키려고 했다. 일부 자료에서는 그들이 경상도의 거점 지역을 확대하려고 한 것이라고 보았다. 절망스러울 정도로 장비를 갖추지 못한 남한 유격대와 달리 그들은 위생병과 박격포 부대를 거느리고 왔다. 북한이 지원군을 보강한 까닭은 월북하려고 시도한 제주 유격대 지도자 김달삼이 3월 21일 사망한 데 있다고 생각된다. 김달삼이 38도선으로 이동하려는 계획이라는 정보가 3월 7일에 보고되자 동해안에 배치된 모든 부대는 비상경계에 들어갔다. 그와 동지 80명은 삼척 남서쪽에서 매복군과 마주쳐 전원이 사망했다. 같은 시간 경험 많은 지도자 이호재가 이끄는 유격대는 북쪽으로 갔는데, 38도선을 넘거나 태백산맥 북부에 있던 증원군과 연락할 계획이었다. 북한은 320명씩으로 구성된 두 부대를 38도선 이남으로 파견했다. 첫 부대는 김상호가, 두 번째 부대는 김두현이 이끌었다.

김상호는 이전에 황해도 남쪽의 연안延安에서 경찰 부장으로 근무했으며, 적어도 200명의 남한 출신 청년이 포함된 부대를 지휘했다. 그들은 1년 전 강동학원에 들어가 두 달 동안 유격대 훈련을 받고 철원 지역에서 전술 훈련을 이수했다. 이후 양양을 출발해 3월 24일에 38도선을 넘었다. 김두현 부대에도 강동학원에서 훈련받은 병사가 있었으며, 같은 날 양양을 떠나 다른 경로로 38도선을 넘었다.

한국군 제8사단 제10연대는 3월 25일부터 4월 9일까지 2주 동안 강릉 동쪽에서 치른 전투에서 첫 번째 부대를 궤멸시켜 250명을 사상死傷하거나 사로잡았다. 4월 9일 한국군 제6사단 제8연대는 두 번째 부대와 충돌해 76명을 죽였다. 4월 22일 그 부대도 궤멸했고 김두현은 전사했다.[83]

미군은 이런 결과에 매우 기뻐하면서 김백일이 이끈 제6사단과 유재홍이 이끈 제8사단을 높이 평가했다. 영국 자료에서도 지난 여름의 초라한 전적과는 반대로 남한의 대공對共 전투 능력이 향상됐다고 적었다. 5월과 6월 유격대 사건은 눈에 띄게 줄었으며 6월 초에는 "더 줄었다". 한국전쟁이 일어나기 전에 작성된 마지막 보고서에서는 15~30명 정도의 소규모 유격대가 아직도 여러 지역에서 출몰하고 있지만 대체로 평온하다고 말했다. 6월 10일 북한은 유격대 60명을 더 침투시키려고 했지만 그 가운데 절반은 죽었다.[84]

북한 자료들은 유격대 투쟁이 1950년 봄 무렵 궤멸되지는 않았더라도 거의 사그라들었다고 판단했다. 1월 이승엽은 유격대 활동이 강력하게 발전하고 있으며 통일의 열쇠라고 썼다. 그 문건에서는 낙관적 어조로 1949년 가을에 투쟁이 "크게 확대됐다"고 말했다. 그는 8월에 유격대가 4만4200명이고 10월에 8만9900명이었다가 12월에 7만7900명으로 줄었다고 과장했는데, 그런 감소는 "겨울을 나는" 준비를 했기 때문이라고 했다. 유격대는 "1950년을 결정적 승리의 해로 만들기 위해" 전진하고 있다고 그는 썼다.[85]

3월이 되자 이승엽은 기세가 수그러들어, 유격대의 승리를 높이 평가하기보다는 실패한 원인을 설명하려고 노력했다. 겨울은 유격대에게 가장 힘든 시간인데 "말할 수 없이 춥고 배고프고 고통스럽다"고 했다. 그리고 이승만

도당이 8개 사단 가운데 5개 사단을 동원했고 폭력 집단이 촌락을 파괴했으며 수천 명이 보호 지역으로 소개됐고, 더욱이 유격대 세력이 가장 큰 지역인 호남에는 유격대에게 지리적 이점이 거의 없다는 이유를 들었다. 그는 앞뒤가 맞지 않는 논리로 유격대의 핵심 지도자를 잃은 것을 개탄하고, 인명과 재산에 "매우 큰 손실"이 있었다는 것을 인정했지만, 그럼에도 "동계 공세"는 실패했다고 주장했다. 요컨대 그것은 유격대의 운명에 큰 책임을 지고 있던 남한 공산주의 지도자가 자신을 변호하려고 쓴 글이었다. 아울러 그는 조선인민군은 "불굴의 군대로 성장하고 있다"고 언급했다.[86]

1950년 3월 남한 출신인 김삼룡은 진압군이 "비교할 수 없이 좋은 무기로 무장"했으며 미국인이 그들을 지휘하고 있다고 주장했다(그는 로버츠가 2월 초 태백산 지역에서 직접 지휘했다고 주장했는데, 그럴 가능성이 있다). 미국이 제공한 비행기·선박·중화기가 김삼룡이 완전히 봉쇄됐다고 말한 부산부터 울진에 이르는 연안 지역에서 사용됐다. 김삼룡은 봄이 다가오면서 유격대가 다시 급속히 확대되고 있다고 주장했다. 그러나 최용건은 조선인민군 창군 2주년 기념 연설에서 남한 빨치산을 아주 짧게 언급한 반면 만주의 김일성 부대와 조선인민군의 성장은 길게 찬양했다. "인민군은 영토를 통일하고 남한 동포를 해방시킬 준비가 됐다." 3월부터 당 기관지는 보도할 만한 유격대 활동이 남한에서 일어나는지 찾기 위해 지푸라기라도 잡으려는 것 같았다.[87]

1950년 봄 남한 유격대의 패배는 뚜렷해졌고 그것은 지도층의 균열로 이어졌다. 남한 공산주의자들은 운동에 활기를 불어넣을 수 있는 방법을 찾고자 했으며, 김일성 세력은 조선인민군이 남한을 해방시킬 시점이 무르익었다고 판단하게 됐다—그때 남한 유격대는 무력해 한반도의 통일에 공헌하겠다고 주장할 여력이 없었다. 그러나 일부에서 주장하듯 유격대 활동의 침체가 박헌영이 전통적 방식의 공격을 주장했기 때문이라고 보기는 어렵다. 그는 북한에서 권력을 소유하지 못했고 군사적 경험도 없었다. 이것은 나중에 김일성 세력이 전쟁 결과의 책임을 그에게 떠넘겨 처형하는 원인이 됐다.

전략이 변화한 배경에는 다음과 같은 요소들이 있다. 정규전이 아닌 유격

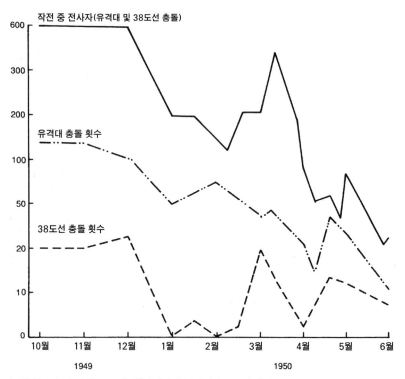

〈그림 2〉 1949년 10월~1950년 6월 유격대 충돌 사건과 38도선 전투
출처: KMAG G-2 (Intelligence) Weekly and Periodic Reports

대 전투는 그리 전망이 밝지 못한 점, 1948~1949년 중국공산당이 압도적인 세력으로 남진하면서 전개한 전통적 방식의 대규모 공격의 효과가 좋았던 점 그리고 그것이 한국에도 적합한 전략이라는 주장이 제기되면서 어떤 연합이 형성됐을 가능성이 큰 점 등이다. 한국을 중국과 (그 뒤의) 베트남과 비교하면서 자주 잊는 사항이 있다. 그것은 중국과 베트남의 내전이 본질적으로 유격대 전쟁으로 생각되지만 대규모의 전통적 방식의 전투로 종결됐다는 점이다.

아울러 유격대가 1949~1950년 "동계 공세"로 회복할 수 없을 만큼 타격을 받았다는 것도 확실하지 않다. 요컨대 만주에서 김일성이 그랬듯 겨울 동안 사라졌던 활동은 상황이 개선되면서 다시 나타나는 것이 일반적 과정이다. 한국전쟁이 시작된 뒤 지방 유격대의 활동 수준은 그들의 활동이 결코 근절되지 않았음을 보여준다.

이례적으로 강력했던 "동계 공세"는 남한군의 대규모 병력이 유격대 진압 작전에 투입됐기 때문에 가능했다. 거꾸로 이것은 북한 정규군에 맞서 방어하는 병력 배치에 악영향을 줬다. 1950년 1월 로버츠는 제섭에게 유격대는 대부분 "전멸"했는데 그것은 "진압 작전을 가장 중시했기 때문에" 가능했고, 그 결과 많은 부대가 거기 투입됐다고 말했다. 로버츠는 이제 군의 부담을 덜어줄 수 있도록 경찰이 유격대 진압 부대를 조직하기 바란다는 의견을 전달했다. 3월에 로버츠는 유격대 진압 작전에는 "5개 연대라는 많은 병력이 필요"했기 때문에 정규군의 방어 훈련에 차질이 생겼다고 말했다. 그는 유격대 진압 훈련을 위해 경찰 1만 명을 떼어내 500명 규모의 보병 대대 20개를 편성하려고 했으며 이것은 5월 1일 정도면 완료될 것으로 생각했다.[88]

결론

한국전쟁이 일어나기 1년 정도 이전의 사건들을 면밀히 살펴보면 그것들은 놀라울 정도로 서로 연결돼 있다. 미군의 철수, 38도선을 넘은 남한군의 도발적 공격, 이승만과 장제스의 회담이 진행되는 가운데 이승만과 이범석이 북진을 주장한 것, 유엔 한국위원회 조사관이 한쪽의 위반 사항만 조사한 것, 북한의 원정군이 중국에서 돌아오고 중重전차 부대와 중화기 부대를 남쪽에 배치한 것, 남한 내륙에서 유격대 진압이 겉으로 보기에 성공적으로 추진된 것, 이 모든 것은 워싱턴에서 대립 중인 세력이 아시아 정책을 폭넓게 검토하면서 봉쇄와 반격을 둘러싸고 벌인 싸움에 뒤이어 일어났다. 그러므로 이런 "적절한 간격decent interval"은 1950년 6월 전쟁을 일으키는 데 서로 작용한 사람과 사건과 세력을 대부분 망라한 것이었다. 그것은 어떤 유능한 정치가에게도 무거운 부담이 됐을 것이다. 이제 딘 애치슨이라는 한 정치가가 이 끓는 가마솥에 어떤 일을 했는지 살펴봐야 한다.

13장

"연설": 프레스 클럽에서 제시한 애치슨 방식의 억제

"당시 나는 활력과 열정이 넘쳤지만 경험이 부족했고" 준비 없이 즉석에서 연설하거나 다른 사람과 미리 상의하지 않은 경우 "매우 심각한 오해를 받을 수 있다"는 것을 알았어야 했다.

_딘 애치슨

그것은 우리가 일부러 잘못 보여준 패를 기초로 한 그들의 오산이었다.

_리처드 닉슨

지금까지 주장한 대로 한국전쟁이 일어나기 1년 전 미국의 동아시아 정책은 근본적인 변화를 겪고 있었으며 그것은 새로운 아시아 정책 문서인 국가안보회의 문서 48과 그 배후에서 내려진 일련의 결정으로 구현됐다. 그 공식적 정책 문서 아래에는 새로운 가설이 많이 숨어 있었다―봉쇄와 반격, 세계경제에서 일본의 위치, 팽창주의적 경향을 보일 것으로 예상되는 중국의 태도. 이런 가설들이 관료 기구를 거쳐 기존 정책에 반영되면서 동아시아 봉쇄의 확대, 인도차이나에서 프랑스에 대한 군사 원조 제공, 중화인민공화국 불승인, 아시아 배후지를 일본 경제의 필요와 연결하는 패권적 구상, 한국 전쟁에서 봉쇄와 반격의 변증법 등 일반적으로 한국 전쟁의 결과로 나온 것으로 여겨지는 대부분의 결정은 진작에 내려졌거나 예고된 것이었다.

그러나 옥의 티가 하나 있다. 이미 의문을 품은 독자도 있을 것이다. 프레스 클럽 연설은 어떤가? 김일성에게 보여준 애치슨의 "청신호"는 봉쇄에 따른 억제의 구조를 보여준 것이 아니라 위신의 치명적 실추였으며, 지나칠 정도로 세계적 규모의 개입 정책을 추구한 것이 아니라 신중하지 못한 퇴각이었다―그것은 1950년 6월 27일 내린 용감한 결정 덕분에 만회할 수 있었다.

1950년 1월 12일 애치슨은 워싱턴의 프레스 클럽에서 아시아 정책 관련 연설을 했다. 그때 연설에서 남한 관련 부분을 언급한 사람은 거의 없었지만, 6월 25일 이후 관계자들은 그가 미국의 아시아 방어선에서 남한을 제외한 것처럼 보였다고 지적했다. 공화당에 있던 그의 정적들, 특히 매카시는 공산주의자가 공격할 수 있도록 "청신호"를 켜줬다고 격렬히 비난했다. 역사학자와 정치학자들은 그 연설이 억제의 전형적 실패였다고 단정했다. 미국 외교정책 관련 책들을 펼치면 이런 견해를 자주 볼 수 있다.

이런 입장의 가장 정교한 논의는 알렉산더 조지와 리처드 스모크의 억제 관련 중요한 연구서에 실려 있다. 그들은 공화당에 있는 애치슨의 적대자들에 비해 애치슨의 태도가 좀더 모호했음을 인정하고, 한국전쟁 이전에 나타난 제한전 전략과 전면전 전략 사이의 차이를 정확히 간파했다. 그럼에도 그들은 남한의 경우를 "억제력을 행사하는 데 실패한" 사례의 하나로 봤는데, 애치슨(과 미국 정책)이 남한을 방어선에서 제외함으로써 북한의 공격을 받아 "남한의 '전략적' 중요성 대신 정치적 중요성"을 각성하게 만들었다는 것이었다. 또한 그들은 남한에 대한 미국 정부의 입장은 "일방적으로 결정"된 것이 아니라 "놀라울 정도로 논쟁이 없던" 정책토론에서 만들어진 것이라고 썼다.[1]

앞서 본 대로 한국정책은 증오를 품은 대립을 불러왔으며 1946년 이후 군부의 반대를 누르고 애치슨과 국무부가 독단적으로 결정했다. 아울러 그런 결정은 남한의 군사적 중요성이 어떻든 커다란 정치적·전략적 가치에 따른 계산에서 나온 것이었다.

그러나 좀더 흥미로운 것은 정책 결정자들이 북한에 경고해 견제하는 데 왜 더 많은 노력을 기울이지 않았는지에 대한 조지와 스모크의 관심이다. 그들은 한반도에서 긴장이 고조되고 있던 상황에서 나올 수 있는 대응을 세 가지로 들었다. 남한에 직접적인 군사 지원을 약속하는 것, 현재의 개입을 유지하되 간접적인 군사·외교적 지원을 늘려가는 것 그리고 제한된 개입을 축소하고 실패의 "대가를 줄이도록" 준비하는 것. "흥미로운 것"은 행정부가 "이 세 가지 방안 가운데 어느 것도 선택하지 않았다는 것이다. (…) 그것은 변화하는 상황에 '합리적인' 대응이 아니었다"고 그들은 지적했다. 계속

해서 그들은 이런 실패를 비판하면서 이것이 비슷한 다른 사례에 시사할 수 있는 교훈을 제시했다.[2]

이것은 정말 흥미롭다. 애치슨은 억제 정책을 시행하는 데 실패한 것이 아니었다. 그것은 다른 종류의 억제, 내전에 사용한 억제였을 뿐이며, 애치슨은 양쪽을 모두 억제해야 했다. 이 전략이 흥미로운 까닭은 이유를 설명하지 않은 채 동맹국을 위험한 상태로 방치하고 떠났으며, 방어하지 않아 동맹국이 무너지게 내버려두면 자신도 위험에 빠질 수 있다는 데 있다. 그러므로 동맹국이 무너지기를 정말 바라지 않는다면 특정한 조건 아래서(이를테면 동맹국이 공격을 먼저 일으키지 않는다는) 암묵적이거나 비밀리에 방어를 강구해야 했다. 방어 계획을 세우지 않았다면 조지와 스모크의 방안 가운데 세 번째 방안을 선택해야 한다. 그리고 방어 계획을 세웠지만 공격이 일어나기를 바라지 않는다면 두 번째 방안을 선택해야 한다. 조지와 스모크는 논리적으로는 틀렸지만 사실은 제대로 파악했다. 하지만 애치슨은 위에서 말한 방안 가운데 어느 것도 선택하지 않았다. 그러므로 두 가지 가능성이 남는다. 그는 "합리적"이지 않았거나 특정한 조건 아래서 일어나는 공격은 미국에 이익이 된다고 생각했다는 것이다.

프레스 클럽 연설은 정치학적 분석을 넘어 불변의 평결이자 사회적 통념이 되어 사람들 마음 깊이 침투했으며, 사실과 주장에 영향받지 않는 기이하고 이해하기 어려운 영역으로 들어갔다. 이를테면 반사적으로 자주 제기되는 질문 가운데 첫 번째는 "누가 한국전쟁을 시작했는가?"이며 두 번째는 늘 "애치슨의 연설은 어땠는가?"다. 역사는 신성한 판단을 내렸다. 애치슨이 실수했다는 것이다. 정치학도 신성한 판단을 내렸다. 그는 합리적이지 않았다는 것이다.

그 평결은 틀렸으며 사회적 통념으로도 지혜롭지 않다. 전제도 어리둥절할 정도로 납득되지 않는다. 다른 누구도 아닌 스탈린이, 또는 나아가 김일성이 그 연설 때문에 미국이 남한을 방어하지 않으리라고 오판했다는 것이다. 스탈린은 자신의 보편적 수법에 따라 적의 의도를 파악하는 첫 단계로 애치슨의 공식적 발언을 일단 부정적으로 보았을 것이다. 그 연설을 읽은 직후 스탈린의 머리에는 서로 반대되는 생각 사이에서 충돌하는 변증법적 논리가 떠올랐을 것이다. 애치슨은 남한을 방어하지 않겠다고 말했으니 그렇게 할 것이다, 아마 그는 진심이었을 것이다, 아무튼 그는 우리를 속이려고 하고 있다, 그를 믿는 척함으로써 우리는 미국을 어리석은 전쟁으로 끌어들일 수 있을 것이다 등등. 필비·매클레인·버지스·블레이크 같은 여러 영국 첩보원이 제공한 미국의 극비 문서를 스탈린이 아침 식사를 하면서 읽었음은 말할 것도 없다.

또는 "존 퀸시 애덤스• 이후 가장 유능한 국무장관"[3]이라고 제임스 체이스가 높이 평가한 인물이 그렇게 어처구니없는 실수를 저지르고 비합리적으로 행동했으며, 통찰력 있게 생각하지 못하고 올바른 신호를 보내지 못했다는 가설은 어떤가? 그러나 이런 가설들은 좀처럼 사라지지 않았다(끈질기게 살아남았다). 10년 동안 트루먼 행정부를 연구한 한 역사학자는 애치슨이 심각하게 혼란스러운 정신을 지닌 단순한 인물이었다고 내게 말했다.

연설에 대한 애치슨의 생각과 그것이 불러온 논쟁은, 언제나 그렇듯이 아무 도움이 되지 않는다. 회고록에서 그는 자신에 대한 비판을 반박하고 북한의 공격을 후원한 소련의 "어리석음"을 언급한 것을 제외하고는 놀라울 정도로 말을 줄였다. 프린스턴대학에서 열린 한 학술회의에서 애치슨은 귀를 쫑긋 세우고 있는 청중에게 "당시 나는 활력과 열정이 넘쳤지만 경험이 부족했고" 준비 없이 즉석에서 연설하거나 다른 사람과 미리 상의하지 않은 경우 "매우 심각한 오해를 받을 수 있다"는 것을 알았어야 했다고 말했다.[4]

예측하기 어려운 사태를 포착하고 이해하는 능력

어느 저명한 인물이 날마다 남긴 방대한 정책 문서·비망록·메모·편지·일기 같은 문서를 차분히 읽어나가면 어떠한 결론에 이른다. 호감이 가는 인물도

• John Quincy Adams(1767~1848). 미국의 정치가. 미국의 2대 대통령 존 애덤스의 아들로 국무장관을 거쳐 6대 대통령을 역임했다.

있고 그렇지 않은 인물도 있다. 일반적 평가보다 낫다고 생각되는 사람도 있고 그렇지 않은 사람도 있다. 이런 과정을 거쳐 그 사람에 대해 상당히 확실한 결론에 도달한다. 애치슨이 남긴 문서들을 읽으면 그가 단순하거나 경험이 부족한 사람이 아니라는 움직일 수 없는 확신이 든다. 실제로 세계의 여러 문제를 파악하는 힘과 시각, 올림포스의 신 같은 자신감, 사물을 통찰하고 수많은 사건의 논리를 파악해 그것을 정책으로 구현하는 능력 등에서 애치슨과 견줄 만한 국무장관은 드물었다. 또한 그는 자신이 소박한 인물이라고 고백했지만, 그 이면에서는 역사적 판단을 과거로 소급해 구축하는 데 뛰어난 능력을 보였다.

애치슨이 국무장관으로서 지닌 신조는 그가 마셜 국무장관의 위대함을 서술한 글에서 알 수 있다―그 말은 마셜보다 애치슨 자신에게 더 적합한 것 같다. "문제의 모든 요소는 결정을 내릴 시기가 무르익을 때까지 그의 마음에, 비유하면, 용해된 상태로 간직돼 있다. 이것이 판단의 핵심이자 방법―또는 기술―이다. 군사적 문제뿐 아니라 국가의 중대한 사안을 판단하려면 정확한 정보를 철저히 확보하고 예측하기 어려운 사태를 통찰해야 한다."5

국무장관으로서 애치슨이 사용한 방법은, 이를테면 타이완 문제 같은 것을, 그 문제의 논리에 따라 자신만의 방식으로 생각하는 것이었다. 그런 뒤 그는 타이완을 더 넓은 지역과 전 세계의 문제와 연결시켰다. 그리고 다시 이런 거대한 문제들을 세계경제에 가장 좋은 것은 무엇인지, 소련과 대치하고 있는 미국에 가장 좋은 것은 무엇인지에 초점을 맞춰 검토했다. 애치슨은 세계를 여기는 유럽, 저기는 아시아, 여기는 남한, 저기는 일본 하는 식으로 일련의 도시 구획처럼 생각했다. 그는 그 구획들을 상세히 알지 못했고 남한 같은 나라에 대해 깊이 생각하지도 않았으며, 모든 것을 미국과 유럽의 이익에 비춰 검토했고, 한 나라에서 다른 나라로 그리고 한 지역에서 다른 지역으로 옮겨가면서 각 구획을 자신이 본 좀더 큰 전체와 맞춘 뒤 각 지역에 적합한 정책을 고안했다. 지구 규모의 사건을 질서 있게 정리해본 경험이 없는(그러므로 그것은 불가능하다고 생각하는) 사람이나 전체를 희생해 부분만 헤아려본 전문가만이 애치슨 안에서 소박하고 단순함과 반대되는 인간상을 발견하지 못할 것이다.

외교정책을 분석하는 일부 전문가는 어떤 계획이나 전략을 비판할 경우 정책 결정 과정의 오해나 다양한 음모론을 내세우거나 심지어는 정책 입안자가 계획을 전혀 세우지 않았다고 부정하기도 한다. 한 외교사 연구자는 내 연구의 초고를 읽은 뒤 "애치슨은 남한에 대해 전혀 생각하지 않았고 그럴 시간도 없었다"고 말했다. "당신은 국무장관의 일일 면회기록부를 본 적이 있는가?" 그러나 애치슨은 자신이 만든 세계의 도시와 그곳의 다양한 구획을 날마다 생각했다. 그는 통찰력과 계획이 있었으며 비밀을 어떻게 유지해야 할지 알고 있었다. 애치슨이 주위 사람들의 이해를 바라거나 신경 썼으리라고 생각하기는 어렵다. 그는 자신만의 구상을 즐겼으며 감춰진 손과 비밀스러운 힘의 행사를 즐겼다.

이런 인물 묘사를 받아들이지 않는 완고한 독자는 나의 구상에 있는 오류가 아니라 애치슨 자신과 직접 마주쳐야 할 것이다. 신중히 생각하고 제때에 개입함으로써 자신이 어떻게 진주만 공습 직전 일본을 압박했는지 자랑스럽고도 약간 숨 가쁘게 설명하면서 회고록을 시작한 사람은 바로 그이기 때문이다. 애치슨은 1941년 월가를 떠난 뒤 국무부에서 "자신의 역할을 찾으면서" "1941년의 큰 사건을 촉발한" 문제를 담당하게 됐다.6 이 부분에 주목할 필요가 있는데, 애치슨이 어떤 일을 하고 어떤 일을 하지 않았는지 때문이 아니라 그의 주장의 지적 구조와 복잡한 논리 때문이다.

당시 관리통제국장이던 애치슨은 일본(그의 표현에 따르면 서구가 낳은 "다루기 힘든 후손")에 이른바 "동결凍結 정책"을 시행하는 역할을 맡았다. 그것은 일본을 어떤 방식으로 자극할 것인가 하는 문제였다. 일본 선박 타투무마루龍田丸는 일종의 지렛대로, "미국 전함 메인호●와 젠킨스의 귀Jenkins' ear●●처럼 거대한 사건의 계기가 됐다".7

● 1898년 쿠바에 있던 미국 군함 메인호가 폭파되는 사건이 일어났고, 이를 계기로 미국·스페인 전쟁이 시작됐다.
●● 영국 선장 젠킨스가 1731년 서인도에서 스페인 경비대에게 한쪽 귀를 잘리는 사건이 일어나 영

그 사건의 상세한 내용은 우리에게 중요하지 않지만 행동의 구조는 중요하다. 이는 스팀슨 방식의 전통을 빌린 것이다.••• 즉 적의 행동을 촉진하거나 제한해 주도권을 상대가 쥐고 있는 것처럼 보이는 국면이나 상황의 창조, "구상을 은폐하려는 의도"라고 표현되는 정책, 미식 축구를 이용한 은유("패스 실책으로 인한 펌블"), 사태를 움직이는 미묘한 움직임, 반응하는 적의 "어리석음" 등이며, 이것은 모두 "어떤 진술로 표현할 수 없는 궁극적 진실"을 위한 것이었다. 또는 애치슨이 요약한 대로, "명확히 말할 수 없는 주요 전제는 우리에게 정책이 있든 없든 하나의 사태가 존재한다는 것이었다."8

명확히 말할 수 없다고 전제했으므로 당연하지만 우리는 이 "사태"가 어떤 것이었는지 분명히 알 수 없다. 애치슨이 재구축한 세계에서는 일본—부흥했지만 약한 나라—에 권력의 무대와 선택의 폭을 줬지만 결국은 일본을 좌절시키는 것처럼 보였다. 일본은 행동하지 않으면 영원히 2등 국가로 격하될 것이며, 행동하면 전쟁이 일어나고 전쟁을 일으킨 책임을 져야 하며 결국은 미국에게 패배할 것이다(그리고 영원히 2등 국가로 격하될 것이다).

애치슨이 동결 정책을 추진하면서 마침내 미국과 일본 사이는 "크게 진정"됐으며 정치가들은 사태의 결말을 기다렸다. 그 사건이 일어난 것은 애치슨이 그 갑작스러운 일요일에 자신의 샌디 스프링 농장에서 아치볼드 매클리시와 함께 쓰러진 나무를 치우고 소풍을 즐기고 있을 때였다. "독일과 마찬가지로 어리석은 우리의 적은 마침내 우리의 난제를 풀어주고 우리의 의혹과 불안을 해소해주었으며, 우리 국민을 국익에 필요한 길고 험한 과정으로 단결시켰다."9

이런 일들을 종합하면, 애치슨은 1월 12일 면도하고 아침을 먹고 고등학생 모의 유엔 단체와 만난 아침 일정 안에 아시아 정책을 억지로 넣으려고 한 것이 아니라, 자신이 어떤 일을 하고 있는지 잘 이해하고 있었다고 판단

국·스페인 전쟁이 시작됐다. 나중에는 오스트리아 왕위계승전쟁으로 확대됐다.
••• 스팀슨Henry L. Stimson은 미국의 정치가로 일본에 원자폭탄을 투하할 것을 트루먼 대통령에게 권고했다. 일본의 항복을 앞당겨 더 많은 생명을 구하기 위한 것이었다면서 원폭 투하를 인도주의적 차원으로 정당화했다.

된다. 그렇게 하지 않으면 그의 독특한 성격을 부정하고, 통찰력을 무시하며, 판단이라는 중요한 임무를 회피하는 게 될 것이다. 그리고 역사는 허무한 노력이 되고 우리는 목적 없이 허우적거리면서 오해나 비논리에 빠질 것이다.

애치슨의 극동 구상

여기서는 남한에서 잠시 벗어나 세계 체제와 중·소 문제로 되돌아가 프레스 클럽 연설의 논리를 살펴보자. 중·소 문제는 1월 12일 애치슨이 말하고자 했던 중심 주제였다. 그 연설은 애치슨의 극동 구상에서 필수적 부분이었으며 그렇게 생각하면 완전히 설명될 수 있다. 그런 측면은 자세히 읽으면 더욱 잘 나타난다. 아울러 애치슨은 자신의 연설을 정당화했는데, 그것은 자신을 단순한 인물이라고 공개적으로 인정한 것과는 대조적으로, 사건 전체를 관통하는 논리의 맥락과 일치한다.

애치슨의 구상에는 여러 단계의 분석이 상호작용하는 개념이 포함되어 있었다. 전 세계, 지역, 국가, 국내라는 단계의 분석이다. 국내는 정치적 대립과 관료 조직의 대립이 벌어지는 장소였다. 정치·경제의 논리는 모든 층위의 분석을 뒷받침하는데, 권력과 번영 사이의 상호작용 또는 국가 체제와 세계경제 사이의 상호작용이라는 추정에 기반한 논리다. 전 세계적 단계에서 애치슨은 세계경제의 부흥과 융성을 추구했다. 이것에 대치되는 것은 유럽·아시아 대륙—북한의 표현을 사용하면 "베를린부터 광둥까지, 무르만스크부터 티르하나까지"—을 사회주의가 지배하는 것이었다. 그러므로 실행할 수 있는 효과적인 개선책은 그 주변부를 둘러싸는 봉쇄선을 긋고, 서유럽과 일본의 산업 경제를 부흥시키며, 개발이 뒤떨어진 배후 지역을 연결하고, 소련과 중국을 균열시키는 것이었다. 소련과 중국을 균열시키는 것은 중국에 봉쇄나 반격을 전개해 실현할 수는 없다고 애치슨은 생각했다. 중국 국민정부는 자제심이 부족하다는 결함을 드러냈으며, 반격은 치유가 늦은 상처를 더 크게 하고 민족주의와 배외주의排外主義를—중국뿐 아니라 미국에서도—

불러올 것이기 때문이었다. 그러나 중국의 민족주의를 이용하면 모스크바와 베이징을 균열시킬 수 있고, 시장의 매력과 유혹은 중국을 고립에서 탈피시켜 서구와 일본에 의존하게 할 수 있다고 판단됐다.

세계 체제론의 관점이나 좀더 단순하게 국제 은행가의 세계관에서 보면, 중국은 제국주의 열강에 의해 연안 지역을 따라 부분적으로 근대화가 되었지만, 농업 중심의 정치·경제에 지나지 않아 자국의 능력으로는 공업화할 수 없었다. 그러나 소련은 세계에서 미국 다음으로 큰 규모의 자급자족적 정치·경제력을 지녔으며 일본 이후 자력으로 전면적 산업화가 가능하다는 것을 증명한 유일한 나라였다. 그러므로 중국을 세계경제 체제 안으로 포섭할 가능성은 소련보다 훨씬 컸다.

일본은 아시아 지역의 성장 동력으로서 군사적·정치적 힘이 박탈된 뒤 세계경제에 강한 영향력을 지닌 공업국으로 다시 통합될 수 있었지만 2등 국가의 하나로 구상됐다. 그러나 그러려면 원자재와 시장을 공급하는 배후지가 필요했다. 그러므로 앞서 본 대로 애치슨은 봉쇄의 아시아판으로 "거대한 초승달 지대" 전략을 추진해 도서島嶼 방위에 일본의 배후지를 연결시켰다. 그 배후지에는 동남아시아와 인도차이나 같은 일본의 옛 식민지를, 이용 가치가 있을 경우 포함시켰다.

이 구도에서 남한은 부수적 위치였다. 남한은 "작은 중국"이거나 "작은 일본"이었던가? 작은 중국이라면, 즉 이승만은 제2의 장제스이고 경제는 부패해 유지하기 어렵다면 그리고 북한이 진정한 혁명적 민족주의의 도전자로서 중국과 연결된다면 남한은 바로 또 다른 도미노 패가 되었을 것이다. 그러나 남한이 유능한 반공 지도자가 있으면서 일본·미국과 연계해 경제가 성장하는 "작은 일본"이라면 그리고 북한이 "작은 소련"으로 소련 세력의 연장선 위에 있다면 전체적 그림은 바뀌어, 공산주의 팽창의 물결을 막는 장소가 되었을 것이다. 앞서 본 대로 1947년 애치슨은 요청한 예산 전체를 의회에서 승인받지는 못했지만 자신이 구상한 봉쇄 전략에 남한을 포함하기로 했다.

타이완은 비유하자면 이런 연고軟膏에 빠져 시끄럽게 버둥대는 날파리 같았다—국민정부 자체가 골칫거리가 아니라 애치슨은 (…) 타이완이 또 다른 도미노 패라고 생각했다. 더욱 걱정스러운 것은 워싱턴의 타이완 지지자들이었다. 미국 정치에 "중국" 문제가 특이한 영향을 미치지 않았다면 애치슨은 자신의 방안을 추진했을 것이며 미·중 관계가 번영하는 데 4반세기라는 긴 시간이 필요하지 않았을 것이다. 늘 그렇듯 멀리 떨어진 외국의 사건은 국내의 갈등과 폭발적인 상호작용을 일으켰고, 그 결과 미국 외교정책의 핵심 문제는 다루기 힘든 세계와 미국 정책을 어떻게 조화시킬 것인가 하는 것이 되었다. 실제로도 애치슨은 원대한 구상을 충분히 무너뜨릴 수 있는 공화당과 우파라는 말파리 떼를 잡는 끈끈이 종이가 됐다.

또 다른 명민한 국제협력주의자인 루스벨트와 마찬가지로 아시아의 혁명적 민족주의는 애치슨의 눈에 티끌이었다. 그는 민족주의는 이해할 수 있었지만 혁명은 이해할 수 없었다. 그는 중·소 관계는 합리적으로 파악했지만 중국 내정과 관련해서는 끔찍한 해석을 했으며, 그것이 중국 정책의 기반이 됐다. 그의 한국정책은 평양이 소련의 꼭두각시일 뿐이라는 추측에 기반했다. 그는 북한 지도층의 본질이나 북한이 이용한 역사적·혁명적 세력을 전혀 몰랐다. 그의 인도차이나 정책도 마찬가지였는데, 1960년대 후반까지도 그는 호찌민이 진정한 혁명가가 아니라 소련 정책의 산물일 뿐이라고 생각했다. 김일성과 호찌민 같은 인물은 애치슨의 의식에 역사적 주체로 떠오르지 않았다.

아무튼 애치슨의 정책은 봉쇄와 국제협력주의를 혼합한 것으로 1947년에 이룬 타협을 구체화한 것이었다. 중국과 소련의 단일 연합체가 나타난다면 세력이 팽창하는 것을 막아야 했다. 중국을 소련에서 분리시킬 수 있다면 세계 체제에 포섭할 수 있을 것이었다.

1948년 후반 국민당이 중국 본토에서 완전히 철수할 것이 예상되고 1949년 여름에 실현되면서 미국의 중국 정책은 단순하게 구상되었다. 딘 러스크가 지적한 대로 "중국과 관련된 우리의 첫 번째 선택은 함락이었다. (…) 함락되지 않을 경우 두 번째 선택은 모스크바로부터 분리시키는 것이었다". 조지 케넌은 지정학에 기초해 두 번째 선택을 정당화했다. 소련은 거대한 국내 시장을 보유하고 있지만 아직 개발되지 않았으며 극동과의 관계는 미약하며 초보적이라고 그는 주장했다. 중국에게 필요한 것을 소련이 주거나 "소련 경제를 중국 경제와 결합시키려고 많은 것을 할 것"이라고 그는 생각하지 않았다. 그는 스탈린 대원수와의 회담을 떠올리면서 "극동에 어떤 것을 주려는 사람이 있다면 당신일 것이라고 생각한다"는 스탈린의 발언을 언급했다.[10]

1949년 초 CIA는 중국공산당의 승리는 동아시아에서 세력균형을 소련에 유리하게 바꿀 것이지만 그래도 중국은 외국의 원조에 크게 의존하고 있으며 "그런 원조를 제공할 수 있는 우월한 능력은 소련이 아니라 미국에 있다"고 판단했다. 국무부의 국제협력주의자들은 공산 세력과 외교적 관계를 유지하고 무역을 지속하며 군사적 분쟁을 피하는 영국의 정책에 동조하는 경향을 보였으며, 앞으로 중국이 서구의 우월한 기술과 풍부한 자금과 전문적 지식을 찾아 서구 쪽으로 방향을 전환하기를 바랐다. 중국의 공산화에는 "외국의 자본과 자본재, 기술 지원이 필요할 것"이며 "천연 고무·석유·비료의 공급은 거의 전적으로 비공산권의 공급원에 의존"할 것이라고 영국은 판단했다. 국무부 극동국장 월턴 버터워스는 동의했으며, 미국은 세계 석유 관리 체제를 지배하고 있는 지위를 활용해 중국을 제어하는 데 석유를 이용해야 한다고 강조했다. 그와 국무부의 다른 관료들도 비슷한 이유에서 중·일 무역이 지속되기를 바랐다. 이런 정책은 미국의 국내 정치 때문에 좌절됐고 한국전쟁 때문에 무너졌지만, 30년 뒤 중국의 행동 범위를 제한하는 데 에너지 자원이 다시 이용됐다.[11]

중국과 소련을 분열시키려는 미국의 바람은 중국의 국내 정치에 영향을 줬다. 중국의 가장 노련한 국제협력주의자 저우언라이는 1949년 미국과 관계를 수립하고 싶다는 뜻을 비쳤다. 소련은 중국에게 필요한 도움을 줄 수 없는 데다 모스크바에 의존하게 되는 것을 방지하기 위함이었다. 아울러 미국 정보기관은 정치국과 중앙위원회에서 친스탈린파와 반스탈린파 사이에 균열이 있다고 추측했다. 미국은 티토가 모스크바와 갈라섰을 때 즉시 반응해 정책을 수립했으며 중국에도 티토주의자가 있는지 찾아봤다. 친소파 지도자는 류사오치·리리싼·왕밍·가오강 등으로 생각됐다.[12]

1949년 12월 30일 국가안보회의 문서 48 관련 마지막 회의에서 애치슨은 소련이 만주를 "분리"시키려고 한다고 비난해 미국을 "민족운동의 편에" 서게 함으로써 중국의 "외국 혐오"를 미국에서 소련으로 바꾸게 해야 한다고 주장했다. 열흘 뒤 그의 동료이자 이란 대사인 존 C. 와일리는 공산 세력을 분열시키기 위해 미국의 직접적 군사개입을 그에게 제안하기까지 했다. 미국은 "경찰 행동 같은 개입을 정당화할 수 있도록" 의화단 반란 같은 사건을 찾아야 한다는 것이었다. 와일리는 "신속하고 명확한 추진"이 효과적이라고 생각했으며, 1945년 일본이 만주에서 쫓겨난 것이 "가장 이롭지 못했던 일"이었다고 비판했다.[13]

애치슨의 전략은 그리 도발적이지 않았다. 그 대신 중국에게 먹힐 수 있는 방법(스탈린에게 품고 있다고 생각되는 중국의 두려움)를 사용했는데, 『뉴욕타임스』에 기밀 정보를 흘려 마오쩌둥이 모스크바에 체류하고 있다는 것을 널리 알림으로써, 소련을 비난하고 모스크바와 베이징을 분열시키려고 했다. 이것이 그가 프레스 클럽에서 연설했을 때 바라던 주요 목표였으며 가장 주목받은 사항이었다.

1949년 12월 하순 마오쩌둥은 소련과 협상하기 위해 모스크바에 도착했고 회담은 날씨만큼이나 차가운 분위기에서 시작돼 예상보다 훨씬 오래 지체되었다. 그가 도착하자 타스통신 기자들은 얼마나 머물 예정인지 물었고 다음과 같은 퉁명스러운 대답을 들었다. "내가 얼마나 머물지는 중화인민공화국의 이익에 대한 문제를 해결하는 데 얼마나 걸릴지에 달려 있습니다."[14] 그것은 유럽·아시아 대륙의 단일 조직을 알리는 길조가 아니었다. 방문이 길어지면서 심각한 대립이 있다는 정보기관의 확신이 더욱 굳어졌다. 실제로 2월 초 CIA 국장은 중국과 소련이 만주에서 "전쟁을 벌일 가능성이 크다는 소문"을 선양瀋陽에서 입수해 국무부에 신속히 알렸으며, 제4야전군의 정예병력이 동북 지역으로 급속히 이동하고 있다는 보고도 첨부했다.[15] 이 보고의 정확성은 알 수 없지만, 마오쩌둥이 모스크바에서 협상하면서 협상 수단으로 부대를 만주로 이동시켰을 가능성은 충분히 생각할 수 있다. 아무튼 그런 소식은 애치슨을 대담하게 만들었다.

무대에 숨어서 대사를 까먹은 연기자를 돕는 오페라의 프롬프터마냥, 애치슨은 『뉴욕타임스』의 보도를 이용해 자신의 생각을 전달했다. 12월 30일 그는 제임스 레스턴과 만났으며 그 뒤 독자들은 레스턴이 쓴 신년 사설을 읽게 됐는데, 8월 이후 토의돼온 새로운 "아시아 문서"(12월 30일 트루먼이 서명한 국가안보회의 문서 48)가 승인됐다는 내용이었다. 사설의 대략적인 내용은 다음과 같았다. 미국은 "타이완을 점령"하지 않는 대신 "만주를 둘러싼" 모스크바와 베이징의 "균열을 넓히려고" 할 것이다. 중·소 문제는 "예상보다 빠르게 커지고 있으며" 미국은 대리자를 내세워 소련과 내전을 벌이는 "스페인 같은 상황"을 만들려고 하지는 않지만 중국의 반제국주의적 감정을 모스크바로 돌리려고 했다.[16]

같은 달 하순 애치슨은 소련이 중국에 "불평등 조약"을 준비하고 있다는 정보를 "되도록 빨리 흘리라고" 프랑스 주재 미국 대사관에 지시하면서 C. L. 설즈버거를 "적임자"로 추천했다. 설즈버거는 중·소 대립과 관련해 흘려진 것과 그 밖의 정보를 바탕으로 몇 개의 사설을 『뉴욕타임스』에 충실히 썼다.[17] 이것은 핵심적 여론 주도자들에게 자신의 견해를 주입하고 반복하게 만드는 데 매우 뛰어났다는 애치슨의 복화술을 증명한다. 영국은 레스턴을 그의 "대변인"이라고 불렀으며 실제로 레스턴의 많은 사설은 마치 애치슨이 직접 쓴 것처럼 읽혔다. 또한 반덴버그 상원의원의 의회 연설은 애치슨의 발언처럼 느껴졌다.[18]

그러나 이 당시 애치슨과 CIA는 중국 지도부에 대해 거의 몰랐으며 2월 중·소조약이 체결되자 애치슨은 체면을 구겼다. 저우언라이는 마오쩌둥에게 늘 충성을 바쳤으며, 문화대혁명의 파괴를 거치면서도 변함없었다. 류사오치는 도시 지하활동의 정치 경험을 지녔기 때문에 마오쩌둥보다 레닌주의 색채가 더 선명했지만 두 사람 사이의 공개적 균열은 1960년대까지 나타나지 않았으며, 그때도 갈등은 다른 문제를 둘러싸고 일어났다. 리리싼과 왕밍은 중국공산당 고위 지도부에 그다지 영향력이 없었다. 앞서 본 대로 가오강은 이야기가 달랐다. 실제로 1949년 가오강은 마오쩌둥보다 먼저 모스크바에 갔으며, 그것은 미묘하지만 명확한 문제였다.[19] 그럼에도 소련이 제국주의적 음모를 꾸미고 있다고 공개적으로 비난한 애치슨의 전술은 중국 지도부를 단결하게 만들었을 뿐이다. 그는 혁명적 민족주의를 거의 파악하지 못했기 때문에 중국의 반제국주의적 감정을 엄청나게 오해했다—중국은 적어도 20세기에는 미국이 유럽 제국주의 세력과 다를 바 없다고 봤지만 소련은 1917년 이후 반제국주의적 자세를 유지하고 있다고 보고 있었다.

타이완을 둘러싼 책략

이처럼 애치슨은 1950년이 시작될 무렵 겉으로는 중국 내전이 "가라앉기를" 기다리고 공산 세력이 타이완을 점령하리라고 보면서, 그런 뒤 불화의 씨앗을 뿌려 중국을 모스크바로부터 분리시키고 시장경제로 나아가게 만드는 작업을 추진했다. 이것은 제국주의 세력으로 보이는 것을 피하기 위해 미국이 타이완을 방어하지 않고 중화인민공화국을 인정한다는 뜻이었다. 이것은 애치슨의 진정한 타이완 정책이 아니었지만, 기묘하게도 그는 제임스 레스턴의 기사와 1월 초의 신문 발표 등의 방법을 이용해 모든 사람이 그렇게 생각하도록 내버려두는 데 만족한 듯 보였다. 또한 그는 우파로부터 격렬한 비난을 받기 시작했다. 그렇다면 그의 정책은 무엇이었는가?

본질적으로 애치슨은 타이완과 본토를 계속 분리시키려고 했지만 장제스를 포함한 누구에게도 그것을 말하지 않았다. 그 결과 그는 한반도에서도 매우 비슷한 억제책을 고안했다. 군부는 방어할 여력이 없다고 말하는 한국의 일정한 영역을 보유하고, 내전 상태에 있는 양쪽을 억제하며 미국의 정책을 시행하는 데 유엔을 개입시키려고 했다.

1949년 3월 애치슨은 미국이 타이완 내부나 주변에 군대를 배치해야 한다는 합동참모본부의 제안에, 그것은 반제국주의적 감정을 자극할 수 있다면서 "지금은 순수한 반소 감정을 만주와 신장新疆의 영토 회복 문제에 활용해야 할 때"라고 지적했다. 그는 계속해서 이렇게 말했다.

현재 우리의 정책이 타이완에서 성공하기를 바란다면 타이완을 본토의 지배에서 분리시키려는 우리의 의도를 조심스럽게 숨기는 것이 가장 중요합니다. (…) 우리가 타이완에 군사적으로 개입한다면, 같은 생각을 지닌 세력들과 협력해야 하는데 그러기 위해서는 유엔 기구를 이용하는 것이 좋습니다. 그리고 유엔의 신탁통치나 독립 가운데 한 가지 방법으로 타이완 토착 주민의 정당한 자치 요구를 충족시킬 의사가 있음을 선언할 필요가 있습니다(강조는 인용자).

또한 이 시기에 애치슨은 다음과 같은 생각을 국가안보회의NSC에 전달했다. "타이완의 자발적 독립운동을 발전시키는 것이 좋으며 그럼으로써 타이완과 관련된 새로운 합의를 유엔에서 도출할 수 있을 것입니다. 그렇게 되면 미국이 개입하는 데 국제적 승인을 얻을 수 있을 것입니다."

며칠 뒤 그는 "우선 지하 혁명 운동을 지원한 뒤 타이완에 신탁통치를 실시하는 유엔의 조처를 추진해 국제적 협력이라는 명목 아래 그 섬을 접수할 것"을 제안했다. 1949년 1월 월턴 버터워스는 "타이완 문제를 유엔에 즉시 위탁"할 것을 제안하는 문서를 작성했는데 민족자결 원칙을 언급한 애치슨의 성명 초안까지 첨부했다. 그 초안은 1년 뒤 남한의 사례와 놀라울 정도로 유사했다.[20]

이것은 득의의 냉소주의로 채워진 진정한 애치슨주의다. 1947년 그가 추진한 한국정책과 마찬가지로, 이것은 한 나라가 추진하는 봉쇄가 다각적 국제협력주의로 위장된 것이었으며, 미국의 국익이라는 소우주가 유엔과 동맹국이라는 대우주의 모습을 형성한 것이었다. 그 정책의 필연적 결과는 장제스와 그 정권이 분석 대상에서 사라지는 것이었다. 타이완은 유엔의 신탁통치를 받거나 토착 세력의 정부가 세워지거나 쿠데타가 일어나겠지만, 그것은 국민당의 집권과는 거리가 멀 것이었다. 그 까닭은 무엇인가? 국민정부는 자제력이 없다는 사실을 드러냈고, 미국의 통제가 제대로 먹히지 않았으며, 미국의 전면적 지원이 없다면 가능하지 않을 본토 수복이라는 어리석은 허세를 보였기 때문이었다. 채택된 정책은 반격이 아니라 봉쇄였다. 그 결과 장제

스는 애치슨의 고려에서 밀려났다.[21]

애치슨은 세 가지 이유에서 트루먼 독트린 유형의 공개적 봉쇄 정책, 다시 말해 미국의 진정한 의도를 보여주는 수단으로 군사고문단을 파견하고 군사 원조를 제공하는 것에 동의할 수 없었다. 첫째, 그는 정부 안의 반격론자들을 억제해야 했으며, 타이완을 방어하겠다고 공개적으로 약속하는 것은 그들의 세력을 키울 뿐이기 때문이었다─워런 코언이 지적한 대로 그는 "트루먼에게 테디 루스벨트의 역할을 하도록 부추기는 것을" 거부했다.[22] 둘째, 그의 정책은 베이징이 모르도록 보안을 유지해야 했다. 셋째, 그가 품으려는 쪽은 타이완섬이지 그곳의 정권이 아니었다. 이 점에서 한국과는 달랐다. 남한에서 미국은 정권을 창출했고 고문단을 두었으며 상당히 강력한 통제력을 행사했다. 그리고 어쩌면 반격 정책이 작동할 가능성이 있었다. 타이완의 경우 그가 전략의 핵심 사항을 비밀에 부쳤다는 것은 자료에 기록돼 있다. 미국이 타이완을 공산주의자의 손에서 벗어나게 하려던 것은 분명했다. 남한을 억제한 경우도 마찬가지였지만, 남한은 애매한 "사태"의 한 부분이었다.

놀랍게도 조지 케넌은 트루먼이 테디 루스벨트의 역할을 하기를 바랐다. 1949년 7월 그는 타이완을 공산주의자의 손에서 벗어나게 하는 유일하고 확실한 방법은 "현재의 국민당 정권을 그 섬에서 축출한 뒤" 민족자결의 원칙을 따르는 정권을 수립하는 것이며, 그런 "개입"은 "시어도어 루스벨트라면 시행했을 방법"을 단호하게 추진하면 이뤄질 것이라고 판단했다.[23] 이 시점부터 한국전쟁이 일어난 바로 그 주말까지 거듭하여 장제스를 끌어내리는 쿠데타는 애치슨의 목표를 실현할 수 있는 최대 최소 전략●이 됐다. 그 때문에 장제스는 실각하지 않을까 1년 동안 신경을 곤두세웠다.

애치슨은 지휘할 수 있는 고지, 곧 대통령 집무실에서 타이완 정책을 조종할 수 있었지만 관료 기구와 정치적 통일체인 국가에서는 그렇게 할 수 없었고 거기서는 그의 시도가 계속 좌절됐다. 타이완은 방어에서 제외될 것이

● minimax strategy. 최대 최소의 원리에 입각해 어떤 계획의 성공이 가져올 효과를 생각하기보다 실패했을 때 어떻게 될지를 생각해 손실이 최소가 되도록 계획을 세우는 전략.

라는 정보를 애치슨이 레스턴에게 전달한 그날 맥아더는 『런던타임스』에 트루먼이 타이완에 군사고문과 민정고문을 파견하는 것을 포함해(거짓으로 생각된다) 아시아에서 공산주의를 봉쇄하는 새로운 "적극적" 정책을 채택했다(사실이다)고 말했다.[24] 1월 초에 일어난 이 사건과 그 밖의 사건은 불에 기름을 부었으며 "중국"은 미국 내부의 정치적 갈등을 격화시켰다. 애치슨은 실현할 수 없는 생각─타이완 방어를 일관되게 검토해온 것─을 품고 있는 곤란한 처지에 빠졌다. 나중에 그는 특유의 차분하고 우아한 말투로 자신이 아는 한 1948년 가을 이후 "미국 정부의 정책은 미국에 적대적인 정권이 타이완을 지배하는 것은 (…) 우리의 이익에 해롭다"는 것이었다고 말했다.[25]

1950년 1월 5일 트루먼과 애치슨은 타이완 문제와 관련해 기자회견을 열었다. 거기서 대통령은 "현재로서는" 타이완을 방위할 계획은 없다고 못 박았지만 애치슨은 자신의 미묘한 태도를 감추면서도 타이완 방위 계획은 없을 것이라고 대담하게 똑같이 말했다. 대통령의 발언은 영국을 당황하게 만들었다. 적대적 행동이 일어날 경우 미국이 관여하지 않을 수 없다는 것을 정확히 간파했기 때문이다.[26] 애치슨은 이중 게임을 했는데, 소박한 대중은 마음대로 생각하도록 내버려두고 국내와 국외, 타이베이와 베이징, 모스크바와 워싱턴에 있는 자신의 적들을 교란시키는 것이었다.

프레스 클럽을 향해

애치슨은 타이완에 불어닥친 이런 폭풍우를 무릅쓰고 프레스 클럽 연설을 준비해 즉시 발표했다. 애치슨의 목적은 국가안보회의 문서 48의 일부 내용을 공개하려는 것이었다. 그는 6월 남한에 개입하기로 결정한 때보다 이 연설을 준비하는 데 더 많은 시간을 들였다. 그는 과중한 격무에 시달리는 국무장관으로 알려졌지만 시간은 충분했던 것 같다. 그의 면회기록부는 그가 동아시아에 쏟은 관심과 그가 말하고자 했던 사항을 보여준다.

12월 14일 : "극동 관련 비공개 회의"

12월 24일 : "극동 관련 회의"

12월 28일 : "극동 문서" 관련 4시간 회의

12월 29일 : "타이완 관련" 국가안보회의

1월 3일 : "극동 관련 회의"

1월 4일 : "타이완 관련" 트루먼 면담

1월 5일 : "극동 연설 관련 회의"

1월 8일 : "극동 연설 관련 종일 회의"

1월 9일 : "정례 회의—연설 관련"

1월 10일 : 오후 4시 이후 "연설 관련 작업"

1월 11일 : 극동국 버터워스와 러스크 면담

1월 12일 : "아침 내내 집에서 연설 관련 작업"[27]

국무부 산하 부서에서도 애치슨을 위해 초안을 몇 개 작성했는데, 일반적으로 애치슨이 즉흥적인 실언을 저지른 것으로 생각되고 있지만, 사실은 그 반대였다. 러스크는 1월 3일까지 초안을 하나 마련했다. 1월 9일 애치슨은 보좌관들에게 초안을 읽어준 뒤 후속 작업을 맡겼다. 이튿날 애치슨은 개요를 철저히 검토했으며 앞서 작성한 초안에 의견을 적었다. 1월 12일에도 아직 다른 초안들이 있었다. 조지 케넌은 애치슨에게 몇 가지 제안을 추가했는데, 시대가 바뀔 때 전형적으로 나타나는 골치 아픈 발상이 합쳐진 것이었다.[28]

애치슨은 어느 것도 탐탁해하지 않았다. 그가 초고의 여백에 써놓은 언급은 그의 세계관을 전형적으로 보여준다. 이를테면 국무부의 한 부하 직원이 이렇게 썼다. "우리에게는 큰 목표가 없다. 우리는 실제로 하고 있는 것을 확인하기 위해 주위를 둘러보고 어깨동무를 하면서 나아가고 있다." 거기에 애치슨은 "그렇지 않다!"고 썼다. 나중에 그는 그 초안은 "끔찍해서 (…) 던져버릴 수밖에 없다"고 생각했다고 말했다.

남한은 모든 초안에서 중요한 위치를 차지했으며, 1월 10일 애치슨을 위해 준비된 마지막 초안에서 첫 번째로 언급된 아시아 국가였다. 그 초안에서는 남한을 "자유국가에 참여한 여러 새 국가 가운데" 하나라고 표현한 반면, 북한은 "유엔에 반대하는 소련이 평양에 세운 이름 없는 공산주의자들의 모호한 집단"이 지배하고 있다고 묘사했다. 서울에 미국 군사고문단과 경제 사절단이 주재하는 것은 "남한에 대한 우리의 의도를 보여준다". 그러나 애치슨은 그 부분의 끝머리에 이렇게 썼다. "경고 : 남한이 스스로의 노력에 상관없이 우리의 물질적 지원에 의존할 수 있을 것이라고 암시하지 말 것. 우리는 보답 없는 원조를 시행할 수 없음." 이 초안 어디에도 방위선이라는 개념은 보이지 않는다. 그 개념은 애치슨이 직접 작성한 초안에 포함시킨 것으로, 그는 방위선 안에 자동적으로 포함된 나라들과 자체 방어에 먼저 의지하는 나라들을 구분했다. 그러나 그가 생각한 맥락은 이런 것이었다. 1월 8일 자 초안에서 애치슨은 노란색 법률 용지에 일본과 한국은 "우리가 직접 책임져야 하는 지역"이라고 휘갈겨 쓰고 이어 "남한은"이라고 쓴 뒤 공백을 남겨놓았다. 그러므로 방위선에서 남한을 "제외한다"고 여겨져온 문장은 그 뒤 며칠 사이에 애치슨이 덧붙인 것이라고 생각된다.[29]

애치슨이 프레스 클럽에서 읽은 원고는 파기됐으며 그의 구두 발표 기록과 국무부의 연설 기록 발행 사이에는 2주의 공백이 생겼다. 그러나 애치슨이 제대로 준비하지 않고 즉흥적으로 발언한 것은 결코 아니라는 점은 분명히 지적해야 한다. 그 대신 그는 "그 초안들을 사용하지 않고 누구와도 함께 작업하지 않으며" 모든 것을 혼자 처리하기로 결심했다. 이는 그의 조타술操舵術의 한 특징이며 당연히 자신이 누구보다 상황을 잘 이해하고 있다고 생각했음을 보여준다. 그는 방위선이라는 개념과 관련해 그것을 실행할 주체인 군부와 상의조차 하지 않았다. 그는 그 방위선 안에 알류샨 열도, 일본, 오키나와, 필리핀을 포함시켰다.[30]

연설 가운데 남한과 관련된 부분에서 그는 이렇게 말했다.

태평양에서 그 밖의 지역의 군사 안보에 관한 한 그 지역들이 군사적 공격을 받지 않으리라고 보장할 수 있는 사람은 아무도 없다는 것은 분명히 밝혀야 합니다. (…) 그런 공격이 일어난다면—그런 군사적 공격이 어디서 일어날지는 말하기 주저되지만—가장 먼저 의지할 것은 공격받은 국민의 저항이며 그다음은 유엔헌장에 따라 모든 문명 세계가 관여해야 합니다. 그것이 외부의 침략에 맞서 자신의 독립을 지키려고 결심한 국민이 기댈 수 없는 연약한 갈대인지는 아직 증명되지 않았습니다.

그 뒤 애치슨이 쓴 대로 "그것은 1950년 1월 내가 던진 경고였다. 침략자는 그 경고를 무시했다."[31]

그러므로 널리 알려진 오해와 달리 남한은 미국의 방위선에서 명백히 제외된 것이 아니었다. 특정 국가(일본)는 방어되며, 위협받는 그 밖의 국가(한국 같은)는 공격받을 경우 처음에는 스스로 방어해야 하지만 그러지 못할 경우 상황은 다시 평가될 것임을 암시한 것이었다.

존 루이스 개디스는 애치슨의 방위선은 부주의한 것이 아니라 이전의 많은 계획에 기초한 것이라고 지적했다. 1950년 도서 방위 전략은 실제로 합의된 것이라고 그는 단언했다. 그 결과 그는 1950년 6월에 일어난 "갑작스러운 반전反轉"은 "정치가의 의도와 행동의 결과" 사이의 괴리를 보여주는 것이라고 결론지을 수밖에 없다고 말했다. 그리고 뒷부분에서 그는 "물론 원래의 '방위선' 개념에서 가장 충격적인 예외는 남한이었다"고 썼다.[32]

방위선이라는 개념은 분명히 새로운 것이 아니었다. CIA는 이르면 1947년 여름 그것을 논의하면서 "미군이 일본을 점령하고 있는 동안 미국은 남한에서 지위를 유지하는 데 대단히 중요한 이해관계를 가지고 있으며 그것은 일본과 중국 북부에서 미국의 위치를 보장할 것"이라고 규정했다. 그러나 일본 점령이 끝났을 때 "북한의 공격에 맞서 남한이 방어할 수 없는 위치에 있는 것은 미국에 이익이 되지 않는데, 그것은 남한 부근에 형성된 미국의 1차 방어선이 태평양 제도에 있는 미국의 방어기지 체계이기 때문이다."[33] 이것이 개디스가 말한 "원래의 개념"을 의미한다면 거기에는 남한이 포함된 것이었다—미군이 계속 일본을 점령하고 있다는 조건이었지만, 1950년 시점에서 미군은 물론 일본에 주둔하고 있었다.

맥아더도 비슷한 생각이었다. 1948년 3월 그는 케넌과 중요한 대화를 나누면서 자신이 생각한 방위선 체계의 의미를 분명히 밝혔다. 미국은 "공격"을 봉쇄하는 "U자형 지역"을 설정했다. 거기에는 미드웨이, 알류샨 열도, 필리핀의 클라크 공군 기지 그리고 "핵심 요새"인 오키나와가 포함됐다. 그러나 일본에는 기지나 군대를 두지 않는다는 것이었다. 달리 말하면 맥아더에게 일본은 애치슨에게 남한처럼 군대가 주둔하든 그렇지 않든 방어해야 하는 지역이었다. 그러나 맥아더에게 방위선은 방어와 공격 두 기능을 모두 지니고 있었다.[34]

그러나 이것이 프레스 클럽에서 발표한 애치슨의 생각에 영향을 주지는 않았다. 그때까지 나온 방위선에 대한 발언이 애치슨의 논리를 미리 알려주었다는 증거는 없다. 아무튼 애치슨의 논리는 "순수하게 군사적인" 고려에서 나온 전략적 정식화定式化에는 불리하게 작용했다. 개디스는 애치슨이 깊이 생각하지 않고 이런 전략적 발상을 덥석 채택하면서 의도와 결과 사이에 괴리가 발생했다고 잘못 추정했다. 사실 애치슨의 방위선은 정치와 경제를 기반으로 하고 정치적·경제적 수단을 이용해 "거대한 초승달 지대" 곧 일본부터 인도에 이르는 광대한 지역을 확보해 발전시키려는 것이었다. 실제로 그는 연설 이틀 전 의회에서 실시한 비밀 증언에서 아시아에서 미국 이익의 "진정한 중심"은 "한쪽 끝에 일본이 있고 반대편 끝에 인도가 있는 (…) 초승달이나 반원형 지대"라고 서술했으며, 일본의 경제적 필요를 동아시아에서 가장 먼저 고려해야 한다고 발언했다.[35] 그러므로 프레스 클럽 연설은 1947년에 수립한 한반도 봉쇄안 그리고 그의 세계관과 일치하는 것이었다. 1950년 6월의 개입도 마찬가지였다. 따라서 괴리도, 의도하지 않은 결과도, 부주의한 즉흥적 발언도, "정치적" 고려와 "전략적" 고려를 구분하지 못한 것도, 그리고 물론 가장 충격적인 예외와 갑작스러운 반전이라는 평가까지도, 일관된 논리 속에서 소멸된다.

평양의 문맹文盲

이런 증거들이 있지만 그래도 애치슨이 본의와 달리 잘못된 신호, 곧 침략이 일어나도 미국은 아무 행동을 하지 않을 것이라는 신호를 보냈다고, 그결과 적의 의식 속에 적당한 위험이나 공포 이미지를 심어주는, 신뢰할 수있는 억제력과 관련된 첫 번째 시험에서 탈락했다고 가정해보자. 그렇다면애치슨의 연설에 대한 북한의 반응은 무엇이었는가? 거기에 관련된 모든문헌을 철저히 조사한 연구는 아직 없다. 김일성이 그 연설 때문에 오판했다고 추정돼온 것을 감안하면 기이한 일이다. 애치슨이 억제력을 행사하는 데실패했다고 보는 부류에게는 약간 아쉬운 사실이지만, 북한은 애치슨이 방위선에 남한을 포함했다고 생각했다.

물론 애치슨이 준비한 연설과 그 밖의 자료는 그가 북한—또는 어쩌면한국인 전체—을 스스로의 힘으로 활동하는 주체로 생각하지 못했다는 것을 또렷이 보여준다. 모스크바의 "가장 낮은 꼭두각시"는[36] 자신의 원대한계획의 난해함을 간파할 수 없을 것이라고 그는 생각했다. 이때도 그들에게는 해석할 능력이 없었던 것일까?

진실은 약간 다르다. 북한 언론은 이 시기 내내 애치슨의 발언을 주의 깊고 정밀하게 따라갔으며, 지도부에서 돌려본 내부 문건은 더욱 그랬을 것으로 추정된다. 연설 1주일 뒤 북한은 제섭이 남한을 방문한 것을 보도하면서(그는 애치슨 연설 전날 서울에 도착했으며 덜레스와 마찬가지로 38도선을 시찰했다) 그가 "극동 방위선"을 구축하려고 한다고 주장했는데, 그들은 그것을 일본·오키나와·남한(제주도)·필리핀·타이완에 걸쳐 있는 "공격선"이라고 규정했다.[37]

이것은 분명히 "방위선"과 관련된 연설의 일부를 지적한 것이다. 아무튼 프레스 클럽 연설에 대한 북한의 첫 번째 직접적 반응은 소련의 안드레이 비신스키의 주장을 게재한 것이었다. "방위선"을 팽창주의적 선으로 봤지만 만주를 분리시키려는 소련의 시도에 대한 애치슨의 발언을 상세히 다룬 내용이었다. 이튿날 북한은 독자적 의견을 제시했다. 언론에서는 애치슨이 그 연설에 앞서 많이 준비하지 않았다고 보도했지만 그 뒤에는 애치슨이 8~9회에 걸쳐 이 "즉흥 연설"을 연습한 것으로 밝혀졌다고 썼다. 그 기사는 다음과 같이 이어진다.

> 애치슨의 견해는 그가 말한 방위선 안에 있는 나라들, 곧 일본·필리핀·남한처럼 지배받고 있는 나라들에 대해 미국이 '직접 [방어의] 책임'을 갖고 있다는 것이다.
>   애치슨이 미국의 제국주의적 정책을 아시아에서 계속 추진하겠다고 말한 것은 분명하다. 그것은 아시아 여러 민족을 종속시키려는 정책이며, 독립과 자유를 위해 싸우고 소련과 위대한 중국 인민을 따르며 형제 관계인 중국의 모범을 따르는 인민들을 적대하는 정책이다(강조는 인용자).38

북한은 왜 남한을 방위선에 포함시켰는가? 『뉴욕타임스』를 읽었기 때문이라고 대답할 수밖에 없다. 1월 12일 회견장에 있던 기자들에게 원고가 배포되지 않았기 때문에 기자들은 자신이 적어놓은 것에 의지할 수밖에 없었으며, 『뉴욕타임스』는 이튿날 애치슨 연설의 남한 관련 부분을 기사에 인용하지도 않았다. 모든 초점은 중·소 대립으로 추정된 사항에 대해 그가 언급한 부분에 맞춰졌다. 방위선 개념은 새롭거나 주목할 만한 것으로 취급되지 않았다―"그것은 계속 유지될 것"이라고 생각됐다. 그러나 그 주의 뉴스를 논평한 일요판에서 『뉴욕타임스』는 이렇게 보도했다. "둘째, 미국이 직접 책임지는 지역이 있다―현재 점령하고 있는 일본과 남한, 오키나와 그리고 우방인 필리핀을 관통하는 '방위선'이다. '우리는 이 지역에 직접적 책임이 있으며 실제로 그렇게 행동했다'고 애치슨 씨는 말했다(강조는 인용자). 동남아시아에서 우리는 '여러 나라 가운데 하나일 뿐이며 (…) [거기서] 직접적 책임은 그 나라 국민에게 있다.'"39

영국의 반응도 마찬가지로 혼란스러웠다. 프랭크스 주미 대사는 처음에는 남한이 일본·오키나와·필리핀과 함께 "미국의 직접적 국익" 범위에 들어 있다고 타전했지만, 사흘 뒤에는 남한은 직접적 국익 범위에 들어 있기

는 하지만 방위선에는 들어 있지 않다고 말했는데, 애치슨의 의도를 정확히 파악한 것이었다.[40]

남한의 반응도 의미심장했다. 장면 주미 대사는 프레스 클럽 연설에 대한 이승만의 "감사"를 애치슨에게 전달했으며, 주한 영국 대사 홀트는 "남한 정부는 그 연설에서 자신들을 계속 강력히 지원할 것이라는 미국의 의도를 확인하고 상당히 만족스러워했다"고 말했다. 무초의 월례 보고서는 그 연설을 언급하지 않았으며 그 대신 남한 원조 법안이 하원에서 2표라는 근소한 차이로 일단 부결된 것에 대한 이승만의 초조한 반응을 전달했다.[41]

1987년 내가 평양에서 대담한 김규식의 전직 비서 신기언은 북한인들이 애치슨의 연설을 해석한 것을 말해줬는데, 그들은 그 연설을 듣고 나서 "좋다, 이제 남한을 침공하자"고 외쳤다고 했다. 그러나 사실 애치슨은 "눈 가리고 아웅"한 것이라고 신기언은 말했는데, 이것은 눈에 보이는 얕은 수로 속이려고 한다는 한국 속담이다. 그 연설은 "속임수"였을 뿐이며 "북한 지도부는 그것을 모두 알고 있었다".[42]

원조 법안의 좌절은 프레스 클럽의 어떤 발언보다 큰 낭패로 여겨졌다. 1939년 이후 의회가 정부의 외국 원조 제안을 거부한 첫 사례였기 때문이다. 그러나 그것은 남한과 관련된 애치슨의 입장을 강화했을 뿐이다. 논의 동안 중국 로비스트 월터 주드는 애치슨의 프레스 클럽 연설을 인용하면서 남한은 미국의 안보에 중요하지 않다고 말했다. 애치슨은 그때까지 미국이 타이완을 방어하지 않을 것이라고 말해왔지만, 주드는 국무부가 의도를 드러내지 않으면서 남한을 붕괴시키려고 했다는 것을 보여주려고 했다.[43]

애치슨은 곤경에 빠졌다. 주드는 애치슨의 한국정책과 타이완 정책의 본질적 차이에 대해 도전했다. 게다가 반덴버그 상원의원은 원조 법안이 통과되지 않은 것에 "충격을 받았다"고 애치슨에게 말했다. "지금까지 우리가 해외에서 해온 거의 모든 일만큼—아마 그것보다 잘—남한에서의 활동은 정당화될 수 있을 것입니다."[44]

애치슨은 갑자기 남한과 관련된 활동을 매우 활발히 전개했다. 1월 20일 그는 정부 각료들에게 하원의 결정은 "우리가 [남한에서] 철수할 것이라는 의미로 받아들여지면서 유럽과 그 밖의 지역을 겁먹게 했다"고 말했다. 애치슨은 트루먼에게 공식 성명을 발표해 "우리가 남한을 버릴 의도가 없다"는 점을 남한에 납득시키라고 촉구했다. 곧바로 애치슨은 트루먼에게 메모를 적어줬다. 남한은 "존속의 많은 부분을 미국에 의지하고 있고" 유엔의 후원을 받고 있으며 "우리는 남한에 독립을 줬을 뿐 아니라" 다양한 원조를 제공하고 있다는 내용이었다.[45] 그러나 그는 자신의 마지막 카드—남한은 봉쇄선 위에 확고히 놓여 있다는—를 보여주지 못했다. 쉽게 흥분하는 이승만의 성격 때문이었다. 하원은 곧 결정을 번복해 1951회계연도(1950년 7월 1일~1951년 6월 30일)에 1억 달러의 원조를 제공하기로 의결했다.

북한은 이런 사태를 주시했고, 하원의 조처가 지닌 진정한 의미를 분석하는 데 대부분의 미국 신문들보다 뛰어났다. 그들의 첫 반응은 남한에 원조를 늘리는 것은 "쥐구멍에 돈을 붓는 것"이라는 한 의원의 발언에 전적으로 동의하면서 이를 크게 보도한 것이었다. 동시에 이승만과 그 세력은 미국의 원조가 없다면 자신들은 하루도 버틸 수 없음을 알기 때문에 일부러 "자신들의 약점을 미국에 드러냈다"고 논평했다. 자본주의자들은 이미 많은 돈을 낭비한 곳에 돈을 더 쓰는 것을 좋아하지 않으므로 그들은 장제스와 동일한 방식으로 이승만을 다룰 것이며, 그가 몰락하게 만들 것이라고 그 기사는 말했다. 그러나 워싱턴에서 원조 법안을 부결한 것을 "남한을 포기한 것"이라고 결론지어서는 안 되며, 트루먼 정부는 "계속 원조할 수 있는 다른 방법"을 찾을 것이라고 썼다.

그런 뒤 다음과 같이 결론지었다.

원조 "중단"의 배후는 대부분 공화당원이었으며, 그들은 중국과 그 밖의 지역에서 자신들의 "권리와 이익"을 보호하고 전쟁의 위험을 무릅쓸 것을 말하는 극단적 반동 세력이다. (⋯) 그러므로 우리는 대비를 더욱 철저히 하고 적을 물리치며 조국의 통일과 독립을 더욱 높은 수준으로 이끌기 위해 구국 투쟁을 수행해야 한다.[46]

나중에 평양에서는 원조 법안을 반대한 세력은 미국이 타이완을 후원하기를 바라는 부류이며, 애치슨은 법안을 되살리도록 "교묘하게 조작했다"고 지적했다. "요컨대 남한 원조를 둘러싼 논쟁은 미국의 중국 정책이 파탄을 맞았기 때문에 일어난 것이었다." 애치슨은 남한 원조를, 일본과 동남아시아를 잇는 방위선을 구축하려는 자신의 계획과 연결시켰다고 북한은 지적했다. 그 결과 "애치슨은 미국의 중국 정책이 실패한 것에서 아무 교훈도 얻지 못한" 것처럼 보인다고 말했다.[47]

동시에 북한은 1월 26일 이승만과 무초가 서울에서 상호 방위를 합의했으며, AP통신의 보도에 따르면 거기에는 "비밀" 조항이 들어 있었다고 주장했다. 나는 이것과 관련해 다른 정보는 없지만, 이승만에게 지원을 좀더 확실히 보장하는 조처는 있었다고 생각된다. 그 기사는 애치슨이 하원에서 발표한 성명을 상당히 왜곡해 전달했으며 "우리는 이미 남한을 손에 넣었고 잃지 않을 것"이라는 내용의 발언을 실었다.[48]

3월 평양은 애치슨의 프레스 클럽 연설을 "거짓말"과 "선동"으로 가득 찬 "시끄러운 합창"으로 규정하면서 그의 감춰진 진정한 의도는 "아시아의 민족 해방 투쟁에 맞서 전쟁을 준비하는 것"이라고 파악했다. 또한 애치슨의 타이완 정책은 그의 허위의 일부며, 실제로는 타이완을 미국 편에 계속 두려는 목적이라고 말했다. 미국인 군사고문 "수십 명"이 비밀리에 타이완으로 파견됐으며 맥아더는 일본군 장교들을 보냈다고 지적했는데, 모두 사실이었다.[49] 선전이라는 측면을 어느 정도 감안하면 소련의 "가장 낮은 꼭두각시"는 대부분의 미국 언론보다 미국 정책의 실체에 가깝게 다가갔다.

북한은 그 연설과 관련된 저우언라이의 분석도 다시 게재했는데, 연설의 주요 의도는 중국과 소련 사이를 틀어지게 만들고 베트남·남한·필리핀의 민족해방 운동을 "무너뜨리려는" 것이라는 내용이었다. 2월 10일 그들은 마침내 방위선을 직접 언급하면서 미국이 일본·필리핀·류큐를 "지배"하고 있다고 말했다. 방위선 바깥에 있는 남한의 위치에 대해서는 침묵했다. 그러나 이처럼 흥미를 끄는 새로운 내용을 밝힌 지 며칠 뒤 또 다른 논문에서는 그 연설이 미국의 계획을 보여주기보다는 숨기고 있다고 지적했다.[50] 앞으로 보겠지만, 톰 코널리 상원의원의 언동 때문에 남한은 더욱 위험에 빠져 무방비 상태에 놓이게 됐다. 그것은 애치슨의 발언보다 영향력이 더 컸다. 그렇다면 북한은 애치슨 연설이 있은 지 한참 지난 시점에서도 남한이 자력으로 방어하도록 방치됐다고 믿었다는 것인가?

대답은 "그렇지 않다"이다. 북한은 내가 이 논의를 시작할 때 제시한 것을 정확히 실천했는데, 애치슨의 의도를 숙고하고 모든 가능성을 고려했다. 그들은 "어리석지" 않았으며 공식 성명에 넘어가지 않았다. 아울러 일반적으로 잊는 사실은, 미국이 세계에서 가장 큰 규모의 군사고문단을 서울에 두었고, 38도선에 부대를 배치했거나 유격대와 매일 전투를 벌였다는 것이다. 내가 보기에 평양은 미국이 이승만 정권을 유지하는 데 모든 노력을 기울였다고 늘 믿었다. 연설의 실제적 효과는 북한이 균형을 잃고 경계하며 다음에 어떤 일이 닥칠지 불안해하게 만든 것이었다—이것이 남한과 북한 모두에 대한 애치슨의 진정한 의도였다.

요컨대 애치슨이 스탈린이나 김일성에게 순진하게 청신호를 켜줬다거나, 그로 인해 미국의 억제책이 실패했다는 발상은 몽상이다. 연설에서 한국 관련 부분은 1950년 6월 이전에는 거의 주목받지 않았다. 내가 알기에 애치슨이 남한을 "제외했다"고 비판한 공화당원은 한국전쟁이 일어나기 전까지 한 사람도 없었다. 그에 대한 공격은 6월 25일 이후 몰아쳤으며 미국 내의 정치 투쟁이 만들어낸 산물이었다.

공화당의 공격과 "역사"의 평결이 쳐놓은 연막은 아직까지도 걷히지 않았다. 조지 케넌처럼 통찰력 있는 인물까지도 1월 12일 그날의 애치슨의 의도를 잘못 이해했다. 나중에 케넌은 전면전이 일어날 경우 미국이 방어할 지역과 그런 범주에 들어가지 않지만 "도발적인 공산 세력의 군사적 침략을 허용할 수 없는" 지역을 애치슨이 구별하지 못했다고 말했다. 그러나 이것이 바로 애치슨이 연설에서—암묵적이지만 사실상 구분해서—말한 것이었다. "나는 애치슨이 이 문제 때문에 공격을 받았지만 스스로를 변호하지 못한 것을 늘 이해하기 어려웠다. 그의 성명이 국방부에서 준비한 문서에 기초했다는 것은 분명하다. 애치슨은 그런 결정을 독단적으로 내리는 책임을 지려고 하지 않았다"고 케넌은 말하기도 했다.[51] 앞서 본 대로 방위선의 개념은 국방부와 논의한 것이 아니었고, 애치슨이 스스로 결정한 것이었다(다른 여러 문제는 말할 것도 없다). 이 발언은 케넌이 자신의 상관을 이해하지 못했으며 1950년 초 그의 운세가 기울고 있었음을 보여주는 지표일 뿐이다. 그는 애치슨의 생각을 모두 알 수는 없었을 뿐이다. 그렇다면 애치슨의 생각은 무엇이었는가?

방어에 대한 애치슨의 생각

앞서 본 대로 1950년 무렵 국가 안보 관련 핵심 인물들은 이란에서 시작해 인도차이나나 타이완을 거쳐 남한에 이르는 봉쇄 경계선 전체에 걸쳐 소련의 압력을 뚜렷이 느끼고 있었다. 반격론자들은 같은 경계선을 따라 이런 세력을 역전시키고자 했다. 봉쇄를 선호한 애치슨에게 미국의 힘이 제한적이라는 사실은 이런 지역의 방어를 보장할 수 없다는 뜻이었다. 아울러 그런 의도를 지니고 있더라도 소련에게 그것을 감지할 수 있게 하는 것은 더없이 어리석은 행위였다. 동시에 그 경계선에서 일본이나 독일을 제외하는 것도 어처구니없는 일이었다. 미국이 그들을 방어하리라는 것은 누구나 알았다. 분쟁은 폴 니츠가 말한 "약점" 곧 불안한 상태의 지역에서 일어날 것이라고 애치슨은 생각했다.

게다가 애치슨에게는 더 중요한 일이 있었다. 그가 남한에 명확한 보장을 확대했다면, 중국 로비는 즉시 타이완도 비슷하게 포함하라고 요구했을 것이다. 그리고 미국·타이완·남한의 반격 지지자들은 즉시 대담해졌을 것이다. 아울러 애치슨이 북한을 억제하는 동안 이승만을 일부러 제어하려고 했다는 것은 기록에 분명히 남아 있다. 남한의 행동과 상관없이 한국을 방어하겠다고 선언하면 북한 억제도 이승만 제어도 하지 않는 것이 된다. 1954년 한 회의에서 애치슨은 남한이 만약 확고한 보장을 받았다면 "사실상 남한에 매우 큰 보험을 주는 셈이 돼서 그들의 전체적 행동이 상당히 달

라졌을 것이고, 이는 매우 도발적이고 호전적이었을 것이다"고 말했다.[52]

만약 애치슨이 남한의 불안한 상황과 이승만의 신뢰할 수 없는 행동을 판단하는 데 어떤 확신을 필요로 했다면, 그것을 도운 사람은 그의 심복 필립 제섭이었다. 제섭은 1950년 3월 아시아 장기 순방을 마치고 돌아온 뒤였다(그달 초순에 귀국한 뒤 매카시의 공격을 받았다). 제섭은 남한의 "여러 지역이 사실상 전투 상태에 있다"고 애치슨에게 보고했다. 남한은 냉전에서 "열전"으로 이동했으며 이승만의 비민주적 정책은 "그런 측면에서 우리가 다뤘던 대부분의 인물의 정책만큼 나쁘다"고 제섭은 말했다. 그러나 그는 1945년 이후 일종의 의무처럼 정형화된 경고를 덧붙였다. "이승만 외에 대안은 없다." 서울에서 회담하면서 이승만은 제섭에게 "한국군이 북한을 침공할 경우 남한은 훨씬 우수한 방어선이 될 것"이라고 말했다. 이승만은 "공격을 시작할" 계획은 없다고 분명히 말했지만 제섭은 이승만이 "38도선 부근의 한국군이 때때로 먼저 공격하는 것을 억누르지는 않았다"고 생각했다.[53]

그러나 애치슨은 남한인은 싸우겠지만 타이완의 중국인은 그러지 않을 것이라고 생각했음이 분명하다. 또한 애치슨이 "민족주의" 문제를 인식하지 못한 것은 남한과 타이완의 큰 차이를 만들었다. 1949년 마지막 미군 부대가 남한에서 철수하기 며칠 전 애치슨은 데이비드 브루스에게 말했다. "우리가 중국에서 불가능한 일을 시도하지 않는다는 이유로, 한국에서 모 아니면 도라는 식의 무리들은 가능한 일도 실행하기를 거부한다." 이보다 약간 앞서 그는 "봉쇄 정책을 채택할 것이라면 국민당을 지원하지 않는 까닭은 무엇인가?"라는 질문에 이렇게 대답했다. "정책은 같지만 발생한 사태가 다르기 때문이다."[54]

달리 말하면 자제력이 없는 대상에게 봉쇄 효과는 기대하기 어려우며, 미국은 패배가 예상되는 전투를 수행하거나 수렁에 빠지기를 바라지 않는다는 것이었다. 남한에서 "발생한 사태"는 트루먼 독트린의 봉쇄가 효과를 거둘 수 있는 것이었으며, 소련이 후원한 공격 때문에 효과를 거두지 못한다면 미국은 남한을 방어할 직접적 책임이 있다는 것이었다.

애치슨의 의도는 방위를 구축하는 것이었다. 1950년 5월 미국은 "서방을 건설하는 동안 동방에서 위상을 잃지 않고 유지하는 데 신경 써야" 한다고 그는 말했다. 1951년 그는 의회에서 1월의 프레스 클럽 연설은 한국을 포기하려는 것이 아니라 남한과 "자국의 독립을 위해 일어나 싸우려고 하는" 취약한 나라들에 대한 유엔의 책임을 환기하려는 의도였다고 말했다. 한국전쟁 1년 전 무초에게 보낸 극비 전문에서 그는 "남한의 미래를 미국 단독 책임에서 유엔을 통한 국제적 책임으로 전환하려는 미국의 목적을 교란시키는 모든 가능성을 피하라"고 지시했다. 이것은 타이완을 궁극적으로 "대륙에서 분리"시킨 상태를 유지하는 방법에 대한 애치슨의 견해와 매우 비슷했다. 다른 곳에서 그는 시행해야 할 정책은 "해방"이 아니라 "방어"였다고 언급했다.[55] 방어는 남한에 대해서만 아니라 4개의 위험한 상대, 곧 북한·남한·타이완 그리고 미국의 친국민당 반격론자에게 대항하기 위한 것이었다.

애치슨은 공격이 일어날 것을 고려했는가?

그러므로 프레스 클럽 연설은 본질적으로 모호한 상황에서 집단적 안보를 실시하고 애치슨의 많은 적을 다루는 좋은 방법이었다고 생각할 수 있다. 그러나 1950년 8월 의회가 그 연설을 공격하자 애치슨은 자신이 말한 "방위"를 처음과는 약간 다른 용어로 설명하기로 했다. 직접 쓴 메모에서 애치슨이 어떤 논의를 상정하고 있었는지 알 수 있다. 그는 연설이 "공격에 '청신호'"를 켜줬다고 중국 로비스트 상원의원 훼리가 발언할 것을 예상했다. 먼저 그는 한반도에 봉쇄 정책을 적용한 "우리의 1947년 계획"은 의회와 국방부에 거부당했을 뿐이라는 사실을 환기시켰다. 그리고 나서 말했다.

우리가 해야 하는 것은 충분하지 않은 수단으로 방어를 구축하고 적이 어디로 침투해올지 예측하려고 노력하는 것입니다. (…) 남한과 관련된 비난은 공격이 다가오고 있었다는 것을 우리가 알았어야 했다는 것입니다. 그래서 우리가 공격에 응전할 의지가 있음을 발표했어야 했다는 것입니다. 야당이나 적의 역할은 우리를 방해하는 것이며 그들은 자신들이 만들어낸 상황 안에서 자신들의 최선을 다할 것입니다. 6월에 어떤 일이 일어났는지를 8월에 예측하기는 쉽습니다. 그러나 문제는 남한이 공격받을 가능성이 있다는 것을 6월에 알았는가가 아닙니다. 수많은 공격의 잠재적 근원 가운데 어느 것이 공격으로 발전할지 예측하는 것이었습니다(강조는 인용자).

계속해서 그는 남한·필리핀·그리스·튀르키예·이란 등으로 방어에 필요한 전차와 전투기 그리고 그 밖의 군수물자를 보낼 준비가 돼 있던 의원이 있었느냐고 물었다.[56]

애치슨은 말하자면 미식축구의 라인배커●였으며, 상대가 엔드존으로 오거나 패스하거나 아니면 태클을 빠져나갈 것을 알고 있었다. 방어를 적절히 구축하면 공격 측은 다른 선택지가 아니라 한 가지만을 선택하도록 유도된다. 그러면 역장力場이 생겨나 적의 결정을 제약한다. 이 시기 전면전과 관련된 미국의 계획 이름이 "오프태클Offtackle"●●이라는 것은 흥미롭다. 좀더 주목되는 것은 애치슨의 논리에 대한 리처드 닉슨의 해석이다. 그는 자신이 좋아하는 포커 게임에 비유했다. "북한은 우리의 의도가 탁자 위에 보이도록 놓여 있다고 생각했다. (…) 그것[6월 25일]은 우리가 일부러 잘못 보여준 패를 기초로 한 그들의 오산이었다."[57]

애치슨은 최선의 공격이 효과적인 방어라고 말했는가? 그의 타이완 정책을 둘러싸고 큰 소동이 벌어진 직후에 그 연설이 발표됐다는 것을 기억할 것이다. 연설에서는 그의 국내 비판 세력에게 주목하지 않았지만, 남한을 방치했는가, 아닌가 하는 문제로 또 다른 비판을 불러올 가능성이 있었다. 그러나 연설이 스탈린과 북한을 겨냥하고 그들이 계속 추측하게 만들려는 의도였다면, 연설의 모호함과 그것을 받아들이는 쪽의 혼란은 모두 효과가 좋았다. 모호함을 불러오려는 의도였다면 효과가 거의 완벽했는데, 애치슨은 남한이 직접 방어선 바깥에 있다고 말하고 『뉴욕타임스』는 안에 있다고 말

● 상대팀 선수에게 태클을 걸며 방어하는 수비수.
●● 미식축구 용어로 상대 라인에 허점을 뚫어 볼을 전진시키는 방법.

했다.

그러나 5월 초 톰 코널리 상원의원은 애치슨이 세심하게 계획한 모호함을 단순화했다. 상원 외교위원장이던 그는 『U.S.뉴스앤드월드리포트』와 대담하면서 남한을 명확히 제외했으며, 그 잡지는 그 점을 분명히 표시하기 위해 5월 호에 큰 지도를 실었다. 코널리 상원의원은 대담 중에 미국이 "남한을 방치한 것인가?"라는 질문을 받았다. 그는 대답했다. "우리가 그러려고 하든 아니든, 그렇게 될까 걱정됩니다. 나는 남한 편입니다. 우리는 남한을 도우려고 하지만 (…) [소련은] 한국을 침략할 가능성이 있으며 타이완도 침략할 가능성이 있습니다." 그러나 기자가 "남한은 방어 전략의 핵심 부분이 아닙니까?"라고 묻자 코널리는 대답했다. "그렇지 않습니다. 물론 그런 위치에 있는 나라는 전략적으로 어느 정도 중요합니다. 그러나 나는 그곳이 아주 중요하다고는 생각하지 않습니다."[58]

『U.S.뉴스』는 중요한 정보를 흘리는 데 자주 사용된 매체였다. 그러나 그 5월 5일 호는 공산주의에 대한 미국의 후퇴나 실패를 묘사하려는 것이 목표가 아니었다. 이날의 기사는 국가안보회의 문서 68 특집 호라고 불렸다. "'냉전'의 위기―다음은 포격인가?"라는 제목으로 긴 기사를 실어 "춘계 공세"를 언급하면서, 냉전이 뜨거워지며 "새로운 위기"로 나아가고 있다고 썼다. 그러나 소련은 전쟁을 벌일 준비가 되지 않았기 때문에 위기가 제3차 세계대전을 뜻하지는 않을 것이라고 잡지는 주장했다. 그러나 그것은 "포격"을 의미한다는 것이었다. 남한이 그 장소가 된다면 "미국에서 파견된 군사고문들은 연관되겠지만 군대는 파견되지 않을 것"이라고 예측했다. 같은 호의 "세계정세Worldgram"에서는 "서방 당국자들은 위기가 이어질 것으로 예상하고 있다"면서 "아마 남한이나 인도차이나, 거의 확실히 타이완"이라고 썼다(몇 주 뒤 "풍문Whispers"이라는 논설에서는 애치슨이 "이 나라의 진로를 세계 안에서 자신의 재량대로 마음껏 지시하고 있는데" 트루먼은 "거의 간섭하지 않고 있다"고 지적했다).

코널리의 발언과 『U.S.뉴스』의 기사 내용을 판단하기는 쉽지 않다. 한편으로는 어떤 분쟁이 일어날 것이라는 뚜렷한 불안감을 보이면서 남한을 두 번 언급했다. 다른 한편으로 코널리는 서울의 방어를 명확히 제외했다. 그는 외교정책을 담당한 관료가 아니었지만 영향력 있는 인물이었다. 어쩌면 이미 수립된 정책을 말한 것으로 생각되지만 그렇지 않을 수도 있다. 또는 전면전에서 남한을 방어하는 것과 제한적 공격의 차이를 구별하지 못했을 뿐일 수도 있다.

애치슨의 반응은 좀더 명확했다. 이튿날 그는 코널리의 발언을 정정하지 않겠다고 공개적으로 말했다. 그는 회고록에서 코널리를 "확고한 지지자"이며 당파를 초월한 인물이라고 높이 평가했지만 이 사건은 전혀 언급하지 않았다.[59] 남한은 공황 상태에 빠진 반응을 보였다. 남한 신문들은 며칠 동안 이 대담을 머리기사로 보도했으며 미국 대사관은 그것이 나쁜 영향을 불러올까 걱정했다. 이승만은 드럼라이트에게 그것은 "공산 세력에게 남침하라는 공개적 초대"라고 말했다. 가장 중요한 것은 무초가 전신으로 질의한 것인데, 미국의 정책을 대표하지 않는 게 분명한 그 성명이 어째서 나왔는지 알고 싶다는 내용이었다.[60]

코널리는 그 대담에서 또 다른 중요한 말을 쏟아냈지만 대부분의 관찰자는 그것을 간과했다. 워싱턴의 정책 입안자들에 대해 그는 이렇게 말했다. "그들 다수는 미국을 싸우도록 유도하는 사태가 물밑에서 진행되고 있다고 믿고 있다. 그들 다수는 '우리는 언젠가 전장으로 나아갈 것이다. 지금은 왜 안 되겠는가?'라고 말하고 있다"(강조는 인용자). 그 노련한 상원의원은 워싱턴의 유력 인물이었다. 1941년 12월 7일 저녁 백악관의 부름을 받은 그는 루스벨트 대통령에게 물었다. "대통령님, 그들은 어떻게 우리의 뒤통수를 친 것입니까?"[61]

여기에는 미국인이 논의하기 내켜하지 않는 미묘한 문제가 숨어 있다. 그것은 전쟁에 돌입하는 미국의 방식이라고 부를 수 있을 것이다. 그것은 상대가 먼저 뛰어들게 내버려두는(또는 그렇게 만드는) 것이다. 그것과 관련해 쓰려면 손이 마비되는데, 비평가들이 내게 총을 겨누고 있다는 것을 알고 있고, 미국은 다른 나라에 개입하지 않고 부당한 도발이 일어날 경우에만 참전한다는 일반적인 생각과도 반대되기 때문이다. 마오쩌둥이 적을 다루는 방법 가운데 첫 번째 원칙은 "그들이 먼저 주도권을 잡도록 내버려두어 그들을 지배하는 것"이라고 저우언라이는 말한 바 있다.[62] 중국에는 패권 정치의 오랜 전통이 있다. 적에게 주도권을 내주는 것은 자신이 더 강할 때 효과적이며, 특히 민주적 정치체제가 확립돼(또는 그렇다고 생각해) 나라 전체를 설득할 수는 없지만 자발적 행동을 촉구할 필요가 있을 때 효과적이다. 기습 공격이 유리하다고 생각하는 것은 2등 국가나 신흥 세력인 경우가 많다 (아주 드물지만 '가장 낮은 꼭두각시'가 그렇게 하려는 경우도 있다). 그런 행동은 귀족이나 수동적 공격성을 지닌 부류가 사용하는 방법이기도 하다. 성가시고 위압적인 간섭을 남용하지 않지만 그렇게 하라고 말하지 않아도 자신이 원하는 대로 다른 사람이 하도록 상황을 조장하는 것이다. 말하자면 원격 조종이다.

수정주의 역사학자들은 포크 대통령●이 멕시코를 침략한 이후 모든 전쟁에서 책략을 꾸며 적을 속이기 시작했다는 것을 입증하려고 했다. 찰스 캘런 탠실은 링컨이 남군南軍을 속여 섬터 요새를 포격하게 했다고 생각했고, 메인호의 침몰은 아직도 논쟁 중이다. 제1차 세계대전에서 무기상武器商의 역할은 의회의 조사 대상이고, 루시타니아호 ●●는 의도적으로 파괴됐다고 주장하는 사람들도 있다. 1964년 통킹만 사건은 그런 또 다른 사례다. 맥조지 번디의 형 윌리엄은 애치슨의 딸과 결혼했는데, 일종의 가학家學을 보여주는 사례가 아닐까 생각된다. 1965년 2월 한 베트콩Viet Cong 부대가 쁠래이꾸에 있는 미군 기지를 공격한 사건은 전쟁으로 급속히 확대돼 북베트남 폭격의 첫 단계가 시작됐다. 번디는 "쁠래이꾸Fleiku는 일종의 노면 전차"라고 말했다. 다시 말해 (조지 캐힌의 표현을 빌리면) "곧 있으면 도착하리라고 예상할 수 있고 도착하는 즉시 탈 수 있다"는 것이었다. 1980년대 레이건 행정부는 카다피나 산디니스타에게 보복할 구실을 만들려고 연이어 도발했다. 이런 일들은 실제로 일어났다. 음모론자가 날조한 이야기가 아니다.[63]

● 미국의 11대 대통령 제임스 녹스 포크James Knox Polk(1795~1849), 1845~1849년 재임.
●● 제1차 세계대전 중인 1915년 5월 7일 영국의 대서양 정기선 루시타니아호가 독일 잠수함의 어뢰 공격으로 침몰해 미국인 승객 123명이 사망한 사건.

그러나 남한과 관련된 중요한 사례는 진주만이다. 애치슨과 트루먼이 정말 "북한을 집적거려 침략하게 하려고 했다"는 "수정주의" 이론에 대한 견해를 대담자가 묻자, 매슈 리지웨이는 "내가 아는 한 그런 이론을 뒷받침할 증거는 프랭클린 루스벨트가 진주만 위기를 일부러 촉발시켰다는 것을 보여주는 증거만큼이나 전혀 없다"고 대답했다.[64]

애치슨은 헨리 스팀슨의 정책을 본받았다(맥조지 번디가 그랬던 것처럼).[65] 진주만 사건이 일어나기 열흘 전쯤 스팀슨은 많은 논란을 불러온 유명한 발언을 일기에 남겼다. 일본과 교전이 임박했다는 징후를 논의하기 위해 루스벨트를 만났는데, 문제는 "우리를 너무 위험하게 하지 않으면서 [일본이] 첫 공격을 개시하도록 만들 것인가?"였다. 찰스 비어드는 진주만 사건을 다룬 자신의 책에 이 발언을 인용했으며 포레스트 데이비스와 어니스트 린들리의 또 다른 발언도 인용했다.

고위 관료들이 고민한 문제는 일본이 성조기를 직접 공격하지 않는 상황에서 그들이 꼭 필요하다고 믿는 강력한 행동을 하도록 당시 외교정책 문제로 분열돼 있던 국민을 불러내는 것이었다. (…) 일본인은 매우 영리해서 성조기를 직접 공격해 대통령이 이 문제를 해결할 수 있게 하지는 않으리라는 것이 대체적인 예상이었다.

비어드도 1946년 의회에서 스팀슨이 한 증언을 인용하면서 "[적이] 주도권을 잡아 우리를 선제공격할 때까지 기다리는 것은" 위험하다고 말했다. 그러나 스팀슨은 이렇게 말했다.

일본이 첫 포격을 시작하도록 내버려두면서, 우리는 미국 국민의 전면적 지지를 얻으려면 일본이 그것을 했다는 것을 명확히 해 누가 침략자인지 의심하는 사람이 없게 해야 한다는 것을 인식했습니다.

공격이 최선의 방어임은 자명합니다. 적이 먼저 공격하도록 기다리는 것은 늘 위험합니다. (…) 반면 나는 [일본인에게] 추가로 경고한다면 여론이라는 관점

에서 상황을 훨씬 명확하게 만들 수 있다는 것을 깨달았습니다.[66]

1941년에 애치슨은 자신이 일본에 압력을 주고 있다는 것을 알고 있었다. 그러면 1950년에 애치슨은 "술책을 써서 북한을 조종했는가?" 타이완을 대륙에서 분리시키려는 미국의 의도를 "주의 깊게 숨기는" 것이 목표였지만, 1950년 그는 미국이 타이완 방어에 나서지 않을 거라고 몇 차례 말했다는 것을 우리는 알고 있다. 1950년 3월 하순 그는 크리스티안 허터 하원의원과 논의하면서 지난 "6~9개월 동안" 세력균형에서 미국의 지위가 악화됐으며 미국 국민은 "소련의 침략이라는 문제에 맞서기 위해 일정한 희생"을 감수해야 한다는 자신의 판단을 이야기했다. 그러자 허터는 미국 정부는 상황의 심각성을 국민에게 보여주기 위해 어떤 조처를 해야 한다고 말했고, 거기에 애치슨은 기다리는 것 외에는 아무 일도 할 필요가 없다고 대답했다. "지금은 소련이 스스로 그렇게 하도록 만들 수 있는 절호의 기회입니다"(이 맥락에서 애치슨은 타이완이 공격받을 가능성을 언급했다).[67]

한국전쟁이 일어난 뒤인 1950년 7월 루이스 존슨은 미국이 장제스에 대한 통제를 완화함으로써 그가 타이완을 좀더 "적극적으로" 방어하게 해야 한다고 애치슨에게 건의했다. 애치슨은 장제스를 자유롭게 해주는 데 반대한다고 회신했다.

> 적이 우리와 세계 여론에게 침략자로 분명히 낙인찍힌다면 우리가 확실히 정치적·군사적으로 유리할 것입니다. 마찬가지로 국가 안보가 연관된 압도적으로 중요한 문제가 아니라면 선제공격을 시작해 우리 자신을 침략자 역할에 놓는 것보다는 상당한 군사적 위험을 감수해야 한다고 생각합니다.[68]

현재 우리가 알고 있는 것에 비춰보면, 1951년 맥아더 공청회에서 애치슨이 한 증언은 매우 흥미롭다. 한국군이 완전히 무장하지 않은 것은 그들이 북한을 공격할 수도 있다고 우려한 사람들이 있기 때문이라고 로버츠 장군이 말하자, 애치슨은 "나는 그런 얘기는 들어보지 못했다"고 담담하게 말했다.

버드 상원의원이 "훈련받지 않고 장비도 허술한 군대를 그곳에 둔 것은 적의 공격을 권유한 것과 마찬가지였다"고 말하자, 애치슨은 "그것과 관련해서는 당신이 옳을 수도 있다"고 대답했다.[69] 그것과 관련해서는 당신이 옳을 수도 있다. 남한에 강력한 공격 장비를 보급하는 것을 거부하면서 "그런 일은 들어보지 못했다"고 말하고, 군대를 허약하고 위험에 노출된 상태로 둔 것은 "공격을 권유한 것"일 수도 있다고 인정한 사람이 여기 있다. 자신이 의회에 출석했을 때의 일을 말했을 때 애치슨에게는 일종의 연극 같은 기억이 남아 있었음이 분명하다. "나는 늘 그들에게 많은 것을 말했지만 진실을 모두 말한 것은 아니었다." 결국 의회는 "사과밭에 들어간 소년들이 그렇듯 약간 골치를 썩히고 가벼운 피해를 입힌 것이었다."[70]

계속된 증언에서 애치슨은 1950년 6월 19일 서울에서 덜레스가 한 연설을 주목하면서 전제정치가 "다시 공격을 시작했다"는 발언을 인용하고, 미국은 "그럴 의무가 있는 조약을 맺지 않았지만" "정당한 이유 없는 군사 공격"에는 이미 두 차례 대응한 바 있다고 말했다.[71]

애치슨은 1950년 무렵 대부분 고립주의를 지지한 미국 국민을 결집시킬 필요는 없었지만, 미국 역사에서 처음으로 전 세계에서 영구적 역할을 담당하고 국가 안보를 책임지며 국가안보회의 문서 68에 규정된 이 두 가지 목표를 위해 재정 지출을 크게 증액하도록 의회와 미국 국민을 설득해야 했다. 그의 개인적인 설명을 다시 한번 살펴보자. "우리가 해야 할 일은 충분하지 않은 수단으로 방어를 구축하고 어디로 침투해올지 예측하려고 노력하는 것입니다. (…) 야당이나 적의 역할은 우리를 방해하는 것이며 그들은 자신들이 만들어낸 상황 안에서 자신들의 최선을 다할 것입니다." 이 문제를 해결하는 방법은 노출된 장소를 공격하도록 적을 부추기는 방어였다—타이완은 그렇지 않았다. 타이완이 공격받는다면 행정부와 정계에 있는 애치슨의 적들에게 용기를 북돋워 다시 국민당에 의지하도록 만들 뿐이었다. 남한이 공격받는 것은 달랐다. 공격에 대한 반격은 중요한 지역(일본)을 방어하고 정권에 반대하는 압력을 약화시키며, 국가안보회의 문서 68에 대한 지지를 결집시킬 수 있었다. 그러므로 공격에 노출된 특정 장소가 필요했다. 공산주의자에게 여러 선택지를 내밀고, 미국의 관점에서 보기에 더 좋은 선택을 권장할 수 있었다.

남한은 다른 측면에서도 진주만과 비슷했다. 루스벨트가 "일본을 계략으로 유도했는지" 아닌지 평생 연구해도 밝혀낼 수 없을 것이다. 애치슨과 한국의 관계도 마찬가지다. 북한의 행동을 미국이 미리 알았음을 보여주는 통신정보도 없다. 진주만 사건에도 비슷한 큰 공백이 있다. 아무튼 애치슨이 스탈린이나 김일성을 계략으로 유도하려고 생각했다면 정치가로서의 그가 그것을 인정하거나 기록에 남겼을 가능성은 희박하다. "구상을 은폐하려고 의도했다"는 그의 말이나, 정책이 있었든 그렇지 않았든 "주요한 전제를 분명히 밝히지 않았다"는 것이나 "어떤 사태"가 존재했다는 것은 그와 함께 무덤까지 갔다. 그러므로 이것은 역사로 확립된 것이 아니지만, 애치슨이 1941년에 사용한 수법과 "프레스 클럽 연설"과 관련된 그 자신의 표현은 흥미를 불러오고 추측을 가능하게 한다.

지금까지 애치슨 "연설"의 남한 부분 관련 해석이라는 매우 중요한 사항을 살펴봤다. 그러면서 애치슨이 단순하고 우유부단하거나 경험이 부족하다는 의견을 반박하고, 소극적이고 결함이 있으며 충분하지 않은 아시아 방위를 창출한 것 이상의 일을 했음을 확인했다. 최선의 공격은 방어 체제를 잘 구축하는 것이라고 애치슨은 생각했다. 그것은 기민한 봉쇄 정책이었지만 그래도 여전히 봉쇄 정책이었으며, 적극적 행동이 1950년의 기조였다고 해도 공산 세력이 먼저 행동하는 것이 낫다는 것이 그 정책의 전제였다.

이 논쟁에는 마지막 추측이 하나 남아 있다. 스팀슨과 애치슨은 각각 일본과 소련이 어리석었다고 회고했지만, 적이 "어리석지" 않다면 어떻게 할 것인가? 공격 쪽의 쿼터백이라고 생각한 선수가 사실은 수비 쪽이었으며, 일본과 달리 전쟁을 바라지 않았다면 어떻게 할 것인가? 달리 말하면 그 선수가 제2차 세계대전 동안 냉소적이고 기민한 외교로 처칠과 루스벨트를 자주 능가한 스탈린이었다면 어떻게 할 것인가? 동서 대립에 따른 우발적 충돌이 일어날 가능성이 있는 지역에 대해 스탈린이 비슷한 정책을 추진했다면 어떻게 할 것인가? 소련의 이익을 침해하지 않으면서 그들이 싸울 수 있다면 지원하고, 반대의 경우라면 포기하지만(이를테면 그리스 유격대처럼) 어떤 경우라도 소련의 힘과 권위를 침해하지 않는 애매한 영역을 남겨놓는 정책이라면, 그래서 여기저기서(한국과 인도차이나) 혼란을 일으켜 미국이 30년에 걸쳐 "어리석은" 전쟁에 피와 재산을 쏟아붓기를 바란 것이라면 어떻게 할 것인가?

프레스 클럽 이후의 연설: 총력외교와 인도차이나에 대한 관여

"프레스 클럽 연설"은 국가안보회의 문서 48에서 요구한 새로운 아시아 정책의 일부를 공표한 애치슨의 방법이었으며, 그 주요 목표는 모스크바와 베이징 사이의 갈등을 유발하는 것이었다. 한국 관련 부분이나 그 뒤 애치슨이 그것에 대해 회고한 내용은 그가 구상한 봉쇄의 개념을 파악하는 데 중요하지만 당시에는 영향이 거의 없었다. 나중에 공화당이 당략을 좇아 결함 있는 역사적 평결을 인위적으로 만들면서 주목받게 됐을 뿐이다. 1950년 2월과 3월 애치슨은 몇 차례 더 연설했다. 그 목적은 국가안보회의 문서 68의 여러 사항을 널리 알리려는 것이었다. 그것들은 프레스 클럽 연설보다 훨씬 큰 관심을 끌었지만, 또 다른 결함 있는 역사적 평결이 내려지면서 잊혔다. 그것은 한국전쟁이 아시아에 봉쇄 정책을 적용한 전환점이라는 평결이었다.

1950년 2월 16일 애치슨은 백악관에서 열린 공공 광고기구 회합에서 시행한 "비공개" 연설에서 소련에 대한 "총력외교"(국가안보회의 문서 68 계획을 가리키는 그 특유의 표현)의 필요성을 주장하고 미국 국민의 지지를 호소했다. "우리는 소련의 위협이 어느 지역에서 일어나든 대응할 수 있도록 대비해야 한다"고 그는 말했다. 이 발언은 한 정치가가 북한에 줄 수 있는 명확한 경고로 언론에 누설됐다. 앞서의 연설과 비슷하게 애치슨은 자신의 생각을 신문에 보도하게 했는데, 움직인 것은 제임스 레스턴의 입술이었지만 말한 사람은 애치슨이었다. 2월 19일 레스턴은 국무부의 새 목표는 "알렉산드리아에서 도쿄까지 공동의 경제·안보 정책을 수립하는 것이며, 소련의 침략에 대한 억제력으로서 보복할 수 있는 신속하고 가공할 힘을 항상 유지하는 것"이라는 내용의 기사를 썼다. 그것은 힘과 풍요, 다시 말해 중동의 석유와 일본의 산업기지를 결합하는 거대한 초승달 지대를 의미했다.

곧 『뉴욕타임스』는 이것을 "애치슨 독트린"이라고 부르면서 트루먼 독트린의 연장선 위에 있다고 파악했으며, 편집장은 "냉전이 시작되고 오래 지나 명확한 설명이 이뤄졌다"고 논평했다. 달리 말하면 "총력외교"는 이미 진행되고 있다고 생각된 사태에 대처하는 정책이었다. 투쟁의 첫 국면이 유럽이었다면 두 번째 국면은 아시아였다. 애치슨은 아시아에서 서방의 지위가 "매우 취약하다"고 보고 "중국 남부 해안 지역에서 세력을 강화"하려고 했다.[72]

3월 15일 애치슨은 샌프란시스코에서 열린 영연방협회Commonwealth Club 연설에서 "총력외교"를 설명했는데 『런던타임스』는 이것을 마셜 플랜 연설에 비유했다. 그는 아시아에서 혁명이 일어나고 있는 이유와 민족 독립을 향한 그들의 열망을 길게 설명하면서 미국의 목표도 동일하다고 말했다. 그러나 중국에서 이런 혁명은 "손쓸 틈도 없이" 공산주의자에게 넘어갔다. 모스크바에게 이끌려 중국이 "국경을 넘어 침략하거나 체제를 전복하려는 모험"에 뛰어들거나 "다른 취약 지역을 탐색하는 기지로" 이용된다면, 그들은 "자신들과 우방에 심각한 재난을 초래할" 것이라고 그는 지적했다. 그런 뒤 다음 사항을 강조했다. "이 말을 하는 까닭은 미국의 태도를 오해하지 않게 하려는 것입니다."

레스턴은 이튿날 사설에서 영연방협회 연설을 프레스 클럽 연설과 연결시키며 찬성했고, 1월에 『뉴욕타임스』가 그랬던 것처럼 잘못된 해석을 덧붙였다. 레스턴은 이렇게 썼다. "미국이 직접 방어할 책임이 있는 지역이고 그런 자세를 취하고 있는" 것은 일본과 한국이라고 애치슨은 프레스 클럽에서 연설했지만 동남아시아와 관련해서는 "다른 여러 국민에게 직접적인 책임이 있는" 지역이라고 말했다. 그러나 이제 강조점은 바뀌었다. 워싱턴은 "[공산주의자가] 동남아시아의 곡창지대를 직접적이든 간접적이든 장악하려는 시도를 막기 위해 할 수 있는 모든 일을 할" 계획이었다. 그러므로 애치슨은 "중국에 직접 경고한 것이었다".[73]

흥미로운 이야기다. 레스턴은 애치슨이 한반도에 대한 봉쇄 정책을 지지한다는 사실을 알았거나 단순히 『뉴욕타임스』의 예전 기사를 읽고 연설을 잘못 이해했을 수도 있다. 아무튼 그는 애치슨이 구상한 억제 구조 안에 있는 남한의 위치에 동남아시아를 놓은 뒤, 중국 국경 이남의 봉쇄에 관심이 쏠리면서 정세도 변했다고 계속 말했다. 앞으로 서술하겠지만 북한은 애치슨의 발언을 세심히 검토하고 있었기 때문에 애치슨이 1월에 말한 것이 정말 어떤 의미인지 생각하면서 거듭 머리를 긁적였을 것이다.

3월 16일 애치슨은 버클리대학교에서 연설하면서 "총력외교"는 상대가 7가지 조건을 받아들인다면 전쟁이 아니라 평화를 의미한다고 말했다. 애치슨이 가장 먼저 요구한 것은 소련의 조치, 이를테면 유엔 한국위원회가 북한에 들어가는 것을 허락하는 것 같은 조치였다(애치슨의 이 연설은 이승만의 3월 1일 연설 2주 뒤에 있었는데, 그 자리에서 이승만은 단상에 유엔 한국위원회 인사들이 있었지만 북한 침공을 주장했다). 다른 조건은 공산국가들에서 자유선거를 치르고, 유엔에서 의사議事 방해 행위를 중지하며, 파괴 활동을 중단할 것 등이었다. 애치슨은 워싱턴의 정책을 세계적 차원에서 받아들이라고 소련에 요구했으며, 그러면 평화가 찾아올 것이라고 말했다. 한편 내부 문서는, 1950년 봄 시점에 워싱턴은 국가안보회의 문서 68의 추진력이 약해질 것을 우려해 협상을 바라지 않았다고 명시했다.[74]

『뉴욕타임스』는 사설에서 버클리대학교 연설은 "오스트리아와 한국 문제의 최종적 해결"을 특히 강조했지만 사실 애치슨은 공산주의를 포기하라고 모스크바에 촉구한 것이라고 지적했다. 애치슨이 워싱턴으로 돌아왔을 때 두 연설은 그의 재임 기간 중에 가장 중요한 연설이었다고 평가됐으며, 모스크바 주재 미국 대사관은 최근의 공식 발표 가운데 그것들보다 소련에 더 큰 인상을 준 것은 없었다고 말했다.[75]

북한도 세심한 주의를 기울였으며 당 기관지는 아시아 혁명과 민족 독립 요구에 대한 애치슨의 지적에 "동의하지 않을 수 없다"고 인정했다. "그의 말만 들어보면 필리핀, (…) 남조선, 인도네시아 같은 나라들은 이미 민족 독립을 이뤘으리라고 여겨진다. (…) 애치슨은 민족 독립을 소리 높여 이야기했지만 그의 정책은 그것을 파괴하는 것이다." "총력외교"에 대한 대답은 민족해방운동을 더욱 격화시키는 것이라고 북한은 말했다.[76]

　국가안보회의 문서 68과 "총력외교"에 드러난 봉쇄와 반격의 변증법은 연설이라는 공개적 자리에서 나타났다. 레스턴은 미국 서부 연안에서 시행한 그 두 연설은 프레스 클럽 연설에 나타난 "경고"를 방기하고 동남아시아에 트루먼 독트린을 적용하는 것을 알리는 신호라고 평가했다. 다른 기사에서 레스턴은 애치슨이 미국 정책의 모든 측면을 조정하는 "전략위원회"를 설치해 그 책임자로 니츠를 임명했다고 말했다. 관계자들은 이제 "모든 분야에서 일제히 공격적이며 일관되게 행동해야 하며 '냉전'에서 주도권을 되찾으려면 서방은 적극적으로 더욱 강력한 전략을 만들어야 함"을 실감했다는 것이었다. 4월 24일 트루먼은 연방법조협회 회의에서 "우리가 모든 지역의 자유민에게 보여준 모범은 세계 다른 지역에서 밀려들고 있는 공산주의적 제국주의 흐름을 물리치는 데 도움을 줄 것"이라고 말했다.[77] 그러나 애치슨과 트루먼은 덜레스의 역할을 연기했던 것처럼 보인다(그는 행정부에 막 참여했다). 두 사람은 반격의 수사修辭에 봉쇄의 실체를 포장했다.

　당시 미국의 세계정책의 역학이 변화했다는 사실을 포착한 사람은 거의 없었지만, 은둔 생활을 하던 인습 타파주의자 스콧 니어링은 "춘계 공세"를 시작한 것은 소련이 아니라 미국이라고 올바르게 파악했다. "춘계 공세의 가장 주목되는 결과는 인도차이나에서 벌어진 전쟁에서 승리하겠다는 결정이었다."[78] 니어링은 옳았다. "총력외교"와 관련된 연설을 하면서 애치슨은 "민족주의의 겉모습을 띤 이런 침략(자기 자신의 나라를 침범하고 있다고 생각된 호찌민의 베트남 민주공화국과 베트민Vietminh)을 봉쇄하는 것을 돕기 위해" 인도차이나의 프랑스에 즉시 군사원조를 해야 한다고 제안했다. 원조는 한국전쟁이 일어나기 전인 5월 초부터 시작됐다. 『뉴욕타임스』는 이것이 발표되자 머리기사로 보도했으며, 미국 국민이 알았든 그렇지 않든 그것은 동남아시아에 봉쇄를 적용한 것이라고 논평했다. 북한도 미국의 전략에 일어난 이런 새로운 변화를 주시하면서 그것을 "총력외교"와 연결시켰다. 미국은 우선 프랑스를 돕고, 그다음은 그 식민지를 탈취하며, 결국은 아시아의 민족해방 운동을 억압하려고 한다고 그들은 주장했다.[79]

5월 애치슨은 미국과 프랑스는 인도차이나의 전략적 중요성과 도미노이론에 동의했다고 언급했다. "[인도차이나가] 넘어가면 동남아시아가 넘어간다." 이런 새로운 미국의 원조에 압도된 영국 주재 프랑스 대사는 프랑스와 영국 그리고 미국이라는 "세 식민지 종주국"이 인도차이나 관련 공동성명을 발표하는 방안을 추진했다.[80]

14장

전쟁 직전의 북한

미 제국주의자와 일본이 결탁해 약한 조선을 지배 아래 둔 40년 전에 비하면 조선을 둘러싼 국제 정세는 역사적 대변혁을 겪고 있다. (…) 조선인은 깨어나 단결하고 있다. 일제 아래서 36년 동안 고통을 겪은 뒤 다시는 다른 나라에 예속되지는 않을 것이다.

_『로동신문』 1950년 1월 19일 자

도요토미 히데요시 시대 이후 일본은 한국을 자신들의 심장을 겨누고 있는 단검이라고 불렀다. 미국이 [한국에서] 갑자기 철수하는 것은 (…) 자유국가 한국이 붕괴하고 그 단검이 다시 한번 소련의 손에 넘어간다는 뜻이다. (…) 요컨대 일본을 방어하려면 군사적·경제적으로 일본 전역을 기지로 삼아야 한다.

_『뉴욕타임스』 1950년 5월 27일 사설

1950년 초 북한은 겉으로는 경제 발전을 추구하는 것처럼 보였다. 1948년과 비교해 군비 증가에 좀더 힘을 기울였지만 이 운명적인 해의 모습은 이전보다 그리 다르지는 않았다. 미국 대통령의 연두교서와 비슷한 김일성의 신년사는 2차 경제개발 2개년 계획 목표 달성과 관련된 내용으로 가득 찼다. 김일성은 조선민주주의인민공화국의 네 가지 "기반"—정치·경제·군사·문화—을 언급하면서 그 가운데 군사를 그해에 강화할 첫 번째 목표로 설정했다. 그는 이승만 세력이 "우리나라와 화해할 수 없는 적인 일본제국주의와 거리낌 없이 공모해 동족상잔의 내전을 공개적으로 유발하고 있다"고 말했다. 그러므로 북한 인민은 남한이 일으킬지도 모르는 어떤 일에도 "[이전] 어느 때보다" 경계를 게을리해서는 안 되며 군대는 "적의 공격"에 "늘 대비해야 한다"고 지시했다.

그는 평화통일을 주장하면서 "1950년 축복된 새해를 맞아 조국 통일의 새로운 승리를 향해 나아가자"고 끝맺었다.[1] 예비 지식 없이 읽으면 이 연설은 호전적으로 보인다. 그의 1949년 연설의 맥락에 비추면—또는 "언제라도" 전쟁이 일어날 수 있다고 거듭 호언한 1980년대 북한의 발언에 비추면—상대적으로 온건했다.

이 시기 김일성이 소련을 방문했다는 소문이 돌았다. 12월 스탈린의 70세 생일을 축하하기 위해서거나 1월에 마오쩌둥과 저우언라이가 모스크바에 체류하는 동안 스탈린과 회담하기 위해서라는 것이었다.[2] 1월에 김일성은 천도교 회합에 한번 나타난 것과 측근이 받아 적은 지시 사항을 빼고는 당 기관지에서 언급되지 않았다. 이때 이뤄졌다는 회담은 흐루쇼프가 회고록에서 말한 그 회담일 가능성이 있지만, 존 메릴은 치밀한 연구를 통해 그 자료에 심각한 의문을 제기했다. 러시아어로 쓰인 원저에는 모호하고 분명하지 않은 표현이 사용됐지만, 출간된 회고록에는 간결하고 단정적인 발언이 많이 수록됐다고 메릴이 지적한 것 외에도 여러 문제점이 있었다.[3]

앞서 본 대로 1월에 실린 다른 기사에서는 사회주의 진영이 견고하다고 말하고 이승만 정권을 격렬히 공격하면서 그 "도당" 때문에 "우리의 선량한 자녀" 14만9000여 명이 학살됐다고 말했다. 그러나 이승만이 김구 암살을 기획했다는 주장은 현재 남한에서 좌파·중도·우파 모두에게서 부정되고 있다. 조선인민군 증강과 관련된 한 기사는 38도선 일대의 분쟁에 초점을 맞추면서 "조국 방위를 지원하기 위한 위원회"가 설치돼 전차·항공기·함정을 구입하기 위해 자금을 모으고 있다고 보도했다. "머지않은 장래에" "천년 동안 저주받을 매국노들은 모두 소탕될 것"이며 마침내 한국은 통일될 것이라고 한 기사는 결론지었다.[4] 이런 논조는 이전의 표현들과 다르지 않았다.

이승만 일당을 분쇄하겠다고 맹세하는 호전적 기사들도 있었지만, 생산성을 높이고 경제 목표를 달성해야 한다는 기사도 그 두세 배 정도 실렸다. 2월 하순에 열린 최고인민회의 2차 회의에서는 2차 2개년 계획의 목표를, 가능하다면 그해 8월 해방 5주년 기념일에 맞춰, 다시 말해 계획보다 일찍 달성하는 문제를 포괄적으로 논의하는 데 대부분의 시간을 할애했다. 3월에는 "건설 투쟁"이 널리 선전돼 6월까지 이어졌으며, 경제와 군사 발전을 위해 공채를 발행해 자금을 조달하자는 운동도 전개됐다. 이 시기 중국에서도 비슷한 정책이 실시됐다. 2차 2개년 계획의 첫 해에 잡은 목표는 계획보다 훨씬 이른 1950년 4월에 달성됐다.[5]

1950년 초 혁명을 강조하는 움직임은 북한 국내와 해외에서 모두 뚜렷이 높아졌다. "현재 국제적으로나 국내적으로나 민주주의와 반동의 싸움이 점차 격렬해지고 있으며, 우리 계급의 적이 사용하는 도발 수단도 다양해지고 있다." 그러나 1950년 봄 공산 진영은 냉전의 심화와 미국 정부 안의 위기를 감지하고 세계적 규모로 이념 투쟁을 강화했으며, 북한의 논조는 이런 경향을 반영했다. 3월 말 당 기관지는 "군사·정치·경제력"을 강화해야 한다고 강조했는데 1948년과 비교해 우선순위는 바뀌었지만 1949년 봄과는 달라지지 않았다. 그 기사는 남한에서 "계급 투쟁이 격화하고 있다"고 언급하면서 불가리아와 헝가리의 "첩자"와 "파괴주의자"도 다뤘는데, 소련의 방침을 따른 증거로 여겨진다. 그 기사는 2개년 계획의 목표를 "초과 달성"한 것을 격려하면서 끝을 맺었다.[6]

5월 하순 김일성과 친밀한 남한 출신 저명 인물 홍남표는 이 시기 통일과 관련된 흥미로운 이론을 연설에서 전개했다. 남한의 유격대 투쟁을 전제로 "평화통일"을 표방하는 내용이었다. 이승만 정권의 기반을 폭력으로 약화시키면 비폭력적 화해의 길이 열릴 것이라는 논리였다. 그 결과 그는 이승만 세력이 소탕되면 "가까운 앞날"에 평화통일이 이뤄질 것이라고 말하면서 연설을 맺었다. 그러나 그것을 실현하는 것은 북한 인민군이 아니라 남한의 인민이었다.[7]

이처럼 북한은 "가까운 앞날"에 남한을 해방시킬 것이라며 군사력과 계급 투쟁을 강조했고 1950년을 결단의 해라고 불렀다. 그러나 이것을 그들이 남한을 공격할 것이라는 조짐이라고 말한다면, 타이완 해방에 대해 중국이 거의 동일하게 표현한 것은 어떻게 생각해야 하는가?

1950년 봄 중화인민공화국이 사용한 선전은 조선민주주의인민공화국과 완전히 일치했다. 운명이 다한 장제스는 미친 듯 날뛰며 "애국자들"을 학살하고 있다고 말했다. 인민해방군도 조선인민군과 똑같이 "백전백승"의 군대였고, 언제라도 출동할 준비를 갖췄으며, 1950년의 "위대한 임무"는 "타이완을 해방시키는 것"이라고 호언했다.[8] 4월 중순 김일성과 박헌영이 중국을 방문하고 있다는 소문이 돌았는데, 그 목적은 무엇이었는가? 전쟁을 준비하거나 김일성의 38회 생일을 축하하려는 것이었나?[9](김일성은 1912년 4월 15일에 태어났는데 타이타닉호가 침몰한 날이다.)

그럼에도 1950년 봄 평양과 베이징에서 나온 수많은 선전의 바탕에 깔린 의미는 경제 발전과 생산을 지향하는 데 무게를 두고 있었다. 5월 중순에 나온 중요한 당 내부 문건에서는 하부구조와 상부구조의 관계에 대한 마르크스의 글을 인용하면서 북한의 물질적 기반을 강화해야 한다고 이론과 실제의 측면에서 강조했다. "우리의 자주성을 보장할 수 있는 풍요롭고 강력한 국가를 건설하려면" 기초산업 발전이 필요했다. 당원의 "신성한 임무"는 경제적 하부구조를 육성하고 2개년 계획의 목표를 뛰어넘는 것이었다.[10]

이 자료는 앞에서도 인용한 바 있다. 이 문서의 진짜 목적은 남한 타도보다 소련 지배를 벗어나는 것이 우선이라고 강조하기 위함이었다. 이것은 드러내놓고 말할 수 없었지만 자주성을 강조하면서 거듭 암시됐다. 그 문서는 소련의 "우호적 지원"을 칭송했지만 "김일성을 중심으로 단결한 인민의 투쟁"도 아울러 언급하면서 이 두 가지가 북한 성공의 핵심 요소라고 지적했다. 경제 발전과 관련된 장기 계획과 효율적 조직은 "민주 국가의 경제에 자주성을 보장하고 외국 경제에 예속되지 않도록 하는 수단"이었다.

"제국주의"가 아니라 "외국"이라는 단어를 사용한 것은 소련이 즉시 눈살을 찌푸릴 행위였는데, 소련은 한국인들이 완고한 민족주의자라는 것을 알고 있었기 때문이다. 그리고 그 문건은 이것도 충분치 않다는 듯 북한 정부는 1949년, 즉 소련군이 철수한 이후 그런 원칙에 입각해 행동하고 있다고 단언했다. 그러므로 그 문서에서 1949~1950년을 다룬 제목의 "새로운 환경"이나 "새로운 조건" "새로운 방식"은 무슨 뜻인지 명확하다. 북한 경제는 국내 자원만 사용해 전진해야 하며, 그런 수단만이 "우리 민족경제의 자주성을 보장"할 수 있다는 것 같은 김일성의 발언은 자주 인용됐다. 1947년 몇 달 동안 쏟아진, 중국을 모범으로 삼아야 한다는 친중국적 기사들처럼 이 문서도 "사업 방식 개조" 같은 중국에서 유래한 표현을 사용했다. 김일성은 공산주의자로서 소련보다 중국의 영향을 훨씬 더 받았다는 자신의 신조를 다시 한번 밝혔지만, 궁극적으로는 은자의 왕국인 한국을 한국인에게 되돌려주기로 결심한 혁명적 민족주의자였다. 임박한 통일과 관련된 말은 이 문서에서 한마디도 찾을 수 없다.

북한 체제가 어떤 원리에 따라 작동했는지 모른다면, 1950년 5월까지 북한이 어떤 의도를 지녔는지 보여주는 또 다른 사실을 믿지 못할 독자도 있을 것이다. 공산주의자가 아닌 미국인의 북한 방문은 매우 중요하게 다뤄지며, 미국과의 관계가 좋아지고 있는지 나빠지고 있는지 판단할 수 있는 근거가 된다. 이 시기 어떤 기자들보다 뛰어나고 정확한 남한 관련 기사를 써온 『뉴욕타임스』 특파원 월터 설리번은 1949년 말 지금까지도 이름을 밝힐 수 없는 한 남한 인사에게서 북한이 그의 방문을 허락할지도 모른다는 말을 들었다. 1950년 2월 설리번은 방문을 요청하는 편지 세 통을 한국인 배달원을 거쳐 평양에 보냈다. 그는 옌안에서 취재한 에드거 스노를 본받고 싶으며, 김일성의 전기적傳記的 정보 등을 알기 위해 몇 달 동안 머물면서 아주 철저히 취재하고 싶다고 북한에 요청했다.

놀랍게도 그는 1주도 안 돼 평양 내무성 고위 관료로부터 긍정적인 회신을 받았다. 방문 일정과 조건에 대한 여러 논의가 3월부터 중개자를 거쳐 이뤄졌다. 4월 초 설리번은 홍콩으로 갔고, 거기서부터 베이징에 좋은 인맥을 지닌 중국 상인들이 소련 화물선으로 북한까지 그의 여행을 인도하기로 했다.

5월 12일 광둥 출신인 이 씨라는 인물이 그가 곧 최종 수속을 밟을 것이라고 말했으며, 5월 16일 한국인 중개인에게서 포기하지 말라는 편지를 받았다. 그러나 6월 초 이 씨는 베이징으로 떠나 몇 달 동안 돌아오지 않았다. 6월 20일 설리번은 평양의 내무성으로 전보를 보내 며칠 안에 떠날 예정인 소련 화물선에 타려면 최종 방문 승인이 필요하다고 말했다. 하지만 설리번은 회신을 받지 못했으며, 전쟁이 터졌을 때 홍콩에 계속 머무르고 있었다.

설리번은 남한이 "모든 수단을 동원해" 자신의 방문을 막으려고 한다는 것을 처음부터 알고 있었고, 그래서 기밀이 새지 않도록 세심한 주의를 기울였지만, 영국 정보기관은 그의 방문 계획을 알고 있었다. 그가 그래도 방문한다면 "암살"될 것이라는 소문은 서울에서도 그 정보를 알고 있었다는 것을 말한다. 방문 시도가 실패한 까닭은 이런 요인들 때문일 수도 있다. 그러나 시점 또한 주목되는데, 북한은 늦어도 5월 중순까지는 몇 달 여정의 방

문을 허용할 의사가 있었지만 6월에는 아니었다는 것이다.[11]

1950년 북한에 대한 소련의 영향

한국전쟁이 일어나기 전 CIA가 북한에 대해 마지막으로 작성한 보고서는 다음과 같은 문장으로 시작됐다. "한국 북부의 '민주주의 인민공화국'은 소련의 위성국가로 철저히 통제받고 있으며 독자적 행동을 하지 못하고 소련의 원조에 생존을 전적으로 의존하고 있다." 보고서는 또한 조선인민군은 "전적으로 소련 계획의 산물"이며 2000명 정도의 소련인 군사고문이 모든 계급에 걸쳐 배치돼 있다고 추정했다.[12] 이것은 동떨어진 판단이 아니라 1950년 6월 이전 거의 모든 미국 정보기관의 생각을 반영한 것이었다. 1950년 5월 주한 미국 대사관은 "현재 소련의 힘이 북한을 완전히 포괄했다"고 말했다. 그 뒤 CIA는 이런 관점을 고수하면서 소련은 "자신의 통제에 순종하는 강력한 토착 정권"을 창출했으며 "은밀한 지배"를 통해 소련군이 철수한 뒤에도 북한의 정책을 계속 조종하고 있다고 단언했다. 그들은 "강력한 국가 군사 체제의 발달"을 후원했지만 전군에 배치된 군사고문을 통해서 지배했다. 조선인민군은 소련군의 판박이라고 평가됐다.[13] 이런 판단이 유효하다면 북한군이 소련의 원조와 지휘 없이 1950년 6월 서울에서 행군하는 것은 상상할 수 없다.

다른 정보 자료는 상이한 견해를 제시했는데, 1980년대 니카라과나 1950년 중국에서 소련이 개입한 정도와 남한에서 미국이 개입한 정도보다 북한에서 소련이 개입한 정도는 훨씬 적다고 판단했다. 아무튼 소련이 완전히 지배했다고 주장한 정보 자료는 그것을 한반도에서 부동항을 확보하려는 소련의 전통적 필요와 연결시켰다(그러나 소련은 끝내 부동항을 갖지 못했다).[14] 미국과 달리 소련은 철수할 때 북한 공항의 지배권도 포기한 것으로 보인다. 최근에 기밀 해제된 소련의 노획 문서들은 상당히 일상적 내용을 담고 있으며 대부분 교역 관계 자료다. 그런데 그 가운데 보통 "M"이라고 불린 부대에 대한 내용에 따르면, 소련 군사고문들은 한국인이 있을 때는 "M' 부대에 소속된 인원이나 그 밖의 문제를 절대 이야기하지 않았으며" 앞서 일본인에게 고용됐던 한국인 기술자와 안보 문제를 논의했다. CIA도 소련 정보원이 김일성의 뒤를 추적하면서 그에게 명령하기보다는 그의 행동을 감시하는 것 같다고 생각했다. 이런 사항은 그리 놀라운 것이 아니다. 미국은 모든 극비 사항을 한국인들로부터 계속 차단했고, 이승만의 행동을 각별히 주시했으며 그를 감시하는 데 그의 아내까지 활용했다.[15]

노획한 북한 문서 가운데 소련인이 북한에 남아 있었다는 것을 보여주는 내용은 의외로 적다. 그중에는 미하일 이그나티예프 같은 중요한 인물이 체류했는데, 1950년 1월에 중국으로 새로 부임하는 북한 대사를 그가 배웅했다는 내용이 있다. 또한 1950년 4월 김일성의 중국 방문과 동시에 테렌티 시티코프도 중국에 갔다고 했다. 전쟁 직전 북한 지도부의 공식 성명에서는 전형적인 예속적 표현으로 소련이 한국을 해방시킬 것이라고 찬미했지만, 실제로는 문화적·경제적 원조만 언급했다. 1950년 3월 허헌은 500여 명의 한국 학생이 소련에서 공부하고 있고 북한의 학교에는 소련인 교사와 교과서가 있으며, "자주적인 민족경제"를 발전시키기 위한 "대규모" 원조도 이뤄지고 있다고 말했다. 또한 소련군은 철수하면서 한반도 문제는 "한국인 스스로" 해결하도록 맡겨졌다고 했다.[16]

소련 군사고문은 CIA가 추산한 2000명보다 훨씬 적었던 것으로 보인다. 전쟁이 일어나기 전 한국 국방장관은 소련 군사고문의 전체 숫자를 120명밖에 되지 않는 것으로 봤는데, 전쟁이 시작된 뒤 정보기관이 추산한 것과 일치한다. 소련은 "북한 인민군 1개 사단마다 15명 정도의 고문 장교"를 두었으며, 1950년 6월 이전 북한 인민군에는 10개 이하의 사단이 있었다. 북한 공군에는 15명의 소련 고문밖에 없었다. 미국인들은 자주 소련인 고문이 대대 단위까지 배치됐다는 것을 대단한 일처럼 말한다. 그러나 1개 사단은 3개 연대로, 1개 연대는 3개 대대로 구성됐다. 고문이 모두 120명 정도였고 1개 사단마다 15명이었다면, 1개 대대에는 한두 명 정도의 소련인 고문밖에 없었던 것이다.[17]

소련이 수백 명의 고문으로 북한을 "철저히 통제"하고 "포괄"하기까지 하고 10만 명의 조선인민군에 겨우 120명의 고문만 배치했다면, CIA를 포함한 우리 모두는 그들의 기법을 배워야 한다는 것을 이 증거는 시사한다. 소련이 동유럽 여러 나라에 수만 명의 군대를 계속 주둔시켜야 했던 까닭도 설명하지 않으면 안 된다. 중국과 관련된 소련의 이해관계는 훨씬 컸으며, 1950년 봄 무렵 중국의 주요 도시에서는 온갖 유형의 고문을 수천 명 볼 수 있었다. 중국에서 탈출한 미국인은 소련이 모든 분야에 "침투"했고, 중국이 "소련에 모든 것을 팔려버렸다"고 말했다.[18] 소련의 영향은 이처럼 크고 뚜렷했지만 그 이면에서는 중국과 소련의 차이를 뚜렷하게 드러냈으며 중국은 동유럽과 비교해 상당한 자율성을 지니고 있었다.

훨씬 개연성이 낮은 주장은 북한이 바라지 않은 전쟁에 뛰어들도록 소련이 북한에 명령할 수 있었다거나 소련이 북한에서 그처럼 뚜렷하게 허약한 지배력을 가지고 전쟁을 시작했다는 것이다. 진실은 스미스 상원의원이 1949년 후반 도쿄와 서울을 방문했을 때 들은 정보기관의 판단에 훨씬 더 가까웠다. 정보기관은 그에게 "소련은 한국처럼 비교적 중요성이 낮은 문제에서 제3차 세계대전이 시작될 것이라고는 생각하지 않기 때문에 현재 북한에 지원을 줄이고 있다"고 조언했다.[19]

북한에 대한 소련의 군사 지원

한국전쟁 관련 문헌들은 소련이 조선인민군에게 모든 장비를 제공했으며 6월 말에 일으킬 사건을 목표로 1950년 봄 기간에 전차·항공기·대포와 그 밖의 장비를 대량 수송했다고 추정하고 있다. 그동안 미국은 계획성 없고 충분히 고려하지 않은 정책 때문에 남한에 동등한 장비를 공급하지 못했다. 이것은 보통 개전 초기 한국군의 패퇴와 관련된 가장 중요한 설명이자 소련의 계획과 미국의 평화적 의도를 보여주는 반박할 수 없는 증거로 간주된다.

전쟁사학자 로이 애플먼은 조선인민군의 장비는 모두 소련이 제공한 것이며, 소련은 1950년 봄 "특히 대량의 무기와 군수품을 수송했다"고 서술했다. 1950년 초반에 소련은 몇 달 동안 매달 150여 대의 군용차로 무기와 군수 장비를 대규모로 수송해 조선인민군은 "침략하기 전 거의 모두 소련 장비로" 무장했다고 CIA는 판단했다.[20]

수많은 추측과 판단을 대조하지 않고는 이것과 그 밖의 여러 사안을 충분히 설명할 수 없다. 애플먼의 서술은 분량도 많고 대체로 신뢰할 만하지만 월러비 대령의 연합군 번역통역부ATIS가 쓴 보고서와 군부의 정보 판단, 냉전의 영향을 크게 받은 전쟁사학자들의 내부 연구 자료에 크게 의존했다.[21] 아울러 CIA는 보고서에서 통일된 의견을 내지 못했다. 소련제 장비의 수송과 관련된 정보의 여러 계통을 정독하면 다른 그림이 나타난다.

6월에 전쟁이 시작되고 몇 주 안에 CIA는 조선인민군의 장비가 "소련이 폐기한 구식으로 보인다"고 보고했다. 우수한 정보원을 가진 핸슨 볼드윈은 마찬가지로 조선인민군은 제2차 세계대전 때의 구식 전차·항공기·대포로 무장했다고 보고했다.[22] 조선인민군의 장비는 대부분 소련군이 북한에서 철수하면서 넘겨준 것이었다. 1950년 초와 마찬가지로 1949년 몇 달 동안 대규모의 장비를 수송했으며, 이르면 1949년 10월부터 중무장한 전차 부대가 38도선 바로 북쪽에 배치됐다. 소련도 전쟁 이전과 전쟁을 치르는 상당 기간 동안 북한에 자신들의 무기를 팔았다. 그들은 1948년에 남겨놓은 대량의 비축품에 대해서도 대금을 받아냈다. 나중에 전쟁사 연구가들은 소련이 전쟁 이전에는 말할 것도 없고 전황이 가장 불리할 때조차 자국의 신무기를 북한에 제공하는 것을 꺼렸다고 결론지었다. 신형 스탈린 전차와 152밀리 곡사포와 그 밖의 신형 무기는 공급되지 않았으며, 그 결과 "북한군의 위력은 헤아릴 수 없을 정도로 약화됐다". 조선인민군의 대포는 미국에 맞서 싸우기에는 매우 약했지만 "소련은 조선인민군에게 자국의 정예부대를 파견하거나 (…) 중화기를 제공하는 것을 계속 자제했다."[23]

남한과 북한의 두드러진 차이 가운데 하나는 공군력이었다. 북한은 프로펠러 추진 전투기와 경폭격기를 보유했다. 영국 정보기관은 1949년 3월 문화와 무역 분야 합의가 공개될 때, 소련이 북한에 "근접 지원 항공기"를 150대 이상 제공하기로 비밀리에 합의했다고 판단했다. 그러나 다른 정보원에서도 확인됐지만, 북한 공군력에 대한 좀더 자세한 정보 보고에서는 1948년 철수할 때 소련은 북한에 항공기 93대를 남겨두었다고 말했다(YAK-90 연습기 40대, YAK-P 15대, IL-10 지상 공격기 30대, 정찰기 8대). 1949년 7월 YAK 연습기 22대가 더 운송됐다. 1950년 4월 15일 소련 조종사들은 YAK-P 15대, YAK 11s 8대, IL-10s 40대를 더 전달했다. 이 내용은 완전히 믿을 수 있는데, 4월 15일은 김일성의 생일이었기 때문이다.[24]

이 항공기는 모두 1945년 이전의 구식이었으며 1950년 봄 소련이 중국에 전달한 제트기 같은 기종은 없었다. 가장 많은 항공기는 무시무시한 소리를 내는 IL-10 지상 공격기로, 단발 프로펠러기였고 파이퍼 커브기Piper Cub보다 조금 컸으며 시속 195마일(약 314킬로미터)의 속도에 550파운드(약 250킬로그램) 폭탄 4개와 220파운드(약 100킬로그램) 폭탄 6개를 탑재했다.[25] 이런 비행기는 남한과 싸울 때만 유용했다. 미 공군은 이것들을 며칠 만에 궤멸시켰다. 한국군의 전투에 미 공군의 지원은 충분히 예상된 일이었다.

가장 흥미로운 것은 군사 장비를 운반한 경로다. 대부분 만주를 거쳐 들여왔으며 나머지는 동해안 항구들을 거쳐 반입했다. 조선인민군 중에 중국 전투 참전 경험을 지닌 사람이 매우 많았다는 사실을 감안하면(전체 병력의 절반을 훨씬 넘는 것으로 추산된다) 이런 "소련제 장비"는 소련이 제2차 세계대전에서 만주의 관동군을 공격하는 데 사용한 무기였으며, 인민해방군과 가오강의 동북인민정부를 위해 남겨둔(팔았을 가능성이 더 높다) 것이었다. 윌러비의 정보 보고에 따르면, 1950년 4월과 5월 만주에서 북한으로 대량의 무기가 반입됐으며 중국 공산군에 참가했던 조선인 출신 병사 수만 명도 함께 들어왔다. 이것은 조선인민군에게 일본군의 무기와 국민정부군에서 노획한 미제 무기가 있었던 이유를 설명해준다.[26] 미제 무기를 제공한 것은 소련이었는가, 중국이었는가? 둘 다였을 것이다.

그러므로 북한은 소련의 무기에만 의존했던 것은 결코 아니었다. 일본군은 북한 지역에 병기창을 두었고, 북한은 그것을 이용해 기관총·박격포·포탄을 생산할 수 있게 됐다. 북한이 생산한 소형 장갑차는 개전 초기에 활약했다.

북한은 소련군과 일본군의 구식 무기를 수리하고, 일본군의 병기창을 개조해 탄약을 생산할 수 있는 기술력을 보유했다. 1948년부터는 PPSh형 기관단총을 대량 생산하기 시작했으며, 많게는 하루에 70정까지 제조했다. 북한은 120밀리미터 및 82밀리미터 박격포와 화약, 다이너마이트도 만들었다.[27]

그러므로 소련에서 북한으로 수송된 무기는 직접 또는 간접적 형태로 중국공산당을 원조한 구식 장비를 매각한 것이었다. 한 가지 예외는 공군력인데, 구식이기는 했지만 남한보다 북한이 뚜렷이 우위였다. 마지막 항공기는 4월 15일 소련 조종사가 몰고 갔다. 1985년 MIG-23s기가 북한에 전달된 것과 마찬가지로, 김일성의 생일 선물이었다. 이것은 북한의 남한 침략이 임박했기 때문인가? 1985년과 같은 이유였을 거라는 쪽이 좀더 설득력 있다고 생각된다. 중국이 제공할 수 없는 무기를 북한에 제공함으로써 중국과 영향력을 경쟁하는 것이다. 중국 전투에 참전했던 수천 명의 병사가 고향으로 돌아오는 시기였기 때문에 더욱 그랬다.

이를테면 1949년 10월(또는 그 문제와 관련해서는 1950년 여름이나 그 뒤의 모든 시점)이 아니라 1950년 6월의 침략을 위해 무기가 수송됐다는 확실한 증거 또한 없다. 1950년 9월 소련의 무기 수송을 명확히 검증한 CIA의 자세한 보고는 조선인민군의 장비는 대부분 소련과 일본이 제2차 세계대전 때 비축한 것들이라고 말했다. 그 보고서는 1950년에 "소련 장비가 대량 유입된 것은 **분명하다**"고 서술했다(강조는 인용자). 그러나 핵심은 조선인민군이 부산 방어선을 압박하고 있던 "현재의 작전을 수행하는 데 필요한 규모의 무기를 사전에 비축했다는 얘기는 아니다"라는 점이다.[28]

찰스 볼런은 회고록에서 북한이 "독자 행동"으로 전쟁을 시작했다고 생각하는 것은 "어린애 같은 터무니없는 말"이라고 비난했다. "모든 측면에서 소련에게 훈련받고, 모든 부대 단위에 소련인 고문이 있으며, 소련에 공급을 전적으로 의존하는 군대가 소련의 승인 없이 움직일 수 있었겠는가?"[29] 지금까지 살펴본 사항은 그의 의문에 부분적으로 대답하고 있다. 조선인민군은 소련에게만 훈련받지 않았고, 소련인 고문은 모든 부대 단위에 있지 않았으며, 북한은 공급을 모스크바에만 의존하지 않았다. 그리고 소련은 무슨 이유로 공격을 승인했는가? 볼런의 대답은 터무니없다. "스탈린은 미국이 개입하리라고 꿈에도 생각하지 않은 것이 틀림없다." 6월 25일에 일어난 사건을 소련이 "승인"했다면, 애치슨이 스탈린을 속였다는 것보다 설득력 있는 논리적 근거가 필요할 것이다.

북한 군사 행동의 징후

1950년 6월 무렵 북한의 남침 관련 경보는 정보장교들에게 흔히 있는 일상적인 일이었다. 미국 정보기관이 북한의 침략을 처음 예측한 것은 1946년 봄이었으며, 현재 살펴볼 수 있는 보고서들은 그 뒤 4년 동안 비슷한 내용을 여러 번 반복했을 뿐이며 전쟁 이전 특별히 횟수가 늘지는 않았다.

미군이 철수하기 전부터 존 R. 하지 장군은 미군이 철수하면 북한이 남침할 것이라고 여러 해 동안 경고했으며, 재임하고 있는 동안 자주 공습경보를 발동했다. 존 무초는 1948년 3월 1일부터 8월 25일 사이에 미군은 공격경계 태세에 6번 들어갔다고 보고했다. 10월 미군 정보기관은 여순반란사건 무렵 받은 공습경보에 대한 보고서를 작성했는데, 행간의 여백을 두지 않은 2쪽짜리 보고서였다. 공격이 임박했다는 소문과 보고는 11월과 12월에도 이어졌다.[30] 이런 상황은 1949년 내내 지속됐으며, 특히 38도선 지역의 분쟁이 격렬한 시기에는 더욱 그랬다. 앞서 본 대로 9월에 전쟁이 일어나리라는 소문이 파다해서 프레스턴 굿펠로는 급히 서울을 방문했는데, 그것이 남한의 침략 위협이 아니라 북한의 침략 위협과 관련됐는지는 명확하지 않다. 1950년 2월 G-2 보고서 2개는 1950년 5월에 침공이 일어날 가능성을 언급했으며, 다른 1개는 1950년 6월이라고 판단했다. 3월에는 남한이 1950년 7월 14일에 무너질 것이라는 소문이 돌았다. 그리고 5월 초 G-2 책임자는 이렇게 보고했다. "1년에 한 번 맞는 홍분제가 한번 더 신경전을 격화하고 있다. (…) 이 시기의 보고서에서는 북한이 남한을 5월 7일, 8일, 9일에 공격했다고 보고했다. (…) 다음 보고된 공격 날짜는 5월 12일이며, 우천시 5월 20일이 될 거라고 했다."[31] 미국 정보장교들의 지친 어조는, 1950년에 계속되는 경보를 요기 베라•의 말처럼 "그동안 모두 들어왔던 것"이라고 생각했음을 보여준다.

1950년 3월에 로버츠는 공습경보가 이전 6개월보다 1948년과 1949년에 훨씬 빈번했으며 "38도선에서의 충돌은 뚜렷이 감소했다"고 말했다. 1950년 5월과 6월에 38도선 일대의 충돌은 급증했으며, 5월 5일부터 6월 16일까지 1주일당 평균 15회의 전투가 일어났지만, 전해 여름과 비교하면 적은 숫자였다.[32]

1950년 초반 주한 미군 군사고문단 정보부는 조선인민군이 부대와 장비를 남쪽으로 배치하고 있다는 보고를 자주 받았다. 1월에 조선인민군 제2사단 사령부가 포병연대와 함께 함흥에서 원산으로 내려왔으며, 전차와 병력이 남하하고 있다는 다른 증거도 입수했다. 2월 주한 미군 군사고문단 정보부는 북한 정보기관이 부대의 거짓 남하 이동을 보고해 남한 정보기관을 속이고 있다는 결론에 이르렀다. 3월과 4월 북한 부대가 남하해 배치됐다는 산발적 증거와 철원에 전차가 더 도착했다는 보고가 다시 들어온 뒤 5월과 6월에는 보고가 감소했고 특기할 만한 사건도 줄었다.[33]

공습경보는 위협 전술로 평양이나 서울에서 쉽게 사용할 수 있었던 반면 새로운 부대의 남하는 공격 능력의 향상을 의미했다는 것을 감안하면, 부대 남하의 보고는 가장 중요한 정보에 속할 것이다. 그러나 부대 남하의 징후는 1950년 봄보다 1949년 후반에 더욱 뚜렷했다. 9월, 10월, 11월 그런 보고는 많았고 북한 항구에 소련제 중화기가 들어온 증거도 있었으며, 38도선 바로 북쪽의 민가들이 이동한 것을 침공 준비로 보는 사람들도 있었다(그러나 그것은 긴장된 경계선에서 민간인을 옮기는 소련의 통상적 절차였다). 1949년 11월 하순 평양 지역에 배치된 전차의 절반은 38도선 부근으로 이동했고, 1주 뒤에는 전차 100대가 철원에 도착했으며 그다음 주에는 전차 37대가 원산에서 복계福溪로 왔다고 보고됐다. 12월 중순 주한 미군 군사고문단 G-2는 함

• Yogi Berra(1925~2015). 미국 프로야구 뉴욕 양키스의 유명한 포수.

흥에 있던 것으로 추정되던 병력 3000여 명이 38도선에서 가까운 개성으로 이동했으며, 38도선 가까이 있는 새로운 병력 수천 명을 위해 병영이 건설됐다고 보고했다. 조선인민군의 예상 전투대형은 이르면 1949년 9월 무렵 이런 남하 배치를 반영해 바뀌었다.[34]

달리 말하면 지난 몇 년 동안 벌어진 일들은 1950년에 일어날 사태를 다시 한번 명확히 규정했다. 남한 현지의 미국인들은 1946년 이후 공격 위협과 함께 생활했다. 남한은 "늑대가 왔다"고 너무 자주 외쳐서 이제는 귀 기울이는 사람이 거의 없었다. 남한 정세와 관련된 5년 동안 미국 정보 보고에는 "소문"이 너무 무성해서 전쟁이 다가오고 있거나 그럴 것이라고 생각하는 사람은 아무도 없었다.[35] 아울러 1949년에 일어난 전투들은 1950년 상황을 예측하는 데 직접적인 영향을 줬다. 1949년 여름 무렵 전쟁은 금방이라도 일어날 것 같았기 때문에 1950년의 정보 자료는 상대적으로 미미했다. 더욱 중요한 점은 1949년, 식견 있는 미국인들은 남한이 전쟁을 일으키려고 한다는 사실을 알았기 때문에 북한의 위협과 병력 이동을 그런 맥락에서 파악하여 남한의 행동에 대한 방어책으로 예측했고 때로는 심지어 이해할 수 있는 조치라고 생각했다는 것이다.

따라서 영국과 미국 정보기관 모두 1950년 여름에는 침공이 일어나지 않을 것이라고 판단했다. 영국 극비 문서에서는 "[공식적으로 확인된] 전투력과 상관없이 전면전이 벌어진다면 북한군은 한국군을 어렵잖게 제압할 수 있을 것"이지만, 남한을 내부에서 무너뜨릴 가능성이 여전히 매우 크기 때문에 북한은 "공격을 개시하지 않을 것이라는 게 우리의 일관된 견해"라고 말했다. 흥미롭게도 그 보고서는 그동안 미국은 남·북한의 상대적 전력에 동의하지 않았지만, 이제 그들도 "우리의 판단" 그러니까 북한이 남한을 쓸어버릴 것이라는 데 "가까워지고 있다"고 말했다. CIA는 전쟁 1주 전 조선인민군이 새로운 부대와 전차·대포를 "최근 몇 달 동안" 남쪽으로 배치했다고 지적했지만, 북한이 남한에서 내전을 일으킬 가능성을 배제할 수 없다고 주장했다.[36]

그러나 이 모든 첩보 활동의 문제는 그것이 정말 "헛소리"거나 "늑대가 왔다는 거짓말"이라는 것이 아니다. 문제는 공격이 임박했다는 실제적 증거가 무시되거나 묵살됐다는 사실이다. 오늘날 열람할 수 있는 당시의 정보 보고와 판단 가운데 공격이 임박했음을 보여주는 증거는 찾기 어렵다. 정전 이후 조선인민군은 때때로 1950년 6월 이전보다 훨씬 위협적인 부대 배치를 전개했다. 무선 첩보와 전자 통신을 가로챈 정보는 다른 모습을 보여주지만, 미국 정부는 그런 분야와 관련된 정보는 공개하지 않고 있다. 공격이 임박했다는 증거 가운데 나머지 사항은 1950년 봄만큼이나 1949년 가을에도 강력했지만, 그때조차도 공격을 예측할 만큼 강력하지는 않았으며, 물론 실제로 아무 일도 일어나지 않았다.

증거로 알 수 있는 사실은, 북한은 1950년 6월이 아니라 1949년 6월 무렵 남한을 멸망시킬 수 있는 능력을 보유했으며, 더 이르지는 않더라도 1949년 9월 이후 실질적인 전시체제로 이행했다는 사실이다. 1949년 전투의 결과는 북한의 역량을 분명히 보여줬다. 그들은 주요 전투에서 한국군을 섬멸했다. 그해 연말에 북한은 나중에 남한에 사용하기 위해 38도선 부근에 대부분의 병력과 장비를 배치했으며, 1950년 봄에도 병력과 장비를 추가했지만 장비에서 눈에 띄는 질적인 변화는 없었다. 요컨대 양쪽은 1949년 가을에 그랬던 것처럼 1950년 6월에도 대치했다. 양쪽은 전쟁이 일어나기 몇 주 또는 몇 달 전부터 38도선 가까이 병력을 이동했으며, 상황을 관측하는 모든 사람이 1950년은 1949년의 반복이 될 것이라고 판단한 충분한 이유가 있었다. 이는 곧 38도선 일대의 충돌과 유격전의 심화다.

이런 분석에서 흥미로운 한 가지 예외는 북한이 서울을 점령하는 제한적 목표를 달성할 능력이 있다는 사실을 미국이 깨닫기 시작했다는 것이다. 서울이 점령되면 이승만 정권의 붕괴로 이어질 가능성이 높았다. 이런 판단은 북한의 군사력과 남한의 정치적 무능에 기초한 것이었다. 1949년 12월에 무초는 "수도를 버린다면 현 정권은 며칠밖에 버티지 못할 것"이라고 영국 대사에게 말했으며 1950년 6월 CIA는 조선인민군과 한국군의 "전투 효율성"은 "비슷하지만" 조선인민군은 전차·중화기·항공기에서 우월하며 "서울 점령을 포함한 남한에 대한 단기 군사작전의 제한적 목표를 이룰 수 있는 능

력"을 갖췄다고 판단했다.[37]

서울은 정권을 지탱하는 기반이자 발달한 관료 제도와 교통망과 통신 시설을 통제하는 중추였다. 서울과 그 주변의 경기도 그리고 인구가 그리 많지 않은 충청도를 제외한 대부분의 지방에서 제대로 통제되지 않은 인구는 대부분 좌익에 공감했다. 게다가 남한과 북한은 서로 중앙의 장악이야말로 적대하고 있는 정권을 무너뜨리기 위한 열쇠라는 정치적 견해를 지니고 있었다. 이승만은 평양을, 김일성은 서울을 점령하려고 했다. 차이가 있다면, 1945년 이후 계속 김일성의 목표는 이승만보다 실현 가능성이 높았다는 것인데, 이는 양쪽의 상대적 정치력을 반영하는 것이었다. 아무튼 1949년 여름의 경험을 감안하면 양쪽의 주요 지도자들은 상대의 수도를 점령하려는 시도가 1950년 여름에 일어나리라고 생각했다는 것은 충분히 납득할 만하다.

조선인민군의 전력은 실질적으로 향상되었다. 중국에서 오랜 전투 경험을 지닌 병사들이 돌아온 것과 관련이 깊었다. 앞서 본 대로 1950년 3월과 5월 대규모 병력 이동이 있었고, 3월에는 중국 공산군의 한국 출신 병사 4~5만 명 정도가, 5월에는 2만 명 정도가 국경을 넘어 돌아왔다. 5월에 돌아온 병사에는 린뱌오의 제4야전군에 소속된 부대도 포함됐다. 이 2만 명에는 1950년 5월 하이난섬 전투에서 싸운 제4야전군의 한국인 병사는 포함되지 않았다. 영국 자료에서는 1949년 말 8만~10만 명의 한국인 병사가 아직도 중국에 남아 있다고 추정했다. 이는 한국전쟁이 일어났을 때 수만 명의 한국인 병사가 여전히 중국에 있었다는 뜻이다.[38]

병력의 이런 귀환은 남침을 목표로 한 북한의 "병력 증강"의 일부였는가? 넓은 의미에서 대답은 "그렇다"이다. 수천 명의 한국인 젊은이를 중국 전선에 보내면서 김일성은 그들이 돌아올 때 전투 경험을 쌓고 중국에 상부상조를 강력히 요구할 수 있으리라는 것을 알았다. 1950년 인민해방군은 본토에서 국민정부군을 완전히 몰아냈고, 한국 출신 병사들은 고향으로 돌아왔다. 그들이 돌아오면서 북한은 1949년 여름에는 갖지 못했던 증강된 군사력을 보유하게 됐음이 분명하다. 그러나 답은 "아니다"일 수도 있다. 6월 25일 시점에서 중국에는 수만 명의 한국 출신 병사가 남아 있었으며, 3~5월에 귀국한 병력도 기존 병력에 통합할 시간이 부족했기 때문이다. 그러므로 중국 공산군에서 전투를 경험한 병사들이 귀환하면서 1950년 여름에 전쟁이 일어날 것으로 예측됐지만 6월보다는 8월이나 9월에 일어날 가능성이 더 컸다.

조선인민군의 전력 편성은 전쟁 직전에 상당히 바뀌었다. 4월 하순 영국은 조선인민군 병력은 중국에서 싸웠던 병사 1만6000명 정도를 포함해 모두 6만6670명으로 추산했다. 또 다른 국공 내전 참전 병사 8만 명은 만주에 있는 것으로 판단했다. 38도선을 따라서 북한과 남한은 비슷한 숫자의 병력을 배치했으며, 조선인민군은 부대에 따라 방어적 배치나 공격적 배치를 선택했다.[39]

1950년 6월 초 맥아더 사령부의 정보기관은 조선인민군에는 5개 정규 사단과 5만5000명 정도의 군사밖에 없는 것으로 확인했다. 최근 도착한 중국전 참전 병사로 제6사단과 제7사단이 만들어졌다는 보고가 많이 들어왔고 1950년 9월까지 북한은 13개 사단을 전개하려는 움직임이 있다고 파악됐지만, 6월 초에는 확인된 정보로 받아들여지지 않았다. 6월 24일 조선인민군의 전력 편성도에서는 한국군 9만5000명과 북한군 7만4370명으로 파악했다고 같은 정보 자료는 보고했다. 이것은 6월 초순부터 24일 사이에 맥아더 사령부 정보기관이 조선인민군에 2개 사단이 더 있음을 인정했다는 뜻이다. 경찰과 보안대를 더하면 북한군은 13만9820명, 한국군은 15만2100명으로 늘어났다.[40]

6월 24일 조선인민군의 병력 배치는 뚜렷이 임박한 남침을 보여주지 않는다. 옹진반도 북동부의 장단長湍에 5700명, 해주에 3300명, 사리원沙里院에 2000명, 금천金川 부근에 2200명, 근화槿花와 연천(춘천 바로 위) 부근에 1만1000명, 양양 부근에 5700명이었다. 북한 내륙에는 진남포에 9000명, 평양에 9400명, 원산에 6000명, 함흥에 2800명, 나남 부근에 6000명, 회령會寧에 2800명, 강계江界에 2800명 그리고 국경 도시 신의주에 1만1000명이었다. 달리 말해서 이런 계산에 따르면 인민군 전체 병력 7만9700명 가운데 2만9900명만 38도선 부근에 집중된 반면, 5만 명 가까운 병력이 진남포~원산 북쪽에 있었다.

반면 한국군 병력은 옹진에 2500명, 개성에 1만 명, 자장리紫長里에 9500명, 춘천에 3000명, 주문진에 7500명이 배치됐다. 그리고 내륙에는 서울 일대에 2만8000명, 원주에 7000명, 부산에 4500명, 대구 부근에 5000명, 광주 부근에 5500명, 대전 부근에 5000명 그리고 중요도가 떨어지는 소규모 부대도 배치됐다. 그 결과 한국군 전체 병력 8만7500명 가운데 3만2500명이 38도선에 있었으며, 서울부터 원주까지 그러니까 38도선에서 35마일(약 56킬로미터) 또는 하루 행군 거리 안에 3만5000명이 있었으며 좀 더 먼 내륙지역에는 2만 명만 있었다.[41]

전쟁 이후의 기록이지만 애플먼은 6월 25일 시점에 조선인민군에는 정원을 채운 8개 사단과 절반만 채운 2개 사단이 있었으며, 그 3분의 1 정도가 중국에서 싸웠던 병사였다고 말했다. 이와 별개로 38도선 일대의 방어를 맡은 1만3000명이 있었다. 그 밖에 보안대가 평양(3000명)에 있었으며 또 다른 5000여 명이 북한과 중국, 북한과 소련 국경 지대에 배치됐다. 조선인민군 1개 사단의 정원은 1만1000명이었으므로, 애플먼의 이런 추정을 받아들인다면 북한에는 8개 사단 8만8000명과 그 절반의 병력으로 구성된 2개 사단이 있었던 것이다(그러나 애플먼은 뒤의 2개 사단은 전쟁이 시작된 뒤 대부분 충원됐다고 파악했다). 그러나 애플먼의 수치를 따라 2개 사단(각각 정원의 절반만 편성된)을 더 계산해도 전체 병력은 9만9000명 정도일 뿐이며, 한국군 9만4808명과 비교된다.[42]

이런 증거는 복잡하고 약간 모순되지만, 6월 25일 시점에서 조선인민군은 8만7500명에서 9만9000명 정도였으며, 그 병력 가운데 3분의 1 정도는 1950년에 충원됐다(대부분 중국 공산군에서 귀환한 병사였다). 이런 병력 증강으로 조선인민군은 한국군이 그 전해 여름에 달성한 수준에 이르렀을 뿐이다. 게다가 한국군은 38도선 일대에 더 많은 병력을 더욱 가까이 전진 배치했다. 북한은 중국에서 귀환한 군인들이 병력에 포함되어야 했기에 전쟁이 시작됐을 때 여전히 병력 증강을 마친 상태가 아니었다. 9월 무렵까지 북한은 5개 사단을 더 배치했으며, 그제야 전쟁을 수행하는 데 훨씬 우세한 위치를 차지했다.

북한의 동기

북한의 의도는 무엇이었는가? 첫째, 미국의 개입 가능성이 매우 큰 침공을 북한이 개시한 까닭은 무엇이며 둘째, 북한이 더 나중이 아닌, 1950년 6월 공격을 선택한 까닭은 무엇인지 그 동기에 대해 설명할 수 있는가? 첫 번째 질문에 대한 대답은 중요성은 서로 다르지만 몇 가지 동기를 찾을 수 있다는 것이다. 두 번째 질문에 대한 대답은 그런 동기들 가운데 어느 것도 1950년 6월 하순이라는 시점에 침공을 개시한 동기를 설명할 수 없다는 것이다—앞으로 살펴보겠지만, 덜레스와 존슨의 도쿄 방문에 때맞춰 선제공격을 감행한 게 아니라면 말이다.

1950년 6월의 공격에서 소련의 동기와 관련된 질문은 다음과 같은 의도에서 일부러 제외했다. 첫째, 신뢰할 만한 증거가 현재까지도 없다. 둘째, 소련은 북한이 원치 않는 공격을 명령할 능력이 없었다. 셋째, 북한은 중국에서 싸웠던 군인들이 돌아오면서 독자적으로 공격을 개시할 능력을 지니게 됐다. 끝으로 전쟁 결과 국가안보회의 문서 68이 승인돼 미국의 국방비는 세 배 늘었고 일본과 독일의 재무장은 가속화했으며, 이후 세계 규모의 냉전의 긴장이 크게 고조됐다. 이것은 북한의 승리에서 얻을 수 있는 잠재적 이익과 비교했을 때 소련에는 모두 심각한 손실이었다. 이런 결과의 대부분은 미국 내부에서 논의되던 정책을 잘 알고 있던 소련 정부가 완전히 예측할 수 있는 것이었다.

소련의 입장은 1949년이나 그 이전에 결정된 일반적 원칙, 즉 위험성을 내포한 북한 지도부와 거리를 두는 것이었을 가능성이 매우 크며, 그 까닭은 다음과 같다. '한반도에서 전쟁이 일어날 것 같다. 북한이나 남한이 전쟁을 시작할 가능성이 크다. 우리는 거기에 개입하고 싶지는 않지만, 전쟁은 이익을 가져올 가능성이 있다. 북한이 승리해 남한을 병탄한다면 공산권에는 이익이다. 미국의 개입을 불러오면 북한이 질 가능성이 더 크다. 그 경우에도 모스크바의 의향을 거슬러도 될지, 아니면 마음대로 행동해도 괜찮을지, 세계의 공산주의자에게 교훈을 줄 것이다. 중국이 참전할 가능성은 확실히 커지고 그들은 미국에 맞서 피를 흘릴 것이며 우리에게 더욱 의존하게 될 것이다. 미국은 주변국의 어리석은 전쟁에 개입해 아무 소득 없이 인명과 재화를 낭비하게 될 것이다.'

중대한 위험은 그런 분쟁이 1950년에 소련이 대비하지 않았음이 분명한 전면전으로 확대되는 상황이었다. 그 결과 소련으로서는 북한과 거리를 신중히 할 필요가 있었다. 소련의 결정을 검토할 때 참고할 내부 문서가 없기 때문에 물론 이것은 상당 부분 추측이다. 그러나 이런 추측은 전쟁이 일어나기 전 소련-북한 관계와 전쟁 이후 소련의 행동과 관련된 증거와 합치한다. 아무튼 이것들 가운데 1950년 6월에 침공이 개시된 까닭을 설명해주는 것은 없는데, 앞으로 보겠지만 1950년 6월 소련은 위기로 가득 찬 1950년 초반의 분위기를 타개하기 위해 외교적 접근을 하고 있었다.

널리 제기되는 주장 가운데 하나는 북한이 지도부의 파벌 다툼 때문에 침공했다는 것이다. 박헌영과 그 세력은 남한에 있는 자신들의 기반을 잃을까 우려했고 전면 공격을 일으키면 대중이 호응해 봉기해 공산주의의 승리를 신속히 이룰 수 있다고 주장했다는 것이다. 앞으로 보겠지만, 이런 가설은 CIA, 김일성 지도부, 일본에서 작성된 한국 관련 자료 그리고 미국의 중요한 일부 학자가 동의한 특이한 사례다. 그 가설의 장점은 6월이라는 시점에 공격이 시작된 까닭을 부분적으로나마 설명할 수 있다는 것이다. 남한에 있던 유격대가 1950년 봄에 정말 소멸되고 거기에 토지문제가 더해졌다고 가정하면, 그 가설은 설득력 있는 주장이 될 수 있다.

1950년 1월 박헌영 지지자가 많이 포함된 조국통일 민주주의전선 중앙위원회는 이승만 "매국노 일파"와 미국 제국주의자들이 "우리 역사에 일찍이 없던 참을 수 없는 비참하고 불행한 상황을 만드는 것"을 애국자들은 "가만히 앉아서 볼" 수 없다고 말했다. 이 주장에서는 이승만이 해방 이후 "애국자" 14만9000명을 학살했으며 1949년 7월 이후에만 6만2000명을 죽였다고 고발했다. 반체제 인사를 잔인하게 고문했다는 혐의도 자세히 기술하면서 유격대는 "반동분자의 테러에 정의의 테러로 대항한다"고 말했다(공산주의자가 자신의 임무를 밝힌 흥미로운 부분이다).

그 기사의 작성자는 남한에서 공산주의자를 전향시키기 위해 사용한 강력한 사상개조 방법에 특별한 관심을 기울였으며, 조봉암·장건상·박일원 같은 "변절자"의 이름을 나열했다. 또한 이승만 정권의 전복을 가로막는 걸림돌을 순서대로 나열했는데 이것들은 "미 제국주의자의 적극적인 개입", 이승만 일파 그 자체, "미제의 도구"인 유엔 한국위원회였다. 이런 장애는 "우리 자신의 노력으로" 제거해야 한다고 기사는 말했다. 유격전이 잘 진행되지 않는 것을 강조하는 것 같기도 한데, 최현·이덕구처럼 자신의 목숨을 바친 유격전 영웅의 이름을 들었다. 그런 뒤에는 토지문제를 거론했다. "이승만은 농민에게 토지를 분배하지 않았으며, 앞으로도 그럴 것이다. 지주가 농민에게 자기 토지를 준 사례는 인류 역사에 없었다. 농민은 스스로의 힘으로 지주에게서 토지를 빼앗아야 한다."

박헌영은 같은 호에 짧은 글을 발표했는데, 위에서 든 기사에서 많은 부분을 가져왔다. 그는 이승만의 탄압이 이전보다 격렬해졌다고 말하고 남한 유격대에 대한 "동계 공세"에 특별한 관심을 보이면서, 1949년 가을 이후 한국군의 진압 작전이 대단히 강화된 것을 자세히 서술했다. 물론 그는 그들이 공세를 이겨냈다고 의례적으로 주장했으며, 명확히 드러내지는 않았지만 그 글의 전체적인 목적은 남한 유격대가 쇠퇴하고 있는 까닭을 설명하려는 것이었다.

그는 계속해서 말했다. "세계대전에서 조국을 방어한 소련 인민의 열렬한 애국심과 자기희생 정신을 우리도 본받아야 한다." 그러고 나서야 그는 중국의 사례를 언급하면서 단결한 인민이 장제스와 미 제국주의의 모든 "음모"를 어떻게 무찔렀는지 서술했다. 그리고 계속 말했다. "조국 영토의 절반이 외세의 식민지가 되고 남쪽의 동포가 미제의 노예가 되었는데 팔짱 끼고 가만히 앉아 있을 수 있는가? 현재 우리는 힘을 합쳐 싸울 절호의 기회를 가진 것이 아닌가? 북조선의 독립된 민주 기지가 당당하게 발전하고 강화되지 않았는가?"

이 발언의 명백한 호전성과 성급함을 누그러뜨리려는 듯 그는 조선 인민은 자신들의 반도가 "전화戰火 속으로" 빠지기를 바라지 않으며 모든 사람이

유격대에 참여해 "평화통일"을 위한 투쟁을 확대해야 한다고 주장했다.[43]

토지문제가 중요한 까닭은 그것이 남한 사회문제의 핵심이기 때문이 아니었다. 그 문제는 1945년 이후 계속 존속했다. 당시의 맥락에서 그것을 중요하게 만든 것은 1949년 이승만이 발표한 토지개혁안이었다. 대체로 토지개혁은 1950년 6월 이전에 실행에 옮겨졌다고 평가되지만, 6월 25일 시점에 소유가 이전된 토지는 전혀 없었다. 게다가 그 시기는 여름의 곡물 수확기로 농민이 작물을 거둬들이는 때였다. 이전의 두 차례 수확은 모두 풍작이어서 남한 경제가 호전되고 있다는 인상을 주는 데 기여했으며, 농민을 유격대의 호소로부터 멀어지게 했다. 계획대로 1950년 7~8월 토지 개혁이 이뤄지고 예상대로 남한에 풍작이 들었다면 남한 유격대의 빈농 기반은 심각하게 무너졌을 것이다. 토지개혁이 완료된 뒤 수십 년간 남한의 농촌 지역은 대체로 평온했기 때문에 이는 설득력 있는 주장이다.[44]

이르면 1951년부터 재일 중도파 김삼규는 박헌영과 그 일파가 바랐기 때문에 침공이 일어났다고 주장했다. 로버트 시먼스는 이를 받아들여 박헌영이 "남침을 부추겼다"고 주장했다.[45] 기밀로 지정된 첩보 자료에 기초한 1963년 미 국무부의 중요한 보고서는 공격 결정이 경솔하게 이루어졌으며, 남한이 유격대 토벌에 성공했기 때문에 남한 출신 세력이 "공격을 선동한 것이 분명했다"고 판단했다. 1950년 초 공격과 관련해 논의가 있었는데, 거기서 김일성은 박헌영과 남로당 간부들을 지지한 반면 최용건은 미국이 참전할 것을 생각해 그 방안에 반대했다고 보고서는 주장했다. "최용건은 일선에서 한동안 모습을 감췄으며 전쟁 계획은 무르익었다."[46]

그러나 이런 주장은 받아들일 수 없다. 1963년의 보고서는 흥미로운데, 주된 이유는 소련의 음모설을 언급하지 않고 침공은 북한 지도부의 단독 작업이라고 암묵적으로 주장했기 때문이다. 그 외에 그 보고서는 북한 지도부에서 박헌영의 중요성을 지나치게 과대평가했다. 그 보고서는 북한의 주요 정책에 대한 미국의 이해를 반영하고 있다는 측면에서 1963년에도 미국은 북한 지도부를 충분히 알지 못했다는 것을 또렷이 보여준다.

이르면 1947년부터 북한 내부 문건들은 식민지 시대 수십 년 동안 한국에 체류했던 박헌영과 그 밖의 공산주의자들의 경험이 경시되거나 삭제되고, 9장에서 본 것처럼 한국 공산주의 역사를 김일성에게 집중시키는 모습을 보이는데, 이것은 모든 공산주의 정권에서 누가 최고 권력을 장악했는지 보여주는 지표다. 박헌영은 북한 정부에서 외상外相이었는데, 영향력이 거의 없는 자리였다. 이 시기 김일성과 최용건이 불화했다는 증거는, 최용건이 중국의 펑더화이彭德懷와 마찬가지로 마오쩌둥 방식의 전투 방법보다 소련식 기계화 방식을 선호했다는 흔적을 제외하면, 달리 없다. 실제로 최용건은 1950년 2월 8일 조선인민군 창군 기념일에 화려하게 모습을 나타냈으며, '김일성은 조선 인민의 수령'이라는 이단적 선언을 한 것도 그였다. 박헌영은 한국전쟁 이전에는 그 표현을 한 번도 사용하지 않았다. 그는 그런 표현을 경멸했을 뿐 아니라 그것이 김일성의 뿌리 깊은 민족주의는 물론 마르크스-레닌주의의 유치한 이해를 반영한다고 생각했음이 분명하다. 아울러 박헌영은 군사 관련 경험이 없었고, 김일성과 최용건은 김일성과 박헌영이 공유하지 못한 유격대 경험을 공유해 친밀했는데, 이들이 미국은 개입하지 않을 것이고 남한을 무너뜨릴 상황이 무르익었다는 박헌영의 견해를 두고 의견 충돌을 일으켰으리라고 상상하기는 어렵다.

남한 유격대의 뚜렷한 패배와 임박한 토지개혁은 1950년 여름 남한만이 아니라 한국의 어떤 공산주의자라도 정규전을 지지할 좋은 이유였다. 게다가 조선인민군은 남한 유격대가 아니라 자신들이 해방자라고 남한 시민에게 거듭 강조했다. 김삼규, 로버트 시먼스, 미국 국무부 그리고 1953년 박헌영을 숙청한 북한은 남한에서 "봉기"가 일어나지 않을 것이라고 주장한 것에서도 틀렸다. 전쟁 초기 남한 정부는 급속히 무너졌기 때문에 봉기가 필요하지 않았다. 자신들을 해방시켜줄 사람이 무장한 채 오고 있는데 군대와 경찰의 폭력에 맞서 "봉기할" 어리석은 사람은 없었다. 그러나 앞으로 보겠지만 조선인민군이 도착했을 때 전라도와 경상도의 주민들은 그들의 작전을 적극 도왔다.

정치적으로 교활한 일이었지만, 김일성과 그 일파는 모든 사람이 바라는 침공을 선동하는 일에 박헌영과 남한 출신 세력을 전면에 내세우는 게 좋다는 점을 깨달았을 수도 있다. 그러나 박헌영의 역할과 관련해 좀더 가능성 있는 견해는, 그를 포함한 남한 출신 세력에게 북한에 대참사를 초래한 패전의 책임을 물을 수 있었던 1953년이 돼서야 유용해졌다. 김일성의 지도력은 이런 참혹한 결과에도 지도자의 위치를 굳게 지키고 남한 출신 공산주의자들을 잔인하게 숙청했지만(소련파와 옌안파가 곧 그 뒤를 이었다), 그것은 김일성이 북한 체제를 포괄적으로 지배했고 만주 유격대가 단단히 결속했음을 보여주는 또 하나의 증거일 뿐이다.

또 다른 학설은 북한은 한반도의 분단이 고착화하기 전에 통일을 추구하려고 행동에 나섰다는 것이다. 지금 독자들은 이것을 충분히 납득할 것이다. 그러나 여기에는 미묘한 시점이라는 요소가 있다. 몇 년 동안 북한은 이승만이 "북침"해 한반도를 강제로 통일시키려고 한다고 주장해왔다. 북한은 1945~1946년 남한 단독정부 수립 요구와 1948년 5월 총선거, 대한민국 정부 수립을 분단주의가 아니라 북침의 기반을 놓으려는 행동으로 언제나 해석했다. 내가 연구한 바에 따르면, 1950년 5월에 처음으로 북한 문서는 이승만이 한국의 영구적 분단을 추구하고 있다고 비난했다.[47] 전쟁 이후 상투적 표현으로서 지금까지 이어지고 있지만, 이것은 전쟁 이전 북한의 표현에서 중요한 변화가 시작된 순간이었다. 앞의 주장은 조금만 생각해봐도 어떻게 남한이 한반도의 항구적 분단을 바라는 동시에 북한을 공격하려고 했는지 의문이 생긴다.

분단의 중요성은 현재 강조할 필요가 없지만, 미국 자료에서는 남한의 입장에서 그 중요성을 이해하지 못한 채 아직도 통일 문제를 경시하는 경향이 있으며, 북한의 공격을, 명시적이든 암묵적이든, "국경"을 넘은 침범으로 간주하고 있다. 1860년대 남북전쟁 때 전쟁 발발 5년 전 미국을 남북으로 분단하기로 결정한 외국의 결정을 받아들인 미국인이 없었듯이, 1950년 시점에서 분단을 영구적인 것으로 받아들인 한국인도 없었다.

그러나 이런 주장은 6월 25일이라는 시점을 선택한 까닭을 설명하지 못한다. 통일은 중요한 문제였지만, 미국의 개입을 불러올 위험성이 높은 총공격을 감행하지 않고 그것을 실현할 가능성은 남아 있었다. 1950년 5월에 나타난 논조는 중요하지만, 그렇다고 그해 여름의 다른 달이 아니라(또는 그 이듬해가 아니라) 6월에 공격을 결정한 것은 아니다.

공격의 한 가지 동기는 일본의 부흥과 특히 일본과 이승만 정권의 경제·군사적 관계를 북한이 점차 더욱 경계했다는 것인데, 이런 측면을 보여주는 증거는 1950년 초반에 매우 많이 존재한다. 북한은 미국 제국주의를 끊임없이 비난했지만 그것은 피부병처럼, 일본 제국주의는 심장병처럼 생각했다(장제스의 비유를 빌려온 것이다). 김일성 세력은 악질적이고 바뀌지 않는 제국주의라는 괴물에 맞서 싸우면서 성장했지만, 그 괴물은 자신의 목표를 위해 모든 한국인을 말살할 수 있었고 천박한 인종적 증오로 가득 찼으며, 수백만 명의 아시아인의 피를 손에 묻혔다. 일본 군국주의자가 저지른 대학살— 한국과 중국은 모두 1500만 명이 죽었다고 추산한다—과 만주에서 추진한 소름끼치는 인체 실험(미국인 포로를 포함해)과 세균전 계획을 알게 되면 그들을 나치와 구별하는 것은 난해한 현학적 실험으로 생각된다. 만주 유격대는 절망적인 가난이라는 가혹한 환경과 권력에 반항적인 농민을 모태로 삼아 성장했는데, 농민의 기본적 성향은, 한국인은 물론 일본인의 증언에 따르면, 일본인 지배자를 격렬히 증오하는 것이었다. 1950년 북한 매체는 미국이 이 괴물을 되살려내 한국으로 다시 들여오려고 한다고 많은 지면을 할애해 비난했다.

1950년 1월 김일성은 천도교 청우당 3차 총회에 참석해, 북한은 많은 것을 성취했다고 인정받고 있지만 "아직도 이승만 매국도당을 소탕하지 못했으며 남한 인민을 해방시키지 못했다"고 연설했다. 통상적으로 그런 뒤에는 파멸을 앞두고 있는 이승만 일파를 연명시키고 있는 미국 제국주의의 역할을 언급했지만, 그때는 일본 제국주의자를 언급하면서 이승만은 그들에게 자신의 보호를 간청하고 있다고 비난했다. 그는 이승만이 "일본놈과 비밀협정을 맺기 위해" 국방장관 신성모를 도쿄로 파견했다고 주장하면서, 이승만을 한국 병탄의 주범인 이완용에 비유했다.[48]

거의 같은 때 당 기관지는 중국공산당이 승리하고 동남아시아에서 민중항쟁이 계속 확대되자, 미국은 "태평양협정"을 급조해 "미국 지배계급"에게 일본을 "군사기지와 무기 공급원"으로 만들도록 한다고 비난했다. 기사는 미국이 계획하고 있는 "단독 강화"의 결론은 일본에 군사기지를 건설하는 것이라고 1949년 9월 자 『뉴스위크』를 인용해 말했다. 이것은 모두 소련에 대항하고 아시아의 민족해방운동에 맞서려는 조처이며 미국이 "북한과 중국을 상대로 전쟁을 준비하고 있다"고 주장했다.[49]

사흘 뒤 같은 기관지는 다시 이승만을 이완용에 비유하면서 경고했다. "미 제국주의자와 일본이 결탁해 약한 조선을 지배 아래 둔 40년 전에 비하면 조선을 둘러싼 국제 정세는 역사적 대변혁을 겪고 있다. (…) 조선인은 깨어나 단결하고 있다. 일제 아래서 36년 동안 고통을 겪은 뒤 다시 다른 나라에 예속되지는 않을 것이다."[50]

1월에 실린 또 다른 긴 기사는 최근 한일 관계의 의혹을 길게 실었다. 1949년 4월에 체결한 무역협정에서는 일본의 석탄과 남한의 광물자원을 교환하기로 했다, 1949년 10월 미국은 양국 사이의 무역을 늘리라고 독촉했다, 같은 달 신성모는 맥아더와 일본 군국주의자들을 비밀리에 만났다, 이승만은 유명한 친일파 신흥우를 자신의 대리인으로 도쿄에 파견했다, 미국은 남한이 일본과 호혜적 관계의 가치를 인식했다고 공식적으로 말했다, 이승만은 남한과 일본은 이제 "공동의 적"을 갖게 됐다고 공개적으로 말했다는 것 등이었다. 이 모든 것의 배후는 월가의 자본가와 일본의 "배금주의자"이며 "자유무역"의 허울 아래 남한을 다시 "일본에 예속"시키려는 의도가 있다고 그 기사는 주장했다.[51]

2월 초 서명이 첨부된 논평은 애치슨의 프레스 클럽 연설을 다시 거론했는데, 그를 "미국 외교정책의 지도적 위치에 있는" 인물이라고 지목하고, 그 연설은 일본과 오키나와를 아시아 침략의 군사기지로 전환시키려는 시도가 표출된 것이라고 지적하면서, 모두 "월가를 지배하고 있는 세력"의 이익을 위한 조처라고 썼다. 며칠 뒤 게재된 '중소우호동맹 상호원조조약'과 관련된 박창옥의 논평에서는 일본 군국주의의 부활을 다룬 부분만 인용했으며 중·소의 새로운 동맹은 "압도적인 무적의 힘"으로 아시아에서 미국이 추구하는 "음모"(이를테면 새로운 전쟁에서 일본 군국주의자를 활용하려는 의도)를 무찌를

것이라고 말했다.[52]

2월 중순 이승만은 임병직(벤 임), 클래런스 이(이철원), 정일권 대령과 일본을 방문해 평양을 자극하는 선동을 쏟아놓았다. 그 뒤 북한 자료들은 이승만과 맥아더가 한국에서 전쟁을 일으키려고 계획한 것은 이 방문 기간 동안이었다고 단언했다. 당시 당 기관지는 방일의 기본 목표는 일본과 긴밀한 관계, "특히 군사적 관계"를 구축하려는 것이라고 말했다. 이승만은 "한국인의 불구대천의 원수"인 일본 군국주의자들과 결탁하고 있으며, 이승만과 일본에 있는 그의 대리인 신흥우(휴 신)는 "과거를 잊자"고 말하면서 현재는 물론 "미래에도" 일본과 협력할 것이며 그것은 "일본 제국주의를 우리 땅으로 다시 돌아오게 하려는 음모"의 일부라고 비난했다. 요시다 총리는 남한과 긴밀한 경제 관계를 기대하고 있으며, 현재 미국은 중국 정책이 실패하고 남한에서 추진한 같은 정책도 재정적 파탄을 맞았기 때문에 한국과 일본의 관계를 가깝게 하려고 추진하고 있다고 그 기사는 주장했다.[53]

며칠 뒤 서명이 첨부된 논평에서는 이승만이 일본을 방문한 까닭은 "수목이 울창해지는" 시기를 맞아 유격대가 다시 활발해지고 있어 그들을 진압하는 데 일본의 도움이 필요하기 때문이라고 설명했다. 또한 중소 동맹에 힘입어 한반도 통일 운동의 "투지가 불타고" 있으며, 이승만은 자신의 세력에서 이탈자가 나와 대단히 걱정하고 있다고 주장했다. 이승만은 한국과 일본이 손잡고 공동의 위기에 대처해야 한다고 말했으며, 임병직 외무장관은 불행한 과거는 모두 잊어야 한다고 주장했는데, 이것은 일본의 인공 조미료 '아지노모토'를 팔던 장사꾼이 할 수 있는 말이라고 논평했다. 그러나 남한의 숨겨진 목적은 미국의 재촉에 따라 일본과 일정한 종류의 동맹을 맺는 것이라고 판단했다.

그의 방일을 다룬 기사는 몇 주 동안 날마다 실렸고 사나운 욕설로 가득했다. 이승만은 "모든 시대를 통틀어 최대의 반역자"이며 신흥우는 "일본 경찰의 간첩"이라고 지목했다. 그리고 이은李垠 황태자는 이승만과 일본 군국주의자들의 만남을 주선했고, 북한은 그 방일에 분노하면서 매우 심각하게 받아들인다는 것이었다. 그 논평은 이승만과 맥아더가 "동족끼리 싸우는

(…) 대규모 내전을 부채질하려는" 음모의 일부로 일본군을 한국에 파병하려는 계획을 갖고 있으며, 그 결과 "북한에서 급속히 건설되고 있는 민주주의" 파괴를 획책한다고 주장하면서 비난의 정점에 이르렀다. 따라서 이승만 세력이 인민의 심판을 받을 "날은 머지않았다"고 그 기사들은 주장했다.[54]

가장 흥미로운 논평은, 시어도어 루스벨트가 일본의 조선 지배를 긍정하던 때인 세기의 전환기 미국 정책과 이승만의 방일을 결부시킨 기사에서 나왔다. 그 기사의 작성자는 미국이 아시아에 "과학과 민주주의"를 전파하고 있지만 중국을 침략한 유럽 제국주의 열강의 뒤를 따르고 있을 뿐이며 일본 제국주의를 정당화하고 있다고 말했다. 그는 근접성에서 발생하는 위험성, 곧 일본이 인접 지역인 한국과 만주를 자연스러운 세력권으로 파악하는 위험성과 관련된 시어도어 루스벨트의 발언을 인용했다. 미국은 1927~1937년 난징의 국민정부를 지원하면서 진주만 공습 몇 달 전까지 일본에도 무기를 공급했다. 그런 뒤 미국은 일본과 전쟁을 치러 그들을 약화시키고 일본을 대신해 아시아의 주도적 제국주의 세력으로 떠올랐다. 전쟁이 끝난 뒤 미국은 중국이 자신들의 거대한 동맹국이 되리라는 기대로 국민정부에 막대한 지원을 했다. 그러나 장제스 정권이 무너지면서 이제 미국은 일본으로 눈을 돌렸다.[55] 논평의 논법은 정교했다.

감정적이지만 설득력 있는 논평에서는 대단히 안타깝지만 남한의 용감한 혁명가들은 일본인을 몰아내는 "신성한 목표"를 달성하는 데 실패했다고 언급했다. "적의 칼에 쓰러진 사람들의 얼굴이 기억에 선명히 떠오르면서 우리는 굴욕을 느낀다." 그러므로 모든 이유에서 이런 "불구대천의 원수"가 "다시는 우리의 영토에 피 묻은 손을 뻗치도록" 해서는 안 됐다. 그러나 중국의 승리로 파탄을 맞은 미국의 정책은 일본 군국주의의 부활과 한·일 결탁으로 전환됐다. 포츠담선언에서 표방한 비무장화와 민주화는 무산됐다. "이런 사실들은 한국 민중을 심각하게 위협하는 것이 아닐 수 없다."

계속해서 그 기사는 일본 제국주의의 재건을 돕고 사주하는 모든 나라는 조선의 독립을 위협하는 것이며, 그러므로 조선의 적이 된다는 1948년 조선민주주의인민공화국 헌법의 한 구절을 인용했다. 그러므로 조선 인민은 김일성을 중심으로 더욱 긴밀히 단결해 "소련이 이끄는 민주국가와 중국 인민과 단결을 강화"해야 하며, 이승만 일파를 몰아내기 위해 더욱 가차 없이 투쟁해야 한다고 주장했다.[56]

4월 당 기관지는 미국은 다시 한번 남한을 원자재 및 식량과 시장 공급원으로 만들어 "한국의 경제적 독립을 파괴하고 미국과 일본에 완전히 의존하게 만들고 있다"고 비난했다. 그 기사는 "지금 남한에서는 한국인 병사가 매일 죽어가고 있다. 이것은 일본과 전 세계의 자유를 수호하기 위해서다. 그러므로 양국(일본과 남한)은 공통의 위협에 맞서기 위해 협력해야 한다"는 2월 18일 이승만의 발언을 인용했다. 당 기관지는 타스 통신 기사를 인용해 일본이 남한에 군사물자를 공급하기로 밀약했으며, 이승만과 요시다는 일본인이 조종하는 항공기를 남한의 비행장에서 발진시켜 중국 북부와 북한의 도시를 공격할 수 있게 하는 데 장제스와 합의했다고 주장했다.[57]

북한 내부 문건은 1950년 봄 동일한 사실을 강조했다. 5월에 이뤄진 몇 가지 강의에서는 미국이 포츠담선언을 저버리고 일본의 경제와 재벌을 되살리고 있으며 그것을 군사기지와 군수품 공장으로 만들고 있다고 주장했다. 그 강의에서는 3월 초 일본 재무장 필요성을 언급한 아이컬버거 장군의 발언을 인용했다. 이승만과 맥아더(이승만과 트루먼이 아니라)는 2월 회담에서 일본 군국주의 세력을 한국으로 불러들여 전쟁을 일으키려는 계획을 꾸몄다는 것이었다. 다시 한번 그 문건은 이런 모든 사실이 암시하는 심각한 위협을 지적하면서 끝맺었지만, 이승만은 "남한 유격대의 분투로" 무너질 것이라고 단언했다.[58]

6월 조선인민군 정치장교들을 대상으로 실시한 강의의 첫 항목에서는 "미 제국주의자의 기본 정책은 일본의 재무장"이라고 언급했다. 거기서는, 무엇보다, 일찍이 북한에 여러 공장을 소유했던 미쓰비시三菱 같은 재벌 기업의 부흥, 세균전 관련 전범 이시이 장군에 대한 미국의 옹호, 아이컬버거의 발언 그리고 요코스카橫須賀와 사세보佐世保에 기지를 확보하려는 미국의 계획을 언급했다. 물론 이것들은 표면적으로 남한의 식민지적 사회구조와 관료 조직, 친일 세력의 지속과 관련된 것이었다. 한국은 "다른 어떤 나라보다"

일본의 피해를 많이 입은 나라였기 때문에 "한국 국민에게 위협과 해악을 줄" 이런 행동들을 감시해야 했다. 그러나 그 자료는 이전의 문서들에 비해 다른 측면을 강조했다. 일본을 재무장시키려는 미국의 계획은 한반도를 중국과 소련을 공격하는 교두보로 만들려는 계획과 밀접히 연관됐음을 지적한 것이다. "미 제국주의자는 매국노 이승만 일파와 일본 군국주의자를 연결시켜 우리나라에서 내전을 일으키려 하고 있다. 그 사악한 [목적]은 조선을 극동 침략의 군사 거점으로 삼으려는 것이다."

이런 6월 강의 자료들은 중소 동맹은 동아시아 평화의 큰 보장이라며, 소련이 이끄는 세계 평화 활동에 모두 참여할 것을 촉구했는데 끝부분은 참으로 한국적이었다. "우리의 기억은 희미해지지 않았다"면서 조선민주주의인민공화국 헌법을 다시 인용해 더 열심히 훈련하고 전투 준비를 강화하며 "반역자 이승만을 일격에 타도"할 준비를 갖춰야 한다고 병사들에게 역설했다. "조선 남부에 일본 군국주의 세력을 다시 부르고 있는 매국노 이승만 일당을 소탕해 조국 통일을 신속히 이뤄야 한다."59

전쟁이 시작된 뒤 동일한 주제가 다시 강조됐다. 미국이 개입한 직후 당기관지는 서명이 첨부된 논평에서 미국은 "조선 인민의 영원한 적 일본 군국주의자들과 결탁했다"고 경고하면서, 남한의 쌀과 텅스텐을 일본으로 보내고 그 대가로 군수물자를 들여왔다고 비난했다. 1950년 7월 노동자 당원을 위한 비밀 지침에서는 이승만의 2월 방일과 대일본 쌀 수출에 관해 자세히 언급했다. 미군 방첩대 장교의 하수인이었다고 지목된 문학봉이 자백한 바에 따르면, 이승만과 맥아더는 2월 회담에서 전쟁이 일어날 경우 한국군을 미국의 지휘 아래 두고 옛 일본군 장교들과 협력하며, 한국군 장교를 일본에서 훈련시키고 동아시아 전역에서 전쟁을 촉발하는 데 남한이 주도적역할을 하기로 합의했다. 전 내무장관 김효석처럼 북한으로 월북한 인물들도 2월 회담에서 중요하게 다뤄졌다.60

이런 모든 비난으로 볼 때 북한이 일본 군국주의와 그것을 기반으로 한 중공업의 부활 그리고 일본이 남한과 다시 결합하는 것을 두려워했다는 점은 명확하다. 그러나 이런 모든 선전에 있는 진실은 무엇인가? 이승만은 일본을 격렬히 증오하는 것으로 유명했고, 한국전쟁이 끝난 뒤 그는 일본과 한국 경제를 다시 연결시키려는 미국의 염원에 가장 큰 걸림돌이었다. 그러나 한국전쟁이 일어나기 전에는 그렇지 않았다. 『시카고트리뷴』의 특파원 월터 시먼스는 1949년 11월 남한은 "놀라울 정도로 일본화"된 상태로 남아 있었다고 썼다. 학생들은 일본식 검은 제복을 입었고, 신문은 도쿄의 기사를 베낀 것 같았으며, 거리에서는 늘 일본어를 들을 수 있었다. "한국 지식인들은 이제 일본과의 경제협력이 대외무역을 발전시킬 수 있는 유일한 희망이라고 인정하고 있으며" 몇 달 만에 미국인 기술자는 텅스텐 생산량을 두 배로 늘렸지만 대부분 일본으로 보내졌고, 1949년 말 한국 쌀 10만 톤이 일본으로 수출됐다고 시먼스는 지적했다.[61]

1950년 1월 미국 대사관은 "일본과 관계 회복으로 나아가는 움직임"이 나타났다면서, "일본에 부역했다는 평판" 때문에 공직에서 멀리 배제됐던 신흥우가 이승만의 대리인으로 일본에 갔다고 지적했다. 이승만은 미국 대사관에 "자신은 일본에 대한 오래된 혐오감을 종식시키는 방향으로 나아가려고 열망하며" 연합국 최고사령부의 승인을 얻어 "일본과 일정한 협정을 맺으려는 자신의 의사를 일본에 통보했다"고 말했다. 1월 중순 이승만은 "공동의 적이 있다는 사실을 잊고 일본에 대한 우리의 나쁜 감정을 확대하는 것은 좋지 않다"고 기자들에게 말했으며, 같은 날 제섭에게 자신은 "일본과 무역 관계를 확대하는 데 큰 관심이 있다"면서 한국과 일본의 협력 가능성을 자세히 설명했다.[62]

이승만은 2월 16일 도쿄로 갔다가 이틀 뒤 돌아왔다. 그의 방일과 관련해 당시 공개적으로 알려진 것 이상의 정보는 없는데, 맥아더는 이 방일에 대해서나 이승만과 따로 회담한 기록을 남기지 않았다. 미국 대사관과 그 밖의 기관은 이승만과 맥아더의 동향에 대단한 관심을 보였지만 국무부와 그 밖의 미국 내부 자료는 이 방일을 거의 언급하지 않았다. 이승만은 여러 정부 당국자 및 의원과 함께 맥아더와 세 번, 요시다와 한 번 회담했다. 그는 "공동의 적" 공산주의에 대해 자주 언급했으며 남한을 위한 일본의 경제적·기술적 원조를 촉구했다. 그가 귀국할 때 언론에서는 한국군이 "한국의 자유를 위해 싸우는 것은 (…) 일본의 자유를 지키는 것이기도 하다"고 보도했고, 북한은 그것을 비난했다.[63] 내가 알기에 일본의 방어선으로 남한의 역할을 공개적으로 언급한 한국의 대통령은 1980년대까지 없었다.

실제로 3월 3일 로버트 L. 아이컬버거 장군은 일본의 재무장을 촉구했고, 이승만은 한국군 장교를 일본에서 훈련시킬 계획을 갖고 있었다. 그 1진은 1950년 4월 일본으로 떠났다. 북한의 주장 가운데 가장 어리석다고 생각된 것, 이를테면 신성모와 이승만이 거의 일본인이 된 무력한 황태자 이은과 연결됐다는 주장도 사실로 밝혀졌다. 사람들은 북한의 거친 비난과 서울의 믿기 어렵고 도발적인 뻔뻔함, 즉 일본 제국주의에 저항한 한국 역사에 대한 조롱 사이에서 곤혹스러움을 느꼈다.

일본에 주둔한 미 제8군의 전직 사령관이자 일본 로비의 창립 회원인 아이컬버거는 뉴욕의 월도프-아스토리아 호텔에서 일본의 재무장을 촉구하는 연설을 했는데, "적화 계획"에 맞서 일본의 텅스텐과 원유를 비롯한 원자재 생산 능력을 "남한"과 "연결"시키자는 주장이었다. 물론 사실 이 계획은 미국이 추진하려던 것이었지만 아이컬버거가 텅스텐에 관심을 보인 것은 주목할 필요가 있다. 나중에 그의 형이 경영하는 회사가 한국산 텅스텐과 관련해 큰 계약을 따냈기 때문이다.[64]

더욱 흥미로운 것은 이 시기에 윌러비가 옛 일본군 군국주의자들과 만났다는 것이다. 다만 그들이 나눈 대화의 실제 내용에 관한 정보는 남아 있지 않다. 한국전쟁 전 북한—소련이나 중국은 말할 것도 없고—은 일본과 관련해 뛰어난 첩보망을 갖고 있었기 때문에 이 회담은 더욱 중요하다. 1950년 8월 한국인으로 구성된 대규모 첩보망이 적발됐다. 조사 결과 일본 입국이 용이한 광범위한 한국인 공동체가 발견됐으며, 일본의 태만함 때문에 "북한 공작원이 일본 정부 기관의 고위직으로 침투했다"는 사실이 드러났다.[65] 그들은 1950년 4월 방일한 부어히스 사절단이 앞서 본 대로 대동아공영권의 잔존 부분을 재건하려고 노력했다는 것 등의 정보를 알 수 있는 지위에 있었다고 생각된다.

한편 일부 미국인은 한일 관계를 이토 히로부미와 비슷한 방식으로 묘사

하기 시작했다. 3월 로버츠 장군은 남한에 대해 "현재 미국 경제협력국ECA
에서 많은 물자를 받고 있으며, 창고는 풍작으로 수확한 쌀과 (…) 풍부한 전
리품으로 가득 찼다. 전략적으로 남한은 일본의 핵심부를 직접 가리키는 위
치에 있으며 적에게 넘어갈 경우, 서구를 방어하는 일본의 지위를 약화시킬
것"이라고 말했다. 이것을 군인의 발상이라고 치부한다면, 덜레스의 방일이
임박한 시점에서 대일강화조약을 다룬 5월 말 『뉴욕타임스』의 사설을 읽어
볼 필요가 있다. "일본의 위험한 상황"이라는 제목의 그 사설은 이렇게 썼다.
"도요토미 히데요시 시대 이후 일본은 한국을 자신들의 심장을 겨누고 있는
단검이라고 불렀다. 미국이 [한국에서] 갑자기 철수하는 것은 (…) 자유국가
한국이 붕괴하고 그 단검이 다시 한번 소련의 손에 넘어간다는 뜻이다. (…)
요컨대 일본을 방어하려면 군사적·경제적으로 일본 전역을 기지로 삼아야
한다."[66] 한국을 병탄한 것은 말할 것도 없고 두 번에 걸친 히데요시의 침략
이 일본의 심장을 겨누는 단검과 어떻게 연결되는지 논리적으로 설명해야
할 필요가 있다.

　한국전쟁 직전 이승만 정권은 미국과 일본의 지도를 적극적으로 따르겠
다는 의사를 계속 드러냈다. 3월 채병덕 장군은 일본으로 가서 "무기 계획
에 사용할 기계를 얻으려고 노력했다". 다음 달 이승만이 이끄는 대한국민당
은 "새로운 민주 국가로 태어난 일본과의 관계를 다시 검토해 함께 반공 전
선을 수립하려고 한다"고 말했으며, 한일 무역 회담 이후 해럴드 레이디는
새로운 무역협정을 체결하기 위한 협상을 시작했다. 5월 한국은행은 도쿄에
지점을 열었으며, 한국은 이듬해 텅스텐·코발트·망간을 포함한 광석 260만
톤을 일본에 보내기로 합의했다.[67]

　1950년 6월 노련한 사업가 박흥식은 일본을 방문해 『오리엔탈이코노미
스트』지와 대담했으며, 그 기사는 한국전쟁이 일어나기 전날 발간됐다. 한
국 경제사절단 고문으로 소개된 그에게는 "일본인 친구와 지인이 많다"고 서
술됐다(약간 절제된 표현이었다). 해방 이후 몇 년 동안 "수많은 혁명가와 민족
주의자"가 귀국했기 때문에 한국에는 반일감정이 크게 고조됐다고 박흥식
은 말했다. 그러나 지금은 "거의 자취를 찾을 수 없다". 그 대신 한국은 38도

선에서 "평화의 보루 역할을 하고 있으며" "국방을 맡고 있는 중심인물들은 대부분 옛 일본의 육군사관학교를 졸업했다". 그는 한국과 일본은 "서로 손잡고 공존해야 하는 운명"이므로 나쁜 감정은 "멀리 던져버려야" 한다고 언급했다.

그는 일본이 텅스텐과 흑연을 포함해 "거의 무한하게 공급할 수 있는" 남한의 원자재를 사야 한다며 그러면 한국도 "최대한" 일본의 상품과 기계를 살 것이라고 전망했다. 남한의 방적紡績·유리·화학·기계 산업에도 일본의 기술적 도움이 필요했다. 박흥식 자신도 포드 자동차 회사의 대리점을 경영했다. "우리는 오래지 않아 한국에서 자동차를 합동 생산할 계획이다."

박흥식은 "제2차 세계대전 이전에는 일본·만주·한국·타이완이 경제적으로 통합돼 하나의 유기체를 이뤘지만" 유감스럽게도 지금은 "경제적 일체성이 결여된 것"이 문제라고 지적했다.[68] 로스차일드 가문을 국제주의적 시각의 축소판이라고 부른 폴라니가 옳았다면, 박흥식은 일본의 식민주의적 사상의 전형이었다. 그의 유일한 불운은 한국인으로 태어난 것이었지만 극복할 수 없는 운명은 아니었다.

15장

전쟁 직전의 남한

우스운 측면도 있지만, 이 사람들이 그곳을 방문해 전초기지에서 쌍안경으로 소련 측을 관찰하면 소련은 우리가 자신들의 계획을 간파했다고 생각해 상당히 동요할 것이라고 생각했습니다.

_케넌

그렇습니다. 포스터가 홈부르크homburg 모자●를 쓰고 참호에 서 있는 것은 매우 멋진 사진이었습니다.

_애치슨

1949년 여름, 마지막 미군 전투부대가 철수한 뒤 남한에 대한 미국의 영향력은 완전히 사라졌다고 일반적으로 생각하지만, 그렇다면 그들은 어째서 1950년 6월 다시 돌아왔는가 하는 질문이 제기된다. 사실 1950년에 미국의 영향력은, 한국에 세계에서 가장 거대한 미국 대사관이 설치되고 가장 규모가 큰 원조 사절단과 가장 많은 군사고문단이 파견되면서 그 이전 어느 때보다 가장 커졌다.[1] 아울러 전쟁이 다가올수록 주요 고위 관료들이 공개적으로 방한하면서 한국의 중요성을 부각시키려고 했다.

전쟁이 터지기 몇 주 전 비비언 홀트 영국 공사는 이런 새로운 상황을 생생하게 묘사했다. "10층의 거대한 반도호텔에서 발산된" 미국의 영향력은 "정부의 모든 부문에 침투했으며 막대한 자금 원조로 더욱 강화되고 있다". 미국은 군대·경제·철도·공항·광산·공장 등을 계속 운영했다. 그들은 자금·전기·전문 지식을 공급했고 정신적으로도 지원했다. 남한의 모든 자동차는 미제 휘발유로 달리고 있었다. 미국의 문화적 영향은 "엄청나게 강해서" 미국에 유학할 수 있는 장학금부터 몇몇 종파의 강력한 선교단 그리고

● 좁은 챙이 위쪽으로 말려 있는 남성용 모자.

대부분 미국 영화를 상영하는 "여러 순회영화관"과 극장, 라디오 방송 "미국의 소리Voice of America", 심지어 메이저리그 야구까지 걸쳐 있었다. 수백 만 명까지는 아니지만 매우 많은 한국인에게 "미국은 꿈의 나라였다."[2]

경제협력국과 주한 미군 군사고문단의 대규모 사절단에 더해 미국공보원도 "다른 어떤 나라에서보다 광범한 계획"을 세우고 있었다. 한국에 9개 거점을 설치해 도서관과 이동도서관을 늘리고, 다양한 출판물과 영화를 보급해 한국 국민들에게 미국의 문화를 보급할 것이라고 발표했다. 미국 당국자가 김포국제공항을 맡아 미국인의 출입국을 관리했으며, 1950년 중반 대한국민항공은 CIA가 소유한 민항공운공사民航空運公司가 운영했다. 당국자 외에도 공직을 맡지 않은 미국인이 개인기업에 조언하거나 감독하는 경우도 많았다.[3]

의회에서 지체되는 경우도 있었지만, 미국의 원조는 비교적 많은 금액이 꾸준히 들어왔다. 1950년 3월 미국 의회는 다음 해 회계연도에 1억 달러의 경제·군사 원조를 최종 승인했다. 한국에 전차와 항공기가 필요하다고 무초가 요청한 뒤 애치슨은 추가로 1000만 달러를 제공하려고 했다. 이런 수치와 철수할 때 남겨놓은 군사 장비의 가치를 더한 것으로 생각되는데, U. 알렉시스 존슨은 한국전쟁 1년 전의 원조액을 2억2000만 달러에 달했다고 추산했다.[4] 미국의 무상원조와 함께 놓고 보면 1951년 한국의 국가 예산은 1억2000만 달러였으며, 그 가운데 2700만 달러가 공식적으로 국방비에 배정됐다(실제로는 국가 예산의 80퍼센트 정도가 국방과 국내 치안 유지에 사용됐다).[5] 미국의 자금은, 이승만과 그가 대표하는 사회구조가 식민지 시대의 강력한 관료 기구를 활용해 그들의 적을 타도하고 자신들의 계급적 지위를 영속시키는 국가정책을 보조하는 데 사용됐다고 분석할 수 있다. 남한이 국내에서 걷은 세입은 치안을 유지하는 데 사용됐고, 나머지 비용은 모두 미국이 지불한 것이다.

"일본 바로 옆": 한국의 경제적 존재 이유

유타주의 엘버트 토머스 상원의원—모든 사람이 그렇게 생각하지는 않았지만 스스로 의회의 아시아 전문가로 자부했다—은 1949년 6월 경제협력국의 에드거 A. J. 존슨에게 이런 질문을 던졌다. "[한국] 경제를 되살리려면 (…) 지난 40~50년 동안 지속된 무역 관계를 되살려야 합니다. 그렇지 않습니까?"[6] 중국 농민과 작은 은구슬(3장 참조)에 대한 토머스의 이론과 달리 이 질문은 긍정적인 대답을 얻었다. "참으로 그렇습니다." 존슨은 이렇게 말하고 상원의원의 속마음을 꿰뚫었다. "한국과 일본 사이에는 상호보완 관계가 형성될 것이며 그것은 일본에게 이로운 효과를 낳을 것입니다." 토머스는 일본 제국(그는 그렇게 불렀다)이 타이완과 한국을 잘 정비했다고 생각했다. 한국은 몽매와 가난으로부터 국민을 건져내려면 어떻게 해야 하는지 보여준 "빛나는 사례"였다. 착취 문제가 있는 것은 사실이었다. 한국의 삼림을 다시 녹화하기 위해("역사상 가장 큰 사업 가운데 하나"라고 토머스는 말했다) 일본은 "[한국인을] 사살해 나무가 자랄 수 있도록 해야 했다". 농부들이 늘 나무를 베어갔기 때문이다. 그러나 이런 사소한 잘못은 일본이 이뤄놓은 것 앞에서 하찮아졌다. 이런 연합을 왜 지속하지 않는가?[7]

경제협력국은 남한의 정책을 높이 평가하여 한국 관련 종합적 원조 계획을 상원의원들이 승인하기를 바랐다. "한국은 아시아에서 민주주의의 보루가 될 것이며 대단히 암울한 아시아 대륙 상황에서 매우 밝은 빛이 될 것"이라고 폴 호프먼은 증언했다. 그러나 그런 거액의 예산안은 상원을 통과하지 못했다. 호프먼은 더 나은 논거를 만들어냈다. 남한과 일본 경제는 "본래 상호보완적인 관계이기 때문에 (…) 남한을 원조하는 것은 일본을 원조하는 것과 마찬가지"라고 말했다.[8]

한국과 그 3000만 국민을 떠올리는 미국인은 한국이 일본의 식민지였다는 사실을 기억했다. 그런 맥락에서 한국은 상당한 가치가 있었으며, 다시 가치를 가질 수 있었다. 하지만 한국은 그 자체만으로는 무익한 존재였다. 1949년 7월 상원의 한 논의에서 톰 코널리 상원의원이 남한은 "우리가 극동에서 소유한 것 가운데 가장 가치가 떨어지는 것"이라고 언급하자 헨리 캐벗 로지 상원의원은 "한국은 그리 가치가 크지 않지만 우리 것"이라고 대응했다. 그 논의 후반에 코널리는 한국의 중요성을 다음과 같이 설명했다. "한국은 일본 바로 옆에 있으므로 일본과 경제·재정 관계가 긴밀해질 것이며, 한국을 강화시키면 우리가 그 지역에서 어떤 군사작전을 펼칠 경우 군사적 자산이 될 것입니다."9

남한의 "생존력"과 관련된 수많은 관심 뒤에는 이런 질문이 놓여 있었다. 소련과의 대립이나 일본 경제의 부흥이라는 중요 사항과 관련이 없다면 한국의 존재 의미는 무엇인가? 미국에서 주류를 차지한 이런 시각은 한국인들의 전통적 생각과 상충되었다. 한국이 남과 관련해서만 중요하다면 그들에게 좋은 일은 무엇인가? 한국에게 "좋은 일"은 독립된 국토, 즉 한국인을 위한 한국이었다. 다른 어떤 것보다 1950년 6월 한국전쟁을 일으킨 것에는 이런 두 가지 모순된 논리가 작용했다.

개전 직전 몇 달 동안 육군성 차관이자 일본 로비의 창설자인 트레이시 부히스는 한국과 일본 경제를 통합하는 계획을 추진했는데, 국무부에 있는 그의 적대 세력은 그것을 "대동아공영권" 계획이라고 불렀다. 그는 아시아 여러 국가에 제공하는 미국의 원조는 "분명히 일본과 연결돼 있으므로" 일본과 교역하는 것을 의무 조항으로 두어야 한다고 주장했다. 1950년 3월 그는 한국과 일본의 경제계획 사이에 "협력이 결여돼 있다"고 우려했지만 경제협력국에서는 그의 말을 이해하지 못했다. 그 계획은 이미 "잘 통합돼 있었다". 한국 주재 경제협력국은 협력을 증진하기 위해 "자신의 권한 안에 있는 모든 일을 하고 있었다".10

건국 후 대한민국이 직면한 문제는 인플레이션과 경기 침체였다. 정부는 화폐를 지나치게 발행했고, 생산능력의 절반 이하만 가동하는 기업이 많았다. 외교 기록에는 이런 문제와 관련된 자세한 논의가 남아 있으며, 전쟁 발발 전 몇 달 동안 특히 그랬다. 1960년대와 마찬가지로 당시에도 미국의 처방은 한국을 수출로 이끄는 것이었다. 1949년 6월 존슨은 "한국의 국제 수지 문제는 한국이 다시 식량 수출국이 되지 않으면 해결할 수 없다"고 상원에서 말했다.[11] 당시 한국 경제에서 미곡 수확은 사정이 좋은 분야였기 때문에 잉여분을 수출할 수 있었다.

그러나 이것 또한 일본과 다시 통합하는 것을 뜻했다. 남한산 미곡의 수입국은 늘 일본이기 때문이었다. 실제로 미국도 일본과 마찬가지로 반半주변 지역에 대체품을 제공하는 방법을 사용하고 있었다. 그러니까 한국인이 주식으로 삼던 백미 대신 수수 같은 잡곡을 제공하는 것이다. 국민이 싫어하는 수출 정책을 실시하라는 미국의 압력을 받은 이승만은 쌀만 먹는 것은 건강에 좋지 않다고 국민을 설득했다. "우리는 쌀을 수출하고 다른 곡식을 먹으려고 한다." 미국은 그것을 제공할 준비가 돼 있었다(밀가루·옥수수·밀. 그리고 나중에는 미국산 쌀까지). 이런 관계는 40년이 넘는 현재까지 이어져 한국은 미국에 식량을 의존하고 미국산 곡물에 높은 이익을 보장하는 시장이 됐다.[12]

수출품이 될 수 있는 또 다른 품목은 남한 광물 가운데 가장 가치가 높은 텅스텐과 면직물이었다. 두 산업은 1930년대 중반부터 일제의 후원 아래 빠르게 발전했다. 1949년 미국 기술자들은 텅스텐을 채굴하는 신기술을 도입했고 생산량이 곧 2배로 늘 것이라고 기대했다. 1949년 면직 산업은 31만 5000개의 스핀들과 1만 대의 직기織機가 있었고, 같은 해 1개월당 500만 야드(약 460만 미터)의 직물을 생산했다. 1949년 6월 경제협력국은 "작년 8월 이후 생산 곡선이 계속 상승하고 있다"고 평가했다.[13]

1950년 6월 8일 남한 대표단은 일본과 새로운 무역협정을 체결했는데, 미곡 수출을 제외한 무역액이 3500만 달러에 해당되는 규모였다. 일본은 텅스텐과 그 밖의 광물, 수산품, 동물의 털 등을 수입하고, 한국은 시멘트·판유리·라디오·기계류·수송 설비와 양모·목면·인조견rayon을 수입하기로 했다.[14]

최근, 특히 1970년대 후반 외채 문제가 일어난 이후 많은 개발도상국이 국가가 통제하는 관리 체제로 이행했는데, 남한은 그런 현상이 일찍 나타난 국가였다. 한국은 국제통화기금IMF이나 세계은행World Bank의 규제를 받지 않았다. 앞서 본 대로 그런 현상은 나중에 나타났는데, 1947년 루스벨트 방식의 다국적 협력주의가 미국의 단독주의에 무너졌기 때문이며, 부분적으로는 브레튼우즈 체제가 너무 약했기 때문이다. 남한은 매우 침투력이 강한 미국의 관리 체제 아래 들어갔으며, 그로 인해 한국인 스스로 결정할 수 있는 중요한 경제 정책은 거의 없게 됐다(미국이 그런 결과를 추구했다).

이런 체제를 살펴볼 수 있는 가장 좋은 사례는 1948년 12월 10일 서울에서 체결한 원조 협정이다.[15] 미국의 자금과 제품이 들어오는 대가로 남한은 재정을 건전하게 하고 통화를 안정시키며 적절한 외환보유율을 유지하고 귀중한 외화를 철저히 관리하기로 합의했다. 미국도 외국 무역업자에게 문호를 열고 해외무역 규제를 줄이며 "개인의 해외투자"를 촉진하고 남한의 수출산업을 "되도록 빨리" 발전시키겠다는 약속을 이끌어냈다.

미국은 자국이 후원하는 사업(그러니까 거의 모든 사업)의 감독권을 경제협력국이 갖고, 아주 작은 금액까지 외화 지출을 상세히 감독한다는 요구를 첨부했다. 합의문에서는 "미국 원조 대표"가 한국 정부의 수출입 계획을 승인하고 모든 외화 할당에 동의하며 미국 원조의 분배와 관련해 한국의 모든 지역에서 사찰할 수 있도록 규정했다. 또한 미국에게 필요한 전략물자의 "용이한 수송"까지 요구했다. 그 결과 미국은 남한에서 생산되는 텅스텐의 연간 생산량을 모두 가질 수 있게 됐다. 원조금으로는 일본에서 석탄과 그 밖의 수출품을 사고, 적어도 해운 수송의 절반은 미국 선박에 발주하는 조건 등도 첨부됐다.

이런 합의의 전체 내용이 밝혀지면서 새로운 식민주의적 측면이 논란으로 떠올랐다. 예상할 수 있듯 김일성은 그 협정이 "남한 경제를 미국의 손에 넘긴 것"이라고 주장했다. 그가 특히 비난한 부분은 외국 무역업자가 남한을 자유롭게 다닐 수 있도록 보장한 "문호 개방"에 대한 것이었다.[16] 이승만은 외화 지출과 관련해 미국의 동의가 필요하다는 조항이 있다는 사실을 각료들에게 명확히 알려주지 않았다. 나중에 경제협력국의 한 관료는 자신이 만난 "고위 각료들 가운데 누구도" 외화 할당에 미국의 동의가 필요하다는 조항을 알지 못하는 것 같았다고 말했다. 이승만은 이 조항으로 인해 미국이 한국 재정을 너무 많이 통제한다고 생각해 한국전쟁 중에 그 협정을 종료하려고 시도했지만, 존 무초는 그 협정이 "여러 사항과 밀접히 연결된 것"이라고 말했다. 미국 원조 계획 전체를 문제 삼지 않고는 일방적으로 폐기할 수 없다는 얘기였다.[17]

실제로 그것은 한미 관계에서 여러 사항과 밀접히 연결됐는데, 그 뒤 한국에는 외부의 개입이 이뤄짐으로써 한국은 어느 정도 다국적 구성체라는 것을 보여줬다. 미국이 남한에 구축한 석유 관리 체제는 또 다른 좋은 보기였다. 나는 이 문제를 다른 논문에서 자세히 서술했지만,[18] 1950년 2월부터 이 구조가 일상적으로 작동했다는 사실은 다음의 짧은 구절에서 알 수 있다. "윤보선 상공부 장관은 로리언, 도슨, 키니 씨를 대동하고 대통령[이승만]을 방문해 (…) 일본에 쌀 10만 톤 수출 계약을 조속히 체결하는 방법을 논의했다." 이승만은 연합국 최고사령부와 경제협력국이 제시한 쌀 수출 가격과 한국인의 대체식량으로 일본에서 보리를 수입하는 방안이 마음에 들지 않았지만 어쩔 수 없었다. 그 협정은 1949년 쌀 10만 톤, 1950년 28만 5000톤을 일본에 수출하도록 했고, 1954년까지 달성 목표는 50만 톤으로 정했다.[19]

이 시대를 잘 아는 사람이면 누구나 지적하겠지만, 이승만 정권은 재정과 금융 관련 약속을 지키지 않았다. 1950년 6월에 인플레이션이 만연했고, 예산은 균형이 맞지 않았으며, 과대평가된 통화는 수출을 방해했다. 미국이 많은 금액을 원조하고 긴밀히 감독했는데 어떻게 이런 일이 일어난 것일까?

중요한 이유는 1948년의 협정에 내포된 자유주의적 경제 원칙은 1948년의 제헌 헌법에 규정된 자유주의적 정치형태와 동일한 모습이었기 때문이었다. 그것들은 한국의 사회와 정치·경제에 따른 것이 아니라 껍데기만 남은 것이었다. 1948년 협정에 담긴 미국의 요구가 친절한 마음에서 나왔다고 해도 자유무역에서 두려울 게 없는 강자의 시각에서 나온 생각일 뿐이었다. 우파의 시각에서 보든 좌파의 시각에서 보든, 한국 정치·경제의 실태는 자유주의와는 정반대에 가까웠다. 세계경제에 대한 문호 폐쇄, 보호주의적 관세, 외국인이 접근할 수 없는 국내 시장 그리고 세계시장 수출을 목표로 한 부분적 공업화가 아닌 자국을 위한 전면적 공업화가 그 특징을 이뤘다.

1950년 봄 주한 미국 대사관과 국무부가 가장 우려한 것은 북한이 아니라 이승만 정권의 생존력이었다. 치솟는 인플레이션은 열악한 정치 상황과 맞물려 중국 국민당의 역사가 되풀이될 우려를 불러왔다.[20] 연방준비은행의 아서 블룸필드와 존 P. 젠슨은 1950년 3월 한국을 방문해 인플레이션과 재정 적자가 통제할 수 없는 상황에 이르러 경제 붕괴로 이어질 수도 있다고 경고했다. 그들은 그동안 연방준비은행이 파라과이·도미니카·과테말라·필리핀에서 시행한 정책—세금을 올리고 재정적자를 줄이며 금융 조정을 활용해 인플레이션을 막고 부패를 근절하는—을 남한에서도 실시해야 한다고 주장했다.[21]

1950년 남한 경제는 좋은 조건과 나쁜 조건이 뒤섞였지만 파멸적 상황에는 이르지 않았다. 인플레이션은 심각했지만, 1949년 여름의 수확은 어느 때보다 풍작이었으며 가을 작황도 좋았다. 1947년 산업생산지수를 100으로 잡으면 1949년 12월의 수치는 202였다. 1950년 3월 이 수치는 163으로 떨어졌지만 5월에 218로 다시 높아졌다. 그러나 저축과 투자 수준은 매우 낮았다. 1950년 5월 지방에서는 "원시적 수준"에서 살고 도시의 평균 거주자는 "최저 생존 수준에서 사는 것"으로 평가됐다. 여전히 국가에서 쌀을 배급했으며 가격과 한 농가가 살 수 있는 분량을 통제했다. 대부분의 지도자가 죽거나 투옥되면서 노동운동은 소멸하기 직전이었으며 모든 노동조합은 "계속 정부의 엄격한 규제를 받았다". 국가는 정치적 요주의 인물의 가족을 위협해 무보수 부역에 자주 동원했다.[22]

마침내 1949년 6월 의회에서 토지개혁 법안이 가결되면서 토지문제가 해결될 것 같은 전조가 보였다. 그 법률에서는 1가호당 3정보(약 7.5에이커)를 소유 상한으로 두고 소작료는 소작인이 장기적·점증적으로 지불하는 한편, 국가는 쌀을 담보로 지주에게 즉각 토지 가격을 지불하고, 그 자금은 산업 투자에 활용될 것으로 기대됐다. 이 제도는 일본인을 제외한 지주가 소유한 토지의 80퍼센트 정도에 적용됐다. 이런 점진적 토지 재분배를 배후에서 추진한 핵심 세력은 미국이었다. 미국은 이 제도가 산업을 활성화하고 반항적 농민 세력을 약화시키기를 기대했다. 북한도 토지개혁과 유격대 투쟁의 강

력한 연관성을 알아차렸다.[23]

이 법안이 국회에서 통과된 직후 토지개혁이 실시됐다고 알려져 있지만, 불행하게도 한국전쟁 이전에 새로운 법안에 따라 소유자가 바뀐 토지는 거의 없었다. 1950년 4월에 한국에는 토지개혁을 강제로 추진할 행정조직이 없었으며, 1950년 6월과 7월에 지주·소작인 사이의 분쟁과 행정 문제를 해결하고 추수가 끝난 뒤 토지 재분배를 시행하려고 계획했다. 1950년 11월 미국의 한 고위 관료는 비밀 메모에서 "확인할 수 있는 한 남한에서 분쟁이 일어나기 전 [경제협력국] 사절단은 이 법률에 따라 토지가 재분배됐다는 보고를 받은 적이 없으며 다른 정보원에게서도 그런 보고를 받은 적이 없다"고 밝혔다.[24] 1950년 10월 이승만은 토지 재분배 연기를 시도했다. 그 개혁을 연기하거나 폐기해 "남한의 정치와 경제에서 자신들의 전통적 지배 지위를 유지하려는" "지주계급"의 압력을 반영한 현상이라고 CIA는 보고했다.[25]

한국과 미국의 군사 관계

한국군만큼 미국의 영향이 선명하게 남아 있는 기구는 없다. 군대는 미국의 자금과 지원을 가장 많이 받은 남한 기관이다. 비비언 홀트는 "한국군은 미제 군복을 입고 미제 무기를 들고 미제 차량으로 이동한다"고 썼다. 8개 사단과 기갑 1개 연대로 구성된 한국 육군의 편제는 미군을 모방했다. 한국군은 1948년 5만 명(이때 국방경비대가 육군으로 편입됐다)에서 1949년 6월 7만 5000명으로 늘었다가 한 달 뒤 10만 명에 달했다. 병사 9만5000명에 장교 4948명이었다. 한국군의 정예인 수도경비사령부는 3개 연대로 구성됐으며 1949년 가을 무렵 가장 잘 훈련된 부대는 제17연대였다(이 부대는 뒤에서 좀 더 자세히 언급할 것이다). 육군은 이 시점부터 전쟁이 시작될 때까지 그다지 늘지 않았다.

남한에는 3만3000명의 예비군과 경찰 5만1000명(전투부대 포함), 해군(미국은 해안경비대라는 호칭을 선호했다) 6700명도 있었다. 이처럼 서류상으로 한국은 수많은 청년 단체를 제외하고도 동원할 수 있는 총병력이 19만 명 정도였다. 중화기를 다루는 포병 6개 대대와 대(對)전차 부대 3개 대대도 있었다. 1949년 6월에는 육군항공사관학교가, 10월에는 공군이 창설됐다. 한국 전쟁이 일어날 때까지 조종사들은 연습기로 훈련했는데, 당시 공군 병력은 1800명 정도였다. 미국 자료들은 한국군과 조선인민군이 비슷하게 전력을 확대했다고 강조했지만, 실제로는 1949년 중반만 해도 한국군이 훨씬 빨리 팽창했고 북한은 그 뒤 몇 달 동안 따라잡았다.[26]

500명 정도의 주한 미군 군사고문단이 한국군의 상층부를 장악했다. 그들은 유격대 탄압부터 병사의 훈련, 운영과 예산 그리고 성급한 한국인 장군들을 억제하는 일까지 모든 일에 직접 지속적으로 개입했다.[27] 그러나 고문들이 한국인의 행동을 통제했다는 뜻은 아니다. 말하자면 한국인 뒤에서서 공격 무기를 관리함으로써 고위 장교들의 머리에 지혈대를 묶어 머리까지 피가 올라가지 못하게 하는 역할에 가까웠다.

1949년 7월 미군 전투부대는 철수하면서 1억1000만 달러에 상당하는 무기와 군사 장비를 한국에 무상으로 제공했다(다시 말하지만 남한의 국가 예산과 맞먹는 규모다). 거기에는 일본군에게서 노획한 무기도 많이 포함됐는데, 대전차포 128문, 대포 90문, 연락기와 정찰기 20대 등이었다. 미국은 한국에 제공한 장비가 방어군을 유지하는 데 충분하다고 생각했다. 한국의 공격 능력을 제한하려는 미국의 의도에 따른 제한 안에서였지만, 원조 자체는 미국이 소련보다 많았다. 1949년 5월 무초는 소련이 조선인민군에게 제공한 원조를 G-2에서 추산한 액면가(그는 그 금액이 과장됐다고 생각했다)로 받아본 뒤 미국의 원조가 "상당 부분 더 많다"고 이승만에게 말했다.[28]

이승만 정권은 미국의 군사원조와 관련된 여러 허위 정보를 유포했다. 이를테면 한국군은 2~3일 정도 싸울 수 있는 탄약밖에 받지 못했다고 주장한 것이다. 로버츠 장군이 5개월 동안 사용할 수 있는 탄약이 있다고 지적하자 이승만은 동의하지 않았는데 미국더러 공격을 지원하게 만들려고 했기 때문이었다. 한국 정부의 홍보 담당자와 한국을 지지하는 미국인들은 애치슨이 어리석게도 한국군을 허약한 상태로 적에게 노출시켰다고 지칠 줄 모르고 말했지만, 이승만의 목표는 공세였다.

미국의 대외원조 자금은 이전보다 줄었지만 그것이 한국으로 들어가는 것을 방해한 쪽은, 이전과 마찬가지로 국무부의 애치슨과 그 찬동자들이 아니라 군부였다. 주한 미군 군사고문단은 1951년의 방위 예산을 25퍼센트 감축하려고 했다. 1949년 9월 육군성은 현재 수준의 군사원조는 북한군의 공격을 조장하거나 선제공격을 불러올 수 있다고 우려했다. 1949년 11월 무초는 충분한 군사원조를 제공해 "남한이 이 지역을 방어하도록 하는 동시에 북진에 나서려는 지나친 열망을 막는 것"이 과제라고 말했다. 그는 직설적으로 말하기도 했다. "우리는 대단히 곤란하고 미묘한 입장에 놓여 있다. 이승만과 그 세력이 바라는 것을 우리가 준다면 그들은 북한이 남침하려는 것과 마찬가지로 북진할 수 있기 때문이다. 그리고 그 책임은 우리에게 있을 것이다."[29]

북한과 비교해 남한의 가장 두드러진 약점은 공군력으로 지적됐으며[30] 한국에 주재한 미국인 당국자들은, 남한에 공격 능력을 부여할까봐 우려했지만, 전쟁 이전 몇 달 동안 그런 약점을 개선하려고 노력했다. 무초와 로버츠 그리고 경제협력국은 모두 북한의 YAK 전투기 40대와 맞설 수 있도록 한국에 F-51 전투기 40대를 지급하자고 제안했다. 그러나 1950년 3월 11일 라이먼 렘니처 장군은 남한에는 공군이 필요하지 않다고 루이스 존슨에게 말했다. 공군은 한국이 소련의 공격과 북한의 위협에 대항하는 데 도움이 되지 않으며, 남한이 북한을 위협하고 있다는 주장에 "타당한 근거"를 제공할 수 있다는 이유에서였다. 무초와 국무부도 미국 공군 고문을 한국에 파견해 AT-6 연습기(국무부의 요구로 기관총을 장착했다)로 한국인 조종사를 훈련시키자고 제안했다. 국방부는 이것에도 반대했다.[31] 그러나 남한 공군력의 열세는 이 시기에 국한된 현상이 아니었으며, 미국이 관심을 보이지 않은 것도 아니었다. 한국전쟁이 끝난 뒤에도 미국은 한국의 공군력을 북한보다 약한 상태로 유지하면서 자국의 우수한 공군력으로 보강하는 방법을 택했다.

남한에 항공기를 제공하는 것을 국방부가 반대한 까닭은 전체적인 전쟁계획에 의거한 것이며, 애치슨이 중국 국민정부에 항공기 제공을 거부했으므로 한국에도 거절해야 한다는 이유에서였다. 그 결과 이승만은, 장제스와 마찬가지로, 공군을 확보하기 위해 맥아더와 클레어 셔놀트 그리고 민항공운공사에 도움을 요청했다. 이런 시도의 발단은 1949년 9월 19일 이승만이 맥아더에게 보낸 전보였다. 거기서 이승만은 북한의 공군력에 "절망감을 느끼고 있다"고 말했다. "우리는 우리 제안에 깊은 관심을 갖고 있는 셔놀트 장군과 접촉했으며 (그는) 러셀 E. 랜들 준장을 고문으로 초청해 도움을 받으라고 조언했습니다." 이승만은 당시 현역으로 복무하고 있던 랜들을 한국에 "빌려 달라"고 요청했다. 이 전보는 굿펠로 대령이 서울에 있는 동안 발송됐으며 그의 조언을 반영했을 것으로 추정되는데, 1950년 초에 그가 한국에 항공기를 제공하려고 노력했기 때문이다.[32]

무초와 로버츠는 육군성에 랜들의 입국을 불허하라고 요구했지만, 11월 초 랜들은 이승만 정부의 "공무원"으로 한국에 부임했다. 랜들은 웨스트포인트 육군사관학교를 졸업하고 공군에서 25년 동안 복무한 인물이었다. 그는 중국 서부에서 "랜들 습격대"를 이끌고 일본군과 싸웠으며, 1945년 미국 육군 항공대를 이끌고 중국 국민당과 연합작전에 참가했다. 1948년에는 워싱턴의 정보국 책임자로 임명됐다. 그는 장제스의 강력한 지지자로 알려졌다.[33]

랜들은 열흘 정도 한국을 시찰했다. 그의 방문에 대한 사항은 상세히 알 수 없지만, 북한은 그의 동태를 면밀히 주시했다. 미국으로 돌아간 뒤 그는 한국에 공군이 필요하다는 의견을 제출했다. 다음 장에서 다루겠지만, 랜들은 1950년 초 민항공운공사를 한국에 참여시키려는 셔놀트의 시도에 관계한 것으로 생각된다. 이승만의 고문인 해럴드 레이디는 랜들의 방한과 AT-6 연습기 구매를 포함해 항공기와 관련된 모든 협상에 관여했다. 경제협력국 기록에 따르면 레이디는 AT-6 연습기를 "시장가격보다 훨씬 비싸게" 미국의 개인기업에서 사라고 이승만에게 조언했는데, 그 차액을 자신이 착복했음이 분명히 암시되었다. 이 구매 실태와 경위는 자세히 알 수 없지만, 타이완이 월드커머스 코퍼레이션World Commerce Corporation 같은 미국의 개인기업으로부터 군사 장비를 구매한 것과 비슷하게 진행됐을 것으로 여겨진다.[34]

개인적인 능력을 의심받기는 했지만 로버츠 장군은 한국군을 위해 열심히 무기를 구매했다. 1950년 3월 그는 "서방을 위해 싸울 수 있도록 훈련받은 한국군 10만 명의 중요성"이 과소평가됐다고 말했다. 1950년 3월 그는 도쿄를 방문해 합동참모본부에 "한국군은 매우 발전했으므로, 소련이 자국군을 보내지 않는다면 한국군은 북한군의 어떤 침략에도 대처할 수 있다고 확신한다"고 말했다. 그의 발언에 깊은 인상을 받은 합동참모본부는 주한 미군 군사고문단의 단계적 감축 계획을 마련하라고 그에게 지시했다.[35]

한국전쟁이 일어나기 한 달 전 마거릿 히긴스와 나눈 다소 열정적인 대담에서 로버츠는 "실전 경험을 쌓은 미군 병사와 장교 500명을 효율적으로 집중 투입해, 병사 10만 명이 우리를 위해 싸우도록 훈련시키는 방법을 주한 미군 군사고문단은 생생하게 보여주고 있다"고 말했다. 지방에서는 최근까지도 "계속 소요가 일어났지만" "모든 계급에 배치돼" "(한국인과) 현지에서 함께 생활하고 (…) 함께 전투를 치르고 있는" 미군 고문들 덕분에 이제 안정됐다고 그는 지적했다. 히긴스는 주한 미군 군사고문단의 폭동 진압 기술을 배워 인도차이나에 "수출"하려고 프랑스 장교들이 왔다는 소문을 전했다. 요컨대 "미국의 납세자는 이 나라에 투자한 자금 이상으로 감시 임무를 잘하고 최소 비용으로 최대 결과를 보이고 있는 군대를 둔 것"이라고 로버츠는 생각했다.[36]

로버츠의 장담은 설명하기 어려운 측면이 있다. 1949년에 일어난 전투에서는 한국군이 분명히 열세였으며, 내부 자료는 적어도 1950년 5월까지는 한국군 여러 부대의 참상을 묘사하고 있기 때문이다. 병사들은 대부분 훈련받지 못했고, 군사 장비는 끊임없이 빼돌려져 다른 용도로 전용됐으며, 개인 간의 대립이 만연했고, 일본군에서 훈련받은 참모들은 대체로 무능했다. 5월 로버츠는 유격대 전투에서 많은 경험을 쌓은 제6사단과 제8사단조차 약점이 많다고 말했다. 그들은 대포와 박격포 같은 지원화기를 사용하는 방법을 몰랐고, 통신장비는 정비되지 않았거나 제대로 사용되지 않았다.[37]

전쟁이 다가왔을 무렵 한국군의 훈련 계획도 흥미롭다. 한국군은 대대 훈련을 3월 말까지, 연대 훈련을 6월 30일까지 마치기로 계획했는데, 북한은 이런 일정을 잘 알고 있었다. 그러나 많은 부대가 내륙의 유격대 소탕에 꾸준히 동원됐기 때문에 이런 일정은 늦어졌다. 그 결과 1950년 3월 14일 한국군은 일정을 앞당기기 위해 "모든 부대를 소집해 6월 1일까지 대대 훈련을, 여름까지 연대 훈련을 마치는 13주 일정의 집중 훈련"을 추진했다. 6월 중순 경찰 14개 대대가 국내 치안 유지 임무를 인수하면서 임무에서 벗어난 일부 부대가 연대 훈련에 참가했다.[38]

주한 미군 군사고문단 W. H. S. 라이트 대위에 따르면 6월 중순 200명이 약간 넘는 유격대(터무니없이 낮은 추정이다)가 "한국군 8개 사단 가운데 3개 사단"을 아직도 괴롭히고 있었다. 그는 이후 8개월 동안 경찰 대대가 단계적으로 투입되기를 바랐다. 다른 자료들에 따르면 이승만은 한국군 1만 3000명을 경찰 1만 명으로 대체하려고 했지만 진척이 느렸고, 새로운 예정일은 8월 1일로 정해졌다.[39]

그러나 이것들은 로버츠가 후원한 미국의 계획이었다. 그들은 이승만이나 한국군 지휘관들에게 맞출 필요가 없었다. 1950년 4월 하순 이후 한국군 몇 개 연대가 북상하기 시작해 순천부터 전주, 안동부터 온양溫陽, 마천馬川부터 원주 등에 배치됐다.[40] 이런 움직임은 경찰로 구성된 대체 부대가 투입되지 않았어도 계속됐다. 전쟁이 시작될 무렵 한국군의 3분의 2 이상은 38도선이나 그 부근에 있었다. 서쪽의 옹진부터 동쪽의 주문진까지 3만 2500명의 병력이 38도선을 따라 집중됐으며, 2만8000명은 서울 북쪽이나 서울 안에, 7000명은 원주에, 2만 명은 대전 이남 지역에 있었다.[41] 달리 말하면 6월 25일 이전 몇 주 동안 북쪽으로 대규모 병력 배치가 상당히 신속하게 이뤄진 것이다.

미국 당국자들은 개전 며칠 만에 남한은 군사 장비의 70퍼센트를 잃었는데 모두 한강 이북에서 벌어진 전투였다고 회고했다. 한국군은 "적진 깊이 침투하지 못했다. 38도선과 서울 사이의 모든 지역은 그들의 물자 저장소였다"고 맥아더는 말했는데, 이 말은 곧 한국군의 보급 물자는 서울 이북에 있었다는 뜻이다.[42]

이것을 어떻게 설명해야 하는가? 남한 지휘관들은 1950년 여름도

1949년 여름과 비슷할 것이라고 생각했기 때문으로 여겨진다. 앞서 본 대로 1949년 여름 38도선 일대에서 벌어진 전투들과 북진에 대비해 한국군을 38도선에 집중시킨 것은 김석원의 계획이었다. 이승만은 여름에 38도선에서 전투가 다시 벌어질 것이라고 생각했기 때문에 한국군을 북쪽으로 이동시켰다. 방어선을 깊이 구축하지 않은 까닭은 이승만과 김석원 등이 효과적인 공격이 최선의 방어라고 생각했기 때문인 것 같다. 이것이 남한이 로버츠의 계획을 따르지 않은 까닭을 합리적으로 설명할 수 있는 논리 가운데 하나다. 로버츠는 아내가 큰 병이 들자 조기 은퇴를 위해 자신의 업무를 축소하기 시작했는데 그후 이런 일이 일어난 것은 주목할 만하다.

사실 주한 미군 군사고문단은 전쟁 직전 고위 지휘관을 대부분 잃은 미국 기관이었다. 3월에 로버츠는 "앞으로 석 달 안에 주한 미군 군사고문단은" 자신을 포함해 "고위 장교를 모두 잃을 것이다"라고 썼다. 그는 6월 15일 일본으로 떠났고, 그의 후임은 8월에 부임할 예정이었다. 그는 덜레스와 함께 서울로 돌아왔다가 다시 도쿄로 가서 맥아더와 며칠 동안 회담한 뒤 6월 23일 미국으로 떠났는데, 회담 내용에 대한 기록은 남아 있지 않다. 주한 미군 군사고문단 임시 대표 W. H. S. 라이트 대령도 전쟁 직전 일본에 있다가 6월 26일 서울로 돌아왔다.[43]

일부 경솔한 저술가, 특히 북한의 저술가들은 전쟁을 일으킨 공모자로 로버츠를 묘사하려고 하는데, 실제로는 그 반대다. 로버츠는 전쟁이 일어나기 전 1년 동안 고집 센 한국군 장군들을 억제시켰다. 허세나 야망은 없으며 제한된 실권만 지닌 직업군인인 그는 애치슨과 무초의 명령을 어떻게 실행해야 할지 알고 있었다. 이 때문에 이승만과 김석원 같은 장군들은 그를 싫어하고 매도했으며, 김석원은 1949년 가을 로버츠의 지시로 해임됐다.[44] 그러므로 6월 25일 로버츠에게 부여된 대단히 중요한 역할은 그의 존재가 아니라 바로 그의 부재였다. 위기의 순간에 그가 현장에 없던 것은 처음이었으며 주한 미군 군사고문단의 고급 장교 대부분도 그랬다.

그러나 미군이 한국을 잊은 것은 아니었다. 1950년 3월 하순 항공모함 박서호에 탑재된 전투기 42대가 베트남 중부를 비행해 미국의 "군사력"을 과시했으며, 2주 뒤에는 전투기 50대가 부산과 대구 상공을 굉음을 내며 비행했다. 5월 중순 항공모함 밸리 포지호가 비슷한 임무를 띠고 출발해 기동함대 20척을 대동하고 "혼란에 빠진 동양"에 미국의 군사력을 과시했다. 5월에도 미국은 푸에르토리코 근처에서 1945년 이후 가장 큰 규모의 군사훈련을 실시했다. 다름 아닌 존 R. 하지 장군의 지휘 아래 병력 6만 명이 참여한 훈련이었다. 그 자체로는 큰 의미가 없었지만 북한을 주저하게 만들었을 것이다.[45]

"혼수상태의 위원회"

6월에 전쟁이 일어나자 유엔 한국위원회와 특히 그 군사 감시 요원은 미국과 남한의 관점을 정당화하고 유엔이 북한을 규탄하고 참전하도록 설득하는 데 중요한 역할을 했다. 대부분의 연구는 유엔 한국위원회가 상당히 객관적으로 사태를 관찰하고 전쟁을 일으킨 경위를 파악했다고 평가했다. 그러나 실제로 유엔 한국위원회가 사용한 방법은 추문에 가까운 것이었다.

유엔 한국위원회는 남한에 주재한 서방 기구 가운데 중요한 조직이었지만, 미국과 달리 전쟁 이전 몇 달 동안 그 지위는 거의 존재하지 않는 것처럼 미미했다. 1949년 후반부터 1950년 초반까지 유엔 한국위원회는 거의 활동하지 않았고 회의도 거의 없었으며 정족수도 채우지 못했다. 1948년 대한민국 수립을 국제적으로 정당화하는 데 결정적 역할을 한 유엔 한국위원회는 거의 잊힌 상태가 된 것이다. 어떻게 이런 일이 일어났는지 파악하는 것은 대단히 중요하다.

1949년 여름 중반 38도선 일대에서 전투가 벌어지자 유엔 한국위원회 소속 위원 몇 사람은 한국의 위기 상황에 유엔의 관심을 촉구했다. 그들이 서신을 보낸 사람은 늘 그랬듯 미국인 외교관 앤드루 코디어였는데, 그는 나중에 콩고에서 패트리스 루뭄바를 추방하는 데 핵심적인 역할을 했다. 7월 초 프랑스 대표 앙리 코스틸러는 "내전 위기가 임박했다"면서 미·소의 협상을 촉구했다. 그 결과 『뉴욕타임스』는 유엔 한국위원회가 한국 문제를 미국과 소련에게 다시 위임하고 위원회는 해산하도록 유엔에 권고했다고 보도했다.[46] 이 시기 유엔 한국위원회는 38도선을 맡은 지휘관 김석원에게서 상황을 보고받았는데, 김석원에 대해서는 12장에서 다룬 바 있다.

유엔 한국위원회는 무관심한 유엔과 내전의 위기 사이에 자신들이 끼어 있다고 생각했고 빠져나가기를 바랐다. 그러나 그러지 못했다. 위원회에 군사 감시 요원을 두기로 결정한 것은 북한보다는 남한에서 공격이 시작될 것을 우려했음을 보여주는 중요한 증거다. 1949년 9월 민간인 이동 때 유엔 한국위원회의 박식한 중진 에곤 란스호펜베르트하이머는 필립 제섭에게 서한을 보내 유엔 한국위원회를 대신할 수 있는 유엔 고등판무관을 파견해 모든 진영이 개방적으로 대화함으로써, 무력으로 통일하려는 시도를 막아야 한다고 주장했다. 그 시기가 1949년 9월이라고 생각하지는 않았지만, 북한은 남한에 "결정적 타격을 줄 수 있다"고 그는 우려했다.

> 반면 남한은 김일성의 군대가 강화되는 것을 보면서 북한을 합병할 기회가 날로 줄고 있다고 느끼고 있습니다. (…) 그러므로 이승만은 북침 유혹과 그렇게 하라는 압력에 점차 저항하지 못하고 있다고 생각됩니다. 한국군 수뇌부는 (…) 선수를 쳐 38도선을 넘으라고 계속 이승만을 압박하고 있습니다.[47]

같은 시간에 버터워스는 "전투가 많이 벌어지고 있으며, 남한에는 북한 출신의 호전적 인물들이 있는 것으로 보인다"고 영국에 말했다. 그 결과 그는 유엔 한국위원회가 현장에 군인을 파견하기를 바랐는데, 로버츠와 마찬가지로 그들이 남한 인사들을 제지할 것이라는 의도였다.[48] 그러나 미국이 이런 사실을 유엔에 전달했다고 생각되지는 않는다. 하지만 북한의 주시를 벗어날 수는 없었으며, 군사 감시 요원을 파견하기로 결정한 것은 38도선 일대의 전쟁 가능성에 대해 9~11월까지 두 달 동안 서울에서 비밀리에 논의한 데서 나온 것이라고 북한은 정확히 파악했다. 북한은 군사 감시 요원이 한국 문제에 개입하는 것을 "정당화"하려는 미국의 계책이라고 공식 발표했지만,[49]

유엔 한국위원회가 북한을 감시하는 것은 물론 남한을 억제할 것이라고 판단했음이 분명하다. 남한에서는 자신들이 일으킬 가능성이 높다고 예측된 38도선 일대의 공격을 감시하도록 파견된 군사 감시 요원을 감화시키고 회유하려고 했지만, 그것보다는 그들을 일정한 장소에 머무르게 하고 이동을 제한하려고 애썼다. 1949년 10월 유엔 한국위원회의 15차 보고서는 남한의 논리를 반영했다.

> 무력 통일을 억제하는 힘은 최근 약해졌다. (…) 유엔 한국위원회가 한국 문제를 해결하는 데 무력 사용을 무조건 거부하지는 않을 수도 있다. (군사)감시 요원은 중립적 주체가 아니라 군사 분쟁이 일어날 경우 그 책임이 어느 쪽에 있는지 판정하는 임무를 띠고 파견된 것으로 보인다.
> 한국군이 반항적이라는 조짐이 있다. 순종하지 않는 이런 태도는 군대에만 있는 것이 아니다. (…) 위기가 발생했을 때 북한 정권이 외부로부터 강력한 지원을 받지 못할 것이라고 확신하는 사람도 일부 있는 것 같다.

서울의 거리는 "제복을 입거나 입지 않고 행진하는 젊은이로 가득하고 (…) 점점 더 많은 사람이 모이고 있다는 인상을 받는다". 남한의 의도를 명확히 파악할 수는 없지만 "그들은 군사행동을 지향하고 있다".[50]
유엔 한국위원회 군사 감시 요원들은 중립적 주체가 아니라 내전의 책임이 "어느 쪽에 있는지" 판단하는 임무를 띠고 있었다는 대목의 논리를 주목할 필요가 있다. 위에서 인용한 부분은 그 책임이 남한에 있다고 암시한다. 이승만은 유엔 한국위원회가 남한의 도발은 못 본체하되 침략이 시작되면 즉시 북한을 비난하기를 바랐다. 또 주목할 사항은 이런 서한과 보고서가 유엔에서 근무한 소련 국적의 진첸코라는 인물의 검토를 거쳤다는 것이다. 그렇다면 그 보고서들을 스탈린과 김일성도 검토했다고 추측할 수 있다.
1949년 9월 대부분의 위원이 출국해 유엔 한국위원회는 사실상 문을 닫았다. 남은 위원들은 "어쩔 수 없이 아무 일도 할 수 없다"고 불만을 토로했다. 1950년 1월 주한 미국 대사관의 보고서에서는 "혼수상태에 빠진 위원회"라고 조롱했다. 2월에는 위원회가 "다시 활성화할 것"이라는 희망 섞인 이야기가 들어오고 3월에는 군사 감시 요원이 위원회에 추가될 것이라고 발표됐지만, 3월 말 위원회는 다시 "대부분 활동이 정지"됐다.[51]

1950년 5월 하순 유엔 한국위원회는 호주·튀르키예·타이완(국민정부)·인도에서 공식 파견된 위원들로 구성됐다. 1948년과 마찬가지로 군사 감시 요원에는 유감스러운 점이 많은 인물이 포함돼 있었다. 인도 대표는 다리가 부러져 입원하고 있었다. 튀르키예 대표 카심 굴렉은 영국에서 학위를 취득한 뒤 1933년 나치 치하의 베를린으로 가서 법학 학위를 마쳤다. 서울에서 그는 한국 여성을 성차별하는 언행으로 악명 높았다.[52] 몇 안 되는 직원이 대표들을 도왔는데, 베트남(바오다이가 통치한 지역)에서 파견된 타오킴 안드레 하이가 서기관으로 근무했다. 살바도르 대표와 호주 군사 감시 요원 1명이 5월 말에 왔으며 6월 6일 군사 감시 요원 1명이 더 왔다. 한국전쟁 이전까지 추가로 온 인원은 없었다.[53]

호주 군사 감시 요원 F. S. B. 피치Peach 소령은 5월 29일에, 같은 나라의 R. J. 랭킨 소령은 1주일 뒤에 도착했는데 개전을 3주도 남겨놓지 않은 시점이었다. 피치는 호주 육군 장교였고, 랭킨은 공군이었다. 그들은 남한의 정세를 전혀 몰랐으며 한국을 방문한 적도 없었다. 나는 평화봉사단Peace Corps에서 집중적인 어학연수를 포함해 3주 동안 강도 높은 훈련을 받은 뒤 1967년 서울에 왔다. 남한은 내가 예상한 것보다 훨씬 복잡하고 어수선하고 이질적이고 압도적이었으며, 어떤 방식으로든 스스로 적응하는 데 2주 넘게 걸렸다. 내가 소속된 집단에서는 많은 사람이 병에 걸리거나 탈진했으며, 온 지며칠 만에 집으로 돌아가는 사람도 있었다. 누군가 내게 비무장지대를 돌아보고 한국군이 방어적 태세를 갖췄는지 공격적으로 포진했는지 보고하라고 요구했다면, 나는 숙소로 돌아가고 싶다고 대답했을 것이다.

유엔 한국위원회는 한국에 체류한 미국의 부속적 존재일 뿐이었다. 아니, 그래야 했을지도 모른다. 맥아더는 대표들이 탈 비행기를 보내줬고, 주한 미군 군사고문단은 지프차를 제공했으며, 주한 미국 대사관은 그들이 체류하는 동안 안내와 숙박과 식사를 담당하고 서울 생활에 관련된 끝없는 불평을 처리해줬다.[54] 남한에는 외국인 시찰자를 다루는 유명한 방법이 있었는데, 1949년 유엔 한국위원회가 방문했을 때 그 방법이 널리 사용됐다. 1950년 초 유엔 한국위원회 사무국이 38도선 시찰에 나서자, 기관총을 장착한 헌병대가 가득 탑승한 지프차가 행렬의 선두에 섰다. 그들이 서울을 출발해 가는 길의 도시와 촌락마다 소총을 든 군인이 50야드(약 45미터) 간격으로 서 있었고, 38도선 도착에 맞춰 성대한 환영 행사가 준비돼 있었다. 군악대가 연주하고 아이들이 꽃을 전달했으며 현지 공무원들이 나왔다.[55] 위원회가 독자적으로 조사할 가능성은 아침이슬처럼 사라졌다.

1950년 3월 하순 유엔 한국위원회 위원 5명은 동해안을 시찰하려고 출발했다. 그들은 먼저 강릉에 들러 제8사단장 이형근에게서 상황을 보고받았는데, 그는 1권에서 본 대로, 미국인의 눈에는 일제 육군의 영향을 지나치게 받은 허세 가득한 장교였다. 이형근 장군은 인민위원회의 전성기를 회고하면서 "1945년과 1946년 인민위원회가 지배한 13개월을 떠올리며 좌익 지하운동이 아직도 남아 있다고 인정했다". 그들은 45세 남성을 심문했는데, 그는 1946년 이후 지역 농민조합에 소속됐고 1948년 여름 유격대에 가담했다. 강릉에서는 "당시 산간의 유격대와 지하조직이 서로 연락하고 있었지만" 그런 접촉은 1949년에 끊어졌다고 이형근은 말했다. 유엔 한국위원회 시찰단은 계속해서 38도선 북쪽으로 이동했다. 가는 도중에 있는 여러 촌락의 "주민이 모두" "길가에 나와 환영했다". 그들의 시찰은 이런 "엄청난 규모의 환영 행사" 때문에 차질을 빚기도 했다.[56]

"작은 것을 이용해 큰 것을 이룬다"는 외교술에 능숙한 이승만의 군대는 자체 고안한 내전 정책에 유엔 한국위원회를 깊이 끌어들이려고 했다. 1950년 3월 1일 이승만이 북진을 주장하는 연설을 할 때 유엔 한국위원회 대표단은 관람석에 있었으며, 튀르키예 대표 굴렉은 한국위원회가 남한에 동조한다는 내용의 연설을 했다. 한 주 뒤 김석원 장군은 유엔 한국위원회의 활동을 칭송하는 행사에서 연설했다. 1950년 노동절(5월 1일)에 호주 대표 아서 재미슨은 안호상이 창설한 준군사조직인 학도호국단 발족 1주년을 축하하는 대회에서 연설했다. 청년들은 "나라의 최고 지도자" 이승만에게

소리 높여 충성을 맹세했으며 "잃어버린 영토"를 회복할 것을 서약했다.[57]

1950년 초 유엔 한국위원회는 남한 지도자들과 산발적으로 만나 의견을 들었다. 그 지도자들은 열렬한 이승만 지지자들이거나 미국이 1945년 9월에 가장 먼저 자문을 구했던 "반대파"들에 국한됐다.[58] 유엔 한국위원회는 온건파나 와해된 좌익의 잔존 세력에게는 더 이상 귀를 기울이지 않았다. 이승만 정권도 타이완과 필리핀 정부를 설득해 우호적인 대표들을 보내도록 하는 데 성공했으며, 다른 정부들에게도 그렇게 하도록 압력을 넣었다.[59]

중국(곧 타이완) 대표는 국민당의 류위안이었는데, 신뢰받는 중요한 외교관이었다. 그는 1948년 초대 주한 타이완 대사였다. 류위안은 장제스의 후배인 이범석과 함께 한국인들을 자주 만났다. 유엔 한국위원회에서는 그가 이승만 대통령과 매우 가깝다고 생각했다.[60] 그는 1949~1950년 유엔 한국위원회에서 가장 활발히 활동한 인물이었다. 1949년 가을에는 조사 위원으로 활동했고, 1950년 5월 30일에 치러진 중요한 총선거와 관련해 유엔 한국위원회의 보고서를 작성하는 동안 의장으로 활동했다. 미국 대사관은 그 보고서를 매우 마음에 들어했으며, 그 때문에 그는 한국전쟁이 일어났을 때 의장이라는 중요한 자리에 다시 오를 수 있었다. 1950년 7월 그는 주일 대표단 부단장으로 도쿄에 파견됐는데, 맥아더와 빈번히 접촉하기 때문에 국민당에게는 중요한 자리였다.[61]

그러나 유엔 한국위원회는 도미노 현상에 휩쓸리지 않을까 미국이 우려한 나라나 미국에 의존한 나라의 대표로만 구성된 것은 아니었다. 호주와 인도 대표와 사무국의 일부 직원은 유엔의 이념에 매우 충실했다. 1950년 6월 그들은 1948년 5월 총선거 이후 처음으로 북한과 다시 접촉하려고 시도했다. 이런 중요한 조치 또한 트뤼그베 리 그리고 애치슨과 일부 소련인의 후원으로 이뤄진 것이 분명했다.

애치슨이 3월 버클리대학교에서 한 중요한 연설에서 소련이 성의를 보이겠다면 유엔 한국위원회가 북한에 들어가도록 허락해야 한다고 제의한 것을 기억할 것이다. 애치슨의 일일 정보 보고 5월 2일 항목에는 트뤼그베 리는 "(모스크바에) 체류하는 동안 소련 수뇌부와 한국 문제를 논의하기 위해 모든 기회를 이용할 것"이라고 적혀 있다. 유엔 사무국의 한 당국자는 "이해하기 어렵고 놀랍게도" 유엔 한국위원회 위원장은 리에게 진첸코라는 소련 국적의 유엔 사무차장이 "북한과 남한 사이의 연락을 맡아 '일종의 중재자'로 활동할 가능성이 있음"을 시사했다고 밝혔다. 곧 미국은 "북한과 접촉하는 데" 리에게 협력을 요청한 유엔 한국위원회의 시도는 "권한"을 벗어난 것이 아니라는 견해를 무초에게 알렸다. 주한 미국 대사관은 이런 책략이 남한에 누설되면 "폭발적 사태"를 불러올 것이라면서 기밀 엄수를 당부했다.[62]

몇 주 뒤 경로는 밝혀지지 않았지만 북한은 6월 10일 38도선 부근의 여현역礪峴驛으로 특사 세 사람을 보내 유엔 한국위원회 대표단을 만날 것이라고 회신했으며, 남한의 정치 지도자들도 초청했다. 남한 측은 그런 초청을 수락하는 사람을 모두 반역자라고 엄포놓았다. 유엔 한국위원회 사무국에서 근무한 존 게일라드는 호주 군사 감시 요원 피치와 랭킨 그리고 서방 기자 몇 사람과 함께 여현역으로 출발해 6월 10일 오후 3시 30분 38도선에 도착했다. 거기서 그는 그곳 지휘관인 백선엽 장군에게서 더 이상 나아갈 수 없다는 통보를 받았다. 백선엽의 명령으로 한국군은 맞은편 구릉지대에 자동소총을 발사했고 북한군도 동일하게 대응했다.

게일라드가 38도선을 넘기로 한 오후 5시가 되자 북한군은 사격을 멈췄지만 한국군은 계속 사격했다. 그러나 마침내 정적이 찾아왔고 게일라드는 앞으로 나아갔다. 그는 2시간 정도 북한 측과 대화했고, 그들이 매우 두려워하고 있음을 깨달았다. 북한군은 한국군이 자신들을 쏠 거라고 생각해 참호에 몸을 숨겼다. 게일라드는 그들에게서 통일을 촉구하는 문서의 사본을 받았다. 게일라드가 가져간 유엔 한국위원회의 문서를 전달하려고 하자 그들은 자신들에게는 그것을 받을 권한이 없다며 거절한 뒤 게일라드의 국적을 물었다. 그는 미국인이었는데, 이것은 또 다른 걸림돌이었다.[63]

게일라드가 38도선을 넘어 돌아오려고 하자 남한군의 총이 불을 뿜어 그를 다시 움직이지 못하게 했다. 마침내 그는 돌아가도 좋다는 허락을 받았다. 이튿날 이인규·김태홍·김채장으로 구성된 북한 사절 세 명은 38도선을 넘어 남한으로 내려와 남한 정부가 회담을 금지한 정당 지도자들을 만나고 싶다고 말했다. 그들은 체포됐는데, 처음에는 즉시 사살하라는 지시가 내려왔다. 그들은 투옥된 후 군사재판에 회부되었다. 여기에는 미국의 의견이 반영된 것으로 생각된다. 미국 대사관 자료에 따르면, 세 사람 모두 1948년 이전 남한에서 "파괴활동을 한 기록"이 있었다. 그들을 심문해 "되도록 많은 정보"를 얻고 망명시키려고 했다. 미국은 "정중하게 대우하고" "정보를 얻거나 반대선전에 사용할 수 있는 유용성이 사라지면" 38도선을 넘어 돌려보내라고 요청했다.[64]

6월 15일 그들 가운데 두 사람은 "망명"해, 북한으로 송출된 방송에 나와 이승만을 "국부"로 칭송하고 그동안 자신들이 지녔던 정치적 신념을 철회했으며 남한의 "자유와 풍요"를 칭송했다. 세 번째 인물은 북한에 남아 있는 가족을 걱정해 발언하지 않았다. 그러나 6월 18일 그도 침묵을 깨고 방송에 참가하기 시작했다.[65]

여현역 회동은 유엔이 한국 문제에 개입한 이후 유엔 한국위원회와 북한이 처음 직접 접촉한 사례였으며, 특기할 만한 교섭은 없었지만 김일성의 승인을 얻은 것이 분명하다는 측면에서 대단히 중요한 상징적 만남이었다. 5월 30일 총선거 결과를 고려하면 대화가 진전될 가능성도 있었다. 새로 당선된 온건파가 이승만에게 북한과의 대화를 촉구했기 때문이다. 또한 이 시점에는 미국이 반대하지 않는(찬성하지도 않지만) 복잡 미묘한 방식에 따라 중국이 유엔에 가입한다면, 남한과 북한 사이를 중재하는 데 유엔의 역할이 커질 것으로 기대됐다. 끝으로 가장 흥미로운 사실은 이처럼 전쟁이 임박한 시점에도 여전히 애치슨은 한국 문제를 타개할 방법을 모색하고 있었다는 것이다.

5월 30일 총선거

개전 몇 주 전 남한에서는 두 번째 총선거가 치러졌다. 그 결과 이승만 정권이 참패하고 많은 중도파와 온건 좌파가 국회에 들어왔다. 그들 가운데 일부는 여운형이 남긴 세력과 연합했으며 대부분 북한과의 통일을 바랐다.

1950년 남한은 양당제였는데, 1945년 가을에 만들어진 체제와 동일했다. 이승만의 정당과 한국민주당이었다. 두 정당은 누가 행정부를 운영하고 누가 경찰과 군대를 통수해야 하는가 하는 문제만 빼고 모든 것에 동의했다. 한국민주당은 김성수와 그 세력이 계속 이끌었으며, 1949년 2월 이승만 세력 몇 사람이 탈당하고 들어왔다. 그 뒤 당명은 민주국민당으로 바뀌었다. 이승만은 옛 독립촉성국민회의 지지자를 대한국민당에 규합하는 것으로 대응했지만[66] 일반적으로 진정한 대립은 투표소가 아니라 강압적인 정부 기관 안에서 벌어졌다.

1950년 4월 주한 미국 대사관은 남한의 정치 동향에 대한 중요한 연구를 완성했지만[67] 그것은 1945년 가을에도 작성될 수 있었다. 그 연구에 따르면 민국당은 "기업가와 지주"의 지지를 받는 "가장 크고 강력한" 정당이었다. 그들은 "분명하게 드러내지는 않았지만" 토지개혁에 반대했다. 농촌 지역에 "정치적 기반"이 없었지만 그 대신 경찰과 관료 기구를 이용해 유권자를 투표소로 가게 했다. 실제로 "서울 바깥, 특히 농촌 지역에서 조직을 가진 정당은 없었다". 민국당의 기관지는 언제나처럼 『동아일보』였다. 1945년과 마찬가지로 농민과 노동자를 조직하려고 시도한 유일한 세력은 좌익이었지만 1950년에 거의 모든 좌익 조직은 지하로 숨거나 파괴됐다.

두 당의 정치인들은 자신들의 견해에 "큰 차이가 없다"는 데 동의했다. 주한 미국 대사관은 "다양한 세력 사이의 이념적 차이는 권력과 위신을 향한 경쟁보다 부차적 문제이며" "남한 정치의 근본적 성격이나 바람직한 상황과 관련해 우파와 중도파 사이에는 더 이상 기본적 차이가 없다"고 지적했다. 그럼에도 파벌 투쟁은 격렬해 사람들은 "아주 작은 분란에도 탈당하곤 했다". 체제는 가부장적이었고 중앙에서 명령이 하달되는 체제였다. 지방에서는 경찰이 치안을 유지했고 정치인들은 큰 지지조직을 만들 필요를 느끼지 않았다. 그 대신 그들은 중앙 관료 기구 안으로 들어가 그곳을 장악하려고 했다. 또는 주한 미국 대사관이 지적한 대로, "제몫의 부나 권력을 받지 못하고 있다고 느낀 한국의 정치집단은 개인의 활동과 자유의 영역을 확대하기보다는 권위주의적 통치체제의 지배권을 획득하는 데 힘을 기울였다".

이승만의 정당은 대통령에게 완전히 종속됐으며, 민국당보다 결속력이 떨어졌다. 이전과 마찬가지로 그것은 "덜거덕거리는 파벌 연합"이었으며 지방에서는 영향력이 없거나 미약했다. 선거를 앞둔 몇 달 동안 파벌의 내분이 격렬해지자 주한 미국 대사관은 그 당이 "선거 때까지 유지될 수 있을지" 의심스러워했다. 1940년대 어느 정도 세력을 지녔던 정당들은 소멸하기 직전이었다. 김구의 한국독립당은 당시 "아주 작은 집단"이었고 여운형이나 김규식과 연결됐던 온건파는 아무 영향력 없는 "극소" 정당이었다. "지나치게 자유주의적 성향을 지닌 후보자"가 그릇된 발언을 하면 "체제 전복 혐의를 씌워 투옥하는 것은 간단한 일"이었기 때문에 무엇보다 정치인들은 발언에 신중해야 했다. 물론 주한 미국 대사관에서는 이 모든 일이 지난 5년 동안 미국이 지시하고 지원한 행위와 뗄 수 없이 연결됐다고 평가하는 대신, 멀고 흐릿한 과거의 어느 순간에 하늘에서 떨어진 것처럼 서술했다.

이승만에게 선거는 미국을 기쁘게 한다는 것 외에는 성가시고 하기 싫은 일이었다. 1948년 대한민국 수립 직후부터 최고 지도자들은 다음 선거를 걱정했다. 1949년 1월 조병옥은 웰링턴 구에게 이승만 정권은 "두 가지 큰 문제"에 직면했다고 털어놓았다. 두 번째 문제는 북진이고, 첫 번째 문제는 이것이었다. "만일 김구와 김규식 같은 좌파 정치인이 의회에서 과반을 차지한다면 이승만 대통령의 정당은 현재의 지배력을 잃을 것이며, 통일이라는 명목으로 분명히 북한과 유화정책을 추진할 겁니다."[68] 이승만은 선거를 연기하려고 몇 번 시도했지만 미국의 강한 압력으로 결국 5월 30일로 확정됐다.

서울의 여러 선거구에서는 김성수와 박순천, 김도연과 김활란, 윤치영과 안동원처럼 비슷한 보수파들이 서로 충돌했다. 선거위원회는 한결같이 부유하고 학력 높은 소수 계층 출신으로 구성돼 공무원들과 협력해 유권자를 등록하고 투표를 독려했으며, 경찰의 협조를 얻어 반대편 후보자를 "빨갱이"라고 규탄하는 전단을 붙였다. 선거 브로커들은 1000표를 20만 원에 거래했으며, 준정부 조직으로 묘사된 수많은 청년 단체는 민국당이나 대한국민당을 위해 "선거운동을 했다."[69] 선거가 치러질 시점에 적어도 9000명이 악명 높은 국가보안법을 위반했다는 혐의로 구금됐으며, 그 가운데 5000명은 재판 없이 4개월 넘게 구금됐다.[70] 앞서 본 대로 여기에는 1950년 3월 14일 이 법을 위반했다는 죄목으로 유죄판결을 받은 국회의원 13명도 들어 있었다.

이런 모든 조치에도 이승만 체제는 불안했으며, 전체주의적 정치를 추구했지만 미흡한 상태의 근사치에 다가갔을 뿐이었다. 새로 나타난 주요한 요소는 이전의 중도파와 온건 좌파가 "무소속"으로 출마한 것이었다. 그들은 대부분 김규식과 김구, 고 여운형의 세력이었다. 거기에는 장건상·조소앙·엄항섭·원세훈·이순택·최동오·백상규·안재홍·여운홍(여운형의 동생)이 있었고 그 밖에 그리 유명하지 않은 인물도 많았다. 이승만은 그들 때문에 매우 속을 태웠고, 선거 당일까지 후보 30명과 운동원 100명 이상을 투옥했다.

억지로 투표소에 동원된 사람들은 정부에 반대표를 던졌고 위에서 든 인물 대부분을 포함해 60여 명의 무소속과 중도파가 선출됐으며, 현직 의원으로 재선에 성공한 사람은 31명뿐이었다. 유권자 대부분은 현역 의원에 투표하지 않았고, 좌파적 성향이 가장 강한 후보에게 투표한 경우도 많았다. 이 후보들은 대부분 통일을 지지했다. 정부 관료로 출마한 사람들은 "거의 대부분" 낙선했다고 주한 미국 대사관은 기록했다. 대부분의 자료에서는 새로 구성된 의회의 분포를 대한국민당 62명, 민국당 48명, 친이승만 계열의 청년 단체 22명, 무소속 60명, 군소 정당과 "중도파" 24명으로 파악했는데, 이 24명은 무소속과 함께 의회에서 최대 세력을 형성할 가능성이 있다고 평가됐다. 『동아일보』는 무소속이 원세훈·여운홍·장건상의 주도 아래 단결할 것으로 예상했다. 조병옥의 우려는 전체적으로 타당한 것으로 드러났고 조병옥 자신의 경우도 그랬다. 그는 김구 세력인 조소앙에게 패배했다.

이승만의 정당과 민국당은 대패했다. 맥아더의 정보 조직은 유력 정치인들이 친일의 "오명" 때문에 낙선했다고 설명하고, 이승만은 온건파를 용공 세력이라고 비난했지만 오히려 그들 다수의 당선을 도운 결과로 이어졌다고 지적했다. 그러나 이승만은 선거 1주 뒤 연단에 올라 "국민들은 선거(결과)를 상당히 불신하고 있다"고 선언하고 온건파를 공산주의와 연결시켰다.[71]

이승만을 지지하는 보수 세력이든, 이승만에 반대하는 자유주의 세력이든 미국인은 모두 선거 결과에 당황했다. 중국 로비의 로이 하워드는 "귀하의 상황 통제력이 현저히 위축된 것"을 알게 돼 유감이라는 내용의 서신을 이승만에게 보냈다. 그러나 CIA는 민국당이 이승만의 "독재적 지배"를 위축시키기를 기대했다. CIA는 민국당을 "비교적 유능하고 잘 조직된 단체로 지주와 사업가의 이익을 대표한다"고 평가하면서, 미국이 한국에 요구한 경제 정책을 이승만의 정당보다 좀더 잘 추진할 것이라고 예측했다. 자유주의자들도 대규모 원조 계획이 무산될 수도 있다고 우려했는데, 미국 의회가 한국 원조 법안에 추가 조항을 첨가해 공산주의자나 북한 여당의 당원이 한 사람 이상 포함된 "연립"정부나 통일 정부가 구성되면 원조를 중단할 것이라고 규정했기 때문이다. 물론 진짜 공산주의자는 한 사람도 당선되지 않았지만 이승만의 지지자들은 대부분의 온건파를 공산주의자로 규정했다. 『뉴욕타임스』는 이승만이 당선자 다수를 "용공 인사"라고 생각한다고 보도했다.[72]

앞서 본 대로 선거 결과가 보고된 직후 북한은 유엔 한국위원회 대표들과 만나기로 합의하고, 새로운 통일 방안을 추진하기 시작했다. 북한이 한국 국회의 어떤 인물과 접촉했는지 알려진 사실은 거의 없지만, 그런 인물이 있었음은 분명하다. 새로 선출된 무소속 의원들은 나중에 조선인민군 전차가 진주한 뒤에도 "거의 모두" 서울에 남았으며 상당수가 새 정부에 협력했다.[73]

6월 7일 조국통일민주주의전선은 남북 정치 지도자들의 회담을 촉구하는 발표를 하면서 6월 19일 38도선에서 만날 것을 제안했으며, 8월 초 한반도 전체에서 선거를 실시해 평화통일을 이루고 해방 5주년 기념일에 새로운 통일 국회를 소집하자고 요구했다. 조국통일민주주의전선은 남한의 무소속 의원들에게 특별 성명을 발표해 호소하면서 여운형을 "조국의 독립과 민주주의를 위해 싸운 조선 민족의 애국자"라고 불렀고, 김구가 암살된 것을 애도했으며 김규식의 통일 노력을 칭송했다. 그들은 인민위원회의 복구를 요구했다. 무초는 북한이 이런 요구와 관련된 선전 경쟁에서 주도권을 잡았다고 말하면서, 그 주장은 "겉으로 보기에 합리적"이며 "아직도 38도선의 철폐를 갈망하는 남한 여론 대부분"과 국회의 "혼란스러운 자유주의 세력"에게는 매력적으로 들릴 수 있다고 평가했다. 실제로 지방의회가 구성될 가능성은 없겠지만, 한국 전역에서 그로 인해 초래될 결과는 "전면적 내전의 전초 단계"가 될 수도 있다고 무초는 지적했다.[74]

한국군의 채병덕 참모총장은 북한의 제안에 호응하는 사람은 모두 반역자로 간주(돼 처형)될 것이라고 말했다. 전쟁이 일어나기 전에 발행된 소련 신문에서는 6월 13~19일 이승만이 38도선 경비를 강화했기 때문에 아무도 월북할 수 없었다고 보도했다.[75] 6월 19일에 회담이 열렸지만 남한 출신으로 참석한 사람은 이미 북한에 있던 사람이었다.

이 무렵 평양에서는 "민족 반역자" 9명의 체포 영장을 발부했다. 그 9명은 이승만 대통령·이범석·김성수·신성모·채병덕·조병옥·윤치영·신흥우·백성욱이었으며 그 명단의 끝부분에는 "그 밖에" 유해한 인물의 이름이 첨부됐다. 6월 19일에 회동한 사람들은 이틀 뒤 남북 의원의 회의를 개최하고 8월 15일까지 남한 국회를 북한의 최고인민회의에 통합할 것을 요구했다. 이때 처음으로 북한의 성명에서는 국회라는 공식 명칭을 사용했으며 남한 의원 가운데 아무도 "반역자"라고 거명하지 않았지만, 주한 미국 대사관에서는 장택상 같은 몇 사람은 "분명히 해당될 것"이라고 지적했다.[76]

돌이켜보면 이런 급박한 일련의 행동은 선전 책략일 뿐 아니라 임박한 공격을 감추려는 의도로 보인다. 그러나 북한은 1949년 6월과 9월에도 동일한 행동을 했고, 당시에도 미국은 침공의 징조로 생각했다.[77] 1950년 5월과 6월의 사건은 북한이 전쟁 계획을 은폐하려고 연막을 쳤다는 증거는 아니다. 실제로 선거 결과는 이승만 정권이 곧 새로운 정치 활동을 펼치다가 자체적으로 무너질 것이라고 주장하는 사람들에게 자신감을 줬다.

이 시기 북한은 마지막 정치적 제안을 꺼냈는데, 북한에 투옥돼 있던 기독교인이자 민족주의자인 조만식과 3월 하순 경찰에 체포된 남로당 지도자 김삼룡·이주하를 교환하자는 전례 없는 제안이었다. 그들은 박헌영의 심복으로 해주 남로당 본부를 거점으로 활동했다. 북한 신문들은 이들이 체포된 소식을 전쟁이 일어나기 전 몇 주 동안 대대적으로 보도했는데, 남로당이 큰 타격을 입고 서울에서 지하활동으로 숨어들었다는 주한 미국 대사관의 판단이 옳다는 것을 보여준다. 그 여파로 남로당 지도부 13명 정도가 체포됐으며, 적어도 2명은 고문을 받고 "전향"했다. 경찰이 남로당을 "분쇄"하기 위해 필요한 정보를 얻는 데 "'전향'은 헤아릴 수 없는 가치를 지닌다"고 드럼라이트는 발표했다. 그러나 김삼룡과 이주하는 전향하지 않은 것으로 보인다.

남한 정보기관은 1949년 6월 북로당과 남로당이 "극비리에" 통합한 뒤 김삼룡은 "김일성에게 직접 보고"하게 됨으로써 박헌영의 영향력이 줄고 김삼룡이 남한 공산주의자의 핵심 지도자가 됐다고 판단했다.[78] 이것은 박헌영이 전쟁을 일으켰다고 보기 어려운 또 하나의 이유다. 그러나 남한의 당 조직이 붕괴돼 지하활동이 무너진 것은, 유격대의 쇠퇴와 맞물리면서 전통적 방식의 군사 공격의 필요성을 더욱 부각했다.

이승만은 조만식의 아들까지 포함시킨다면 조만식을 이주하·김삼룡과 맞바꿀 수 있다고 회답했다. 군부는 그렇게 중요한 공산주의자들을 풀어주는 데 "격렬히 반대"했지만 이승만은 받아들이지 않았다. 이승만은 김일성이 조만식의 아들까지 넘겨주리라고 예상하지는 않은 것 같지만, 6월 18일 북한은 유엔 한국위원회에 교환 절차를 맡기자는 이승만의 제안만 빼고는 수용하겠다는 의사를 밝혔다. 6월 23일까지도 양쪽은 교환 방식을 합의하지 못했다. 그날 오후 11시 북한은 6월 26일 정오에 교환하자고 제안했다. 6월 24일 주한 미국 대사관은 남한이 자신의 방안대로 하지 않으면 교환하지 않기로 결정했다고 본국에 보고했다. 전쟁이 시작된 뒤인 6월 26일 이주하와 김삼룡은 서대문형무소에서 서울 남산에 있는 군 지휘소로 이송돼 나무에 묶여 총살됐다. 1950년 여름이나 가을 어느 시점에 조만식과 그의 친족 몇 사람은 북한에서 처형됐다.[79]

혼란—나라를 구하려는 이승만의 노력

선거, 북한의 주도권 장악, 그 밖의 여러 급박한 문제를 처리하기에 벅찼던 이승만 정권은 전쟁이 일어나기 전 몇 주 동안 암울한 파벌 투쟁으로 산산이 해체될 위험에 빠졌다. 이승만의 통치를 위협할 수 없었던 무력한 존재였던 국회에서는 이승만의 운명이 쇠락했지만, 투쟁은 내무부·경찰·군 그리고 실체를 파악하기 어려운 정보기관 사이에서 벌어졌다. 한국적 방식에 걸맞게 투쟁은 지도층을 중심으로 이뤄졌다. 이승만 세력과 보수야당(민국당)은 관료 조직과 서울의 중추적 지배권을 둘러싸고 충돌했다.

미 군정청 사법부에서 근무한 바 있는 에른스트 프렝켈은 남한 정치제도의 "뿌리"에는 사실상 두 개의 정부가 있다고 말했다. "하나는 공개된 공식적 조직이고 다른 하나는 '공개되지 않은' 비공식적 조직이다." 그는 국가 안의 또 다른 국가인 공개되지 않은 조직이 더 큰 실권을 가졌다고 생각했다.[80] 이런 의미에서 남한의 대립은 그 무렵 외교정책의 주도권을 놓고 미국에서 전개되던 갈등과 비슷했지만, 등장인물은 딘 애치슨과 루이스 존슨과는 조금 달랐다. 이런 내분의 구체적 목적은 국방장관 신성모(총리 겸임), 내무장관 김효석, 경찰청장과 그 밖의 고위 관료의 흠결을 들춰 이범석·윤치영·임영신 그리고 물론 이승만의 측근으로 교체하려는 데 있었다. 현직에 있던 인물들도 이승만의 측근이 아니었느냐고 묻는다면, 그들은 이승만에게도 괜찮았지만, 좀더 중요한 사실은 미국과 민국당 마음에 드는 인물이었다고 대답할 수 있다. 후계 후보는 그런 측면에서 달랐다. 내무부와 경찰은 1945년 이후 한민당과 민국당에서 관료를 보낸 조직이었고, 대부분은 아니라도 많은 인물이 조병옥과 장택상 덕분에 임명됐으며, 조병옥은(장택상은 그렇지 않더라도) 미국이 매우 선호하는 인물이었다.

이를테면 구체적 목표는 김석원 장군을 참모총장에 앉히려는 것이었지만, 신성모와 미국은 그것을 바라지 않았다. 신성모와 김석원의 이 대립은 일시적인 흥밋거리가 아니었다. 신성모는 융통성 있고 친미적인 인물이었고 김석원은 완고하고 반미적인 인물이었기 때문이다. 김석원은 38도선 일대에서 도발 행위를 일으켰기 때문에 미국의 강한 압박으로 1949년 가을 제1사단 장에서 교체됐다. 이런 음모에 따라 계획된 차기 내각은 다음과 같았다. 국방장관 정운수, 경찰청장 장석윤, 내무장관 백성욱, 참모총장 김석원, 참모차장 이응준, 수도경찰청장 장윤보였고, 이승만의 부패한 측근 임영신은 상공부 장관에 취임해 일본인이 남겨놓은 적산敵産을 측근들에게 나눠주는 조정역할을 맡을 예정이었다.[81]

정운수는 미국에서 오랫동안 이승만의 비서로 일한 측근 편동현의 사위였다. 편동현은 1949년 북한을 공격하자는 이승만의 주장에 동조했다. 아들 정운수는 미국 시민권을 지녔고 미군에서 복무한 뒤 남한으로 와서 이승만을 위해 특수 범죄 조사 업무를 맡았다. 1950년 무렵까지 정운수는 이범석과 가까웠다. 윤치영은 1945년 9월 미군 사령부의 신임을 가장 먼저 얻은 인물 가운데 한 사람이었으며, 일제강점기에 고문을 자행한 경찰로 가장 악명 높은 인물인 노덕술의 동지였다. 윤치영은 노덕술이 일제에 협력한 죄목으로 투옥되는 것을 막으려고 직접 개입해 이승만을 설득했다. 1권에서도 다룬 이응준은 일본식 긴 군화를 신고 채찍을 휘두르며 위세를 자주 과시했다.

장석윤은 미국인들에게 "몬태나 장"이라는 악명으로 널리 알려진 인물이었다. 그는 몬태나에 살았으며 남한으로 돌아올 때 미군 병장이었던 것으로 미뤄보면 미국 시민이었을 것으로 추정된다. 그는 미 군정청 정보부와 방첩대에서 근무하면서 미국을 위한 정보 업무에 종사했고 이승만을 위해서도 개인적으로 첩보 활동을 했다. 그는 윤치영의 조카사위였고, 이범석과도 가까웠다. 1950년 무렵 몬태나 장은 "대통령의 오랜 특별 정보 요원"이라고 불렸는데, 주한 미국 대사관에서는 부패하고 완고하며 오랫동안 음모를 꾸며온 위험한 인물로 평가했다. 그는 이승만의 적대 세력에 대한 불법적 갈취·체포·폭행 등에 깊이 개입했다.[82]

백성욱은 이범석과 친밀했으며, 손재평이라는 영향력 있는 애인과 서울을 활보했다. 손재평을 아는 사람들(주로 백성욱과 이범석)은 그녀를 "놀라운 투시력을 지닌 '살아 있는 부처'"라고 불렀다. 그녀는 고관들을 위해 강신회降神

會를 열었다. 참가자 중에는 이승만 대통령도 있었다. 고령의 이시영도 이런 정치 음모에 가담했다. 조선시대부터 이어진 소론의 나머지 세력을 이용해 지도자를 잃은 김구의 지지자들을 정권 내부로 이끌었다.

이 집단의 두 가지 특징은 주목할 필요가 있다. 하나는 미국과의 관계에서 민족주의를 주장하거나 적어도 주한 미국 대사관과 주한 미군 군사고문단의 간섭에 격렬히 저항한 것이다. 다른 하나는 장제스 총통과 긴밀한 관계를 맺으며 그를 존경했고 때로는 비굴할 정도로 순종한 것이다. 무초는 1949년 장제스가 진해를 방문했을 때 이범석 등이 장제스에게 "경외심과 깊은 존경심"을 보이고 그의 "환심을 사려고 굽실대는 것"에 충격을 받았다고 말했다.[83]

"사대"의 오랜 전통 가운데 가장 오래된 전통은 중국에 봉사하는 것이었다. 미국은 늘 이범석을 너무 민족주의적이거나 너무 친중적이라고 생각했다. 그는 한국어보다 중국어를 더 잘했으며, 김구 지지자들을 포함한 많은 사람은 그를 한국의 친국민당 세력의 영수로 인정했다. 앞서 본 대로 이범석은 조선민족청년단을 이끌면서 영향력을 상당히 확대했다. 주한 미국 대사관은 이범석이 "미 군정청의 후원을 받은 조선민족청년단 출신으로 현재 경찰과 군에 들어간 사람들을 매개로 경찰과 군에 상당한 영향력을" 지니고 있다고 평가했다. 아무튼 중국과 연결된 정파는 남한 정계에서 늘 중요한 위상을 지녔다. 이범석의 목표는 민국당이 국가 관료 기구에서 오랫동안 행사한 큰 영향력을 줄이고, 그 집단을 이승만에게 의지하게 하고 이승만이 다룰 수 있도록 만듦으로써 "행정부와 입법부(그러므로 사법부도)를 지배하는 지위를 확보하는 것"이라고 주한 미국 대사관은 생각했다.[84]

3월 하순 주한 미국 대사관은 이승만이 윤치영과 임영신에게 더욱 의존하고 있다고 보고했는데, 그들은 5월 30일 총선거를 내다보고 이승만을 "추종하는 강력한 정치 세력"을 만들기 위해 1949년 12월 대한국민당을 결성했다. 윤치영과 임영신도 김석원을 참모총장에 임명하기를 바랐는데, 그것은 대한국민당에 자금을 모금하는 데 김석원이 핵심적인 역할을 했기 때문이다. 그는 "제1사단장일 때 모은 자금을 (…) 아낌없이 제공했다".

그러나 주한 미군 군사고문단과 주한 미국 대사관은 김석원의 복귀를 "재앙"이라고 생각했다. 이를테면 로버츠는 김석원의 "허황된 의견, 불성실, 부패, 공직 남용, 장교에게 필요한 윤리와 도덕을 완전히 무시하는 태도"를 비난하면서 그는 "일본군 장교 출신 가운데 최악의 인물이며, 내가 아는 한 그에게서 찾을 수 있는 직업적 미덕은 사실상 없을 것"이라고 매도했다. 군사학이나 전술에서 김석원의 지식은 "매우 협소"하면서 부패와 군사적 무능함은 그 이상이라고 로버츠는 생각했다. 그러나 더 큰 문제는 "그가 한국군 사령부의 지시를 늘 무시"한 것인데, 그 때문에 로버츠는 "그를 고등군법회의에 회부하려고 몇 번이나 생각했다". 그러나 그가 이승만과 가까웠기 때문에 그럴 수 없었다. 김석원은 "자신의 책략과 배신행위를 모두 이승만 대통령과 직접 연결시키면서" 자신의 상관(주로 신성모)을 언제나 무시했는데, 로버

〈사진 11〉 1949년 9월 연설하는 이범석. 이승만은 그 뒤에서 한가롭게 목을 쓰다듬고 있다.

츠는 김석원이 참모총장에 임명된다면 자신은 사직하고 워싱턴으로 돌아갈 것이며 주한 미군 군사고문단의 "앞으로의 유익성"을 재고하도록 미국에 권고할 것이라고 말했다.[85]

같은 시기에 이승만은 김효석을 두려워하고 있다는 보고가 들어왔는데, 이런 소동을 일으킨 내무 장관 김효석은 야당인 민주국민당의 협력자 가운데 한 사람이었다. 북한군이 남침했을 때 김효석은 중도파 의원들과 마찬가지로 서울에 남아서 북한의 입장을 널리 알렸다. 그는 1948년 총선거에서 민보단民保團을 조직했으며 내무장관을 역임했다. 그리고 경상남도 합천군에서 국회의원으로 당선되기도 했다. 김효석을 내무장관으로 추천한 사람은 친미파였고 민국당과도 가까웠던 신성모였다. 1950년 봄 김효석은 민국당 후보의 당선을 돕고자 "경찰 조직을 면밀히 구축하고 있었다". 그는 지방에서 민국당원을 지원하기 위해 경찰력을 이용하기 시작했다.

4월에 이승만은 김효석을 해임하고 수수께끼 같은 인물인 백성욱을 후임으로 발탁했다. 아울러 채병덕 장군을 참모총장에 임명하고 김석원은 냉대했다. 의심할 나위 없이 이것은 미국의 압력 때문이었다. 미국인들에게 "패티 채"로 불린 비만한 장군은 무능했지만, 김석원과는 달리 명령에 따르는 방법을 알았다.[86]

백성욱은 부임 즉시 경찰청장 김태선을 해임하고 김병완을 후임으로 임명했는데, 주한 미국 대사관에서는 그가 이범석과 윤치영의 조종을 받고 있는 것으로 봤다. 김태선은 점령 당국의 미국인들에게 신뢰받는 경찰 인사였다. 4월 27일에는 경찰 고위 간부 몇 사람이 해임되었다. 그들이 조병옥과 민국당의 지지자라고 이승만이 의심했기 때문이다. 4월 하순 신성모는 국무총리를 맡았는데(총리 대행이었다) 미국의 압력 때문으로 생각된다.[87]

신성모와 김효석도 군대 안에 정보 조직을 갖고 있었다. 그 책임자는 안익조 중령으로, 주한 미군 군사고문단에 따르면 군대의 "정치 정보만 모아" 신성모에게 전달했다. 안익조의 계급은 일본 관동군 중좌이던 1941년 이후 그리 높아지지 않았다. 그는 1948년 충청도 경찰 부서장副署長이었다가 1949년 "김효석의 도움으로" 육군에 들어왔다.[88] 안익조의 조직에 맞서는 이승만의 정보기관은 "대한관찰부"라고 불렸는데, 주한 미국 대사관은 이것이 음모의 중심에 있다고 생각했다. 대한관찰부는 겉으로는 이승만에게 한국 정치와 관련된 "왜곡되지 않은" 정보를 제공하는 특수 정보기관이었다. 당시 몬태나 장은 이곳에서 근무하고 있었는데, 조직의 수장으로 있으면서 이승만을 위해 정보를 수집한 것으로 보인다.[89]

전 문교부 장관이었던 안호상은 4월에 신성모의 후임으로 대한청년단의 수장이 됐다. 대한청년단은 정부의 지원을 받는 주요 청년 단체였다(그동안 신성모는 국방장관과 국무총리 대행 그리고 대한청년단장의 세 직무를 맡아왔다). 진보적 미국인들은 그를 파시스트의 화신이라고 생각했다. 안호상은 이범석·윤치영과 친밀했고 서북청년회 지도자 문봉제와도 가까웠는데, 미국인들은 문봉제가 대한청년단의 실권자라고 파악했다.[90]

이런 복잡한 음모에 안호상과 문봉제를 추가한다면, 소박한 심성을 지녔지만 가장 완고한 민족주의자이며 월남한 지도자 가운데 가장 반동적이고 도발적인 인물을 더하는 것이다. 문봉제는 적어도 2년 동안 자신이 이끄는 서북청년회원들을 38도선은 물론 북한 내부까지 침투시켰고, 38도선을 침범해 총격전을 일으켰으며, 북한에서 파괴 활동·방화·가옥 파괴 등을 전개했다. 1950년 4월 문봉제는 아직 경찰이나 군에 들어가지 않은 서북청년회원에게 정식 군복을 입혀 다가오는 북한과의 전투에서 예비군 역할을 부여할 것을 강력히 요청했다. 3월 말 그는 각 1만 명의 청년(22~35세 정도는 돼야 성인 남성으로 부를 수 있을 것이다)으로 17개 사단을 조직해 대한청년방위대로 편입하자고 주장했으며 그들에게 한국군, 곧 미군과 동일한 군복을 입힐 것을 요구했다. 이것은 겉모습을 새롭게 정비하려는 시도이기도 했지만 방직 공장을 완전히 가동시키려는 의도이기도 했다. 그러나 미국은 공식 제복 허용을 거부했으며, 그 단체를 "사관학교"로 부르지 말 것을 한국군에 요구했다. 이 집단이 "방어 부대라기보다는 정치조직에 가까웠기" 때문이었다.[91]

전쟁 이전 이처럼 복잡하게 전개된 정치극의 종막은 6월 19일 몬태나 장을 서울시 경찰국장에 임명한 것이었다. 주한 미국 대사관은 이것을 국방장관 신성모의 패배로 봤다. 당시 그는 고위직에 있었지만 상당히 소외된 처지

였다.[92]

1950년 봄의 이런 기이한 정치적 음모를 북한이 어떻게 생각했을지(상당 부분 알고 있었을 것이 분명하다) 추측하기는 어렵지 않다.[93] 김석원과 연결된 다루기 힘든 민족주의자 몇 사람이 권력에 복귀하면서 북한은 1949년 여름 에 일어난 사건들이 다시 일어날 것을 매우 경계했다. 아울러 이승만은 북진 을 계속 부르짖으면서 그렇게 경계해야 할 합당한 이유를 계속 제공했고, 미 국과 유엔 한국위원회는 어느 정도 이승만의 위협을 부추기거나 모르는 척 했다.

이를테면 1949년 12월 이승만은 미국 국회의원 몇 사람을 만났을 때 북 한 인민들은 "정의롭게 궐기해 소련군을 몰아내라는 신호가 내게서 떨어지 기를 한마음으로 고대하고 있다"고 주장했다. 그는 "압록강 국경을 지키려 면" 미국의 군사 원조가 더 필요하다고 말했다. 앨런 엘렌더 상원의원이 끼 어들어 "달리 말하면 귀하는 미국이 귀하에게 북진하라는 신호를 주기를 바라는 것입니까?"라고 묻자, 이승만은 "나는 사전에 이해를 얻지 않고는 북 진하지 않을 것"이라고 무초 등에게 확언했다고 대답했지만 이 발언의 함의 가 무엇인지는 설명하지 않았다. 호머 퍼거슨 상원의원과 렘크 하원의원은 목소리를 높이더니 되도록 빨리 공격하라고 이승만을 부추겼다. 무초는 퍼 거슨과 렘크가 "공산주의자의 위협을 제거하는 일이 늦어지는 것을 더 이상 참을 수 없으니 무력충돌을 피할 수 없다면 빠를수록 좋다고 암시했다"고 말했다.[94]

1950년 3월 1일 미국 인사들과 유엔 한국위원회 위원들이 참석한 기념식 에서 이승만은 "바다를 건너온 우리의 우방은 (…) 외국의 꼭두각시를 공격 하려는 생각을 품어서는 안 된다"고 충고했지만, 정작 자신은 북한에서 들 려오는 고통의 절규를 외면할 수 없다면서 "우리는 그 호소에 응답해야 한 다"고 연설했다.[95]

신경전은 5월 초에 상당히 고조돼 이승만과 신성모 국방장관은 북한이 공격을 위해 집결하고 있다고 경고했다. 그들은 38도선 일대에 배치된 한국 군에게 완전 경계 태세를 발령했다. 경계경보는 5월 첫 두 주 동안 거의 날마다 내려졌다. 5월 10일 신성모는 침공이 "임박한" 긴급사태라고 말하면서 한국군 정보기관의 보고에 따르면 중국 공산군에 참가했던 많은 한국인이 귀환해 38도선 방면에 배치되고 있다고 말했다. 이틀 뒤 이승만은 기자회견을 열어 외신기자들에게 5월과 6월은 "위험한 달"이며 한국군은 무기가 더 필요하다고 말했다. 그는 "한국은 북한에 맞설 것"이라고 밝히면서 한국 기자들에게 북한이 곧 침공할 것이라고 말했다.[96]

미국과 영국은 이승만과 신성모가 워싱턴을 협박해 더 많은 군사 원조를 얻어내려는 목적으로 위장이나 "연기"를 하고 있다고 생각했다. 미국 정보기관의 보고에서는 이 시기 부대의 뚜렷한 남진은 보이지 않으며, 앞서 본 대로 주한 미군 군사고문단 정보장교들은 침공 위협을 연례행사로 무시했다.[97] 그러나 남한과 북한은 1949년의 전투가 5월 4일에 시작됐다는 것을 상기했다. 신성모·이승만의 발언과 경계경보는 1950년에 전투가 다시 시작될 것이라고 예상했다는 좋은 증거다. 아울러 이런 경보 뒤 6주 동안 불길한 침묵이 이어졌으며, 그동안 조선인민군이 남하하고 있다는 증거가 나타나기 시작했다.

예상할 수 있지만 북한에 가장 강한 인상을 준 것은 이승만의 위협보다는 이승만 정권의 내부 붕괴였다. 그들은 의회의 새로운 다수 세력이 된 중도파와 김효석처럼 파벌 투쟁에서 패배한 세력과 연합을 추진하면 행정부와 입법부를 두 개로 분열시킬 수도 있다고 생각했다. 김효석과 의회 중도파가 북한과 결탁했다는 증거는 없지만, 북한이 중도파를 포섭하려고 했다는 것은 분명하며, 전쟁을 일으켰을 때 서울에 머무르기로 한 그들의 결정은 돌이켜보면 이런 가능성을 웅변한다.

깊어지는 남한과 중국의 관계

미국은 5월과 6월 이승만이 새로 단행한 인사 임명을 재앙에 가깝다고 생각했음이 분명했다. 모든 면에서 미국이 통제하기 어려웠던 인물들이 포함됐기 때문이다. 이승만 정권은 대립하고 있는 두 파벌로 나뉘기 직전으로 보였다. 미국은 이범석과 함께 움직이는 정치 활동 부대의 연결 관계에 대해선 그리 신경 쓰지 않았지만, 중국 국민당의 주요 관료와 더욱 관계가 깊어진 것은 매우 중요했다. 이는 이승만 정권에서 내부 충돌이 벌어지던 이 시기에 나타난 특징이었기 때문이다. 여기서 장제스의 희망에 부합하는 한국 내부의 운영 방식을 발견할 수 있는데, 그것은 전쟁 발발에 영향을 줬을 수도 있고 그렇지 않을 수도 있지만, 그것을 간파한 연구자는 그때까지 없었다.

이범석은 특히 흥미로운 인물이다. 그는 중국국민혁명군에서 고위 장교를 지냈으며 앞서 본 대로 국민당의 "남의사"를 본따 청년 단체를 조직했다. 아울러 그는 중국에서 전략사무국OSS/중미합동작전부SACO에서 미국인들과 함께 근무했는데, 1945년 8월 전략사무국의 미국인 요원 몇 사람이 그를 서울로 돌려보냈다. 이런 과정에서 그는 장제스와 연결되었으며, 1950년 장제스 정권을 구하려고 노력한 SACO의 옛 간부들도 여럿 알고 있었다고 생각된다.

남한의 역사 서술에서는 김구·이범석처럼 중국에 망명했던 인물의 강한 민족주의를 강조해왔는데, 일본에 협력한 인물들과 대비하면 그것은 타당하다고 생각한다. 그러나 그렇다고 해서 그들이 중국인과의 관계에서도 "민족주의자"였다고 추정할 수는 없다. 그들은 전통적인, 다시 말해 중국의 지도를 받아들이는 조선왕조의 관행을 따르고, 중국을 모범으로 삼아 정책을 수립하며, 다른 한국인 지도자들과의 분쟁에서 중국의 지원을 받기를 바라는 모습을 보인 때가 많았다.

그러므로 북진을 바라는 그들의 동맹은 중국 국민당이었다. 대동청년단의 지도자이며 중국에서 오래 활동한 이청천은 이르면 1947년 9월 북침 계획을 세워 하지 장군을 놀라게 했으며 이후에도 그것을 계속 추진했다. 미국이 지휘권을 주면 "남한의 한국군은 38도선 부근에 집결할 것이다. 공산군이 경계선을 넘어 침공하기 전 한국군은 38도선을 넘어 북상해 한국·만주 국경으로 진군하면서 모든 곳에서 공산군을 무찌를 것이다". 그렇게 북한을 소탕한 뒤 한국군은 압록강을 넘어 "극동의 동맹군"과 합류해 "계속 북진할 것이다". 인용한 자료의 다른 부분에서 이청천은 "동맹군"을 가장 먼저 중국 국민당이라고 정의했지만, 미국이 일본의 재무장을 허용하면 "일본군은 연해주(곧 소련)와 랴오둥 반도의 여러 지역에서 작전을 수행하는 임무를 맡고, 한국군은 압록강에서 적의 선봉에 맞서는 작전을 맡을 것"이라고 말했다. 이 성전을 수행하는 데 병력 25만200명이면 충분할 것이며, 거기에다 "미국의 전폭적인 지원"으로 많은 자금과 무기가 공급될 것이라고 그는 생각했다.[98]

이 자료는 미국이 남한에서 무엇을 가지고 있었는지 명확히 보여준다. 자료에는 연로한 민족주의 지도자 특유의 금방이라도 폭발할 것 같은 억지스러운 어리석음과 대담한 공격성이 혼합된 모습이 부각되어 있다. 이 지도자는 중국 본토의 공산주의자들을 진압하기 위해 일본군을 다시 투입하고 장교단을 그들의 명령에 따르게 할 용의가 있다는(이청천은 한국인 장교를 일본군에서 많게는 2700명, 광복군에서 200명, 조선왕조 때의 군직에서 80명을 조달할 수 있다고 말했다) 참으로 애처로운 허세 섞인 주장도 했다. 끝으로 자신들의 능력이 확실히 부족하지만 이 계획(그렇게 부를 수 있다면)에 모든 한국인이 협조할 것이라는 확신을 전형적으로 보여준다. 실소를 참을 수 없지만 일단 웃음이 가라앉으면 동일한 종류의 터무니없는 말이 30년 동안 타이완에서도 국민당에 활력을 불어넣었고, 이승만의 계획은 거의 비슷하게 믿기 어려우며, 한국의 내전에 국민당을 끌어들이려고 한 사람은 이청천만이 아니었다는 것을 기억할 수 있을 것이다.

중국 국민정부군의 장교였으며 한국 해군을 창설한 주역으로 평가되는 김홍일도 한국과 중화민국이 연합해 북한을 거쳐 만주로 진격하는 데 찬성했다. 초대 국방장관 이범석은 대한민국이 수립될 무렵 "정치적 방법이 실패한다면 전쟁으로" 통일을 이루겠다고 위협했다. 초대 외무장관 장택상은 충칭이 아니라 에든버러에서 공부했다. 그래서 법률을 좀더 존중하는 태도를 보였다. 그는 유엔이 한국을 승인했으므로 "정부의 권한에 저항하는 한국인은 북한에 있더라도 반역자"라며, 그러므로 한국군이 북한을 침공하는 것은 정당하다고 말했다.[99]

가장 위대한 민족주의자로 많은 사람이 인정하는 김구는 'CC파'로 불린 첸리푸陳立夫·첸궈푸陳果夫 형제와 가까웠으며, 김구의 활동과 대한민국임시정부에 사용된 자금은 그 두 사람이나 국민당 비밀경찰 책임자 다이리에게서 나온 것이었다.[100] 물론 김구는 1949년 7월에 암살됐으며, 그것은 "중국파에게 치명적 사건"이었다.[101] 그러나 그 때문에 이후로 이승만은 중국파를 두려워하게 됐으며 보복 쿠데타나 암살 음모를 염려했다(이승만이 김구 암살 배후로 생각됐기 때문이다). 이런 역사적 사건도 사설 정치 활동 부대의 목적에 잘 맞아떨어지는 것이었다.

여기서 기억할 사항은 1949년 8월 장제스가 방한했을 때 이범석·김석원이 이끄는 이승만의 장군들이 북진하려다가 신성모에게 제지됐으며, 신성모는 이승만에게 크게 비난받았다는 것이다. 1950년 2월 로버트 스트롱은 타이완 주재 한국 대사 신석우에게 다음과 같은 "극비 정보"를 들었다. 신성모 국방장관이 "자택과 장 총통 간에 직통 군사 전화"를 개설했고, 장제스가 신석우에게 1950년 7월에 제3차 세계대전이 일어날 것이라고 말했는데 가능한 원인 중 하나는 타이완이 침공받는 것이라고 생각한다는 것이었다.[102]

1950년 4월 19~22일 국민정부군의 고위 장군인 우치에청吳鐵城과 주스밍朱世明이 서울을 방문했는데, "북한에서 공산군과의 '소규모 내전'을 지원하는 대가로" 남한에 공군·해군기지를 두기 위해서라고 알려졌다. 그들의 방한은 중요하다고 생각한다. 바로 이때 국민정부군이 하이난섬에서 철수한 것을 감안하면 그들 가운데 한 사람이나 두 사람 모두 타이베이의 군 사령부에 있어야 했다고 생각되기 때문이다. 항공 지원도 어떤 형태의 "북벌"에서든 중요한 요소였다. 언론들은 도쿄에 있는 "믿을 만한 당국자"의 말을 인용해 두 사람은 만주를 폭격할 수 있는 공군기지를 물색하려고 방한했다고 보도했지만, 그 보도는 나중에 철회됐다. 이승만은 우치에청 장군을 영접했고, 우치에청은 한국의 다른 고위 관료들과 협의했다. 도쿄의 주일 영국 연락 공관에서는 이승만이나 주한 미군 군사고문단이 한국에 국민당이 기지를 설치하도록 허용하는 것은 "정말 터무니없는 일"이라고 생각했지만, 두 정권 모두 심각한 위협을 받고 있는 상황을 고려하면 이승만이 보기에 그것은 그렇

게 부당하다고 할 수도 없었다(주한 미군 군사고문단이나 주한 미국 대사관도 마찬가지였다).[103]

우치에청은 상하이 시장과 광둥성의 요지에 배치된 국민정부군 사령관을 지낸 인물이었다. 그는 상하이의 비밀결사 "청방青幫"의 지도자 두웨성과 오랫동안 가까운 관계였으며, 파크스 코블이 "쏭宋 집단"이라고 부른 단체의 일원이었다. 우치에청은 쏭쯔원·쏭쯔량과 함께 여러 회사의 이사를 역임했다.[104] 주스밍은 중화민국 주일 대표단장이었으며, 미군 항공기를 타고 한국에 들어왔는데, 그의 서울행을 맥아더가 도와줬음을 누가 봐도 알 수 있다. 흥미로운 사실은 미군 점령기 동안 그가 맥아더의 참모장 올먼드 장군만큼이나 자주 맥아더와 만났다는 것이다. 1940년대 우치에청과 주스밍은 전략사무국/중미합동작전부의 책임자 밀턴 마일스와 자주 회동했다. 실제로 마일스는 20년 동안 우치에청과 알아왔다고 말했다.[105] 주스밍은 1949년 가을 타이완에 군사고문단을 두는 계획에 폴리·도너번 등과 함께 참여했다 (16장 참조).

두 국민정부군 장군은 이범석과 만나 많은 시간을 보내 이승만을 초조하게 했는데, 이범석은 중국에서 우치에청과 함께 근무한 바 있다. 주한 미국 대사관은 그들의 방문 목적이 만주와 북한에서 "지하 첩보 활동"을 공동으로 추진하는 데 있다고 생각했다. 타이베이의 스트롱은 장제스가 우치에청 장군에게 귀국을 촉구했다고 보고했는데, 국민정부가 남한을 "첩보 및 지하 활동 기지"로 사용하는 것은 방문 전에 "이미 타결됐기" 때문이었다. 이것은 3월에 2주 동안 굿펠로가 타이베이를 방문한 것을 암시하는 것이기도 한데, 웰링턴 구는 굿펠로의 방문을 설명하면서 굿펠로가 주스밍을 만났다고 말했다. 두 장군은 4월 22일 도쿄로 돌아가 맥아더와 회담한 뒤 4월 28일 타이베이로 돌아가 이런저런 회의를 열었으며 그 뒤 필리핀을 방문했다. 우치에청은 타이베이로 돌아온 뒤 국방부 차관에 임명됐다.[106]

영국 외무부의 가이 버지스는 이 소식이 매우 중요하다고 생각했다. 그는 저녁 모임과 향락을 사랑하는 인물이었지만, 타이완에서 도착한 현지 언론 보도를 빠뜨리지 않고 읽을 정도로 당시 자신의 일에 이례적인 흥미를 느끼고 있었다. 버지스라고 생각되는 인물은 주스밍이 도쿄의 자기 임무로 복귀하지 않았으며 허스리가 후임이 될 것이라는 5월 17일의 기사에 대해 선을 그었다. 6월 6~7일 우치에청 국방부 차관은 서울을 다시 방문했는데, 그 방문과 관련된 사실은 아무것도 알려진 것이 없다. 주한 미국 대사관은 그것을 보고하지 않았는데, 특히 무초가 중국인의 동태를 파악하려고 노력한 사실을 감안하면 그런 외국 요인에 대한 보고를 누락한 것은 드문 일이었다.[107]

주미 중화민국 대사 웰링턴 구는 5월 17일 특이한 성명을 발표했다. 남한의 안보가 위협받고 있으며 그 결과 일본도 위기에 놓였다면서, 한국과 일본을 보호하려면 타이완 전체를 반드시 방어해야 한다고 주장하는 내용이었다. 그동안 홍콩에서 국무부로 들어온 정보 보고에서는 가공할 제4야전군이 하이난섬에서 승리한 뒤 "한국에서 전개되는 상황을 감시하기 위해" 중국 동북부로 이동하고 있다고 보고했다. 그 보고는 유념해야 할 두 가지 사항을 지적했다. 첫째, 중국 국민당은 베이징·톈진과 동북 지역의 공업 도시들을 폭격할 가능성이 있다는 것이었다. 중국 공산당은 다음과 같은 일들을 비난했다. 1950년 1월 이후 한국에 비행장 5곳이 건설되고 있다는 것, 미국이 B-29 폭격기를 사용하기 위해 서울 근처에 있는 김포공항을 보수하는데 4만 달러를 썼다는 것, "중국 북부를 공격하는 데" 이런 기지들을 사용할 수 있게 해달라고 장제스가 이승만에게 요청했다는 것이다. 또다른 유념 사항은 "전하는 바에 따르면 공산주의자들이 북한군과 합동으로 한반도를 돌파할 준비를 갖췄다"는 것이었다.[108]

1950년 1월 북한은 미국이 제주도에 공군기지를 만들어 북한과 중국 북부를 공격하려는 계획을 세웠다고 비난했다. 미국은 "타이완에서 류큐를 거쳐 제주도에 이르는 전략선戰略線을 구상하고 있다"고 북한은 말했다. 북한은 이것을 1949년 11월 랜들의 방한과 연결했으며 또한 12월 말 미군 극동 공군 사령관과 신성모가 제주도를 시찰했다고 말했다. 북한은 이승만이 제주도를 "할양割讓"하기로 맥아더와 합의했으며, 남한에 국민정부군 공군기지를 두기로 장제스와 비밀 협약을 체결했다고 비난했다. 여기서 소개한 『로동신문』은 신화新華 통신사의 기사를 전재한 것이지만, 거기에는 타이완에 파견된 쿡의 비공식 군사고문단 결성에 대한 매우 정확한 정보를 담았으며, 중국 본토를 잃은 "미 제국주의자들은 이 섬에 대단히 적극성을 보이기 시작했다"고 언급하면서 미국이 반격 계획을 타이완에 적용하려는 의도라고 파악했다.[109]

그 무렵 『르몽드』의 노련한 기자 로베르 길랭은 "우익의 재등장"에 대한 기사를 도쿄에서 송고했는데 그가 취재한 신원 미상의 일본인 거물은 "중국 공산주의는 가공할 군사력을 지니고 있다. 그들을 상대하려면 그만큼 강력한 군사력이 필요하다. 지금이야말로 누가 그런 군사력을 갖출지 알 수 있는 가장 좋은 때"라고 말했다. 신원이 밝혀지지 않은 이 인물은 "중국(타이완)·한국·필리핀에 인맥이 있으며 (…) 중국 국민당이 한국 근처 섬에 공군기지를 설치하려는 계획의 전모를 알고 있었다".[110] 그 정보 제공자는 고다마 요시오나 그와 관련된 인물로 생각된다. 앤서니 샘프슨에 따르면 고다마는 한국전쟁이 일어난 날 미군과 함께 서울에 있었다.[111]

공군기지 관련 주장을 신빙성 있게 만드는 것은 1949년 8월 이승만과 장제스가 회담할 때 남한에 국민정부군 공군기지를 두기로 논의했다는 것이다. 무초는 장제스가 타이완의 공군력을 사용해 만주를 공격하고 남한이 북한을 공격하는 것을 도우려고 했다고 말했다. 내가 아는 한 미국 공군이 제주도에 공군기지를 두려고 했다는 증거는 없지만, 장제스와 이승만은 북한과 전쟁을 벌이는 문제와 관련해 그 사안을 논의했으며 랜들도 거기에 관여했다고 알려져 있다. 미군 정보기관은 우치에청의 방한 결과 제주도에 "국민정부군의 공군기지를 설치하기로 합의했다"고 보고했지만, 미국 당국이 이 보고를 사실로 받아들였는지는 말하지 않았다.[112] 아무튼 이런 배경에 따라 북한과 중국공산당은, 가이 버지스가 그랬듯이, 국민정부군 장군의 5월, 6월 방한을 신중히 주시하게 됐다.

한국전쟁 이틀 전 무초는 장제스가 코앞에 닥친 침공이 두려워 한국으로 망명하려고 하는지와 관련된 닐스 본드의 질문에 회신했다. 무초는 "책략이 진행되고 있다는 징후는 있지만 구체적 증거는 아직 찾을 수 없다"고 썼다.

장제스의 망명 요청은 이승만이 아니라 이범석과 그 밖의 중국 관련 인사에게 전달됐을 것이라고 그는 생각했다.[113]

홈부르크 모자를 쓰고 참호에 선 덜레스

한국전쟁이 일어난 뒤 허버트 파이스는 1950년 6월 19일 대단히 주목받았던 존 포스터 덜레스의 38도선 방문에 대해 애치슨에게 매우 고지식하게 물었다. "딘, 당신은 덜레스의 방문이 공격을 불러오지 않았다고 확신합니까? 그와 관련된 의견이 있었지만 나는 그랬다고 생각하지 않습니다. 당신은 이 문제에 의견이 없습니까?" 애치슨은 무표정하게 대답했다. "그렇습니다. 나는 그 문제에 의견이 없습니다." 그러자 케넌이 끼어들었다. "우스운 측면도 있지만, 이 사람들이 그곳을 방문해 전초기지에서 쌍안경으로 소련 측을 관찰하면 소련은 우리가 자신들의 계획을 간파했다고 여겨 상당히 동요할 것이라고 생각했습니다." 애치슨이 말했다. "그렇습니다. 포스터가 홈부르크 모자를 쓰고 참호에 서 있는 것은 매우 멋진 사진이었습니다."[114]

그렇다. 그것은 우습고 재미있고 비논리적이었다. 케넌의 말대로 덜레스가 "그들의 계획을 알고 있었다면" 그 뒤 침공이 일어난 까닭은 무엇인가? 덜레스의 출현이 "침공을 유발했다면" 어느 곳에 출현한 것을 말하는가? 미국의 고위 관료들이 모두 방문한 38도선인가? 또는 주요 재벌들과 저녁을 먹은 일본인가? 그리고 무엇보다 어째서 그런가? 이 시점에서 소련이나 북한이 미국의 개입을 초래할 큰 위험을 감수하려고 한 까닭은 무엇인가? 이것은 고려할 수 있는 모든 설명을 충분히 검토하지 않고는 대답할 수 없는 질문이다. 그것은 애치슨에게 흥미로운 질문은 분명히 아니었는데, 놀랄 만큼 잘 단련된 그의 기억은 기이하게도 이 부분에 대해서는 흐릿했다. 갑자기 애치슨은 덜레스의 방문이 전쟁을 유발했는가 하는 중대한 문제에 "아무 의견"도 내지 않았다.

그렇다면 덜레스는 왜 한국에 갔는가? 당초 그는 한반도를 방문할 계획이 없었다. 그 대신 그는 우회해 타이완으로 가서 루이스 존슨이 자신과 따로 장제스 총통 부부를 만날 경우 그를 감시하려는 계획이었다. 그러나 1950년 6월 10일 주미 대사 장면과 나눈 만찬에서 한국은 가장 중요한 화제였다. 참석자는 덜레스·러스크·앨리슨 그리고 닐스 본드였다. 장면은 그들에게 자국 정권이 위기에 처해 있다고 말했다. 나흘 뒤 CIA는 북한의 공격 가능성을 경고했으며, 같은 날 덜레스는 웰링턴 구에게 "한국을 시찰하러 갈 것"이라고 말했다.[115]

주미 한국 대사는 자국 정권이 위기라고 보고했다. CIA는 북한이 언제라도 공격할 수 있다고 보고했다. 덜레스는 "시찰하러 가기로" 결정했다. 기억할 사실은 장면은 미국이 좋아하는 인물이고 야당인 한민당·민국당의 지도자이며, 그 정당도 미국이 선호했다는 것이다. 기록에 따르면 CIA는 1950년 5월 총선거 전에는 민국당이 승리하기를 바랐으며, 장면의 약력 자료에서 그의 능력을 높이 평가했다. 4월과 5월 이승만의 극렬 지지자들은 관료 가운데 민국당의 충직한 인물들의 힘을 급속히 약화시켰다. 6월 초 좌파와 온건파 정치인이 이승만과 민국당에 큰 승리를 거뒀으며 친미파의 거물 조병옥도 낙선했다. 동시에 남한 정보기관은 북한의 침공이 임박했다고 보고했고 군에 전면 경계 태세를 내렸다.

장면은 어떤 한국인보다 덜레스를 잘 알고 있었으며, 1948년에는 유엔에서 매일 연락하면서 "긴밀히 협력하며 열심히" 일했다. 그는 덜레스를 "대한민국의 아버지"라고 즐겨 불렀다.[116] 장면은 5월에 남한으로 돌아오면서 맥아더를 만났는데, 회담 내용에 대한 기록은 없다. 그는 6월 중순 워싱턴으로 급히 돌아가 남한이 무너지기 직전이라는 것을 미국 당국자들에게 납득시키려고 노력했다. 한국전쟁이 일어난 뒤 그는 북한의 침공이 "임박했다"는 것도 경고했다고 말했다.[117]

6월 14일 호머 비가트 기자는 장면이 미국 당국자들에게 남한 국민은 "미국이 방어해줄 것을 확약해주기를 간절히 바라고 있다"고 말했고, 그에 따라 덜레스가 서울을 방문해 "한국 그리고 공산 체제와 북대서양조약 가맹국 사이에 위치한 '완충지대'에 있는 나라들에 대한 미국의 정책과 관련해 중요한 성명을" 발표할 것이라고 보도했다. 물론 이 "완충지대"는 애치슨 방식의 간접적 봉쇄와 억제가 시행된 모호한 지역이며, 공격받을 위험이 있는 확정되지 않은 중간 지대를 뜻했다. 덜레스는 "미국이 참전할 것이라고 약속"하지는 않았지만 미국은 조약 의무가 없는데도 참전한 사례가 두 번 있었다는 사실을, 위협받고 있는 국민에게 "상기시켰다". 이것은 "소련에 대한 엄중한 경고"였다.

그러나 비가트는 말할 것이 더 있었다. 국무부는 "공산주의자의 선전 활동이 남한에서 가속화하고 있다는 불온한 보고를 받았는데" 그 보고에서 강조한 것은 북한에 대한 우려보다는 이승만 정권의 문제점과 5월 총선거 결과였다.[118]

전쟁이 시작된 뒤 비가트는 "2주 전 (…) 장면은 미국 고위 관료들에게 주로 미국이 자국을 버릴지도 모른다는 두려움 때문에 자국은 내부 붕괴 직전이라고 경고했으며 (…) 전쟁이 일어날 경우 미국은 군사적으로 개입할 것이라는 일정한 보장을 간청했다"고 썼다. 장면은 침공이 "금방이라도" 일어날 것이라고 말했다. 그 결과 덜레스는 남한으로 가서 "안심시키는 강력한 성명을 발표했다"고 비가트는 썼다.[119]

장면은 만찬 다음날인 6월 11일 자신은 덜레스의 방한이 "국무부의 극동 정책에 변화를 가져올 것"으로 확신한다는 서신을 이승만에게 보냈다. 6월 17일에 장면은 덜레스와 존슨의 방한 이후 "미국의 극동 정책 전체와 특히 남한·일본·타이완 관련 정책에 급격한 변화를 예상하고 있다"고 웰링턴 구에게 말했다. 개전 직후 장면은 앞서 자신은 침공이 "임박"했다고 경고했다는 사실을 웰링턴 구에게도 말했다.[120]

내가 알기에 6월 10일 만찬에서 어떤 일이 일어났는지 국무부 보관 자료에는 기록된 것이 없다. 한 대담에서 나는 러스크에게 물었지만 그는 아무것도 기억나지 않는다고 말했다. 그러나 5월이나 6월 초의 정보 보고에는 침공이 임박했다는 내용이 나오지 않으므로 초점은 임박한 침공보다 이승만 정권을 둘러싼 투쟁과 내부 붕괴 가능성에 더 맞춰져 있었다고 생각된다.

장면의 시기 선택은 나무랄 데 없었지만, 그는 공산 세력의 임박한 침공과 장제스의 축출, 미군의 타이완 방어 확약이라는 타이완 정책의 방향 전환이 가속화하고 있는 가운데 덜레스의 방한이 이뤄졌다는 것을 알 수 없었다. 이제 미국에 의존하고 있는 나머지 한 나라도 깊은 곤경에 빠졌고, 그 결과 이런저런 문제가 꼬리를 물고 나타났다. 애치슨은 타이완 문제를 대했던 것과 마찬가지로 남한 영토를 방어하려고 했지만 그 정권은 반드시 그럴 필요가 없었다. 판단력이 흐려진 미국이 보기에 남한의 장면과 민국당은 타이완의 후스나 "자유주의자"와 동일했다. 남한의 자유주의 세력은 김석원 같은 극렬 이승만 협력자들이나 통일을 지지하지만 실체가 모호한 온건파에게 입지를 잃은 것처럼 보였다. 16장에서 보겠지만 이 시기 미국은 타이베이에 자유주의 세력의 기반을 마련하거나 중립적 정권을 수립하려고 했다.

이승만이 바란 것은 미국이 그의 정부를 방어해주겠다고 직접 보장하고 그 뒤에는 간섭하지 않는 것이었다. 이것이 이승만 외교정책의 주제였다. 미국의 후원이 없다면 그의 손은 마비될 것이었는데, 그는 자기 정권의 기반이 허약하다는 것을 누구보다 잘 알고 있기 때문이었다. 미국의 지지는 그를 대담하게 했다. 1949년 여름 그가 거듭 들은 말은 자신이 미국의 지지를 받지 못하고 있다는 것이었으며, 애치슨은 프레스 클럽 연설에서 이것을 강조하려고 했다. 적어도 이 정권은 "미국이 자신을 방어해줄 것인가, 그렇지 않은가"라는 질문에 단련될 필요가 있었다. 몇몇 자료에서는 1950년 여름에 덜레스가 이승만에게 그런 보장을 해줬다고, 그때부터 계속 북한은 덜레스의 방한이 전쟁을 유발했다고 주장하고 있다고 말했다.

덜레스는 6월 18일 서울에 도착했다. 『동아일보』에서는 그를 가리켜 남한을 탄생시킨 "마술 같은 능력을 지닌 인물"이라고 찬양했다. 그는 사흘 동안 머무르면서 국회에서 연설하고 38도선을 방문했으며, 기자회견을 열고 유엔 한국위원회 회의에 참석했다. 그리고 명예 학위를 받고 장로교 인사 몇 사람(그 범위는 예측할 수 있다)을 만나고 이승만과 몇 차례 회담했다.[121]

덜레스와 이승만 회담의 완전한 기록은 남아 있지 않다. 무초의 보고에 따르면 이승만은 타이완을 상실할 경우 남한은 북쪽과 남쪽 모두에서 위협받을 것이라는 위험성을 그에게 강조했지만, 그 밖에는 흥미로운 사항이 없다.[122] 6월 19일 덜레스가 국회에서 한 연설 원고는 러스크와 제섭의 도움으로 작성됐다. 제섭의 기억에 따르면 원고는 "침공이 일어날 경우 남한이 기대할 수 있는 원조에 대해 언급했다". 자신의 연설의 의도는 "이러한 일본 주변 지역에서 미국은 단호한 태도로 버틸 것"이며 그 지역에는 남한은 물론 타이완도 포함돼 있다는 것을 일본과 소련에게 강조하려는 것이었다고 덜레스는 애치슨에게 설명했다.[123] 그 연설에서 중요한 부분은 다음이다.

> [20세기에 들어] 이미 두 차례 미국은 자유국가가 정당한 이유 없는 군사공격으로 심각한 곤경에 빠졌을 경우 그들을 수호하기 위해 무력으로 개입한 바 있습니다. 우리는 이것을 실행하는 데 어떤 조약에도 얽매이지 않았습니다.
> (…)
> 여러분은 혼자가 아닙니다. 여러분이 인류의 자유라는 위대한 계획에서 자신의 역할을 훌륭하게 계속 수행하는 한 앞으로도 결코 혼자가 아닐 것입니다.[124]

덜레스가 국회를 방문하자 이승만은 이렇게 주장했다. "우리가 냉전에서 싸우지 않아 패배한다면 어떤 희생을 치르더라도 뜨겁게 싸워 끝내 우리 자유세계를 되찾을 것입니다. 나는 그것을 확신합니다."[125] 정일권의 말에 따르면 한국인은 덜레스의 연설을 남한을 방어하겠다는 "확고한 보장"의 증거로 봤다. 맥아더의 참모장 올먼드 장군도 그 연설을 이전 정책의 전환으로 봤으며, 덜레스가 출국한 직후 이승만은 맥아더에게 방문 결과는 "훌륭했다"고 타전했지만 그 밖의 내용은 없다. 그러나 주한 미국 대사관의 내부 전신에서는 비약적인 정책 전환이 일어났다는 것을 느낄 수 없으며, 영국은 그 연설에서 논란을 일으킬 수 있는 부분은 언급하려고 하지 않았다.[126]

개전 이후 평양은 덜레스가 "데이지꽃을 꺾으러" 38도선을 방문한 것이 아니라 이승만과 전쟁을 유발하려는 음모를 꾸몄다고 끊임없이 비난했다. 이런 주장은 서울 미군 방첩대에서 하수인 노릇을 한 적이 있는 문학봉에게서 시작됐다. 그 주장은 이랬다. 맥아더는 7월 남한에서 전쟁을 일으켜 그달 안

〈사진 12〉 1950년 6월 19일 홈부르크 모자를 쓰고 참호에 선 덜레스

에 타이완을 장악하고 중국의 침공을 막을 수 있기를 바랐지만, 이승만은 남한의 정치 위기 때문에 좀더 일찍 공격을 시작하고자 했고 덜레스의 동의를 얻었다는 것, 그 결과 서울·도쿄·워싱턴은 "6월 20일 이후 지속적으로 연락했다"는 것이었다.[127]

　시간이 흐르면서 북한의 주장은 설득력을 얻지 못했다. 1950년 9월 북한에서 나온 기사는 덜레스가 월가에서 근무한 적이 있으며 나치와 연관됐다는 소련의 널리 알려진 주장을 그저 되풀이했다. 그 기사는 그의 일본 방문이나 샌프란시스코 강화조약에서 그가 한 행동의 중요성은 언급하지 않고, 그가 트루먼 행정부에 참여했을 때 "힘에 입각한 외교정책"을 요구했다는 것만 말했다.[128] 문학봉이 타이완 문제와 이승만 정권의 내부 위기를 한국전쟁의 발발과 연관 지은 것은 옳았지만, 이승만이 전쟁을 일으킬 것이라는 데 덜레스가 맥아더와 동의했다는 것은 매우 그르다고 생각된다. 그때 덜레스와 맥아더는 일본·타이완 정책에 대해 의견이 달랐고, 애치슨과 덜레스의 주요 관심은 루이스 존슨을 감시하고 이승만을 억제하는 것이었으며, 개전이라는 결과는 존슨과 맥아더 그리고 강경한 우파의 생각대로 된 것이기 때문이다. 아울러 전쟁이 시작되기 전 북한이 덜레스의 방한을 그 이전 미국 고위 관료들의 방문, 이를테면 1월 제섭의 방문보다 더 도발적인 행위로 봤다는 증거도 없다. 제섭은 여러 장교를 대동해 38도선을 방문하고, 국회에서 연설했으며, 이승만을 만났다. 그리고 이런 행동에 상응하는 북한의 비난을 받았다.[129]

　덜레스가 남한을 방문한 동안 이승만은 미국의 직접적인 방어를 강력히 요구했을 뿐 아니라 북한에 대한 공격을 주장했다. 덜레스는 자신이 좋아하는 기자이자 『애리조나데일리스타』의 편집국장 윌리엄 매슈스와 동행했다. 6월 19일 매슈스는 이승만을 만났는데, 같은 날 이승만이 덜레스를 만난 것과는 다른 회동으로 생각된다. 매슈스는 이승만을 만난 직후 이렇게 썼다. "그는 남한의 통일을 호전적인 태도로 바라고 있다. 통일은 곧 이뤄져야 한다고 공언하고 있다. (…) 이승만은 북진의 정당성을 주장한다. 그는 며칠 안에 북진을 성공할 수 있다고 생각한다. (…) 우리의 도움을 받아 실행할 수 있다면 그는 그렇게 할 것이다." 그리고 매슈스는 이승만이 "전면전을 불러온다 해도" "실행할 것"이라고 말했다고 썼다.

진실을 말하기보다 자신의 연고를 유지하는 것을 중시한 매슈스는 미국으로 돌아갔을 때 이 모든 것을 비밀로 해 덜레스를 "곤란하게 만들지" 않았다. 몇 년 뒤 그는 입을 열었지만 역사학자들을 기만해온 공식 견해를 대수롭지 않게 모방했고, 자신과 덜레스가 38도선을 방문했을 때 "한국군의 배치는 모두 방어 태세였다"고 언급했다. 당시 주한 미군 군사고문단은 그에게 이승만의 위협적 태도는 말할 것도 없고 한국군이 38도선에 4개 사단, 서울에 1개 사단을 배치했다는 정보를 그에게 제공한 바 있다.

매슈스의 기사에 따르면, 덜레스가 38도선을 방문했을 때 주한 미군 군사고문단 장교들은 한국군은 "현재 아시아에서 가장 우수한 군대"지만, 전투기와 전차는 "공격에 사용될 가능성을 우려한 미국 당국이 의도적으로 주지 않고 있다"고 그에게 말했다. 주한 미군 군사고문단의 W. H. S. 라이트 대령은 "중국군 1개 사단"의 전방 부대는 현재 38도선에서 20마일(약 32킬로미터) 북쪽에 있다고 말했는데, 중국 공산군에서 복무한 병사로 구성된 북한군 제6사단이 남쪽으로 이동한 것을 말한 것으로 생각된다. 라이트는 38도선 북쪽 "몇 마일에 걸친 지역에서 모든 민간인이 소개됐다"고 말했지만, 1949년 가을에도 같은 일이 있었다는 사실은 명확히 말하지 않았다. 아무튼 라이트는 자신의 정보기관을 "완전히 신뢰했다." "북한의 침공이 임박하면 주한 미군 군사고문단은 24시간 이전에 통지"받을 것이라고 그는 생각했다.

매슈스는 플로이드 A. 스티븐슨도 만났는데, 스티븐슨은 제2차 세계대전 때 해병대 대령이었고 당시는 제너럴모터스에서 근무하고 있었다. 스티븐슨은 타이완에서 항공편으로 남한에 들어온 직후였으며 매슈스에게 쿡 제독이 구상한 모든 작전 내용을 말해줬다. 스티븐슨이 덜레스도 만났는지는 확실치 않으며, 남한에서 어떤 일을 했는지도 알려지지 않았다.[130]

이것들은 모두 이승만의 도발적인 행동을 더욱 잘 보여주는 증거이며 그 이전 여러 차례 북진 위협을 한 것과 그리고 1월 제섭에게 직접 제기한 북진 위협과도 다르지 않다. 말하자면 덜레스는 방한하여 전혀 바뀌지 않은 이승만을 만난 것이었다. 그러나 덜레스가 그와 공모했다는 증거는 없다. 큰 성공을 거뒀고, 정치적 야심을 품었으며, 규정을 존중하는 이 인물이 반격 정책을 시행하겠다는 허세를 부리려고 이승만의 수준까지 자신을 낮췄을 가능성은 거의 없다.

덜레스의 방한을 목격한 또 다른 인물은 유엔 한국위원회의 아서 재미슨 위원이었다. 나중에 그는 자신이 참석한 만찬에 덜레스·이승만·앨리슨·무초 그리고 해럴드 노블도 참석했다고 기억했다.

> 그 저녁 내내 이승만은 북한이 공격할 가능성과 미국의 대응 방법이라는 두 주제를 줄기차게 논의했다. (…) 덜레스는 화제를 돌리려고 했지만 실패했다. 그러자 덜레스는 논의를 진전시켜 소련의 지령이 없다면 북한은 공격하지 않을 것이며, 현재의 세력 균형은 미국이 훨씬 우세해 소련은 그런 방향으로 행동하는 것을 단념할 것이라고 주장했다. 이승만은 "그러나 침공이 일어나면 어떻게 하느냐?"고 계속 질문했다. 덜레스는 더 이상 대답하지 않고 미국의 헌법 절차를 설명했다.
> 남한이 전쟁을 시작했을 가능성은 없었는지 사람들이 물을 때면 초대한 인물들에게 작별 인사를 하면서 이승만이 보인 낙담과 각성의 모습이 아직도 떠오른다.[131]

이것이야말로 아무 일도 없었다는 증거다. 이승만과 덜레스가 합의에 도달했다면 처음 만난 사람들과, 함께 온 부인들을 포함해 그렇게 많은 사람이 있는 자리에서 그런 이야기를 나누지 않았을 것이다. 그럼에도 이승만의 끊임없는 요구와 호전적 주장, 변호사로서 단련된 경험을 바탕으로 개입을 의도적으로 거절한 덜레스의 태도와 관련된 이야기는 사실로 보인다. 그가 거기 있던 까닭은 이승만의 전쟁을 촉발하기 위해서가 아니라 애치슨의 정책을 추진하기 위해서였다.

덜레스는 일본에 도착해 극동에서 "적극적으로 행동해야 한다"고 주장했지만 그 의미를 분명히 밝히라는 압력을 받았다. 미국의 의도는 "세계에서 국제적 평화와 안전과 정의를 유지하는 것이며" 현재의 세력 균형을 감안할 때 "넓은 식견을 지닌 인물들"은 전쟁이 일어날 것으로 생각하지 않는다고 그는 말했다.[132] 여전히 그는 법률을 존중하고 평화를 조성하며 초당적 중재 자이자 공화당 중도파인 포스터 덜레스였다. 그는 미국 우파가 끊임없이 제 기하는 날카로운 발언으로부터 반격의 수사修辭를 잡아채 숨기려고 노력했 다. 어쨌건 홈부르크 모자를 쓴 덜레스가 장례식에 참석한 것 같은 모습으 로 참호에 서서 김일성을 응시하고 있는 장면은 우스꽝스러웠다.

16장

타이완의 암시

미국 정부는 쑨리런이 타이완을 군사적으로 지배할 목적으로 쿠데타를 일으키려고 할 경우 필요한 군사 지원과 조언을 제공할 준비가 돼 있다는 사실을 밀사를 파견해 극비리에 전달해야 한다.

_국무부, 1950년 6월 19일

1950년 5월과 6월 중국 국민정부는 공산 세력의 임박한 침공이라는 위기에 직면했는데, 그 침공은 국민당을 회복할 수 없을 정도로 적대적인 두 노선으로 갈라지게 한 1927년의 상하이 대학살에 대한 마지막 복수였다. 트루먼과 애치슨은 국민당 정권의 방어에 개입하기를 계속 거부하고 있었다. 더 불리한 사실은 냉전기의 국제협력주의자들이 쿠데타를 획책해 장제스를 실각시키려고 했다는 것이다. 장제스의 앞날을 걱정하는 반격 강경파는 5월에 국민당이 하이난섬 방어에 실패한 뒤 손을 뗄 것으로 보였다. 특히 스미스 상원의원과 포스터 덜레스 같은 워싱턴의 반격 세력의 온건한 동맹자들은 초조해졌다. 이승만 정권과 마찬가지로 장제스 정권은 1950년 6월 심각한 위기에 있었다.

침공이 성공하기 어렵지 않다는 것을 미국 당국자들은 알고 있었다. 국민정부군의 사기는 낮았고, 타이완의 도로와 철도망은 서해안에 많이 분포해 방어하기 어려웠으며, 전차와 그 밖의 장비의 예비 부품은 모자랐기 때문이었다. 공산군이 침공을 늦출수록 방어는 견고해질 것이었다. 아마 가장 중요한 문제는 공산군이 침공 부대를 운송하기 위해 정교하게 제작한, 목제 장갑裝甲을 두른 동력 정크선이었을 것이다. 그것은 해군이나 공군 무기로 격

침하기 어려웠고, 30센티미터 정도의 정방형의 단단한 나무로 만든 용골龍
骨은 구축함의 금속제 선체를 들이받아 찌그러뜨릴 수 있었다. 정크선에는
40밀리 포를 탑재해 "함체가 얇은 구축함"을 무력화할 수 있었으며 국민정
부군 조종사가 저공 비행하지 못하도록 막을 수 있었다.[1]

　장제스가 직면한 난제는 타이완섬을 지키려는 국제협력주의자들과 총통
을 옹호하는 반격론자를 조화시키는 것이었다. 당시 공군력은 나라를 구할
수 있는 만능의 수단으로 생각됐기 때문에 국민당은 중국 본토의 연안 도시
들을 폭격하고 남한에 공군기지를 확보해 만주를 공격하려고 했다. 그러나
장제스가 주력한 것은 미국 정치를 조종해 자신의 정권을 보호할 수 있는
지원을 얻는 것이었다. 미 해군은 가장 좋은 수단이었다.

　미 해군은 타이완을 태평양, 곧 자신의 영역 일부에 있는 것으로 생각했
다. 그 섬이 맥아더 장군에게 "가라앉지 않는 항공모함"이라면 해군이 그 지
배권을 장악하고 다른 군의 개입을 배제하는 것이 마땅하지 않은가? 그 논
리는 완벽했다. 그러나 정보 분야의 관계야말로 미 해군 장교들과 국민당 정
권을 단단히 연결하는 주요한 이유였다. 전략사무국이 전시에 중국에서 운
영한 중미합동작전부SACO는 밀턴 마일스 해군제독이 관할하고 찰스 쿡 제
독에게 많은 지원을 받았다. 해군은 국민당 정권에서 정보기관을 관할한 핵
심 권력자들과 긴밀한 관계를 유지했다. 1949년과 1950년 윌리엄 도너번을
기용한 미국은 이런 관계를 이용해 장제스 정권을 구하려고 했다.

　하나의 섬인 타이완은 다른 각도에서 묘사할 수 있다. 늦어도 1948년 무
렵부터 그 섬은 태평양의 미국 영해에서 전략적 가치를 지녔으며, 일본과는
이전과 다른 관계를 다시 형성하면서 경제적 효용도 지니게 됐다. 앞서 서술
한 삼각형의 자본주의 구조는 한국전쟁이 일어나기 전 실현돼 타이완의 설
탕·바나나·원자재가 일본으로 수출되고 일본의 기계와 기관차 그리고 타이
완의 섬유산업에 사용될 옷감이 타이완으로 수입됐다. 남한의 자전거, 자동
차 부품, 단순한 기계, 어류가 타이완으로 수입되고 타이완의 환금작물이 남
한으로 수출됐다. 적은 인원으로 구성된 미국 경제고문단은 타이완의 초기
경제개발 계획을 감독했다.[2]

"주타이완 미국 군사고문단"의 문제

1949년 가을 장제스 지지자들은 애치슨에게 알리지 않고 비공식적 "퇴역" 장교단을 대규모 군사 장비와 함께 타이완으로 보내 사실상의 봉쇄를 실행하려고 했는데, 그 군사 장비에는 중화민국을 세계 최강의 전차 부대로 만들 수 있는 전차도 포함돼 있었다. 이런 시도는 미군 정보기관이 비밀리에 추진했으며, 애치슨의 암묵적 지원을 받은 것으로 생각된다.

1949년 11월 7일 윌리엄 폴리는 애치슨에게 서한을 보내 "소규모" 퇴역 장교단을 군사고문으로 타이완에 파견하는 것을 제안했다. 전체 인원은 추가된 민간인 경제고문을 포함해 130~150명 정도가 될 것이었다. 폴리는 미국 정부의 "승인이나 묵인"을 요청했다. 이런 시도의 기원은 복잡했으며, 사실관계의 일부는 아직도 밝혀지지 않았다. 국무부 극동국의 필립 스프라우스는 폴리의 방안은 레이놀즈 알루미늄사의 사장 "레이놀즈 씨"가 세운 계획을 발전시킨 것으로 생각했다. 그 계획은 앨버트 웨더마이어 장군을 군사 사절단 단장으로 삼아 타이완으로 보내는 것으로, 웨더마이어에게는 100만 달러의 연봉을 주기로 했다(타이완에서는 1930년대 후반부터 알루미늄 산업이 발달했으며, 레이놀즈는 장제스를 위해 자주 로비 활동을 벌였다). 레이놀즈는 이 계획의 자금을 조달하고 영향력을 확보하기 위해 쑹쯔원·쿵샹시·폴리에게 접근했다.[3]

9월 14일 주미 중화민국 대사관 정보원 첸치마이는 웨더마이어를 만나 레이놀즈가 국민당과 관련된 어떤 인물에게서 그 사업 추진 자금 500만 달러를 받았고(쑹쯔원이나 쿵샹시로 여겨지며, 그들이 상당한 금액을 준 것으로 보인다) 웨더마이어에게 육군을 떠나 장제스를 도우라고 요청했다는 것을 알게 됐다. 하지만 웨더마이어는 그 요청을 받아들이지 않았다.[4]

애치슨이 폴리에게 보인 반응은 이상하게 모호했다. 전면적 금지나 거절 대신 그는 이 사업이 "중국 정부Chi Govt(원문 그대로)와 직접 계약함으로써 우리가 책임을 직접 지지 않아도 된다면" 제한된 수의 미국 민간인을 타이완에 보내는 데 반대하지 않는다는 서신을 보냈다. 그는 공식적인 군사고문단을 파견하는 데 거듭 반대한 것이었다. 공식적인 군사고문단을 파견한다면 "그 섬의 군사적 방어를 보장한다는 미국의 의지를 보여주는 증거로 널리 받아들여질" 것이며, 그런데도 국민당이 붕괴한다면 미국의 위신이 "아주 크게" 손상될 것이기 때문이었다.[5] 요컨대 애치슨은 폴리의 요청을 "묵인"한 것으로 보인다.

폴리가 제안한 며칠 뒤 새로운 인물이 등장해 애치슨을 우회해 트루먼 대통령의 보수파 측근 윌리엄 레이히 제독(자신의 상관보다 국민당에 훨씬 우호적이었다)을 발판 삼아 대통령에게 직접 다가가려고 했다. 그 인물은 찰스 쿡 제독인데, 11월 10일 레이히를 만나 군사고문을 타이완에 파견해야 한다고 주장했다. 나중에 그는 비공식 사절단의 단장이 됐다.[6]

11월 16일 윌리엄 도너번은 월터 맨스필드, 필립 푸(푸징보傅涇波), 정제민 장군(중화민국 국방부 차관), 그리고 그의 부하 C. V. 첸 대령과 만났다. 중화민국 정보국 수장인 마오런펑毛人鳳도 참석할 예정이었지만 그러지 않았다. 정제민과 마오런펑은 1940년대 중반 중미합동작전부에서 근무했다. 그 회동과 관련된 내용은 알려지지 않았지만, 폴리가 제안한 고문단과 관련 있는 것으로 생각된다.[7] 또 다른 해군 출신 인물 오스카 C. 배저Oscar Badger 제독은 11월 중순 워싱턴에 나타나 정제민 장군과 만났으며 타이완의 이익을 위해 국방 관련 기관들에 로비 활동을 했다. 12월 중순 애치슨과 국방부가 국가안보회의 문서 48과 그 타이완 관련 부분을 놓고 뜨거운 논쟁을 벌일 때 배저는 웰링턴 구를 만났으며, 중국 로비와 관련된 대다수 인사의 전형적 방식으로 타이완 문제에 대한 정부기관의 "최고위층 논의"에 대해 그에게 말했다. 웰링턴 구도 미국 군사고문단 파견을 요청하는 제안서를 애치슨에게 보내려고 준비했지만, 배저는 애치슨을 건너뛰고 트루먼과 직접 접촉하라고 조언했다.[8] 이 군사고문단이 조직된 경위를 파악하기는 쉽지 않지만, 해군과 육군 정보기관 인사를 포함해 상당수의 현직·퇴역 장교가 들어 있던 것은 분명했다. 웰링턴 구에 따르면 로런스 아이브스 대령도 있었는데, 그는 1949년 6월 무렵 타이완에 무기를 제공하는 문제와 관련해 웰링턴 구에게 접근해 이 계획은 "해병대도 '은밀하게 찬성하고 있다'"고 주장했다.[9]

1950년 1월 초 트루먼과 애치슨은 미국이 국민당을 공식적으로 지원하지 않을 것이라고 다시 한번 선언했다. 중국 로비는 동요했고, 새 계획을 내놓았다. 그것을 입안한 사람은 윌리엄 도너번으로 생각된다. 그가 경영하던 월드 커머스 코퍼레이션의 자회사인 커머스 인터내셔널 차이나는 타이완에 대한 비공식적인 군사 지원과 고문단 파견의 매체가 됐다. 웰링턴 구에 따르면 그 자회사를 경영한 사람은 데이비드 리 대령이었다. 리는 1949년 3월 한 반공 단체를 이끌었는데, 그것은 장제스를 지원하던 기업가 프레더릭 매키의 로비 단체에 병합됐다.[10] 그 회사는 CIA가 소유한 것으로 생각되지만, 궁극적으로는 육군 정보기관과 밀접한 관계였다.

1947년 설립된 월드 커머스는 도너번의 사업과 정치 활동 수단이었다. 케이브 브라운에 따르면 넬슨 록펠러와 존 J. 매클로이는 "그 기업에 관계했으며" 그 운영진과 공동 출자자는 대부분 미국이나 영국 정보기관과 관련된 인물이었다. 사장은 프랭크 라이언이었는데 스페인에서 전략사무국 요원으로 근무했다. 그 밖에 관계된 인물은 윌리엄 폴리와 W. T. 케직이었는데, 케직은 극동 무역에 종사한 큰 회사인 마테온Matheon의 사장이었다. 그는 제2차 세계대전 동안 영국 정보기관인 특수작전부SOE의 수장을 지냈다. 앞서 본 대로 그와 프레스턴 굿펠로는 미국과 영국의 정보 영역을 나누는 기본 합의를 작성했다. 월드 커머스는 47개 나라에 지사를 두었으며, 브라운이 말한 대로 "상업적 정보기관"이 됐다. 커머스 인터내셔널은 S. G. "소니" 패솔리스가 경영했는데, 그는 1959년 이른바 "거터머 사건Guterma scandals"● 때문에 기소됐다. 드루 피어슨은 패솔리스와 그의 공동 경영자인 미란 아프라하미안이 타이완에 탄약을 팔면서 12퍼센트의 수수료를 받았다고 주장했다.[11]

고문단을 결성하는 데 관여한 또 다른 인물인 앰브로즈 케이츠는 커머스 인터내셔널이 1949년 7월 4일 타이완에 무기를 팔기로 처음 계약을 맺었는데, 무기는 대부분 전차였고 군사 장비 500점을 200만 달러 조금 넘는 금

● 미국의 대표적인 라디오 네트워크사 운영진이 얽힌 뇌물 사건.

액으로 국민정부에 팔았다고 언급했다. 이것은 "미국 육군의 지원과 협조로" 이뤄졌으며 국무부의 반대를 감안해 "우리는 되도록 조용히 거래해야 했다 ("국무부는 우리를 전쟁광이라고 불렀다")고 그는 말했다."[12]

이 사업을 주도한 또 다른 인물인 어빙 리치 쇼트는 1949년 가을 타이완을 위해 싸울 의용부대를 파견하는 방안을 중화민국 대사관으로부터 들었다고 말했다. "타이완에서 선출된 상원의원"이라고 불리기도 한 윌리엄 놀런드 상원의원이 1949년 11월 타이완을 방문했을 때 쇼트는 그와 함께 군사 시설을 둘러보면서 여러 차례 함께 사진을 찍었다. 칼 M. 포스턴 중령에 따르면 쇼트가 타이완에서 돌아오자 많은 정부기관이 따뜻이 맞이했다─하지만 국무부는 그러지 않았다. 국방부 정보국은 그에게 잠정적 임무를 맡겼다. 그는 육군 G-2 책임자 A. R. 볼링 장군을 만났고 그 뒤에는 브래들리 장군과 반덴버그 장군도 만났다. 포스턴도 쇼트가 "국방부의 몇몇 인사와 이야기를 나눴다"고 보고했는데, 그들은 존슨 장관의 측근으로 국민당과 가까운 인물들로 추측된다.

1949년 12월 쇼트는 중국 로비의 실력자 앨프리드 콜버그 그리고 고문단 "지원자"에게 제공할 민간자금을 "텍사스의 석유 관계자"로부터 모금한 윌리엄 불릿을 만났는데, 텍사스 석유 관계자에는 H. L. 헌트도 포함됐을 것이다. 의회 합동위원회에서는 1948년 불릿을 중국으로 파견해 듀이가 대통령에 당선될 경우 국민당을 위해 어떤 일을 해줄 수 있는지 살펴보게 했다(불릿은 8억 달러의 지원안을 제시했다).[13] 많은 공화당원과 마찬가지로 불릿은 듀이의 패배를 역전시키려는 강한 열망을 품고 있었는데, "중국" 문제는 그것의 한 수단이 됐다. 불릿은 텍사스에서 돌아온 뒤 몇 사람을 타이완으로 보내 의용부대를 결성했다고 알리면 "텍사스에 거주하고 있는 사람들에게서 자금이 흘러나올 것"이라고 쇼트에게 말했다. 그 직후 육군의 윌리엄스 대령은 쇼트를 패솔리스에게 소개했으며, 패솔리스는 그에게 타이완과 관련된 광고 활동에 쓰라고 50만 달러를 줬다. 윌리엄스 대령의 이름을 안다면 흥미로울 것이다. 1942년 굿펠로가 영국 정보기관과 협상할 때 갈랜드 윌리엄스 대령이 함께했으며, 앞서 본 대로 같은 교섭에서 도너번은 W. T. 케직이라는 영국인을 상대했다. 흥미롭게도 패솔리스는 이 무렵 타이완 문제를 논의하기 위해 애치슨과 트루먼을 만난 것으로 알려져 있다. 이 자금의 일부는 1950년 5월 말 주로 허스트사 계열의 미국인 기자들이 타이완 방문 경비로 사용했다. 쇼트도 타이완으로 갔다.[14]

그러나 타이완에 제공할 무기를 사기 위해 더 많은 자금이 커머스 인터내셔널과 패솔리스에게서 나왔다. 패솔리스는 국민정부가 특히 다량의 전차 같은 무기를 조달할 때 주된 중개인이었다. 웰링턴 구의 측근 첸치마이는 쇼트와 패솔리스를 중국 로비의 프레더릭 매키와 앨프리드 콜버그와 연결시켜줬지만 "왜 이 회사가 우리를 위해 그렇게 많은 돈을 쏟는지" 계속 의아해했다.[15]

도너번의 특별 임무

이 시기 윌리엄 도너번의 움직임은 추적하기 어렵지만 다음 사실은 알 수 있다. 앞서 지적한 대로 1949년 11월 그는 국민정부의 고위 정보장교를 만났다. 한 달 뒤 그는 런던에 나타나 영국 공군 대장 존 슬레서 경에게 영국이 추진하고 있던 마오쩌둥 정권 승인은 "어리석은 행위"라고 설득했다. 그대신 도너번은 "우리는 중국 내부의 '저항운동'을 조직해야 하며" 클레어 셔놀트 장군을 중국 망명정부의 국방장관으로 임명해야 한다고 제안했다. 슬레서는 도너번 그리고 그와 비슷한 사람들이 트루먼이 그들의 말을 듣도록 만들까 우려해 "우리는 맥아더와 충분히 연락되지 않고 있다"며 비판했다. 영국은 전반적으로 소련권의 상황에 무지한 것과 마찬가지로 중국에서 미국이 하고 있는 일을 거의 "모르고 있다"고 그는 말했다.[16]

그 뒤 도너번은 7주에 걸친 동아시아 방문을 시작했다. 그의 표면적 목표는 영국이 홍콩에 억류한 민항공운공사의 항공기를 되찾으려는 법적 투쟁을 벌이고 있는 셔놀트를 돕는 것이었다. 그 사건은 국무부도 지원하고 있었는데, 압류된 항공기가 중국으로 반환돼 중화인민공화국의 공군력을 강화할까 우려했기 때문이다. 셔놀트는 그 항공기들을 타이완으로 보내 중국 본토를 공격할 수 있는 무기로서 자신이 사용하려고 했다. 도너번, 화이팅 월로어, 토미 코코런은 남한부터 말레이반도까지 "공산 중국의 주변부에 CIA의 항공로를 개설하려는 창의적 계획"을 세웠다고 윌리엄 리어리는 말했다.[17]

2월 8일 윌러비는 도쿄에서 도너번을 위해 저녁 식사를 마련했다(이승만이 맥아더 사령부를 방문하기 며칠 전이었다). 30명 정도 참석했으며, 국민정부의 주스밍 장군이 도너번 옆 자리에 앉았다. 공개 발언에서 도너번은 민항공운공사 항공기 문제를 해결하러 왔다고 말했다. 그러나 도너번과 셔놀트는 따로 윌러비를 만나 중국에 첩보망을 구축하는 것을 논의했으며, 영국의 한 외교관은 도너번이 "[버마]와 일본 사이에 있는 주요 국가를 모두 방문해" 공산 중국에 대해 비밀공작을 전개해야 한다고 말했다고 전했다. 그는 도너번이 "기회가 주어진다면 8개월 안에 모든 준비를 마칠 수 있고, 어떤 사람을 채용해야 할지 알고 있으며, 3개월 안에 [마오쩌둥을 타도하는] 임무를 완수할 수 있다"고 말했다고 인용했다. 그는 트루먼이 장제스 정권을 적극적으로 지원하지 않는다고 비판했다.[18] 몇 주 뒤 하원에서 도너번은 맥아더를 "극동 및 동남아시아 최고사령관"으로 임명해야 한다는 취지로 증언했다. 도너번은 같은 기간 마지막 극동 방문에서 필립 제섭과 적어도 두 번 만났으며, 홍콩 총영사이자 국민당 지지자인 칼 랭킨도 만났다. 이 순방에서 남한을 방문했다는 증거는 찾지 못했다.[19]

돌아온 뒤 도너번은 애치슨 및 봉쇄 세력과 다시 싸우기 시작했다. 언제나처럼 문제는 적극적 공격이 뛰어난 방어보다 좋은가 하는 것이었다. 돌아온 지 하루 뒤에 초고를 작성해 2월 12일 애치슨에게 보낸 서한에서 도너번은 동아시아와 동남아시아의 지도자들은 미국이 "이 지역을 가치 없는 것으로 보고 있다"고 생각한다고 지적하면서, 타이완은 "적에게 점령돼서는 안 되며" "예상되는 소련의 움직임을 고려하면 이 지역에서 즉시 행동해야 한다"고 말했다. 그는 "최고사령관"을 임명해 "이 지역에서 일어나는 파괴 활동에 대항하는 데 필요한 조처를 내릴 수 있는" 권한을 부여해야 한다고 주장했다. 도너번은 그 밖의 국무부 관료 몇 사람과도 협의했다.[20]

3월 말 도너번은 다시 애치슨에게 서한을 보내 소련은 "우리에게 파괴적 전쟁을 도발하고 있으며 (…) 우리가 신속히 주도권을 잡지 않으면 패배할 것"이라고 말했다. 그는 변칙적 전투 방법을 제안했다. "세계에서 행사할 수 있는 지휘권을 워싱턴에 집중하고" "사령관"을 임명해 "[작전을] 계획·추진·지휘할 수 있는 중앙집권적 결정권"을 부여하며 "운영위원회가 그를 보좌해 (…) 그가 대담하게 주도권을 행사할 수 있게 해야 한다. 우리에게 필요한 것은 봉쇄가 아니라 적극적이고 과감한 행동이다". 애치슨은 형식적인 답서를 보냈다. 도너번은 그 편지의 전문을 R. A. 웝서 같은 월가의 친구와 H. 알렉산더 스미스 상원의원 등에게 회람시켰다.[21]

도너번은 위에서 말한 것과 비슷한 행동 계획을 추진했으며 기회 있을 때마다 그것에 대해 말했다. 그 계획에는 자유로운 재량권을 지닌 최고사령관을 임명해 아시아 여러 나라에서 군사 임무를 추진하고, "소련에 적극적으로 맞서며", 중국 국민당을 공개적으로 지원하는 것 등이 들어 있었다. 그는 타이완·남한·일본·동남아시아는 "모두 하나의 전역戰域"으로, 아시아 대륙에서 "자신들의 지배"를 확장하려는 소련의 계획에 맞서 방어해야 한다고 주장했다. 4월 초 그는 "수동적 방어"는 스탈린이 "주도권을 잡도록" 허락할 뿐이라고 비판하는 문건을 돌렸다. 그는 "스탈린은 자신의 광대한 주변부에서 하나의 전선前線을 방해받더라도 다른 지역으로 자유롭게 돌출해나갈 것"이라고 지적하면서 미국은 "그에게서 주도권을 뺏어야 한다"고 주장했다. 그 문건이 배포된 명단에는 맥아더의 측근 로버트 우드, 이승만과 가까운 제이 제롬 윌리엄스가 들어 있었다.[22]

도너번은 애치슨이 자신의 농담거리로 삼을 수 있는 반격 세력의 또 다른 괴짜 지지자는 아니었다. 정보 분야에서 그의 영향력은 컸다. 그는 미국의 "탁월한 첩보원"으로 불리면서 엄청난 명성과 권력을 누린 정치가였으며, 애치슨의 방어 전략에 맥아더 다음으로 가장 중요한 위협이 됐다. 게다가 그는 애치슨을 궁지에 몰아넣었다. 3월 말 그는 애치슨의 후임으로 "트루먼을 만족시킬 수 있는 민주당원이 누구일지" 생각하기 시작해야 한다고 스미스 상원의원에게 권유했다.[23]

알렉산더 스미스 상원의원은 1950년 외교정책의 위기에 편승해 능력 이상의 수준까지 올라간 평범한 인물이었다. 그는 도너번을 총애했고 그들은 많은 편지를 주고받았다. 스미스는 통찰력 있는 대목이라고 판단한 부분(특히 "적극적이고 과감한 행동"을 촉구한 부분)에 밑줄을 그었다. 스미스는 도너번의 편지를 상원 외교위원회 위원들에게 배포했다. 매카시의 고함 소리가 신문 머리기사를 장식할 때 스미스는 일기에 이렇게 썼다. "빌 도너번에게 전화해서 가장 명민한 몇 사람과 함께 그를 이 상황에 끌어들일 때인 것 같다." 스미스는 하이난섬이 함락되고 타이완이 다음 차례가 될 것이라고 생각하면서 4월 25일, 27일, 28일 도너번과 대화를 나눴다. 마지막 날 도너번이 발틱해에서 미국 비행기가 격추된 것에 대한 보복으로 미국은 소련인을 인질로 잡아야 한다고 제안했다고 그는 급히 적었다. 도너번은 "행동하기를 바라고 있다". 5월 중순에 그는 이제 국무부가 "타이완 문제 전체를 새로운 시각에서 보려고" 하며, 극동에 관심 있는 상원의원들에게 러스크·덜레스·도너번과 상의하게 하고 있다고 언급했다.[24]

5월 말 도너번은 유럽을 방문했는데, 업무 때문인 것 같다(방문지도 유럽인 것 같다고 말해야 할 듯하다). 그가 퀸 엘리자베스호를 타고 귀국하고 있을 때 한국전쟁이 터졌다.[25]

굿펠로의 특수 임무: 청천백일기 대신 태극기를 게양하다

미국에서 타이완 문제가 격렬히 끓어오르던 바로 그때 프레스턴 굿펠로는 중국 로비와 한국 로비 사이의 핵심 중개자가 됐다. 타이완에 고정된 중국 로비와 달리 그는 국민당과 남한의 운명을 서로 연결했다. 쿡·케이츠·쇼트와 마찬가지로 그는 파괴 활동·반공주의와 혼합된 일종의 투기적 사업을 전개하는 전형적인 팽창주의자였다(앨프리드 콜버그가 굿펠로와 그가 남한에서 형성한 관계에 대해 아는 내용이 어빙 쇼트 관련 문서에 기록돼 있다. 한 문서에 따르면 콜버그는 "H. P.(원문 그대로) 굿펠로가 남한에서 한 것처럼" 쇼트의 계획을 지원해 "자신[콜버그]과 중국 정부의 관계를 확립해 앞으로 이익을 얻으려고 했다").[26] 그러나 앞서 본 대로 굿펠로는 이런 인물들과 달리 더욱 광범한 이익과 중요한 관계를 맺고 있었다. 1949년 가을부터 한국전쟁까지 굿펠로는 전략사무국에서 익힌 모든 기술(파괴공작과 비정규전, 위장한 사업 활동, 육군 정보부와의 연결 등)을 동원해 이승만 정권을 은밀히 도왔으며, 적어도 1950년 2월까지는 장제스와 국민당을 같은 방식으로 도왔다. 나는 그의 활동을 철저히 파악할 능력은 없지만—도너번과 마찬가지로 그도 자신의 행적을 은폐했다—앞으로의 조사 방향을 설정할 수 있는 자료는 충분하다.

12장에서 본 대로 1949년 9월 전쟁이 일어날 것 같자 굿펠로는 서둘러 남한으로 갔다. 남한을 떠난 뒤 그는 10월 11~17일 도쿄를 방문했다. 맥아더는 그를 이승만의 "특별 보좌관"이라고 부르며 제국호텔에 숙소를 제공했다. 그리고 그는 교토京都로 갔는데, 그곳은 존 B. 콜터 장군이 점령하고 있었다. 스미스 상원의원은 맥아더의 전용기로 도쿄에서 서울로 가면서 교토에 들러 굿펠로를 만났다. 그것은 맥아더가 제안했다. 맥아더는 스미스에게 "우리는 남한에서 손을 떼서는 안 되고" 중국과 달리 연합국 최고사령부는 남한에 책임을 지고 있으며(1949년 6월 철수 그리고 뒤이어 맥아더와 윌러비가 남한은 국무부가 책임져야 한다고 주장한 것에 비추면 흥미로운 발언이다) 남한은 "북한에 자력으로 맞설 수 있다"고 생각한다고 말했다. 스미스는 굿펠로와 회담하면서 국무부가 한반도에 연립정부를 세우려고 했다는 말을 그에게서 들었다고 기록했다.[27]

도너번은 1949~1950년 아시아를 방문하면서 남한에 들르지 않은 것이 분명하지만 프레스턴 굿펠로는 방문했으며, 도너번과 마찬가지로, 반공 유격대를 조직하려고 했다. 관련 사실은 알려지지 않았지만 굿펠로는 1949년 12월 다시 한국을 방문했다가 귀국한 뒤 1월 3일 허버트 후버에게 서한을 보내, 타이완에 있는 "협력자들"은 자신들의 생각을 전하기 위해 미국에 사절단을 보내고자 한다고 말했다.[28] 내가 알기에 이것은 굿펠로가 타이완과 관련됐음을 보여주는 첫 증거다. 이튿날 그는 워싱턴의 중화민국 대사관에 모습을 나타냈다.

〈사진 13〉 1940년대 후반 M. 프레스턴 굿펠로 대령과 이승만 대통령 부부

어떤 인물인지는 잘 알려지지 않았지만 1947년 한국 로비에 관여한 프랭크 H. 콜린스 대령을 대동한 굿펠로는 자신과 도너번의 관계를 강조하고 웰링턴 구 대사에게 "중국을 위해 공산 세력과 싸울 외국인 부대의 조직"을 제안했다.[29] 전략사무국에 있을 때 그는 자신과 도너번이 일본 점령하의 중국에 많은 지하공작원을 보냈다며, 이제는 "그런 임무를 수행할 수천 명의 한국 젊은이를 훈련시키기 위해 남한과 협약을 체결했다"고 언급했다. 굿펠로는 미국의 군사 원조를 얻는 데 남한을 경로로 사용하자고 국민정부에 제안했다. 위장으로 "청천백일기 대신 태극기를 게양하자"는 것이었다. 굿펠로와 콜린스는 1월 12일 웰링턴 구의 대사관을 다시 방문했고, 굿펠로는 자신이 "남한 공작원을 북한에 보내 지하활동을 조직하는 임무를 맡고 있다"

고 말했다. 그는 판매할 수 있는 자동 권총 수천 정을 보유하고 있다고도 말했다(그는 한국 경찰 김태선에게도 같은 내용을 전달했다). 웰링턴 구는 "지하활동을 조직"하는 데 굿펠로가 자신들을 위해 어떤 일을 할 수 있는지 장제스 총통이 듣고 싶어한다고 전했다.

1월 24일 굿펠로는 이승만에게 서한을 보내 자신은 웰링턴 구 대사를 만나 "한국과 타이완이 서로의 이익을 위해 협력할 수 있는 여러 일을 논의"했으며, "맥아더 장군이 흥미로워할 몇 가지 정보를 서신으로 적어보냈다"고 말했다.[30] 2월 3일 타이베이로부터 입국 허가를 받은 뒤 웰링턴 구는 굿펠로를 다시 초청해 그가 2주 동안 타이완에서 머무르기를 장제스가 바란다며, 모든 비용은 타이완에서 지불했다고 말했다. 그 자금은 미국의 비밀 기금에서 나온 것이었다. 비밀 기금은 국제통화기금IMF 전무이사로 재직한 장제스의 친척 위궈화가 관리했다.[31]

2월 중순 홀링턴 통(둥셴광董顯光)은 타이베이 공항에서 굿펠로를 영접했는데, 쿡 제독도 같은 때 도착했다. 굿펠로는 "자신이 남한 정부, 연합국 최고사령부, 오키나와 군정 당국과 긴밀한 관계에 있다는 것을 강조했다"(굿펠로의 아들은 아버지가 동아시아를 방문한 것을 전혀 몰랐지만 오키나와에서 중요한 경험을 했다고 아버지가 말한 것을 기억했다). 쿡과 굿펠로가 타이완에서 함께 다녔는지는 분명치 않지만, 미 대사관과 국무부는 그들의 도착에 이례적인 관심을 보였다―그러나 그들의 이후 활동에 대한 정보는 알지 못했다. 그들이 타이완에 도착하기 한 주 전 도너번은 도쿄에 있었으며, 그때 이승만은 맥아더를 만나려고 도쿄로 왔는데, 지금까지도 북한은 맥아더와 이승만이 한반도에서 전쟁을 일으키려는 계획을 꾸민 자리였다고 주장하고 있다. 데이비드 거드우드와 마찬가지로(4장 참조) 굿펠로는 자신을 비료 회사 직원이라고 소개했고, 국무부는 그것이 위장이었다고 말했다.[32] 비공식 관계자들이 모두 타이완에 도착하면서 국무부는 긴장하기 시작했다. 이는 미국 정부의 모든 구성원은 스트롱 타이완 주재 대표의 허가를 받아야만 타이완을 방문할 수 있다는 국무부의 권고에서 체감할 수 있다. 가끔 CIA나 윌러비의 정보기관 관계자의 예방禮訪을 받는 스트롱은 그러나 이 규칙을 강제할 수 없었다. 한국전쟁이 일어나기 전 "타이완섬은 CIA와 군부 관계자로 가득했다."[33]

미국으로 돌아온 뒤 굿펠로는 주미 중화민국 대사관 인사들에게 자신은 장제스를 두 번 만났으며 장제스는 자신에게 "여러 문제를 맥아더 장군, 이승만 대통령과 협의한 뒤 회신해달라"고 부탁했다고 말했다. 굿펠로는 3월 15일 공식적으로는 "짧게" 남한을 다시 방문했다. 나중에 그는 이승만에게 자신이 도쿄와 타이베이에 "메시지"를 전달했다고 말했다. 굿펠로는 중국에 지하조직을 만드는 문제를 맥아더와 논의했고 맥아더는 "전적으로 찬성"했으며, 이승만과는 타이완과의 통상 문제를 논의했다고 말했다. 연합국 최고 사령부 참모 휠러 장군은 맥아더에게 중국 전 지역의 책임을 부여해 비밀 작전을 관할케 함으로써 "총통에게 추가 원조를 제공하는 데 완강히 반대해온 행정부"를 우회해야 한다고 했다고 그는 언급했다. 3월 어느 시점에 위궈화는 "특별한 목적"을 위해 수표 2만 달러를 굿펠로에게 줬다. 그 자금은 총통이 직접 제공한 것이라고 알려졌다.[34]

3월 27일 웰링턴 구는 타이베이의 총통 관저에서 직접 보낸 전보를 받았는데 "굿펠로를 고용한다는 결정은 아직 이뤄지지 않았으므로" 앞으로 "구체적 제안"이 있으면 그 "검토와 승인은 총통에게" 위임할 것을 요청하는 내용이었다. 이때부터 굿펠로와 타이베이의 연락은 대사관을 거치지 않고 이뤄졌다(루이스 존슨도 주미 중화민국 대사관을 거치지 않고 타이베이와 연락하는 이면 창구를 운영했다).[35] 계속해서 웰링턴 구는 일기에 이렇게 썼다. "(전보에서는) 주스밍의 보고를 언급했는데, (굿펠로) 대령은 (…) 중국 본토에서 유격대 활동을 전개하는 데 많은 자금이 필요하며 그것은 미국에 거주하는 미국인에게서 자신이 직접 (판독할 수 없는 글자) 모금할 것이라고 말했다. H(wang)은 대령의 도쿄Tokio(원문 그대로)와 남한 방문에 대해 언급했다(이 뒤에는 판독할 수 없는 한자가 세 개 이어지고 기록이 끝난다)." 이 일기는 내용을 정확히 파악하기 어렵고 일부만 남아 있다. 여기서는 원문을 그대로 제시했다.

1950년 4월 3일 웰링턴 구의 일기에 따르면 주스밍 장군은 굿펠로의 방문을 "매우 좋지 않게 여겼으며" 웰링턴 구는 자신과 굿펠로의 관계를 쑹쯔원에게 털어놓았다. 나중에 쑹쯔원은 장제스에게 직접 전보를 보내 좀더 자세한 상황을 파악하려고 했다. 3월 27일부터 대사관은 장제스와 굿펠로의 협의와 관련된 정보를 차단당했기 때문이다.[36] 웰링턴 구의 일기에 나오는 굿펠로의 행적은 여기서 끝난다. 그러나 여기서 상당히 주목되는 점은 웰링턴 구가 여러 해 뒤에 이뤄진 한 대담에서 한국전쟁을 회고하면서 자신과 굿펠로의 관계를 떠올렸다는 것이다. 그 대담자는 이에 대해 몰랐던 것이 분명하지만, 웰링턴 구는 그 이야기를 가장 먼저, 몇 쪽에 걸쳐 언급한 뒤 1950년 1월 굿펠로가 자신에게 국무부는 이승만을 억제하고 싶어하며 그렇게 되면 "북한이 침공할 것"이라고 했다고 말했다. 웰링턴 구는 덧붙였다. "그것이 전략이라는 것입니다!"[37]

굿펠로와 국민정부의 움직임은 H. 알렉산더 스미스 상원의원에게도 알려졌을 것이다. 스미스는 2월 26일 자 일기에 이렇게 썼다. "굿프렌드(원문 그대로)와 배럿과 조촐한 저녁 식사를 할 예정이다. (…) 그리고 도너번 장군이 (a) 극동에서 적극적 반공 정책을 펴고 (b) '미국의 소리' 계획을 적극적으로 추진할 수 있도록 그들을 동원하려고 한다." 이튿날 그는 다시 "굿프렌드 그리고 도너번과도 만나려고 일정을 잡았다"고 적었다. 3월 7일 스미스는 이렇게 썼다. "내가 할 수 있는 모든 방법으로 좀더 적극적이고 공격적으로 이끌 필요가 있다고 느낀다. (…) 굿프렌드가 전체적인 모습을 보여줬다(한국, 타이완, 중국과 극동 계획, 도너번, 쇼트). 내겐 통찰력과 조언이 필요하다." 3월 17일에는 이렇게 썼다. "국무부에 갔다. 굿프렌드는 중국과 냉전에 대한 자신의 전반적인 구상을 들려줬다."[38]

"굿프렌드"는 정말 굿펠로였는가? 굿펠로는 3월 15일 분명히 서울에 있었는데, 어떻게 3월 17일 워싱턴에 있을 수 있었는가? 한국 시간은 미국보다 하루 빠르기 때문에 그럴 수 있지만 그 가능성은 낮다. 그가 자신의 행적을 숨겼거나 사람들을 따돌렸을 수도 있다. 굿펠로를 "굿프렌드"라고 쓴 것은 흔히 있는 실수였다. 1950년 8월 에이버럴 해리먼도 같은 실수를 저질렀다.[39] 나는 그 시기 이후 어떤 자료에서도 "굿프렌드"라는 이름을 가진 사람을 보지 못했다. 굿펠로와 도너번, 쇼트의 관계, 즉 쇼트는 굿펠로도 일했던 월드 커머스의 자회사에서 근무했으며 둘 모두 장제스를 위해 지하활동을 조직하려고 했다는 사실 등을 고려할 때 굿프렌드는 굿펠로로 추정된다. 그 인물이 국무부에서 "구상"을 설명했다는 것도 흥미롭다. 그런데 어떤 구상인가?

1950년 4월 말 얼마 전 부임한 주중 미국 대사 대리 로버트 스트롱은 "남한을 첩보와 지하활동 기지로 사용하려는 국민당의 시도"는 잘 진행됐다고 타이베이에서 보고했다.[40] 이것이 굿펠로가 활동한 결과인지 그는 말하지 않았지만, 그랬을 가능성이 크다고 생각된다. 아무튼 그것은 한국과 타이완의 운명을 연결시킨 중요한 전개였다. 굿펠로가 1950년 3월 말부터 6월 12일 사이에 어떤 일을 했는지는 알 수 없다. 그러나 앞으로 보겠지만 6월의 그날 그는 군에 복귀한 상태였다.

셔놀트의 특별 임무

공군력은 반격 세력의 큰 관심 사항이었을 뿐 아니라 한국전쟁으로 이어진 여러 사건 가운데 중요한 역할을 했지만 그런 사실은 잘 알려지지 않았다. 중국 공산 세력이 소련의 제트기를 입수했다면 국민정부는 제공권을 잃고 그들 비행기의 폭격으로는 대부분 정크선으로 구성된 중국 공산 세력의 조악한 상륙선단上陸船團이 전개하는 침공을 더 이상 막을 수 없었을 것이다. 반대로 국민정부가 대량의 제트기와 타이완 북부의 어느 곳에 기지를 확보하면 중국 해안 지역을 폭격할 수 있을 뿐 아니라(1950년 초부터 계속 폭격해왔다) 만주의 공업 중심지도 공격할 수 있었다. 1949년 후반 셔놀트는 국민정부에 비행기를 조달하고 또 다른 자원 항공 부대를 조직하는 데 앞장섰다.

미국이 타이완 군사 지원을 공식적으로 금지했기 때문에 셔놀트는 우선 맥아더에게, 그다음에는 이승만에게 도움을 요청했다. 영국 자료에서는 1949년 10월 일본인 조종사들이 국민정부를 지원하러 왔다는 보고를 인용

했다. 한 달 뒤 일본인 조종사들은 "일본을 떠나 타이완으로 가도록 허가받았다"고 밝혀졌다.[41]

1949년 8월 장제스는 이승만과 회담하면서 남한에 공군기지를 확보하려고 노력했고, 11월 셔놀트와 또 다른 친타이완 인사인 공군의 러셀 E. 랜들 장군이 서울을 방문했다. 셔놀트는 한국에 민항공운공사의 연락 항로를 개설하려고 했고, 공군기지 문제도 계속 논의했다. 그는 맥아더에게 보낸 서한에서 이승만은 "1~2개 비행 중대" 규모의 공군을 갖기를 열망하고 있으며 분명히 그것은 "북한을 공격하기에는 충분치 않지만", 북한이 침공할 경우 지상부대를 지원하는 데는 도움이 될 것이라고 썼다. 셔놀트는 이승만에게 자신의 친구 랜들을 고용해 "모든 계급의 항공 요원을 훈련하고 그들을 적절한 부대로 편성하는 권한을 주라고" 촉구했다. 셔놀트는 맥아더나 윌러비에게 조사 결과를 보고하라고 랜들에게 부탁했다.[42]

11월 남한을 방문한 뒤 이승만에게 보낸 서신에서 셔놀트는 CIA가 자금을 지원하고 있는 민항공운공사의 도움을 받아 민간 항로를 개설하라고 촉구하면서, 그것은 남한·일본·타이완에 "포괄적 항공수송"을 제공해 "세 나라를 정치·경제적으로 결속함으로써 앞으로 공산주의의 침략에 맞서는 효과적인 방어벽을 구성할 것"이라고 주장했다(당시 남한은 국제항공 노선이 없었으며, 김포 비행장은 미 공군이 관할했다). 민항공운공사는 "공산주의의 침략에" 국민정부가 계속 저항할 수 있도록 "지치지 않고 노력하고 있다"고 그는 말했다. 화이팅 윌로어는 1950년 1월 워싱턴으로 가서 민항공운공사를 위해 자금을 모았으며, 3월 초 CIA와 그 밖의 정부 기관은 민항공운공사를 지원하는 것이 "국익에 부합한다"고 결론지었다.[43]

1950년 5월 민항공운공사는 대한국민항공 회사에 자신들이 주식 대부분을 갖는 합병 회사를 설립하자고 제안했다. 주한 미국 대사관 자료에 따르면 이승만은 처음에 그 방안을 탐탁하게 여기지 않았지만, 6월 중순 그와 그의 측근 해럴드 레이디는 민항공운공사가 타이완과 한국 사이의 국제선을 운영하기를 바라며, 그것을 위해 DC-3형 항공기를 구입하겠다고 제안했다. 미 대사관은 그런 목적으로 외화를 지출하는 것을 거부했다. 민항공운공사는 4월 타이완과 동남아시아를 방문한 한국 통상 사절단에게 항공편을 제공한 것을 빼면, 한국전쟁이 발발했을 시점에도 한국에서 아직 "영업을 시작하지 않았다". 이 사절단을 위해 민항공운공사 항공기를 조달한 책임자는 대사관 직원 J. 프랭클린 레이 2세였다고 화이팅 윌로어는 말했다.[44]

1950년 6월 민항공운공사는 CIA의 지원을 받았지만 거의 파산할 위기에 빠졌다. 셔놀트가 미국인과 일본인 조종사를 조직해 국민당을 위해 싸울 공군 의용대를 결성했다는 소문이 끊이지 않았다. 일부 일본인과 미국인 조종사가 타이완으로 간 것은 사실이었지만, 그 규모는 크지 않았다. 타이완과 한국에서 셔놀트가 주로 한 일은 돈을 벌기 위해 공산 세력과 싸운 것이었다. 이를테면 파산 위기에 빠진 민항공운공사가 1950년 6월 중순 국민당으로부터 30만 달러의 보조금을 받았다고 타이완 언론이 보도하자 영국 자료에서는 이렇게 언급했다. "조금 지나친 일이라고 생각하는데, 민항공운공사는 국외로 도피하는 중국인에게 엄청난 요금을 받을 뿐 아니라 이제는 국민정부의 얼마 남지 않은 자금에서 현금을 탈취하고 있다."[45]

이렇게 보조금을 받았지만 민항공운공사는 파산했으며 임박한 침공에 대비해 일부 항공기를 타이완에서 대피시켰다고 1950년 6월 22일 윌러비의 정보 요원은 보고했다. 그러나 한국전쟁이 발발한 이튿날 셔놀트는 맥아더에게 전보를 보내 민항공운공사 항공기들은 출동할 준비를 갖췄다고 알렸다. 곧 민항공운공사는 유엔군 사령부를 위해 항공운송과 구체적인 내용은 알 수 없는 정보활동을 시작했다. 7월 10일 윌러어는 셔놀트에게 메모를 보내 "한국이 기회를 줬다"고 말했는데, "지난 6개월 넘게 [현금] 잔고가 바닥난" 민항공운공사를 전쟁이 구해줬다는 암시였다. 그 뒤 그는 "한국전쟁은 [민항공운공사에게] 매우 필요했던 도움을 줬으며 (…) 마침내 우리는 민항공운공사와 함께 그곳으로 갔고 한국인이 스스로 인수할 수 있을 때까지 대한국민항공 회사를 설립해 운영했다"고 말했다.[46]

쿡의 특수 임무

1950년 3월 앰브로즈 케이츠는 뉴욕의 커머스 인터내셔널 본사(윌리엄 도너번이 책임자로 생각된다)와 장제스의 양해를 얻어 찰스 쿡 제독을 고문단 단장으로 삼는 계약을 체결했다. 장제스는 1년에 75만 달러의 "고문료"를 지불하기로 합의했다. 장제스 총통의 아들 장웨이궈는 케이츠가 타이완을 방문했을 때 "늘 함께 있었다". 케이츠는 맥아더와 세 번 회의를 했으며, 맥아더는 "우리를 진심으로 지원하고" "우리가 하는 일을 늘 보고받았다"고 말했다. 1950년 여름 케이츠는 국민정부 육군에 전차 1200대를 제공해 세계 4위의 전차 보유량을 확보하게 했다고 주장했다(과장이었다). 그는 필코사Philco와 계약해 레이더를 조달함으로써 국민정부군의 기동력을 일신했다. 1949년 7월, 1950년 1월, 7월, 11월 체결한 커머스 인터내셔널과의 계약에는 전차, 해군 소형 구축함, 다량의 함포용 탄약, 공군 장비(내용은 명확하지 않다)를 제공한다는 내용이 포함됐으며, 제트기도 포함됐다는 소문이 돌았다. 대체로 그것은 케이츠에게 득의의 시간이었다. "그들이 중국(원문 그대로)으로 돌아가면 우리는 대기업이 될 것이다."[47]

고문단과 관련된 계약은 3월에 체결된 것으로 생각되지만, 미국인 장교로 구성된 첫 대표단이 타이베이에 도착한 것은 1950년 1월 말이었다. 거의 같은 때 윌러비의 정보 요원인 밴더필 소장이 타이완으로 갔다. 쿡은 2월 11일에 도착했으며, 동시에 굿펠로 대령도 타이완에 나타났다. 그는 『허스트인터내셔널뉴스서비스Hearst International News Service』의 중역이자 『샌프란시스코콜불러틴San Francisco Call-Bulletin』의 발행인 E. D. 코블런츠가 서명한 신임장을 지니고 있었다. 그들 가운데 "퇴역한" 장교 대부분은 쿡에게 고용되자마자 군대에서 전역한 이들이었다. 1950년 6월 28일 시점에서 고문단에는 해군의 O. T. 파이퍼(도쿄에서 왔다)와 R. L. 피터슨 장군, 공군의 바이런 존슨 장군, H. L. 크로스코프와 월터 C. 앤설 해군 소장과 여러 명의 해군 대령, 쇼와 포스턴 중령(칼 M. 포스턴으로 생각된다), 윌러비의 지휘 아래 있는 정보 요원들이 포함됐다. 해병대와 공군 장군들과 그 밖의 몇 사람도 5월 중순에 도착했다. 쿡은 고문단을 조직하는 데 미 해군의 직접적인 도움을 받았다. 해군은 국제협력주의적 전략을 따르는 경향이 있었기 때문에 장제스와 반격 정책을 지원하는 것은 이례적인 일이었지만, 이 사례는 제2차 세계대전 동안 해군 정보기관과 국민정부가 긴밀한 관계에 있었기 때문이라고 설명할 수 있다.[48]

커머스 인터내셔널의 활동에 관련된 정보는 당시 미국 언론으로 거의 흘러 들어가지 않았지만, 중국과 북한은 그것이 어떤 목적을 갖고 시작됐는지 잘 알고 있었다. 중국 언론 기관은 타이완에 팔린 군사 장비의 분량을 과장한 것으로(5개 사단을 무장시킬 수 있을 정도라고) 생각되지만 그들의 정보는 대부분 옳았다. 그들은 1949년 가을 정제민이 웨더마이어 등의 회담에서 한 역할을 정확히 파악했다.[49] 국무부와 합동참모본부는 그런 활동을 탐탁하지 않게 여겼지만, 그것을 막으려고 노력했다는 증거는 없다.[50]

쿡은 타이완으로 가면서 맥아더와 요시다 총리를 만났다. 도착한 지 1주 안에 쿡은 『허스트인터내셔널뉴스서비스』의 기자라는 직함으로 장제스의 부인 쑹메이링의 안내를 받아 군사시설들을 둘러봤다. 그는 도쿄와 타이베이를 빈번히 오갔으며, 전쟁이 일어나기 직전 도쿄를 방문해 브래들리와 존슨을 만났다. 1950년 5월 쿡은 국민정부의 전략을 수립하는 데 적극적인 역할을 했는데, 하이난섬 전투에서 급히 철수할 것을 권유했으며 쑨리런 장군에게 최고 지휘권을 주어야 한다고 장제스에게 주장하기도 했다. 주중 미국 대사 대리로 타이베이에 주재하고 있던 로버트 스트롱은 극비 서신에서 "현재 쿡은 사실상 공개적으로 중화민국의 모든 국방 계획을 이끌고 있다"고 썼다. 6월 덜레스의 극동 방문에 동행했던 윌리엄 R. 매슈스는 쿡과 해병대의 프랜시스 소장은 "신분을 숨기고 타이완에 체류하면서 국민당의 작전을 입안하고 있으며", 장제스는 미 공군의 지원을 얻는다면 다음해 안에 본토를 다시 침공하기를 바라고 있다고 썼다.[51]

어빙 리치 쇼트는 1950년 4월 중순 타이완에 나타났다. 쇼트는 "중국에서 다채로운 경력을 지닌 소련인"으로 타이완에 거주하던 유진 호번스라는 인물과 1949년 11월부터 접촉해왔다. 호번스는 방콕을 비롯한 여러 지역에서 반소 정보활동에 관여한 인물로 알려졌다. 쇼트가 접촉한 또 다른 인물은 쿡 제독의 측근으로 미국 해군 정보부에 있던 테리 쾬이었다.[52]

1950년 2월 6일 호번스에게 보낸 서신에서 쇼트는 자신이 국방부 고문이 됐다고 말했다. "어떤 계획이 추진되고 있는지 말할 수는 없지만, 당장이라도 어떤 일이 일어날 것은 확실하다." 애치슨은 히스 사건으로 곤경에 빠져 있으며 "우리는 늘 그와 싸우고 있다"고 그는 말했다―국무부는 "우리의 진정한 이익의 적"이라고 그는 썼다. 쇼트는 국민당을 돕는 자원병을 모집하려고 계속 애쓰고 있으며 국무부와는 "협의하지 않고 있다"고 말했다. 그는 곧 호번스와 쾬에게 일을 의뢰할 것이라고 썼다. 호번스는 쇼트가 장제스의 부인 쑹메이링과 쿵샹시에게서 자금을 받았다고 미국 정부 관계자들에게 말했다. 실제로 쑹메이링은 쇼트 일행에게 숙소를 제공했다. 한 미국인 조사관도 밴더필 대령이 타이완에 온 배경에는 쇼트가 있으며, 볼링·브래들리·반덴버그 세 장군과 회동한 뒤 계획됐다고 말했다.

쇼트는 타이완에 도착한 직후 『패스파인더Pathfinder』지의 칼 헤스 그리고 "홀츠Holtz"라는 인물과 함께 홍콩을 방문했다. 그는 윌리엄 위라는 인물과도 접촉했는데, "그는 금 거래로 (스콧) 조지와 친교가 있었다". 국무부는 이 방문을 극비 사항으로 취급하면서 대단히 주시했다. 애치슨은 "쇼트와 그 지원자들이 자신들의 활동을 누구도 알지 못할 것이라고 생각하도록 하라"고 지시한 바 있다. 그러나 나중에 로버트 스트롱은 국무부가 쇼트의 활동에 대해 거의 몰랐다고 말했다. 한국전쟁이 일어난 뒤인 7월 6일 그는 "중국인 정보원을 포함해 가능한 모든 수단을 동원해 쇼트의 관계를 알아내야 하는지" 지시를 바라는 전보를 보냈다.[53]

중국 국민당이 쇼트의 활동을 지휘한 것은 분명하다. 3월 중순 웰링턴 구는 타이완에서 돌아온 콜버그가 소규모의 미국인 장교단을 타이완으로 보내달라고 쇼트에게 강력히 요청했다고 보고했다. 2주 뒤 웰링턴 구는 쇼트에게 타이베이로 오라고 장제스가 직접 "명령"했다고 보고했다. 4월 10일 첸치마이는 웰링턴 구에게 쇼트 일행을 "미국 재향군인회 안전보장부가" 심사해야 한다고 말했다.[54]

입수할 수 있는 자료를 바탕으로 이 사건을 파악해본 것은 이것이 전부다. 한국전쟁이 시작된 뒤 쇼트는 타이완에서 병에 걸렸다. 회복된 것 같자 그는 일본으로 떠났고 거기서 곧 세상을 떠났다. "일부 지역 관료와 신문들이 지적한 대로 그는 아주 젊은 나이에 죽었다." 호번스도 한국전쟁이 일어난 직후 국민정부 비밀경찰에게 고문을 받아 사망했다.[55] 쇼트의 작전이 그 자체로 얼마나 효과가 있었는지는 분명치 않다. 그는 젊고 무모했으며 자신이 감당하기 버거운 일을 했다. 1950년 6월 시점에서 볼 때 그가 성공한 일은 국민당의 지명도를 올린 것밖에 없었다고 여겨진다. 쇼트 그리고 아마 호번스의 중요성은 그들이 다른 작전에 대해 알 수 있는 위치에 있었다는 것이었다고 추측된다.

이 책의 목적과 관련해 쇼트 사건은 중요한데, 국민당을 지원하기 위한 자원병을 모집하는 데 육군 정보부, 루이스 존슨의 사무실 그리고 아마 브래들리 장군과 반덴버그 장군 같은 고위 인사가 적극 관여했음을 문서로 보여주기 때문이다. 국무부 자료에 따르면 도너번의 회사인 커머스 인터내셔널에 쇼트를 처음 소개한 사람은 어느 육군 대령이었다. 게다가 쇼트는 국민당과 긴밀한 관계였고 그들을 열렬히 지지했는데도(그랬기 때문에?) 국방부 정보 관련 부서에 들어갔다(그는 외국 정부의 대리인이었다). 쿡에게도 위와 동일한 사항을 모두 적용할 수 있다고 추정하는 것은 불합리한 일이 아닐 것이다. 실제로 그는 국민당, 중국 로비, 국방부 고위 관료들 그리고 도너번의 자회사 커머스 인터내셔널과 협력 관계에 있었다.

쿡 일행 외에도 일본인 군사고문단이 이르면 1949년 6월 타이완에 도착했는데, 20명 정도로 구성된 그들은 그 뒤 카오샨卓山에 있는 혁명실천연구원 군사부에서 군대를 훈련시켰다. 장제스는 "국민당이 본토를 침공할 때 선봉에 세울 목적으로" 30만 명 정도의 일본인 장교와 병사를 "외인부대"로 고용하는 야심찬 계획을 세웠다. 국민당과 가까운 한국의 이범석·이청천 같은 지도자의 구상과 매우 비슷한 그 계획은 터무니없게 들리지만, 국민당의 군사 관련 사건에 일본이 중요하게 관여하는 발단이 됐다—맥아더와 윌러비가 그 계획을 지지한 것은 자명했다.

1949년 장제스는 타이완에 갇혀 있던 최악의 일본인 전범 몇 사람을 석방하기도 했다. 거기에는 중국에서 "모두 죽이고 태우고 빼앗는다"는 "삼광三光" 작전으로 악명 높았던 오카무라 야스지 대장도 있었다. 1950년 4월 공산 세력의 위협이 더욱 심각해지자 장제스는 패전 이전 일본군 고위직 군국주의자 몇 사람을 고문으로 초청했다. 그중에는 타이완 총독을 지낸 하세가와長谷川 해군 대장, 중국에서 일본군을 지휘한 오카무라 레이지 장군, 미시무라 코케이도 있었다.

도쿄를 떠나기 전 고문단은 맥아더의 측근으로부터, 비록 타이완의 방어는 국무부의 방침이 아니지만, 맥아더는 태평양 안보를 책임지고 있으며 타이완은 필수적인 곳으로 여기고 있음을 들었다. 4월 말 주타이베이 미국 영사관 직원은 전직 일본군 제23군 참모장이 중화민국군 장교들을 훈련시키고 있다고 보고했다. 행정과 산업 분야의 일본인 고문 40명도 6월 중순에 도착할 예정이었다. 장제스는 독일인 고문도 채용하려고 했는데, 그 가운데는 알렉산더 폰 팔켄하우젠 중장이 포함됐다. 팔켄하우젠은 1930년대 중국에 파견된 군사고문단을 이끌고 장시江西 소비에트에 맞서 포위망을 구축했는데, 그 때문에 대장정이 발생했다. 유감스러운 사실은 그가 벨기에의 나치 군정장관으로 있으면서 비인도적 범죄를 저질러 당시 브뤼셀의 감옥에 수감 중이었다는 점이었다.[56] 그러나 장제스 정권의 유형지가 된 타이완에 공산주의자를 가득 태운 정크선이 들어온다면 군국주의자와 나치 전범도 그 정권을 보호할 수 없을 것이었다.

당시 미국 언론(과 나중에 학자 대부분)은 방금 서술한 "특수 임무"를 몰랐다고 생각되지만, 중국공산당의 보도기관은 그런 활동을 주의 깊게 감시하고 있었다. 1950년 1월 12일 『런민일보』는 "미국 특수 기관의 수장"(도너번)이 홍콩에 도착했는데 국민당의 첩보 활동을 도우려는 것으로 알려졌다고 크게 보도했다. 1950년 2월 15일 신화 통신은 미국 정부가 타이완에 군사고문단 파견을 결정했다고 보도했으며, 그 뒤에도 『런민일보』는 찰스 쿡과 파이퍼 장군이 타이완에 체류 중임을 여러 번 보도했다. 3월 『런민일보』는 맥아더가 많은 "일본인 전범"을 장제스의 군사고문으로 보냈다고 비난하면서 우치에청이 거기 관여하고 있다고 지목했다. 끝으로 4월에는 미국이 남한에 공군기지를 확장해 장제스의 공군이 만주를 폭격할 수 있게 됐다고 보도했다.[57]

침공

1950년 1월 이후 미국과 영국의 정보기관은 국공 내전의 "마지막 전투"가 1950년 6월에 일어날 것이라고 예측했다. 1월 영국 외무부 자료에서는 "6월 말" 타이완 침공이 발생할 것으로 예측했다. 가이 버지스는 "미국의 전문가들은 (…) '1950년 중반'이라고 추정하고 있다"고 말해 CIA도 같은 생각임을 암시했다. 4월에 버지스는 침공이 5~6월이나 9~10월에 일어날 것이라고 말했다.[58]

버지스가 잡다한 사안에서 벗어나 타이완 문제에 주의를 기울이기 시작한 것은 이 무렵이었다. 3월 22일 맥아더가 타이완 독립운동 지도자를 도쿄에서 체포했다는 소식을 들은 버지스는 "논리적으로 추론한" 결과 "이제 연합국 최고사령부는 국민당을 돕기로 결정했다"고 판단했다. 타이완을 보호하는 데 공군력이 결정적이라는 4월 14일의 보고서를 검토한 버지스는 "장기적 정책으로 국무부는 타이완을 단념했다고 들었지만 우리는 그것을 완전히 믿지는 않는다"고 말했다.[59] 이것은 정확한 판단이었으며, 애치슨이 한국을 미국의 방어선 바깥에 둔 것으로 그가 생각했음을 보여준다.

어떤 정보가 이런 예측의 배후에 있었는지는 알 수 없다. 그들은 7~8월의 장마와 높은 파고 때문에 7월 하순 이후에는 침공이 일어나지 않을 것으로 판단한 것 같다. 또한 그런 예측은 중국 본토 점령의 시간표에 근거했을 수도 있지만, 그렇더라도 침공이 좀더 일찍 혹은 좀더 나중에 일어나지 않을 것이라고 예측한 까닭은 무엇인가? 6월이라는 예측이 자주 나온 것은 그 배후에 단순한 상황증거보다는 좀더 확실한 증거가 있었음을, 이를테면 중화인민공화국 지도부에 정보기관의 요원이 침투하거나 일종의 "첩보 활동"을 벌여 공산당의 시간표를 알았을 가능성을 보여준다.

5월에 국민당은 모든 방책을 다 써버린 것처럼 보였다. 당시 미국에 있던 쑹쯔원은 장제스와 절교하고 6월 초 국민당 중앙위원회를 사임했다. 그 무렵 급송된 공문서는 "중국 중부·남부 지방에서" 남서 연안 지대의 "침공 기지로 공산군이 대규모 이동했다"고 보고했다. 5월 17일 주중 미국 대사 대리 로버트 스트롱은 "타이완의 운명이 결정됐으며, 공산군의 공격이 6월 15일부터 7월 말 사이에 일어날 수 있다"고 타이베이에서 보고했다. 그는 미국 정부가 미국인 요원의 가족을 즉시 대피시키고 CIA는 6월 15일까지 철수시켜야 한다고 애치슨에게 건의했다(요직 이외의 미국인에게는 5월 26일에 대피하라고 통지했다). 타이베이 영사관에서는 미국인 외교관이 모두 모여 회의한 결과 타이완이 7월 15일 이전에 공격받을 것으로 추정했다고 말했다. 6월 중순 윌러비의 정보기관은 푸젠성福建省 해안에 수많은 정크선이 결집했다고 보고했다.[60]

국무부는 장제스를 지원하지 않겠다는 입장을 단호하게 유지했으며, 겉으로는 타이완섬을 방어하는 데 내키지 않는 태도를 보였다. 3월 애치슨은 영국의 반대를 이유로 타이완에 전차와 제트전투기 판매를 승인하지 않을 것이라고 존슨에게 말했다. 이것은 고성능 무기를 장제스에게 보내려는 존슨과 그 밖의 중국 로비 관계자의 시도를 막겠다는 의지를 보여준 것이었다.[61]

이처럼 국민당의 붕괴가 임박했다고 판단하게 된 직접적 원인은 하이난섬의 패배였다. 그 섬은 광물과 그 밖의 천연자원이 풍부한 넓고 중요한 영토로 일본은 이곳을 제2차 세계대전이 끝나기 직전부터 개발하기 시작했다. 1950년 1월 워싱턴에서 타이완 정책을 둘러싸고 논쟁이 뜨거워질 때 놀런드 상원의원은 웰링턴 구를 방문해, 국민당이 싸우지 않을 것으로 판단하고 있는 애치슨에게 대항하는 "가장 중요한" 방법은 국민당이 하이난섬을 공산 세력에 맞서 성공적으로 방어하는 것이라고 말했다.[62]

그러나 2월 말 CIA는 국민당에게는 타이완을 방어하는 데 필요한 정치·군사적 개혁을 추진할 능력이 없다고 판단했으며, 하이난섬의 패배는 이런 견해를 뒷받침할 뿐이었다.[63] 대규모 방어책을 세웠지만 하이난섬은 큰 전투 없이 4월 셋째 주에 함락됐다. 앞서 본 대로 중화민국 육군 고위 장성 두 사람은 자신의 지휘소에 있지 않고 알려지지 않은 업무로 남한에 나가 있었다. 워싱턴의 국민당 지지자들은 예상치 못한 사태를 맞아 허둥댔다. 6월 초 영국은 장제스 문제에 대한 미국 의회의 "관심이 시들고 있다"고 판단했다. 가장 중요한 것은 하이난섬의 패배로 미국 공화당 온건파의 지지가 약화된 것이었다.[64]

하이난섬 상실 후 워싱턴의 침묵이 지속되면서 국민당은 더 깊은 곤경에 빠져들었다. 중국공산당이 6월 25일 이후에 하이난섬을 공격했다면 악랄한 침략 행위로 비난받았을 것이며, 진먼·마쭈의 위기●를 아이들 놀이처럼 보이게 했을 것이다. 타이완에 대한 그런 침략에 제동을 걸고자 하는 정부의 목소리는 더욱 시끄러워졌을 것이다. 타이완에서는 "하이난섬 사건 이후 깊은 침묵과 패배주의"가 만연했으며, 자본이 대량 유출되고 탈출용 선박과 비행기를 알아보는 사람이 늘어났다는 보고가 들어왔다. 그러나 다른 각본을 생각하는 사람도 있었다.

4월 말 로버트 스트롱은 "국민정부가 자신의 안전을 보장하기 위해 미국을 전투에 끌어들이려는 극단적 방법을 시도할 가능성이 있다"고 경고했다. 한 주 뒤인 5월 8일 장제스는 기자회견을 열어 "우리는 공격이 최선의 방어라는 격언을 따를 것이며, 공산 세력을 중국 안에 봉쇄하려면 본토를 침공하지 않을 수 없다"고 말했다.[65] 그러나 하이난섬 패배 이후 이것은 미친 사람의 절망적인 절규처럼 들렸다.

하이난섬의 패배를 다른 각도에서 해석하는 사람도 있었는데, 장제스의 미국인 측근과 영국의 관찰자였다. 5월 1일 화이팅 윌로어는 "하이난섬은 3대국(원문 그대로) 정상회담보다 극동의 긴급함(원문 그대로)에 사람들의 관심을 집중시키기 위해 고의로 함락당했다고 절대적으로 확신한다. 타이완에

● 제2차 타이완 해협 위기를 가리킨다. 당시 중화인민공화국은 타이완 해협의 연안 병력을 확충하고 타이완의 진먼섬과 마쭈열도를 공격할 준비를 마쳤고, 1958년 8월 23일부터 10월 5일까지 진먼섬에 주둔하고 있던 중화민국군에 대규모 포격을 가했다.

게 하이난섬은 아무 전략적 가치가 없다"고 썼다.[66] 영국 정보기관은 하이난섬을 포기하기로 결정한 것은 쿡 제독의 강력한 조언을 받아 이뤄진 것이라고 정확히 파악했으며, 맥아더도 쿡을 지지한 것으로 여겨진다. 그들은 하이난섬 철수는 질서와 규율에 따라 이뤄졌으며 언론에서 보도한 대로 허둥지둥 달아난 것은 아니었다고 말했다.

가이 버지스는 쿡은 "세심히 관찰할 가치가 있는 인물이다. 하이난섬에서 철수한 것은 그의 조언에 따라 이뤄진 것이라고 한다. (…) 쿡 제독은 이제 미국에 고용된 상태가 아니다. 고용됐을 때도 그는 전략사무국의 골칫거리였다"고 판단했다. 다시 한번 그는 국민당이 타이완을 지킬 수 있을지 그렇지 않을지는 "'미국의 누가 어떤 지원을 제공할 것인가(원문 그대로)'라는 매우 골치 아픈 문제"와 밀접히 관련돼 있다고 지적했다.[67]

자료에 따르면 쿡 제독의 견해는 달랐다. 그는 맥아더에게 자신은 국민당이 "완패"하기 직전 하이난섬에 도착했다고 말하면서 그것을 "궤멸"이라고 불렀다. 왜 그렇게 됐는지 그는 알지 못했다. 그러나 "하이난섬을 상실한 것이 미국에서 부정적 반응을 불러올까 우려된다. 특히 그것을 잃게 된 과정이 문제"라고 말했다. 쿡은 자신이 철수를 명령했는지는 밝히지 않았지만, 베트남과 매우 인접한 하이난섬을 잃은 것은 바오다이 정권의 운명이 얼마 남지 않았다는 의미라고 생각했다. "하이난섬의 상실이 자신에게 얼마나 심각한 문제가 될지 미국을 깨닫게 할 방법이 있을지 모르겠다."[68]

하이난섬 철수에서 쿡의 역할이 어떤 것이었든 그 패배는 국민당에게 큰 불명예였다. 철수의 목적이 타이완의 마지막 방어를 강화하려는 것이었다고 해도 철수가 신중히 계획됐다고 생각하기는 어려웠기 때문이다. 장제스 정권의 기반이 약화됐다는 것은 자명했다. 군대 그리고 타이완 국민까지도 장제스 정권의 대의에 따를지 확신할 수 없었다. 애치슨과 케넌이 알던 대로 그것은 일본 및 공산 세력과 싸우려면 다른 나라의 힘이 필요한 체제였다. 대부분 무지에서 기인한 결과였는데, 팽창주의자들과 반격 세력은 장제스의 힘을 과대평가했지만, 장제스 정권의 부와 자원에 접근해 거기서 흘러나온 물질에서 이익을 얻었다. 곧 가라앉을 것 같은 배 같은 이 국가는 그들에게는 기회였다. 그러나 국제협력주의자들에게 그것은 세계경제와 미국의 안보 체제에 국민정부의 중국을 편입시킬 수 없다는 신호였다.

반격 세력은 장제스를 곤경에서 구출할 만병통치약은 공군력이라고 계속 기대했다. 1950년 초반 내내 국민정부군 전투기는 셔놀트의 민항공운공사에 소속된 미국인 조종사의 지원을 받아 중국 연안의 도시와 군사시설을 폭격했는데, 일본인 조종사도 참여한 것으로 보인다. 그러나 1950년 5월과 6월 공산 세력의 제공권이 커지면서 문제는 심각해졌다. 중국 공산군의 타이완 침공 성공을 보장할 수 있는 것은 제공권이었다. 첩보원들은 후퇴익後退翼 미그 제트기가 중국 도시들의 상공을 날고 있다고 보고했으며, 그것은 히치콕의 「새」에 나오는 새들처럼 불길하게 급증했다.

쿡 제독은 극동군 사령관이 침몰하지 않는 항공모함이라고 부른 섬에서 발진하는 제트전투기의 전략적 의미를 맥아더에게 설명했다. "그것(공산당 제트기)의 기지를 타이완에 두도록 허용하자는 생각은 말도 안 됩니다. 이성적인 사람이라면 그것을 허용할 수 없습니다." 5월 2일의 편지에서 쿡은 맥아더에게 이렇게 썼다. "소련은 중국 연안 전역에 비행장을 건설하고 있습니다. (…) 타이완이 공산 세력에게 떨어진다면 소련에게 넘어간다는 뜻입니다. (…) 그렇게 되면 머잖아 제3차 세계대전을 피할 수 없을 것입니다."[69] 이러한 소련의 공군력은 미국 제7함대 그리고 괌과 오키나와의 핵 탑재 폭격기를 위협할 수 있었다.

맥아더는 쿡이 5월 2일에 보낸 편지를 윌러비에게 보여줬다. 윌러비가 거느린 정보 조직은 중국의 공군력 증강을 면밀히 감시해왔다. 오마 브래들리 장군은 5월 5일 루이스 존슨에게 보낸 편지에서 중화인민공화국의 공군력은 "급격히 성장하고 있으며 (…) 소련인이 지휘하는 공군 조직이 1월부터 가동되고 있다"고 썼다. 그는 미국이 즉각 대응해야 한다고 촉구하면서 맥아더도 자신과 같은 의견이라고 말했다. 그는 이 사안을 타이완과 연결지어 유능한 감시 요원을 파견해 현지 상황에 대한 "사실에 입각한 완벽한 정보"를 입수하자고 제안했다. 5월 하순 그는 윌리엄 불릿을 만났는데, 불릿은 그에게 "사Shah'라는 중국인이 보낸" 편지를 보여줬다. 그 편지에는 국민정부군의

프로펠러기는 미그기에 상대가 되지 않기 때문에 국민당은 제트기가 절실히 필요하다고 씌어 있었다.[70]

셔놀트 장군은 상하이 상공을 나는 제트기가 "진정한 위기로 치닫는 전환점처럼 보였다"고 스미스 상원의원에게 말했다(그는 그 비행기가 미그기보다는 일본의 제로센零戰과 비슷하다고 생각했다). 스미스는 주더가 셔놀트의 수송기를 탈취하고 낙하산부대를 침투시켜 6월이 끝나기 전에 타이완을 점령하겠다고 장담했다는 정보를 입수했다. 그 직후 놀런드 상원의원은 타이완에는 제트기 300대가 긴급히 필요하다는 쿡의 판단을 스미스에게 말해줬다. 놀런드는 "이런 위기 시점"에서 항공기 문제에 대한 의회의 조치가 "매우 중요하다"고 생각했다. 6월 12일 스미스는 타이완으로부터 받은 편지를 딘 러스크에게 보내 대륙의 새로운 공군력은 "가장 심각한" 위협이라고 지적하면서 미국은 "즉각 적절하고 적극적인 행동을 해야 한다"고 주장했다. 핸슨은 『뉴욕타임스』에 미그기는 "타이완의 종말이 가까워졌다"는 것을 상징한다고 썼다.[71]

CIA와 영국 정보기관은 1950년 봄에 중국 본토의 공군력 증강이 이뤄졌다는 데 동의했다. CIA는 대량의 항공용 연료가 만주로 수송된 증거를 발견했지만, 그것이 남부로 운송됐는지는 확인하지 못했다. 영국은 공군력의 급격한 증강이 타이완 공격을 위한 것일 수 있다고 말했지만, 소련제 고사포高射砲 수송이 뚜렷이 증가한 것을 볼 때 국민당이 중국 연안을 폭격한 것에 대한 대응일 수도 있다고 판단했다. 버지스는 타이완 침공 가능성이 높아졌다고 생각했지만, 소련이 첨단 제트전투기를 중국이 보유하도록 허용하지는 않을 것이며 소련인 조종사에게 조종시킬 것이라고 예상했는데, 미국 정보기관도 같은 판단이었다.[72] 이것이 사실이라면 타이완 침공이 일어날 때 제트기는 후방에 배치되거나 소련이 직접 관여한다는 의미였다.

장제스를 지지하는 미국인들에게 이런 모든 사태는 타이완 방어를 위해 플라잉 타이거 부대 같은 국제 공군 부대를 조직해야 할 필요를 알려주는 것이었다. 5월 중순 일본과 미국 그리고 이스라엘 조종사까지 타이완에 집결해 부대를 조직하거나 중화민국 공군과 협력하고 있다는 소문이 돌았다.[73]

그러나 이런 시도는 제트기를 입수하지 못하면 쓸모없었지만, 애치슨은 국민당에 제트기 제공을 거부하고 있었다.

1950년 5월 초 영국의 보고에 따르면, 장제스는 자신의 통치권이 손상되지 않는다면 연합국 최고사령부가 타이완을 방어하는 것을 검토할 용의가 있다고, 타이완을 방문한 허스트 계열 신문의 기자에게 시사했다. 이 문서의 첫머리에 있는 영국 외무부의 각서에는 셔놀트 장군과 어빙 리치 쇼트가 조직하려는 의용 비행대가 타이완으로 갈 것이라는 기사가 사실인지 묻는 내용이 적혀 있다. 그 뒤(5월 24일) 가이 버지스는 타이완 침공이 "한 달 정도 안에" 일어날 수 있다면서 "그렇게 되면" "심각한 사태"가 발생할 것이라고 언급했다. 그는 연합국 최고사령부가 타이완을 방어하는 것은 "엄청난 의미"가 있다면서 "국무부는 반대하지만 미국 육군성과 연합국 최고사령부의 일부가 그것을 바란다는 것은 확실하다"고 언급했다. 그는 워싱턴의 영국 대사관에서 보낸 또 다른 전보를 언급했는데, "미국은 대통령(트루먼)의 재가로 타이완에 군사원조를 확대할 가능성(원문 그대로)이 높아지고 있다"는 내용이었다.

한국전쟁이 일어나기 며칠 전 국민당 전보에 따르면, 반덴버그 공군 장군은 존슨과 브래들리의 도쿄 방문이 "전환점"이 될 것이라고 말했으며, 그것에 따라 미국은 타이완에 제트기와 공중 엄호를 제공할 것이라고 언급했다. 6월 23일 스트레이트마이어 극동공군사령관은 미군 제트기가 필요하며 이미 미 공군 고문을 임명해 중화민국의 방어를 지원하게 했다고 말했다. 그 전보는 "그러나 중요한 점은 워싱턴의 결정"이라고 지적했다.[74]

중화인민공화국의 제공권은 한국전쟁 이전에는 약화되지 않았지만, 6월 중순 잠시 동안 아마 1951년까지, 침공이 미뤄진 것처럼 보였다. 6월 12일 덜레스는 웰링턴 구에게서 7월 초에 침공이 일어날 것이라고 들었지만, 중화인민공화국은 국민당이 저항할 것이라고 판단되면 이듬해까지는 침공하지 않을 거라는 게 국무부의 판단이라고 대답했다. 6월 10일 윌러비의 정보기관은 침공은 임박하지 않았고 공산 세력은 당분간 인도차이나에 관심을 집중할 것이라는 저우즈러우周至柔 중화민국 참모총장의 발언을 보고했다. 이런 보고에 따라 연합국 최고사령부의 간부들은 공산 세력이 침공 계획을 "적어도 1950년 여름 중반 이후로" 늦췄다고 마거릿 히긴스에게 말한 것으로 여겨진다. 가장 흥미로운 사실은 소련인 고문들이 미국을 도발시키지 않기 위해 1951년 봄까지 침공을 연기하도록 중국을 압박했다고 히긴스가 들었다는 점이다.[75] 이것이 사실이라면 중국은 소련이 독일을 분단 상태로 유지하기를 바랐다는 것을 알았을 때 북한과 동일한 느낌을 받았을 것이다.

그러나 중국 남부 해안에 대규모 침공 함대가 결집하고 있다는 보고가 들어오면서 며칠 만에 예측은 달라졌다. 6월 17일과 23일 윌러비의 정보기관은 작은 배와 정크선, 예비 병력 수송선이 모인 "부인할 수 없는 증거"를 발견했지만, 그것이 임박한 침공을 예고하는지는 여전히 확실치 않았다. 6월 중순 영국 정보기관은 상하이에서도 전차 상륙함 10척, 중형 상륙함 9척으로 이루어진 "침공 함대"가 결집하고 있으며 2만 명이 상륙할 수 있는 상태라고 보고했다. 한국전쟁이 시작되기 직전에도 침공을 위한 이런 함대 증강과 관련된 다른 기록이 남아 있다.[76]

중국공산당의 침공, 공군과 함대의 증강 등과 관련해 5~6월에 나타난 다양한 예측의 문제점은, 국민당의 불필요한 우려를 자아내는 잡다한 정보들이 강력한 미국의 후원을 받는 국민당 자체가 중화인민공화국에게 위협이라는 사실을 덮고 있다는 것이었다. 앞으로 보겠지만 공군력의 배치와 위협 그리고 그 위협에 대한 대응은 1950년 후반 한국전쟁이 수습할 수 없는 상태에 빠졌을 때 전쟁의 범위를 설정하는 데 매우 중요한 요소였지만, 전쟁이 일어나기 전에도 중요한 요소였다. 중국과 소련의 조처는 대부분 국민당의 행동에 대한 반응으로 해석될 수도 있다. 그 이면에는 워싱턴이나 도쿄에서 국민당이 미국의 지원을 받고 있다고 믿을 만한 이유가 있을 것이다.

쿠데타: 총통의 축출을 시도하다

이처럼 국민당은 며칠은 아니지만 몇 주 안에 공산당의 침공을 받을 가능성이 뚜렷해졌다. 그들은 침공을 막는 데 필요한 미국의 개입 약속도, 공군력도 얻지 못했다. 그것은 애치슨 때문이었다. 워싱턴의 지원은 하이난섬이 함락된 뒤 시들해졌으며, 불길하게도 그들을 늘 지지하던 사람들 사이에서도 마찬가지였다. 헨리 루스조차 움직이지 않았다. 6월 6일 그는 웰링턴 구에게 "지렛대가 있지만 그것을 움직일 수 있는 받침대가 필요하다"고 설명했다. 국민당은 당시 인도차이나 문제에 휩쓸려 있던 프랑스에게도 지원을 요청했다. 그러나 6월 8일 주미 프랑스 대사 M. 앙리 보네는 프랑스는 타이완과 협력하는 "방안에 관심이 없다"고 웰링턴 구에게 통보했다.[77]

그 직후 장제스는 필리핀과 한국에 망명을 신청했다. 마닐라의 미국 해군 정보부에서는 장제스와 그 측근들이 "배편으로 수빅만 기지나 항공편으로 상리Sangley 기지에 예고 없이 들어갈" "가능성이 높다"는 전신을 보냈다.[78] 장제스는 국가수반으로서 망명해 잠적하기 위해 미국에 수송 수단을 요청한 전후 첫 번째 독재자였다. 이란의 샤Shah, 바티스타, 이승만, 응우옌 반 티에우, 키Ky, 소모사● 그리고 다시 샤, "베이비 독Baby Doc" 뒤발리에, 마르코스 등 많은 인물이 그의 뒤를 이었다. 그러나 일부—응오 딘 지엠, 라파엘 트루히요—는 그런 시도를 하다가 총에 맞았다. 한층 우려스러운 각본이었다.

6월 15일 월러비는 맥아더에게 허스리 준장이 장제스의 "극비" 요청을 전달했다고 보고했다. 그 요청은 "모든 영역에서 미국의 최고 지휘권을 받아들이며 맥아더 원수가 극동 전체 특히 타이완을 위해 되도록 이런 책임을 수락해주기를 바란다. 자신과 국민은 모든 행정을 맥아더 원수의 명령에 따를 것"이라는 내용이었다.[79]

구름 사이로 희망의 빛이 보이기 시작했다. 워싱턴의 사정에 정통한 타이

● 루이스 소모사Luis Somosa(1922~1967). 니카라과 공화국의 정치가, 대통령(1956~1963).

베이의 인사들은 잘 알고 있었지만, 관료들 사이에서는 애치슨의 정책을 뒤집으려는 움직임이 일어났다. 실제로 6월 말 고위 관료 가운데 중화민국 방어를 주저하는 인물은 애치슨과 트루먼뿐이었다. 늘 그랬듯 그 까닭은 장제스 정권의 본질에 있었다. 그러나 루이스 존슨과 딘 애치슨이 서로 심각하게 대립하고 아시아 정책이 수습할 수 없는 상태로 빠질 위기를 맞아, 복잡한 중국 문제 전체를 해결할 수 있는 어떤 방법을 찾아야 했다.

그 결과 봉쇄를 주장하는 자유주의자들은 총통 문제에 '오컴의 면도날', 곧 최악의 경우라도 손실을 최소화할 수 있는 방안을 제시했다. 그것은 1950년 6월 미국의 동아시아 정책이 맞닥뜨린 모든 문제를 해결해 줄 것이었다. 그것은 타이완 방어를 가능하게 하고, 정책 과정에서 애치슨의 영향력을 증대시킬 것이었다. 그것은 정권 내부에 모여 있는 중국 로비라는 암을 제거하고, 트루먼의 정책에 커져가는 비판을 약화시킬 것이었다. 또한 의회의 중도파를 만족시키며, 타이완 방어를 지지하는, 전쟁은 아니지만 일정한 종류의 "단호한 행동"으로 공산주의에 맞서야 한다고 생각하는 군부를 만족시킬 것이었다. 조 매카시는 탐탁하게 생각하지 않겠지만, 이것이 해결책이 되게 해줄 수 있는 반대 세력의 적합한 상징은 덜레스였다. 타이완에서 약간 자극적인 사건을 일으키는 것이었다. 덜레스는 초당파적 중개자 역할에 적임자가 아닌가?

그러나 쿠데타는 여러 방법 가운데 불행한 선택지였다. 미국인은 정치적 음모와 관련해 유례를 찾기 어려울 정도로 무능했지만, 그러면서도 그것이 모든 문제를 해결할 수 있다고 깊이 믿었다(이를테면 도너번을 들 수 있다). 이것은 정치에 관심이 없고 정치·사회적 관점에서 사물을 생각하지 않으면서 그 대신 기술을 이용한 공작을 동원하고 평범한 행위로 이룰 수 없는 성과를 바라는 국민들의 인지력 부족을 드러낸다. 아서 케스틀러●의 표현을 빌리면, 칼을 휘두를 때마다 새로운 상처가 생겨나는 것이다. 그러나 장제스에게 강점이 있다면 그것은 음모를 꾸미려는 열정과 기술이었다. 그의 공작원

● Arthur Koestler(1905~1983). 헝가리 태생의 영국 작가·언론인.

과 우호 세력은 미국을 움직이는 상층부에 침투해 영향력을 행사하고 있지 않은가? 누군가 자신의 정권을 빼앗으려고 했다면 그는 반격했을 것이다.

쿠데타는 타이베이 문제에 대한 해결책이 분명히 아니었으며 중국 로비의 충실한 팽창주의자들이 바라는 것도 아니었다. 그들은 장제스 같은 인물이 권좌에 있을 때만 세력을 강화할 수 있었기 때문이다. 많은 자유주의자가 "작은 장제스"라고 부르던 이승만을 위해서도 쿠데타는 해결책이 될 수 없었다. 정권이 무너지기 직전에 있던 이승만이 다음 희생자가 될 수도 있기 때문이었다(그 뒤 1953년 미국은 휴전협정에 반대할 경우 이승만을 실각시킨다는 "에버레디 작전Operation Everready"을 계획했다). 끝으로 쿠데타는 맥아더에게도 해결책이 될 수 없었는데, 그의 가까운 동맹 세력이 유럽 우선론자의 공격을 받는다는 것을 뜻했기 때문이다. 더욱 중요한 것은 쿠데타는 아시아 정책에 관련된 애치슨의 영향력을 강화할 수 있다는 것이었다.

장제스를 쿠데타로 타도하려는 생각은 본토에서 국민당의 패배가 뚜렷해진 뒤부터 워싱턴 주위에서 떠올랐다. 1949년 5월 리빙스턴 머천트는 국민당은 부패하고 무능하지만 "쿠데타에 자금을 제공하고 지원하는 위험을 감수하지 않는다면" 그 상태를 바꿀 수 없다고 지적했다. 1949년 6월 조지 케넌은 테디 루스벨트의 제안을 추진하게 됐을 때 쑨리런 장군에게 특사를 보내 그가 중화민국 육군을 장악하게 하고 장제스를 "정치 망명자"로 처리할 것을 제안하자고 건의했다. 그는 쑨리런이 공산주의와 맞서 싸울 수 있는 의지와 경험을 지닌 유일한 국민당 장군이라고 생각했다.[80]

1949년 여름 쿠데타를 일으키려는 일정한 움직임은 있었다. 하워드 헌트는 1975년에 가진 대담에서 보리스 T. 패시라는 인물이 CIA "암살 부대"의 책임자였다고 말했으며, 상원 정보특별위원회는 초기의 CIA에는 패시가 이끈 그런 부대가 실재했다고 결론지었다. 육군 대령인 패시는 맨해튼 계획의 수석 방첩 장교였으며 미국이 일본을 점령했을 때 맥아더와 함께 일했다(그는 맥아더를 존경했다). 1949년 3월 그는 정책조정국OPC에 배속됐다. 그는 자신의 임무에는 "스탈린 같은 외국 지도자가 사망하는 만일의 사태에 대비한 계획을 세우는 것"도 포함됐다고 상원 정보특별위원회에서 선서한 후 증언했다.

암살은 실행되지 않았지만 그 수단이 배제된 것도 아니었다. 두 가지 안이 "심각하게 검토됐지만" 상부에서 기각됐는데, 둘 다 "아시아 지도자"가 포함됐다. 하나는 반둥회의에서 저우언라이를, 다른 하나는 1949년 여름 이름이 밝혀지지 않은 "아시아 지도자"를 목표로 삼았다.[81]

타이완과 관련해 정책조정국은 일반적으로 알려진 것보다 훨씬 큰 규모의 계획을 세웠다. 거기서 근무했던 한 인물은 트루먼이 "중국 본토를 수복하려는 중국 계획을 위한 대규모 지원"을 비밀리에 "승인했다"는 것을 알고 놀랐다고 회고했다. 1951년 정책조정국은 "웨스턴 엔터프라이즈Western Enterprises"라는 기업을 설립해 타이완에 600명 넘는 요원을 두었다. 그들은 미얀마에서 리미李彌가 이끈 국민당군 잔병들과 협력했는데, 잔병들은 아편을 팔기도 했으며 중국 국경을 넘어 습격을 감행하기도 했다.[82]

1949년 가을 무렵 타이완에서는 쿠데타를 은밀히 추진할 수 있는 환경이 조성돼 있었다고 생각된다. 8월 말 러스크는 프랭크 메릴 대령을 "타이완에 파견해 쑨리런 장군과 논의해" "타이완을 구할" 수 있는 "계획"이 있는지 살펴볼 가능성을 검토하고 있었다고 말했다. 러스크는 1943년 미얀마에서 프랭크 메릴의 부관으로 근무했다. 러스크는 노새를 타고 미얀마 북부 황무지를 여행하다가 국민당 정예부대를 이끌고 있던 쑨리런 장군을 만났다. 당시 굿펠로는 유격대를 미얀마로 보내 일본군과 싸우려는 전략사무국의 작전을 지휘하고 있었다.[83]

1949년 가을 장제스 정권에서 이탈한 리쭝런·간지에허우 같은 중요 인물이 워싱턴에 모습을 나타냈는데, 9월 16일 간지에허우는 누군가 장제스를 제거해야 한다고 불쑥 말했다. 1949년 가을 타이완에 어떤 형태의 군사고문단을 보낼 것인지 막후 작업이 이뤄지는 동안 워드 캐너데이는 루이스 존슨에게 논문을 작성해 보냈는데, 쑨리런이 국민정부군 총사령관이 돼야 하고 미국이 군사고문단을 보내면 국민정부군은 강화될 것이라며, 그 비용은 타이완에서 생산되는 텅스텐과 주석으로 지불할 수 있다는 내용이었다. 그런 뒤 후스를 중심으로 모인 "서구에서 교육받은 자유주의자들"에게 "새 내각을 만들 수 있는 정치권력을 주어야 한다"며, "미국이 바람직하다고 '지적'하는 것은 어떤 것이든 시행될 텐데" "지금 같은 전환기에 국민당의 '동의를 얻은 혁명'이 성사되면 자유주의 세력은 합당한 지위를 얻을 수 있기 때문"이라고 캐너데이는 설명했다. 1949년 쑹쯔원도 후스와 관련해 비슷한 생각을 했는데, 내가 아는 한 그런 제안은 1949년 5월 오그던 리드 부인에게서 가장 먼저 나왔다.[84]

로버트 스트롱은 1949년 12월 케네스 크렌츠(전직 타이베이 총영사)와 함께 타이베이를 방문했을 때 크렌츠가 자신에게 이렇게 말했다고 했다. 쑨리런은 곧 미국의 접촉을 받을 것이며, 미국은 그가 국민당 정부를 "이끌겠다고 동의하면" "그를 최대한 지원할 것"이라고 말할 것이다. 그러나 쑨리런은 그 제안을 단호히 거절했다.[85]

장제스는 본토에서 패배한 직후 총통에서 물러났기 때문에 이 시점에서는 총통이 아니었지만 실권을 장악하고 있었다. 후스를 중심으로 한 "혁명"이 자유주의 세력을 동원해 국민당의 치부를 가리려는 시도였다고 해도 장제스나 그 측근들이 동의했으리라는 것은 상상하기 어려웠다. 그런 생각은 이질적인 환경에서 자신들을 복제하고, 알려진 것을 찾아내려는 미국인의 영원한 시도를 반영할 뿐인데, 이 경우 미국은 아직 죽지 않은 우파와 태어나지 않기를 바라는 좌파 사이에 제3세력이 나타나기를 바라고 있었다.

후스는 존경받는 중국의 자유주의자였지만, 그가 지속적으로 한 역할은 원칙을 증명하는 예외 같은 것이었다. 1940년대 중국에서 그런 인물을 본다는 것은 미국에서 유교 신자와 불교 신자를 찾는 것만큼이나 어려웠다. 연로하고 정치적으로 무력하며 타이완에 조직적 기반이 없던 후스는 서재필과 김규식을 뒤섞은 인물과 비슷했다. 쑨리런은 뛰어난 장군이었지만, 그 정도 되는 장군은 여럿이었다. 쿠데타와 관련된 이야기에서 그의 이름이 늘 거론된 까닭은 그가 버지니아군사학교Virginia Military Institute를 다녔고 영어가 유창했기 때문이다. 그는 국민정부군 장군 가운데 미국인이 이름을 기억할 수 있던 유일한 인물이었고 전략사무국과도 연관됐다. 물론 장제스는 이것을 알고 있었으며, 소규모 인력을 배치해 그를 감시하게 했다.

공산당이 본토의 통치를 굳히던 1949년, 장제스 문제는 현안이 아니었다. 문제가 부각되기 시작한 것은 미국의 중국 정책이 위기에 부딪히고 침공 위협이 커지면서였다. 애치슨은 1월 후버, 2월 매카시의 반대에 부딪혔으며, 장제스는 3월에 중화민국 총통에 다시 취임했다. 6월 침공 위협은 뚜렷했고, 소련의 해공군은 블라디보스토크 주변의 "관문"을 넘어 태평양을 감시할 수 있는 위치에 배치될 수도 있었다.

3월 하순으로 가면서 경제협력국의 국제협력주의자 할런 클리블랜드는 장제스가 권력을 장악하고 있는 한 미국 정부는 어떤 군사원조도 제공하지 않을 것이라고 국민정부에 통보했다. 한 달 뒤 러스크는 이것을 다시 강조했다. 하이난섬이 함락되던 날 러스크는 국민정부가 육군을 일부 재편하고 "높은 사기와 저항 의지"를 불어넣을 것이라는 웰링턴 구의 호소를 참을성 있게 들었다. 그런 뒤 그는 미국은 타이완에 군사원조를 하지 않을 것이라는 "정책을 다시 검토할 의사가 없다"고 직설적으로 대답했다.[86]

하이난섬에서 패배한 뒤 타이베이 주재 무관 데이비드 배럿은 기밀 전문을 보내면서, 장제스와 그 일파는 "의지할 곳도, 가망도 없다"는 중국인 고위 관료의 발언을 인용했다. 배럿은 전문에서 "상황을 타개할 수 있는 과감한 방법"을 추천했다. 장제스는 측근 저우즈러우를 통해 육군에 쓸모없는 명령을 내렸지만, 장제스의 두 아들이 자신들의 조직을 이용해 거기에 개입했다. 장제스 측근들이 간섭하는 한 상황이 안정될 수 있는 기회는 "대단히 희박했다". 그러나 배럿은 아시아에서 미국은 공산 세력에게 "한 치"도 양보할 수 없다고 생각했다. 그러므로 "이런 절망적인 상황에서 미국 정부는 미국 역사에서 일찍이 없었던 수준으로 우방국의 내정에 깊이 개입하는 것을 포함해, 타이완 방어를 강화할 수 있는 어떤 방법에서도 위축되지 말아야 한다"고 그는 주장했다.[87]

배럿의 핵심 정보원은 다름 아닌 쑨리런이라고 시사한 자료도 있다. 로버트 스트롱은 4월 27일 무렵 쑨리런이 배럿에게 "총통 문제를 꺼냈다"고 썼다. 마치 직접적인 질문에 대답하듯 스트롱은 쑨리런이 "쿠데타를 일으킬 것인가" 하는 문제는 "최근 몇 달동안 폐기돼 사라진 것"으로 생각된다고 언급

했다(스트롱은 쑨리런이 "미국화라는 겉치장"을 했을 뿐 특별히 뛰어나다고 생각하지 않았다).[88]

배럿의 전문은 5월 1일 러스크에게 전달됐다. 이틀 뒤 다름 아닌 폴 니츠가 장제스를 축출하려는 "가상" 계획을 제출했다.[89] 그 계획의 목표는 쑨리런의 쿠데타였는데, 쑨리런은 "군 지휘권을 완전히 장악할" 준비가 됐다고 "장담했다"는 것이었다. 미국은 쑨리런의 배후에서 그의 위신을 보증하고 타이완의 효과적인 방어를 조직하는 한편, 본토에서는 저항운동을 획책했다. 말하자면 미국은 장제스를 버리는 쪽을 선택했다.

니츠는 철저히 처리하기를 바랐다. 미국이 생각하는 "성공한 쿠데타"의 기준은 "국민당의 유력 인사를 모두" 권력에서 몰아내고 쑨리런이 군의 전권을 장악하는 것—이 모든 일은 48시간 안에 이뤄져야 했다—이었다고 그는 말했다. 이렇게 되면 정치적 공백(무뇌증無腦症이라고 부르는 것이 좀더 적합하겠지만)이 발생할 것이므로 미국은 "쿠데타가 일어나자마자 민정을 인수할 수 있는 정치 지도자 명단"을 준비해야 한다고 그는 썼다. 사흘 뒤 "현재 얻을 수 있는 가장 유능한 미국인 요원"이 타이베이에 도착할 것이다. 그들은 그때부터 "감춰졌지만 강력한" 미국의 영향력을 행사해 정권을 지도할 것이다. 그러면 타이완은 "아시아의 모범"이 될 테고, "아시아 대륙에서 소련 제국주의를 저지하기 위한 지하 선전 활동과 파괴 활동의 거점"이 될 것이다.

그 계획은 다음과 같았다. 미국은 중국 공산 세력을 고립시키기보다 분열시켜야 한다. 고립은 골치 아픈 민족주의를 불러일으킬 수 있기 때문이다. 타이완의 새 정권은 스스로를 "자주적인 지방 정부"로 선언한다. 한편 첸이陳毅와 예젠잉葉劍英 같은 공산군 장군에게는 타이완이 중국 본토를 전복시키지 못할 것이라는 말이 전달된다. 그러면 첸이와 예젠잉은 "중국 북부와 만주에서 혁명적 활동을 전개하는" 임무, 아마 소련에 대항하는 임무를 수행할 것이다. 그들이 베이징에 있는 모스크바의 괴뢰정권과 결별하면, 쑨리런은 미국의 도움을 받아 그들에게 공군력을 지원한다.

그럼에도 공산 세력이 타이완을 공격하면 미국은 해공군을 동원해 방어한다. "소련은 타이완의 상황으로부터 스페인 내전 때와 동일한 사태를 만들려고 할 것이며, 이 작전을 수행하는 미군 부대는 소련의 최신 전투기와 잠수함을 상대할 수도 있다는 사실을 인식해야 한다."

삼민주의는 지난 30년 동안 약간 고루해졌으므로 새로운 "종합적 이념"이 필요하며, "우리에게 남은 시간이 많지 않으므로" 모든 일을 "무리한 속도로 해야 한다"고 니츠는 생각했다. 그럴 경우 "다수의 미국인 비밀 공작원"을 "강제 징집"해야 하며, 그들을 타이완 연안의 작은 섬들에서 본도本島로 이송할 소형 잠수함과 수상함水上艦이 필요하다. "이 정부는 쑨리런의 쿠데타에 개입해서는 안 된다"고 니츠는 썼는데, 진심이었을 것이다. 이로써 쿠데타가 일어날 때마다 사용해온 설득력 있는 반증의 원칙이 밝혀진 셈이다.

이 계획이 얼마나 어리석은지 비난하는 소리는 이미 들려오고 있었고, 그런 무모한 책략을 실행하려고 생각한 사람은 없었다. 그러나 미국이 타이완을 점령하는 동안 인민해방군 참모를 베이징에서 분리시켜 소련과 싸우게 할 수 있다는 생각 등이 충격적으로 어리석은 것과는 별개로, 니츠는 캐너데이와 러스크 등이 5~6월까지 진행한 계획을 요약했을 뿐이며, 공산 세력을 타도하려는 거대하고 은밀한 시도는 타이완과 그 주변 섬들에서 그 뒤에도 계속 진행됐다. 이 사건의 진상에 다가가고자 하는 사람은 「초고草稿: 타이완의 쿠데타」라는 제목의 아직까지 기밀로 분류되고 있는 문서를 포함해 관련 자료를 입수해 연구를 도와주기 바란다.[90]

휴일이었던 5월 30일 러스크는 니츠와 제섭 등을 만나 "타이완은 '선을 긋기에' 적합한 지역이며, 전략적으로는 아니더라도 정치적으로 중요하다"고 주장했다. 그는 이것을 실행할 방법에 대한 문서를 애치슨을 위해 작성하고 있으며, 자신과 애치슨 외에는 덜레스만 그 계획에 대해 알고 있다고 말했다. 국무부 정보조사국에서는 "타이완 함락을 막기 위해 무력 개입을 포함한 미국의 행동"을 추진할 "승인"을 원했다. 5월 31일 러스크 등은 다음과 같은 계획을 애치슨과 공식적으로 협의하기로 합의했다.

덜레스가 방일하는 기간인 6월 15일에 총통을 만날 수 있을 것으로 생각되며 다음과 같은 내용을 알리려고 한다. (a) 현재 상황에서 타이완 함락은 피할 수 없다. (b) 그것을 막는 데 미국이 도울 수 있는 일은 없다. (c) 타이완에서 유혈 사태를 막기 위해 총통에게 열려 있는 유일한 방법은 유엔의 신탁통치를 요청하는 것이다. 미국은 신탁통치를 요청하는 그런 움직임을 지원할 용의가 돼 있으며 신탁통치 요청이 진행되는 동안 타이완에 대한 무력 공격을 막기 위해 [7]함대를 준비시키고 있다.

정보조사국은 소련이 미국을 타이완 방어에 개입하게 만들려고 하며 "그렇게 되면 중국공산당이 우리와 충돌하게 만들 기회를 소련에 주는 것"이라고 우려하고 있다고 러스크는 언급했다. 유엔 신탁통치는 그런 결과를 막을 수 있을 것이었다.[91] 그것은 흥미로운 제안이었다. 한 전기 작가는 러스크에게서 직접 들은 또 다른 각본을 말해줬는데, 1950년 6월 초 러스크는 미얀마 시절부터 잘 알고 있던 쑨리런에게서 "기밀문서를 직접 전달받았다". 쑨리런은 "군사 쿠데타를 일으켜 장제스를 몰아내자"고 제안했다. 그 뒤 러스크는 그 문서를 파기했다.[92] 이것은 사실일 수도 있고, 쿠데타는 원래 워싱턴이 져야 할 책임이지만 러스크가 쑨리런에게 그 책임을 지우려고 했을 수도 있다.

러스크는 5월 30일 애치슨에게 보낸 각서에서 미국은 "중국 본토의 공산 세력에 대항하기 위한 비밀 활동"과 "타이완 일부 세력"에 대한 지원을 이미 실시하고 있으며, 거기에는 "일정한 비밀 무장 지원" 능력이 포함되어 있다고 인정했다. 나중에 머천트는 타이완에서 추진한 비밀 활동을 언급하면서 "타이완 문제와 관련해 타이완 지도자들과의 접촉은 신중함을 (…) 유지해야 했다. 초기에 프랭크에게 일정한 지침을 주어야 했다"고 말했다. 여기서 프랭크는 정책조정국장 프랭크 위스너일 것이다(머천트는 카터 매그루더 장군 그리고 로버트 조이스와 회동한 것에 대해 러스크에게 보고했다. 조이스는 국무부와 CIA 작전 부문 연락사무소의 국무부 책임자였으며, 그 회의는 홍콩으로부터 항공기를 되찾으려는 민항공운공사를 "프랭크"의 자금으로 좀더 오랫동안 지원하게 하려는 것이었다. 프랭크의 "사무실"과 "프랭크의 부하들" 관련 언급도 있었다).[93]

현재 이용할 수 있지만 여러 곳에 흩어져 있고 충분치 않은 자료들에 따르면 전략사무국 간부 공작원으로 아시아 전문가였던 카터 매그루더 장군은 1950년 4월 존슨에게 비밀 작전을 추진해 타이완을 탈환하는 것이 "대단히 시급하다"고 건의했다. 그는 "(중국 안의) 기지를 측면에서 공격해" "주도권을 확보하고 유지해야 한다"고 판단했다. 그는 "긴급 계획"을 수립하고 대중국 작전을 수행할 중앙 기관을 설치해야 한다고 주장했다. 도너번은 매그루더를 잘 알고 있었으며, 두 사람은 이 계획을 함께 논의했을 것으로 생각된다. 아무튼 같은 날 레이 피어스는 미얀마에서 항일 유격대를 조직했던 전략사무국의 경험은 반중 활동에도 좋은 모범이 될 것이라는 내용의 편지를 도너번에게 보냈다. 피어스는 1949년 CIA 훈련 활동의 책임자였으며 1951년 CIA 타이완 지부의 책임자로 본토 공격을 목표로 한 유격대를 양성했다.[94]

5월 하순 칼 랭킨은 맥아더에게 전보를 보내 리우 린촨이라는 인물이 안후이성安徽省과 허난성河南省의 중국인 유격대와 접촉해왔으며 맥아더의 대리인이 "반공 유격대에게 2000만 달러를 지원하겠다고 약속했다"는 보고서에 대해 물었다.[95] 이것은 타이완에서 유격대를 조직하려는 굿펠로의 시도와 관련됐을 수도 있다.

5월 30일 자 러스크의 각서에서는 미국의 타이완 방어는 미국 제7함대가 "타이완 해역을 지배"함으로써 "타이완이 공격하거나 타이완을 공격하는 것"을 저지하는 것이라고 정의하면서 그 대가를 제시했다. 그렇게 되면 장제스는 타이완을 떠나고 권력을 군사령관(쑨리런)에게 이양한 뒤 타이완 문제를 유엔에 위임하며 유엔은 타이완 위원회를 설치할 것이었다. 그런 뒤 트루먼은 1월 5일의 성명을 번복해 타이완 방어에 개입할 수 있을 것이라고 그는 제안했다.

러스크 문서에 첨부된 여러 각서에서는 조지프 도지와 일본의 이케다 하야토池田勇人 대장상大藏相(17장 참조)이 나눈 중요한 대화가 언급돼 있는데, 이케다는 "요시다 총리의 개인적 견해"라면서, 요시다가 보기에 미국은 "타이완을 포기할 것"으로 보이고, 공산주의자는 인도차이나에서 세력을 확대할 것이며 남한은 "강력하지 않기 때문에 쉽게 버려질 것"이라고 했다. 일본은 "확고한 기반을 간절히 찾고 있으며 (…) 미국이 언제 어디서 어떻게 확고한 자세를 보일 것인지 확신하지 못하고 있었다". 러스크는 동요하는 요시다에 대한 이런 묘사와 덜레스의 주장을 기록한 무서명 각서를 한데 묶었다. 그 무서명 각서에는 타이완 정책의 전환을 요구하는 덜레스의 5월 18일 발언의 대부분이 인용돼 있다. 덜레스는 확대된 "거대한 초승달 지대" 작전을 분명히 제시했다. 타이완이 무너지면 일본과 인도차이나의 천연자원도 위협받을 것이며 "중동의 석유도 위험해질 것"이라고 그는 판단했다.[96]

올리버 프랭크스 주미 영국 대사는 6월 5일 저녁식사 뒤 애치슨을 만났으며, 타이완을 공산 세력에게 넘기지 않으려면 미국의 전면적인 군사개입 외에는 방법이 없다고 그가 생각한다는 것을 알게 됐다. 영국 외무부는 "여기에 분쟁의 씨앗이 있다"고 언급했다.[97] 6월 9일 러스크의 구상은 완성돼 "중국-타이완 문제에 대한 초당적 정책"이라는 제목의 각서로 애치슨에게 보내졌다. 그는 타이완 문제를 다룰 "유엔 위원회"를 설치할 것을 권고했다. 유엔에서 발표하려고 작성한 제안서의 초고에서 그는 "타이완과 중국 본토 사이의 적대 행위를 멈추기 위해 관련된 모든 나라와 당국에 호소"했다. 유엔 위원회는 "잠정적인 공동 신탁통치"를 제안하고 그 뒤 해결하기 어려운 사안들은 "민족자결의 원칙"에 따라 결정하자고 그는 건의했다. 또한 "자유세계가 반격을 시도하면 크렘린이 현재의 세력권에 행사하고 있는 지배력을 축소시킬 수 있을 것이라고 기대하고 있기 때문에" 중화인민공화국을 유엔에 가입시키면 문제를 해결하는 데 도움이 될 것이라고 썼다.[98] (이 마지막 부분은 기묘한 논리지만 중화인민공화국을 유엔에 가입시켜 회유해 중립화하고 그동안 미국은 "반격"에 나선다는 것을 의미했다.)

독자들은 미국의 단독주의를 국제협력주의의 옷으로 가리려는 봉쇄적 자유주의의 전제를 또 한번 눈치챌 것이다. 이것은 국제협력주의자의 쿠데타 계획이다. 그러나 러스크는 또한 "반격"과 크렘린 세력권의 축소라는 표현을 사용함으로써 반격 특유의 표현을 삽입했다. 이것은 국가안보회의 문서 48과 68에서 사용된 표현이었다. 다시 말해 이 문서는 1949년 여름의 전략적 전제를 변화시켜 만들어낸 새로운 연합과 새로운 허용 범위 그리고 포스터 덜레스의 시대로 이행하는 것을 암시했다.

5월 30일 회동과 6월 9일 각서를 종합하면 숨이 멎을 만큼 놀랍다. 1950년 여름 미국이 제7함대를 투입하고 이런 방법으로─신탁통치와 유엔 위원회를 사용한 한국형 방법이라고 부를 수 있을 것이다─유엔을 이용하려고 한국전쟁 6주 전에 계획했다는 사실은 충격적일 수 있다. 그래서 국무부의 역사 기록관들은 러스크의 6월 9일 각서를 애치슨이 봤거나 그것과 관련해 "어떤 조치를 내렸다"는 기록이 없으며, 6월 25일 이전에 "어떤 정책 결정이 이뤄진 것이 없다"고 열심히 설명하고 있다.[99] 그들이 말하지 않은 것은 애치슨이 타이완을 본토에서 분리하기를 1년 이상 전부터 바랐다는 것과 1947년 한국에 봉쇄 정책을 시행하려고 고려할 때 유엔을 이용한다는 이 방안을 구상했다는 것이다. 애치슨이 이런 계획을 도출하는 데 러스크의 조언이 필요했던 것은 아니다. 아무튼 국무부의 조사는 충분치 않았다. 애치슨의 면회 기록부에는 6월 9일 러스크·니츠·덜레스와 만난 것으로 적혀 있다. 그는 5월 31일에도 그들을 만났다.[100]

애치슨과 니츠(그리고 아마 제섭)를 제외하고는 러스크의 계획을 알고 있던 유일한 인물이던 덜레스는 6월 6일 장제스의 고문 둥셴광을 만나고 싶다고 요청했는데, 둥셴광은 타이베이에서 굿펠로를 만난 뒤 방금 도착한 상태였다. 웰링턴 구의 설명에 따르면, 덜레스는 "미국의 타이완 군사원조와 관련해 앞서 품었던 비관적 예감"을 바로잡고자 했다. "둥셴광은 G(장제스 총통)가 약간 유연한 태도를 보인다면 타이완을 구원할 방법이 있을 것이라는 말을 들었다. D(덜레스) 씨는 어떤 계획이 있는지 정확히 말하지는 않았다." 웰링턴 구는 그 계획이 유엔에 문제를 회부하거나 장제스에게 물러날 것을 요구하는 것이라고 정확히 예측했다. 장제스는 6월 6일 이전까지 쿠데타 계획을 눈치채지 못했다고 해도 자신의 대사가 러스크의 계획을 간파한 뒤에는 알았을 것이다.[101]

웰링턴 구와 둥셴광은 덜레스·러스크와 이야기를 나눴으며 "장제스가 퇴진한다면" 타이완 문제와 관련해 애치슨을 설득할 수 있을 것이라는 인상을 받았다고 워런 코언은 썼다. 이튿날인 6월 7일 존슨과 국민당의 핵심 연결 고리인 폴 그리피스 국방차관보가 중화민국 대사관을 방문했다. 그리피스도 웰링턴 구와 둥셴광을 만났다. 그는 차라리 애치슨이 물러난다면 미국 정부를 설득할 수도 있을 거라고—그리고 그 이상도—제안했다.

앞서 그리피스는 중국 정책을 둘러싼 불안이 고조된다면 애치슨은 "퇴진할 거라고" 웰링턴 구에게 말한 바 있다. 앞서 본 대로 매카시가 이끈 반격 세력은 애치슨의 권한을 약화시켰고, 매카시 이후로도 존슨·도너번·콜버그 등의 인물이 계속 있었다. 6월 7일 그리피스는 웰링턴 구와 둥셴광에게 애치슨은 사임해야 한다는 의견을 계속 주장했다. 트루먼은 존슨에게 중국 문제는 국무부의 업무이므로 관여하지 말라고 말했지만 그것은 평화로운 시기, 즉 외교정책이 외교관에게 맡겨진 시기에 적용할 수 있는 것이었다. "전쟁이 일어난다면" "사태는 매우 달라질 것이다. 그때는 국방장관이 주도권을 잡고 외국과의 관계에 큰 발언권을 가질 것"이라고 그리피스는 말했다. 그리피스는 둥셴광이 도쿄를 방문해 존슨이 방일하는 동안 회담을 갖도록 추진했다.[102] 흥미롭게도 이튿날 애치슨은 존슨에게 서한을 보내 극동을 순방하는 동안 쑹메이링이 요청한 대로 타이베이를 방문해서는 안 되며, 도쿄에서는 어떤 국민당 대표와의 만남도 "사전에 약속해서는 안 된다"고 말했다.[103]

몇 주 뒤 전쟁이 터졌을 때 그리피스는 자신이 웰링턴 구에게 한 말을 어떻게 생각했을까? 쿠데타 계획이라는 맥락에서 보면, 그것은 국민당 정권을 구조하기 위해 전쟁을 지지하는 것에 가까운 발언이다. 그렇다면 전쟁이 돌발적으로 일어난 일요일 아침 그런 사정을 알고 있던 사람들은 어떤 생각을 했을까?

6월 10일 쑹쯔원은 장제스의 요청을 거절하고 타이완으로 돌아가지 않겠다는 뜻을 밝혔고, 신문 기사들은 이것을 타이완 공격이 임박했다는 것과 연결했다. 그 직후 장제스는 쑹쯔원과 그의 동생 쑹쯔량宋子良, 매형 쿵샹시를 중화민국 중앙은행 이사회에서 제외했다. 이 무렵 쿵샹시는 도쿄에서 윌러비를 방문했다.[104] 이런 정보는 쿠데타 직전 쑹쯔원 세력과 장제스의 관계가 악화됐음을 보여준다. 쿵샹시와 둥셴광(장제스를 실각시키려는 러스크의 생각을 알고 있었다)은 존슨과 덜레스가 방문하기 직전 도쿄로 가서 윌러비와 맥아더를 만났다.

그동안 애치슨은 장제스가 쑨리런의 세력 확대를 "결코 용인하지 않을 것"이며, 최근 미국과의 관계가 "어느 때보다 악화되고 있다"는 국민당 내부 정보원의 보고를 받았다. 로버트 스트롱도 공산 세력의 포격으로 진먼섬의 부두가 파괴돼 그곳에 있는 미국인의 대피가 20일 정도 이뤄지지 않았다고 보고했다. 6월 13일 애치슨은 이것이 "진먼섬 이외의 상황" 즉 타이완에서 미국인의 대피와 "특별한 관련이 있는지" 물었다. "러스크만 볼 수 있는 기밀이니 그런지 그렇지 않은지 대답하라." 이튿날 스트롱은 그렇지 않다고, 다시 말해 미국인은 대피할 수 있다고 회답했다.[105]

총통은 꼼짝하려 들지 않았다. 1950년 1월 이후 타이완 정책을 검토한 6월 19일 극비 논평에서도 쿠데타 계획은 힘을 얻었다. 미국은 타이완 방어에 개입하지 않을 것이라는 트루먼의 1월 5일 발언은, 타이완의 전략적 중요성은 미군을 투입할 만큼 크지 않다는 합동참모본부의 판단에 따른 것이라고 그 논평은 언급했다. 그러므로 "타이완이 중국 공산 세력의 손에 넘어가지 않도록 외교적·경제적 수단을 사용하는" 정책을 추진해야 했다. 그러나 당시 정보 자료에서는 타이완 함락은 "기정사실"이라고 봤다. 아울러 중·소 우호 동맹 상호원조조약은 "모스크바와 베이징 사이에 심각한 균열이 일어날 가능성을 크게 줄였다". 그 결과 "민족주의" 문제는 이용할 수 없는 것으로 보였다. 한편 본토의 정세가 악화하면서 반공 활동의 구심점으로서 타이완의 중요성은 커졌다.

그 결과 이제 미국이 타이완을 방어한다면 장제스와 그 세력은 "타이완을 떠나고, 미국이 지명한 중국인·타이완인 지도자에게 행정과 국방을 넘길 의사가 분명히 있었다". 그렇게 되면 미국 해군은 "타이완이 일으키는 공격이나 타이완에 대한 공격을 저지할 것"이었다. 장제스가 저항하면 다른 선택지가 있었다. "쑨리런이 타이완을 군사적으로 지배할 목적으로 쿠데타를 일으키려고 한다면 미국은 필요한 군사 지원과 조언을 제공할 용의가 있다는 것을 그에게 밀사를 보내 확실히 알려야 한다." 두 번째 선택지는 첫 번째 선택지(장제스가 동의하지 않거나 다른 곳으로 망명해 나중에 타이완으로 돌아오려고 할 것이기 때문에)보다 "장기적으로 볼 때 더 나을 가능성이" 있었지만

"뛰어난 기술과 수완으로 신속히 실행해야 했다". 이 문서에 첨부된 수기 쪽지에서는 타이완과 본토 사이에 제7함대를 배치하는 문제를 언급했다.[106]

"밀사"는 누구였으며 실제로 파견됐는가? 앞서 러스크는 쿡 고문단을 언급했으며 "미국이" 비밀리에 타이완을 "지원"하고 있던 방안의 하나로 민간 기업을 거쳐 무기 조달이 이뤄지고 있다고 말한 바 있다(1949년 가을 애치슨이 그랬던 것처럼 이것은 미국 정부가 그런 활동을 암묵적으로 용인했다는 것을 암시했다). 이 기간 동안 러스크는 쿡 대장의 "신분"에 대해 해군 작전부부차장 하워드 오럼 대령과 "여러 측면"을 논의했다. 머천트도 러스크의 각서에서 "웰 디거 가드너Well Digger Gardner"라고 불리는 인물을 언급하면서 "우리는 방침을 수정해 그가 타이완으로 출발하는 것을 반대하지 말아야 한다"고 주장했다.[107] "웰 디거 가드너"가 누구인지 알 수는 없지만 여기서 밀사가 파견됐을 가능성이나 장제스를 실각시키려는 비밀 계획에 쿡이 관련됐을 가능성을 엿볼 수 있다.

같은 날인 6월 19일 루이스 존슨의 사무실은 "현재 마지막 단계에 와 있는 미국의 (타이완) 정책을 전환시키려고" 하고 있었다. 민간 고문 케네스 영이 존 번스 장군에게 보낸 각서에 따르면, 최근 합동참모본부는 "극동에서 중국은 대단히 중요한 지역이며 타이완에서 계속 저항하는 것은 군사적으로 이익"이라고 언급했다. 그 결과 존슨의 부하들은 국무부가 "미국의 정책이 이렇게 전환된 것을 공식적으로 설명하기를" 바랐다. 영은 전직 전략사무국 중국 부문 책임자 밀턴 마일스를 선임 군사고문으로 삼아 영관급 장교 9명과 본토에 침투할 대항 부대 그리고 미국인 의용 비행대와 함께 타이완에 파견하려고 했다. 또한 영은 국민정부군 부대를 위해 "은을 확보하는 비밀 방책"을 진언했는데, 이 기묘한 제안을 이해하려면 은 관련 이익 단체가 반격을 바란다고 생각하는 수밖에 없을 것이다. 영도 장제스의 제거를 요구했지만 시급한 문제는 아니라고 말했다. 이런 팽창주의자들의 제안은 모두 타이완 방어를 부정한 트루먼의 1월 성명의 공식적인 취소를 전제로 한 것이었다.[108]

6월 22일이나 23일 덜레스는 타이완 정책의 전환을 요구한 맥아더의 중요한 6월 14일 자 문서를 도쿄로부터 전신으로 받았는데(이 문서는 그 뒤 1950년 6월 26일 백악관 영빈관 회동에서 낭독됐다), 덜레스는 그 문서 내용을 지지한다고 밝혔다. "문서를 받자 애치슨은 당시 워싱턴을 떠나 있던 딘 러스크를 제외한 아시아 정책 고위 담당자를 모두 불러 회의를 소집했다."[109] 맥아더는 타이완에서 전쟁이 일어날 가능성이 커지고 있다고 생각했으며, 그런 생각을 6월 3일 패트릭 브린드 영국 해군 대장과 래드퍼드 미국 해군 대장과의 회담에서 밝혔다. 맥아더는 "타이완이 연합국에 갖는 가치를 절감한다"고 밝히면서 장제스에게 군사 지원을 하지 않는 것은 "가장 큰 실책"이라고 말했다. 브린드는 맥아더의 발언에서 장제스에 대한 군사 지원은 현재 워싱턴의 가장 큰 현안이고, 맥아더는 "정반대의 성명이 나오더라도" 지원은 이뤄질 것이라고 생각하며, 그러므로 그가 덜레스와 러스크의 정책에 매우 공감하고 있다는 사실을 알았다.

맥아더와 래드퍼드는 "중국으로 들어가는 입구"라는 타이완의 가치를 강조했다. 정부 부처마다 애치슨의 정책을 뒤집기 위해 "커다란 압력"을 행사하고 있으며, 군부는 공산주의의 팽창을 저지할 수 있는 선을 어떤 지역에 그어야 한다면서 타이완이 "좋은 기회가 될 것"이라고 여기고 있었다. 두 사람 모두 장제스를 군사적으로 지원하는 데는 찬성했지만 타이완을 방어할 것이라는 "일방적 성명"을 발표하는 데는 반대했는데 그런 성명을 낼 경우 "공산주의에 대항하는 기지로 타이완을 이용하지 말라는 간섭을 받을 수도 있기" 때문이었다.[110] 요컨대 애치슨·러스크·덜레스가 중립화를 거쳐 봉쇄로 나아간 것처럼, 맥아더 등은 장제스가 계속 권력을 장악하게 두면서 반격을 위해 타이완을 유지하려던 것이었다.

6월 23일 금요일은 쿠데타 계획에서 중요한 날이었다. 리빙스턴 머천트는 타이완 정책을 바꾼다면 미국은 "철저히" 추진해야 할 것이라고 주장했다. 그는 어떤 변화가 이뤄지기 전 "총통은 권력에서 실질적으로 배제돼야 한다"는 케넌의 발언을 인용했으며, 애치슨은 러스크가 돌아오는 대로 대화하기를 기다리고 있다고 말했다. 러스크는 어디에 갔는가? 그는 6월 23일 저녁 뉴욕의 플라자 호텔에서 후스를 만나 장제스를 대신해 정부를 조직하는 문제를 논의했다. 후스에 따르면, 그 회동에서 러스크는 후스가 후원한 "자유연맹"과 "중국운동"이라는 조직을 장제스와 국민당을 대체할 수 있는 강력한 "자유주의" 집단으로 평가했다. 후스는 자신은 민간인으로 아무 영향력이 없다면서 본토에서 국민당을 지원하지 못한 미국의 정치력 부재를 비판했다. 그는 미국이 "크나큰 실책"을 저질렀다고 말했다. 그러나 후스는 미국의 군사 지원을 얻으려면 장제스가 "스스로 총통에서 물러나야 한다"고 했다. 후스는 자신이 정말 무력하다고 러스크에게 말하면서 "어떤 운동을 이끌거나 정부를 조직하는 것"을 거절했다.

이 회동을 주선한 사람은 프레더릭 매키였으며, 후스가 이 회동에 대해 웰링턴 구에게 말했을 때 쑹쯔원도 함께 있었다.[111] 나는 러스크와 대담하면서 플라자 호텔에 간 일을 물었는데, 늘 날카롭던 그의 기억은 지워져 있었다. 그는 그것과 관련해 단 한 가지도, 심지어 그것이 일어났는지도 떠올리지 못했다. 미국에서 프레더릭 매키는 콜버그 다음으로 유력한 장제스의 지원자였다. 타이완 문제와 관련된 그의 최대 최소 해법은 쿠데타는 아니었다. 앞서 그는 러스크에게 편지를 보내 "반격을 시작하는" 비밀 활동을 추진해야 한다고 주장하면서 "최선의 방어는 공격"이라는 테디 루스벨트의 말을 인용했다.[112] 매키의 주선으로 후스를 만났을 때 러스크는 자신의 생각을 밝혔지만 아무것도 얻지 못했다.

후스가 러스크의 계획을 거절한 것은 한국전쟁이 일어나기 전 쿠데타가 무산됐다는 뜻인가? 그렇지는 않다. 6월 29일 케넌은 국가안보회의의 극비 회의에서 "장제스는 언제라도 실각될 수 있다"고 말했다. 나와 가진 한 대담에서 러스크는 실제로 국민정부군의 일부 세력은 반反장제스 운동을 준비하고 있었지만 그때 한국전쟁이 일어났다고 말했다. 그의 전기 작가도 비슷한 이야기를 했다. 러스크는 쿠데타 계획을 애치슨에게 제안했고 "그는 트루먼에게 그 사안을 상신하겠다고 약속했다. 그러나 대통령이 어떤 결정을 내리기 전에 북한은 남한을 침공했으며 그것은 장제스 정권을 보호한 사건이었다."[113]

애치슨은 해야 할 일을 했다. 6월 23일 금요일 오후 존슨은 도쿄를 떠났고 러스크는 플라자 호텔로 갔으며, 푸젠성 해안에 정크선이 모였고, 서울의 주한 미국 대사관에서는 이승만이 조만식과 체포된 남로당 간부를 교환할 것인지 주시하고 있었다. 또한 유엔 한국위원회 군사감시단이 옹진반도에서 돌아오고 쑹쯔량이 시카고에서 콩을 팔아치운 그날, 애치슨은 기자회견을 열어 미국은 타이완 방어에 개입하지 않겠다는 트루먼의 1월 5일 성명은 여전히 미국의 외교정책이라고 발표했다. 그는 '그 주말 장제스가 실각하지 않는다면' 같은 단서는 덧붙이지 않았다.

6월 초에 장제스가 쑹리런을 "점점 더 의심하고 있다"는 보고가 들어왔으며, 맥아더의 정보원은 7월 2일에 장제스를 "실각시키려는 움직임이 있을 것"이라고 보고했다. 그 뒤에 이뤄진 국민당의 대규모 재편에서 쑹쯔원과 쿵샹시의 측근들은 세력을 잃고 장제스의 아들 장징궈 세력이 득세했다. 9월에 칼 랭킨은 쿠데타 계획은 "첩보 기관에서 장제스의 장군 몇 사람을 매수하려고 했다는 보고까지 포함해 지금까지 상당히 폭넓게 검토됐다"고 지적했다. 쑹리런은 1955년 장제스의 지시로 연금돼 1988년까지 석방되지 못했다.[114]

결론

무절제한 생활을 하던 가이 버지스는 1950년 5월부터 6월까지 타이완에서 들어오는 모든 정보를 읽었는데, 그중에는 기밀급 언론 보도도 있었다. 모스크바 주재 영국 대사관도 소련 신문들이 타이완 문제와 관련해 사소한 정보까지도 지나친 관심을 기울이고 있다고 판단했다.[115] 한국에서 전쟁이 일어나기 전날 버지스는 "소련은 미국이 (타이완을 방어하지 않겠다는) 정책을 최종적으로 결정했다고 판단한 것으로 보인다. 우리는(원문 그대로) 이것을 결코 믿을 수 없다"고 판단했다. 이것은 소련 중앙위원회 선전선동부 부부장副部長 F. N. 올레슈추크가 6월 7일에 시행한 공개강연과 관련해 모스크바 주재 영국 대사관에서 보낸 문서에 씌어 있었다. 그 강연에서 올레슈추크는

미국이 장제스를 도쿄로 피신시키려고 준비하고 있다고 말했다.[116]

버지스는 미국의 타이완 정책 변화와 거기서 유발된 부처 사이의 대립을 예민하게 감지하고 있었다. 아마 국무부 타이완 주재 대표 로버트 스트롱을 제외하면 미묘한 차이를 포착한 사람은 달리 찾기 어려울 것이다. 버지스는 미국의 본심이 타이완을 방어하는 것이라는 자신의 명백한 의심을 포함해 (그런 기록은 두 건 남아 있다) 이를 두고 소련과 소통했을 것으로 추측된다. 동일한 판단은 남한에도 적용될 수 있을 것이다. 6월 24일 자 버지스의 문서도 주목되는데, 그 시점에서 그는 6월 23일 애치슨이 발표한 성명을 읽었을 가능성이 크기 때문이다. 이 모든 일은 6월의 어느 무더운 주말에 일어났다.

17장

6월의 어느 고요한 주말: 전쟁 직전의 도쿄, 모스크바, 워싱턴

모르고 있는 것이 낫습니다.

나중에 기쁘게 해드리겠습니다.

_맥베스

1950년 6월의 마지막 주말이 밝았을 때 워싱턴은 무기력하고 나른한 상태였으며 텅 비어 있었다. 해리 트루먼은 인디펜던스의 자택으로 돌아갔다. 애치슨은 자신의 샌디 스프링 농장에 있었다. 러스크는 뉴욕에 있었다. 케넌은 멀리 떨어진 피서지의 별장으로 사라져 전화도 잘 되지 않았다. 니츠는 노바 스코티아에서 연어 낚시를 하고 있었다. 합동참모본부의 인사들도 자리를 비웠다. 유엔 주재 미국 대사 워런 오스틴은 버몬트의 자택에서 쉬고 있었다. 신임 육군참모총장 J. 로턴 콜린스 장군은 체사피크만에 있는 별장에서 한가로이 있었다. 국방부에서 콜린스의 "총지배인"으로 근무하던 매슈 리지웨이는 펜실베이니아에서 신혼여행 중이었다. 공군 장관 토머스 핀레터는 뉴잉글랜드에서 휴가를 보내고 있었다. 러스크의 오른팔 U. 알렉시스 존슨은 블루리지산맥에서 "보이스카우트들과 도보여행을 하고 있었다."[1]

서울에서도 자리를 지킨 사람이 없었다. 해럴드 노블은 다음과 같이 강조했다.

정일권 참모차장과 부참모는 미국에서 귀국할 준비를 하고 있었다. 해군참모총장 손원일 소장은 태평양 한가운데 있었다. (…) 한국군 최정예 장교 50명은 일본에 체류하고 있었다. (…) 평소대로 4개 사단만 38도선 북방을 따라 배치됐으며, 그 주력부대는 38도선에서 상당히 남쪽에 있었다.[2]

한국 외무부는 외신기자단을 모두 초청해 서울 근교의 산에서 야유회를 계획했다. 6월 25일 일요일 아침 일찍 버스가 출발했다. 잭 제임스는 늦잠을 자 버스를 놓치는 바람에 특종을 잡게 됐다. 존 무초 대사는 토요일 밤에 대사관 비서들과 스트립 포커를 즐겼다.

독자들은 뜻밖이라고 생각하겠지만, 여느 이른 여름의 나른하고 무기력한 주말이었으며 중요한 인물들은 이런저런 여름휴가로 자리를 비웠다. 대립과 음모가 부글부글 끓는 가마솥 안에서 나른함은 갑자기 사라질 것이다. 우파 거물들의 회의가 도쿄에서 열렸고, 장제스는 언제라도 실각할 수 있었다. 그때까지 공산 세력의 침공을 저지할 시간이 남았는지 그렇지 않은지 알 수는 없었지만 CIA는 북한이 언제라도 침공할 수 있다고 말했다. 하지만 맥아더의 의도와 쿠데타와 침공 시기를 알고 있는 사람들은 모두 한가롭게 있었다. 한국군은 적어도 5월 10일부터 경계 태세에 있었으며, 워싱턴 주재 한국 대사는 정권이 붕괴될 위기에 있으며 침공이 임박했다고 예측했다. 1949년 6월 마지막 일요일 새벽에도 황해도 옹진반도에서 대규모 전투가 일어났지만 아무도 경계하지 않았다.

주말 신문에는 루이스 존슨이 트루먼의 숙적 맥아더를 만나고 토요일 아침 돌아왔다는 기사가 실렸으며, 극비 회의에서 새로운 타이완 정책이 만들어졌을 것이라는 추측 기사가 보도됐다. 그러나 존슨은 자신이 새로 알게 된 사실에 대해 평소와 달리 신중하게 침묵을 지켰다. 애치슨은 존슨만큼 침묵하지 않았다. 존슨이 귀국하기 직전 샌디 스프링 농장에서 기자들에게 타이완 정책은 바뀌지 않았으며 1월 5일과 마찬가지로 타이완에 "군사 원조를 하지 않는다"고 말했다. 캘리포니아주립대학에서는 수십 명의 교수가 자신들은 공산주의자가 아니라고 밝히기를 거부해 파면된 반면, 아서 슐레진저 2세는 소련을 나치에 비유하면서 "주인 민족"이 세계를 노예로 만들려고 한다는 호전적 강연을 했다. 그러나 톰 코널리 상원의원은 『뉴욕타임스』에

기고해 최근 모스크바 등지에서 들어온 정보에 따르면 "국제적 긴장 완화가 이뤄지고 있다"고 안심시켰다.[3]

그러나 이런 불안한 시기에는 늘 그렇듯 대립과 음모의 흔적이 없는 주말은 없었다. 전형적인 여름 날씨와는 대조적인 기사, 그러니까 "(미)군 전투부대는 긴급 상황이 발생할 경우 승선항으로 얼마나 빨리 이동할 수 있는지 검증하기 위해 대기 상태에 있었으며" 그 검증은 7월 1일부터 시작될 것이라는 기사가 묻혀 있는 것을 주의 깊은 독자만 깨달을 수 있었다.[4] 다시 말해 미국과 일본에 있는 미군 전투부대는 전쟁이 일어나기 전 (검증을 위해) 경계 태세에 있었다. 이것은 우연일 가능성이 컸지만, 중국이 타이완을 침략할 수 있다는 예측과 관련된 것이었다. 6월에 세계에 배치된 미군 병력은 59만1000명이었다. 거기에는 미국 국내의 10개 전투 사단 36만 명과 가장 큰 규모의 해외 파견부대인 주일미군 10만8500명이 포함됐다(독일에는 8만 명이 파병됐다). 일본에는 4개 사단—제7사단, 제24사단, 제25사단, 제1기갑사단—이 주둔했다.[5]

북한에서는 경계 태세에 들어간 전투부대도 있었고 그렇지 않은 부대도 있었으며, 그들의 원정군 일부는 38도선 부근에 집결했고 일부는 아직도 중국에 있었다. 워싱턴과 마찬가지로, 경계 태세는 하계 전술훈련을 위한 것이라고 알려졌다. 비 오는 주말 북한에서 발간된 신문에는 조선인민군이 이승만을 비난하기 시작했다는 기사가 실렸는데, 이승만이 8개 사단 가운데 5개 사단을 전선에 집결시켜 공격을 계획하고 있으며 "통일보다는 민족 분단"을 바라며 "38도선을 고착"시키려고 한다는 주장이었다. 최근의 통일 제안을 언급하면서 다음과 같이 비난했다.

모든 병사에게 알린다. 적을 무자비하게 무찔러라. 남쪽에서 비참하게 고통받고 있는 [인민은] 도움의 손길을 기다리고 있다. 그러므로 조국이나 인민이 부르면 언제라도 적을 분쇄하고 국토를 통일할 준비를 갖추고 (…) 승리의 신념과 적에 대한 증오를 품고 우리의 전투력을 증강하는 투쟁으로 나아가자.[6]

"우리의 전투력을 증강하는 투쟁"은 38도선 바로 북쪽에서 시작된 군사훈련을 말하는 것이었다.

6월 말 남한의 호주 대사관에서는 다음과 같은 일일 보고를 보냈다.

남한 정찰대가 북파돼 북한을 유인해 추적하려고 시도하고 있다. 플림솔은 이것이 전쟁으로 이어질 수 있다고 경고했다. 미국은 거기에 어느 정도 개입하고 있으며 남한이 미국의 지원을 받아 분쟁을 일으키려 하고 있는 것은 분명하다.

전직 호주 총리 E. 고프 휘틀럼은 동일한 사안을 이렇게 연결시켰다.

전쟁이 발발하기 적어도 1주 전 (⋯) 호주 정부는 주한 호주 대사관으로부터 남한이 고의로 공격하고 있다는 보고를 받았다. 그 증거는 유력하고 충분해서 호주 총리는 남한 정부를 사주하지 말라고 강력히 요구하는 전보를 워싱턴에 보내도록 승인했다. 현재 그 전보는 호주 공식 문서에서 찾을 수 없다.[7]

호주 외무장관을 지낸 존 버턴은 이 문제를 둘러싸고 사임했으며(1950년 6월 19일 교체됐다) "이 전보들은 현재 외무부에서 모두 사라졌다"고 확언했다.

이 보고는 플림솔과 관련해 명백히 잘못됐는데, 그는 1950년 11월 이전에는 한국에 없었다. 그러나 이름을 혼동하는 것은 외교관의 기억에서 아주 흔한 일이다. 버턴은 한 대담에서 위의 사실에 아무것도 덧붙이지 않았으며, 솔직히 인정한 대로, 기록이 없어 30년 전에 일어난 일을 정확히 기억하지 못했다. 나도 조사했는데 호주에서 보냈다는 전보와 관련된 증거는 찾지 못했지만, 1950년의 국무부 기록 문서(기밀로 지정되지 않은)에서 이례적으로 많은 호주 관계 서류가 사라졌다는 사실을 발견했다. 버턴 박사는 "상부에서는 그것들을 모두 은폐하려고 했다"고 내게 말했다. 외무부에서 그의 경력은 곧 끝났다.[8]

그러나 6월의 마지막 그 주에 일어난 또 다른 사건에 유명한 호주인이 있으며, 그와 관련된 기록은 남아 있다. 앞서 본 대로 유엔 한국위원회의 아서 재미슨은 6월 19일 이승만·덜레스와 저녁 식사를 했고, 이승만이 공격을 감행하지 않을 것이라고 판단했다(그는 수수께끼의 전보와 관련해서도 휘틀럼이 착각했다고 생각했다).[9] 유엔 한국위원회에 소속돼 각 지역을 순회하는 호주 군사감시 요원 F. S. B. 피치와 로널드 J. 랭킨은 6월 23일 오후 38도선 전역의 조사를 마쳤다. 앞으로 서술하겠지만, 유엔이 한국전쟁에 개입했을 때 한국군의 포진이 완전히 방어적이었다는 데는 그들의 판단이 결정적인 역할을 했다. 그들은 금요일에 서울로 돌아왔고 토요일에 "보고서를 작성하기" 시작했는데, 긴급해서가 아니고 느긋한 주말에 "하기 좋고 구체적인 일"이었기 때문이다.[10]

존 핼러데이는 그들의 군사 시찰을 다음과 같이 서술했다. "그들은 주로 서울에서 묵었으며 6월 9~23일 가운데 9일 동안 38도선을 시찰했다. 그 기간 그들은 얼마나 시찰할 수 있었을까? 그 지역은 험한 산지와 고립된 깊은 계곡이 많다. (…) 그들은 6월 17일 38도선에서 서울로 돌아와 21일까지 머물렀다." 그리고 6월 21일부터 23일 금요일 아침까지 옹진반도에 체재했는데, 그곳에서 일요일에 전쟁이 시작되었다.[11]

이것은 피치가 6개의 개별 정보 수집 조직이 모여 있는 의정부 근교의 "정보기관 기지"를 방문하는 동안 기억해낸 것이다. "우리는 그 기관을 모두 시찰했지만 그들은 아무것도 모르고 있었다. 그들은 정보원을 북한으로 침투시켰지만 정말 아무 정보도 갖고 있지 않았다. 정보를 얻기는 지극히 어려웠다." "우리가 가는 곳마다 상황은 동일했다. 아무 정보가 없었다"고 그는 덧붙였다. 개번 매코맥은 이런 기이한 현상을 정확히 지적했는데[12] 5월과 6월에 침공이 임박했다는 경고에 주의를 기울인 독자도 같은 생각일 것이다. 뒤에서 보겠지만, 침공 가능성을 보여주는 북한의 움직임과 관련해 가장 좋은 증거는 6월 15일 이후에야 나타났는데, 피치와 랭킨이 도착했을 때 남한의 "정보기관 기지"는 그런 증거 때문에 벌집을 쑤신 듯 시끄러웠다. 피치와 랭킨은 남한에 막 도착했을 때, 그곳에 대해 알고 싶어하는 대부분의 외국인과 비슷한 대우를 받았을 가능성이 컸다. 그들이 듣고 싶어하는 것을 말해주는 것이다.

의외의 삼각관계: 덜레스, 존슨, 맥아더

한국전쟁이 발발하기 며칠 전 세 사람이 도쿄에서 만났는데, 그들은 각각 미국이라는 국가가 안고 있는 곤란한 갈등을 상징했으며 강하면서도 익살스러운 성격을 지녔다. 덜레스는 1907년 헤이그만국평화회의까지 거슬러 올라가는 폭넓은 외교적 경험을 지닌 도덕적 인물이었지만, 노련한 정치가에게서 기대할 수 있는 부드러움은 결여되었다. 그의 허풍스러운 말과 악명 높은 입 냄새는 화려한 수사의 악취가 되어 많은 적수를 지치게 했다. 테 없는 안경과 몸에 잘 맞지 않는 검은 정장, 툭하면 비뚤게 쓰는 홈부르크 모자, 엄숙한 칼뱅주의자의 얼굴 등 덜레스의 겉모습은 조금 우스꽝스러웠다. 불협화음을 이루는 이 세 사람 가운데 덜레스는 국무부의 대변자였으며, 애치슨은 존슨을 감시하라고 그를 파견했다. 그는 존슨이나 맥아더와는 세계관이 달랐다.

루이스 존슨을 대단한 정치가로 생각한 사람은 없었다. 그는 국방장관으로 재직하면서 대부분의 시간을 대통령 자리를 노리는 데 보냈고, 트루먼과 애치슨의 목표를 고의로 무책임하게 방해하는 것을 낙으로 삼았다. 세 사람 가운데 그는 가장 설득력이 부족하고 다른 두 사람을 움직일 수 있는 영향력도 가장 적은 것으로 보인다. 그러나 그는 아시아 정책의 주도권을 잡기 위해 국무부와 온갖 방법으로 싸웠다. 그는 비밀 연락망을 통해 국민당과 접촉했고, 장제스 방어에 나서지 않으려는 애치슨의 신중한 자세를 뒤집었다. 그의 분명한 또는 암묵적인 권위 아래 있는 군 정보기관은 군사고문단과 대량의 무기를 윌리엄 도너번의 회사를 경유해 타이완으로 수송하려는 계획을 세웠다.

일본에서 군림하고 있는 인자한 미국인 황제 맥아더는 국무부와 국방부와 CIA 관료들 사이의 싸움과 무관한 자신의 독립 왕국에 독점적인 영향력을 행사했다. 그는 그 어떤 관료도 동아시아에서 자신의 종주권을 침해하지 않기를 원했다. 다른 두 사람과 마찬가지로 그는 대통령이 되려는 야심을 품었다. 그들과 달리 그는 선거 유세를 벌이기보다는 추대받기를 바랐다. 세 사람 가운데 그는 아시아 정책의 위기 속에서 가장 고요한 것처럼 보였다.

솔직하게 구체적으로 간단히 말하면, 덜레스는 유럽 우선주의에 국제협력주의자였으며, 그런 논리에 따라 일본 우선주의자였다. 존슨은 아시아 우선주의에 국가주의자였으며 그 결과 중국 우선주의자였다. 맥아더는 몇 가지 측면에서 덜레스에게 동조할 이유가 있었고 다른 측면에서는 존슨에게 동조할 이유가 있었지만, 늘 자신의 방침을 계획했다. 그는 아시아 우선주의자이며 반격론자였지만 그보다 더 그리고 무엇보다 맥아더 우선주의자였다.

성실하고 전문성을 갖춘 군인 오마 브래들리 장군도 이 집단에 소속됐는데, 아시아 정책 관련 논쟁에는 거의 참여하지 않았다. 그는 1949년 미군이 한국에서 철수할 때 우려를 표명한 소수의 국방부 관계자 가운데 하나였으며, 타이완 정책의 전환을 바랐다. 그러나 한국전쟁이 일어난 뒤에도 그는 미 지상군의 개입에 신중한 태도를 보였다. 하지만 존슨이 이끈 방문단에 그가 참여한 것은 공산 세력의 관심을 끌었다. 그것은 5월 말 국가안보회의 문서 68과 관련된 연설에서 그가 민간경제 전반을 포함하는 방어 동원 계획을 제창하고 소련의 위협에 대항하기 위해 대통령에게 긴급 비상대권을 부여하는 법률이 필요하다고 말했기 때문이다.[13]

어느 측면에서 봐도 이 도쿄 회동은 흥미로웠다. 타이완의 장제스는—쿠데타로 실각하기 전에—자신의 정권에 개입해주기를 바랐다. 서울의 이승만은 미국과 군사동맹이 체결되면 북한과 국내의 적에 맞서는 데 필요한 수단을 얻을 수 있을 것이라고 기대하면서 덜레스의 방한을 기다렸다. 평양에서는 덜레스와 일본의 유력자 사이의 관계를 심각하게 의심했으며, 존슨과 타이완의 관계는 북한이 중국과 불안을 공유해야 할 이유를 제공했다. 모스크바의 크렘린에서는 "월가의 지배자"가 극동을 방문한다는 소식을 매우 크게 알렸으며, 그 결과 미국과 일본 사이의 강화조약이 체결되리라고 예상했다.

워싱턴의 반응은 어땠는가? 덜레스는 공화당 온건파가 정권을 잡는다면 차기 국무장관으로 임명될 것이 확실했다. 맥아더는 반격 정책을 주장하는 우파의 영웅이었다. 존슨은 중국 로비와 우파 일부의 들러리였다. 애치슨이 보기에 그의 가장 큰 적대자 가운데 두 사람은 전형적인 당파간 조정자와 만난 것이었다―그러나 그는 우파를 지지할 것인가, 아니면 좌파를 지지할 것인가? 다시 말해 애치슨과 덜레스가 공유한 월가와의 관계와 국제협력주의, 아니면 당파적 충성심 가운데 어느 쪽이 더 강한가? CIA가 보기에 그것은 워싱턴의 군사정보 기관과 윌러비가 이끄는 도쿄의 군사정보 기관의 대화였는데, 윌러비는 좌익이 CIA의 복도를 활보하고 있다고 생각했으며 그들이 자신에게 접근하는 것을 거부했다. CIA는 그가 무슨 일이든 할 수 있다는 것을 알고 있었다.

이 보수 세력 수뇌부 회담이 진행되는 동안 전쟁이 발발했다. 누군가는 워싱턴이 전쟁의 시작을 전혀 알지 못했으며, 이런 놀라운 사건이 연쇄적으로 발생한 것에 곤혹스러워했으리라고 생각했을지도 모른다. 그러나 미국 정부가 그렇게 불안스러워했다는 기록은 없다. 그 대신 워싱턴은 정확하고 효율적이며 단호하게 전쟁에 개입했다.

루이스 존슨의 방일이 처음 논의된 때는 워싱턴에서 국가안보회의 문서 68 관련 논쟁이 벌어지던 중이었다. 4월 24일 존슨은 애치슨의 집무실을 갑자기 방문해 일본과의 강화조약을 놓고 그와 논쟁을 벌였다. 존슨은 맥아더의 의견이 잘못 전달돼 그가 국무부의 견해에 동의하는 것처럼 보이게 됐다고 주장했다. 애치슨은 일본 국내에 미군 군사기지를 설치하려는 것을 일본 여론이 문제 삼고 있으며 공산 세력을 자극할 수도 있다고 말했다. 존슨은 그렇다면 자신은 강화조약에 더욱 반대한다고 말했다(국방부 일각에서는 강화조약을 성급하게 체결하면 일본의 미국 군사기지는 축소되거나 아예 없어질 수도 있다고 우려했다). 필립 제섭에 따르면, 1월에 맥아더는 강화조약을 조속히 체결한다는 애치슨의 구상에 찬성한다면서 합동참모본부의 브래들리 등을 비판했다. 그 결과 존슨은 자신과 브래들리가 도쿄로 가서 연합국 최고사령관의 진의를 파악하겠다고 불쑥 말했다. 애치슨은 "존슨 장관이 극동을 방문하겠다는 계획은 모르고 있었다"고 응답했다. 덜레스는 표면적으로는 일본과 강화조약을 체결하는 작업을 추진하려고 얼마 전 국무부에 들어왔으며, 조속한 조약 체결이 필요하다는 애치슨의 생각을 지지했다. 애치슨과 비슷하게 그는 존슨을 무시했던 것으로 생각된다. 그로 인해 덜레스는 주로 존슨을 감시하기 위해 그리고 강화조약 논의에서 맥아더를 계속 국무부 쪽에 두기 위해 도쿄로 파견된 것으로 보인다.[14]

그러나 존슨에게 일본은 성가신 문제가 아니었다. 그의 관심은 중국 정책이었다. 그의 핵심 측근 폴 그리피스는 6월 초 중국 대사관을 자주 방문해 비밀을 누설하면서 존슨은 중국 편이라고 말했다. 그는 전쟁이 일어난다면 존슨이 중국 정책을 관장할 것으로 추측된다는 말까지 했다. 쑹메이링은 존슨을 타이베이로 초청했지만 애치슨이 개입해 막았다. 이것은 덜레스가 존슨 곁에 붙어서 따라다닌 또 다른 이유였다.

6월 12일 덜레스는 웰링턴 구를 만나 미국이 타이완을 군사적으로 지원할 가능성이 있으며 그러려면 국민당이 "공산 세력의 침공에 영웅적 저항운동을 일으키고 (…) 행동으로 입증하는 것이 절대적으로 필요하다"고 말했다. 덜레스는 둥셴광에게도 타이완은 전략적으로 중요하게 평가되지 않기 때문에 "타이완 국민들이 스스로 방어하지 않는다면 미국은 참전하면서까지 그들을 보호하려고 하지 않을 것이 분명하다"고 말했다. 다시 말해 덜레스는 애치슨의 방침을 그대로 그들에게 전달했다. 덜레스는 타이베이를 방문해달라는 웰링턴 구의 초청을 정중하게 거절했다. 국무부의 입장을 고려하면 그런 방문은 "헛된 기대를 부추기고 아무 도움도 되지 않는다"는 것이었다.[15] 국민당은 덜레스에게서 아무 도움도 기대할 수 없었다.

출발하기 전날 카터 B. 매그루더 장군은 존슨에게 보고서를 제출했다. 전쟁이 일어난다면 일본은 "적극적 동맹국"이 돼 "소련(과 공산 세력)이 만주와 중국을 지배하는 것을 끝내는 데 협력해야 한다"는 내용이었다. 맥아더는 그런 목표를 향해 이미 일본에서 선제적 조치를 취해 "점령에 통상적으로 필요한 수준을 훨씬 넘어 공군기지를 강화하고" B-36 폭격기가 이착륙할 수 있도록 활주로를 확장했다. 사세보와 요코스카에서는 일본 육군과 해군용 화약고가 "확장되고 개선됐다."[16] 존슨과 브래들리는 덜레스와 따로 행동해 6월 18일에 도착한 뒤 6월 23일 금요일 귀국길에 올랐다. 그들에게 보고하기 위해 연합국 최고사령부에서 열린 회의에는 50명 정도 참석했으며, 맥아더와 단독회담도 몇 차례 있었는데 3시간 넘게 걸리기도 했다. 덜레스는 6월 17일 일본에 도착한 뒤 한국을 방문하고 6월 20일 도쿄로 돌아왔으며 전쟁이 시작됐을 때 도쿄에 있었다. 그는 일본에 체류하는 동안 맥아더와 단독으로 만나 "길고 친밀한 대화"를 몇 차례 나눴다.[17]

이 기간 동안 맥아더는 타이완을 오가는 많은 참모들에게 타이완 상황에 대한 정보 보고를 매일 받았고 국민정부 정보기관과도 긴밀히 연락했다. 5월 29일 소울 장군과 클럽 장군은 타이베이에서 돌아와 소련과 중국이 제트기를 반입했다고 보고했다. 그러자 맥아더는 국방부로 전보를 보내 타이완이 무너지면 공산 세력은 오키나와, 필리핀의 클라크 공군기지 그리고 서태평양에서 확보한 미군의 군사적 지위 전체를 위협할 수 있다고 경고했다. 타이완이 소련 손에 들어가면 "침몰하지 않는 항공모함과 잠수모함"이 될 터였다. 6월 14일 찰스 쿡 제독은 맥아더의 요청으로 도쿄에 와서 존슨과 브래들리에게 "타이완 상황을 설명했다." 주한 미군 군사고문단장 로버츠는 도쿄로 가서 덜레스의 방한을 안내한 뒤 배편으로 미국에 돌아가 은퇴했다. 부단장 라이트 대령도 전쟁 직전 도쿄로 갔다.[18]

6월 중순 장제스는 자신과 정부와 군을 맥아더의 "최고사령부" 아래에 두고 싶다는 "극비" 긴급 요청을 윌러비를 거쳐 전달했다. 다시 말해 총통은 쑨리런이 아닌 다른 장군에게 경의를 표하면서 권력에서 물러나겠다는 것이었다. 그 직후 타이완 대안對岸에 집결한 중국 공산군이 4배 증강됐다는 보고가 들어왔다.[19] 6월 15일 유력 정보원을 많이 확보한 마거릿 히긴스 기자의 보도에 편승하여 존슨이 방문하는 동안 "타이완을 구제할 방안"이 논의될 것이라는 기사가 실렸다. 연합국 최고사령부의 간부들은 "선택지가 아직 남아 있는 모든 지역—타이완을 포함해—에서 단호한 태도를 보이는 것"이 시급하다고 건의하면서 그 섬을 서베를린과 비교했다. 서베를린 방어는 군사적 관점에서 보면 지지할 수 없지만 그래도 방어되고 있었다(동일한 논리는 물론 남한에도 적용될 수 있었다). 그녀는 연합국 최고사령부 간부들이

"이런 '단호한 태도'에 관한 상세한 내용은 말하지 않았다"고 보도했다.[20]

사흘 뒤 히긴스는 도쿄 회담에서 "공산주의의 위협을 받고 있는 극동에서 미국의 주도권을 회복한다는 광범위하고 역동적인 군사·경제계획"이 세워졌다고 보도했다. "극동의 고위 책임자(곧 맥아더 원수)"가 주도하게 될 그 계획에는 "일본에 관대한 강화조약을 신속히 체결하고 미국의 타이완 정책을 전환하는 것"이 포함됐다. 6월 18일 일본에 도착한 존슨은 "미국의 극동 방어정책을 전면" 재검토하는 데 찬성했지만 8월부터 착수해야 한다고 말해 위기감을 완화했다. 히긴스를 비롯해 기자들은 이 회담이 극도로 비밀리에 진행됐다는 사실을 강조했다.[21]

이르면 6월 21일 무렵 덜레스가 맥아더의 중요한 6월 14일자 각서에 동의하면서 덜레스와 맥아더는 타이완 문제에 의견이 일치했다(존슨은 덜레스가 도쿄에 도착하기 전에 그 각서의 사본을 받았다). 그러나 장제스 정권을 방어하는 문제에 덜레스와 맥아더가 동의했는지는 분명치 않다. 기록을 보면 타이완 방어에는 찬성했지만, 덜레스가 장제스 정권을 보호하는 것까지 찬성했는지는 모호하다. 앞서 본 대로 6월 22일 애치슨은 타이완 문제와 관련해 덜레스가 우파쪽으로 기울었음을 알았다.[22]

물론 존슨도 맥아더의 견해를 지지했다. 그럼에도 그는 타이완 문제에 대한 쿡 제독의 설명에 이의를 제기했으며, 미국의 정책 그리고 암묵적으로는 미국 자체에 쿡이 충성스럽지 않다고 격렬히 비난했다. 존슨은 타이완과 관련된 쿡의 활동을 잘 알고 있었으며, 육군정보부와 그 밖의 기관들이 쿡을 돕는다는 것도 충분히 인지하고 있었다(쿡은 맥아더와 해군작전본부장에게 직접 지시받은 것을 존슨에게 보고했다). 한 대담에서 쿡의 아들은 이 사실을 주목하라고 내게 말했지만 그 배경에 어떤 일이 있었는지는 알지 못했다. 나는 러스크가 장제스를 실각시키는 쿠데타 계획의 비밀 경로로 쿡의 작전을 이용했고 존슨은 그 사실을 알고 격노한 것이 그 배경이라고 생각한다. 그가 타도하려고 한 인물은 장제스가 아니라 애치슨이었기 때문이다. 그러나 이런 해석에는 증거가 없으며 논리에만 맞을 뿐이다. 존슨은 한국에서 전쟁이 일어났다는 소식이 전달되기 직전인 6월 24일 미국으로 돌아와, "미국은 타

이완의 함락을 막기 위해 적극적으로 행동해야 한다"고 말했다.[23]

근접성의 위험

덜레스의 목표는 미·일 강화조약을 진전시키고 보수 세력이 주도하는 일본을 재건하는 것이었다. 그는 이를 위해 일본의 지배 세력, 일본 로비 내 미국인들 그리고 일왕까지 개인적으로 접촉했다. 덜레스는 국제협력주의를 견지하면서 늘 긴밀한 미·일 관계와 용이한 강화를 지지했다. "그는 일본과 긴밀한 관계가 되기를 바랐다. 그것은 미국을 아시아에서 영향력의 중심에 놓으려는 거대한 희망이었다"고 로버트 머피는 지적했다. 덜레스는 "전쟁범죄 문제에 매우 합리적인 태도를 지녔으며" "일본의 재무장을 (…) 상당히 긍정적으로 생각했다"고 머피는 말했다.[24]

덜레스는 일본으로 출발하기 전 애치슨에게 주목할 만한 제안을 했는데, 자신이 좋아하는 주제인 반격에 일본을 포함시키는 내용이 들어 있었다. 6월 7일자의 그 메모에서 덜레스는 일본이 아시아에서 자유롭게 활동할 수 있다는 것을 보여주는 훌륭한 사례가 될 수 있다며 그러므로 일본이 "세계의 일부분인 이 지역에서 공산주의에 저항해 물리치려는" 노력, 다시 말해 반격을 지원할 수 있다고 썼다. 단순히 방어 정책을 채택해서 일본을 보호할 수 있을지에 대해 그는 의문을 제기했다. "공격으로 보완해야 방어에 성공할 수 있다면 실제적인 공격의 가능성은 무엇인가?" "최근 승리한 지역"에서 공산 세력이 견고히 자리잡는 것을 막으려면 "선전 활동과 비밀공작으로 반격해야 한다"고 그는 제안했다. 그러나 케넌과 마찬가지로 덜레스가 진정으로 바란 것은 시계를 과거로 돌려, 진주만 공습이라는 비극적이고 잘못된 길로 가기 전 일본이 세계에서 차지했던 위상으로 되돌아가는 것이었다.

미국의 이토 히로부미라고 할 수 있을 만큼 친화력과 재능을 지닌 덜레스는 일본은 "지리적 근접성" 때문에 중국 본토와 긴밀히 연결돼 있을 뿐 아니라 현재 공산 세력에 "단단히 포위돼 있다"고 지적했다. 그는 "일본과 현재 공산화된 아시아 지역 사이에는 역사적·경제적으로 자연스럽게 상호의존 관계가 형성돼 있다. 이 지역은 일본에 원자재를 공급하는 자연적 원천"이라고 지적했다. 일본은 자체적으로 선박을 건조하고 소비재뿐 아니라 자본재를 수출하며 군대를 육성해 "간접적 공격"에 저항할 수 있어야 했다. 그는 공산 세력이 지배하고 있는 지역을 제외하고 아시아에서 일본이 원자재와 시장을 찾을 수 있는 곳이 있는지 물었다. 그는 강화조약은 "전체 문제의 한 측면일 뿐"이라는 말로 긴 분석을 마쳤다.[25]

근접성은 원래의 맥락을 파악하는 데 가장 적합한 단어라고 생각된다. 한반도를 일본의 심장을 겨누는 단검이라고 표현하면서 "근접성의 위험"을 처음 지적한 사람은 조선의 초대 통감을 지낸 이토 히로부미였다.[26] 이제 그 단검은 공산 세력의 손에 넘어갔거나 넘어가기 직전이었다. 덜레스가 그 메모를 쓴 것은 일본 대장상 이케다 하야토가 요시다 총리의 개인적 메시지를 지니고 워싱턴을 이례적으로 방문한 직후였다. 그것은 "극비 임무여서 요시다는 (…) 자신의 부하들에게도 그 목적을 알려주지 않았다." 앞서 본 대로 그 메시지의 요지는 미국이 동아시아에서 공산주의에 대항하기로 하는 결정을 언제 어느 곳으로 선택할 것인지에 대한 요시다의 불안을 나타낸 것이었는데, 피터 로는 요시다가 애치슨의 프레스 클럽 연설을 들은 뒤 불안을 느꼈다고 판단했다. 또한 요시다는 점령이 끝난 뒤에도 일본은 미국의 군사기지가 유지되기를 희망한다는 의사를 표명했는데, 그것은 새로울 게 없었다—그는 1948년에도 같은 내용을 말한 바 있다.[27]

이케다가 일개 세무 관료에서 대장상으로 혜성처럼 출세할 수 있었던 것은 대기업의 전폭적인 후원 덕분이며,[28] 그가 일본의 안전보장을 넘어서는 사안에도 관심을 두었기 때문이다. 조지프 도지와의 회담에서 이케다는 일본의 아시아 수출 실적을 크게 신장시킬 수 있는 방안을 제시했다. 같은 시간에 도지는 "미국 정부는 동아시아를 원조하는 데 필요한 물자를 공급하는 '발판'으로 일본에 의존할 수밖에 없다"고 의회에서 발언했다.[29] 이케다가 워싱턴에 도착하기 직전 일본 로비와 친밀한 트레이시 부어히스도 극동 시찰에서 돌아와 "공영권共榮圈"에 남아 있는 것을 회복시켜야 한다고 주장했다. 시찰단의 일원인 스탠리 앤드루스 해외농업관계 국장은 일본·한국·타이완의 생산을 통합해야 한다고 주장하는 보고서를 썼다. "일본은 한국에서 생산되는 쌀의 가장 크고 확실한 시장이며 (…) 타이완의 설탕도 그렇다." 물론 그 보고서는 이 모든 것을 "부흥"이라고 불렀으며 그것은 "거의 세계적 규모의 시장을 점차 제공할 것"이라고 예측했다. 그는 경제협력국, 세계은행, 포인트 4 계획, 수출입은행의 융자를 통합해 이런 부흥과 성장 계획을 시작해야 한다고 주장했다. 그 보고서의 내용이 알려졌을 때 영국은 그 구상을 전전戰前 국제 관계의 회복과 연결했으며, 소련은 미국이 대동아공영권을 재건하려고 한다고 비판했다. 이케다의 미국 방문은 일본에서 큰 관심을 불러모았으며, 언론은 그 목적과 전례 없는 비밀성에 대해 추측 보도를 내놓았다.30

일본으로 출발하기 직전 덜레스는 일본의 중무장을 허용해서는 안 되지만 미국은 중국과 북한을 불안정하게 만들 수 있는 적극적인 계획을 추진해야 하며 아시아의 공산화된 지역 이외에서 일본의 산업을 재건하는 데 "충분한 원자재 조달처와 시장"을 개발해야 한다고 애치슨에게 진언했다. 또한 그는 일본에게 방위를 보장하고 "일본 주변"에서 힘을 보여주어야 한다고 주장했다. 덜레스의 제안은 "한국전쟁에 비춰보면 수수께끼 같고 다소 불길하게 보인다"고 마이클 샬러는 평가했다.31

덜레스는 일본 로비를 창설한 해리 컨의 친구였고 컨은 초청받은 덜레스와 함께 도쿄로 갔다. 6월 22일 컨은 컴프턴 파크넘의 자택에서 덜레스와 만찬을 나눴는데, "정보에 정통한 일본인 몇 사람"도 참석했다. 거기에 참석한 마쓰다이라 요스마라 후작은 미쓰이 재벌의 총수와 혼인 관계를 맺었으며 기도 고이치 내대신內大臣의 비서실장을 역임한 인물이었다. 기도 고이치는 전범으로 유죄판결을 받았지만, 진주만 사건 직전 마쓰다이라와 함께 개전에 반대하는 지도부의 일원이었다. 마쓰다이라는 "궁정과 친밀한 관계로, 일왕을 알현할 수도 있었다." 참석자 가운데는 사와다 렌조도 있었는데 미쓰비시 재벌과 혼인 관계를 맺었으며 미국 정보기관과도 연결됐다. 또한 지방 경찰에서 보안 업무를 하고 있는 가이하라 오사무는 나중에 방위청 관방장

官房長이 됐다. 끝으로 와타나베 다케시는 금융 전문가로 "전후戰後 내내 체이스 맨해튼 세계은행 그룹Chase Manhattan-World Bank Group과 긴밀한 관계"였으며, 나중에 미국·유럽·일본 삼국위원회Trilateral Commission ●의 일본 대표가 됐다. 그 만찬의 주제는 미국의 전략에서 일본의 역할 변화였다.[32] 그날 덜레스는 요시다도 만나 일본의 재무장을 촉구했다. 요시다는 웃음과 비유로 응하며 자국의 재무장에 대한 희망을 분명히 밝히지 않았다. 한국전쟁 직전의 일이었다.[33]

만찬 며칠 뒤 마쓰다이라는 덜레스에게 일왕이 보내는 메시지를 전달했다. 이는 연합국 최고사령부를 거치지 않았다는 측면에서 전후 기간에 더욱 주목되는 이례적인 일이었다. 덜레스는 이것이 자신이 방일하는 동안 일어난 미·일 관계에서 "가장 중요한 발전"이라고 컨에게 말했다. 내용 자체는 그리 놀라운 것이 아니었다. 히로히토는 더 나은 관계를 구축하기 위해 연합국 최고사령부와 그곳의 "책임감 없고 대표성도 없는 고문들"을 우회할 수 있는 현명한 인물들로 고문단을 조직해달라고 부탁했다. 이 메시지의 신빙성은 의심의 여지가 있지만, 컨은 그것이 "일본의 실권자와 접촉하는 기구"를 만드는 첫걸음이라고 생각했다. 그는 덜레스와 에이버럴 해리먼 모두 이돌파구를 "최대한 적극적으로" 추진했다고 주장했다.[34] 한국전쟁이 시작됐을 때 도쿄 주식시장은 급등했고, 마침내 일부에서 한국전쟁을 "일본의 마셜 플랜"이라고 부를 만큼 일본 경제는 활력을 되찾았다.

일본의 주요 인물들과 가진 이 회동은 미국이 일본에 초점을 맞춰 아시아 정책을 전개하는 것이 타당하다는 데 덜레스가 애치슨에게 동의했다는 사실을 분명히 보여주며, 태평양 안전보장에서 일본의 역할과 관련해 덜레스와 맥아더가 다소 의견이 달랐음을 시사했다. 트루먼에 따르면 덜레스는 귀국한 뒤 맥아더를 "미국으로 돌아오게 해야 한다"고 제안했다.[35] 일본 정책과 관련해 덜레스의 방일이 가져온 주요 결과는, 그것이 꼭 그의 업적이라고 평가할 수는 없지만, 6월 23일에 나온 맥아더의 각서였다. 거기서 맥아더

●　1973년 만들어진 경제계·학계의 대표적 인물들의 정치·경제 문제 토의 기구.

는 이전의 입장을 전환해(그는 이런 작전에 능숙해지기 시작했다) 미군을 일본에 주둔시켜야 한다고 주장했다.

4월 맥아더는 "전력의 진정한 기반은 오키나와에 두어야 하는데" 일본인의 95퍼센트가 미군 기지를 반대한다고 지적했다. 그러나 6월 14일 그는 중국 본토의 군사적 상황을 역전시키려면 "아시아 연안에서 우리에게 전략적으로 중요한 섬에 있는 경계 지역의 요충지"를 더 압박해야 한다고 주장했다(섬의 방어선을 구상한 애치슨의 생각과는 대조된다). "우리는 즉시 평화 회담을 추진해야 하며" "그렇게 하면 일본을 포함한 아시아의 모든 나라는 우리가 도덕적 지도력을 회복했고 아시아 문제와 관련된 주도권을 다시 장악했음을 알게 될 것이다. (…) 동양인의 심리에는 적극적이고 단호하며 역동적인 지도력을 존경하고 따르는 경향이 있다"고 맥아더는 말했다. 맥아더는 "적극적 지도력을 다시 확립하고 강력한 주도권을 다시 확보해야 한다"고 주장했다. 그러나 그는 일본의 재무장에는 동의하지 않았다. 일본 국민이 찬성하지 않는다는 이유였다. 한국전쟁 이틀 전 맥아더는 미군이 일본에 주둔해야 하며 일본 "전체가 (…) 미국이 아무 제한 없이 자유롭게 방어 작전을 수행할수 있는 잠재적 기지로 간주돼야 한다"고 주장했다. 이제 일본인은 "미군이 자국에 주둔하는 것을 이익으로 생각하게 됐다"는 것이었다.[36]

이처럼 양국의 강화조약은 체결에 가까워졌지만 이것은 이전부터 예상됐던 것이었다. 케넌이 지적한 대로, 이것이 소련이 전쟁을 일으킬 이유는 되지 않았을 것이다. 아무튼 그들은 전쟁은 그 과정을 앞당길 뿐이라고 예상했다. 반면 북한은 우수한 정보망을 구축해 덜레스가 일본 지도층과 만났다는 사실을 알고 있었다. 그 일본 지도층은 한국과 일본의 정치·경제적 관계에 대한 제국주의적 구상을 덜레스와 공유했고, 한반도를 착취했던 전쟁 이전의 재벌과 관련됐다. 이것은 덜레스가 서둘러 38도선을 시찰한 것보다 훨씬 북한의 관심을 끌었다. 1950년 6월 시점에서 이것은 이승만 정권 타도의 동기를 보여주는 또 다른 기본적 사실이다. 즉 이제 막 시작된 동북아시아의 국제 체제, 다시 말해 일본 산업 기반의 부흥에 중점을 둔 체제를 타도하려는 동기였다.

전쟁 직전 소련의 정책

한국전쟁이 일어나기 전 몇 달 동안 소련과 동맹국들은 세계 규모의 "평화" 운동을 전개했지만, 미국 정부는 그것이 소련의 진정한 의도라고 믿지 않고 비웃었다. 그러나 적어도 1950년 봄에 작성된 공문서를 보면, 소련이 몇 가지 중요한 것을 양보하고 협상을 진전시키려고 했지만, 미국 정부는 차가운 침묵을 지키고 있었음을 알 수 있다.

앞서 본 대로 게오르기 말렌코프는 공격적인 중요한 연설을 했으며 아시아에서 특별한 관심을 받았다. 1950년 3월 그는 서유럽에서 확산되고 있는 미국 제국주의에 대한 긴 연설을 했다. 30개 정도의 문단을 읽은 뒤 마침내 그는 중국과의 새로운 동맹을 언급하는 한 문장으로 연설을 마무리했다.[37] 이것은 유럽의 안보에 집착하는 소련 정책의 주된 경향을 보여주는 사소한 예다.

소련의 영문 잡지 『뉴타임스New Times』는 애치슨의 "총력 외교"와 국가안보회의 문서 68을 중요하게 다루지 않으려고 했다. 그의 "춘계 외교 공세"는 새로울 것이 없었다. 미국 매체들은 그것을 "급격한 전환"이라고 평가했지만 "이전과 동일한 전쟁 도발 정책"을 유지한 것일 뿐이었다. 포스터 덜레스는 이전부터 소련의 혐오를 받았지만 그 잡지는 덜레스의 입각은 트루먼의 정책이 초당파적 지지를 받기 위한 것일 뿐이라고 봤다. 그 뒤 발행된 5월호에서는 덜레스의 월가 경력과 나치와 거래했다는 의혹을 다뤘다. 그러나 1950년 4월, 5월, 6월호에는 극동 관련 기사가 거의 없으며 덜레스의 도쿄 방문은 전혀 보도하지 않았다. 1950년 봄에 한국과 관련된 내용은 남한에서 "인민 해방운동"이 규모가 커져 이승만 정권과 "미국의 지배"를 위협하고 있다는 것뿐이었다.[38]

그러나 물론 소련은 1950년 봄 국가안보회의 문서 68과 함께 미국의 정책이 전환점에 이르렀다는 사실을 간파했다. 그러므로 4월 말 소련의 이념지 『볼셰비키』가 레닌이 1920년 미국인 기자단에게 한 말을 인용한 것은 중요하다. "미국인 자본가들은 우리 일에 참견하지 말라. 우리도 당신들에게 참견하지 않겠다." 레닌은 실무적 통상 관계를 희망했다. 그 기사는 레닌의 발언이 "지극히 중요하다"면서, 소련의 목적은 평화롭게 공존하는 것이라고 주장했다. 곧 소련의 모든 주요 기관에서는 레닌의 발언을 공표해 자본주의 와의 전쟁은 "숙명적 필연은 아님"을 알렸다.[39]

5월 초 소련은 오스트리아를 둘러싼 조약을 논의하기 위해 4대국 회담을 요청했다. 그에 대해 오스트리아 정부는 "매우 놀랍고 희망적인 일"이라고 평가했다. 같은 시간에 트뤼그베 리 유엔사무총장은 "1945년 이후 가장 중대한 상황"을 논의하기 위해 모스크바를 방문할 것이라고 발표했다. 유엔의 배경설명에 따르면, 스탈린은 리에게 "공산주의와 자본주의라는 두 체제가 오랫동안 공존할 가능성"을 "깊이 믿는다"고 말했다.[40]

한국전쟁이 일어나기 1주 전 크게 다뤄진 기사에는 소련 정부가 동독 지도자 발터 울브리히트에게 "현재 독일의 분단은 항구적이며 전쟁이나 혁명으로만 바꿀 수 있다고 생각되므로" "현재 상태에서" 독일의 분단은 유지될 것이라고 말했다는 내용이 있다.[41] 이것은 독일이 분단된 상태로 유지되기를 소련이 바란 또 하나의 증거일 뿐이며, 현재로서는 전혀 놀랍지 않다. 그러나 한국인의 눈으로 보면 당시 이것은 매우 중요한 발언이다. 김일성은 이것을 통일이라는 한국인의 목표를 봉쇄하려는 소련의 의도를 보여주는 증거로 볼 수 있었다. 소련이 한국에 실제로 어떤 정책을 실시하려고 했는지 보여주는 증거는 물론 없지만, 동일한 논리를 한국에 적용할 수 없다는 명확한 이유는 없으며, 남한을 흡수하려고 하는 작은 목표가 일본과 서독 그리고 무엇보다 미국의 재무장을 저지하려는 큰 목표를 파탄낼 수도 있다면 더욱 그렇다.

워싱턴에 소재했든 도쿄에 소재했든, 1950년 봄 미국의 거의 모든 정보기관의 내부적 판단은 소련이 세계 규모의 전쟁을 일으키지 않으리라는 것이었다. 위기의 절정은 1953년이나 1954년에 올 것이라고 그들은 판단했다. 1950년 봄 소련이 발표한 공식 성명은 이것을 증명하는 것처럼 보였으며, 소련이 미국의 국가안보회의 문서 68 계획을 자극하지 않고 저지하려고 했다는 것을 보여준다. 1950년 소련의 국방 예산은 6월 중순에 발표됐는데 "지난해보다 약간 늘었을 뿐"이라고 해리 슈워츠는 지적했다. 공표된 수치는 국가 예산의 18.5퍼센트였다. 1940년의 32퍼센트와 1946년의 24퍼센트와 대비되었다. 이 무렵 마거릿 히긴스는 도쿄에서 "오랫동안 소련 외교를 담당한 미국인 외교관들은 소련이 이 시기에 전쟁을 일으킬 의도가 없으며 중국공산당이 그렇게 하도록 허락하지 않을 것이라고 확신한다"고 들었다.[42]

전쟁 이전 소련의 분위기와 계획에 대해 어떻게 생각하든간에, 미국 정부는 긴장 완화에 관심이 없었다. 리가 스탈린과 나눈 대화에 대해 설명하자 트루먼은 유엔을 교착상태에 빠뜨리고 세계정세를 심각한 상황으로 몰고 간 것은 소련의 책임이라고 주장했다. 아서 크록에 따르면 애치슨도 리와 스탈린의 회담을 환영하지 않았다. 그들은 "동서 대립이라는 중심 주제"에서 사람들의 관심을 멀어지게 했다는 것이었다. 미국 정부의 관료들은 "애치슨이 중심이 돼 (런던에서) 회의를 열어 소련의 침공에 대항할 방위 협정을 고심하던" 그 시점에 리가 스탈린을 방문한 까닭을 문제로 생각했다. 스탈린은 평화공존에 대해 논의했을 수 있지만, 로버트 스트라우스 후프와 스테판 포소니는 최근의 저서(크록은 그 책을 적극 추천했다)에서 소련은 "군비 축소와 전쟁 중단은 자본주의가 멸망해야만 가능하다는 마르크스주의의 전제"를 신봉했다고 주장했다.[43]

이것이 1950년 중반 미국의 시대정신을 재는 한 척도라면, 또 다른 척도는 5월 말 동베를린에서 공산주의 청년 단체들이 주도한 "평화행진"에 대한 과민 반응일 것이다. 행정부 소식통은 기자들에게 이 행진이 서베를린 침공의 신호탄이 될지도 모른다고 말했다. 유럽에서는 군이 경계 태세에 들어갔다. 5월 28일 청년 50만 명이 동베를린에서 평화행진을 벌였는데, 『뉴욕타임스』는 그들이 "원래의 계획에 따라 서베를린을 '침공'"하지는 않은 것 같다고 보도했다.[44]

이 시기에 애치슨의 견해를 대중에게 공표한 사람은 언제나 제임스 레스턴이었다. 3월 중순 그의 기사에 따르면, 미국 정부 관리들은 소련이 미국과 세계를 양분해 각자의 세력권에는 서로 손대지 않는 "두 세계를 정착시키는" 거래를 체결하려고 한다고 생각했다. "최근 (소련의) 거의 모든 발언이나 행동"은 이것을 뒷받침하는 것으로 여겨졌다. 스탈린은 유고슬라비아를 마음대로 처리하고 중국에서 서구 세력을 배제하고자 했다. 이것은 모두 있음직한 일이며 앞서 우리의 분석과 맞아떨어진다.

그러나 레스턴에 따르면 미국 정부는 "그런 거래에 조금도 관심이 없었다." 미국은 소련의 위성국에서 "손을 떼지" 않을 것이었다. 하물며 유고슬라비아나 중국이 소련의 위성국이 되도록 촉진할 만한 어떤 짓도 할 생각이 없었다. 나아가 미국 정부 당국자들은 더 큰 문제에 관심이 있었다. 새로운 세계정책과 거기에 필요한 정부 예산 지출 문제에서 "국민의 확고하고 안정적인 지지를 얻을 수 있는 방법은 무엇인가?" 하는 것이었다.[45] 그렇다고 애치슨이 전쟁을 바랐다거나, 그 스스로 생각하기에 소련보다 평화에 관심이 적었다는 해석은 아니다. 이것은 1950년 6월 소련은 한국에서 전쟁을 시작할 이유가 사실상 없었다는 얘기였다.

데레뱐코 사건

도쿄에 주재한 소련 대표단의 단장 쿠지마 데레뱐코 중장은 미 군함 미주리호에서 항복문서 조인식이 거행된 이후 계속 일본에 체재했다. 조인식에서 맥아더는 그를 요인들의 뒷자리에 배치함으로써 태평양전쟁에서 소련의 참전 성과를 경멸적으로 드러냈다. 1950년 시점에 그는 전후 소련의 아시아 정책을 총괄하는 인물로 평가됐다. 5월 27일 그와 그의 부하 49명은 하급 장교 몇 사람만 남겨놓은 채 짐을 챙겨 도쿄에서 갑자기 귀국했는데, 그 귀국은 영구적인 것처럼 보였다. 그들의 귀국에 대해 연합국 최고사령부는 "이례적으로 갑자기 통보받았다". 그것은 "동남아시아에서 소련이 더욱 강경한 정책을 펼 것"을 예고하는 것이라고 생각한 사람들도 있었는데, 며칠 뒤 타이 주재 소련 대표단 대표가 본국으로 소환되면서 그런 해석은 힘을 얻었다. 그러나 연합국 최고사령부 당국자들은 대부분 데레뱐코의 귀국을 기자들에게 설명하느라 "허둥대고 있었다." 내부 보고서에는 그런 정황이 담겨 있

다.[46]

이 일이 있기 직전인 5월 23일 요시다 총리는 선거 전 지방유세를 갑자기 취소하고 도쿄로 돌아와 워싱턴에서 방금 귀국한 이케다 하야토 대장상과 만났다. 언론에서는 "미국과의 단독강화 제안이 임박했다"고 추측했다.[47] 5월 26일 신문에서는 덜레스가 6월에 일본을 방문할 것이라고 보도했다. 미국 고위 관료의 보고로 당시 "모스크바에서 긴급 협의가 진행되고 있다"는 것을 알 수 있지만, 6월 8일에 CIA는 이전 6주 동안 소련이 일본·태국 등에서 외교관을 소환한 것과 관련해 명확한 유형을 아직 포착하지 못했다.[48]

윌리엄 도너번 문서에는 스탈린의 비서국에서 근무한 인물이 유럽의 지하 정보원을 경유해 보낸 것으로 알려진 자료가 있다. 그것은 1953년 4월 도너번의 손에 들어왔는데, 1950년 6월 10일 크렘린에서 열린 회의를 기록한 내용이었다.[49] 참석자는 스탈린, 몰로토프, 말렌코프, 불가닌, 보이틴스키 (전직 코민테른 공작원으로 당시 소련 태평양 관계평의회 의장), 데레뱐코 장군, 평양 주재 대사 시티코프, 가오강의 동북인민정부를 대표한 리리싼, 김일성 그리고 속기사 몇 명이었다. 회의는 스탈린의 개인 숙소 건너편의 작은 방에서 열렸다.

몰로토프는 북한이 "조선 인민의 통일 목표로 제안한 행동"을 소련이 해주기를 "청원했다"는 발언으로 회의를 시작했다. 시티코프는 모든 한국인은 통일을 바라고 있으며 이승만 정권은 "북한을 무력으로 침공하려고 열렬하게 준비하고 있다"고 말했다. 리리싼은 이승만이 북한을 침략하는 것은 "중국에 반동적 체제를 다시 수립하려는 첫걸음"이라고 발언했다. 나아가 중국은 압록강의 수력발전 시설을 이승만 정권이 지배하는 것을 용인할 수 없다고 말했다. 데레뱐코는 남한은 전차나 중포를 보유하지 않았기 때문에 북한에 저항할 수 없을 것이라는 취지로 동의했다—이것은 그 문서에서 북한의 "군사행동"이 남침을 의미한다는 것을 보여주는 유일한 부분이다.

참석자의 면모를 보면 여기에는 신빙성이 있다. 앞으로 보겠지만, 리리싼은 전쟁이 시작된 뒤 처음으로 평양에 파견된 중국 대표단의 일원이었다. 시티코프가 김일성과 동석한 것도 충분히 예상할 수 있는 일이다. 6월이라는 시점에 북한과 남한 사이의 문제를 정확히 논의한 것도 그 기록에 신빙성을 부여한다.

그러나 중국 국민당이 이 기록을 위조했을 가능성도 높다. 이 이야기에는 실체가 있을지도 모른다고 생각하자마자, 보이틴스키가 말한 내용이 인용돼 있는 것이 보였다. 그에 따르면, 태평양문제조사회의 에드워드 카터와 오언 래티모어는 "모스크바에서 보이틴스키 및 스바니드제와 빈번하게 회담"했다. 그리고 그들이 미국 내부 기밀에 접근할 수 있는 유리한 위치에 있었기 때문인 것 같은데, 미국은 남한에서 손을 뗐으며 그곳을 방어하지 않을 것이라고 말했다. 실제로 래티모어는 1949년 가을 이승만 정권을 더 이상 지원하지 말아야 한다고 주장했으며, 기밀도가 낮은 국무부 내부 회의에서 그런 발언을 했다. 당시 그는 이 발언 때문에 비판받았고, 1950년 3월에는 매카시로부터 공개적으로 비난받았다. 래티모어는 극비 정보에 접근할 수 없었다. 그럴 수 있었다면 그는 미국이 남한을 방어할 것이라고 쉽게 결론내릴 수 있었을 것이다. 그와 카터가 모스크바에서 보이틴스키와 빈번히 만났다는 것은 믿기 어려우므로 그 문서가 위조됐다는 것, 위조의 목적은 침공의 책임이 북한에 있다는 것을 보여주려는 것이 아니라 래티모어와 태평양문제조사회를 중상하려는 것이었다. 리리싼이 소련의 지휘를 받았다는 생각은 미국 정보기관에 널리 퍼져 있었지만 마오쩌둥과 저우언라이가 그렇게 중요한 문제를 다루는 자리에 그를 중국 대표로 파견했다는 것은 상상하기 어렵다. 중국인민군의 고급 장교나 만주 유격대 시절 김일성의 동료가 그 회의에 참석했다면 그 이야기는 신뢰할 수 있을 것이다. 그러나 그것은 잘못된 정보와 1950년대 초반 미국 정보기관의 내분에서 만들어진 이야기일 뿐이라고 생각된다.

김일성과 시티코프가 4월에 북한 국외에 있었다는 일부 정보 자료가 있지만 그들은 모스크바가 아니라 중국에 있었다고 생각된다. 6월 초 김일성이 모스크바를 방문했다는 증거는 없다. 맥아더 방첩대의 보고에 따르면 테레반코는 6월 12일에 개최될 예정인 소비에트 최고회의에 참석해 극동 정세를 검토하려고 도쿄를 떠났지만, 그 회의의 현안 사항은 동남아시아 문제였

다. 모스크바에서 일본 공산당으로 보낸 서신의 내용이 누설됐지만 한국에 관한 언급은 없었다.[50]

데레뱐코가 일본을 떠난 이유는 그 시점에서 볼 때 강화조약 문제와 관련된 것 같다. 미·일 강화조약을 저지하려는 소련의 노력이 아무 성과를 거두지 못하고 있기 때문에 그는 고심했으며, 덜레스의 임박한 방일은 조약의 체결이 가까워졌음을 의미했다. 그는 좌천돼 결국 악명 높은 강제 노동 수용소 책임자로 간 것으로 알려졌다.[51] 아무튼 그는 소련 정부의 유력인사가 아니었다.

소련이 다가올 북한의 침공을 숨기려고 했다면 외교관들이 소지품을 챙겨 사라지기에 이보다 더 최악일 수 없는 시기를 선택했을 리 없을 것이다. 데레뱐코가 출국한 뒤 어떤 일이 생길 것이라고 예측한 맥아더의 조치 때문이었다고 생각되는데, 실제로 일본에 주둔한 미군은 한국전쟁이 일어나기 3주 전부터 경계태세에 있었다.

전쟁 직전의 워싱턴

덜레스와 존슨과 맥아더가 도쿄에서 회동하는 동안 트루먼 행정부의 동아시아 정책은 정점으로 치닫고 있었다. 주요 정책 변화의 기본 방침은 이미 확정돼 있었다. 남한을 봉쇄하고, 타이완에 제7함대를 배치해 중국 본토에서 분리하며, 앞으로 25년간에 걸치게 될 중국과의 적대 관계를 시작하고, 미군 기지를 유지한 상태에서 일본과 강화조약을 체결하며, 인도차이나에서 프랑스에 군사원조를 하는 것이었다.

6월 5일 루이스 존슨은 남한·이란·그리스·튀르키예는 "우리의 국익과 관련해 대단히 중요한" 지역이며, 이란과 남한은 "정도의 차이는 있지만 외부 공산 세력의 침략을 받을 수 있으며 거기에 맞서기에 그들의 현재 전력은 충분하지 않다"고 의회에서 증언했다. 한편 한국에서 마거릿 히긴스는 38도선 일대에서 전투가 격렬해졌다고 보도했으며, 『헤럴드트리뷴』은 베를린의 불안(공산주의 청년단의 행진)이 가라앉자마자 한반도에서 "전쟁의 불길이 타오르고 있다"는 내용의 논설을 실었다. 남한의 "관찰자"들은 "반공의 보루"로 남한을 유지하는 것은 "베를린의 운명이 서유럽에 큰 의미를 지니는 것과 마찬가지로 아시아의 사기에 중요하다"고 판단하고 있다고 히긴스는 지적했다.[52]

발틱해 부근의 소련 영공에 들어간 미국 정찰기가 격추되자 전쟁의 불안감은 갑자기 커졌다.[53] 프랜시스 P. 매슈스 해군성 장관은 국군의 날 기념일에 "최종 결정을 내려야 하는 운명적 순간이 임박했다고 생각하는 것밖에는 다른 선택이 남아 있지 않다"고 말했다. 매카시의 시끄러운 목소리는 이 시점에서 가라앉았지만, 트루먼 행정부의 법무장관 J. 하워드 맥그래스는 공산 세력은 "국제적 가학증international sadism"을 저지른 "설치동물"이라면서, 미국이 소련과 맺은 전시 동맹으로부터 얼마나 멀리 떨어져 있는지 설명했다.[54]

그러나 타이완 문제를 둘러싼 미국 정계의 대립은 아직도 완전히 해소되지 않았으며, 러스크가 장제스의 실각을 바랐다면 다른 부류는 애치슨의 실각을 바랐다. 양당을 중재하는 데 실패한 스미스 상원의원은 6월 초 루이스 존슨에게 "애치슨은 떠나야 한다"고 말했다. 6월 중순 스미스와 그 밖의 공화당원들은 러스크·덜레스와 회담한 뒤 "이제 타이완 지원 계획을 입안할 때가 됐다"고 판단했다. 6월 20일 "타이완 상황은 매우 호전된 것으로 보인다." 6월 20일에 애치슨은 전국 주지사 회의에서 3시간에 걸친 강연을 했는데, 정권에 비판적인 인사를 포함해 모든 참석자는 "그가 우리의 간담을 서늘하게 하고" "모든 사람의 마음을 움직였다"고 말했다.[55]

1950년 6월에 있었던 가장 기묘한 사건은 웰링턴 구의 방대하고 귀중한 문서에 기록돼 있는데, 미국 극동 정책의 난제를 해결하기 위해 한 인물은 두 개의 방안을 서로 연결시켰다. 애치슨 세력에게 그것은 장제스를 제거하는 데 최악의 상황이 발생해도 손실을 최소화할 수 있는 방안이었다. 반애치슨 세력에게 그것은 아직 이해되지 않는 부분이 있는 "속임수"였다.

딘 러스크는 워싱턴을 떠나 있었지만 쉬고 있던 것은 아니었다. 앞서 본 대로 그는 금요일 저녁에 뉴욕의 플라자 호텔에서 후스를 만났다. 장제스 세력을 대체할 "자유주의" 정부 수립에 대한 이야기를 나누기 위해서였다. 리빙스턴 머천트에 따르면 애치슨은 러스크가 뉴욕에서 돌아오기를 기다렸는데, 바로 이런 전후사정으로 금요일에 애치슨은 국민정부에 대한 군사 지원 정책이 바뀌지 않았다고 말한 것이다. 러스크의 뉴욕 회동을 주선한 사람은 중국 로비의 주요 재정 지원자인 프레더릭 매키였다.

6월 15일 워싱턴의 중화민국 대사관에서 열린 회동 관련 극비 기록에 따르면, 첸치마이는 레이먼드 T. 셰퍼드 박사라는 인물과 점심을 먹었다. 같은 날 후반부에 그는 셰퍼드의 변호사 마이클 루니와 그의 친구 존 메그슨도 만났다. 그들은 윌리엄 보일과 법률사무소를 함께 운영하고 있는 대니얼 핸런을 국민정부의 변호사로 고용하는 것이 어떻겠느냐고 제안했다. 보일은 5만 달러를 받고 프랑코 정부의 대리인으로 일하겠느냐는 제안을 받은 적이 있지만, 트루먼이 그에게 거절하라고 말했다. 핸런은 3만 달러에 국민정부의 로비스트로 일하겠다고 했다.

첸치마이에 따르면 루니가 떠난 뒤 셰퍼드와 메그슨은 다음과 같이 말했다. "시간이 가장 중요하다.' 토요일 이전에 결정을 내려야 한다. 그렇게 서두르는 까닭은, 내가 들은 바로는, 존슨과 브래들리의 방문 직후 '속임수를 써서', 반대자들이 계획을 망치게 할 시간을 주지 않으려는 것이었다." 이 문서에서 이것 이외에 언급하고 있는 한 가지는 "그들은 '중국 전역'을 대상으로 750만 달러를 즉시 사용해 되도록 신속하게 무기와 탄약을 (타이완으로) 수송하는 방안을 논의했다"는 것이다.[56]

웰링턴 구는 자신이 남긴 구술 사료에서 이 내용을 약간 윤색했는데, 셰퍼드의 변호사인 "그라츠 씨"도 참석했다고 덧붙였다. "그라츠는" 타이완으로 무기를 수송하는 문제와 관련해 "대통령에게 말하라고 민주당 전국위원장 보일에게 건의할 것"이라고 말했다. 또한 그는 오하이오주 애크런의 사업가 칼 W. V. 닉스를 이 이야기에 연결시켰다. 닉스는 오랫동안 일본에서 사업을 했으며 웰링턴 구는 닉스와 6월 16일에 만났다. 장제스는 자신이 타이베이에서 닉스를 만났고, 닉스는 국민정부에 군사 지원을 하는 사안에 관심을 갖고 있으며 미국 대통령 부인 베스 트루먼 여사의 어릴 적 친구라는 사실을 이용해 장제스 정권을 지원하는 문제를 대통령에게 진언하려고 노력할 것이라는 전보를 보냈다. 이런 대처는 민주당이 다가오는 의원 선거에서 타이완 문제의 중요성을 인식하기 시작했다는 증거라고 웰링턴 구는 판단했다.[57]

윌리엄 M. 보일 2세는 민주당 전국위원장이자 캔자스시티의 정치 이익 단체 펜더가스트 머신Pendergast machine의 창설자이며 해리 트루먼의 친구였다. 그는 1948년 대통령 선거에서 트루먼을 승리로 이끈 지방 순회 연설을 기획한 인물로 널리 알려졌으며, 1948년 트루먼의 핵심 자금 모금자로 활동한 루이스 존슨과 함께 일했다.[58] 핸런은 워싱턴에서 변호사로 활동했으며 보일 및 민주당과 관계가 깊었다.

레이먼드 T. 셰퍼드는 오하이오주 영스타운Youngstown시의 사업가로 프레더릭 C. 매키의 가까운 친구였다. 매키와 "무디 대령"이라고 불린 한 인물은 셰퍼드를 높이 평가하면서 중화민국 대사관에 소개했다. 셰퍼드는 중화민국 대사관의 조지프 구의 친구였고 매키가 이끈 친국민당 단체에 자금을 기부했으며, 국무부에 재직중인 사람들과 만나 국민당을 도왔다.[59] 레이먼드 T. 셰퍼드 박사라는 인물이 1950년 영스타운에 살았던 것은 분명하다. 곤충학자였던 그는 나중에 영스타운의 제철소에서 식품 관련 사업을 해서 성공했기 때문에 "박사"나 "사업가"로 불린 것으로 보인다. 그와 그의 부인 모두 세상을 떠났지만 그의 딸 그리고 오랜 친구였던 변호사는 셰퍼드가 국민당과 관련됐거나 동아시아 정책에 관심을 가졌다고 생각하지 않는다고 내게 말했다. 셰퍼드는 오랫동안 공화당원이었으므로 그들은 그가 보일·핸런과 연관됐다고 생각하지 않는다고 말했다. 그들은 그가 매키와 친교를 맺었다는 사실은 들어보지 못했다. 누군가 그의 이름을 사칭했을 가능성이 있다.

존 메그슨도 신원이 명확하지 않지만, 첸치마이에 따르면 "국무부에서 특수 임무를 수행했으며 자신이 셔놀트 장군과 윌로어 씨의 친구라고 말했다". 웰링턴 구의 문서에서 그는 국무부와 협력한 두 번째 인물로 등장하는데, 첫 번째 인물은 수수께끼에 싸여 있지만 대단히 박식한 로스 정 대령이다. 마이클 루니는 셰퍼드의 변호사이자 민주당 전국위원회 변호사로 확인됐다.

1987년 나는 퇴직한 마이클 루니의 거처를 알아냈다. 그의 부인과 통화했을 때 그녀는 약간 긴장한 목소리로, 남편은 최근 뇌졸중에 걸려 말을 하지 못하고 면회도 할 수 없다며, 최근에 남편의 개인 서류를 "불태웠다"고 말했다. 남편이 존 메그슨을 아는 것은 맞지만 자신은 메그슨의 근황을 모른다고 그녀는 말했다. 나는 정보공개법을 근거로 이 일화와 관련된 인물들의 정보를 얻으려고 다양하게 시도했지만 이 글을 쓰는 시점에서는 소득이 없었다.

화이팅 윌로어의 교우 관계는 당시 그가 장제스와 밀접한 관계였기 때문에 상당히 관심이 가는데, 6월 중순 정책조정국OPC 및 CIA 당국자들과 만나기 위해 타이완에서 워싱턴 D.C.로 돌아왔다. 당시 윌로어와 가까웠던 인물에는 일본에서 정책조정국의 활동을 지휘하기 위해 5월에 부임한 한스 토프트와 정책조정국의 아시아 책임자 리처드 스틸웰이 있었다. 윌리엄 리어리에 따르면 맥아더와 윌러비는 그때까지 CIA가 일본에 입국하는 것을 허용하지 않았다(공작원은 일부 있었다). 윌로어와 정책조정국이 회동한 결과, 프랭크 위스너 정책조정국장은 "승인받은 비밀 계획"을 수행하기 위해 민항공운공사를 인수하기로 결정했다.[60]

윌리엄 보일은 트루먼 대통령과의 친분을 이용해서 자신의 고객을 위해 미국 정계에서 영향력을 행사하려는 비열한 행동은 하지 않았다고 저서에서 주장했다. 하지만 윌리엄 폴리는 1951년에 보일이 애치슨의 반대를 무릅쓰고 트루먼에게 직접 탄원해, 폴리 자신에게 국무부에서 특수 임무를 수행하는 직책을 맡게 했다고 증언했으며, 이런 내용은 웰링턴 구 문서에 기록돼 있다. 앞서 본 대로 이런 임무는 대부분 CIA를 위한 활동이었다.[61]

매키는 피츠버그의 기업가였으며 부유한 가문 출신으로 관棺 제작 사업을 했다. 은둔자의 삶을 산 그는 결혼도 하지 않았고 문서도 남기지 않았다. 그는 중국 로비의 정치적·재정적 지원자로서 콜버그 다음으로 유력한 인물이었다. 그는 중국 국민정부 특사단에 의해 촉진된 국무부 안의 "적색 세포"를 색출하는 활동을 매카런 상원의원과 함께 했다. 1949년 여름 그는 셔놀트 계획을 포함해 국민정부를 지원하는 방안을 협의하려고 쑹메이링·쑹쯔원·웰링턴 구와 접촉했다. 1950년에는 의회의 지원을 받은 비밀 계획으로 국민당을 구조하려는 쑹메이링의 시도에도 관여했다. 그는 도너번과도 연관됐다.[62] 앞서 본 대로 그는 4월 말 "최선의 방어는 공격"이라면서 "반격"에 찬성하는 편지를 러스크에게 보냈다. 같은 달 매키는 도너번에게 서한을 보내 "고등판무관"을 극동에 임명하고 국민정부에 군사원조를 제공하면 그들이 중국 본토를 공격할 것이며 그러면 "인도차이나에 대한 압력을 경감"할 수 있을 것이라고 제안했다. 이것은 "양쯔강이나 만주까지 이를 수도 있는 반격"의 기점이 될 수 있다고 썼다. 1950년 봄 도너번은 민항공운공사의 비행기가 홍콩에서 압류된 사건을 윌로어와 함께 처리하고 있었다. 인도네시아 주재 미국 대사 H. 멀 코크런은 1950년 5월 8일 윌리엄 도너번에게 편지를 써서 윌로어가 4월 초순 이후 자신을 두 번 방문해 "자신의 계획과 그 문제점을 말했다"고 알렸다. 코크런은 도너번이 그 내용을 알고 있으리라고 생각해 구체적으로 설명하지 않았다.[63]

보일과 닉스가 거론된 것을 보면 애치슨을 거치지 않고 마지막 단계에서 대통령에게 직접 건의해 타이완을 구제하려고 했던 것으로 생각된다. 앞서 본 대로 트루먼은 국무장관보다 대체로 강경한 노선을 견지했다. 그러나 루니·셰퍼드·메그슨이 연루된 것은 매우 흥미롭다. 첸치마이와의 개인적 대화에서 "속임수를 쓴다"고 언급된 사람은 셰퍼드와 메그슨뿐이었으며, "반대자"는 공화당에 반대하는 세력이 아니라 미국이 장제스를 지원하는 것에 반대하는 것을 뜻한다고 생각된다. 루니의 경력을 살펴보면, 그는 법조계가 아니라 군사정보 부문에서 일했으며, 메그슨이 국무부에서 어떤 일을 했더라도 윌로어와 친했다면 외교부서에서 근무했을 가능성은 낮다. 셰퍼드는 설명하기 가장 어려운 인물이다. 누군가 그의 이름을 가명으로 사용했을지도 모르지만 셰퍼드와 닉스, 매키가 모두 중서부의 복잡한 산업계 출신이라는 것은 흥미로운데, 역사적으로 중서부는 보호무역주의가 강한데다 뉴욕의 투자은행과 변호사들, 다시 말해 애치슨의 원래 지지자들이 추구하는 국제협력주의에 혐오감을 갖고 있었다.

아마 가장 중요한 사실은 매키가 6월 15일 셰퍼드 등과 회동하도록 첸치마이에게 권유했으며 6월 23일 러스크와 후스의 회동을 주선했다는 사실이라고 생각된다. 달리 말하면 이 괴팍하고 열렬한 장제스 지지자는 국민당과 트루먼 정부 또는 애치슨과 존슨 사이의 중요한 문제를 알고 있었다. 그 문제는 쿠데타로 장제스를 실각시키거나 애치슨을 물러나게 하거나 미국 외교 정책을 전환시키는 것이었다.

"속임수"는 무엇이었는가? 대답하기 어렵다. 그러나 시점은 많은 것을 시사한다. 그들은 토요일 이전에 "결정"하려고 했다. 그 토요일은 6월 17일로 볼 수도 있지만, 그들은 존슨이 귀국한 직후에 "속임수를 사용"하려고 했으며 존슨의 귀국은 6월 24일 토요일 아침으로 예정됐다는 측면을 감안할 때 6월 24일이 분명하다고 생각된다―그래서 "반대자들이 계획을 방해할 시간을 주지 않으려고" 한 것이다. 6월 24일 존슨이 타이완 정책을 전환하려 함과 동시에 그리고 애치슨이 그것을 방해하려고 개입하기 전에 어떤 일이 일어날 것이었다. 아무튼 그런 암시로 생각된다.

가장 중요한 사건으로 나아가기 전 지난 몇 장에 걸쳐 다룬 사건들을 시간 순서에 따라 간단히 요약하는 것이 독자에게 편리할 것이다. 아래는 모두 1950년의 날짜다.

1월 4일: 굿펠로가 웰링턴 구를 만나다

1월 5일: 트루먼과 애치슨이 타이완을 방어하지 않겠다는 구상을 밝히다

1월 12일: 프레스 클럽 연설

2월 8일: 도너번이 도쿄에 가다

2월 11일: 굿펠로와 쿡이 타이베이에서 둥셴광의 영접을 받다

2월 14일: 이승만이 도쿄를 방문하다

2월 15일: 중·소 우호동맹 상호원조조약이 발표되다

2월 24일: 신성모와 장제스의 직통전화가 개설되다

3월 15일: 굿펠로가 서울에 체류하다

4월 15일: 어빙 쇼트가 타이베이에 체류하다

4월 19~22일: 우치에청과 주스밍이 도쿄에 가다

4월 23일: 하이난섬이 함락되다

6월 6일: 덜레스가 둥셴광을 만나다

6월 6~7일: 우치에청이 다시 서울을 방문하다

6월 7일: 그리피스가 웰링턴 구를 방문하고 둥셴광의 도쿄 방문을 주선하다

6월 10일: 장면이 워싱턴에서 만찬을 열다

6월 10~12일: 장제스가 쑹씨 형제와 쿵샹시를 면직시키다

6월 11~12일: 쿵샹시가 윌러비를 방문하다

6월 14일: CIA가 북한의 침공을 경고하다

6월 15일: CIA의 타이완 철수 날짜

6월 19일: 덜레스가 38도선을 시찰하다. 존슨이 도쿄에 체류하다

6월 19~20일: 국무부가 장제스를 실각시키려는 쿠데타 계획을 추진하다

6월 20일: 러스크가 의회에서 한국 정세는 아무 이상 없다고 보고하다

6월 22~23일: 덜레스가 맥아더의 타이완 문서를 발송하다

6월 23일: 러스크가 뉴욕 플라자 호텔에서 후스를 만나다

6월 23일: 1월 5일에 발표한 정책은 변함없다고 애치슨이 언급하다

마지막 두 사건은 이 고요한 주말의 상황을 대략적으로 알려준다. 첫째, 프레스턴 굿펠로가 육군에 재입대했다는 것이다. 6월 12일 그의 비서는 "굿펠로 대령은 복무를 위해 다시 육군의 부름을 받았다"고 썼다.[64] 그때 굿펠로는 59세였고, 복무하기에는 조금 나이가 많았다. 정보공개법에 따라 청구해 이 책의 교정 단계에 입수한 육군 정보 관계 문서에 따르면, 굿펠로가 육군 정보기관에서 현역 근무에 소집된 것은 1950년 5월 2일이었으며, 임무는 알 수 없지만 버지니아주 유스티스 기지Fort Eustis "간부 장교"에 임명됐다. G-2 수사관들은 그가 기밀 정보에 접근하는 것을 막으려고 했지만, 6월 22일 신원이 알려지지 않은 한 인물은 굿펠로를 지지하면서 그 사건을 로턴 콜린스 장군에게 보고해야 한다고 주장했다. 한국전쟁이 일어나자 전략사무국과 군 정보기관의 많은 공작원이 육군에서의 근무로 위장하고 임무에 복귀했다는 사실은 알려져 있다. 전략사무국에서 군 정보부의 이익을 대표하는, 오랫동안 도너번의 친구인 굿펠로가 그 선두에 있었다.

그러나 도너번은 어디에도 보이지 않았다. 전쟁이 시작됐을 때 그는 퀸 메리호를 타고 유럽에서 돌아오고 있었다고 알려져 있다. 그렇다면 6월 24일부터 28일까지 그의 일기에 "보고서에 대해 그레이엄에게 전화" "맥래Mac-Rae" "프랭크와 그레이엄" "루빈스타인"이라고 적어놓은 사람은 그의 부인이 분명하다. 그레이엄이라는 인물은 1950년 CIA에서 "미스터 코리아Mr. Korea"라고 알려졌는데, 한 대담에서 내게 자신은 북한의 침공이 임박했다고 사실상 결론 내렸으며 그 뒤 그것을 상관에게 말하지 않은 것을 자책했다고 말했다. 자신은 도너번과 접촉한 일이 없다고 말했다. 프랭크는 프랭크 위스너로 생각된다. 루빈스타인—4월 일기에서 두 번 언급된다—은 세르게이 루빈스타인으로 생각되는데 한국의 금 관련 사업의 거물이자 첩보원, 사기꾼이었다(그의 전기는 도너번 문서에 있다). 그렇다면 다시, 이 사람들은 6월 24일 도너번 여사의 브리지 게임 친구였을지도 모른다.[65]

워싱턴 시간으로 6월 24일 정오 무렵 어떤 사건이 일어났다. 이제 외떨어진 옹진반도에서 일어난 그 사건을 살펴보자.

18장

누가 한국전쟁을 일으켰는가? ─ 세 개의 모자이크

진지하고 성실한 학자라면 그 어떤 의문도 품을 수 없을 것이다. 북한 공산군은 도발을 받기는 했지만 경고도 정당한 이유도 없이 대한민국을 공격했다.

_딘 애치슨

누가 한국전쟁을 일으켰는가? 이것은 대답할 수 없는 질문이다. 답을 찾으려는 독자들에게 필요한 일은 세 가지 모자이크를 검토하는 것이다. 그것들은 각각 전쟁이 어떻게 "시작될" 가능성이 있었는지 설명한다. 세 가지 모두 음모론이며, 소련과 북한이 극악하고 정당한 이유 없는 침공을 은밀히 준비했다는 미국과 남한의 주장이 포함돼 있다. 첫 번째 모자이크는 그런 "공식적인 설명"이며 특히 그 배경에 있는 증거자료다. 세 번째 모자이크는 북한의 주장으로 첫 번째 입장과 정확히 상반된다. 남한이 38도선 전역에 걸쳐 정당한 이유 없이 기습했다는 것이다. 가장 흥미로운 것은 두 번째 모자이크가 아닐까 싶다. 남한이 전쟁을 유도했다는 것이다. 그것은 엇갈리는 정보와 보고와 반증으로 이뤄진 모자이크며, 거기서 누가 무엇을 언제 알았는가 하는 질문이 떠오른다.

옹진의 충돌 사건:
"무슨 일이 일어났는지 나는 전혀 몰랐다"

1950년 6월의 개전에 대한 대부분의 설명은 새벽에 38도선 전역에 걸쳐 시작된 공격을 전혀 알아채지 못한 상태에서 적을 맞닥뜨렸다는 인상을 준다. 남한과 북한의 공식 기록은 모두 이런 식으로 주장하고 있다. 어느 쪽이 공격했는가 하는 것만 다를 뿐이다. 그러나 전쟁은 1949년 전투의 주요 전장과 동일한 장소인 외떨어진 옹진반도에서 시작됐으며, 몇 시간 뒤 38도선 서부인 개성과 춘천 그리고 동해안으로 확산됐다. 미국의 한 공식 기록에는 다음과 같이 서술돼 있다. "1950년 6월 24~25일의 조용한 여름밤 남한의 다른 지역과 떨어져 고립되어 있는 옹진반도에서 제17연대 병사들이 경계 근무를 서고 있었다. 38도선 일대에서는 1주일 넘게 심각한 분쟁이 일어나지 않았다. (…) 그러다가 04시 정각 (곡사포와 박격포가) (…) 엄청난 충격을 주며 대한민국 영토를 급습했다." 공격 부대는 북한 국경경비대 제3여단으로 알려졌으며 오전 5시 30분 정예인 제6사단이 합류했다. 한국군 제17연대의 1개 중대가 전멸했고 다른 2개 중대는 해로로 퇴각했다.[1]

로이 애플먼의 공식 기록은 이 설명과 약간 다르다. 그는 오전 4시쯤 "최초의 공격"이 옹진에서 시작됐으며 북한군 제6사단의 제14연대와 제3여단이 합동으로 공격했다고 서술했다. 각종 화기도 오전 4시에 발포하기 시작했으며 4시 30분에 북한군이 38도선을 넘었지만 "장갑차의 지원은 없었다." 애플먼은 오랫동안 미국 정보 공작원으로 활동한 제임스 하우스만과 가진 대담에서 이 정보를 얻었는데, 하우스만은 옹진에 있지 않았다. 유격대 토벌 작전을 지휘했던 남한의 정일권 장군은 "주요 공격"은 옹진에서 북한군 제6사단이 일으켰다고, 전쟁이 시작된 뒤 썼다. 임은이라는 수수께끼의 인물은 김일성의 맹우盟友 최현이 옹진 공격을 지휘했다고 말했다.[2]

공격이 시작된 장소와 관련해서는 북한도 동의했다. 6월 25일 정오 직후 발표한 라디오 성명에서 김일성은 한국군 제17연대가 해주 서쪽의 옹진에서 공격해왔다고 말했다. 그 방송을 들은 여러 한국인에 따르면 김일성은 이

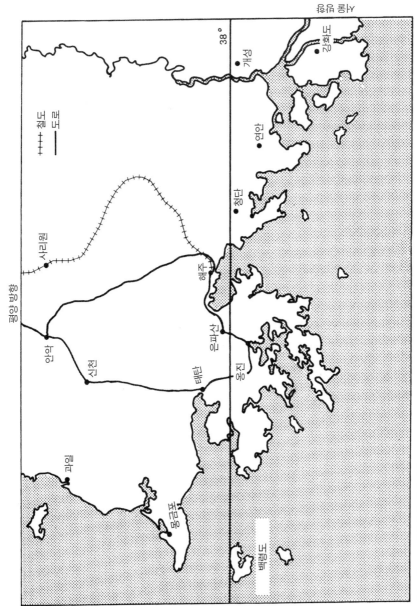

〈지도 7〉 38도선의 옹진·개성 지역

렇게 덧붙였다고 한다. "김석원, 지금 잡으러 가니 도망칠 수 없을 것이다!"[3]

6월 26일 북한의 국영 라디오방송은 6월 23일 오후 10시 남한군이 은파산 지역(1949년 여러 차례 전투가 벌어졌으며 특히 8월 4일에 큰 전투가 일어났다)을 곡사포와 박격포로 포격하기 시작해 6월 24일 오전 4시까지 계속됐다고 보도했다. 그 방송에 따르면 옹진반도 두락산을 방어하고 있던 강도건 부대는 6월 25일 아침 한국군 제17연대 "쌍호부대"의 공격을 받았지만 전멸시켰다. 6월 25일 오후 2시 30분 강도건 부대는 38도선을 남하해 수동首洞까지 진격했다. 그동안 유격대가 봉기해 옹진의 경찰서와 군부대를 교란했다.[4]

그러나 남한 자료들에서는 제17연대 병사들이 반격해 해주시를 장악했다고 서술했는데, 해주는 인천 상륙 이전 38도선 이북에서 한국군 부대가 유일하게 점령했던 중요 지점이었다. 채병덕은 이런 사실을 6월 26일 오전 11시에 발표했고, 그런 발표 시점 때문에 수많은 기사에서 한국군이 해주를 점령했다고 보도했으며, 그 뒤 이런 기사들은 남한이 먼저 공격했을 가능성을 시사하는 증거로 사용됐다.[5]

미국과 소련도 옹진에서 일어난 사태에 즉각 관심을 집중했다. 당시 대부분의 관찰자가 간과했지만, 전쟁이 시작된 직후 미국 정보부는 공보公報 자료에 담긴 1949년 옹진 전투—특히 1949년 8월 4일의 "대규모 침공"—에 특별히 주목했는데, 그런 측면은 전쟁 초기에는 거의 아무도 지적하지 않았지만 정보부는 기이할 정도의 예리함과 유례없는 신속함을 보여주었다. 정보부는 1949년 여름의 전투가 모두 북한의 책임이라고 비난했지만, 당시 내부 자료는 대부분의 전투가 남한에 의해 시작됐다고 서술했다.[6]

이런 허위 정보는 절대적 진리라고 널리 받아들여진다. 모든 거짓은 유엔 주재 소련 대표 야코프 말리크의 입에서 나온 것으로 생각되고 있다. 유엔에 다시 출석했을 때 말리크는 한국 육군의 정예부대, 공식적으로 제17연대로 알려진 "쌍호"부대는 6월 24일 토요일 외출 허가가 취소됐으며, 다음날 아침 해주 부근을 공격했다고 비난했다. 그는 자신의 정보는 북한에서 얻은 것이라고 말하면서 한수환이라는 남한 포로의 발언을 인용했다.

말리크가 자신의 주장의 근거로 삼았다고 생각되는 북한 자료들에 따르면 한수환은 자신이 한국군 제17연대의 민정장교였다고 말했다. 6월 23일 유엔 한국위원회 군사감시단이 옹진을 떠난 뒤 장교들은 대기명령을 받았으며 6월 24~25일 "철야"한 뒤 "25일 새벽 본부로부터" 38도선을 넘어 "공격하라는 비밀 명령이 하달됐다"고 한수환은 말했다. 제17연대의 1대대와 3대대는 해주 서쪽을 공격해 1~2킬로미터 정도 침입했다고 그는 주장했다.

이 공격은 6월 20일 처음 구체적으로 논의됐고, 참여한 중심인물은 신성모·채병덕·김석원이었으며, 그들은 "군사행동을 지휘할 지역을 분담했다"고 말리크는 주장했다. "특히 불길하고 사악한 역할을 맡은 사람은 (…) 맥아더 장군으로, 자신을 아시아에서 신의 대리인이라고 생각했다"고 그는 음험한 어조로 덧붙였다.[7]

그 뒤 여러 방식으로 윤색되고 덧붙여졌지만 이것이 옹진 전투의 기원과 관련된 공식 정보의 대체적인 요약이다. I. F. 스톤이나 카루나카르 굽타는 그 지역에서 그 이전에 일어난 전투를 좀더 자세히 설명했지만 위 내용을 넘어서지는 못했다. 전공학자들을 포함한 주류 평론가들은 이런 "수정주의자들"을 적극 공격하고 있지만, 대체로 자기만족적인 태도에 빠져 그 문제에 진지하게 접근하지 않고 있다. 신뢰할 수 있는 역사 자료를 분석하는 능력이 현저히 떨어지는 사람도 있다—이를테면 남한의 공식 전사를 인용할 경우 거기에는, 북한의 역사 자료와 마찬가지로, 절반의 진실과 왜곡과 중대한 생략이 뒤섞여 있다.[8] 그것은 미국 남북전쟁에서 남부연합의 기록자에게 섬터 요새에서 일어난 일을 묻는 것과 비슷하다. 그러나 그런 이야기에 중요한 측면은 전혀 없는가? 그리고 공식적으로 기밀 분류된 자료들은 무엇을 보여주는가?

전쟁이 옹진에서 시작됐다는 것은 모든 당사자가 동의한다. 누구도 지적하지 않은 것은 옹진반도는 남진하려면 침공을 시작할 장소가 되기 어렵다는 것이다. 그곳은 막다른 골목이며, 만일 김일성이 이곳에서의 침공 후 남한의 반격을 두려워했다면 한국군 제17연대에게 해주 근처에서 간단히 저지되는 그림이었을 것이다. 그곳은 북진을 시작하기에 좋은 장소로, 평양으로 직행하는 교통로가 있었으며 1950년 6월 당시 한국군 장교들을 통제하려는 서울의 미국인들로부터 멀리 떨어져 있었다.

앞서 살펴본 한 가설은 1950년 여름 양쪽 모두 도시를 장악하려고 시도해왔다는 것이다. 김석원 등은 1949년 5월 이후 해주를 장악하겠다는 위협과 행동을 지휘해왔다. 1950년 북한은 서울만 점령해 통일 정부를 세우려고 했다는 증거들도 있다.[9] 해주는 통일을 추구하는 남북의 좌파가 몇 차례 회동한 곳이었다. 더욱 중요한 것은 그곳에 남로당 본부가 있었고, 남로당이 남한에서 지하활동을 할 수밖에 없게 된 뒤 3년 동안 그곳에서 남한 공산주의 활동을 지휘했으며, 그곳으로부터 수많은 공작원이 파견됐다는 것이다.[10] 그곳은 남한 유격대의 본거지로 추정되기도 했다. 반란 진압 작전을 전개해 서울의 지하활동을 무너뜨리고 김삼룡과 이주하를 체포한 직후 해주를 장악했다면, 그곳은 반공 세력의 거점이 될 수 있었으며 박헌영과 그 세력에게 확실한 타격을 줬을 것이다.

해주는 평양으로 직접 갈 수 있는 도로와 철도가 있었기 때문에 험준한 지형에서도 군대가 쉽고 신속하게 이동할 수 있었다. 또한 해주 장악은 옹진반도에서 불안한 상황에 있던 한국군에게 후방 방어벽이 됐을 것이다(앞서 본 대로 1949년 8월 옹진 전투에서 절망적 상태에 있던 한국군 장군들은 옹진반도를 포기하고 철원 쪽으로 이동하려고 했다). 해주는 곡창지대인 황해도의 한 부분으로 북한 지역에서 지주, 소작인, 반半봉건적 관계 등 남한과 같은 사회 관계가 유지되던 주요 지역이었다. 전쟁이 일어나기 전에도 전쟁 중에도 그곳은 친한親韓 유격대와 공작원이 침투해 지하활동을 벌인 핵심지역이었다. 1950~1953년 반공 저항 활동이 분명하게 일어난 유일한 지역이기도 했다.[11] 해주는 남한 공작원이 은신할 수 있었던(그리고 그렇게 했던) 작은 섬과 반도로 둘러싸여 있었다. 달리 말하면 해주가 중요하지 않다고 성급히 지적한 사람들은 자신이 무슨 말을 하는지 몰랐던 것이다.

한국군에서 제17연대는 다른 부대와 위상이 달랐다. 제17연대는 전방에 배치된 핵심 부대였는데, 그중 2개 중대가 1949년 5월 북한으로 월북했다. 그 반란은 한국군의 사기에 엄청난 충격을 줬다. 이 때문에 제17연대는 절대적 충성을 보여야 했다. 그 연대를 직접 지휘한 인물은 군부 안의 서북파를 이끌던 백씨 형제 가운데 동생인 백인엽으로, 그는 많은 서북청년회원을 그 연대로 끌어들였다. 형 백선엽은 한국군 제1사단을 지휘했다(앞서 지휘한 사람은 김석원이었다). 그 형제는 김일성보다 몇 년 늦게 평양 근처에서 태어났다. 그들과 관련됐는지는 분명치 않지만 백선화라는 인물은 1949~1950년 한국군 정보부문 책임자로 근무했다. 대부분의 부대가 지역적 충성심으로 뭉쳐 있었지만 제17연대는 공산주의를 극도로 혐오하는 북부 출신자로 가득했다. 그리고 12장에서 본 대로 백인엽은 사기를 높이기 위해 1949년 12월 은파산 공격을 주도했다.

제17연대의 병사 2500명은 한국군 중 가장 잘 훈련됐으며, 공식적으로 그 연대는 정예 수도경비사령부의 일부였지만 그 자체로 독립된 소부대로 기록된 경우가 많았다. 제17연대는 1950년 초까지 반란 진압 작전의 거점인 남원에서 유격대를 상대로 혈전을 치러왔다. 지휘관 김백일도 북부 출신이었으며 김석원과 마찬가지로 만주군에서 특무부대를 지휘해 한국인과 중국인 유격대를 토벌했다(1949년 월북한 제17연대●의 장교들은 김석원과 김백일이 끼친 해로운 영향을 특별히 강조했다). 1950년 5월 김석원을 참모총장에 임명하려는 조치를 미국인들이 막지 않았다면, 이승만은 백인엽을 수도경비사령관에 임명했을 것이다.

공식적 지휘 계통은 그리 중요하지 않았을 것으로 생각된다. 백인엽도 관동군에서 복무한 경력을 지녔으며, 전쟁이 일어났을 때 수도경비사령관이었던 이종찬은 일본군 소좌少佐였다. 수도경비사령부는 정예의 대통령 경호부대였기 때문에 김석원 같은 이승만의 측근은 실제로 그 부대를 지휘했든 그렇지 않았든 영향력을 행사했을 것으로 생각된다. 이를테면 김백일은 전쟁이 시작된 뒤 수도경비사령부의 지휘권을 행사했다고 알려졌다.[12] 이런 장교들은 관동군에서 양성됐는데, 관동군은 전쟁의 전주곡이 될 "사건들"을 도발하는 데 전문적 능력을 지녔다. 가장 잘 알려진 사건은 1932년의 만보산 사건이다.

● 원문에는 18연대로 나오나 오류로 판단돼 바로잡는다.

제17연대와 관련된 또 다른 사항은 악명 높은 "호랑이 김"이었다. 김종원은 일본군에서 복무하면서 "호랑이"라는 별명을 얻었다. 1945년 이후 그는 기자들이 자신을 "백두산 호랑이"라고 부르는 것을 좋아했다. 그는 1940년 일본군에 자원 입대한 뒤 군조軍曹[•]까지 승진했으며, 존 무초의 말에 따르면 그것은 "일본 육군에서 최악의 잔인성을 대표하는 계급"이었다. 그는 뉴기니와 필리핀에서 복무했다. 그는 1946년 동대문 경찰서에서 근무한 뒤 1947년에는 장택상의 경호원으로 8개월 동안 활동했다. 그 뒤 그는 군에 입대해 유격대 진압 작전을 거치면서 빠르게 승진했다. 미국인들은 진압 작전에서 그가 보인 잔인함(무초는 그것을 "무자비하고 효과적"이었다고 평가했다)과 미국인의 명령을 따르지 않은 것으로 그를 기억했다. 1948년 한 미국인은 그를 "상당히 체격이 크고 난폭한 남자"였다고 평가했다―김종원과 그 부하들이 체포한 여순반란 세력을 "야전침대에서 뜯어낸 침대봉과 죽창, 주먹으로" "무자비하게" 때리는 것을 보고 그렇게 평가했는데, 거기에는 여성과 어린이도 포함됐다. 그는 김백일·정일권과 긴밀히 협력했으며 1949년 8월에는 연대장으로 승진했다.

무초에 따르면, 전쟁이 발발한 뒤 주한 미군 군사고문단의 한 장교는 "김종원을 죽이겠다고 흥분했다." 하지만 에머리히라는 그 장교는 흥분하지 않았다. 에머리히는 "그를 제거하려는 사람이 없으면" 자신이 김종원을 쐈을 것이라고 말했다. 흥분한 사람은 김종원이었다. 그는 명령을 따르지 않았다는 이유로 휘하 장교와 병사 몇 사람을 죽이면서도 자신은 전염병을 피하듯 전선에 나아가기를 기피했으며, 포로와 유격대 50명을 참수했다(그들은 그렇게 취급된 부류 가운데 "일부"였을 뿐이라고 한다).

에머리히는 다른 곳으로 배치됐다. 김종원은 미국의 압력으로 연대장 지위를 일시적으로 박탈당했다. 그러나 이승만은 곧 그를 헌병대 부사령관으로 승진시켰고, 1950년 가을에는 평양 점령을 지원하도록 그를 파견했다. 그 뒤 그는 "젊은 남성을 필요한 인원수만큼 거리에서 강제로 징집"하는 공포

[•] 옛 일본 육군의 하사관 계급의 하나로 오장伍長의 위이며 조장曹長의 아래. 우리나라의 중사에 해당.

스러운 작전으로 유명해진 뒤, 계엄령이 내려진 부산의 사령관으로 근무했다. 또한 그는 "유일한 언론 감시인"으로 자부했는데, 실제로 『연합신문』 기자 2명을 폭행하기도 했다. 이런 사례를 볼 때, 필리핀이라면 그렇지 않을지라도, 한국에서 그는 전쟁 범죄자가 분명했지만, 호랑이 김은 이승만이 신뢰한 측근 집단의 일원이었다.[13]

이런 장교들이 이끈 제17연대와 함께 1930년대 한국에서 전개된 대립이 재현됐지만, 당시 상황은 완전히 달라졌다. 국가가 최대 위기에 빠졌을 때 같은 세대(이것은 한국의 문화적 맥락에서 매우 중요하다) 출신 전사들은 서로 상반된 진영을 선택한 것이다. 기회주의자들은 일본 군국주의자의 영향을 받았고 그들이 제공한 지위를 획득한 반면, 유격대는 오합지졸에 지나지 않았고 장비도 충분하지 않았으며 모든 측면에서 우세한 일본과 한국의 군대에게 추격당해 전멸됐다.

1950년의 상황은 그렇지 않았다. 봄에 한국군 제17연대가 내륙으로부터 옹진의 38도선으로 재배치됐을 때 그 부대는 식민지 시대의 부역자들이 이끌었는데, 북한의 장군들은 다가오는 몽구스를 엎드려서 기다리는 코브라의 기대감과 경계심이 뒤섞인 상태로 그들의 전진을 주시했을 것이다. 제17연대에 대항하기 위해 북한은 중국에서 경험을 쌓은 노련한 병사가 주축을 이룬 제6사단 예하 부대들을 해주 근처에 배치해 38도선 부근의 병력을 보강했다. 사단장은 방호산으로, 황푸군관학교에서 훈련받고 중국에서 오랫동안 항일전투에 몸담은 인물이었다.

1949년 5월부터 북한 언론들은 김석원과 김백일을 주시했다. 김석원은 1949년 38도선 지역의 책임자였으며 김백일은 남한에서 반란 진압 작전의 총사령관이었다. 북한은 그들이 그동안 지휘했던 정예부대에 큰 영향력을 계속 갖고 있었다는 사실을 알았을 것이다. 1950년 5월 18일 중국과 긴밀한 관계에 있던 북한 내무상 박일우는 이례적인 기자회견을 열어 북한의 침공이 임박했다고 주장한 신성모의 5월 10일 발표를 반박했다. 회견의 첫머리에서 박일우는 문제된 것은 "북벌"이지 남침이 아니라고 주장했다. 그는 남한의 지도자들이 북진과 관련해 "위험하고 도발적인" 발언을 한 것을 인용했는데, 거기에는 공격하면 "해주에서 아침을, 평양에서 점심을, 원산에서 저녁"을 먹을 것이라는 1949년 5월 4일 김석원의 발언도 들어 있었다. 박일우는 남한의 능력을 폄하했다. 남한의 지도자들은 "가마니에 든 쌀을 어떻게 팔지도 모른다"며 "조선민주주의인민공화국 정부는 남한 괴뢰의 위험한 전쟁 도발을 깊이 주시하고 있다. 아울러 (…) 입수한 정확한 정보에 따르면 이승만 괴뢰정권은 8개 사단 가운데 5개 사단을 38도선 일대에 집중했다"고도 말했다. 그는 그런 첫 사례로 옹진반도를 들었는데, 기존 병력에 2개 보병 연대가 보강됐다고 했다. 계속해서 그는 38도선 일대의 다른 병력 증강을 열거하면서 그 부대는 남한 내륙의 유격대 토벌전으로부터 이동한 것이라고 말했다. 봄을 맞아 유격대 활동이 증가한 시점에서 이런 조치가 내려진 까닭은 무엇이냐고 그가 자문자답했다. 이승만이 "내전을 일으키려고 하지만" 미국과 유엔 한국위원회가 그것을 은폐하려고 하고 있다는 것이었다. 그는 "평화통일"을 촉구하고 모든 한국인이 "경계심을 강화하고 (…) (이승만의) 위험한 도발을 억제할 수 있도록 늘 준비해야 한다"는 말로 끝맺었다.[14]

주한 미군 군사고문단 G-2 자료에서는 전쟁 직전 옹진에서 일어난 여러 경계 지역 분쟁을 기록했다. 1949년 전투와 비교하면 규모가 작지만 빈번한 충돌이 있었으며 인명 손실도 상당했고, 대부분 옹진-해주-개성 지역에서 일어났다. 5월 18~25일의 1주일 동안의 충돌 14건 가운데 7건은 옹진과 해주 근처에서 일어났으며, 북한인 32명과 남한인 6명이 죽었다. 그다음 주에는 25건의 충돌이 일어났으며, 사망자는 약간 줄었으며 옹진 부근에서 5건, 개성 부근에서 6건이 일어났다. 6월 1~8일의 13건의 충돌 가운데 5건은 옹진 바로 북쪽의 경계선에서, 2건은 해주 바로 동쪽의 경계선에서, 1건은 개성 부근에서 일어났다. 6월 8~15일의 보고에서는 14건의 경계 분쟁이 일어났으며, 그 가운데 3건은 해주 부근, 4건은 개성 부근에서 일어났으며, 대부분은 조선인민군이 아니라 옹진 지역에 있는 남쪽 유격대와의 충돌이었다. 그러나 같은 기간의 다른 자료에서는 38도선 일대에서 일어난 사건을 8건으로 집계하고(지역에 따라 나누지는 않았다) 한국군과 조선인민군을 통틀어 병사 12명이 사망했으며, 사상자 총수는 그 이전 몇 주보다 많았다고 지적했다. 6월 16~25일에 걸친 기간은 양쪽 모두 자료가 없지만, 전쟁 이전 몇 주 동안 서부 지역의 38도선이 특별히 조용했음을 보여주는 것은 아니다.[15]

6월 마지막 주 내내 이 외진 지역에서 전투가 계속 일어났음을 보여주는 독특한 자료가 있다. 노획된 북한 문서에는 해주에서 보고한 극비 "시민 의견"이 들어 있는데, 1950년 6월 21일 21세의 학생이 다음과 같이 말했다고 인용돼 있다. "38도선 일대에서는 거의 날마다 전쟁이 일어나고 있다."[16]

1949년 가을과 마찬가지로 1950년 봄의 영국 자료에서는 주한 미군 군사고문단 고문들이 "38도선 일대에 배치된 부대에서 호전적인 장교들을 해임할 것"을 요구했다고 보고했다. 당시 김석원을 한국 육군으로 복귀시키려는 시도가 있었으므로 이것이 그를 가리킨다고 생각할 수는 없다. 보고서에서는 그들이 해임되기 전까지 반복될 "38도선의 분쟁이 (…) 내전을 촉발할 수 있다"고 보고했다. 그러나 영국은 미군 장교들이 사태를 장악하는 한 그런 일은 일어나지 않으리라고 생각했다.[17] 그러므로 6월 말 로버츠와 라이트를 비롯한 주한 미군 군사고문단 간부들이 자리를 비운 것은 중대한 의미를 지녔다.

유엔 한국위원회의 군사감시단 로널드 J. 랭킨은 한 대담에서 자신과 F. S. B. 피치가 시찰했을 때 38도선 일대는 모든 것이 평화로웠지만 마지막으로 방문한 장소에서는 무언가 달랐다고 회고했는데, 그의 기억은 희미했지만 그 장소, 곧 옹진에는 꼬집어 말할 수 없는 무언가가 있었다.[18] 또 다른 감시단이었던 피치는 이렇게 말했다.

무슨 일이 일어났는지 나는 전혀 몰랐다. 해주와 관련해서는 아직도 이해할 수 없는 부분이 약간 있는데, 백(인엽)과 그의 부하들, 그러니까 제17연대가 그곳(해주)을 공격한 것이라고 생각한다. 연대의 일부가 남(한)으로 돌아오기 위해 전투를 벌였을 수도 있다고 생각한다. 전쟁이 시작된 뒤 얼마 동안 우리는 그것에 대해 듣지 못했으며 나는 무슨 일이 있었는지 거의 몰랐다.[19]

유엔 한국위원회 군사감시단은 6월 23일 금요일 아침 옹진에서 서울로 돌아왔다.

내가 지금까지 입수한 그 전투와 관련된 초기 첩보 자료는 옹진에서 전투를 누가 시작했는지에 대해 기묘할 정도로 애매하다. 흥미롭게도 6월 마지막 주 월러비의 한국 연락사무소에서 보낸 보고서는 하나도 남아 있지 않다. 공군 정보부는 "04시 정각 옹진에서 북한군과 한국군의 전투가 시작됐다. (…) 06시 무렵, 전투는 동해안까지 확대됐다"고 보고했다. 맥아더에게 전달한 최초의 보고에서는 "6월 25일 04시 정각 옹진반도에서 대단히 격렬한 전투가 시작됐다"고만 말했다.[20]

한국군의 통신을 소련이 도청한 자료로 이뤄진 특이한 문서[21]에는 옹진에서 도청한 한국 정보 조직의 통신이 포함돼 있는데 한국군은 "6월 25일 03시 옹진 지역에서 전투가 시작됐다. 현재(6월 25일 오전 10시 30분) 적이 격렬히 공격하고 있다"고 말했다(그 뒤 도청된 통신은 막연히 개시됐다는 상황이 아니라 북한의 침공이라고 언급했다). 아울러 정확한 날짜는 밝혀져 있지 않지만 18시 45분에 도청한 "참모본부"(한국군으로 생각된다)에서 보낸 통신은 오전 8시 정각 "합동 회의"를 언급했으며 회의는 "6월 25일 야간 작전을 계획했다." 이것은 전투가 시작되기 이전의 일을 언급할 수는 없기 때문으로 생각된다. 그 회의는 6월 24일 토요일 오전 8시에 예정된 것이 분명하다— 피치와 랭킨이 옹진을 떠난 몇 시간 뒤이며, 이승만이 조만식과 투옥된 남로당 간부를 교환하지 않겠다고 결정한 몇 시간 뒤이다. 도청된 것은 6월 23일 금요일 오후 6시 45분이었으며 옹진에서 전투가 시작됐다고 말하기 30시간 정도 전이었다.

남한의 미국인과 마찬가지로 소련인도 부대에서 적의 무선통신에 귀를 기울이고 있었다. 이런 도청 행위의 표적은 한국군의 통신체계였다. 이를테면 6월 25일 오전 8시 30분 신성모는 이렇게 발언했다고 인용됐다. "적은 격렬히 포격하면서 총공격을 감행하고 있다. 병력은 우리가 예상한 것보다 훨씬 많으며 (…) 거의 모든 지역에서 적은 우리와 경합하던 지점을 장악했다." 오전 8시 정각 옹진에서 누군가 무전했다. "상황이 매우 어렵다. 적은 계속 공격해오고 있으며 새 부대를 투입하고 있다."

도청한 통신에는 다음과 같은 내용도 있다. "함 번호 509호, 507호,

501호, 506호를 파견해 적과 교전하고 있다. 적의 병력은 아군의 8배다. 10시 50분 현재 아군 함선은 큰 타격을 입었다."이 통신이 도청된 시각이 6월 25일 오전 8시라는 사실은 군함이 그 전날 파견됐음을 뜻한다―6월 24일 오후 10시 50분 이전 어느 때였을 것이다. 해주는 육로뿐 아니라 해로로도 접근할 수 있었다. 이 정보는 6월 23일 "해주 지역을 공격하라는 임무를 받고 소규모 해군 부대를 지휘했다"는 전직 한국 해군 제독 이영은의 발언과 맞아떨어진다. AFP 통신도 6월 23일 오후 10시 정각 한국군이 해주 지역에 발포하기 시작했다고 보도했다. 나는 그 기사를 찾지 못했다.

이영은은 공산주의자의 잠입 작전에 관여했다는 혐의로 1950년 봄 군법회의에 회부됐지만 결백한 것으로 밝혀져 6월 임무에 복귀했다. 입수한 자료에 따르면 그는 해주 지역이 아니라 남해안의 진해 해군기지에 배속됐다. 이영은이 어떤 일에 관여했다면 해주 부근의 소규모 함포사격이었을 것으로 생각되며, 그것은 당시에 흔한 일이었다.[22]

도청 자료에는 6월 25일 오전 6시 정각 최일선에서 한국 국방장관이 보낸 명령도 있는데 "적은 우리 전선을 강력히 공격하기 시작했다. (…) 우리는 1, 2, 3지점에서 적 부대와 교전을 시작했다"는 내용이다. 이것은 요령이 부족한 통신문이다. 그것은 잘 알려진 사실, 곧 북한이 오전 6시 총공격을 시작했다는 사실을 명확히 규정하고 있지만 1, 2, 3지점이 어디인지 밝히지 않았으며, 마지막 문장이 반격인지 공격을 말하는 것인지 분명하지 않다. 소련의 이런 제한된 자료에는, 그 뒤 북한의 주장처럼, 남한이 38도선 전역에 걸쳐 총공격을 감행했음을 보여주는 증거는 없으며, 그 자체가 그 자료의 신빙성을 시사한다. 몇 주 뒤 소련은 북한의 비난 공세에 가담했기 때문이다.

영국 자료들은 북한이 제공한 포로의 증언을 토대로 이런 증언이 "믿을 만하다면 한국군은 북한의 침공에 대해 몇 시간 전에 경고를 받은 것이다. 증언에 따르면 한국군의 몇 개 부대는 6월 24일 경계 태세에 들어갔고 일부는 야간 동안 전진하라는 명령을 받았다"고 말했다.[23]

6월 21일 제17연대의 정면에 배치된 북한 여단의 문서는 또 다른 증거를 보여준다. 그 문서는 정찰 명령이었으며, 조악한 번역문으로 "앞으로 각 정찰부대는 적을 격퇴하거나 포로로 잡아야 한다"고 말했으며 계속해서 "공격 개시와 함께 적의 퇴각로와 집결지를 확인하라"고 명령했다.[24] 맥락에 비춰보면 여기서 "공격"은 반격을 뜻할 수 있다. 또는 그저 그 지역에서 날마다 벌어진 전투를 언급했을 수도 있다. 아무튼 그 자료는 북한이 비밀리에 침공을 계획했다는 증거를 제시하지 못하며, 부대는 남한의 공격을 예상하고 있었음을 시사한다.

1987년 평양에서 템스 텔레비전Thames Television과 가진 대담에서 정승철은 6월 24~25일 자신은 옹진반도 국경경비대의 참모장교로 복무하고 있었다고 말했다. 그는 이른바 남한의 공격을 다음과 같이 말했다.

솔직히 말해서 그때 나는 적이 또 공격해온 것이라고 생각했습니다. 전면전이라는 것은 몰랐습니다. 늘 있던 공격이라고 생각하는 동안 상관으로부터 반격하라는 명령이 하달됐습니다(원문 그대로). 그때야 나는 적이 전 국토에서 전쟁을 일으켰다는 사실을 깨달았습니다. (…) 그것은 거대한 무력을 동원한 도발이라고 생각했습니다.

해주는 한국군에게 점령된 적이 있었는가? 6월 26일 오전 3시 55분 맥아더는 "옹진반도의 한국군은 해주 방향으로 공격 태세에 들어갔다"고 보고했다. 그는 한국군이 언제 그렇게 했는지는 말하지 않았다. 윌러비의 본부에 배치된 극비 정보 지도는 6월 26일 오전 7시 제17연대가 해주를 점령했음을 보여준다. 이 정보는 해주를 점령했다고 채병덕이 발표하기 상당히 전에 나왔으며, 그 발표는 옹진에 있던 기자들의 잘못된 보도에 따른 것이라고 한국은 계속 주장했다(한국은 그 기자들을 템스 텔레비전의 다큐멘터리에 출연시킬 것을 제안하기까지 했다). 이튿날 윌러비의 정보 조직은 "(제17연대의) 1개 보병대대와 1개 포병대대가 해주를 점령했다"고 보고했다. 옹진 자체는 현재 북한군에 점령됐으며 6월 26일 오후 5시 시점에 제17연대 병사 1250명이 해로로 철수하고 있다고 보고했다. 드럼라이트는 백인엽이 휘하 병력의 60퍼센트를 6월 26일 옹진에서 철수시켰다고 말했다. 윌러비의 정보 지도에 따

르면 제17연대가 6월 28~29일 해주를 점령했지만 6월 30일 그들은 아무 설명 없이 사라졌다.[25]

북한 언론들은 해주를 점령했다는 채병덕의 발표를 "날조"이자 "희극"이라고 비난했지만 그것은 조선인민군이 언제나 승리하는 군대라 여기는 전형적인 허세일 수도 있으며, 그런 과실로 일부 지휘관이 곤경에 빠졌기 때문일 수도 있다. 패배를 좀처럼 인정하지 않은 것은 남한도 마찬가지였다.[26]

백인엽이 부대원 2500명 가운데 1750명을 옹진에서 철수시켰다면 남은 병력은 어떻게 됐는가? 애플먼은 "2개 대대는 대부분" 철수했지만 "나머지 대대는 초기 전투에서 완패했다"고 말했다. 북한은 제17연대에서 2000명을 죽였다고 주장했다. 그것은 과장으로 여겨지지만, 그렇지 않다면 제17연대에는 등록된 2500명이 아니라 4000명 가까운 병력이 있었을 것으로 생각된다.[27]

옹진에 2개 보병 연대가 배치됐다고 5월 18일 박일우가 비난한 것이 기억날 것이다. 1949년 후반 주한 미군 군사고문단이 한국의 반대를 무릅쓰고 옹진의 부대 규모를 줄이려고 했다는 것도 우리는 알고 있다.[28] 새로 배치됐다는 1개 보병 연대는 어땠는가? 윌리엄 도너번 문서에는—그 문서에서는 결정적으로 중요한 사실들이 매우 많이 발견됐다—C. E. 라이언 준장이 1952년 3월 도너번에게 제출한 보고가 포함돼 있다. 그 보고서는 38도선을 넘어 북한에서 탈출한 제17연대 병사들의 "탁월한" 쾌거가 기록돼 있다. "해로가 막히자 부대는 38도선을 넘었고 진로를 막는 붉은 군대를 격파하면서 북한을 공격했다. 노획한 무기와 전차를 사용하면서 한국군은 전투 부대의 일체성을 유지했으며, 교묘하게 남쪽으로 방향을 돌려 서울 부근에서 곤경에 빠져 있던 전우들과 재회했다." 이 작전의 지휘관은 누구였는가? 라이언은 김백일이라고 지적했다.[29] 물론 이 자료들은 그것이 반격이었다고 서술했다.

이승만의 가까운 고문 로버트 올리버도 비슷하게 설명했는데, 그는 백인엽을 지휘관으로 지목했다. 전쟁 직후 백인엽은 "부하들을 이끌고 북쪽으로 대담하게 반격했다. 그들은 (옹진)반도를 돌파하고 해주를 점령한 뒤 포위한 북한군과 싸우며 진로를 열었다." 앞서 본 대로 피치도 백인엽과 "그의 부하들"이 해주를 공격했을지도 모른다고 생각했다. 해럴드 노블도 해주 점령과 관련해 비슷한 보고를 올렸다. 6월 30일 "사기가 충만한" 제17연대가 서울이나 그 남쪽 근교에서 열차를 탔다고 보고했다. 며칠 전 수많은 부상자가 나온 큰 패배를 겪은 부대가 그렇게 사기가 충만할 수는 없었다.[30]

김백일과 김석원은 공식적인 지휘관이 아니었으며, 6월 마지막 주말 그들이 어디 있었는지 나는 모른다.[31] 그러나 7월 15일 김석원은 이승만이 신임하는 수도경비사령관에 임명되는 포상을 받았다. 김백일은 1950년 가을 미국인 고문 에드워드 로니 중령과 함께 한국군 제1군단 전체를 지휘했다.[32] 김백일은 1951년 비행기 사고로 사망했다.

전투가 시작된 상황을 정확히 파악할 수 없음은 전투 개시 직후 무초가 보낸 유명한 전문에서도 보이는데, 그는 "주한 미군 군사고문단의 현지 고문이 부분적으로 확인한 한국군의 보고"에 기초해 북한이 옹진에서 공격했다고 보고했다. 그 뒤 그는, 상당히 절제했다고 생각되는데, 38도선 일대에서 양쪽이 끊임없는 공방을 주고받았기 때문에 "25일 아침에 (⋯) 무슨 일이 일어났는지 단정하기 매우 어렵다"고 말했다.[33] 이 모든 것은 최소한, 6월 25일 아침에 일어난 사건의 증거가 상당히 미미하긴 해도 그것을 근거로 미국의 개입과 유엔의 관여가 이뤄졌음을 알려준다.

개성에서 일어난 폭발

자정부터 오전 4시 사이(증언에 따르면)에 옹진반도에서 시작된 전투는 2~4시간 뒤 개성 근처까지 확대됐다. 몇 세기 동안 한국의 지주·귀족들이 도회적 유흥을 즐길 수 있는 곳이었으며, 상인계급 중심지로 태동했다가 결국 실패한 개성은 1950년 당시 몰락한 양반 문화를 보존한 작은 박물관이었다. 또한 그곳은 분쟁의 중심지였다. 도시 동북단에 형성된 38도선 부근에 작은 송악산이 있는데, 1987년에도 포격의 흔적을 볼 수 있었다.

두려움을 모르는 마거릿 히긴스는 5월 말, 총선거 전날 개성을 방문했다. 북한의 라디오방송은 총선거 날 38도선 전역에서 남침할 것이라는 도발적 위협을 쏟아냈다. "앞으로 며칠 동안 개성의 정세가 결정적으로 중요할 것"이라고 그녀는 썼지만, 제12연대장 전성호는 그녀에게 말했다. "공산 세력이 우리를 공격한다면 우리는 늘 그랬듯 그들을 격파할 것입니다. 그러나 우리는 그들이 허세를 부리는 것이라고 생각합니다." 이튿날 로버츠도 북한의 침공 가능성을 낮게 봤지만 이렇게 말했다. "이 시점에서 우리는 침략을 오히려 환영한다. 그것은 우리에게 사격 훈련 기회를 줄 것이다."[34]

개성은 6월 25일 아침 38도선 지역에서 미군 장교가 체재한 유일한 지점이었다. 한국군 제12연대에 배속된 주한 미군 군사고문 조지프 대리고는 송악산 바로 아래 있는 주한 미군 군사고문단 시설에서 자고 있었다. 오전 5시 그는 포격을 듣고 잠자리를 뛰쳐나왔다. "포성의 크기는 적의 공격을 알려줬다." 달리 말하면 그는 일어났을 때 어느 쪽의 포성을 들었는지 몰랐다는 얘기였다. 곧바로 그는 지프차에 올라타고 시내 중심부에서 열차에서 내린 조선인민군 병사들의 총격을 피하면서 남쪽으로 갔다. 그는 한국군 제1사단 사단본부를 발견했고, 거기서 다름 아닌 사단장 백선엽을 만나 그와 함께 일요일의 나머지 시간을 보냈다. 한 미국인 선교사는 대리고의 지프차 소리를 들었지만, 그런 소리와 포성은 너무 흔한 일이어서 무시하고 다시 잤다. 그가 2시간 뒤 깼을 때 조선인민군 병사들이 그의 방을 응시하고 있었다. 그는 그 뒤 3년을 북한의 포로수용소에서 보냈다.[35]

개성에서 시작된 철도는 서쪽으로 6마일(약 9.7킬로미터) 정도 가서 북쪽으로 굽어져 2마일(약 3.2킬로미터) 정도 진행한 뒤 38도선을 넘는다. 1949년 송악산 전투가 일어났을 무렵 북한은 침공을 곤란하게 만들려는 목적으로 자기 지역의 철로를 철거했다. 그리고 6월 25일 직전 그 철로를 다시 놓은 것이 분명했다. 병사들이 열차를 타고 8마일(약 12.9킬로미터)을 이동하는 데는 그리 오랜 시간이 걸리지 않을 것이다(1시간 정도로 생각된다). 그러므로 개성에서도 북한이 남한의 도발에 반격하는 것이 아니었음을 보여주는 증거는 얻을 수 없다. 그러나 예리한 독자에게 이 철도 문제는 많은 것을 말해

줄 것이다. 옹진에서 일어난 도발에 대응해 오전 3~5시에 철로를 다시 놓는 것은 불가능하다. 그들이 도발을 받지 않고 공격을 시작했다고 아직 말하지는 않더라도 이것은 북한이 남한에 대한 공격을 준비했다는 증거의 첫 번째 조각이다(곧 다른 것도 많이 나올 것이다).

예리한 독자는 다음과 같은 의미 있는 사실에도 관심 가질 것이다. 6월 26일 미 육군성은 맥아더에게 물었다. "한국군은 앞서 계획된 지뢰 매설 지역 방어 작전을 수행할 능력이 있는가? 만일 그렇다면 북한군 전차가 어떻게 그 지역을 돌파할 수 있었는가?" 클레이 블레어는 도로에 매설된 지뢰는 바주카포보다 "훨씬 효과적인 대전차 휴대 무기"라고 썼다. 미국은 그런 지뢰를 한국에 대량 제공했다. 그러나 6월 25일에 그런 지뢰는 매설되지 않았다.[36] 1949년 북한은 철로를 철거하고 개성에서 북쪽으로 이어지는 모든 도로에 지뢰를 매설했다. 1950년에는 철로를 다시 놓고 지뢰를 제거했다. 그러나 남한은 지뢰를 매설하지 않았으며 대부분의 육군과 물자를 38도선 가까운 전방에 집중시켰다—이것은 방어태세가 아니었다. 그렇다면 이런 행동 구조는 무엇을 뜻하는가? 1949년에 북한은 싸울 준비가 되지 않았지만 남한은 준비됐으며, 1950년에는 북한도 싸울 준비를 마쳤으며 남한도 그랬다는 것이다.

뜻밖에도 조선인민군은 전쟁 몇 주 전이 아니라 개전과 동시에 지뢰를 철거했다. 6월 29일자 수기 보고서에 따르면 2공병 중대에서 4개 소대가 6대대(사단은 밝혀져 있지 않다)로 파견됐으며, "대대장의 공격 명령을 받고 도로 통과를 확보할 수 있도록" 6월 24일 오후 10시부터 6월 25일 오전 4시까지 지뢰를 제거했다. 그러나 그 부분 바로 앞에서 보고자는 이것이 모두 "전투 개시 후"에 일어났다고 썼으며, 이것은 예상된 야간 공격에 대한 대응 또는 조선인민군의 침공에 반격을 준비한 것과 부합한다. 또한 그 보고서에서는 그 부대가 6월 26일에도 38도선 이북에서 지뢰 철거를 계속했다고 말했다.[37]

한국전쟁과 관련된 문헌은 한결같이 전차는 공격 무기며 그러므로 그런 사실 자체가 북한의 의도를 증명한다고 전제하고 있다. 그러나 군사전략가들 사이에서는 전차가 공격 무기인지 방어 무기인지 의견이 일치하지 않는다.[38] 그리고 물론 그런 문헌에서는 한국군이 전차에 무방비 상태였으며 바주카포도 거의 보유하지 못했다고 상술하고 있지만 어째서 대전차지뢰를 매설하지 않았는지는 조사하지 않았다.

자료 가운데는 한국군 제12연대장 전성호●가 북한의 개성 공격을 도왔을 수도 있다고 암시한 것도 있다. 나중에 무초는 그가 "의심스러운 상황에서" 북한에 투항했다고 말했다. 또 다른 미국 자료에서는 북한이 첫 공격을 시작했고 서울을 신속히 점령할 수 있었던 이유는 "부역자가 미리 형성해놓은 제5열의 도움 때문"이라고 주장했다. 이런 흥미롭지만 대단히 민감한 문제를 상세히 다룬 자료는 없다.[39] 그러나 이것은 5월 총선거 결과, 북한과 통일을 추진하려는 중도파가 약진했고 이승만과 그 세력이 고립됐다는 해석과 맞아떨어진다. 개성은 서울로 직행할 수 있는 경로이므로 한국군을 패퇴시키기에 좋은 지점이었다. 아무튼 전투는 금방 끝났고 역사적으로 중요한 이 도시는 북한의 손에 넘어갔다. 한국군 제1사단 병사들은 개성에서 몇 킬로미터 남쪽에 있는 문산汶山에서 방어선을 구축했고 거기서 사흘 동안 조선인민군을 저지했다.

동부로 확대된 전투

개성에서 더 동쪽에 위치한 38도선 부근 도시인 춘천에 있던 사람들은 6월 25일에 전투가 시작된다는 정보를 미리 알았음이 분명했다. 당연하게도 남한과 미국 자료에서는 그것을 북한의 공격에 대한 사전 경고라고 서술했다.

윌러비의 한국 연락사무소KLO 소속으로 여겨지는 주한 미군 군사고문단 정보장교 토머스 D. 맥파일은 자신이 북한 지역으로 보낸 남한 공작원들로부터 "풍부한 정보"를 얻고 있었다. 6월 22일 목요일 그런 정보를 얻은 그는

● 원서에는 '송호찬Song Ho-ch'an'이라고 되어 있지만(582쪽) 580쪽에서는 '전성호'로 서술했으며 일본어 번역본(하권 684쪽)에서도 '전성호'로 표기했기 때문에 여기서도 '전성호'로 번역했다.

춘천 근처 제6사단에 배속된 임지를 떠나 서울로 가서 G-2 장교들에게 북한이 38도선에서 주민들을 소개했으며, 위장한 전차와 대포를 38도선 바로 북쪽의 "제한 지역"으로 비밀리에 이동시켰다고 경고했다. 미국의 G-2는 "관심을 보이지 않았지만" 맥파일의 정보에 따라 제6사단은 외출 허가를 모두 취소하고 "주말 동안 완전 방위 태세"에 들어갔다. 이런 "준비" 덕분에 "최초의 공격을 격퇴할 수 있었다."[40] 주말 휴가를 떠난 한국군을 북한군이 기습했다는 설명은 이제 그만하겠다. 이런 사전 정보와 제6사단의 경계가 한국군의 다른 부대에 전달되지 않았다는 것은 좀처럼 믿기 어려우니 말이다.

춘천에서 오전 5시 30분, 그러니까 옹진에서 전투가 시작되고 무선통신 부대가 그것을 서울과 아마 다른 부대로 연락한 지 2~3시간 뒤에 공격을 받았다고 애플먼은 말했다. 외출 허가가 나지 않았고 "공격받았을 때 방어 지점에 모든 인원이 배치돼 있었다"는 점은 같았지만, 그는 맥파일과는 약간 다른 설명을 했다. 애플먼은 맥파일이 일요일 아침 원주에서 춘천으로 갔다고 보고했지만, 맥파일은 전투가 시작됐을 때 자신은 서울에 있었다고 리지웨이에게 보고했다. 아무튼 그는 38도선에 있지 않았던 것이다.[41]

전투가 시작됐을 때 조선인민군 제2사단과 맞닥뜨린 것은 한국군 제6사단 7연대였다. 미국인은 없었다. 북한군은 월요일(6월 26일) 저녁까지 전차를 동원하지 않는데, 이는 초기 전투는 국경경비대가 수행했음을 말한다. 격전에서 제6사단은 임무를 실로 잘 수행해 춘천은 사흘 동안 함락되지 않았다(드럼라이트는 6일이라고 말했다). 나중에 서울이 함락돼 적에게 포위됐기 때문에 후퇴했을 뿐이다.[42]

동해안에서는 한국군 제8사단도 선전했다. 그 지역에서도 38도선에 미국인은 없었다. 삼척의 한국인들은 주한 미군 군사고문단 조지 D. 케슬러 고문에게 북한이 공격했다고 알렸다. 공식 기록은 전투가 언제 시작됐는지 정확히 밝히지 않지만, 애플먼은 "오전 5시쯤"이라고 말했다. 당초 북한이 남부 지방의 포항에 유격대를 상륙시켰다는 보고가 올라왔는데, 그렇다면 그것은 며칠 동안 미리 준비했다는 명확한 증거가 될 것이다. 그러나 그것은 남한 경찰의 거짓 보고로 판명됐으며, 어쩌면 남한 당국이 허위 정보를 흘린 것일 수도 있었다.

상륙은 오전 5시 무렵 삼척 부근에서 그리고 "나중에는" 강릉 부근에서 이뤄졌는데, 분명치는 않지만 6월 25일 어느 때였다. 케슬러는 해안에 정박해 있는 삼판선三板船(중국식 돛단배)과 정크선 그리고 수백 명의 사람을 봤다—그런데 그들은 "정규군이 아니라 유격대처럼 움직였다."[43] 그러나 이것은 1950년 3월에는 매주 보는 일상적인 광경이었다. 그곳은 강력한 좌익과 유격대의 근거지였으며, 유격대는 대부분 남부 출신이었다. 한국 당국은 정책상 유격대를 모두 북한 출신으로 파악했다. 전쟁 초기 동해안의 전투는 격렬하지 않았으며, 강릉은 6월 28일까지 남한의 손에 있었다. 아무튼 남한은 이 고립된 지역에서 들어오는 정보를 장악했으며, 서울과 그 지역을 직접 연결하는 철도나 도로는 1960년대 후반까지도 없었다.[44]

애플먼에 따르면 오전 5시 30분쯤 철원 남쪽에 위치한 38도선 일대에서 조선인민군이 한국군 제7사단 1연대를 공격해 큰 타격을 줬다. 한국군은 패퇴했으며, 조선인민군 제3사단과 제4사단은 전차 여단과 함께 그 지점을 돌파해 서울로 맹렬히 진군하기 시작했다.[45] 이 부대의 남쪽에는 한국군 제7사단이 있었으며, 그 사령부는 침공로의 요충지인 의정부에 있었다. 제7사단은 월요일 아침까지도 부대를 전투에 투입하지 않았는데, 대전에서 열차로 오던 제2사단이 보강되기를 기다렸기 때문으로 생각된다. 월요일에 제2사단이 도착했지만 전선은 붕괴됐으며 부대는 공황 상태에 빠졌다. 이처럼 의정부의 회랑지대가 무너지자 6월 26일 오후와 저녁 북한군은 그곳으로 쏟아져 내려왔고, 서울은 위기에 빠졌다. 후일 드럼라이트는 "제2사단의 패전"이 서울이 조기에 함락된 주요 원인이라고 지적했다.[46] 제7사단과 제2사단이 방어에 실패한 것은 미국인들이 자세하게 말하지 않고 애매하게 언급한 "제5열"의 활동 때문이었을 수도 있다. 그러나 한국군의 전략이 초래한 결과일 수도 있다.

2개 사단은 공격을 광범위하게 준비하지 않고는 이 전략적 회랑지대를 통과할 수 없었다. 옹진·개성·춘천 전투와 달리 이것은 북한이 공격을 미리 계획했다는 아주 좋은 증거다. 그러나 아직도 북한이 6월 25일 오전 4시에 전투를 개시했다는 증거는 아니다. 지휘관이 전투를 예상하거나 모의전투에서 대규모 부대 훈련을 실시할 때 최상의 상태에 있는 2개 사단을 즉시 참전할 수 있도록 대기시키는 것은 일반적인 방법이다. 주한 미군 군사고문단 정보장교들은 북한의 공격이 임박할 경우 24시간 전에 경보를 받을 것이라고 자신했으며 그것은 경계 태세에 들어가고 필요한 방어를 준비하는 데 충분한 시간이라고 생각했다는 것을 기억하라. 적어도 2~3개 사단의 조선인민군이 1949년 5월 이후부터 이런 준비 태세를 유지하고 있었다고 보인다. 북한군이 의정부 회랑지대를 진군해 내려갈 수 있었던 것은 북한의 준비보다는 한국군의 붕괴나 후퇴 때문이었다고 생각된다. 북한은 한국군 제2사단이 자신들에게 저항하지 않을 것을 알았거나 그게 아니라면 제2사단은 저항할 의사가 없었는지도 모른다.

조선인민군은 6월 25일 완전히 동원되지 않았으며 수적으로 우세한 부대와 맞닥뜨렸다는 사실도 알려져 있다. 7월 말 맥아더 사령부가 유엔을 거쳐 보고한 내용에 따르면, 38도선 동쪽과 서쪽 일부 지역에서 북한은 증강된 국경경비대 여단을 투입했고, 개성과 춘천에서는 각각 1개 사단을 투입해 공격했으며(그러나 앞서 본 대로 처음부터 그러지는 않았다), 8000~1만 명의 병력과 50대의 전차로 의정부 회랑지대를 통과했다—합산하면 3만8000명 정도의 병력이었을 것이다. 한국군은 거기에 맞서 서울 근처나 북부에 5개 사단을 배치했으며 병력은 적어도 5만 명 정도였다.[47]

이처럼 6월 25일 이른 아침 전쟁이 서부에서 동부로 확산됐음을 보여주는 증거는 첫 번째 모자이크, 다시 말해 잠들어 있고 준비를 갖추지 못한 남한을 38도선 전역에 걸쳐 갑자기 전면적 침공을 개시했다는 판단을 뒷받침하지 않는다. 조지프 대리고는 전투가 시작됐을 때 38도선에 있었던 유일한 미군이었다. 그는 누군가의 포성에 잠을 깼다. 초기 전투에 관한 그 밖의 정보는 모두 한국군 정보원에서 나왔으며, 1949년 여름에 얻은 증거가 보여주듯, 그것은 전혀 믿을 수 없는 것이었다. 그러나 그 증거조차도 전투가 서쪽에서 동쪽으로 몇 시간에 걸쳐 번져나갔으며, 한국군 제6사단은 적어도 하루 정도 먼저 경고를 받았음을 보여준다. 북한은 문산·춘천이나 동해안에서 그리 좋은 전과를 올리지 못했다. 남한 부대들이 저항으로 보기 어려운 반격을 하거나 싸움을 선택하지 않았기 때문에 북한군은 개성과 의정부를 돌파할 수 있었다.

북한이 투입한 병력도 군사전략 측면에서 보면 더 큰 문제를 야기한다. 존 미어샤이머는 치밀한 논리를 전개한 저작에서 전격전술을 사용할 때 "전략적 돌파"를 성공시키려면 공격 측의 병력이 3대 1 정도 우세해야 한다고 서술했다.[48] 6월 25일 이후의 전투 과정은 고전적 전격작전과 비슷하다. 하지만 전투 데이터의 순서를 따라가보고 증거들에 살펴보더라도 이는 비슷한 규모이거나 더 큰 규모의 적을 상대로 진행된 전격전이었다.

남한과 북한의 일요일

서울에 있던 드럼라이트가 침공 소식을 안 것은 일요일 오전 8시 15분이었고 무초는 오전 9시 30분이었다. 두 사람은 즉시 워싱턴에 전보를 보냈는데 대부분 한국군의 보고를 토대로 전황을 보고했다. 정오 직전 무초는 이승만을 만났는데 이승만은 "현재의 위기는 한반도 문제를 단번에 영원히 해결할 수 있는 최선의 기회가 될 것"이라고 말할 정도로 태연했다. 또한 그는 이 공격을 "제2의 사라예보"라고 불렀는데, 뮌헨에 비유한 트루먼보다 나은 비유였다. 물론 이것은 미리 동원돼 배치된 군대가 신속히 참전하는 상황을 비유한 것으로, 작은 사건이 철컥 하는 소리와 함께 전면전으로 자동 확산되는 것을 말한다.[49]

주한 미군 군사고문단은 일요일 아침 신속하게 행동을 개시했지만 로버츠 장군과 라이트 장군이 "흔들림 없이 지휘하지 못한 것은 대단히 아쉬웠다"고 드럼라이트는 보고했다. 전투 초기에 대한 해럴드 노블의 보고는 매우 중요했지만, 그는 6월 23일 명확한 이유를 밝히지 않은 채 도쿄로 가서 6월 26일까지 그곳에 체류했다. 무초도 오후 3시 유엔 한국위원회와 회동했는데, 중국 국민정부의 외교관으로 유엔 한국위원회 위원장이던 류위안의 요

청에 따른 것이었다.[50]

6월 25일 아침 한국 로비의 주요 인물이자 이승만의 친구인 해럴드 레이디는 갑자기 도쿄로 날아갔다. 앞서 지적한 대로 레이디는 이승만에게 각료들보다 더 큰 영향력을 미친다고 아서 번스는 생각했다. 1950년 레이디는 한·일무역의 매우 민감한 협상에 참여하고 있어서 한국과 도쿄를 오갔으며, 800만 달러의 협정을 개인적으로 교섭하고 있었다. 전쟁이 터진 아침 "레이디 씨는 개인적으로 수속을 밟고 일본으로 날아갔다"고 나중에 존 앨리슨은 밝혔다. 그가 왜 그렇게 했는지 또는 일본에서 누구를 만났는지 기록은 없다. 그러나 그 뒤 그가 한국으로 돌아오려고 할 때 무초는 그를 "기피인물"로 규정하면서 입국을 저지했다. 연합국 최고사령부도 그의 일본 체류를 허가하지 않아 그는 미국으로 돌아갔다. 레이디 사건 문서에 휘갈겨 쓴 메모에는 "무초가 증거를 파기해 유감"이라고 적혀 있다. 나중에 굿펠로는 이승만에게 말했다. "침공이 일어났을 때 (레이디의) 행동에 대한 여러 이상한 이야기를 들었습니다. 저는 진실을 알고 싶습니다." 이승만이 어떻게 대답했는지는 기록이 없다.[51]

6월 25일 아침 존 건서는 도쿄에서 점령군 장교와 이야기를 나누고 있었는데, 장교는 갑자기 걸려온 전화를 받으러 갔다가 "돌아와서 '큰 사건이 터졌습니다. 남한이 북한을 공격했습니다!'라고 속삭였다." 그 뒤 건서는 이 부적절한 토막 소식을 묵살했으며 "전략적으로, 그리고 전술적으로도 완전한 기습이며 진주만보다 더 불명예스러운" 북한의 침공에 대한 "어처구니없을 정도로 부정확한 정보"라고 말했다.[52]

평양의 한국인들은 남한이 전투를 시작했다고 들었는데, 자세한 내용은 없었지만 흥미로운 부분이 있었다. 6월 26일 군 기관지 『조선인민군』[53]에는 1면에 내각과 내무성의 중요한 성명이 게재됐다. 내각의 성명에서는 남한이 6월 25일 "이른 새벽"에 38도선 이북의 영토로 "불의의 침공"을 했다고 짧게 언급했다(과거에 조선인민군은 "이른 새벽"이라는 표현을 오전 1시를 가리키는 것으로 사용했다). 내각은 6월 25일의 이런 "절박한 긴급사태"를 논의했다고 성명은 밝혔다.

내무성의 성명도 비슷했지만 기습 공격은 "38도선 일대의 전투 지역에서 일어났다"면서, "서쪽(곧 옹진)에서 시작돼 해주로 향했으며" 금천과 철원 지역에서도 일어났다고 밝혔다. 한국군은 1~2킬로미터 정도 전진했다. 북한 당국은 국경경비대에게 침략자를 "격퇴하라"고 명령했고, 그에 따라 "격렬한 방어전"이 시작됐다. 침략자들은 안강 지역으로 격퇴됐다.

그런 뒤 내무성은 남한이 "위험한 전쟁 행위"를 멈추지 않으면 북한은 "단호히 반격해 적을 제압할 것"이라고 경고했다. 동일한 신문에 게재된 내무성의 최신 보고는 국경경비대를 지원하기 위해 급파된 조선인민군이 "반격을 전개해" 적을 격퇴하고 "많은 지역에서 (⋯) 5~10킬로미터" 남쪽으로 밀고 내려갔다"고 말했다.

군 기관지는 또한 6월 25일 오후 10시에 열린 군 간부 회의에서 이승만은 그동안 평화통일에 온갖 수단을 써서 반대하다가 이제 침공을 개시했다는 요지의 김일(김일성이 아니다)의 성명을 검토했다고 보도했다. 이것을 제외하면 전쟁을 언급한 내용은 없었다. 그 기관지의 다른 면에 실린 기사에서는 모든 사람에게 통일의 소식을 전하라고 선전 활동가에게 호소했으며, 이승만의 침공은 평화통일을 향한 커져가는 운동을 저지하려는 것이라고 지적했다. 이런 기사에서는 소련, 스탈린, 사회주의나 공산주의를 전혀 언급하지 않았다. 한 기사에서는 해방 5주년 기념일에 서울 거리에서 승리의 종을 울리자고 호소했는데, 북한이 더욱 어려운 전투가 전개될 것을 예상했다고 볼 수도 있다.

이 기관지의 사설에서는 신탁통치를 둘러싼 분규가 전개되던 시기까지 거슬러 올라가서 이승만의 악행을 장황하게 열거했는데, 그 대부분은 통일에 반대했다는 것이었다. 그것은 특히 이승만이 6월 19일 남북합동회의의 성명에 반대한 것에 주목하면서, 분단된 조국을 다시 통일하려는 "조선 인민의 일치된 염원"에 역행했다고 비난했다. 이승만은 미 제국주의자의 지도를 받아 "조선 인민의 잔혹한 적인 일본 제국주의와 결탁하는 지경까지 이르렀다"고 사설은 비난했다. 그리고 다음과 같이 말했다. 남한이 6월 23일 북한으로 포격을 시작해 북한 영내에 있던 한 사람이 죽고 20명이 다쳤다. 따라서 "우리는 매국노들의 범죄행위를 더 이상 참을 수 없으며" 심판의 날이 다가왔고 "조국 통일의 시간이 왔다!" 모든 조선인은 독립과 통일을 위해 일어서서 조국과 인민과 "경애하는 위대한 수령 김일성"에 대한 사랑을 보여야한다. "남한 인민을 신속히 해방시키기 위해 전투로 나아가자!"

통일 문제를 강조한 것 외에도 이 사설(과 그 밖의 기사들)이 다음과 같은 사항은 전혀 언급하지 않은 것은 주목된다. (1) 남한의 유격대 (2) 남한에서 전개되던 공산주의 지하활동에 대한 탄압 (3) 덜레스의 38도선 시찰. 이것은 두 가지 해석에 대한 아주 좋은 반증인데, 하나는 박헌영이 침공을 유도했다는 것이고, 다른 하나는 덜레스가 전쟁을 도발하기 위해 한국을 방문했다고 북한이 실제로 믿었다는 것이다(북한은 그 뒤 계속 그렇게 말하고 있다). 이것을 제외하면 다루고 있는 주제는 이승만이 6월 19일의 제안을 거부한 뒤 6월 21일에 쓴 사설과 매우 비슷했다. 그 사설은 미리 쓴 것이 아니라 6월 26일에 맞춰 내려고 서둘러 쓴 것으로 보인다. 그 밖의 기사는 대부분 6월 25일 이전에 쓰인 표준적 내용이었다. 한 기사에서는 3월 16일 애치슨이 한 "총력외교" 연설을 "원자폭탄 같은 협박"이라고 말하면서 맹공했다.

6월 26일 김일성은 대국민 성명을 발표해 남한이 38도선을 넘어 "전면적 침공"을 했다고 비난했다. 이승만은 동족 사이의 내전을 "도발"하려고 오랫동안 기회를 노리면서 전선에서 "끊임없이 충돌을 야기했다." 이승만은 "북벌"을 준비하려고 "불구대천의 원수인 일본 군국주의와 결탁하기에 이르렀다. 이제 조선인민군은 반격에 나서 남한으로 10~15킬로미터 전진해 옹진·개성·연안을 해방시켰다고 김일성은 말했다.

김일성은 제국주의의 지배를 다시 받지 않으려면 모든 조선 인민이 일어나야 한다고 호소했다. 유격대는 활동을 넓히고, 노동자는 파업을 전개하며, 농민은 토지개혁을 추진하고, 인민은 인민위원회를 재건해야 했다. 그의 성명에는 남한이 침공했다는 문제는 자세히 언급하지 않았다. 내부 자료에서도 이승만의 도발이 정확히 어떤 것인지 명확히 밝히지 않았다.[54] 이처럼 세번째 모자이크는 언급할 가치가 거의 없다. 38도선 전역에 걸쳐 남한이 총공격을 감행했다는 증거는 당시 북한의 자료에서도 찾을 수 없다.

"북한이 침공했다는 증거 문서"

전쟁이 발발한 지 1년쯤 뒤 미국은 노획한 북한 문서들을 공개했는데 북한이 "정당한 이유 없는 침공"을 6월 25일에 시작하기로 신중히 계획하고 준비했다는 내용이었다. 그 이후 대부분의 학술 자료와 공식 설명은 그 문서의 신빙성을 인정했는데, 그것은 첫 번째 모자이크가 옳다는 것이었다. 지금까지 공개되지 않은 합동참모본부의 기록 자료는 그 문서가 "공식적 공격 명령이 있었음을 확인해줬다"고 서술했으며 애플먼도 그 문서의 신빙성을 인정했다. 처음부터 북한은 그 문서가 위조된 것이라고 주장했다.[55]

문제의 문서 중 하나는 6월 18일 조선인민군 제4사단 참모장에게 발령된 "정찰명령 1호"이고 러시아어로 씌어 있었으며, 다른 하나는 6월 23일 제4사단장 이권무가 발령한 "작전명령 1호"이고 한국어로 씌어 있었다. 첫 번째 문서는 1950년 10월 4일 서울에서 발견됐고 두 번째 문서는 7월 전장에서 발견된 것으로 추정된다.

한국전쟁과 관련된 그 밖의 여러 측면과 마찬가지로 "수수께끼"를 푸는 이 조리개는 구멍을 넓힐수록 초점이 더 흐려질 뿐이다. 기록 자료에 서술되지 않았고 금방 생각나지 않는다는 이유로 권력 상층부는 1951년 4월 그 문서(의 영역본)를 기밀 해제에서 제외하기로 결정했으며, "문서의 공개를 반대한" 안보 관련 인사들의 반대를 무릅쓰고 맥아더의 해임도 강행되었다.[56] 트루먼 행정부는 맥아더를 해임하는 데 불복종이라는 한 가지 죄목만 적용하고, 다른 것—I. F. 스톤이 제기해 그 뒤 맥아더가 전쟁 발발과 연관됐다는 수준까지 확대된 의심—은 적용하려고 하지 않은 것으로 추측해본다.

그 문서들의 원본은 발견되지 않았다. 미국 정부의 여러 기관에서 근무한 기록관 두 사람은 그 문서들의 원본을 오랫동안 찾았지만 발견하지 못했다고 내게 말했다. 1965년 북한이 그 문서가 위조된 것이라고 다시 주장하자 판문점의 미국 당국자는 전사戰史 책임자와 긴급히 연락했지만 그 또한 원본을 찾지 못했다. 그래서 그 당국자는 윌러비 장군에게 원본을 찾아달라고 의뢰했다(두 문서 모두 윌러비의 연합군 번역통역부에서 조사했다).

육군성 기록수집소 및 관련 고문서보관소를 광범위하게 조사했지만 이 명령서를 찾지 못했다. 영역본은 입수할 수 있지만 군사휴전위원회는 그 명령서의 번역 이전 판본을 요구하고 있다. 조사에 따르면 "작전명령 1호"는 1950년 9월 극동군 총사령부 G-2, 연합군 번역통역부에 보관돼 있었던 것으로 밝혀졌다. 이것은 그 문서의 소재에 대한 마지막 기록이다.

윌러비는 "적의 문서를 취급하는 것은 일상 업무에 가까웠다"고(그 의미가 무엇이든) 대답했으며 그 문제를 일본어 전문가인 미국인 두 사람에게 의뢰했다.[57]

상부의 지시로 기밀 해제에서 제외된 한국전쟁 관련 가장 중요한 두 문서는 어디 있는지 알 수 없다. 공산 세력은 그것이 위조됐다고 주장한다. 그 문서들을 취급한 부서를 이끈 인물은 장년의 반공주의자 윌러비였다. 그에게 긴급한 요구가 내려왔다. 그러나 그는 그 문서들이 (거의) 일상적 업무로 처리됐다고 말했으며, 러시아어와 한국어로 쓰인 그 자료에 대한 조사는 일본어를 해독할 수 있는 하급 직원에게 맡겼다(조사는 거기서 끝났다).

"정찰명령 1호"[58]는 조선인민군 정보참모가 6월 18일에 작성해 여러 부대에 전달했다—수령한 날짜는 명확하지 않다. 부대마다 다른 지령이 내려졌다. 해주 근처에 배치된 제3경비여단(조선인민군이 아니라 국경경비대에 소속된)에 전달된 지령은 다음과 같았다. "강화된 (한국군) 제17연대가 옹진반도에서 방어 태세에 있으며, 연안군에 배치된 제12연대의 1개 대대도 (…) 방어 태세에 있다. 방어선의 전방은 38도선의 고지 경사면을 따라 형성됐다." "공격을 준비하고 포격하는 동안" 제3경비여단은 다양한 사항—적을 지원하거나 소개하기 위해 함대가 들어오는지 주변 해역을 정찰하는 등—을 "좀더 정확히 파악하라"고 지시했다.

이 문서에는 6월 20일에 러시아어로 작성된 "북한군의 공격 작전 관련 정보 계획"이 첨부돼 있는데 날짜는 밝혀져 있지 않다. 러시아어 판본에는 "조선인민군Koreiskaia narodnaia armiia"으로 돼 있지만 미국이 그것을 "북한군"이라고 번역했다는 사실을 근거로 북한은 그것을 위조문서가 분명하다고 주장했다. 이 길고 복잡한 문서는 "남한에 대한 우리의 공격에" 적이 "반격"할 것인가 하는 측면을 명확히 밝히고, "적의 방어 태세에 대한 자세한 정보를 식별"하는 것 등을 (다른 것들보다) 우선하는 "목표"로 규정했으며, "실행 시기"를 "1950년 6월 16~25일"로 잡았다. 문서의 또 다른 항목에는 신속한 남진, 3일 이내의 서울 점령 그리고 한반도 나머지 지역에서의 "토벌 작전"에 대한 일반적 설명(계획이 아니라)이 기록돼 있다. 그 토벌 작전은 서울을 함락한 뒤 1주일 동안 시행될 거라고 암시했다. 문서는 서울 점령과 관련된 사항을 비교적 자세히 기록했지만 이후의 조처는 자세히 기록하지 않았고, 그 내용은 대부분 타당하다고 생각된다. 일부 지명은 일본어로 읽었는데(그러나 당시 미국인들도 일본어 지도를 사용했고 지명도 일본어로 읽었다), 3일 안에 서울을 점령한다는 계획은 다소 현실적이지 않은 것 같다(그러나 조선인민군은 서울을 예상 외로 신속히 점령했다).

이 문서의 원본은 입수하지 못했다. 러시아어로 작성된 문서의 복사본에는 발행 부서의 도장과 서명이나 개인의 인장이 없다. 모든 내용은 동일한 필적으로 씌어졌다. 그러므로 이것은 원본을 필사한 것이 분명하지만 아무튼 겉모습을 근거로 검증할 수는 없다. 러시아어로 쓰인 것은 특이하다. 러시아어를 말하거나 읽을 수 있던 북한군 장교는 거의 없었으며(장교들은 대부분 중국에서 복무해 중국어를 구사했다), 나는 노획된 방대한 분량의 조선인민군 문서를 봤지만 모두 한국어로 씌어 있었다(러시아어로 작성된 북한 문서보다 한국어와 영어가 혼용된 남한 문서가 훨씬 많았으며, 영어로만 쓰인 남한 문서도 많았다).

이 문서는 남한이 그것을 어떻게 취급했는지 알게 되면 그리 주목되지 않는다. 남한과 북한 모두 전쟁 관련 공식 기록은 절반의 진실과 중대한 생략, 심각한 분식, 노골적인 거짓으로 구성돼 있다. 한반도의 절반씩을 점유하고 있는 양쪽 모두에서 지배적 사고방식은 역사적 정확함과 진실을 존중하는 것이 아니라 적정한 방침을 유지하는 것이다. 이 방침에서 벗어나는 사람은 누구나 의심받는다. 상대방이 전쟁을 시작하지 않았다고 말하면 실형을 받는다. 이런 사고방식을 추구하는 데 남한은 북한보다 교묘해 더 많은 사람―거기에는 미국 학자들도 일부 포함돼 있다―을 믿게 만든다.

남한이 오랫동안 무슨 일을 했는지 살펴보면, 그들은 우선 "정찰명령 1호"가 의심할 여지 없는 신빙성을 갖고 있다고 주장했는데 그것은 자신들의 이익에 부합하며, 한 이야기에 이어 다른 이야기를 엮을 수 있기 때문이다. 좋은 보기는 1979년 서울에서 발표된 주영복 중좌라는 탈북자 관련 기사다. 그때까지 북한에서 망명한 사람 가운데 그와 동등하거나 그보다 높은 계급을 지닌 인물은 드물었다. 그런데도 주영복은 적절한 때 적절한 장소에서 나타났다. 그는 "자신이 기밀 '침략 작전명령'을 러시아어에서 한국어로 번역했다"고 말했다. 그 기사는 전쟁 전 열흘 동안에 대한 그의 설명을 인용해 현재 남아 있는 문서들을 허위로 마구 엮었다. 그런 정보에는 그 2년 전 워싱턴에서 기밀 해제된 노획 문서에서 밝혀진 것도 있었는데, 주영복은 브라질에 있었기 때문에 그것을 볼 수 없었을 것이다. 그는 6월 23일 "전 북한군은 김일성에게서 전쟁 지령을 받았으며 지령은 '인민군의 모든 병사는 오늘 안으로 전투준비를 완료하라'는 것이었다"고 말했다. 그런 명령이 실제로 내려졌는지 믿기 어려울 뿐 아니라, 미국 당국의 정보에서도 그런 주장을 한 사례가 없으며 전쟁 포로에 대한 심문에서도 그런 명령이 내려졌다고 말한 사례가 없다.[59]

수수께끼에 싸인 고위직 망명자 임은도 이상할 정도로 결정적인 장소에서 6월 25일 새벽 조선인민군의 공격이 계속되던 도중 포탄이 날아가는 것을 봤다고 주장했다. 북한의 고관 현준극은 나와의 대담에서 6월 25일에 남한군이 공격하는 것을 직접 목격했다고 나를 설득하려고 했다.[60]

이권무가 작성한 작전명령서는 1950년 7월 16일 대전에서 노획된 것으로 알려졌다. 영역본과 한국어 복사본을 이용할 수 있다.[61] 그 문서는 제4보병사단 작전부가 옥계리에서 발행했다. 그것은 "극비"로 지정됐지만, 노획된 북한 문서 가운데는 그렇게 기밀이 필요 없는 데도 극비 취급된 자료가 적지 않다. 날짜는 6월 22일로 돼 있지만 수령한 날짜는 6월 24일 오전 5시였다. "결정적 증거"라는 부분은 "적의 제7보병사단 제1보병연대가 우리의 공격에 맞서 방어 태세에 있다"는 것이다. "공격"이라는 단어는 1년 넘게 38도선 일대에서 일어난 침략을 뜻하는 것으로 볼 수 있다. 조선인민군 제1사단과 제3사단이 연합해 "의정부 회랑지대를 공격해 진군하라"고 이권무가 명령했다고 애플먼은 시사했지만, 여기서는 그런 내용을 찾을 수 없다.

병사들은 물론 장교들에게 하달된 작전명령서에서도 그것이 소규모 공격이나 하계 훈련으로 위장한 침략이었을까? 신중하게 계획된 전면적 침공이 작전 시작 24시간 이내에 수령한 문서를 기초로 실행됐다는 것 또한 믿기 어렵다. 애플먼은 제4사단 장교들이 "지금부터 훈련을 실시할 것이라고 병사들에게 알렸고"[62] 그것을 믿게 했다고 인정했다(포로들은 대부분 남한이 전쟁을 시작했다고 믿었다).

명령서의 한국어판은 연필로 희미하게 씌어 있으며 이권무의 이름은 문서의 다른 부분에 같은 형태로 인쇄돼 있다. 서명이나 개인 인장은 없다. 그러므로 그것은 입수할 수 없는 원본의 한국어 필사본으로 생각되며 따라서 그 문서의 진위는 증명할 수 없다. 이 문서에 대한 판단 또한 "입증할 수 없음"이어야 한다.

윌러비의 연합군 번역통역부가 조사한 자료 가운데 가장 명확한 증거가 되는 문서는 앞서 서술한 두 통의 명령서가 아니다. 나는 번역통역부 번역본의 한국어 원본을 보지 못했지만, 내용과 표현을 볼 때 두 명령서보다 더 신뢰할 수 있는 문서다. 1950년 10월 14일에 노획된 몇 장짜리 한국어 문서에서는 조선인민군 제2사단의 명령과 지령을 수기로 격식 없이 열거했다.[63] 그 가운데 있는 한 전투명령은 날짜가 적혀 있지 않지만 6월 22일 이전으로 생각되는데, 참모장 현파玄波의 서명이 있으며 38도선 남쪽에 있는 춘천을 하루 안에 확보해야 한다고 명령했다. "집결 지역의 전투준비는" 1950년 6월 22일 "18시까지 완료"하도록 지시했다. "사단은 특별명령에 따라 행군을 시작하라." 포격 준비는 6월 22일 24시까지 마치도록 명령했다. 현파의 서명이 적힌 6월 21일자의 또 다른 명령에서는 제2사단은 "명규동 방어선을 돌파해 춘천을 점령하라"고 돼 있다. 정찰부대는 6월 21일 이후 감시소를 설치하라고 지시했다. 미국의 설명에 따르면 조선인민군 가운데 전차를 보유한 중심부대는 6월 26일 저녁까지 춘천에 투입되지 않았고 앞서 본 대로 춘천은 사전에 경고를 받은 유일한 지역이었다는 것만 제외하면, 이것은 설득력 있는 문서다.

많은 전쟁 포로의 증언에 따르면 조선인민군은 6월 20~24일 38도선으로 남진했다(그들은 북한이 먼저 공격했다고 말하지는 않았다). 이를테면 조선인민군 제5사단 공병대대에 있던 이문욱은 6월 20일 나남을 떠나 양양으로 행군했고 6월 24일에는 양양을 떠나 남쪽으로 이동했다고 말했으며, 같은 부대의 허영국도 그것과 합치하는 증언을 했다.[64]

전사한 병사의 일기에는 결정적이지는 않지만 많은 것을 시사하는 내용이 있다. "6월 25일. 01시쯤 38도선에 도착했다. (…) 05시 15분 무렵 섬광이 번쩍임과 동시에 아군이 포격을 개시했다. (…) 14시 38도선 남쪽에서 전투가 벌어지는 것을 봤다."[65] 6월 22일자 극비 정찰명령에서는 감시부대에 38도선을 넘어 한국군 부대의 병력·진지·화력을 확인하라고 명령했다.[66] 그런데 1949년 5월 옹진반도에서 전투를 벌인 부대에도 동일한 명령이 하달됐을 것이다.

조선인민군 제3대대에 소속된 3개 중대의 6월 29일자 "전투 보고"에는 6월 24일 03시 30분에 행군을 시작하라는 명령을 받은 것으로 기록돼 있다. "공격 개시 지점에 도착한 (부대는) 공격 명령을 기다렸다. 05시 03분 공격을 시작했다. 만세교萬歲橋를 건넜을 때 적의 지뢰가 있었으며 포격을 받았다." 옥재민이라는 조선인민군 장교의 서명이 있는 수기 전투 보고서에는 다음과 같은 내용이 있다. 연합군 번역통역부의 번역에 따르면 다음과 같다.

2대대 연대장의 명령에 따라 (6월) 23일 08시에 집결 지점을 출발해 24일 03시 30분 공격개시선을 점령했다. 2대대는 조미리 언덕 앞에 있는 영평천을 점령하고 (…) 공격 신호를 기다렸다. 24일 04시 40분 포격을 시작했다. 우리 부대는 (…) 만세리 방향으로 이동했다. 신호가 떨어지자 보병은 공격선을 확보하고 전원 돌격을 시작했다.[67]

이것은 모두 "결정적"인 문서지만 한 가지 문제가 있다. 총성은 한국전쟁이 시작되기 하루 전(6월 24일 03시 30분)에 울렸으며, 이 문서들이 진본이라면 38도선에서 일어난 소규모 분쟁들을 서술했어야 한다는 것이다.

노획한 조선인민군 제121부대의 문서인 "방어전을 위한 전진 요령"에서는 다음과 같이 말했다.

> 흉악한 반역자 이승만이 이끄는 괴뢰 정권은 (…) 반도 북반부를 침략하려는 의도로 동족간의 (전쟁)을 일으키려고 이른바 "국방군"과 "경찰"을 38도선 일대에 강제로 집결시켰으며, 그 지역을 계속 포격했다. (…) (그 결과 우리는) 무력으로 (그들을) 타도하기로 결정했다.

이것은 북한이 자신들의 6월 침공을 역설적이게도 "방어전을 위한 전진"이라고 표현했지만, 그래도 한 가지 문제가 남는다. 이 문서의 날짜는 1950년 1월 10일이며, 1949년의 상황을 과거형으로 언급하고 있다.[68]

또 다른 문서에는 조선인민군 제825부대장 최아림이 1950년 6월 12일 자신의 상관에게 자신의 부대는 아직 전투준비가 되지 않았다고 보고한 내용이 있다. 그는 무기를 보수하고 박격포 설치 장소를 물색하는 등의 작업에 적어도 20일이 필요하다고 말했다.[69]

그 밖의 증거 문서

내가 이 책 전체에 걸쳐 이용한 노획 북한 문서에는 전쟁이 시작되기 직전에 발령된 군사명령이 여럿 들어 있다. 미국 정보기관이 그 문서들을 이용하고 조사했기 때문에 북한은 그 신빙성을 인정하지 않을 것이다. 남한 정보기관도 그 문서들을, 공개되기 전은 아니더라도 공개된 직후 열람할 수 있었으며 그 뒤 문서 기록관들은 자료의 이동이나 소실 때문에 한국의 개인이나 단체가 익명으로 그 문서를 이용하는 것을 금지했다.[70] 그 문서의 긴 목록에는 중요하다고 생각되는 자료가 기재돼 있지만 일부는 소실됐다. 그러나 이 문서들에 무엇인가 추가됐을 가능성도 있다.

이런 이유들 때문에 연구자는 이 문서를 신중히 이용해야 한다. 하나하나 검증해보는 데 삶을 바친 것은 아니지만 나는 그 자료는 대부분 의심할 바 없이 진본이라고 말할 수 있다. 그 문서들은 원형 그대로 수백 개의 문서 상자에 보관돼 있었으며 뚜렷한 변조나 빈번히 이용된 흔적이 없다. 그것들은 앞서 언급한 자료들보다 중대한 결점도 없다. 번역되거나 복사되지 않았다. 먼지투성이의 원본을 만지는 것이다.

최고 등급의 문서는 아직 기밀 해제되지 않았는데, 그 이유는 국무부의 한 조사에서 그 문서에 포함되지 않은 당 지도부의 기록을 인용해 다음과 같은 중요한 결론을 내렸기 때문이다. "날짜가 1950년 1~5월까지로 돼 있는 노동당 지도부 당무위원회의 극비 행동 계획은 정부 정책의 다른 측면들은 상당히 자세히 다루고 있지만 임박한 침공과 관련해서는 전혀 언급이 없다." 아울러 조선인민군의 2개 사단 참모장을 포함한 몇 사람의 북한 정부 고위 관료는 "전투가 다가오고 있다고 막연히 예감했을 뿐이며 침공이 시작되기 1주일쯤 전까지도 그것을 구체적으로 인식하지 못했다고 언급했다"(조선인민 군의 침공이 아니라 "전투"를 예감했다고만 말한 것에 유의하라). 이 공식 조사는 노획한 공격 명령서를 전혀 언급하지 않고, 그 대신 "현재 있는 증거로 확인 할 수는 없지만 전쟁 준비에 중국이" 소련보다 "훨씬 많이 개입했을 가능성 이 있다"고 시사했다.[71]

전체적으로 그 자료는 북한이 1950년 여름 분쟁을 준비하고 있었으며 6월 25일 전후로 중대한 어떤 사건이 일어났다는 것을 명확히 밝혔다—가 장 좋은 경우는 38도선 인접 지역에서 실탄을 사용한 대규모 군사훈련이 실시된 것이고, 가장 나쁜 경우는 침략일 것이다. 분쟁이 어느 범위까지 확 산됐는지 그리고 누가 시작했는지는 해결되지 않은 문제로 남아 있다. 그 문 서들은 조선인민군이 1949년 여름 38도선에서 전투를 치른 경험에 따라 남 한의 첫 도발을 기다리면서 고도의 동원과 경계 태세를 유지하고 있었다는 설명과 상충되지 않는다. 증거 문서는 북한이 정당한 이유 없는 전면전을 은 밀히 준비했다는 미국의 공식 견해를 거의 뒷받침하지 않는다. 개전 1주일 전인 6월 18일이나 19일 이전과 관련해 그런 견해를 지지하는 증거는 없다. 그리고 주말인 6월 25일에도 일부 부대는 동원되지 않고 통상적인 훈련을 하고 있었다.

일상을 기록한 평범한 자료가 가장 많은 것을 시사하기도 한다. 이를테면 1950년 4~6월 조선인민군 제3비행중대에서 전투기를 정비한 기술자들이 기록한 사항을 묶은 몇 권의 공책이 있다. 4월의 기재 항목에는 다양한 검사와 정비가 있지만, 6월 19일, 20일, 22일의 기재 항목에는 "전투기 준비"라는 항목이 특별히 설정됐다.[72] 윌러비의 기관이 노획해 번역한 바 있는 비슷한 자료에는 다음과 같은 내용이 있다. "6월 20일까지 각 (비행) 단위는 전투기 10대를 완전히 정비해 언제라도 발진할 수 있도록 충분히 준비해야 한다. 모든 전투기를 (…) 6월 12일부터 20일까지 완전히 무장하라." 목적은 "하계 전투 훈련을 성공적으로 완수하려는 것"이었으며 6월 말까지 관련 인원 80퍼센트가 훈련을 받았다. 동일한 문서에는 6월 말까지 이어진 통상적 훈련 계획과 9월까지 진행된 하계 대훈련 계획이 기록돼 있다.[73]

공군 관계자들은 이것을 반드시 불리한 증거(이며 하계 훈련에 관련된 내용은 위장일 뿐이)라고 해석하지는 않을 것이다. 전투 연습에서도 실전처럼 비행기를 완전히 무장한다. 퇴역한 미군 조종사에게 들은 이야기인데, 미군은 실전에 가까운 전투 훈련을 실시하기 위해 조종사들에게 북한에 항공 폭격을 명령한 뒤 마지막 순간에 무선통신으로 최초의 명령을 철회하고 기지로 돌아오게 하는 경우가 가끔 있었다고 한다.

현재 이용할 수 있는 북한 포로의 방대한 대담 자료는 간단히 요약하기 어렵지만 대체로 다음과 같이 말할 수 있다. 그 가운데 다수는 6월 중순부터 6월 22일이나 23일까지 38도선으로 남진했다는 것을 기록했다. 대부분의 포로는 이것이 하계 전투 연습이나 작전 연습이라고 믿었지만 전쟁이 시작되려는 것이 아닌가 의심한 사람들도 있었다. 6월 25일에 38도선을 넘은 포로도 있었으며 그러지 않은 부류도 있었다. 1950년 여름에 사로잡힌 포로는 대부분 남한이 전쟁을 시작했다고 생각했다. 다시 말해 38도선으로 신속히 이동해 실탄을 지급받고 당장 전투가 벌어질 것 같은 태세를 갖추라는 명령을 받았다는 그들의 기억조차 북한이 전쟁을 시작했음을 증명할 수는 없었다. 군대와 무관한 일반인은 이런 점을 납득하기 어려운데, 군대는 실제와 가장 가까운, 다시 말해 연습인지 실전인지 잘 구분하지 못하는 상황에서 빈번히 훈련하기 때문이다.

포로 면담 기록에는 부정否定에 부정이 거듭된다고 할 수 있을 정도로 모순된 내용도 있다. 이를테면 조선인민군 제5사단에 소속된 이영원이라는 병사(계급은 나와 있지 않다)는 6월 22일에 38도선 바로 북쪽의 양양에 도착했으며 그날 모든 부대(역시 나와 있지 않다)가 "한국군과 전쟁을 벌일 것이라는 사실을 알았다"고 말했다. 같은 제5사단에 소속됐고 마찬가지로 계급이나 부대가 나와 있지 않은 이원구는 양양에 도착해 실탄 70발과 수류탄 4개를 지급받았다고 진술했다. 그의 부대는 "야영할 것"이라는 통보를 받았다. 6월 25일 오전 4시 그의 부대는 "38도선으로 행군했고 한국군과 마주쳤다."[74]

비슷한 사례는 수없이 열거할 수 있다. 아무튼 남한과 미국이 북한에 침공의 책임을 지우기 위해 청취한 포로들의 증언은 앞서 언급한 국무부 정보 부문이 그 뒤에 내린 판단, 곧 조선인민군의 참모들이 대부분 침략 전쟁 계획을 모르고 있던 것으로 보인다는 판단에 비해 설득력이 떨어진다.

"전시戰時 정치문화사업"[75]이라는 제목의 1950년 6월 13일자 극비 문서는 언뜻 보기에 공격이 임박했다는 경고로 보이는데, 병사에게는 기본 임무를 "완전히 준비"하고 "행군"에 대비케 했으며, 장교에게는 군사비밀을 엄수하고 첩자를 경계하는 등을 지시했기 때문이다. "정치사상" 교육과 "점령 지역"의 반동적 음모 분쇄와 관련된 사항도 지시했다. 그러나 전체적으로 볼 때 그 문서는 장교와 병사들에게 그런 사항들을 "깊이 연구"하라고 지시했을 뿐, 임박한 충돌의 시기나 성격은 알려주지 않았다. 그러므로 그 문서에는 조선인민군이 남한을 공격하려는 계획이 기록되어 있지만, 그것은 놀라운 일이 아니다. 이 문서가 그들이 먼저 공격했다거나 6월에 공격하려고 실제로 계획했다는 것을 증명하지는 못한다.

"전투속보 1호"라는 제목의 6월 16일자의 또 다른 문서는 "절대 비밀"로 분류됐으며 "38도선 부근에서" 실시될 전투 훈련과 관련해 병사들에게 대규모 준비를 지시했음을 보여준다. 군사기밀을 유지하는 것이 "가장 중요하며" 부대에게는 무슨 일이 일어날 것 같은지 추측(예측, 고사考查)하지 말라는 지시가 내려졌다. 그러나 이것은 모두 "야영 훈련"을 실시해 "아군의 전력을 강화"하려는 목적의, 다시 말해 통상적인 군사훈련이자 연습이었다. 이런 일은 오늘도 비무장지대 북쪽 지역에서 빈번히 일어나고 있다고 추측된다.[76]

다른 군사 문서는 조선인민군의 모든 전방 부대가 6월 25일의 침공에 투입된 것은 아니었다는 결정적 증거를 제공하는 것으로 생각된다. 조선인민군 병사의 정치교육과 관련된 6월 초의 몇 가지 문서에서는 다양한 훈련―검열, 정치교육, 체력 훈련―을 6월 30일까지 마치고 "하계 전투 훈련"(문맥을 보면 7월 초에 시작되는 것으로 보인다)을 확실히 성공시키라고 지시했다.[77]

6월 중순 조선인민군 제855부대에 하달된 일련의 명령에서도 통상적인 군사훈련 절차를 담고 있다. 지나고 나서 보면 한 가지 명령이 흥미롭게 여겨진다. 6월 20일자 비밀명령에서는 6월 26~27일로 예정된 훈화訓話가 당초 계획대로 열리지 않을 것이라고 말했다. 그러나 6월 24일에 받은 통상적 명령에서는 6월 28일까지 운전원 4명을 다른 부대로 보내라고 지시했다.[78]

윌러비 장군이 이끄는 한국 연락사무소KLO의 5월 보고에서는[79] 1950년 다시 한번 38도선 부근에서 주민을 소개했다는 정보를 획득했다. 그러나 6월이 아니라 2월 하순 "이 지역에 한국군이 '춘계 공세'를 전개할 것을 예상"한 조처였다. 북한은 "남한에 대한 1차 방어선"으로 "무인 지대"를 설치하고자 했다.

5월 15일 한국 연락사무소는 3월 중순 조선인민군 대대장들이 6일 동안 회동해 1949년에 발생한 38도선 일대의 전투 결과를 검토한 기록을 배포했다. 그 검토에서는 1949년 조선인민군이 한국군 2만5000명을 죽이거나 다치게 했으며 1950년에는 그 숫자가 동일하거나 더 많을 것이라고 예상했다. "각 부대장은 항상 관찰해 돌발적인 전쟁에 대비해야 한다." 그러나 김일성은 그 회의에 다음과 같은 취지의 성명을 보냈다.

미국의 지원을 받고 있지만 (한국군의) 사기는 낮으며 우리를 공격할 의도보다는 자신을 방어하는 데 치중하고 있다. (한국군이 침공해도) (…) 우리는 그 괴뢰집단을 쉽게 격퇴할 것이다.

1949년에 우리는 방어만 했다. 그러나 1950년에는 분단된 조선을 하나로 만들 영웅적 투쟁을 시작해 영광스럽고 완전한 독립을 이룰 것이다.

이것은 북한이 먼저 침공했다는 결정적 증거가 아닐까? 그러나 마지막 부분은 다음과 같다.

영광스러운 승리를 이루는 유일한 방법은 38도선에서 소요를 일으켜 남조선 군대가 그 지역에 모든 주의를 집중하게 만들고 그 사이에 유격대가 후방에서 괴뢰를 공격하는 것이다. 이것이 분단된 조국을 통일하는 유일한 방법이다.

5월 25일 한국 연락사무소의 G-2 요원은 조선인민군의 6개 정규 사단이 "대략 38도선과 39도선 사이의 산야 일대에" 배치돼 있다고 지적했다. 그러나 그 요원은 침략하려면 적어도 두 배 정도 병력이 우세해야 한다고 생각했다. 그 결과 그는 북한이 13개 사단을 편성하려고 하며 중국에 있던 병사가 모두 돌아오기를 기다리고 있다고 판단했다. 귀국한 병력이 투입되기 전까지 침공은 일어나지 않으리라는 것이었다.

요컨대 이 기록은, 실제 사건이 일어난 지 40년이 흐른 뒤에도, 충분치 않은 증거를 기초로 어떤 군대의 의도를 추측하는 것이 얼마나 어려운지 보여준다. 내가 인용한 자료나 그 밖의 자료에서 반론의 여지 없이 "움직일 수 없는 증거"를 발견하는 연구자도 있을 것이다. 내 생각은 이렇다. 장난감 권총이 폭발한 것을 보여주는 지방 자료도 있을 것이다. 그러나 격렬한 전투가 벌어진 1949년 당시 38도선 일대에서 전개된 사태를 명백히 다른 상황으로 서술한 문서는 거의 없다. 여기서 중요한 것은 관점이다. 내가 알기에 연구자들은 북한 중앙정부의 어떤 문서든 입수할 수 있지만, 미국 정부의 내부 조사에서는 거기서 결정적 증거를 찾지 못했다. 그리고 공표된 일반 명령이라고 주장된 자료들은 믿을 수 없다. 미국이 북한을 점령했다는 것을 생각하면 이런 상황은 상당히 놀랍다. 이런 관점에서 보면 더 나은 증거가 없다는 것이야말로 주목할 만하다.

내 친구 프랭크 볼드윈과 그 밖의 여러 사람은 실증과 논리에 입각해 이렇게 주장했다. "포격한 뒤 부대를 조직적으로 이동하는 것은 오랫동안 치밀하게 계획해야 성공할 수 있다. 그러한 병력 이동이 남한의 공격에 즉각 대응한 것이라는 주장은 도저히 믿기 어렵다."[80] 오랫동안 치밀하게 계획해야 한다는 문제는 의심의 여지가 없다—그 계획은 1949년 초 소련군이 철수한 직후 추진하기 시작해 1949년 여름에는 한국군의 38도선 일대 습격과 침략 위협에 맞서 사령관이 계획을 세워 훈련을 시행해야 했을 테고, 그 과정에서 직무 태만으로 해임되기도 했을 것이다. 게다가 1953년 이후 거의 계속 조선인민군의 몇 개 사단은 북측 비무장지대에서 즉시 공격할 수 있는 체제를 유지했는데, 미국 국방부는 의회에서 국방 예산을 토의할 때 이것을 끊임없이 지적했다. 남한도 1950년 봄 38도선을 향해 부대를 이동하고 공격을 준비하면서 각종 야포를 일상적으로 발사하는 계획을 세울 필요가 있었다고 생각되며, 그런 부대는 6월 23일 저녁 은파산 지역으로 투입된 것으로 보인다. 조선인민군이 미리 배치되고, 민간인이 소개됐으며, 전차 부대가 집결하고 중국과 관련된 사단이 38도선 가까이 있었던 것은 모두 사실이다. 그러나 1949년 여름에도 상황은 동일했다.

증거로 보면 1949년 여름과 1950년 6월을 연결시키는 해석, 그러니까 북한은 정예부대의 대부분이 중국에서 돌아오기를 기다렸으며 남한의 첫 번째 주요한 도발을 이용해 그들을 배치했다는 해석도 성립된다. 아울러 도청한 소련 무선통신도 흥미로운데, 한국군의 침공이 6월 25일로 예정됐다고 하루 이상 앞서 경고했으며, 그것은 북한에게 포탄을 은밀히 장착하고 비행기와 전차(일요일 늦은 시간까지 투입된 전차는 50대뿐이었음을 기억하라)에 연료를 주입하고, 이승만을 단번에 철저히 타격하려고 준비하는 데 필요한 시간을 줬을 것이다.

객관적인 독자는 미국의 공식 입장인 첫 번째 모자이크에 아직도 의심을 품고 있겠지만, 그것은 증명되지는 않았어도 있을 수 있는 일이라고 생각할 것이다. 그럼 두 번째 모자이크를 보자. 내가 보기에 이 두 번째 모자이크는 어느 쪽에서든 전쟁을 시작할 수 있었으며, 전쟁의 내전적 성격을 정확히 알려주며 참으로 내가 말하고자 하는 것이다. 상세한 측면을 실증적으로 오랫동안 파고드는 방법보다는 구조에 입각한 주장이 바람직하며, 나는 이 오래되고 끔찍한 책임이 어느 한쪽에 있다고 비난하는 데는 관심이 없다.

두 번째 모자이크

논쟁을 목적으로 한 것이지만, 김백일이나 백인엽 또는 두 사람 모두 반격을 전개하다가 38도선을 넘어 해주로 진격한 것이 아니라 6월 24~25일 밤, 그러니까 오전 1시나 2시쯤 해주를 장악하려고 공격한 것이라고 가정해보자. 나중에 보면 자살행위 같은 그런 행동의 목적은 무엇이었겠는가? 남한이 공격하도록 만든 논리는 어떤 것이 있었을까? 한국군 장교들은 그것을 할 능력이 있었는가?

첫째, 김석원과 그 밖의 지휘관들이 1949년 여름과 가을 38도선을 넘어 공격을 시작한 것은 반박할 여지가 없는 증거가 있다. 알려진 바에 따르면 그들은 해주를 점령하려고 했으며 그 이상의 행동을 하려고 했다. 북한이 노획한 문서를 기록한 그레고리 헨더슨이 확인한 문서에는 1949년 8월 하순 김백일이 한 발언이 인용돼 있다. "김 대령은 현재 북한을 공격하겠다는 육군의 사기가 높다고 상당히 강조했다. (…) 김 대령은 '부대가 모든 준비를 갖추려면 6개월 정도 더 훈련해야 한다'고 생각한다고 말했다."[81] 1950년 6월 이승만의 행동을 근거로 남한의 선제공격 가능성을 부정하는 연구자도 있지만, 이승만이 일부러 그런 군사행동을 했다고 가정하는 것은 그다지 의미가 없다. 1950년 5~6월 정권이 무너지기 직전에 있던 한국의 정세를 생각하면, 북한에 대한 공격이라는 행동은 한국 권력 구조 내부에서 "민족주의자들" 즉 미국의 통제를 좋아하지 않았던 호전적 장교들과, 장제스와 연결된 이범석 같은 인물이 추진할 쿠데타의 전조이거나 또는 4월에 출범한 이승만 정권의 지속적인 투쟁으로 기획될 수도 있었다. 아울러 이승만 행정부에는 미국인들이 깊이 침투해 있었고 체로 치는 것처럼 정보가 누설됐다(프란체스카 여사를 거쳐 교황청의 사절에게까지). 한국인들은 이런 사정을 누구보다 잘 알고 있었다.

해주 습격 뒤에 있는 전략은 무엇이었을까? 1949년 여름 때보다 규모가 큰 전투를 의도하고 공격을 시작했을 수 있지만, 전면전은 아니었을 것이다. 도시를 점령하면 북한은 반격하겠지만 봉쇄할 수 있을 것이며 당시 도쿄에 있던 고위 미국인들에게는 상당히 격렬한 전투가 일어났다는 보고가 들어갔을 것이다. 워싱턴은 동아시아에서 공산 세력의 공격이 전개되고 있다는 더욱 확실한 증거를 얻었을 것이다. 김백일·백인엽·김석원은 젊고 혈기 넘쳤으며, 남부 지방 유격대를 진압한 뒤—지금 생각하면 어리석어 보이지만—자신감에 차 있었다. 나중에 김석원은 지휘관으로서 무능하다고 판명됐지만, 미국인들은 1949년 8~10월까지 그를 통제하려고 노력했다. 그런데 그런 미국인들은 1950년에는 없었다.

남한 정보기관은 북한이 반격에 나서 남진해 서울 장악을 시도하리라는 것을 알았을 수도 있다. 38도선 가까이 전차를 집결시킨 것은 여름에 예정된 기습 공격을 준비한 것인지도 모르며, 38도선을 넘어 돌격하는 것이 조기에 성공하면 한국군은 재빨리 철수한다—기습 공격에 대응하는 데는 좋은 전략이다. 아무튼 도발이 교묘하고 부인하면 부인할수록 "침략"은 명백하다. 멀리 떨어진 옹진은 목표를 이루는 데 완벽한 장소였다. 한국군은 신속히 철수할 수 있었고, 북한을 남한 깊숙이 유인할 수 있었으며, 미국이 개입하도록 만들 수 있었다. 김석원과 김백일 그리고 이승만은 그것이 자신들을 구해줄 유일한 희망임을 알고 있었다.

아울러 1949년 6월 로스 정 대위가 웰링턴 구를 방문해 북한이 남한을 침공한다면 일본에 주둔한 미군이 참전할 것이라는 극비 양해가 있다고 알린 것을 기억하라. 또한 전쟁이 일어나기 전 몇 주 동안 남한은 북한을 자극해 공격하도록 만들려고 했으며 상부의 은폐 공작에 따라 한국에서 발신되는 전신이 검열됐다고 존 버턴이 주장한 것을 기억하라. 북한에 책임을 미루라고 이승만에게 조언한 프레스턴 굿펠로의 말과 웰링턴 구가 당시를 회고하면서 "그것이 전략이라는 것입니다!"라고 외친 것을 기억하라.

좀더 넓은 맥락에서 보면 김석원 일파는 이범석과 연결됐으며, 이범석은 한국에서 친장제스 세력의 수장이었다. 이범석은 국민당 사절들이 이승만보다 더 대화하고 싶어한 인물이었으며, 이범석 일파는 장제스 총통에게 헌신적인 충성을 보였다. 장제스는 미국이 자신을 실각시키려는 쿠데타 계획을 추진하고 있으며 공산 세력은 언제든 침공할 수 있다는 것을 알고 있었다. 5월 헨리 루스는 웰링턴 구에게 자신은 중국 문제에 관여하지 않아왔으며 지렛대를 갖고 있지만 받침대를 찾고 있다고 말했다. 장제스는 한반도에서 그 받침대를 찾았을지도 모르며, 전쟁을 도발하면 자신의 정권은 앞으로 20년 넘게 보존될 수 있고 국민정부군을 중국 본토로 다시 진입시킬 수도 있을지 모른다고 생각했다. 실제로 한국전쟁은 "타이완을 구원한 우연"이었지만[82] 우연이 아니었을지도 모른다.

앞서 본 대로 6월 23일 저녁 러스크는 후스를 만났으며, 그 회동은 중국 로비의 프레더릭 매키가 주선한 것이었다. 러스크는 장제스에 대한 쿠데타가 그 주나 주말에 일어날 것이라고 생각했다. "그러나 한국전쟁이 끼어들었다." 쑹쯔원의 동생은 6월 마지막 주말에 시카고 시장에서 콩을 투매하기로 한 계획에 가담했다. 타이베이에서 굿펠로를 만난 둥셴광은 장제스에 대한 쿠데타 시도를 알고 있었다. 그는 전쟁이 일어나면 존슨이 미국 정책을 좌우하게 될 것이라고 그리피스가 웰링턴 구에게 말한 이후에 도쿄로 날아가 존슨 등을 만났다. 국민당의 중진으로 있던 외교관이 이끌던 유엔 한국위원회는 피치와 랭킨의 군사시찰 일정을 정확히 알고 있었다. 전쟁이 일어나기 전 서울에서 보낸 마지막 전보 가운데 하나에서 무초는 중국인들이 이승만 정권과 함께 무슨 일을 꾸미고 있는지 정확히 알아내려고 했다. 웰링턴 구를 방문한 수수께끼의 미국인들—셰퍼드·루니·메그슨—은 매키·윌로어와 연결됐으며, 존슨이 도쿄에서 돌아온 6월 24일 토요일 아침 "속임수를 쓰려고" 했다. 워싱턴이 정오일 때 옹진반도는 심야였다. 이승만·장제스·맥아더와 접촉한 미국인 정보원으로 생각되는 인물은 프레스턴 굿펠로인데, 전쟁이 일어날지도 모른다고 미군 정보부에서 알린 1949년 9월 그는 급히 한국으로 갔고 1950년 6월 중순에 다시 입대했다. 아무튼 이것은 일어났을지도 모르는 사건을 담은 하나의 모자이크로, 전쟁이 어떻게 일어날 수 있었는지를 생각하는 길을 보여준다—이것은 지금까지 없던 관점이다.

중국 영사관과 외무부 극동국에서 40년 동안 근무한 영국 외교관 존 프랫 경은 1951년 다음과 같이 썼다. "베이징 정부는 7월 15일 타이완을 해방시키려고 계획했으며, 6월 중순에는 남한의 이승만 정권이 붕괴 직전에 있다는 소식이 미국 국무부에 들어왔다. 38도선 양쪽의 정치가들은 이승만을 실각시키고 한국 전체의 통일 정부를 세우려는 계획을 준비하고 있었다."

6월 23일 애치슨은 타이완 정책이 변경됐다는 소식을 도쿄에서 듣고 그렇지 않다고 부정했으며, 그 발언은 6월 24일 도쿄에 전달됐다고 프랫은 말했다(이것은 덜레스가 도쿄에서 보낸 보고를 말하는 것으로 보이며, 덜레스가 타이완 방어와 관련해 맥아더에 동의했음을 보여주는 것으로 생각된다). 그러므로 장제스에게 유일한 해결책은 이승만이 북한을 공격하는 것이었으며, 그렇게 되면 애치슨이 뜻을 꺾고 중화민국을 방어하게 만들었을 것이다.[83] 그러나 프랫은 다른 사람을 설득할 수 있는 유형의 인물이 아니었다. 대부분의 영국인은 그를 괴짜라고 생각했다. 보리스 칼로프●의 형이며 외모도 비슷한 그는 약간 음산하고 가까이하기 어려운 인물이었다.

미국인들은, 뭔가 꽤 아는 사람들조차도 소위 '부적절한 냉소주의의 오류'에 빠지는 경향이 있다. 사생활을 캐내고 폭로하는 기자들만은 예외일 때가 있다. 하지만 그들은 학자적 인내심도 부족하고, 정보원에게 전적으로 의존할 뿐 고위직 정치인들의 심리를 제대로 읽어내지 못한다. 이런 식으로 I. F. 스톤은 한국에서 전쟁을 유발하려는 맥아더와 장제스의 음모에 덜레스가 관여했을지 모른다고 넌지시 말했고, 평론가 패거리는 이런 터무니없는 음모론에 몰려들었다. 실제로 1950년 6월 시점에서 덜레스는 애치슨의 의견 전달자 이상의 존재였다고 생각하기 어렵다. 그러나 그와 애치슨은 정치와 경

● Boris Karloff(1887~1969). 본명은 윌리엄 헨리 프랫. 「프랑켄슈타인」 등 공포영화의 주연으로 유명한 배우.

제를 구조적으로 재편했으며, 그것은 한국의 혁명세력에게 치명적인 위협이었다. 그리고 포스터 덜레스가 하나의 역할을 담당했을 가능성은 낮더라도 음모라는 것은 존재한다(존 프랫 경과 달리 덜레스의 용모는 음모와는 거리가 멀었다).

지금까지 이 책을 주의 깊게 읽고도 윌러비·장제스·우치에청·이범석·이승만·김석원·호랑이 김 등에게 전쟁 도발 음모를 꾸밀 능력이 있음을 믿지 않는 사람은 어떤 증거로도 설득할 수 없다. 아울러 루이스 하츠가 묘사한 전형적 미국인은 부적절한 냉소주의에 빠져 충분히 입증된 사실이라도 그것을 믿지 않는 사람의 기억에서는 사라진다는 기이한 결과에 이른다.

오랫동안 정보활동을 백악관에 보고해온 플레처 프로티라는 비밀공작원은 "아주 작고 은밀하지만 보복을 불러올 수밖에 없는 도발적 공격을 시작함으로써 무대를 준비한다"고 썼다. 제3자나 용병이 이런 임무에 선발되는 경우가 많다. 첫 공격은 "극도로 비밀스럽게 일어나 (…) 이런 숨겨진 핵심적 행동은 누구도 알지 못한다." 이것은 "비밀 조직의 기본 방식"이라고 그는 말했다. 비밀공작은 "은폐하려는 특수 이익 단체의 욕망과 얽혀 있으며 그것에 힘입어 추진된다"고 프로티는 말했다(1950년대 초반은 군 정보부, CIA, 도쿄의 G-2, 장제스와 그 밖의 수많은 사람이 미국이라는 국가 안에서 영역 다툼을 벌이면서 어느 시대보다 "특수 이익 단체"가 활발히 움직였다).

프로티에 따르면 "첫 도발이 있은 뒤" 아무것도 모르는 애국자가 현장에 나타난다. CIA는 국가안보회의에 상황을 설명한다(최초의 강한 일격은 그들에게 설명하지 않거나 어쩌면 CIA도 그것을 모를 수도 있다). 다음으로 적의 반응은 "공격"이라고 선언한 뒤 국민이 정부의 행동을 지지하게 만든다. 프로티는 이런 수법은 1940년대 후반 그리스에서 미숙하게나마 처음 시도됐고 나중에 베트남에서 다시 시도됐다고 말했다—통킹만 사건을 말하는 것으로 생각된다. 앨런 덜레스는 정보활동을 "반응을 이끌어내는 촉매성분"이라고 정의했다고 그는 언급했다.[84]

물정을 모르는 유아론唯我論과 성급함이 결합된 북한인들은 이런 종류의 도발을 하기에 완벽한 대상이다. 전직 정보장교들은 어떤 일이 잘 안 되면 북한 외교관들을 결부시켜서 그들의 탓으로 돌리려 한다고 말했다.

상원上院 등이 미국 정보기관의 활동을 조사한 바에 따르면, 공작원들은 적(특히 쿠바의 카스트로)이 행동을 일으키도록 만들고 그 행동을 이용해 미국의 공격과 침공을 정당화한 사례가 몇 번 있었다. 박식한 저자 두 사람은 CIA가 "관타나모에서 위장 공격을 일으켜 카스트로를 침략자로 보이게 만들고 미국의 직접 개입을 정당화했다"고 썼다. CIA 내부에서 "주제는 항상 같았다. 어떤 일을 시작한 뒤 공식적으로 군대를 끌어들여 사태를 완전히 장악하고 우호적인 정부를 세우는 것이다." 물론 대통령에게는 알리지 않았지만 주역들은 "도발 사건의 전모에 대해 (앨런) 덜레스(CIA 국장)에게 어느 정도까지 알릴지" 고민했다.[85]

비슷한 행동은 1980년대 니카라과 국경 지대에서 전개한 반격에서 뚜렷하게 나타났는데, 콘트라 전쟁에서 니카라과의 항구에 기뢰를 부설하는 행동 등이었다. 콘트라를 조직한 주요 인물 가운데 한 사람은 리처드 스틸웰 장군이었는데, 그는 1950년 CIA 극동국장으로 있었으며 화이팅 윌로어와 한스 토프트의 가까운 동료였다. 1986년 템스 텔레비전 제작진이 그와 대담하려고 접촉했을 때 그는 제임스 하우스만과 백선엽과도 대담하라고 권고했다—제작진은 그렇게 했다.[86]

국내와 국외에서 심각한 위협을 받고 있던 이승만과 장제스는 봉쇄를 먼저 실시한 뒤 반격을 추진하기를 바란 반면, 애치슨은 한국과 타이완을 모두 방어하기로 결심하고 장제스를 축출하려고 했으며 봉쇄 지역 주변에서 공산 세력이 먼저 공격하기를 바랐다. 당시의 모든 상황은 이처럼 긴장되고 흥미로웠다. 1950년 여름 헨리 월리스는 딘 애치슨에게 분노가 담긴 서한을 보내 이승만이 전쟁을 일으킬지도 모른다는 증거를 제시했다. 애치슨은 격렬히 반대하는 답장을 보냈지만, 미국 역사상 가장 흥미로운 무의식적 실언 가운데 하나가 담겨 있었다. "진지하고 성실한 학자라면 거기에 아무 의문을 품을 수 없을 것이다. 북한 공산군은 도발을 받기는 했지만 경고도 정당한 이유도 없이 대한민국을 공격했다."[87]

그러나 이 새로운 증거도 1950년 6월 25일 새벽 남한이 먼저 공격했음을 여전히 입증하지 못한다. 남한이 먼저 공격했다면 다음 두 사항을 반드시 지적해야 한다. 첫째, 그렇다고 해서 북한이 그런 도발을 이용해 남한을 침략할 태세를 갖췄다는 명백한 증거가 부정되는 것은 아니다. 다만 북한의 침공을 정당화해주는 한국적 맥락일 뿐이다. 둘째, 정말 남한이 38도선을 넘어 공격했다면, 1년 전 한국군 2개 대대가 월북한 것을 감안할 때 도발은 북한에 동조하는 내부의 적이 일으킨 자작극일 가능성을 배제할 수 없으며, 그렇다면 침공은 북한이 일으킨 것이 된다.

이런 내 주장에 비판의 합창이 들려온다. 지나치게 머리를 쓰다가 곤경에 빠졌다는 것이다. 그렇다면 전쟁이 끝난 뒤 덜레스가 국가안보회의에서 한 발언을 들어보자. 거기서 그는 북한이 다시 전쟁을 일으킬 수도 있다고 우려했다. "공산 세력은 한국이 먼저 공격을 시작했다고 보이게 만들려고 한국군 부대에 침투해 자신들의 전선을 공격하게 함으로써 전쟁을 시작했을 가능성이 충분하다고 그는 생각했다."[88] 의심이 많다는 측면에서 덜레스를 넘어설 사람은 많지 않을 텐데, 그는 6월 19일 38도선에서 북한을 관찰했으며, 그 갑작스러운 일요일에 들은 불안의 속삭임은, 맥베스에게 살해돼 피로 물든 머리카락을 흩날리며 등장하는 뱅쿼의 유령Banquo's ghost처럼, 그의 남은 생애 동안 계속 기억에 남아 있었다. 몇 차례의 고위급 회의에서 덜레스는 한국에서 새 전쟁이 시작될 수도 있다는 것을 미국은 모르고 있다며, 이승만이 그것을 시작할지도 모른다고 크게 우려했다. 1953년 10월에 열린 168차 국가안보회의에서 덜레스는 이승만의 전쟁 재개를 막는 데 "우리의 모든 노력"을 기울여야 했다고 말했으며, 1957년의 332차 국가안보회의에서도 자신은 이승만이 "전쟁을 일으킬"지도 모른다고 계속 우려했다고 언급했다. 2주 뒤에는 "한국에서 전쟁이 시작된다면 (…) 어느 쪽에서 전쟁을 시작했는지 판단하기가 정말 어려워지고 있다"고 말했다. 그때 아이젠하워 대통령이 명언을 남겼다. 그러면 미국은 "1914년 전쟁이 일어났을 때 프랑스가 러시아에 자국에 가장 이익이 되는 일을 할 것'이라고 말한 대로 할 것이다."[89] 아이크는 애치슨이 주장해온 바를 완벽하게 표현했다.

정보 오류: "기묘하게 조합된 모자이크"

6월 24~25일 밤 남한의 도발이 없었으며 단지 북한이 침공을 시작했을 뿐이라고 가정하면 또 다른 문제가 떠오른다. 그것이 다가오고 있다는 것을 안 사람은 없었는가? 만일 그렇다면 그들은 왜 그것을 막으려고 하지 않았으며, 이런 끔찍한 침략 행위를 경고하지 않았는가? 앞서 본 대로 미국의 정보 수집 활동은 몇 가지 경향으로 나뉘어 있었는데, 기관마다 자신의 이익을 추구했으며 서로 사이가 나빴다. 도쿄에서 윌러비는 공격이 예상된다고 주장한 반면, 맥아더는 그 말을 듣고 얼마나 놀랐는지 모른다고 모든 측근에게 말했다. 워싱턴에서 트루먼은 아무도 자신에게 경고해주지 않았다고 격노했으며, 공격이 일어났다는 소식을 들은 모든 사람은 깜짝 놀랐다(5월에 한국의 국방장관뿐 아니라 몇몇 주요 신문은 공격이 있을 거라고 경고했다)―그러나 CIA는 6월 19일에 침공이 임박했다고 예측했다. 남한 정보기관은 또 다른 문제다. 내가 알기에 그들이 무엇을 알았는지 그리고 그것을 언제 알았는지 확실한 정보는 없다.

루이스 존슨은 6월 24일 아침 미국으로 돌아왔고, 평소와 달리 며칠 동안 자신의 생각을 사람들에게 밝히지 않았다. 내가 찾은 유일한 증거에 따르면 전쟁이 일어났다는 소식을 들은 그가 처음 보인 반응은 『뉴욕타임스』의 아서 크록 기자에게 이렇게 말한 것이다. "한국 사태를 예측한 사람은 아무도 없었다. (…) 우리 정보에 따르면, 북한군은 몇 주 동안 일요일마다 38도선을 넘어 남한을 습격해 작은 소요를 일으킨 뒤 돌아갔다." 도쿄에 갔던 존슨은 맥아더가 "공산 세력이 타이완을 공격할까 매우 두려워하고 있음"을 알고 있었다. 맥아더의 정보 조직에 따르면 "중국 공산군 15만 명"이 타이완 대안對岸에 집결했다.[90]

그 뒤 몇몇 상원의원이 전쟁 직전 도쿄에서 펼친 정보활동은 어땠느냐고 묻자 존슨은 "한국의 정세가 급박하다는 보고는 전혀 없었다"고 대답하면서, 조선인민군이 매주 일요일마다 38도선을 침범했다는 이야기를 되풀이했다. 당시에는 삭제됐다가 1975년에 공개된 발언들에서 존슨은 윌러비가 소

련의 다음 행동은 이란에서 일어날 것이며 한국의 분쟁과 관련해서는 아무 말도 하지 않았다고 말했다.[91]

이것은 이해하기 어려운 증언이다. 1950년 중반 이란에서 어떤 사태가 일어나리라고 예측한 사람은 없었고, 윌러비는 이란에 아무 관심도 보이지 않았으며 어떤 정보 조직도 그곳에 두지 않았다. 아울러 존슨은 1950년 6월 29일 윌러비에게 보낸 서한의 첫머리에서 "나는 지금 한국 정세를 가장 정확히 요약한 귀하의 문서를 떠올리고 있습니다. (…)"고 썼다(생략 부호는 프랑스식 표기인데, 말할 것이 더 있다는 의미다). 그의 부하 폴 그리피스는 6월 28일 웰링턴 구와 만나 "북한의 공격이 예기치 않았던 것은 아니었다"는 인상을 줬다.[92] 그러나 이런 모순과 관련해 더 이상 말할 내용은 거의 없는데, 존슨 문서에서는 유용한 정보가 모두 제거돼 이 사람이 한때 국방장관을 역임한 인물과 동일한 인물인지 의아하게 만들기 때문이다. 오마 브래들리는 자신과 애치슨·트루먼은 모두 존슨이 제정신이 아닐지도 모른다고 생각했다고 썼다.[93] 6월 25일에 일어난 일이라고 추정되는 각본에 그리 적합하지 않은 인물은 모두 제정신이 아니거나 연로했거나 공산주의자거나 보리스 칼로프의 형제인 것 같다.

자유주의자들에게 또 다른 "제정신이 아닌" 인물로 생각되던 윌러비의 동태는 어땠는가? 윌러비 관련 문서에서는 존슨이 6월 29일에 보낸 편지는 찾을 수 없다. 그러나 그는 여생 내내 자신은 6월 북한의 침공을 워싱턴에 경고했다고 말했다. 1951년에 쓴 변명하는 듯한 문서에서 윌러비는 이렇게 썼다. "북한의 '작은 철의 장막' 뒤에서 추진되고 있는 군사작전 준비는 모두 G-2 산하 정보기관에서 감시했다. (…) 북한 정부의 행동 가운데 정보 수집·보고 기관의 주시에서 빠져나간 것은 거의 없었다."[94]

1950년 3월 10일 윌러비는 워싱턴에 주간보고를 보내 북한이 1950년 6월 남한을 침략할지도 모른다고 경고했다. 5월 25일 그가 거느린 G-2에서는 조선인민군 6개 정규 사단이 38도선과 39도선 사이에 주둔하고 있다고 보고했다(그러나 국경경비대는 "평시 편성이며 병력도 적었다"고 보고됐다).[95]

윌러비는 나중에 펴낸 맥아더 관련 저서를 포함한 여러 기록에서 자신은 침공을 예상했다고 계속 주장했다. 그러나 그가 (적어도 워싱턴에서 납득하도록) 하지 않았다는 것은 분명하다. 나중에 애치슨이 지적한 대로 3월 10일 보고에서는 G-2가 그의 침공 보고를 신용하지 않았다는 내용을 주석에 기록했다. 3월 25일 도쿄의 G-2는 1950년 여름에 침공이 있을 것으로는 생각되지 않는다고 보고했다.[96] 5월 25일 보고에서는 침공 작전이 성공하려면 두 배 우세한 병력이 필요하며, 조선인민군 6개 사단은 한국군 5개 사단이 맡고 있으므로 북한은 공격할 것 같지 않다는 의견을 표명했다. 능력과 의도를 중요하게 구분한 윌러비는 북한이 공격 능력을 갖고 있다고 말했다가 그다음에는 그렇지 않다고 말하고, 의도와 시점 결정은 소련이 할 것이라며, 소련의 의도를 파악하는 것은 미국의 일이라고 말했다. 그 보고서는 현재 이용할 수 있지만, 그것을 읽고 1950년 6월 25일의 공격을 예측한 사람은 없을 것이다.

윌러비가 이 문제에 집착하는 까닭은 진주만 경험과 관계 있다고 생각된다. 그때 그와 맥아더는 필리핀의 비행장에 많은 비행기를 집결시켰는데, 진주만 공습 몇 시간 뒤 그 비행기들은 일본 전투기에게 쉬운 먹잇감이 됐다. 킴멜 해군 대장이 진주만 공습 관련 "정보 실패"의 희생양이 됐지만, 맥아더의 과실이 더 크다고 생각하는 사람이 많았다.[97] 이런 측면을 생각하면 맥아더가 한국에서 침공이 일어나자 "전혀 예상하지 못했다"고 그토록 빠르게 의견을 피력한 것은 흥미롭다. 그는 10년 동안 두 차례의 기습을 당한 것이었다.

그러나 윌러비가 남긴 다양한 자료와 발언은 그가 당황하지 않았다는 것을 분명히 시사한다. 도쿄와 서울에서는 몇 주 전부터 공격을 예상했지만 그것을 막을 아무 조처도 하지 않는 것을 선택했다. 6월 25일의 "이른바 '기습'"에 대해 윌러비는 "한국군 전체가 몇 주 전부터 경계 태세에 있었고 실제로 38도선 일대에 배치돼 있었다"고 썼다. CIA는 북한에 4명의 공작원을 침투시켰지만 그는 16명을 침투시켰다. 공작원들은 공격이 임박했다는 정보를 윌러비에게 보고했을 것이다. 그는 자신이 워싱턴의 충분한 정치적 지원을 받지 못했기 때문에 이런 이른바 "정보 실패"의 책임을 지게 됐다고 생각했다.[98] 이것은 한국군과 주일駐日 미군은 3주 동안 경계 태세를 유지하고 있는데 자신이 존슨과 브래들리에게 한국 상황은 모든 게 이상이 없다고 말한 다음, 지금 와서 돌이켜 보면 모든 것이 다가오는 것을 보았다고 주장하는 것, 그 사이에 도사린 모순보다 훨씬 더 월러비를 괴롭혔다.

G-2의 5월과 6월 정보 요약서는 조선인민군 정규 부대와 다른 조직으로 여겨지는 중국 귀환병 부대가 38도선을 향해 남쪽으로 이동하고 있다는 증거를 보여준다. 5월 중순 G-2는 38도선 지역에서 일부 민간인이 이동하고 있다고 보고했지만 1950년 2월의 일로 판단했다. 그 뒤에는 그것이 4~5월에 이뤄진 일로 결론지었지만, 공격이 아니라 방어 목적인 것으로 판단했다. 또한 G-2는 주민 이동은 봄의 파종기 동안 농사에 일종의 강제 동원을 실시한 것일 수도 있다고 생각했다(이것이 사실에 가장 가까우리라 생각된다). 전쟁 6개월 전 맥아더의 G-2는 앞서와 비슷하게 38도선 일대에 "공격할 수 있는 잠재력"을 지닌 증강 부대가 도착했다고 보고했다. 그러나 그 부대는 "(남)한군의 공격을 예방하려고" 편성된 것으로 추측했다.[99] 남한의 공격성을 알고 있던 미국의 관찰자들은 북한의 입장에서 군비 증강은 무리가 아니라고 생각했다. 앞서 본 대로 결국 북한은 남한이 1949년 8월에 도달한 병력 수준에 이르렀다.

자신의 정보 조직은 한반도에 관심이 없던 맥아더의 주장과는 달리 많은 G-2 보고에는 중국보다 한반도에 대한 정보가 훨씬 많았다. 그러나 현재 남아 있는 G-2 자료에는 임박한 침공에 대한 구체적 예측은 말할 것도 없고 그런 사태를 우려했음을 보여주는 증거가 없다. 6월의 보고에는 새로운 정보, 다시 말해 앞서 1949년 가을에 보고되지 않은 정보는 전혀 없다. 기록 가운데 공격을 예측한 유일한 자료는 6월 21일에 작성된 것으로 생각되는 중국 국민당의 보고인데, 북한이 남한을 침공하려고 한다는 내용이지만 시기는 적시하지 않았다. 이런 국민당의 예측은 6월 29일까지 보고되지 않았기 때문에 그 보고가 실제로 6월 21일에 이뤄졌는지는 알 수 없다.[100]

더욱 흥미로운 것은 미국이 한반도 연안에 전자정찰, 아마 사진을 사용한 정찰비행을 실시했다는 증거다. 이에 대한 기록은 아직도 기밀로 지정돼 있지만, 그런 비행은 1950년 봄 아무 설명 없이 중단됐다가 6월 10일 재개됐다. 그 비행은 "전자정찰 작전"과 "항공정찰"이라고 불렸다. 정찰기는 소련·중국·북한에서 적어도 20해리(37.04킬로미터) 떨어진 지역까지 비행하라는 지시를 받았다.[101] 전쟁 직전에는 구름이 많이 끼어 그런 정보 수집이 어려웠겠지만, 6월 중순 북한이 이런 방법의 정찰에 들키지 않고 5만 명의 병력을 동원한 침략 준비를 신속히 준비했다고 생각하기는 어렵다.

미국이 남한에 지상 무선·전자 첩보 장치를 설치했다는 사실도 알려져 있다. 한 문서에 따르면 352명으로 이뤄진 야전 정보운영기지 8609 AAU부대는 "한국전쟁이 일어나기 전 가동되고 있었다". 그러나 국가안보회의가 기밀 지정 해제를 거부해 1950년에 수집한 신호정보에서는 6월 25일 이전 무엇이 알려져 있었는지 정확히 판단할 수 없다. 그러나 당시 사정을 잘 알고 있는 한 전직 정보장교는 신호정보와 관련해 흥미로운 말을 했다. 윌리엄 코슨이 파악한 바에 따르면 북한의 통신 기만 계획은 "자신들의 무선 통신량을 증가시키지 않으려는 의식적인 노력이었으며 (…) 전술명령과 지시를 특별한 내용이 없는 행정지시로 위장했다. 요컨대 이것은 일종의 '무선통신 중단'을 발생시켰다". 그러니까 이 말은 결론적으로 "무선통신 중단"이 발생했다는 게 아니라 무선통신 중단의 증거가 발견되지 않았으며 일상적인 통신만 오갔다는 것이었다. 그러나 전쟁 동안 밝혀진 것이지만, 공격하기에 앞서 24~48시간의 무선통신 중단은 조선인민군의 표준적 절차였다. 이것은 북한이 침공했다는 증거가 되지 않으며, 돌이켜 판단하면, 전투명령이 포착되지 않은 까닭과 보고되는 전자정보를 걸러냈을 것으로 생각되는 G-2 보고들에 침공이 임박했다는 증거가 나타나지 않았기에 관련된 판단만 제공할 뿐이다.[102]

달리 말해서 도쿄의 정보 실패를 자세히 살펴보면 수수께끼에 대한 해답만큼 많은 의문이 떠오른다. 맥아더 자신은 어떤 반응을 보였는가? 6월 25일 오후 7시 덜레스가 맥아더 사무실을 떠난 뒤 윌리엄 R. 매슈스는 맥아더를 만났다. 그때 맥아더는 침공을 "전혀 예상하지 못했다"고 말했다. 사흘 전 로버츠는 침공이 있을 것 같지는 않다고 맥아더에게 말했다. 맥아더는

"국제적 강도 행위이며 용서할 수 없고 정당한 이유 없는 침략"이라고 규정했다. 그는 우리가 이 침공에 대응하지 않는다면 "다른 침공이 계속 일어날 것"이라고 말했다.

맥아더는 매슈스에게 비밀을 지키라고 부탁한 뒤 이미 자신은 "군수품을 실은" 전차 상륙함 2척을 파견했다고 말했다. "이것은 내 독자적 판단에 따른 것이었습니다. (…) 나는 내 휘하의 공군력을 최대한 사용할 준비가 됐습니다." 맥아더는 자신과 덜레스는 "모든 문제에 거의 완전히 의견이 일치했다"고 말했다. 또한 맥아더는 6월 25일 『필라델피아불러틴Philadelphia Bulletin』의 칼 매카들 기자에게 말했다. "소련인은 동양인이므로 우리는 그런 사정을 감안해 그들에게 대응해야 합니다. (…) 그들은 정체를 알 수 없는 집단입니다."

오후 9시 매슈스는 덜레스를 만났다. 덜레스는 미 지상군을 한국에 투입해야 한다고 강력히 요청하는 전보를 보냈다고 말했지만, 그 전보는 "선전포고 등의 내용을 담은 (…) 전보를 보낼 권한이" 덜레스에게 있는지 의문을 품은 장교들이 검토하느라 2시간 동안 보류됐다. 덜레스와 함께 미국으로 돌아간 매슈스는 일본에 주둔한 미군이 "3주 동안 경계 태세에 있었다"는 사실을 알게 됐다.[103] 6월 25일 저녁 맥아더가 무기를 보내고 공군력을 투입하겠다고 약속한 것은, 1949년 미군이 철수한 뒤 남한이 공격받으면 미군이 돌아올 것이라고 비밀리에 약속했다는 로스 정 대위의 주장을 뒷받침할 수도 있다. 그러나 그렇지는 않다. 하지만 일요일 아침에 소식을 듣고 맥아더가 내린 조치는, 침공이 일어날 경우 미국이 남한을 버릴 것이라고 생각되던 당시의 상황에서, 전혀 생각지 못한 일을 당한 사람의 행동은 아니었다.

덜레스는 맥아더와 다르게 행동했는데, 존 앨리슨에 따르면 극동군 사령관은 북한의 침략을 처음에는 "위력 정찰"로 보고 "의기양양하게 무시"했지만 6월 27일 화요일에는 "비참한 절망"에 빠졌다고 말했다. 앨리슨은 아마 1950년 6월 29일자 덜레스의 "한국 관련 메모"를 참조한 것 같은데, 그 메모에서 덜레스는 맥아더가 공격을 즉시 보고받지 못했으며, 보고받은 뒤 사흘 동안은 그것을 심각하게 받아들이지 않았다고 했다. 그는 이렇게 적었다.

"공격은 전적으로 북한의 모험이며 성공을 보장할 수 있는 소련의 계획과 준비와 지원 없이 실행된 것으로 생각된다." 7월 1일에 트루먼은 덜레스가 도쿄에서 돌아왔을 때 한 말을 "들었어야 했다"고 이븐 에이어스에게 말했다.

> 맥아더는 (한국에서 전쟁이 일어났다는 소식을) 전혀 몰랐으며 (덜레스는) 맥아더에게 전화할 참모를 찾을 수 없었다. 모두 그러기를 주저했기 때문이다. 그래서 덜레스는 직접 전화를 걸었다. 대통령이 암시한 대로 덜레스는 맥아더를 미국으로 불러들이고자 했지만, 대통령은 맥아더 원수는 이 나라에 정치적으로 연관돼 있으며 엄청난 반발을 무릅쓰지 않고는 맥아더를 소환할 수 없다고 언급했다.[104]

이것이 덜레스의 진의였는지, 아니면 트루먼의 환심을 사려는 말이었는지 궁금하다.

맥아더와 좋은 관계를 유지한 앨버리 개스코인의 정보는 대체로 신뢰할 수 있지만, 전쟁이 일어났을 때 연합국 최고사령관과 관련된 논지는 그렇지 않았다. 침공은 "(도쿄와) 한국에 있던 모든 사람이 전혀 예상하지 못했지만" 군 정보기관은 4월에 "그런 침공 준비가 있었다"는 것을 알았다고 말했다. 이것은 "폭풍이 치면" 어떻게 할지 미국은 결정한 상태였다는 뜻이었다. "맥아더는 탁월한 배우라서 그의 진짜 모습은 앞으로도 계속 규정하기 어려울 것"이라고 클레이턴 제임스는 말했다. 다른 곳에서 그는 "배우 같은 연기 능력은 그의 일부이자 본질"이라고 썼다.[105]

이것은 모두 의심할 바 없이 진실이지만 맥아더의 행동을 분석하는 것을 더욱 어렵게 만든다. 우리가 본 대로 6월 25일에 맥아더는 사태를 알지 못했다. 그는 경악스러워하며 침공에 대응하기로 결정했다. 그는 거만을 떨며 공격을 정찰이라고 부르거나 국제적 강도 행위라고 규정했다. 워싱턴의 승인 없이 군수품을 보냈으며, 소련의 "정체를 알 수 없는 집단"을 응징하려고 했고, 공군력을 동원해 철저히 싸울 준비가 됐다고 말했지만 이틀 뒤에는 무력한 절망에 빠졌다.

1951년 맥아더는 의회를 속이기로 하고 자신은 한국에서 수행한 정보 수집과 "아무 관계가 없다"고 증언했다. 그런데도 계속 추궁받자 정보에 대한 책임은 "남한 정부에 있다고 생각한다"고 답변했다. 나아가 한반도는 일본과 인접했으므로 정보기관의 보고에 "큰 관심을 가질 수밖에 없었다"고 말했다. 그가 위장술을 쓰지 않은 순간은 한 번밖에 없었다. 웨인 모스 상원의원이 그에게 렘니처 장군이 전쟁 발발 직전에 "남한에 즉시 군수물자를 보내라"고 요구했느냐고 묻자, 워터게이트 사건 때와 흡사한 태도로 "기억나지 않는다"고 대답한 것이다.[106]

워싱턴에서는 "정보 실패"가 실제로 있었는지를 둘러싸고 논쟁이 일어났다. 6월 26일 로스코 힐렌쾨터 CIA 국장이 상원 세출위원회의 비공개회의에서 증언했다. 의원들이 그 증언으로부터 CIA가 북한의 침략 능력을 잘 알고 있었을 뿐 아니라 시점도 예측했다는 인상을 받았다는 것이 몇 명의 기자에게 누설됐다. 특히 주목되는 사실은 그가 6월 19일자 CIA 보고서에서 남한에 대한 침공이 임박했다고 언급한 것이다. 이 보고서에서는 38도선 바로 이북의 민간인이 피란중이고, 최근 대규모 병력과 전차가 집결하고 있으며 부대가 신속히 이동하고 있다고 했다. 기밀 정보 취급 허가를 받은 담당자들은 지금까지도 그 보고서를 찾을 수 없었으며, 힐렌쾨터의 6월 26일 증언이 기록되지 않았다는 사실은 수수께끼를 더욱 깊게 만든다.

『뉴욕타임스』는 "기습을 당한" 미국 정부를 즉시 비판했던 놀런드 상원의원과 브리지스 상원의원이 힐렌쾨터의 증언을 들은 뒤 갑자기 CIA에 만족을 표시했다고 보도했다. 『맨체스터가디언Manchester Guardian』의 앨리스데어 쿡 기자는 힐렌쾨터가 CIA는 "이번 주나 다음 주에 침공이 일어날 것에 대비했으며 남한에 있는 (미국인) 가족을 대피시킬 선박을 준비시켰다"고 말했다고 보도했다.[107]

『뉴욕타임스』에 따르면 힐렌쾨터는 "곧 행동에 착수할 것이라는 증거를 자신이 제시했지만 보고받은 기관들이 그것을 해석하지 못한 까닭을 설명하지 못했다". 그러자 워싱턴의 다른 기관들은 재빨리 공격으로 전환했는데, 그것이 사실이라면 비난받을 대상은 CIA가 아니라 6월 19일의 경고를 받고

도 행동하지 않은 국방부와 국가안보회의NSC가 되기 때문이었다. 정보 실패보다는 실행 실패가 되는 것이었다. 기밀 해제된 국방부 기밀문서에 따르면 관료들은 힐렌쾨터가 상원에서 어떤 증언을 했는지 정확히 알지 못했지만, CIA는 북한이 공격할 능력이 있다는 것만 보고했을 뿐 그 의도와 시기는 보고하지 않았다. "불의의 기습"을 받은 것에 대해 상원의원들의 비난을 받은 렘니처 장군과 번스 소장은 6월 27일 "공산 세력의 공격이 임박한 지역으로 한국에 초점을 맞춘" 정보기관은 없었다고 단언했다(강조는 원문). "나는 침공 소식을 듣고 놀랐다"고 렘니처는 말했다. 그는 "입수할 수 있는 CIA의 모든 보고서"를 즉시 검토했지만 임박한 공격을 언급한 것은 없었다. 그러나 거기에는 6월 19일의 경고가 포함되지 않은 것 같다. 또는 포함됐지만(그의 각서는 이 점을 분명히 밝히지 않았다) 아무도 그 보고서를 발견하지 못했기 때문에 제3자가 검토할 수 없었다고 여겨진다.[108]

공직자로서 이런 책임 회피는 요컨대 힐렌쾨터를 능력과 의도의 기본적 차이조차 이해하지 못하는 가련한 무능력자로 묘사하려는 시도였다. 다시 한번, 6월 25일과 관련된 공식 기록을 부정한 것은 무능하고 제정신이 아니며 프랑켄슈타인을 닮은 사람들일 뿐이라는 것이었다. 그러나 6월 19일자 보고서는 힐렌쾨터가 쓴 것이 아니었으며—그것은 현지 기관에서 보낸 것이라고 했다—그것이 사라진 것은 상당한 문제다.

1950년 6월의 상황에 대한 조지 케넌의 분석도 길게 인용할 가치가 있는데, 또 다른 가능성을 찾을 수 있다.

(6월 초순) 일련의 정보 보고를 읽은 우리는 소련이 어디선가 일정한 군사적 주도권을 장악하려고 계획했다는 분명한 인상을 받았다. 우리는 전체 상황을 검토했다. (…) 소련의 위성국에서 올라온 보고들은 그 나라들의 지도자가 회동했음을 알려줬으며, 그들이 말한 몇 가지 비밀 사항을 수습해보면 무슨 일인가 일어나고 있음을 알 수 있다. 그리고 우리는 그것을 모든 측면에서 검토했다. (…) 우리는 소련이 붉은 군대를 투입하지 않고 위성국 병력을 이용해 어떤 군사행동을 계획하고 있는 것이 분명하다고 확신했다. 우리는 이런 사실

을 염두에 두고 국무부의 정보 관계자들과 여러 차례 상황 설명회를 열었으며 주변의 모든 지역을 검토했지만, 깊이 관심 가지지 않은 유일한 지역은 남한이었다. 우리가 남한을 언급했을 때 우리 군 관계자들은 한국군이 매우 강력해 북한은 침공할 수 없으며, 문제는 정반대라는 정보를 제공했다. 그것은 이승만과 남한이 북한으로 향하지 않도록 우리가 억제할 수 있느냐 하는 것이었다. 그리고 이런 판단을 근거로 우리는 남한 문제를 떠나 다른 지역으로 관심을 돌렸는데 완전히 당혹스러운 결과가 나타났다.

애치슨은 이렇게 덧붙였다. "우리는 어느 곳에도 정보원이 없었기 때문에 이 정보는 국무부에서 나온 것이 아니었다—그것은 맥아더 사령부에서 나온 정보였다."109

이것은 우리가 지금까지 본 것과는 사뭇 다른 그림을 보여준다. 6월 14일 CIA는 언제라도 침공할 능력이 있다고 예측했다. 거기에 이의를 제기한 사람은 없었다. 닷새 뒤 CIA는 침공이 임박했다고 예측했다. 몇 사람이 그런 판단에 이의를 제기했지만 그 보고서는 사라졌다. 케넌은 아무도 한국에 관심을 가지지 않았다고 말했으며—남한의 공격을 우려한 것을 제외하면—애치슨은 맥아더의 정보만 있었다고 말했지만, 당시는 15개 기관이 한국에 대한 정보를 수집하고 있었다.

실제로 케넌의 직원들은 6월의 마지막 주말에 동유럽을 감시하고 있었다. 불가리아와 유고슬라비아 국경 지대에서 불길한 군사 이동이 보고됐기 때문이었다. 6월 23일 『뉴욕타임스』는 완전무장한 불가리아군이 장갑차의 호위를 받으며 유고슬라비아로 이동하고 있다는 유고슬라비아 정부의 성명을 보도했다. 보도에 따르면 국경 지대의 "무력 도발"은 지난달보다 심각해졌다. 중요 부분을 삭제한 6월 27일자 CIA의 보고서에서는 특별열차가 야간 정전 때 그 국경 지대로 이동했다고 언급했다.110

이 정보는 세 가지 각본을 제시한다. 소련이 한반도에서 관심을 거두려고 했다는 것, 한국전쟁이 유고슬라비아를 침략에서 구했다는 것, 유고슬라비아 영토를 통과해 불가리아에서 100마일(약 160킬로미터) 정도 떨어져 있는 알바니아에서도 반격이 전개될 것을 우려해 부대를 이동시켰다는 것이다. 부대의 이동은 단지 티토를 위협하려는 목적이 가장 컸다고 생각된다. 아무튼 이것들은 케넌이 위성국 군대를 이용한 소련의 군사행동을 우려한 까닭을 설명해준다.

박식한 윌리엄 코슨은 군사 공격을 예측하기 어렵다는 점을 훌륭하게 논증했다.

> 첩보 활동에서 얻은 정보의 두 가지 기본 흐름은 전자 정보와 인적 정보인데, 정상이 평평한 산에서 흘러내리는 두 개의 하천과 비슷하다고 생각된다. 하나(전자 정보)는 산의 가파른 경사면을 따라 낙하해 저수지에 모이고, 다른 하나는 완만한 비탈을 구불구불 흘러내려 바다로 사라지는데 거기서 무관한 흐름의 정보와 섞이면서 그 의미와 특징은 사라진다.[111]

이런 불쾌한 분위기로부터 각각 상반된 결과를 예고하는 "기묘한 조합의 모자이크"가 떠오른다. 방대한 분량의 정기 정보 보고를 읽는 수고를 감내한 사람이라면 누구나 이것이 사실임을 안다. 정보 흐름의 또 다른 뛰어난 분석자인 로널드 르윈은 현대 정보 수집 활동의 광범한 능력에 힘입어 적을 둘러싼 정보의 선택과 해석의 가능성도 한없이 다양하다는 사실이 명확히 드러났으므로, 역사가는 "그 일이 그 당시에 어떻게 보였는지 상기하는 것이 (…) 가장 중요하다"고 지적했다.[112]

이를테면 1950년 3월 초 홍콩에서 올라온 정보 보고를 보면 중국공산당의 정보원을 인용해 북한이 6월에 한반도 서남부에서 반란을 조직하고 그것이 확대되면 38도선을 넘어 공격하려고 계획하고 있다고 보고했다. 잘 예측한 것이 아닌가? 그러나 G-2는 이런 예측을 경시했는데, 이유는 다른 정보에서는 그때까지 소련이 "극단적인 수단을 동원하려는 북한의 결심을 억제했으므로 미국은 좀더 강경한 태도를 보이지는 않을 것"이라고 말했기 때문이다. 이것은 많은 것을 시사하는 발언이다(소련이 북한을 억제할 힘을 갖지 못한 것이 아니라면). 같은 자료는 "중국 국민당은 자신들의 위상을 회복하려는 의도로 미국과 소련 사이에 무력 분쟁을 일으킬지도 모른다. (⋯) 그렇게 되면 한국의 상황은 1950년에 크게 변화할 수도 있다"고 언급했다. 지금 독자들은 남아 있는 것들을 근거로 판단해 첫 번째 각본이 가장 그럴듯하다고 말할 수 있을까, 아니면 두 번째 각본인가, 세 번째 각본인가, 아니면 세 가지가 모두 동시에 결합되고 뒤섞인 것인가?[113]

그렇다면 코슨과 르윈이 말한 것은 충분히 귀 기울일 만하다. 그러나 남한에서의 정보 실패와 관련해 코슨은 전혀 도움이 되지 않는다. 코슨은 "15개 이상의 감시 기관이" 한반도를 정찰하고 있었으며 "적대적 군사행동이 임박하면" 경보를 발령하도록 돼 있었다고 언급했다. 이런 예상 밖의 광범한 정보정찰망은 미군이 철수하고 이승만이 38도선에서 도발 행위를 전개한 1949년 중반부터 가동됐다고 코슨은 파악했다. 그러나 여러 부서를 아우른 상부기관은 들어오는 모든 정보를 정리해 가려낼 수 없었는데, 그 이유 중 하나는 "특정 (정보)기관의 구성원이 정보 자료를 독점해 '홀 카드hole card'● 로 사용했기 때문"이었다.

코슨은 북한의 공격 능력은 인정했지만 그럴 의도가 있다고 말하지 않은 CIA의 6월 14일자 보고서에 대해서는 언급했지만, 6월 19일자 보고서는 언급하지 않았다. 그는 트루먼이 자신에게 경고하지 않은 힐렌쾨터에게 격노했다고 말했는데, 힐렌쾨터도 6월 26일에 자신이 한 증언의 책임을 회피하려고 했음을 보여주는 것일지도 모른다. 그러나 루스벨트와 달리 트루먼은 요약된 형태로 정보 자료를 받았다는 코슨의 판단을 기억하라. 코슨의 지적에 따르면, 힐렌쾨터는 "미국 정보기관의 수장"이 아니었으며 정책조정국에서 비밀공작을 총괄하던 프랭크 위스너로부터 괄시를 받곤 했다. 앞서 본 대로 전자정찰은 북한의 침공 조짐을 포착하지 못했기 때문에 북한의 의도와 관련된 문제는 "인적 정보 수집", 곧 월러비에 따르면 CIA가 북한에 침투시킨 공작원 4명의 비밀 작전에 달려 있었다고 코슨은 지적했다. 이미 언급했지만 그 가운데 한 사람은 제임스 켈리스라는 용병인데 "와일드 빌" 도너번과 연

● 카드놀이에서 맨 먼저 나눠줘 엎어놓은 카드. 비장의 무기라는 뜻.

결된 인물이었다. 다른 자료에서는 "윤Yun"이라는 인물의 존재를 언급했다. 그는 남한의 설정식이라는 자유주의자를 통해 침공을 미리 경고했다. 설정식은 평양으로 가서 활동하다가 나중에 국가 반역죄로 처형된 것으로 보인다.[114]

또한 코슨에 따르면 6월 14일자 보고서는 "정보 관련자들"에게 누설됐고, 그로 인해 "정권에 비판적인 의원들이 공개적으로 그 문제를 제기할까 우려됐다. 그 결과 백악관은 한반도의 상황은 아무 이상 없다고 의회에 보고하기로 결정했다". 독자들은 이런 논리에 다시 한번 당황할 것이다. 코슨에 따르면 6월 14일 CIA는 북한의 능력은 "언제라도 남한을 침략할 수 있는 수준에 이르렀다"고 말했다. 그 결과 "한반도의 상황은 아무 이상 없다고 의회에 보고하기로" 결정된다. 의회의 비판 세력이 "문제를 제기할" 것을 우려했기 때문이라는 것이었다(그 뒤 공격이 일어났고 의회의 비판 세력은 실제로 "문제를 제기했다"). 의회에는 한반도 정세의 모든 것이 좋지 않다고 알리는 것이 당연하지 않았을까? 의회를 놀라게 하고 분노를 일으키는 것이 목표가 아니었다면 말이다.

딘 러스크가 이 임무에 선택됐다는 사실을 알게 되면 그 논리는 더욱 허약해지는데, 그는 장제스를 실각시키려는 쿠데타 계획에 깊이 관여했고, CIA의 6월 19일자 보고서가 올라온 이튿날인 6월 20일에 의회에서 상황을 보고했다(코슨은 이 보고서를 언급하지 않았으며 보고서는 아무도 찾을 수 없었다. 그러나 당시 정부의 최고 의사 결정자 세 사람 가운데 하나였던 러스크는 그것을 봤을 것으로 생각된다. 그러나 그는 나와의 대담에서 그 보고서를 보지 못했다고 말했다). 그는 의회의 비밀회의에서 한국군이 "자유롭고 독립적인 남한"에 헌신하고 38도선 일대의 소요를 감소시키는 데 성공했다고 높이 평가한 뒤 이렇게 말했다. "현재 우리는 38도선 건너편에 있는 세력이 그런 목적(남한을 점령하려는)을 위해 대규모 전쟁을 일으킬 의도가 있다는 조짐을 포착하지 못했습니다. 위원회에 말씀드립니다—의장님, 이것은 기록하지 말아주시겠습니까?" 모든 것을 알고 있다고 생각되는 코슨은 복구할 수 없는 비공개 증언에서 러스크는 "CIA가 (6월 14일) 보고에서 언급한 북한의 병력 증강을 상세

히 설명했을 것"이라고 단언했다.[115]

나중에 리지웨이 장군은 러스크의 6월 20일 증언에 대해 이렇게 말했다. "나는 그것을 읽고 충격을 받았다. 사태가 너무도 분명했기 때문이다. 우리는 그곳(남한)으로부터 언제나 경고 메시지가 흘러나오는 것을 확인했고, 상당수는 이승만에게서 시작된 것이었지만 북한군도 끊임없이 38도선을 넘어 탐색했다."[116]

이 퍼즐의 또 다른 조각은 1년 뒤 윌리엄 놀런드 상원의원(그는 힐렌쾨터의 증언을 들었다)이 허버트 후버에게 보낸 편지인데, 침공을 미리 경고한 일이 있었다고 암시하는 듯한 내용이 있다.[117] 아울러 힐렌쾨터의 증언 전날, 그러니까 전쟁이 일어난 그날, 『뉴욕타임스』 워싱턴 지국의 로버트 F. 휘트니는 "남한이 이번 주나 다음 주에 침공을 받을지도 모르는 상황에 있다는 것을 CIA가 알고 있었다"는 힐렌쾨터의 성명을 보도했으며, 나아가 "국방부의 (…) 한 보좌관은 미국은 침공을 예상했으며 가능한 모든 준비를 마쳤다고 개인적으로 말했다". 특히 그 보좌관은 미국인들을 대피시키기 위해 선박이 대기하고 있었던 것이 "침공을 예상 못하지 않았다는 증거"라고 말했다. 계속해서 휘트니는 이렇게 말했다. "워싱턴의 관찰자 가운데는 정부가 어떤 외교적 조처도 시행하지 않았다는 사실은 정보기관이 침략을 특별히 예측하지 않았다는 증거라고 지적하는 사람도 있다."[118] 정부가 외교적 조치를 시행하는 대신 .유엔을 충격에 빠뜨려 분노하도록 만들려고 했다면 이것은 타당한 말이다.

또한 침공이 일어나리라는 것을 트루먼이 예상했다면 그는 인디펜던스의 자택으로 가지 않았을 것이라고 관찰자들은 생각했다고 휘트니는 말했다. 앞서 쓴 대로 트루먼은 힐렌쾨터가 자신에게 아무것도 말하지 않은 것에 격노했다. 프로티가 지적한 대로 최선의 전략은 대통령에게도 알리지 않는 것이다. 요약된 정보 자료를 읽은 대통령을 모르게 하는 것은 쉽다. 이렇게 하면 최대 효과를 얻을 수 있다. 대통령을 놀라게 하는 것이다.

주의 깊은 독자는 1951년 맥아더에 대한 공청회에서 웨인 모스 상원의원이 이름을 거론한 사람이 다름 아닌 렘니처 장군이었다는 사실을 기억할 것이다. 6월 25일 이전 남한에 군수품을 보냈다는 보고와 관련해 맥아더는 "기억 나지 않는다"고 대답했다. 그리고 렘니처와 번스 장군은 힐렌쾨터의 위신을 손상시키는 임무를 맡은 인물이었다(번스는 타이완에서 전개된 비밀공작에 깊이 관여했다). 모스가 핵심에 다가갔음을 보여주는 증거는 세 개가 더 있다. 첫째, 전쟁이 일어나기 닷새 전쯤 리지웨이 장군은 인도차이나에 보내기로 돼 있던 해군기 "헬캣Hellcats"과 소형 포함砲艦 그리고 그 밖의 군수 지원 물자를 남한으로 돌렸을 수도 있다면서 관련 정보를 요청했다.[119]

둘째, 웰링턴 구가 1970년 허스리 장군에게서 들은 이야기다. 허스리는 1950년 5월 주스밍의 후임으로 도쿄에 부임한 인물인데, "그는 (이 이야기를) 아무에게도 말하지 않았다"고 웰링턴 구는 말했다.

> 6월에 북한의 남침 준비와 함께 한국전쟁이 다가올 무렵 일본에 있던 맥아더 장군은 쿡 제독을 보내 (…) 북한의 공격을 억제하기 위해 중화민국군을 남한으로 파견하도록 장제스 총통에게 요청했다. 그 요청에 따라 총통은 저우즈러우 장군에게 쿡 제독과 협상하도록 지시했다. (…) 한국에서 전쟁이 실제로 일어났을 때까지도 협상은 계속되고 있었다.[120]

쿡은 도쿄에서 존슨과 브래들리의 회담에 참석했다가 6월 25일 이전 타이완으로 돌아왔다.

가장 흥미로운 것은 1985년 『아미Army』의 투서란에 실린 기사인데, 1950년 6월 19일이 포함된 주간에 국방부는 조선인민군의 침공, 부산까지의 철수와 그 주변의 방어, 이후 인천 상륙작전을 전제로 하는 SL-17이라는 계획을 "승인·인쇄·배포했다"는 내용이었다. 클레이 블레어는 국방부가 "예측할 수 있는 모든 만일의 사태에 대비해 전쟁 계획을 세웠다"고 썼지만[121] 국방부에 예지력이 있다는 말은 처음 듣는다―그때는 바로 CIA가 임박한 침공을 예측해 그 직후 군수품을 남한으로 돌리도록 요청한 때였다.

여기서 다시 한번 결론을 도출할 수는 없으며, 역사의 이 특정 부분을 밝혀줄 자료가 기밀 해제되기를 기다려야만 한다. 그렇다 해도 도쿄와 워싱턴에 있던 소수의 당국자들이 공격이 임박했다고 예상해 대응을 준비해놓고 도 일어나도록 내버려두었다는—그때도 그리고 그 뒤에도 의회에는 알리지 않으면서—추측은 타당할 것이다.

또 다른 각본과 모자이크는 공격이 임박했다는 것을 누군가 알았는지, CIA의 6월 19일자 보고서(그것이 실제로 있었다면)가 북한이 임박한 공격 준비를 마쳤다고 말한 것이 옳았는지 묻는 것이다. 그러나 6월 14일 무렵 남한에 대한 미국의 지원과 관심이 되살아났다면, 그것은 남한의 도발이 임박하고, 맥아더나 장제스(또는 두 사람 모두)가 그것을 알았지만, 봉쇄를 지지하는 세력(리지웨이, 국방부 그리고 아마 러스크)이 북한의 의도에 대해 잘못된 정보를 준 데서 비롯되었을 것이다. 반격 세력의 강경파는 도쿄나 타이베이에 있던 인물들과 협력해 사태를 복잡하게 만들었는지도 모른다. 일부 관료는 애치슨과 동일한 이유에서 공격 봉쇄를 은밀히 준비했다. 다른 관료들은 장제스를 구원하기 위해 공격 도발을 준비했다. 이런 시기 선택이 큰 의미를 함축하고 있다는 것을 알려면 15장을 다시 읽기 바란다. 그러나 그것은 하나의 각본일 뿐이다.

선호하는 모자이크

가장 가능성 높은 모자이크는 무엇인가? 전쟁으로 나아가는 움직임이 6월 중순에 빨라졌다는 것은 이제 의심의 여지가 없다. 조선인민군이 6월 15일부터 급속히 남쪽으로 배치됐다는 애플먼의 주장은 옳지만[122] 그것은 침략을 위한 것이었는가, 아니면 하계 실전연습을 위한 것이었는가? 전쟁 직전 북한이 대규모 군사 연습을 실시했다는 것을 보여주는 자료는 앞서 살펴봤다. 코슨은 이렇게 말한다.

소련에서 만주를 거쳐 북한으로 군수물자가 점점 더 많이 이동한 것이 포착되고 추적됐다. 이런 보급의 흐름은 공격에 소비되는 탄약과 석유제품 같은 기본 물자의 보급을 소련이 북한에 증강해줬음을 보여주는 확실한 정보다. 당시 미국은 북한군의 훈련 시간, 차량 사용, 훈련을 위한 탄약 사용 허가 등에 대한 우수한 정보를 확보하고 있었는데, 군수물자의 증강을 분석한 결과 북한은 3주를 한 기간으로 나눈 시기 동안 20년 상당 분량의 탄약을 제공받았다(이전 3년 동안 유지된 훈련 수준을 바탕으로 계산하면)는 사실이 드러났다.

"'훈련'하는 것으로 감지되었던 북한이 남한을 향해 38도선을 넘으면서" 침공이 시작됐다고 코슨은 말한다.[123] 이것은 분명한 사실이다. 그러나 6월 25일에 남진한 까닭은 무엇인가? 행위의 구조는 잘 알겠지만 시점은 어떻게 설명할 것인가?

군수물자의 증강이 침공을 나타낸다는 코슨의 견해에 배치되는 자료도 있다. 6월 28일 맥아더는 "한반도 북부에는 대규모 작전을 지원하기 위한 군수물자 증강을 보여주는 증거가 없다"고 말했다. 그때 CIA는 그런 증강은 "작년에 이뤄졌을 것"이라고 말했다(다시 말해 전쟁 직전 몇 개월 동안이 아니다). 그러나 곧이어 CIA는 "현재의 작전을 지원하는 데 필요한 대량(의 군수품)이 침공 이전에 비축됐음을 보여주는 정보 보고는 없다"고 밝혔다.[124]

전체적으로 볼 때 미국이 노획한 군용품 가운데 침략을 위해 새로 비축한 것이라고 명확히 판단할 수 있는 것은 주행거리가 짧은 트럭들뿐이었다. 1950년 9월 맥아더가 1949~1950년 북한에 수송된 군용품의 "물적 증거"로 든 것은 기관총·수류탄·무선 수신기 등 10가지 품목뿐이었다. 앞서 본대로 조선인민군의 장비에는 제2차 세계대전에서 사용한 "소련의 잉여 물자"가 포함됐는데, 대부분은 철수한 소련군이 남겨놓은 것이었고, 만주에서 국민당한테서 노획한 미제 무기와 일본군 무기도 있었다. 일본군의 무기는 1945년에 남겨놓은 것으로, 일제강점기 때 북한에서 제조해 무기고에 보관 중이었다.[125] 1950년 초 항공기용 연료가 소련으로부터 만주로 공급됐지만, CIA는 인민해방군 공군이 타이완을 침략하는 데 사용하려는 것이라고 판단했다.

박식한 월터 설리번은, 미국인 정보장교들의 의견을 인용해, 북한의 "열광적인" 동원은 미군이 참전한 뒤에야 시작됐다고 지적했다. "전쟁이 시작됐을 때는 동원을 실시하지 않았다"는 것이었다. 무초는 6월 25일 아침 도쿄의 정보원에게 전화했을 때 세계 어느 지역에서도 이상 징후는 보이지 않는다는 보고를 받았다. 주한 미군 군사고문단의 G-2가 보낸 일련의 보고에서도 침략이 임박했다는 증거는 보이지 않았으며 6월 25일 주한 미군 군사고문단 장교들은 기자들에게 "부대 이동이나 군수품 집중과 관련된 정보 보고는 없었다"고 말하기까지 했다.[126]

코슨의 정보는 네 가지 사실을 인정하지 않았다. 동일한 병력 증강은 1949년 여름과 가을에도 있었다는 것, 북한은 상당한 무기 제조 능력을 보유했다는 것, 국공 내전에 참전했던 수만 명의 한국인 병사가 몇 톤에 이르는 탄약과 그 밖의 장비를 갖고 만주에서 돌아왔다는 것, 몇 달 만에 두 배 가까이 늘어난 조선인민군은 "훈련 계획"을 바꿀 수밖에 없었다는 사실이다. 북한이 1950년 늦은 봄에만 인위적으로 병력을 증강했다고 보고(동일한 현상은 1949년 가을에도 있었다), 같은 시기에 한국군도 자국 영토 내부에서 38도선으로 급속히 이동한 사실을 무시하는 것은 옳지 않다. 한국군의 이동을 감안하면 조선인민군의 행동도 이해할 수 있다.

영국 자료에 따르면, 1950년 여름 끝머리에 노획된 문서와 포로에 대한 심문은 침공이 어떻게 발생했는지 여전히 해명하지 못했고, 6월 25일이라는 시점에 대해서도 밝히지 못했다. 소련은 미·일 강화조약 문제 때문에 미국에 모욕을 주고 싶었을 것이다. M. E. 데닝은 "이것은 그렇지 않았다면 완전히 미궁에 빠졌을 시점을 설명해줄 수 있다"고 썼다. 통찰력 있는 한 기자는 군 사령관이 우기가 시작되는 시점에 전쟁을 시작하기로 결정한다는 것은 믿을 수 없다며, 이것은 북한이 서울 이남으로 진격하려는 계획은 없었음을 보여주는 거라고 생각했다.[127]

다시 동일한 문제다. 북한은 대규모 부대 훈련을 하다가 갑자기 남진했다. 이것은 치밀하게 계획된 침공인가, 아니면 남한의 도발에 대한 대응인가. 둘 중 하나일 것이다. 아니, 둘 다일 수도 있다. 1987년 10월 나는 템스 텔레비전 취재진의 북한 입국을 놓고 북한 당국자들과 힘들고 때로는 격렬한 협상을 계속했다. 나는 "누가 전쟁을 시작했는가" 하는 질문(이것은 그 전쟁이 내전이 아니라 미 제국주의의 침략 전쟁이라는 대답을 이끌어내는 질문이었다)은 "내전"에 적합하지 않다고 주장했지만, 거듭 대답을 요구받은 뒤 마침내 나는 1950년의 전쟁은 1949년에 발생한, 전쟁에 가까운 충돌과 직접 관련돼 있지만 1949년에는 정예부대가 중국에서 돌아오지 않았기 때문에 남한은 싸우려고 했어도 북한은 그러지 않았을 거라고 대답했다. 1950년 중국 원정부대가 돌아왔을 때 북한은 남한이 먼저 도발하기를 기다려 이승만 정권을 무너뜨리려고 했을 거라고 대답했다. 그러자 잊지 못할 만큼 극도의 침묵이 이어졌다. 당국자들은 눈빛을 교환하더니 굳은 얼굴을 갑자기 부드럽게 바꿨다. 그들은 그 문제를 더 이상 거론하지 않았다.

이범석의 다음 발언은 진실에 근접했을지도 모른다. 그는 북한이 당초 제한전을 생각했지만 (제12연대에 이어 제7사단, 제2사단이 무너지면서) 너무 쉽게 진격하자 계속 밀고 내려간 것이라고 생각했다.[128] 이것으로부터 우리는 북한의 목적은 서울을 장악하고 연립정부를 세우는 것이었다고 추리할 수 있다. 전쟁 계획은 1949년 1월부터 1950년 6월까지 단계적으로 수립돼 일정한 기대와 표준적 작전 절차가 계산되기 시작했고 각각 영향력을 키워갔으며 기계 같은 자동성이 더해진 뒤 모든 일이 전쟁을 향해 굳어지기 시작됐는데, 이런 과정은 결정적 순간을 준비하는 군사 관료 기구의 특징이었다. 지금까지도 나는 북한이 6월 15일에서 25일 사이의 어떤 시점을 그 순간으로 선택했으며, 그것은 그들이 선호한 시점이 아니었지만 6월 마지막 주에 중첩해 발생한 여러 사건 때문에 그 시점을 선택할 수밖에 없었다고 생각한다.

그렇다면 북한이 도발받지도 않은 침공을 일으켰다는 첫 번째 모자이크에는 무엇이 남았는가? 북한이 미리 숙고하고 면밀하게 계획한 전면적 침략을 6월 25일에 실행했다는 것에 의심을 던지는 증거들은 지금까지도 존재한다. 세 번째 모자이크는 검토할 가치가 거의 없다. 남한이 38도선 전역에서 대규모 공격을 시작했다는 북한의 주장을 뒷받침하는 증거는 없다. 전쟁이 시작됐을 때 북한은 그렇게 주장하지도 않았다. 두 번째 모자이크는 어떤가? 성실한 역사학자들은 아직도 그것을 배제하지 못하고 있다. 오랫동안 한반도가 놓여 있던 상황과 1949년 여름과 가을에 일어난 일을 잘 알고, 정보기관—그들은 1950년 여름 북한은 남한이 먼저 도발하기를 기다렸다가 남진을 시작할 수도 있다는 것을 알았거나 적어도 그러리라고 의심했다—과 깊이 관련된 인물이 있다고 하자. 게다가 그 인물은 명백하고 정당한 이유 없는 침공이라고 입증할 수 있을 때만 미국이 대응할 것이라는 사실을 알고 있었으며, 이런 사실을 서울로 가서 이승만에게, 워싱턴에서는 웰링턴 구에게, 도쿄에서는 맥아더에게, 타이베이로 가서는 장제스에게 알렸다고 하자. 달리 말해 그 인물이 굿펠로 대령이라면, 1950년 6월 12일 59세의 나이로 군에 입대할 동기가 있었을 것이다. 그는 처음에 생각한 방법을 사용해 북한을 끌어들일 "속임수를 썼다." 그리고 아마 그 며칠 전 누군가 침공이 임박했다는 보고서를 썼지만 파기했으며, 정황을 잘 모르는 성실한 대통령은 무슨 일이 일어났는지 묻는 대신 힐렌쾨터에게 화를 내게 됐다.

이런 모자이크를 보여주면 "부적절한 냉소주의의 오류"에 빠져 만족하고 있는 독자는 분노할 것이다. 그러나 이것은 논리와 증거 모두—부분적이지만—맞아떨어진다. 사실 이것은 반격 세력의 각본이다. 또한 이것은 애치슨이 반드시 적극적으로 추진한 것은 아니었지만 그의 봉쇄 각본—늘 수동적인 태도로 적이 주도권을 잡도록 한—에도 들어맞는다. 이것은 봉쇄론자와 반격론자를 한데 모을 수 있는 유일한 모자이크다. 한국에서 사건이 일어나면 (당분간) 이 두 흐름을 그리고 이승만과 장제스를 구할 수 있었다. 성실한 역사학자는 더 많은 자료가 입수될 때까지 어느 정도 회의적인 태도를 보여야 한다. 증거를 보면 I. F. 스톤의 유명한 견해는 예지력이 있는 동시에 불안함을 준다고 나는 생각한다. 그가 지적한 대로 "침공은 정치적으로는 침묵에 의해 고무되고, 군사적으로는 방어 진형에 의해 유인됐으며, 끝으로 모든 것이 준비되자 38도선을 넘은 소규모 돌격에 의해 촉발됐다는 가설은 많은 것을 설명해준다."[129] 그러나 정말 그럴까?

첫 번째 모자이크로 돌아가 1950년 6월 25일에 일어난 사건의 책임이 북한에만 있다고 생각해보자. 프로이트는 찬성하지 않겠지만 애치슨의 실언이 단순한 실수였다고 가정해보자. 다시 말해 침공은 "도발을 받기는 했지만(또는 도발을 받지 않았지만) 경고 없이" 이뤄졌다고 치자. 여기서부터 미국의 공식 견해, 즉 북한은 국제적 경계선을 넘어, 아무 의심도 하지 않고 있던 무고한 적을 불법적으로 급습했다는 견해로 비약하는 것은 얼핏 그럴듯한 경험론으로 보일 수 있다. 이렇게 생각하면 침공은 (미국을 포함한) 모든 당사자에게 책임이 있는 1949년 여름의 충돌과 상관없는 것이 되어버리며, 1949~1950년 남한의 도발 행위 그리고 미국이 주도한 유격대 진압 작전과도 무관한 것이 되어버린다. 이런 것들을 제외하더라도 북한이 명분 없는 공격을 시작했다는 판단은 한반도가 놓인 환경을 생각하지 않은 것이다. 한반도에서는 바로 2년 전 38도선을 "국제적" 경계선으로 만드는 데 유엔이 이용됐다(이승만을 포함한 어떤 한국인도 그것을 인식하지 못했다). 5년 전 미국은 고대부터 이어진 통일국가를 분열시키기 시작했고 (소련의 큰 도움을 받아) 때 이른 "냉전"을 심화했으며, 반동·친일 세력을 후원해 한국인들의 열망은 말할 것도 없고 당시 국무부의 정책에도 역행하면서 남한 단독정부를 수립했다. 이런 일이 모두 이뤄지면서 한국인들이 한국을 침공하는 최악의 역설이 가능하게 됐다. 진실은 남한이라는 국가가 존재하는 것 자체가 북한에는 도발이었으며, 그 반대도 마찬가지였다는 것이다. 남북전쟁을 기억하는 미국인은 이것을 이해할 수 있을 것이다.

결론: 결의의 본래 색깔

누가 한국전쟁을 시작했는가? 이 질문에는 대답할 수 없다. 우리는 적절한 세 가지 모자이크를 볼 수 있었을 뿐이며, 그 가운데 둘은 복잡하고 상충되는 증거들에 의해 부분적으로 증명되기도 하고 그렇지 않기도 하다. 초조한 독자들은 저자가 명확히 말하지 않고 특정 해석을 지지하지 않으려는(그래서 전문 분야의 특정 학파에게 공격받지 않으려는) 태도에 당혹스러웠을 테고, 그가 잘못된 질문을 하는 것이라고 생각했을 것이다. 이 연구를 처음 계획했을 때부터 이념적 폭탄을 품은 "누가 한국전쟁을 시작했는가?"라는 질문은 그 자체가 적절하지 않다는 것이 내 판단이다. 그렇기 때문에 그 질문에 답변할 수 없는 것이다. 그것은 내전에 대한 질문이 아니며, 동족간의 갈등으로 직접 고난을 겪은 세대는 아직도 그 상처를 안고 있다. 남부군이 섬터 요새에서 먼저 발포한 것에 관심을 두는 미국인은 없지만, 노예제나 연방 이탈에는 아직도 관심을 둘 것이다. 누가 베트남전쟁을 시작했는지 알려는 사람은 없다. 그 전쟁이 종결된 방식에 분노하는 사람들은 있지만 그것은 이념의 문제다.[130] 남한에서는 누가 전쟁을 시작했는지 알고 싶어하는 새로운 세대가 나타났지만, 이는 구세대에게 도덕적 분노를 느낀 젊은 세대의 정치적 감각을 보여주는 것이다. 상처가 아물고 있다는 조짐은 분명히 나타나고 있으며, 이런 조짐을 바탕으로 후세대는 그 질문을 자신의 마음에서 배제하고 니체가 말한 "역사"에 구속된 상태에서 벗어나 한국인의 화해를 위해 자유롭게 행동할 것이다.

한국의 사정에 정통하다는 사람들은 6월 25일 직후 우리의 입장을 직감적으로 이해했다. 모리스 러트웍 대령은 미 점령군의 지방행정관으로 1945~1950년에 한국에 체류했다. 1950년 7월 그는 소련인들을 "사자의 꼬리를 잡았지만 놓지 못하는 사람 같다"고 평가했다. 그는 소련이 공격을 계획하지 않았다고 확신했다. 계획했다면 그들은 우기가 아니라 도로와 지면이 딱딱해지는 겨울을 선택했을 것이었다. "북한 사람들은 매우 개인주의적이다. 나는 그들 스스로 공격을 시작했을 것이라고 믿는다"고 그는 말했다.[131] 미국인은 호랑이의 꼬리를 잡고 있었다. '백두산 호랑이'(김종원)와 김석원 같은 인물이었다. 아마 그들도 스스로 공격을 결심했을 것이다.

1950년 6월, 누군가 기회를 잡았고 모든 것을 걸고 목적을 이루려고 했다. 이것은 역사에서 돌이킬 수 없는 손실을 입히고 사라졌으며 시간이 흐른 뒤 밝혀낼 수도 없다. 분명한 것은 역사를 만들고 그 방향을 결정하는 의지와 결의와 방법이 존재한다는 것이다. 우리가 제기한 자세한 경험주의적 질문의 문제는 셰익스피어의 표현을 빌리면 다음과 같다.

결의에 찬 저 생생한 혈색은

창백한 상념에 그늘지고,

충천하던 의기도

흐름을 잘못 타

실행의 힘을 잃고 만다.

어떤 "호랑이"가 행동을 시작했든, 한국의 역사적이고 기묘한 치매 증세는 자신들의 문제를 해결할 때 결과는 깊이 생각하지 않은 채 외국인을, 필요한 경우 전 세계를 끌어들였다. 1590년에 조선의 사신들은 히데요시의 의도를 알기 위해 그의 눈을 자세히 살펴봤지만 결국 침략당했고, 일진회—進會는 일본을 도와 식민지화를 초래했으며, 김일성은 소련이나 중국을, 이승만이나 김석원 또는 이범석은 미국을 끌어들이려고 했다. 이것이 하나의 유형이다. 그런 현상은 일종의 내부 파열이자 그 진공을 아무도 제어하지 못하는 "블랙홀"이었다. 아무튼 이것이 6월 25일 새벽에 일어난 일이다.

상상해보라. 한국전쟁이 시작된 곳은 멀리 떨어진 고립 지역인 옹진이었다. 충돌한 것은 김일성 세력과 김석원 세력이었다. 미국과 나중에는 중국이 이 블랙홀로 끌려 들어갔다. 6개월 뒤에는 세계 규모의 전쟁이 눈앞에 다가왔다. 이것은 지금 생각해도 놀랍고 떨리고 두려운 사태였다.

옹진의 충돌로 시작된 이 전쟁은 관련된 모든 사람에게 엄청난 비극이 됐다. 누가 한국전쟁을 유발했는가? 아무도 유발하지 않았고 모든 사람이 유발했다. 1945년 이후 복잡하게 수놓인 직물을 짠 모든 사람이 관련됐다. 누가 한국전쟁의 "원인을 만들었는가?" 그것을 강조하려면 우리는 역사에서 벗어나 정치와 철학 그리고 "사실"을 초월한 인간의 영역으로 들어가야 한다.

누가 한국전쟁을 시작했는가? 이것은 제기할 수 없는 질문이다. 특히 한국인들은 이런 질문을 멈춰야 한다. 그 대신 니체가 독일인에게 요구한 것처럼 세속적 태도를 배양하고 편협한 "국수주의"를 혐오해야 한다—"북방에 있는 남방을 사랑하고 남방에 있는 북방을 사랑하는" 방법을 배워야 한다.[132] 미국인이 이렇게 말하는 것은 생색내는 것이다. 그러나 독일인은 가장 엄격한 방법을 거쳐 이 교훈을 배웠다. 한국인은 아직도 그것을 배우지 못했다.

4부

종막

19장

봉쇄를 위한 전쟁

적은 스스로 기획했던 대로 하는 대신 정반대로 행동했다. 그들이 계산해 실시한 행동 가운데 그토록 적합하게 자신의 목적을 좌절시킨 행동은 없었을 것이다. 이 것은 모두 그들이 어리석기 때문이었다. (…) 이것은 어느 진영에서 봐도 한국인들 의 전쟁이 아니다.

_딘 애치슨

1950년 6월 가장 조용한 토요일 밤, 딘 애치슨은 "늘 그랬듯 국무부에서 늦 게까지 머무르다가" 메릴랜드에 있는 자기 소유의 샌디 스프링 농장으로 돌 아왔다. 6월 24일 밤 9시 26분, 존 무초가 보낸 최초의 전보가 도착했다. 한 시간도 되기 전에 딘 러스크는 국무부로 왔다. 존 히커슨은 즉시 애치슨에 게 전화를 걸었고, 애치슨은 그에게 이튿날 안전보장이사회를 개최해 "필요 한 조처를 하라고" 지시했다. 밤 11시 30분 히커슨은 트뤼그베 리 유엔 사 무총장에게 안보리 개최를 요청했다. 그 결정은 나중에 러스크가 인정한 대 로 서울에서 온 최초의 전보에 기초한 것이었다.[1]

그때 워싱턴에 있던 고위 관료는 애치슨과 러스크뿐이었다. 트루먼은 그 날 아침 인디펜던스의 자택으로 떠나 일요일에 자기 동생의 농장을 조용히 방문한 뒤 워싱턴으로 돌아왔다. 이후 며칠 동안 애치슨은 미 공군과 지상 군을 즉시 참전시키는 내용의 의사 결정을 주도했다. 애치슨은 (러스크와 함 께) 한국 문제를 유엔에 이관하기로 결정한 뒤 트루먼에게 전쟁 소식을 알렸 다. 그러고 나서 그는 트루먼에게 이튿날까지 워싱턴으로 돌아올 필요가 없 다고 말했다. 6월 25일 저녁 백악관 영빈관에서 열린 회의에서 애치슨은 남 한에 군사 원조를 확대하고, 남한에서 미국인들을 소개疎開할 때 미 공군이

〈사진14〉 백악관을 떠나는 애치슨(왼쪽)과 러스크, 1950년 6월 27일

엄호하며, 타이완과 중국 본토 사이에 제7함대를 배치하자고 주장했다. 6월 26일 오후 애치슨은 한국전쟁에 미 공군과 해군을 투입하는 중대한 결정을 단독으로 이끌었으며, 그 결정은 그날 저녁 영빈관에서 승인됐다. 이처럼 개입 결정은 애치슨이 했으며, 대통령의 지지는 받았지만 유엔과 국방부 또는 의회의 승인을 얻기 전이었다.[2]

6월에 이뤄진 여러 결정을 지지했던 조지 케넌은 6월 26일 오후에 합의제 회의를 중단했을 때 적은 메모에 대해 다음과 같이 회고했다.

> 그는 홀로 남아 필기할 시간을 요청했다. 우리는 (3시간 뒤에) 호출됐고 그는 자신이 작성한 문서를 읽어줬는데, 그것은 대통령이 최종 발표한 성명의 원안 이었으며 이튿날 최종 발표될 때까지 크게 바뀌지 않았다. (…) 정부가 실제로 시행한 방침은 군 지휘부가 (애치슨에게) 압력을 행사한 것이 아니라 애치슨이 홀로 숙고해 도달한 것이었다.

애치슨도 "이 이야기는 내 기억과 일치한다"고 케넌에게 동의했다. 그날 저녁 영빈관에 모인 사람들은 한국전쟁에 공군과 해군을 투입하고 타이완과 중국 본토 사이에 제7함대를 배치하는 것을 승인했다. 케넌은 6월 26일의 결정은 대단히 중요했다고 언급했으며, 애치슨은 그 결정은 의회나 유엔과 협의하기 전에 내려졌다고 말했다("우리는 우리의 행동 계획을 (…) 오전에 전달했지만 그 실행을 유엔이 요구한 것은 [6월 27일] 오후 3시가 돼서였다").[3] 프레스 클럽 연설과 매우 비슷하게 한국과 관련된 결정은 애치슨이 "혼자 숙고해" 내린 것이었다.

이런 결정은 한국을 봉쇄하려는 애치슨의 논리를 따른 것이었으며, 그런 논리는 1947년 처음 만들어져 프레스 클럽 연설에서 모습을 드러냈다. 일요일 오후 얼마 동안 한국 정세를 숙고한 애치슨은 "후퇴"하는 것은 미국의 힘과 위신을 무너뜨릴 것이라고 결론지었다. "위신은 힘이 투영된 그림자이며, 억제력을 행사하는 데 매우 중요하다."[4] 우리는 그의 말을 다시 기억할 수도 있다. "우리가 해야 하는 것은 충분하지 않은 수단으로 방어를 구축하고 어디로 침투해 올지 예측하려고 노력하는 것입니다. (…) 야당이나 적의 임무는 반대하거나 싸우는 것이며 그들은 자신이 만들어낸 상황 안에서 할 수 있는 일을 할 것입니다." 자신의 말대로 애치슨은 창조가 이뤄지던 상황에 있었다. 그는 자신이 충분치 않은 자원으로 미국의 패권적 이익의 관점에서 세계를 만들고 있다고 생각했다. 그는 아시아에서 방어 체제를 구축했다. 거기서 공격 행동은 패착이 될 것이었다. 이런 논리에 따르면 애치슨은 공격을 예측하지도 그것이 한국에서 일어나기를 바랄 필요도 없었다. 그는 물러나 참을성 있게 환경을 구축하려고 했다. 우리가 자세히 논의한 두 곳은 한국과 타이완이지만, 소련제국 주변부에서 분쟁이 발생할 수 있는 다른 지역으로 이란·튀르키예·그리스·베를린을 추가할 수 있다.

진주만 공습 전 헨리 스팀슨이 가졌던 생각을 잘 알고 있었던 애치슨은 공격이 일어나자 동일한 카타르시스를 느꼈다. 일본이 공격하도록 스팀슨이 "유도"했든 그러지 않았든 나중에 그는 일기에 "일본이 하와이를 직접 공격함으로써 이제 모든 문제가 해결됐다"고 썼다. 그는 "망설임의 시기는 끝나고 위기가 찾아와 모든 국민을 단결시킨 것에 안도했다"고 밝혔다. 애치슨은 한국을 동일한 관점에서 봤다. 한국은 국가안보회의 문서 68의 문제를 해결하고 미국인을 단결시켰으며, 그 덕분에 역사상 전례 없이 막대한 국방비를 지출해 소련의 침략 행위를 저지하는 정책이 지지받았다. 조지프 하시는 한국 관련 결정이 내려진 직후 이런 분위기를 감지하고 "한 번도 느껴보지 못한 안도감과 일체감이 온 도시에 퍼져 있는 것을 느꼈다"고 썼다.[5]

이후 애치슨은 자신의 논리로부터 "이것은 어느 진영에서 봐도 한국인들의 전쟁이 아니"라는 결론에 이르렀는데, 그 결론은 다음과 같은 생각에서 나온 계시적 발언이었다.

한국은 국지적 사태가 아니다. 한국 자체에 큰 가치가 있어서 공격이 발생한 것은 아니다. 공격은 그들(원문 그대로)이 한국에서 어느 정도의 영토를 차지하려고 한 것이 아니다. 공산주의 지배 세력 전체가 서방 세력 전체에 감행한 맹공의 선봉이었다―공격은 주로 동양에 집중됐지만 전 세계에 영향을 줬다. 공산 세력의 목적은 한국을 통일시키는 것이었지만, 그 전쟁은 일본·동남아시아·필리핀도 불안하게 만들었고 동남아시아 전체를 손에 넣으려고 했으며 유럽 정세에도 영향을 줬다. 이것이 한국에서 전쟁이 일어난 이유다.

계속해서 그는 이렇게 말했다. "적은 자신이 기획한 행동 대신 정반대로 행동했다. 그들이 계산해 실시한 행동 가운데 그토록 적합하게 자신의 목적을 좌절시킨 행동은 없었을 것이다. 이것은 모두 그들이 어리석기 때문이었다." 한국은 두 진영 모두에게 "실험장"이었으며 "두 진영의 세계적 목표를 위한 세계 전략이다. 그것은 어느 진영에서 봐도 한국인들의 전쟁이 아니다."[6]

이런 생각은 내가 이 책에서 논의한 내용을 대부분 배제한다. 다시 말해 한국인과 그들의 역사를 현실 문제와 무관한 것이라며 배제하는 것이다. 애치슨이 보기에 한국에서 전쟁이 일어난 것은 우연이었다. 한국은 스페인과 비슷하게 초강대국의 실험장이었다. 이 시기 한국에서 전개된 실제의 역사는 지금 우리가 "남북" 갈등이라고 부르는 것과 비슷한데, 그것의 주요 정치적 과제는 탈식민지화와 식민주의의 유산을 근본적으로 재편하는 것이다. 이것을 동서문제의 구조로 치환하면 실제의 역사는 관계가 없어지고, 한국의 내부 환경에 대한 지식이 거의 없어도 한국전쟁의 전모와 관련된 문헌을 쓸 수 있게 된다.

그럼에도 애치슨은 틀렸다. 그것은 북한에게도, 남한 주민 대부분에게도 한국의 전쟁이었다. 그것은 1944년 이후 이승만이 부지런히 끌어내리려고 했던 결과물로서의 미국의 동서문제였다. 그럼으로써 그것은 미국에 대항한 북한의 전쟁이 됐으며, 서로가 이해할 수 없는 목적을 위해 헤아릴 수 없을 정도로 살육을 저지른 전쟁이었다.

그러나 그것은 여전히 봉쇄와 방어를 위한 전쟁이었다. 세계적 관점에서 파악한 애치슨의 도도하고 냉혹한 논리에는, 난관을 최소화하면서 달성되지 않는 한 이승만의 후원 아래 한국이 통일되는 것을 고려할 여지가 없었다. "우리는 38도선을 탈환하는 데 필요한 전력을 투입해야 한다"고 애치슨은 7월 중순에 말했다. "이것은 우리가 밀려난다면 되도록 빨리 다시 진입해야 한다는 뜻이다." 중국이 참전해도 상황은 바뀌지 않는다. "만약 소련이 참전하더라도 전면전으로 번지지 않는 한 한국에서 싸워야 한다고 나는 생각했을 것이다."7

이것은 강력한 봉쇄였지만 그래도 봉쇄는 봉쇄였다. 트루먼은 애치슨의 생각을 받아들였고, 그 뒤 두 사람은 일치된 의견을 보였다―반격 정책이 워싱턴의 관료들과 정치인들의 지지를 확보하고, 비용 부담이 없어 보일 때까지는 그랬다. 6월 26일 트루먼은 한 측근에게 한국은 "극동의 그리스"라고 말했는데,8 나중에 뮌헨·칭기즈칸·티무르에 비교했을 때보다 애치슨적 논리와 한국 내전의 진실에 상당히 다가간 발언이었다. 한국에는 큰 규모의 경제협력국ECA 한국사무소와 주한 미군 군사고문단이 있었으며 트루먼 독트린의 간접적 봉쇄망의 일부였지만, 국무부 안에서만 그렇게 인식됐다. 6월 26일 한국군의 붕괴가 명확해지자 그런 논리는 미국의 군사력을 사용한 직접적 봉쇄로 바뀌었다.9

애치슨이 처음 의뢰한 곳은 미국 의회가 아니라 유엔이었다. 그는 자신감에 차 있었고 자신에게 동의하지 않는 사람들의 견해는 군부든 입법부든 사회 전반이든 쉽게 무시했다(그에게 여론은 자신의 자율적 정책 결정을 짜증스럽게 제약하는 것이었다). 그는 6월 24~26일까지 의회와 협의하지 않았는데, "그 시점에서 매우 분명해졌다고 판단된 상황을 완전히 혼란스럽게 만들 수도 있었으며" 의원들이 "대통령의 특권을 제약"할 수도 있기 때문이라고 설명했다(유엔으로부터는 아무 문제가 생기지 않았다. 그는 나중에 1950년 6월 28일이라는 이른 시기에 태프트 상원의원이 애치슨과 트루먼의 결정을 두고 "국회 의장의 무력행사 결정 권한을 완전히 찬탈한 것"이라고 평가했다는 말을 듣고 약간의 놀라움을 표시했다).10 교전권이 의회의 권한이라는 사실이 애치슨에게는 떠오르지 않은 것 같다.

애치슨은 전제를 흐린다든지 민주주의의 시끄러운 소음이 발생하지 않도록 방지하는 수준이 아니라, 자신의 결정을 배태한 정보를 무덤까지 가지고 가서 역사 기록에서 감출 정도까지 비밀주의를 철저히 유지했다.11 애치슨은 대부분의 문제를 자신이 진정으로 신뢰하는 유일한 고문하고만 의논해 독자적으로 결정한 뒤, 자신의 의견을 대체로 수용하는 경험 부족의 대통령에게 재가를 요청하는 방식을 선호했다.

미군 수뇌부는 미군 전력의 한계를 좀더 냉정히 파악하고 있었으며, 영빈관 회의에서 드러난 대로, 지상군을 한국전쟁에 투입하는 데 소극적이었다.[12] 그러나 애치슨은 군부의 판단을 거의 고려하지 않았다. 그는 나중에 이렇게 말했다. "합동참모본부의 발언을 듣기 전까지는 그들이 어떤 생각을 하는지 알 수 없었다." 그러나 그들이 일단 발언하면 그것은 "교황의 말처럼 절대적인 무오류라고 주장되었다". 애치슨에 따르면 국가안보회의에서 합동참모본부는 누구도 읽을 것 같지 않은 난해한 문서로 자신들의 견해를 제시했다. "우리는 그것을 논의했으며—내 경험에 따르면 늘—대통령은 내가 타당한 의견이라고 생각해 제시한 것을 지지했다." 국방부와 국무부 사이에 논쟁이 벌어지면 대통령은 거의 언제나 애치슨의 의견을 따랐는데 "내가 제안했기 때문이 아니라 다른 견해가 너무 어리석었기 때문이다. 그것들은 아무 가치가 없었다. 충분히 생각한 다음에 낸 안건이 아니었다".[13]

미국의 세계 전략 수립 능력에 초점을 맞추면 합동참모본부에 대한 애치슨의 판단은 옳았다. 국방부는 자신의 특권과 예산이나 '신성한' 표준작전 절차를 둘러싸고 다투기 일쑤였으며, 합동참모본부의 방침 설명서는 그레이엄 앨리슨이 말한, 일관성 없이 이리저리 짜맞춘 관료정치의 특징을 보여줬다. 애치슨의 패권주의적 지휘와 세계 구상은 미국 정부 안에서 이런 유동성을 주도했으며, 그것은 그레이엄 앨리슨이 자신의 "모형 1"●을 너무 성급하게 포기했음을 말해주는 좋은 증거였다.[14] 앞서 주장한 대로 전후 초기 외교정책 결정 기관은 미국 정부 안에서 주목할 만큼 자율성을 갖고 있었으며, 애치슨은 자신의 혜안에 힘입어 그 뒤 연속된 중대한 결정을 좌우하는 위치에 서게 됐다. 그럼에도 국제협력주의자들의 지속적인 팽창주의보다는, 아직 완전히 맞춰지지 않은 미완의 모자이크가 한국과 그 뒤 베트남에서 미국 군사력의 한계를 더 뚜렷이 보여줬다.

● 1장 참조.

"충분히 생각한 다음에 낸 안건이 아니었다." 이것은 철저한 논리적 사고를 하는 사람이 다른 사람에게 할 수 있는 최대의 모욕적 발언이었다. 애치슨은 공개적으로는 대통령에게 아낌없는 찬사를 보냈지만 마음속으로는 그를 이 발언의 맥락 속에서 경멸했다. 그의 대통령은 애매한 태도를 참지 못했고, 로버트 도너번이 우회적으로 지적한 대로 "주저하지 않고 결단을 내리려는 욕구가 너무 강한 인물이었다".[15] 그는 어떤 일을 대할 때 역사에 비춰 유사성을 찾기를 매우 좋아했는데(그것은 대부분 틀렸지만), 그 덕분에 시련에 맞설 각오를 다지고 자신감도 잃지 않는 것 같았다. 그것은 마치 월터 미티•가 대통령 집무실에 앉아 지침이 될 만한 "역사"를 면밀히 살펴보는 것과 비슷했다. 영빈관 회의에서 나온 명언은 모두 애치슨에게서 나왔으며, 트루먼은 자신의 주식 거래를 놓고 역사와 관련된 잡담을 늘어놓기 일쑤였다. 트루먼이 회고록을 쓸 때조차도 애치슨은 늘 그에게 조언하고 지도했다. 그는 대통령이 회고록을 집필할 때 "완벽한 멍청이"가 되지 않게 하려고 노력했다고 A. 휘트니 그리즈월드에게 말했다. 그가 트루먼에게 보낸 서한들에는 생색내는 듯한 태도가 드러나 있다.[16]

트루먼은 미 지상군을 한국에 투입하기로 결정한 뒤, 후세들에게 무릎 꿇고 용서를 빌고 싶도록 만드는 발언을 남겼다. "우리는 잔인한 이교도의 도전에 직면했다."[17] 그러나 트루먼은 여러 단점이 있지만 자신이 전형적으로 보여준 평범한 시민의 식견을 굳게 믿는 민주주의자였다. I. F. 스톤이 지적한 대로 트루먼은 "미국 어느 소도시에서나 발견할 수 있는 건실하고 소박하며 정직하고 품위 있는 인물이었다".[18] 그는 자신을 위대한 대통령이라고 부른 한 숭배자에게 "그런 말은 그만두십시오. (…) 위대한 인물이 되려면 두뇌가 명석해야 합니다"라고 말한 적이 있다.[19] 애치슨은 위대한 인물의 두뇌를 지녔지만, 자신의 정책 과제를 이해하지 못하는 소란스러운 민주주의 안에서 그 두뇌를 자신이 선택한 대로 오만하게 사용한 인물이었다.

• 미국의 유머 작가·풍자만화가·삽화가 제임스 서버James Thurber(1894~1961)의 소설 『월터 미티의 은밀한 삶The Secret Life of Walter Mitty』의 주인공. 지극히 평범한 자신의 삶 속에 흥분과 모험이 가득하다고 몽상한다. 터무니없는 공상을 하는 사람을 비유한 것.

애치슨의 결정으로 미국은 참전했지만, 그는—실제로나 미국의 정체政體라는 측면으로나—전쟁의 역학을 완전히 이해하지 못했다. 그 전쟁은 그 자체의 변증법에 빠져들면서 곧 세계평화를 위협하는 엄청난 재앙이 됐다. 워싱턴에서 목소리를 높인 유일한 집단은 확고한 신념을 지닌 공화당 보수파였다. 그 목소리는 국가 안보의 이익을 지지하기 위해 중도파가 민주당과 연합하면서 영원히 잦아들었다.

전쟁이 일어나자 국무부 정보조사국은 대단히 빠른 시간 안에 광범위한 조사보고서를 준비했다. 그것은 군부의 견해와 달랐지만 개입에 큰 무게를 실었다. 그 보고서는 전쟁 발발이 처음 전해진 뒤 18시간 안에 완성됐으며, 북한의 의도는 서울을 1주일 안에 탈취해 "결정적 승리"를 확보하는 것이라고 주장했다. 남한은 "군사적으로 열세"이며 서울이 함락되면 무너질 것이라고 판단했다. 평양은 "완전히 크렘린의 지배 아래 있기 때문에" 그 군사행동은 전후 "(소련의) 조처 가운데 이례적"이기는 했지만, "소련의 조처"가 분명하다고 봤다. 이런 이례적 측면을 감안하면 크렘린은 한반도를 "우리가 생각한 것보다 더 중요하다"고 본 것이 분명했다. 또한 소련은 한반도를 "미국의 기지로서의 일본의 유용성을 무력화하는 데 큰 전략적 가치를 지닌 곳"으로 여긴다고 지적했다.

또한 "미국이 남한에 명백히(원문 그대로) 개입한 것을 고려할 때" 소련은 "남한 정부를 제거하는 것"이 자국의 세계 전략에서 핵심이라고 생각하지 않고서는 이런 위험을 무릅쓰지 않을 것이라고 판단했다. 미국이 이런 결과를 저지하지 않는다면, 일본에 가장 심각한 영향이 미치겠지만 "아시아 전역에서 미국의 위신도 큰 타격을 입을 것"이다. 미국의 위신은 유럽에서도—특히 독일—큰 타격을 입을 것이다. 그러나 미국이 효과적으로 대응한다면 "(일본은) 미국의 보호와 그 결과를 더욱 기꺼이 받아들이게 될 것"이다. 미국이 신속히 대처해 소련이 한반도에서 취약하고 무능하다는 것이 드러나면 중국까지 소련과의 동맹에 의문을 품게 될 수도 있었다.[20]

이 보고서는 정보 실패가 가정과 논리 수준이 아니라 효과적인 사실 수집과 상하간 원활한 의사소통의 실패에서 발생할 수도 있다는 사실을 잘 보여준다. 북한이 소련의 완전한 지배 아래 있다는 것을 보여주는 증거는 하나도 나오지 않았고, 그저 추측뿐이었다. 이 추측에 따르면 현재 소련은 남한의 전략적 가치가 크다고 보고 있음이 분명하며—소련이 1945년 8월에 계속 진군했다면 별다른 희생을 치르지 않고 간단히 얻을 수 있었다—소련은 이것을 획득하기 위해 세계 전쟁이라는 위험을 무릅쓸 것이라는 판단으로 이어졌다.

소련에게 당면한 목적은 일본을 중립지대로 만드는 것이었다. 그러나 미국과 전쟁을 벌일 위험이 없는 블라디보스토크 근처나 만주 또는 북한의 기지에서 왜 그렇게 할 수 없었는지에 대한 질문은 제기되지 않았다. 말할 필요도 없지만, 한반도에서는 1년 전부터 38도선 일대에서 수많은 전투가 벌어지고 있었는데 대부분은 남한이 일으킨 것이라는 사실이나 현재 북한의 행동은 남한이 이미 여러 번 하겠노라고 했던 행동이라는 점을 그 보고서는 언급하지 않았다. 그러나 전달하려는 핵심은 미국의 위신에 대한 것으로, 그것은 국무부가 1947년 이후 추진한 한반도 봉쇄 정책의 주제였다. 국무부는 소련과 미국의 정책을 제시하면서 "이 전쟁은 어느 진영에서 봐도 한국인들의 전쟁이 아니"라는 애치슨의 견해에 사실상 동의했다. 아무튼 이런 보고서가 제출됐다면 어떤 대통령이라도 개입의 흐름이라는 것을 부인하기 어려웠을 것이다.

미국 공군과 해군은 6월 26일 영빈관 회의 뒤, 한국 시간 6월 27일 오후에 파견됐다. BBC의 취재에 따르면 6월 27일 남한의 방송은 미 공군이 투입됐다는 사실을 10분 간격으로 반복해 알리면서 "미군은 단계적으로 참전할 것"이며 맥아더는 전투를 지휘하기 위해 서울에 "즉시" 사령부를 설치할 것이라고 덧붙였다. 연합국 최고사령부는 이 보도를 부인했지만, 이것은 남한이 미국의 군사 지원을 어떻게 이용하고 악용했는지 잘 보여주는 사례다. 남한이 공중에서 투하한 선전용 전단에서는 미군을 '대한민국국군'의 일부라고 항상 지칭했지만 물론 사실과 달랐다. 전단지에서는 유엔군 사령부도 비슷하게 불렸다.[21]

6월 25~26일 애치슨의 결정은 미 지상군 투입을 예고하는 것이었으며,

투입은 6월 30일 새벽에 실시됐다. 합동참모본부는 6월 30일까지도 보병부대를 참전시키는 데 "극도로 소극적"이었으며, 트루먼은 결정을 내릴 때도 그들의 의견을 묻지 않았다. 그러나 지상군 투입을 앞당긴 직접적 요인은 한국군이 전투를 거의 중지했다는 맥아더의 판단이었다. 맥아더는 처음에는 미군 1개 연대를, 다음에는 2개 사단을 요구했다. 1주일도 안 돼서 그는 조선 인민군이 "최고 수준의 우수한 지휘 아래 전략·전술 원칙에 따라 뛰어난 작전을 펼치고 있다"고 타전했다. 그는 적어도 미군 3만 명을 요청했는데, 4개 보병 사단과 3개 전차 대대, 각종 포병대로 편성된 규모를 웃돌았다.[22]

합동참모본부의 침묵은 의사결정에 일관성이 없기 때문만은 아니었다. 1950년 6월 시점에서 미 육군의 총병력은 59만3176명이었으며 거기에 해병대 7만5370명이 더 있었다.[23] 중국 인민해방군의 막대한 예비 병력은 생각하지 않더라도 1950년 여름 북한은 자체적으로 20만 명 정도의 병력을 동원할 수 있었다. 거의 또는 아무런 상의도 없이 지상군 투입을 결정한 것은 애치슨과 덜레스 같은 민간 관료였으며, 유일한 예외인 맥아더도 합동참모본부와 미 군사력의 한계에 대해 불만스럽게 생각하고 있었다. 미군이 곧 마주칠 전투력의 현실에 대해서는 모두 아무도 예측하지 못했다. 실제로 동원할 수 있는 미군 병력은 거의 모두 몇 달 안에 남한에 투입됐다. 주변부에 지나지 않는 지역에 미군 전력을 과감히 투입한 것이다.

입수할 수 있는 자료에 따르면 애치슨-트루먼 결정에 대한 북한의 반응 중에는 미국이 참전했을 때 지도부가 놀랐다는 내용은 없다. 앞서 서술한 대로 그들은 미국이 이미 남한 방어에 관여한 것으로 간주했고 애치슨의 프레스 클럽 연설에 영향을 받지 않았다. 그 대신 악화하고 있는 상황에 따라 선제적으로 행동했다. 북한은 미국이 참전하면 자신들도 소련에 비슷한 원조를 요청할 것이라고 시사했다. 7월 2일 당 기관지는 자신들의 투쟁을 "국가통일을 위한 정의로운 전쟁"이라 불렀고, 북한은 "소련의 군사력에 힘입어" 해방된 동양 최초의 인민민주주의 국가이며 이제는 소련 진영에서 동아시아의 돌출부라고 자평했다. "조선은 고립되지 않았으므로" 미국은 "자유와 정의를 위해 싸우고 있는" 조선 인민을 이길 수 없을 것이라고 주장했다.[24]

1주 뒤 서울에서 발행된 『해방일보』는 미국의 개입으로 "비상사태"가 발생했다면서 국가총동원령을 보도했다. 박헌영은 미국이 조선에 대해 저지른 범죄를 일본의 병탄을 지지한 사실까지 소급해 자세히 열거했다. 그는 현재의 개입을 볼셰비키가 혁명으로 권력을 장악한 뒤 개입한 사례와 견줬다. 소련의 북한 지원에 대해 쓴 한 논설은, 맥락상 상당히 날카로운 지적인데, 외교적이며 "도덕적인" 성원만 언급하고 소련의 물질적 원조는 서술하지 않았다. 계속해서 그 논설은 조선인민군과 남한에 있는 유격대는 최종 승리를 확신하고 있다고 거듭 힘주어 말했다.[25]

며칠 뒤 김책은 병사들에게 호소하면서 미국의 개입이 없었다면 전쟁은 이미 끝났을 것이라면서 북한은 최종 승리를 확신하고 있다고 말했다. 그러나 「스탈린 원수는 조선 해방의 북극성이며 조선 인민의 친구」라는 사설에서는 외세의 침략에 "우리 자신의 노력과 무력으로" 저항해야 한다고 주장하면서, 조선인민군은 스스로 조선을 지켜낼 수 있으며 외국군이 싸워줄 필요가 없다고 말했다. 자력으로 미국을 축출함으로써 "새로운 전쟁의 위험을 제거하고 민족자결권을 수호"할 것이라고 했다. 그럼으로써 한국인들은 "풍요롭고 강력한 국가"를 건설할 수 있을 것이라고 사설은 주장했다.[26]

7월 말 김일성은 프랑스의 『루마니테L'Humanité』 지 특파원과 대담을 나눴다. "조선 인민은 전쟁을 바라지 않았지만" 이승만 정권과 미국이 강요했다고 그는 말했다. 흥미롭게도 그는 서울에서 노획한 문서에 따르면, 그 전쟁은 "이승만 도당"이 선동하고 주한 미군 군사고문단이 관여했다고 말했다ー이것은 미 제국주의와 "월가 지배자"의 명령으로 덜레스가 시행했다는 기존의 통상적인 설명과 상당히 달랐다. 그는 미국의 지원이 없었다면 전쟁은 현재 끝났을 텐데 미국이 개입하면서 달라졌다며 "우리는 쉽게 승리할 것이라고 생각하지 않는다. 그러나 조선 인민은 미국 침략자들을 모두 몰아낼 때까지 싸울 각오가 돼 있다"고 말했다. 또한 그는 유엔은 미국의 개입을 지지해 유엔 역사에 "불명예스러운 장"을 남겼다고 비난했다.[27]

유엔의 행동

반면 미국에서는 평화를 파괴한 행위에 맞서 유엔이 집단 안보 논리를 적용해 북한의 침략을 비난하고 유엔군 사령부를 설치한 것이 가장 훌륭한 조치였다는 평가가 나왔다. 앞서 본 대로 애치슨은 자신이 먼저 안전보장이사회를 소집한 뒤 트루먼에게 나중에 보고한 것과 마찬가지로, 미국이 먼저 행동한 뒤 그 결정을 유엔이 승인했다고 스스로 말했다. 유엔에서 애치슨은 신뢰하는 법률가이자 친구인 어니스트 그로스Ernest Groos를 매개로 활동했는데, 그로스는 워런 오스틴 대사가 직무에 복귀할 때까지 그의 대리로 재직했다. 유엔이 자신의 결정을 지지하지 않았어도 미국은 사안을 그대로 추진했겠지만, 없어지지 않고 남아 있는 골칫거리인 여론이라는 문제로 더욱 어려움을 겪었을 것이라고 애치슨과 케넌은 인정했다.[28]

덜레스는 이런 애치슨 세력의 추정에 입장을 함께하면서 유엔의 이름을 빌린 미국의 단독주의를 국제협력주의 세력의 법률 존중주의의 진수라고 간주했다. 7월에 그는 6월 19일 남한 국회에서 한 연설을 언급했는데, 거기서 그는 "유엔은 영토의 보전이나 정치적 독립을 해치려고 무력으로 위협하거나 그것을 사용하는 것을 삼가도록 모든 나라에 요구한다"고 말했다. 이 것은 모든 가맹국은 "국제 관계에서 어떤 나라의 영토 보전이나 정치적 독립을 해치는 무력 위협이나 무력 행사를 삼가도록" 요구한 유엔 헌장 2조를 다르게 표현한 것일 뿐이다. 이보다 앞서 그는 북한의 침략보다 "공개적이고 포악한 침공"은 역사상 없었다고 말하기도 했다.[29]

5년 전 한국 사람들이 분단된 국토를 통일하고자 했던 사실은 자연스러운 "국제관계적 사실" 중의 하나로 되어갔지만, 어느새 그것은 점점 히틀러나 도조 히데키東條英機의 그것보다 더욱 잔혹한 침략, 즉 "이교도 늑대들의 도전"처럼 취급되기 시작했다. [상황 인식의] 이러한 심각한 왜곡의 무서운 측면은 덜레스가 그것을 믿었고, 침묵하는 의회를 포함하여 대부분의 미국인도 믿었다는 것이다. 6월 유엔에서 동맹국들은 어느 쪽이 먼저 공격했는지 분명치 않다면서 북한의 "침략 행위"에 관련된 미국의 결의안에 소극적이었다. "그것은 한국인 사이에 벌어진 전투라는 것이 일반적 입장이었다. 요컨 대 (···) 그 본질은 내전이라는 것이었다." 그러나 동맹국들도 사실상 침묵했다.[30]

유엔이 개입 근거로 삼은 몇 안 되는 정보는 다름 아닌 유엔 한국위원회의 6월 26일자 보고서였는데, 그것은 15장에서 설명한 대로 감시단에 소속된 호주 군사감시원 2명이 작성한 평가 보고서의 축약본이었다. 7월 1일 애치슨은 유엔 한국위원회가 현장에 있는 것은 "매우 다행스러운 일이고 어쩌면 상황을 해결할 수도 있을 것"이라고 언급했다. 6월 26일자 보고서로 "거의 아무 문제 없이 (안전보장이사회에서 즉시) 투표가 결정됐으며" "남한은 계획적인 공격에 불의의 피해자라는 것을 (···) 확인하는 데 보고서가 소중한 도움이 됐다"고 애치슨은 말했다.[31]

유엔 한국위원회 위원장은 중국 국민정부의 외교관 류위안이었는데, 그는 6월 25일 위원회를 이끌고 미국 및 한국 당국자들과 다양한 협의를 했으며 그날 저녁에는 무초를 만나 위원회는 "전투행위와 관련된 모든 사실"을 유엔에 보낼 것이라고 확인했다. 그러나 유엔 한국위원회는 이런 약속을 제대로 지키지 못했다.

위원회의 보고서는 6월 26일 아침에 작성된 뒤 6월 29일 일본에서 완성됐는데, 미국과 남한에서 제공한 정보와 피치-랭킨의 조사 보고서를 기초로했다. 피치-랭킨 보고서의 예비 조사는 전투행위가 발생하기 전인 6월 24일에 이뤄졌다. 6월 25일에도 두 군사감시원은 "정보를 수집하는 데 어려움을 겪고 있다"고 보고했다. 6월 27일 유엔 한국위원회 전원이 일본으로 대피했는데, 이승만의 친구이자 한국 외무장관인 임병직의 안내로 일단 수원까지 간 뒤 미군 수송기로 이동했다. 위원 8명은 6월 30일 도쿄에서 부산으로 들어왔다. 이 이야기는 다시 말해, 위원들은 일요일 아침, 서울에서 전쟁이 일어났다는 소식과 함께 잠에서 깼고, 두 군사감시원의 제한된 관찰 결과와 미국인과 한국인이 전해준 소식을 기초로 보고서를 작성했으며, 그 뒤 사흘 동안은 미군의 보호를 받았다는 뜻이다. 위원회는 문서류를 모두 서울에 남겨둠으로써 어떤 사실을 자신들의 재량으로 처리했는지 확인하는 것은 불

가능해졌다.[32]

    통념과 달리 대부분의 동맹국은 파병을 주저했다. 영국은 전쟁을 확대하려는 미국의 움직임을 경계했고, 북한의 침략을 저지하기보다는 타이완 문제에 더 관심을 두면서 1950년 여름 내내 늑장을 부렸다. 8월 말 도착한 영국군 2개 대대는 한반도에서 싸운 첫 동맹국 부대였다. 1945년 이후 영국에게 남한은 그리 중요한 나라가 아니었지만 영국제국으로부터 멀리 떨어져 있다는 이점이 있었다. 영국 공군에서 복무한 한 인물은 영국의 입장에서 상당히 냉소적으로 "우리는 어디선가 미국의 입장을 지지할 수밖에 없지만 그 지역이 멀리 떨어져 있을수록 우리가 영토를 유지할 가능성은 높다고 생각한다"고 말했다. 결국 영국은 다른 나라들보다 미국의 입장을 지지했다. 1951년 여름까지 보낸 총 병력은 영국군 1만2000명, 캐나다군 8500명, 튀르키예군 5000명, 필리핀과 그 밖의 나라에서 1000명 이하였다. 미국은 연합군 비용을 대부분 감당했다.[33]

    남한과 관련된 결정을 논리적으로 해명하는 데 있어 이해하기 어렵고 이례적인 일이 아직도 많지만, 가장 심각한 것은 6월의 유엔안전보장이사회에 소련이 불참한 것이다. 그럼으로써 그들은 많이 이용하고 남용했던 거부권이라는 수단을 포기한 것이다. 야코프 말리크는 안전보장이사회에서 거부권을 행사하는 대신 롱아일랜드에서 한가로운 시간을 보냈는데, 불참한 표면적 이유는 유엔이 중국 공산 정부의 승인을 거부했기 때문이었다. 그는 협의를 위해 7월 6일 모스크바로 돌아갈 예정이었다.[34]

    6월 24일 토요일 저녁 국무부 정책 입안자들은 소련의 의도를 파악하려고 신경을 곤두세웠다. "말리크가 출석할 것인지에 대해 우리 가운데 일부는 일요일 오후까지는 그에게 전달될 지시가 바뀔 충분한 시간이 없다고 확신했다"고 애치슨은 회고했다.[35] 그러나 그동안 말리크가 충분히 경고한 것을 감안하면, 소련은 침공을 후원할 경우 미국이 문제를 유엔에 회부할 거라고 예상했을 것이다. 아무튼 그에게는 이후의 결의를 위해 행동할 충분한 시간이 있었다. 그렇다면 그의 불참은 어떻게 해석할 것인가? 그것은 소련의 또 다른 "어리석은 행동"이며 애치슨이 스탈린을 다시 한번 이긴 것으로 봐야 하는 것인가?

한 대담에서 딘 러스크는 1960년대에 안드레이 그로미코에게 이 문제를 물어본 일이 있다고 말했다. 그로미코의 말에 따르면 유엔 주재 소련 대표는 즉시 모스크바로 전보를 쳐 지시를 요청했는데, "출석하지 말라"는 명령을 스탈린 대원수에게서 직접 받았다며 경험상 처음 있는 일이었다고 말했다.[36] 이 일화를 믿을 수 있다면 이것은 무엇을 의미하는가?

논리적으로는 두 가지 가능성이 떠오른다. 첫째, 스탈린은 주변부인 한반도에서 일어난 전쟁에 미국을 끌어들여 궁극적으로는 중국이 미군과 싸우도록 하려고 했다는 것이다. 유엔의 지원은 개입 정책에 큰 힘을 불어넣을 것이었다. 둘째, 스탈린은 미국의 개입을 유엔의 깃발 아래 숨겨 유엔이라는 기구를 파멸시키려 했거나 아니면 적어도 유엔이 미국의 도구라는 것을 드러내려고 했다는 것이다. 1950년 5월에는 공산 세력을 배제해야 한다는 허버트 후버의 제안을 받아들인 결과 소련이 유엔을 이탈할지도 모른다는 예측이 있었다. 이것 또한 유엔을 이용해 소련의 목적을 더 이상 달성할 수 없다고 스탈린이 생각했을 가능성을 보여준다.[37] 그러나 거의 같은 때 소련이 트뤼그베 리를 초청했다는 사실은 이런 해석을 방해한다.

이 일화는 러스크가 생각했던 것 이상을 드러내는지도 모른다. 사실이라면 그것은 소련이 공격을 미리 알지 못했다는 것을 시사한다. 소련이 북한의 행동을 계획하고 지원했다면 왜 지시―복귀하거나 계속 불참하라는―가 좀더 일찍 전달되지 않았는가? 왜 말리크는 유엔 결의안에 거부권을 행사하지 않았는가? 그들은 미국이 한국 문제를 유엔으로 가져가리라는 것을 분명히 예상할 수 있었다. 그것은 1949년 이후 미국이 추진한 계획의 일부였으며 소련은 미국의 계획을 알고 있었기 때문이다.[38]

소련이 불참한 것에는 부수적 이점이 있었는데, 말을 듣지 않는 동맹국에게 독자적으로 행동하면 어떤 일이 일어날지 알려주는 것이었다. 1948년 김일성은 "대수롭지 않은 유엔" 회의에 소련 대표단이 불참한 것과 관련해 미국이 이승만 정권 수립에 유엔의 승인을 얻도록 해준 것이라고 날카롭게 지적했다. 그 표현에서는 소련의 그런 행동을 비판하지 않았지만, 그것을 언급한 것 자체가 암묵적인 비난이었으며, 미국이 한국을 위해 한 행동과는 대조적으로 그런 소련의 행동은 북한의 입장에서 보면 소련의 관여에 의문을 제기하는 것으로 보일 수도 있었다.[39] 발설하지 않는 것이 현명했지만, 김일성은 1950년 소련이 유엔 결의안에 거부권을 행사하지 않은 것에 의심할 바 없이 분노했다.

마침내 8월 1일 유엔의 자기 자리로 돌아온 말리크는 한국 관련 결의안이 불법이며 철회돼야 한다고 선언했다. 『뉴욕타임스』는 이것을 "권력에 미친 전제정치의 오만함"이라고 평가하면서 "유엔을 무기력한 회의체로 착각하고 모스크바의 위대한 군주에게 머리를 조아리라고 요구한 것"이라고 보도했다.[40] 그 사설은 1950년 중반 미국의 정치적 분위기를 잘 반영했는데, 이제 그것을 살펴보자.

전쟁에 대한 미국의 반응

조용했던 그 주말 한국전쟁이 일어났다는 소식이 전해지자 언론은 "전쟁 발발 이후 전대미문의 긴박감이 수도 전역에 퍼져 있다"고 보도했다. 케넌은 미국이 행동하지 않는다면 "국제적 신용이 급격히 추락할 것"이라고 언급했고, 많은 평론가가 동의했다.[41] 하지만 일단 미 공군과 육군이 투입되자 열기로 뒤덮였던 수도와 미국 정치권에는 시원한 안도의 바람이 불어왔다.

앞서 지적한 대로 1945~1950년까지 봉쇄(세계주의)와 반격 사이의 정치적 대립은 미국의 정치적 입장과 관련된 합의의 중간 지점을 우파쪽으로 움직이면서 제임스 버넘은 중간 지점에 포함되고 헨리 월리스는 여기서 제외됐다. 한국전쟁은 그것을 다시 한번 우파쪽으로 미는 동시에 합의 형성을 위해 헨리 월리스를 부각시켰다. 그리고 전쟁 초기 몇 달 동안은 급진적 언론인 I. F. 스톤을 부활시켰는데, 두 사람 모두 처음에는 트루먼의 조치를 지지했다.[42] 입법부의 특권을 침해한다고 생각한 공화당 보수파를 제외하면, 의회에서 저항의 목소리는 거의 들려오지 않았다.[43]

자유주의적 매체들도 정부의 입장을 두둔했다. 『프로그레시브The Progressive』는 북한이 유엔 헌장을 위반했다고 단언했다(덜레스의 주장이었다). 『네이션The Nation』은 "이 침략을 저지해야 한다"면서 북한은 총선거와 관련된 평양의 계획을 논의하자는 유엔 한국위원회의 제의를 "노골적으로 거부"한 뒤 "아돌프 히틀러와 같은 방식으로" 국경을 넘었다고 논평했다.[44] 『리포터The Reporter』나 『뉴리퍼블릭The New Republic』 같은 그 밖의 자유주의 계열 잡지도 미국의 개입을 지지했다.

물론 『데일리워커』는 전쟁에 반대했지만, 여느 때와 마찬가지로 당국에서 제공하는 정보를 조사하는 데는 거의 관심을 보이지 않으면서 대부분 소련 언론에서 얻은 기사를 되풀이하는 데 만족했다. 1950년 여름에 원칙에 입각하고 주체적인 비판 자세를 취하며 한국에서 실제 발생한 사건을 진지하게 조사했다고 생각되는 미국의 매체는 발행 부수가 적은 세 종의 정기간행물이었다. 『먼슬리리뷰』, 스콧 니어링의 『월드이벤트World Events』, 조지 셀즈의 『인팩트In Fact』였다.

『먼슬리리뷰』는 한국의 사태를 내전으로 봤으며, 이승만 정권이 완전히 붕괴하면 그 내전은 인민 전쟁으로 바뀔 수도 있다고 판단했다. 그 잡지는 "전면전이 발생한 책임이 북한에 있음은 명백하다"고 말했지만, 미국의 남북 전쟁에서 남군이 섬터 요새를 포격한 뒤 링컨이 공격한 것과 이 전쟁은 도덕적 측면에서 아무런 차이가 없다고 평가했다. 내가 검토한 한국 관련 모든 논평 가운데 누가 먼저 공격했는가는 진정한 문제가 아니라고 주장한 것은 이 잡지가 유일했다. 『먼슬리리뷰』는 미국이 한국에서 "궤멸적 패배"를 경험할 것이라고 예측했다.[45]

스콧 니어링은 독립적인 사회민주주의자로 뉴잉글랜드의 농장에서 자신의 소규모 잡지를 발행하기 시작했으며, 1950년의 미국 외교정책에 대해 가장 뛰어난 비판적 논평을 전개했다. 앞서 본 대로 그는 애치슨의 춘계 공세, 곧 "총력외교"의 함의를 즉시 간파했다. 그 결과 봄 무렵 그는 전쟁이 "진행되고 있는" 장소로 인도차이나와 한국을 들었다. 그는 나중에 말했다. 한국전쟁은 내전이었지만 민족 독립 전쟁이기도 했다고. 한국은 1950년 6월 이후가 아니라 1945년 이후부터 냉전의 시험장이었다고 그는 말했다. 조지 셀즈도 자금 부족으로 잡지를 폐간할 때까지 반대 의견을 논리정연하게 펼쳤다.[46]

역사에 비춰볼 때 그런 의견들이 정확했다는 것은 아니다. 좀더 중요한 사실은 그런 의견이 한국에 가장 정통한 미국인들의 견해를 정확히 포착했다는 것이다. 앞서 여러 차례 살펴본 대로 CIA는 이승만의 경찰국가에 대한 경멸을 거의 숨기지 않았으며, 그를 변덕스럽고 위험해 침략 전쟁을 시작하기에 충분한 인물로 봤다. 주한 미군 군사고문단의 고위 장교들은 1949년 여름에 남한이 시작한 사태가 전쟁에 얼마나 가까이 갔었는지 알고 있었다. 그리고 전쟁이 일어난 뒤 한국에 정통한 존 R. 하지는 "실제 총격과 작전행동을 제외한 모든 측면에서 우리는 (한국에서) 몇 년 동안 전쟁 상태에 있었다"고 썼다. 한국은 언제나 "동양의 분쟁지역"이었다. 그러나 하지는 전쟁이 일어난 이후 자신은 "입을 닫았다"고 말했다.[47] 다른 사람들도 모두 그랬다. 나는 입수할 수 있는 기록 자료에서 트루먼의 결정에 정면으로 반대한 사례를 한 건도 찾을 수 없었다.

그러나 공식적으로 반대를 제기한 것으로 알려진 사례가 하나 있다. 7월 중순 한국에서 귀국하고 있던 경제협력국 노동 부문 담당자 스탠리 얼은 『오레고니언The Oregonian』에 이승만 정권은 "부패하고 타락"했으며 "경찰국가가 분명하며" "아무리 상상력을 발휘해도" 민주국가가 아니라고 말했다. 그 직후 『데일리워커』는 이 기사를 다시 실었다. 얼은 워싱턴으로 소환됐는데, 자신의 발언에 대한 "질문에 답변하기 위한 것 같았다". 경제협력국의 에드거 존슨은 그에게 "경솔했다"고 말했다. 그러자 얼은 미국에 있는 공산주의자는 모두 "안보 대책을 위해 수감되어야겠네요"라고 기자에게 불만을 토로했다. 그럼에도 그는 "동포에게 수많은 모욕적 행위를 저지른 오만한 남한 장교들(군대 식당을 이용하는 자신의 부대에 매달 100만 원을 요구한 사단장도 있었다)에게 지금 무슨 일이 일어나고 있는지" 여전히 궁금해했다. 자신의 발언이 국무부 안에서 "항의를 불러오자" 1주일 뒤 스탠리 얼은 경제협력국을 사직했다. 그러나 그는 경제협력국의 지원이 없으면 이승만 정권은 1주일 안에 무너질 것이라는 등의 발언을 계속 해나갔다.[48]

조지 매큔의 『오늘의 한국Korea Today』은 신념 있는 자유주의자가 쓴 진지하고 뛰어난 책으로 한국전쟁이 일어난 직후 하버드대학 출판부에서 간행됐다. 포스터 덜레스는 일부러 시간을 내 (그 책의 출판을 후원한) 태평양문제조사회 사무국장 윌리엄 홀랜드에게 싸늘한 충고를 담은 서신을 보냈다. "이 시기에 이 책을 출판한 것이 현재 우리나라가 매우 깊이 관여하고 있는 문제에 대해 진정한 통찰을 촉진할 수 있을지 의심스럽습니다."49 덜레스가 록펠러 재단과 가까웠던 것을 고려하면 이것은 위기에 있던 태평양문제조사회의 수명을 단축시키는 데 일조했는데, 록펠러 재단은 1950년대 초 태평양문제조사회에 대한 재정 지원을 중단했다.

최초의 반전시위는 대부분 뉴욕에서 일어났으며 주로 공산주의자들이 지지했다. 7월 초 폴 로브슨은 할렘에서 열린 집회에서 연설했다. 그 직후 화해 연대Fellowship of Reconciliation가 온건한 집회를 열었다. 8월 초 뉴욕에서는 평화 행진이 시도되기도 했지만 경찰에게 즉각 제지됐다. 『뉴욕타임스』는 행진이라는 발상 자체에 비판적이었다.50

'미국 개입'의 입안자인 애치슨은 이 시기 미국에서 정치적으로 허용 가능한 범위의 가장 왼쪽에 있었다. 몇 달 전 그는 자신의 자리가 위험해질 것을 무릅쓰고 앨거 히스를 강력히 옹호했다. 그때까지 자유주의 세력의 신망이 두터웠던 애치슨은 『뉴욕타임스』 같은 신문에서 혹평을 받은 적이 거의 없었다(그는 기사 집필에 협력한 적이 더 많았다). 전쟁이 일어난 뒤 몇 주 동안 매카시는 다시 그를 공격했으며 그가 공산 세력의 한국 공격을 초래했다고 규탄했다.51 프레스 클럽 연설이 문제되기 시작한 것은 1950년 1월부터가 아니라 이때부터였다. 애치슨이 실수를 저질렀는가, 곧 그가 추진한 "억제가 실패했는가"라는 지금까지도 남아 있는 어려운 문제는 사실 매카시가 제기한 공격의 후유증이다. 그러나 물론 이것은 애치슨을 지지하는 자유주의 세력을 더욱 강력히 결속시켰다.

이런 냉전적 합의가 고착되면서 그 내부에 있는 사람들은 공산주의 탄압자들에게 근본적으로 이의를 제기할 수 없게 됐다. 수단과 방법에만 문제를 제기할 수 있었다. 리브스가 정확히 지적한 대로 육군과 매카시가 대결한 공청회에서조차 상원의원들은 "매카시가 거침없이 반복해서 조장한 적색공포에 아무도 이의를 제기하지 않았다. 모든 의원은 공산주의를 깊이 증오하고 있다고 밝혔다". 거기에는 매카시즘의 신봉자는 아니지만 매카시를 상징적 의미로 매장한 자유주의자 조지프 웰치 같은 인물도 있었다. 그는 매카시에게 "당신이 한 일이 성공한다면 나는 그것을 높이 평가할 것"이라고 말했다. 언제나처럼 리처드 닉슨은 그 시대를 가장 잘 체현한 인물 가운데 하나였다. 공산주의자는 쥐처럼 쏘아 죽여야 한다고 생각하는 사람이 있으면 그는 이렇게 말했다. "그래요, 저도 동의합니다. 그들은 쥐떼입니다. 하지만 이것은 기억하세요. 당신이 쥐들을 쏘러 나가면 명중시켜야 합니다. 마구 쏘아대면 (…) 쥐에게 여유를 줄 뿐이니까요."[52]

학계의 권위자들은 독자적 입장에서 비판을 제기하거나 수정헌법 1조에 규정된 권리를 지키려는 쪽보다 정부 쪽에 훨씬 많이 섰다. 뛰어난 학자들을 냉전에 활용하기 시작한 것은 이 시기부터였다. 여러 사례 가운데 하나를 들면 하버드대학 제임스 코넌트 총장은 1950년 9월 7개 대학 총장의 "비밀" 회의를 위한 제안서를 써서 "이 견줄 데 없는 위기를 맞아 우리나라의 젊은이를 동원해야 한다"고 호소했다. 소련은 1952~1954년까지 참전할 가능성이 있으며 수백 만 명의 병사가 필요할 것이라고 그는 썼다. 그러므로 미국은 "모든 건강한 젊은이가 직장 생활을 시작하기 전 2년 동안 병역의무"를 부과해야 한다는 것이었다.[53]

매카시즘의 분위기 안에서 고드프리 호지슨이 "자유주의자는 자신과 보수파를 구별하는 것보다 자신과 좌파를 구별하는 데 거의 언제나 더 많은 관심을 기울였다"고 말한 것은 타당하다. 그러므로 자유주의자는 "보수적 자유주의의 (…) 요새"에 가담했다. 자유주의에 입각한 개입주의는 그런 행동의 원인이자 결과였다. 외교정책 결정의 기반이 이 무렵 형성된 것과 비슷하게, 이 1950년대의 요새—그렇게 부를 수 있다면—는 오늘날까지 존속하고 있으며, 동일한 경험과 거듭 마주치면서—이 요새 밖에 있는 사람은 누구나 알지만—1980년대에 다시 융성했다.

이 요새가 존속된 까닭을 호지슨은 명확하게 설명했다. "조사 대상이 된다는 공포가" 1950년대 초 "지식인들의 눈에 채찍을 보여줬다면" 그 이후 "자문을 구하는 대상이 된다는 희망은 그들에게 당근을 보여줬다". 유력한 의뢰인이라는 것은 후원자의 제약을 받아들인다는 뜻이었다.[54] 그러나 1950년에 중요한 것은 채찍이었다. 그것도 강력한 채찍이었다.

유엔이 한국전쟁에 참전한 것은 잘못됐다고 생각하는 사람도 있을 것이다. 그런 판단에 따라 적극적으로 시위에 나섰다면 어떤 일에 직면했을까? 뉘른베르크 전범 재판 차석검사를 지낸 모리스 암챈은 유엔은 북한의 침공을 "평화를 파괴한 행위"이며 "침략 범죄"라고 봤다고 썼다. 덕분에 그 뒤 북한 쪽에 "사실상 가담"하는 사람은 누구나 "자신이 침략 전쟁과 불법 공격을 수행하는 데 가담하고 있다는 사실을 알고 있다는 죄목으로 고발돼야 한다". 그리고 그렇게 행동하는 모든 "고위직"에게 "국제재판소에서 책임을 물어야" 했다.[55] 그러나 이를테면 1960년대 워싱턴에서 일어난 대행진처럼 북한을 지지하는 적극적인 시위에 참가하는 것이 정말 실질적인 참여라고 할 수 있을까? 그렇지는 않을 것이다.

그러나 당신이 한국인이나 공산주의자라면 북한을 지지하는 감정을 드러내거나 그런 시위에 참가하는 것만으로도 엄중한 처벌을 받을 것이다. FBI는 조사를 실시해 북한을 지지했거나 반이승만 좌파로 알려진 미국 영주권자인 한국인 몇 사람을 국외로 추방했다. 관련 기록은 아직도 기밀로 지정돼 있지만 추방된 몇 사람은 한국에서 처형됐으며 그 밖의 사람은 북한으로 갔다고 한다.[56]

1950년 9월 23일에는 매캐런법The McCarran Act이 의회를 통과했다. 매캐런은 이 법을 제안한 사람의 이름으로, 그는 중국 문제에 대한 지식도 없는 부패한 판사다. 그 법에 따라 미국의 안보를 위협한다고 생각되는 사람들을 수용하는 시설을 세울 수 있게 됐다. 1주 뒤 『U.S.뉴스앤드월드리포트』는 그 법에 따라 "공산주의자에게 적용되는 규칙"을 게재했다. 그 기사는 정부가 공산주의자 수용 시설을 "즉시" 설치하지 않을 것이라고 써서 독자를 안심시켰다. 그러나 그것이 세워지면 누가 들어갈 것인가? "많은 공산주의자와 그들의 지지자 그리고 그 밖의 사람들도 일제히 검거될 것이다. 미국 안보에 위험하다고 판단되면 누구나 수용될 수 있다." 그러나 백인 우월주의 비밀 단체인 쿠 클럭스 클랜Ku Klux Klan은 포함되지 않는데 이유는 "공산주의자와 관계"가 없기 때문이었다.[57] 그때까지 아무도 수용소로 보내지 않았다고 지적하려는 독자는 1950년 9월에는 누구도 그것을 알지 못했다는 것을 기억하기 바란다.

좌파가 사라졌다고 말할 수는 없었지만 명백히 약화되면서 우파에게는 제약이 거의 사라졌으며, 언행을 자제하지 않아도 된다고 느낀 고위 관료들도 있었다. 8월 하순 공군대학 사령관 앤더슨 소장은 이렇게 말했다. "실행 명령만 내리면 1주일 안에 소련이 원자폭탄을 숨긴 장소 5곳을 분쇄할 수 있습니다. 그리고 그리스도 앞에 갔을 때 나는 내가 문명을 지켜냈다고 말씀드릴 수 있습니다." 뒤질세라 프랜시스 P. 매슈스 해군성 장관도 조지 오웰의 소설을 떠올리게 하는 논법으로 예방전쟁의 필요성을 공개적으로 주장했다. 미국은 "침략 전쟁을 시작함으로써 평화를 위한 최초의 공격자가 될 수 있을 것"이라고 그는 말했다. 두 사람 모두 곧 트루먼 정부를 떠났지만, 이런 발언 때문이라기보다는 그들이 루이스 존슨의 견해와 가까웠기 때문이었다.[58]

이 시기의 미국을 전쟁 이전의 일본이나 독일 또는 소련 같은 권위주의 국가와 비교할 수는 없다. 1950년에 나타난 과도한 조치의 일부(전부는 아니지만)가 전환될 가능성은 오래 열려 있었다. 언론은 통제받지 않았고 공산당 지도자들은 아니더라도 반대를 제기하는 사람들이 구금되는 경우는 없었으며, 스미스법에 따라 반체제 세력에게 내려진 유죄 판결은 대법원에서 뒤집혔다. 그러나 핵심은 이것이 아니다. 미국이 건국된 이상에 비춰보면 그리고 세계 규모의 자유를 위해 싸운다고 생각한다면, 1950년대 초반은 진정으로 어두운 시기였으며, 1955년 루이스 하츠가 용감하게 탐구한 절대주의적 복종의 가능성이 최대화한 시기였다. 체제 비판 세력은 총격이나 고문을 받지 않았지만 실직과 추방, 강한 심리적 압박을 겪었으며, 그들의 사상을 바꾸지 않으면 정치적 허용성의 영역에서 배제될 것이라는 경고를 받았다.[59]

미국의 압도적 영향력은 비판 의견을 세계적인 규모로 덮어버렸다. 세계 전역에서 들어오는 수백 건의 보고를 집적한 국무부의 방대한 자료철은 미국이라는 장치가 동맹국의 견해를 어떻게 왜곡하고 조작했는지 보여주는데, 가장 자주 사용된 방법은 한반도에서 일어난 사건과 관련된 공식 견해에 동의하지 않는 사람들의 동기와 정치적 배경에 의문을 제기하는 것이었다. 비판적인 의견이 나타나면, I. F. 스톤을 비롯해 문자 그대로 한줌밖에 안 되는 비판자들이 왜곡된 정반대 정보를 이용해 조사한 결과를 들이댄다.[60]

이 시기의 묘비명으로 적합한 것은 두려움을 모르는 독립적인 역사학자 해리 엘머 반스를 깊이 존경한 찰스 비어드로부터 나왔다. 『영구적 평화를 위한 영구적 전쟁Perpetual War for Perpetual Peace』(매슈스의 계획을 다르게 표현한 것일 수도 있다)에서 반스는 이렇게 썼다.

> 현실과 유리된 정치적 경계는 경솔하게 자의적으로 형성되지만, 일단 만들어지면 (…) 불가사의한 신성함을 띤다. (…) 모든 국경 분쟁은 세계 전쟁이 되며 세계 평화는 사라진다. 이런 어리석은 정책 때문에 국제주의와 개입주의는 "영구적 평화를 위한 영구적 전쟁"을 불러와 국경을 보증하게 된다. 작은 국가들과 그들의 불가사의한 경계를 위협하는 행동은 어떤 것이든 허용할 수 없는 "침략 전쟁"이 되며, 그것에 반대하는 것은 세계의 기반을 파괴할 수 있기 때문이다.[61]

1945~1950년까지 한국과 미국이 걸은 것은 길고 고통스러운 길이었다.

"소련의 정말 엄청난 실수": 전쟁에 대한 모스크바의 반응

1983년 미국은 그레나다에서 소규모 반격을 수행한 뒤 니카라과에서는 가까운 장래에 산디니스타에 대한 대규모 반격을 할 것처럼 보였다. 공산국가 쿠바는 상당히 빠른 시간 안에 니카라과에 주요 군사적 후원과 대부분의 고문을 제공하고는, 미국이 개입하더라도 동맹국에게 아무것도 할 수 없다고 공식 발표했다. 1986년 시드라만으로 미국 해군 기동부대가 진입했고 그 직후 미군 전투기가 리비아를 폭격하고 기총소사로 리비아의 테러 행위를 응징하고, 주도자 카다피를 살해하려고 했다. 꼼꼼한 독자는 소련이 리비아 해역에서 자신들의 함선과 잠수함을 조용히 철수하고 리비아와 그 밖의 지역에서 궁지에 몰린 우방을 위해 아무것도 하지 않았음을 눈치 챌 수 있을 것이다.

이런 사실들은 무엇을 의미하는가? 그것은 상대편에게 보내는 매우 중요한 신호였다. 1980년대에도 공산국가의 현실 정치는 미국의 힘에 맞서기보다는 특정 동맹국을 희생시키는 것을 선택했고 소련은 자국의 실제적인 군사 억제력을 믿는 지역에서도 명확한 한계를 두었다는 것을 알려준다. 한국 전쟁 관련 기록을 검토하면 북한은 군사 억제력 행사 지역이 아니었음을 엿볼 수 있다. 소련은 전투에 관여하지 않겠다는 결심을 처음부터 확실히 했다. 그러므로 우리는 스탈린이 전쟁을 시작했다는 분명한 증거가 있다는, 미국에 널리 퍼진 추정과 그가 소련의 이익·위신·군사력을 한국의 분쟁 상황으로부터 멀리 거리를 두고 궁극적으로 미국이 북한을 분쇄하도록 내버려 두었다는 명백한 증거를 조화시켜야 한다.

전쟁이 시작된 뒤 소련 정보기관은 평양에서 발표한 성명의 일부를 논평 없이 그대로 반복한 것을 빼고는 사흘 동안 침묵했다. 그러나 6월 26일 새벽, 한국의 맞은편에 있는 항구도시이자 소련의 통제권 아래 있는 다롄에서 출항한 소련 선박들은 "즉시 각자의 방어 구역으로 돌아가라"는 명령을 받았다. 소련 해군함선들도 전투 지역에 접근하지 않았으며 잠수함도 6월 25일 이후 미국 선박의 운항을 방해하지 않았다. 나중에 케넌이 말한 대로, 소련 해군이 "거의 자신의 영해라고 생각하던 지역에서" 물러나 있도록 한 것은 그들에게 "대단히 굴욕적이고 분명히 불쾌한 경험이었을 것이다."[62] 그러나 소련은 해군을 물러나 있게 했고, 그 방침을 엄격히 지켰다.

6월 28일 모스크바의 언론은 마침내 반응을 보였지만, 전쟁에 대한 반응이 아니라 미국의 개입 결정에 대한 반응이었다. 『프라우다Pravda』는 트루먼의 결정을 한국과 중국에 대한 "직접적 침략 행위"라고 규정했다. CIA가 이상한 일이라고 지적했지만, 처음에 소련은 미국의 개입을 승인한 유엔의 결의를 언급하거나 비판하지 않고, 그 대신 미국은 "유엔 기구가 전혀 존재하지 않는 것처럼 행동하면서 유엔헌장을 짓밟았다"고 논평했다.[63]

6월 29일 로스코 힐렌쾨터는 "소련이 북한을 지원하려고 준비하고 있다는 증거는 없으며" "극동 어느 곳에서도 소련의 군사 활동"은 거의 보이지 않는다고 보고했다. 모스크바 주재 미국 대사관과 여러 기자들은 모스크바에 "전쟁이 일어날 것이라는 불안"은 없으며 시민들은 평소대로 생업에 종사하고 있다고 밝혔다. 7월 초에도 소련 언론은 한국 문제에 지면을 거의 할애하지 않았다. 소련도 동유럽 위성국의 보도를 통제했으며, 검열 당국은 소련의 한국 개입을 요구하는 결의안들을 "즉시 묵살했다". 6월 29일 케넌은 소련의 반응이 "관여하지 않으려는" 태도를 보인 반면, 중국의 성명은 "매우 호전적이고 선동적"이어서 "우리에 대한 선전포고"에 가까웠다고 지적했다.[64]

전쟁 초기 소련의 반응 가운데 가장 주목되는 것은 7월 6일 안드레이 그로미코가 모스크바에서 영국 대사 데이비드 켈리 경을 만나 "소련은 한국 분쟁의 평화로운 해결을 바란다"고 말한 것이라고 생각된다. 영국 외무부 및 미국 대사관과 조정을 거친 뒤 이뤄진 두 번째 회동에서 켈리는 북한이 38도선까지 철수하도록 설득해달라고 소련에 요청했다. 그로미코는 남한이 전쟁을 "도발"했으며 소련이 북한에 이런 종류의 영향력을 행사할 수 있다는 식으로 생각하지 말라고 대답했다. 미국 대사는 그로미코의 첫 번째 항의는 진지한 것이며 "소련은 한국 사태가 자국에 유리하지 않을 것이라는 견해를 보였다"고 생각했다.[65]

이를 보면 우리는 아래와 같은 식으로 소련의 전후 사정을 이해할 것을 요구받는다. 소련은 미국이 대응하지 않을 것이라고 생각해 공격을 개시했다. 그리고 유엔의 조치에 대해서는 어리석게도 거부권을 행사하지 않았다. 열흘 뒤에야 미국의 관여로 사태가 자국에 유리하게 흘러가지 않는 것에 당황해 북한과 미국의 전투가 본격화하기 전에 평화적 해결을 추구하게 될 것이다. 사실 평양의 입장에서 보면 그로미코의 발언은 궁지에 몰린 동맹국을 원조하려는 의도보다는 배반 행위에 가까웠다.

흐루쇼프는 유명한 『회고록』에서 전쟁이 일어나자 소련은 조선인민군에 보냈던 군사고문을 철수시켰다고 밝혔다. 그러나 첩보망은 전쟁 초기에 포로를 심문하는 등의 방법으로 그런 정황을 재빨리 탐지했다. 일일 전황보고는 소련 장교가 전쟁에 직접 참여한 것을 대체로 부정하는 내용이지만, 소련 군사고문이 북한 공군과 해군부대에 남아 있다는 증거도 보여줬다. 포로들은 "38도선을 넘기 이전에는 소련의 군사고문이 북한군 부대에 있었지만 그 뒤에는 거의 보지 못했다고 일관되게 진술했다".66 이런 현상은 소련이 전쟁에서 거리를 두고 있었다는 추가적 증거로 생각된다. 그러나 이것은 1949년 8월 로버츠 장군이 암시한 것, 즉 남한이 북한으로 진군하면 군사고문들을 철수시키겠다는 것과 비슷한 조치일 가능성도 있었다. 아무튼 소련은 북한이 남한에서 독자적으로 싸우도록 내버려두겠다고 워싱턴에 명확한 신호를 보냈다.

소련이 한국 사태에 의도적으로 거리를 두면서 미국은 개입 결정을 굳혔다. 말리크가 안보리 회의에 불참하고 크렘린이 사흘 동안 침묵을 지킨 것은 근해에서 소련 선박이 자취를 감춘 것과 함께 소련의 의도와 관련된 많은 것을 알려준다. 소련은 군대에 경계 태세를 발령하고 작전 행동을 수행하며 베를린에서 긴장을 고조시킬 수도 있었다. 그것은 소련이 서방을 위협하고 억제하기 위해 여러 차례 사용했던 냉전의 관례적 방법이었다. 그러나 소련은 그러는 대신, 좋게 말하면 아무것도 하지 않았고 나쁘게 말하면 미국의 힘에 두려움을 나타냈다. 이런 소련의 행동은 한국에서 자유 재량권을 얻을 수 있을 것이라는 미국의 판단을 강화했다.

일단 미국이 참전해 가공할 첨단 무기를 배치하자, 소련은 거의 대응하지 않고 최신 무기를 북한에 제공하는 것을 거부하고 그들이 모든 비용을 지불하게 했다. 그러나 CIA의 추산에 따르면 소련은 극동에 32개 사단, 46만 8000명의 병력, 5300대의 항공기로 이뤄진 거대한 군대를 보유했으며 그 대부분은 한반도 근처에 집중돼 있었다(블라디보스토크, 다롄, 사할린, 캄차카 반도).67

6월 25일 이후 소련이 북한에 수송한 군사 물자가 증가했다는 증거는 없으며 오히려 감소한 것으로 기록됐다. 거의 같은 때 정보 당국은 "전쟁이 시작된 뒤 북한 침략자가 실제로 소련에서 신규 물자를 받았다는 정보는 없다"고 『뉴욕타임스』에 밝혔다. 조선인민군의 장비에는 전장에서 한국군에게 노획한 미제 병기가 들어 있었다(미제 군수품은 많았다. 38도선에서 철수하면서 한국군은 "미국으로부터 받은 장비를 거의 모두 버렸다". 1951년 봄 한국군은 10개 사단이 충분히 사용할 수 있는 군수품을 전장에 두고 갔다). 스탈린 전차와 152밀리 곡사포 같은 소련의 최신 무기는 "북조선인민군이나 중국 공산군에 제공되지 않았다". 전쟁이 시작되고 몇 주가 흐르자 조선인민군은 "미군과 대등하게 싸울 수 없게 됐다". 미군의 화력은 북한의 구식 전차와 야포를 쉽게 파괴하거나 무력화했다.[68]

북한은 1949년과 1950년 소련에서 무기를 대량 구입했는데, 앞서 본 대로 당 기관지에서는 그런 사실을 숨기지 않았고 다양한 채권을 발행해 구입한 소련제 전차 사진을 1면에 실었다. 소련은 대규모 일본 상륙작전을 예상해 소련 극동 지역에 배치했던 군수품 가운데 1945년 이전의 구형 제품을 북한에 팔았다. 만약 남한이 미국에게서 얻어내는 것을 본 북한 지도층이 있었다면 자신들도 똑같이 하려고 했을 것이다. 특히 남한은 장비를 무상으로 받은 반면 북한은 모든 것을 구입해야 했기 때문이다. 개전 이후 북한에 제공된 첫 공식 원조는 헝가리에서 조성된 자금을 야전병원에 보낸 것이었다. 전쟁이 시작되고 2년 뒤 포로와 북한 출신 난민은 "소련보다 중국에서 제공된 원조 물자가 더 많다"고 말했다.[69]

평양에서 열린 해방 5주년 기념식에서, 당시 조선인민군은 계속 증강되는 미군과 전투를 벌이고 있었는데, 김일성은 소련이 조선 해방을 돕고 있다고 하면서도 스탈린을 "조선 인민의 북극성"으로 칭송해왔던 기존의 태도를 수정했다. 그는 처음에 소련을 칭송해 더 많은 원조를 받으려고 했던 것 같다. 그러나 전쟁이 시작된 이후 소련의 원조에 관한 언급은 거의 없었다. 그는 소련의 "공감"과 "도의적 지원"을 호소할 수 있었을 뿐이다. 김일성에게 보낸 스탈린의 전갈은 정확히 두 줄로 지극히 짧았으며 미국의 개입은 언급하지 않았다. 평양 집회에서 한 시티코프 대사의 연설도 별로 다를 것 없는 다음과 같은 미지근한 발언이었다.

소련 인민은 자유와 독립을 위한 조선 인민의 눈부신 투쟁을 진심으로 축하하고 존경합니다. 소련 인민은 조선 인민에게 늘 친근감을 가졌으며 지금도 그렇습니다. (…) 소련 인민은 조선 인민이 평화적 사업에서 이룬 성취를 늘 기뻐하며 조국의 자유와 독립을 위한 투쟁에서 이룬 업적에 찬사를 보냅니다 (강조는 인용자).

시티코프는 청중에게 소련과 그 밖의 진보적 인민은 미국에게 "한국 군사 개입"을 중지하라고 "요구"하고 있으며, 독일 침략군을 격퇴한 소련의 경험을 조선 인민에게 지침으로 제공하겠다고 확언했다. 이것은 북한이 자력으로 싸워야 한다는 발언을 은폐한 것이며, 곧 살펴보겠지만 같은 시기 중국의 성명과도 상당히 달랐다.[70]

미국이 소련 국경 바로 앞까지 진격해오더라도 소련이 자신들이 북한에 부려둔 자원을 총동원해 싸울 것이라고는 예상되지 않았다. 소련은 미국의 모든 힘을 감당할 수 있는 상황이 아니었고, 한국을 둘러싸고 그런 사태에 빠지는 것은 더욱 고려하지 않았다. 주목할 것은 소련이 어떻게 사태를 방치했는가다. 그들은 북한이나 남한의 항구와 도시를 방어하고, 신형 전차와 대포, 최신 대공포와 제트기를 제공할 수 있었다. 그들이 전쟁을 계획했다면 북한의 허약한 공군력이 완전히 무너지고 미 공군이 전면적으로 개입한 뒤 공중전에서 소련이 방어를 맡는 것도 예측할 수 있었다. 흐루쇼프가 『회고록』에서 시사한 대로, 더 많은 전차를 부산 주위의 구릉지대에 배치해 그곳에서 공방을 전개하던 조선인민군을 구할 수도 있었다. 소련이 단호히 공군력을 투입했다면 8월이 가장 좋은 시점이었다고 맥아더는 지적했다.[71]

그러나 소련은 미 공군이 자국 국경 부근을 급습해 폭격하고 한두 차례 영공을 침범했어도 아무런 대응을 하지 않았다. 남한의 전황이 급박한 시점에서 『U.S.뉴스앤드월드리포트』는 스탈린이 소련 국경에 접근한 미군 항공기에 발포하거나 방해하지 않음으로써 "공격 기회를 놓쳤다"고 지적했다. "그

때까지 소련이 한 유일한 대응은 깊은 침묵을 지키는 것이었다." 미군이 서울을 다시 점령했을 때 정보 분석관들은 북한군이 서울로 들어올 때 많은 소련인이 동행하지 않았고, 미국 대사관이 남겨둔 기밀문서를 소련이 이용하려는 시도를 하지 않은 것 같다는 사실에 놀랐다.[72]

앞서 본 대로 6월 25일 이전 단계에서 미국 정보기관의 일치된 판단은 소련이 전쟁을 바라지 않는다는 것이었다. 전투가 시작되자 물론 질문은 결국 왜 소련은 1950년에 전쟁을 바랐는가─또는 적어도 그런 위험을 무릅썼는가─가 됐다(북한이 단독으로 행동했을 가능성을 심각하게 고려한 사람은 없다). 6월 30일 조지 케넌은 가장 설득력 있는 대답을 즉시 마련했다. 침공 대상은 한국이 아니라 일본이라는 것이었다. 크렘린의 목적은 "주로 방어적 이유로 남한에서의 전략적 지배권을 확보"하려는 것이었다. 그것은 미국을 "무익하고 명예롭지 않은 소모전"에 끌어들이거나 아니면 "공산 세력의 남한 지배"를 묵인하게 만들어 미국이 "전 세계에서 엄청난 위신 추락과 신뢰 상실"을 겪게 만들려는 것이었다. 또한 케넌은 크렘린 자신은 계속 "관여하지 않으면서" 꼭두각시 집단이 제 뜻대로 행동하도록 허락했다고 말했다. 중국 공산 세력은 좀더 많이 관여한 결과 미국의 이익을 증대시킬 수 있는 "일정한 정치적 실책을 저질렀다". 그는 중국이 참전할 수도 있다고 생각했는데, 미국은 그런 사태가 발생하면 다른 장소가 아닌 한반도에서(그리고 그들이 침공할 경우 타이완에서도) 군사적으로 맞서야 한다고 생각했다[73]

얼마 뒤 케넌은 이렇게 말했다.

소련은 세계 전쟁의 첫 번째 스텝이나 자신의 주변 지역에서 미국의 힘을 고갈시키기 위한 국지적 군사작전의 하나로 한반도에서 군사행동을 개시하지 않았다. 그들은 남한을 지배하려고 했을 뿐이다. 그들은 그 목표를 이루는 데 적합한 환경이 갖춰졌다고 생각했고, 지금 그 목표를 이루지 않는다면 기회를 놓칠 것이라고 판단했다. 그들은 우리가 군사적으로 개입할 것이라고는 생각하지 않았다.[74]

이것은 오류가 있는 결론이다. 1945년 이후 미국은 일본에 대해 일방적인 지배권을 얻으려고 했고, 1947년 이후에는 소련을 배제하고 일본의 제한적 재무장을 허용하는 강화조약을 체결할 가능성을 농후하게 보여줬다. 그러나 1950년 6월 시점에서 강화조약은 체결될 가능성이 거의 없었으며, 미군이 일본에 무기한 주둔할 것인지도 확실하지 않았다. 아무튼 소련은 전쟁 이외에도 일본에 영향력을 행사할 수 있는 여러 수단을 지녔으며, 일본과 소련 모두 제2차 세계대전의 엄청난 파괴에서 벗어난 지 5년밖에 되지 않았기 때문에 1950년에 전쟁을 시작할 상황이 아니었다. 가장 중요한 것은 한국에서 전쟁이 일어난다면 영구적인 미군 기지 설치와 일본의 재무장을 불러올 가능성이 가장 높은 하나의 사건이 되겠지만, 소련의 남한 점령은 일본에 대한 소련의 전략적 능력을 뚜렷이 강화해주지 못할 가능성이 컸다. 그리고 "그들이 단지 남한을 지배하려고 했을 뿐"이었다면 왜 1945년에 그 목표를 이루려고 하지 않고 1950년까지 시간을 보냈으며, 그때조차도 CIA는 공산 세력이 남한을 장악하는 데 가장 선호한 전략은 유격전을 지속하는 것이라고 판단했는가? 케넌의 추론은 일본이 다시 한국에 영향력을 행사해 소련과 세력균형을 이루게 되면, 소련은 그런 사태에 대처하기 위해 좀더 우월한 전략적 지위를 차지하려고 했다는 자신의 확고한 신념을 충실히 반영한 것이었다.

그동안 기밀문서로 지정됐던 1949년 7월 의회 회의록은 소련 군부가 남한의 가치를 어떻게 생각했는지 보여준다. 합동참모본부 통합정보국 책임자 W. E. 토드 소장少將은 한국은 소련의 "무력 침략"의 우선순위에서 "최하위였을 것"이라고 증언했다. 일본의 상황을 "혼란에 빠뜨리려고" 소련이 남한을 점령할 가능성을 톰 코널리가 묻자 토드는 소련이 그랬을 것이라고 "우리는 생각하지 않는다"고 대답했다―가능성은 있지만 개연성은 없다는 것이었다. 소련은 "남한을 점령하더라도 극동에서 자국의 전략적 지위를 아주 조금 향상시킬 수 있을 것이었다". 소련이 동부 시베리아·블라디보스토크·사할린에서 지위를 굳히는 것은 "한반도의 나머지 절반을 손에 넣었을 때 가질 수 있는 (전략적 지위만큼이나) 유리함을 줄 것이었다". 일본은 "선양·사할린·쿠릴열도의 총구 아래 놓여 있으며 (…) 소련이 얻는 이익은 적을 것이라고 우리는 생각한다―정말 아주 적을 것이다". 그리고 남한은 그 자체로 소련에게 이익이 아니라 "부담"이 될 것이었다.[75]

1950년 8월 애치슨은 소련에게 책임이 있다는 가설을 논리적으로 증명하기 위해 노력했다. 그는 소련이 전쟁을 시작했다는 논거를 충분히 검토하지 않은 채 말했다.

> 한반도에서 얻은 중요한 교훈은, 이전의 모든 행동과 반대로, 소련이 전면전의 위험을―아무리 작더라도―무릅쓴 조처를 감행했다는 것이다. 소련의 유력한 예측은 우리가 도전에 대응하지 않는 것이었다고 가정해보자. 그래도 위험은 존재했다. 소련은 물론 그 밖의 모든 외국 기관도 만일의 사태를 고려하지 않고는 행동하지 않을 것이다. 그런데도 그들은 행동했다.[76]

애치슨의 이 발언을 의문문으로 바꾸면 핵심 문제가 떠오른다. 왜 소련은 남한 전역에서 전면전의 위험을 무릅썼는가? "이전의 모든 행동과는 반대"되는 조처를 시행할 정도로 1950년 6월 시점에서 중요한 것은 무엇이었으며, 근거 없는 "유력한 예측"을 기초로 공격을 감행하는 "만일의 사태"가 현실화되는 그런 끔찍한 위험을 무시하게 만든 어떤 것이 있었는가? 답은 아무것도 없었다이다. 위험을 상쇄할 정도의 소득은 얻을 수 없었다.

"누가 이득을 보는가"라고 질문을 바꿔도 대답은 마찬가지다. 직접 무력을 행사해 남한을 점령함으로써 소련이 얻을 수 있는 이익은 미국·독일·일본의 재무장을 가속화하고, 특히 국가안보회의 문서 68에서 필요한 금액의 3배의 방위비 지출이라는 필연적인 결과를 상쇄할 수 있는 것이 아니었다. 요컨대 한국의 분단이라는 교묘한 책략에 소련이 1950년 여름 시점에서 강한 불만을 품을 합리적 이유는 없었다. 20세기 초 러시아 황제도 일본에 맞서기 위해 그런 책략을 추천했고, 스탈린도 1945년에 그것을 묵인했으며, 소련은 1953년 이후 조용히 만족했다. 그러므로 소련이 전쟁을 일으켰다는 미국의 논리를 받아들이는 것은 소련의 전략 기획자들이 큰 실수를 저질렀다

는 설명을 받아들이는 것이다(레스턴은 이것을 "소련의 당혹스러운 실책"이라고 불렀다).[77]

그러나 소련은 단지 시기를 잘못 계산한 것이었는지도 모른다. 영국 외무부는 북한이 단독으로 행동할 수 있었다는 것은 "어처구니없다"고 생각했지만 "시기를 잘못 선택했을 가능성이 있다"고 판단했는데, 소련은 "이 시점에서 미국에 강하게 대응하면" 많은 것을 잃을 수 있기 때문이었다. 영국은 소련이 유엔을 해체시키려 했다고는 생각하지 않았지만 "위신을 너무 손상시키지 않고 (안보리에) 복귀하는 방법을 찾았다"고 생각했다. 『타임』지는 소련이 "미국의 시간"을 잘못 계산했음을 보여주는 "많은 증거"가 있다고 보도했다. 그래서 그들은 36시간 동안 "침묵"했던 것이었다. "미국의 행동을 예측했다면" 소련은 말리크를 유엔으로 보내 미국이 주도한 결의안에 거부권을 행사하게 했을 것이다. "이것은 최근 소련이 저지른 최악의 실패였다."[78]

달리 말하면 스탈린은 은밀히 침공을 계획했고, 물질적으로 소련을 능가하는 초강대국과 세계 전쟁을 벌일 위험을 각오했으며, 전략과 전술 모두 차례로 큰 실패를 저질렀다는 것이다. 그는 소련의 전략에서 남한이 지닌 가치와 전쟁이 일본과 서방의 재무장에 줄 영향 그리고 미국의 참전 의지를 잘못 판단한 것이다. 그는 시간조차 잘못 계산했다. 애치슨은 편안히 앉아 스탈린을 웃음거리로 만든 것이다.

상황과 관련된 증거와 논리에 일치하는 각본은 두 개였다. 하나는 소련의 관여─전쟁을 추진했지만 배후에 머물러 있었다─에는 케넌이 6월 30일에 제시한 목적, 즉 "미국의 힘을 고갈시키기 위한 국지적 군사작전의 하나"라는 목적이 정확히 있었다는 것이다. 유고슬라비아의 고위 관료도 같은 견해를 갖고 있었다. 소련은 분쟁의 결말이 한국 공산 세력에게 어떤 영향을 줄 것인가는 개의치 않았지만 "미국을 수렁에 빠뜨리고" 싶어했다는 것이다. 이 각본이 가장 정확하다고 본 것은 프랑스군 정보기관으로 생각되는데 그들은 7월 중순 이렇게 밝혔다.

프랑스군 상층부는 한반도에서 일어난 전쟁이 장기화할 것이며 주로 중국 공산 세력이 그것을 고착시킬 것이라고 확신하고 있다. (…) 북한의 급속한 성공을 볼 때 어떤 형태로든 전쟁의 종결을 막기 위해(전쟁이 공산 세력의 완전한 승리로 끝난다고 해도) 공산 세력의 북한 지원은 가까운 미래에 축소될 가능성이 있다. 소련은 미군을 극동에 묶어두려는 것이 분명하다. (…) 극동은 미국의 힘과 부가 투입될 바닥 없는 구덩이가 될 것이며 (…) 미국이 반격을 개시하는 데 성공한다면, 패배라는 결과를 피하기 위해 중국과 만주의 부대로 구성된 엄청난 수의 "국제 여단"이 한반도의 전장으로 언제든 보내질 것이다.[79]

스탈린의 입장에서 보면 이런 전략을 사용할 경우 전쟁을 개시하는 데 직접 개입할 필요가 없었다. 미국이 참전하지 않을 것이라는 정보를 북한에 제시하거나 북한이 마음대로 하도록 내버려둘 수도 있었다. 북한이 이긴다면 그것은 극동에서 미국의 위신에 또 다른 타격을 주거나 미국으로 하여금 한반도에 다시 진출하기 위한 활동을 확대시킬 수도 있었다(미국은 밀려나도 다시 돌아와야 한다는 애치슨의 발언을 기억하라).

이런 추리는 스탈린의 음모적 경향 그리고 냉소와 보수성이 혼합된 성격과 잘 들어맞으며, 소련이 전쟁에 관여한 수준이 낮았음을 보여주는 증거와도 일치한다. 미군과 중국군이 충돌한 뒤라면 스탈린은 틀림없이 그렇게 생각했을 것이다. 미국의 자원을 고갈시키고, 미국과 중국의 긴장 완화를 미리 방지하고, 중국을 소련에 의존하도록 만들 수 있었을 것이다. 그러나 이런 각본은 너무 빈틈이 없다. 1950년 봄 시점에서 미국이 한국에서 대응하고 반격을 추진하려고 할 것이라는 측면은 스탈린이 예측하기 어렵지 않았을 것이다. 그러나 미국과 중국이 타이완을 둘러싸고 충돌할 가능성이 점차 높아졌다. 북한의 혁명적 민족주의와 한반도의 불안한 정세를 고려할 때 한국에서 어떤 일이 일어나든 거리를 두는 것이 소련에게는 가장 좋은 정책이었을 가능성이 크다.

두 번째 각본은 온전히 북한이 주도하여 전쟁을 일으켰다는 것이다. 소련의 행동과 관련해 이 각본과 배치되는 증거는 아직 나오지 않았다. 이것은 왜 말리크가 안보리 회의에 불참했는지, 왜 소련 선전 기관의 반응이 느렸는지, 왜 소련의 잠수함과 군사고문이 철수했는지, 왜 무기 수송이 감소했는지, 왜 그로미코가 개전 열흘도 지나기 전에 평화적 해결을 논의하려고 했는지, 왜 세계 어느 나라보다 소련이 북한을 돕는 데 소극적이었는지 설명해줄 수 있다고 생각된다.

소련은 북한에서 대규모 정보활동을 펼쳤기 때문에 6월 하순이 다가왔을 무렵 조선인민군의 배치를 모를 수 없었다. 그러나 만약 북한이 패배했다면 어떻게 됐을 것인가? 미군이 진입해 북한을 점령했다면 어떻게 됐을 것인가? 만약 최초의 침공이 소련의 사주로 이뤄졌지만 그 뒤 소련은 아무것도 하지 않았다면, 그것은 엄청난 배신이다. 그러나 북한이 소련의 승인 없이 처음 행동했고―또는 반대로 그들의 의사를 거슬러―그 뒤 미국이 개입했다면 소련의 모든 동맹국에게 교훈을 줬을 것이다. 그리고 미국이 북한을 점령했다면 중국 공산 세력의 용기와 충성은 시험의 대상이 됐을 것이다. 요컨대 북한이 지든 이기든 스탈린은 이긴 것이다. 독자들은 증거와 논리에서 이런 결론을 도출하는 것에 아직 동의하지 않을지도 모르지만, 스탈린과 김일성이 전쟁 결정에 합의했다고 지적하기 어렵다는 사실은 그대로 남아 있다.

중국의 반응

전쟁에 대한 중국의 반응은 소련보다 빨랐으며 애매한 부분도 적었다. 6월 26일 신화 통신사는 한국에서 일어난 전투에 대한 북한의 성명을 보도했다. 『런민일보』는 모스크바에서 첫 사설을 싣기 하루 전인 6월 27일에 첫 사설을 게재했으며 내용도 풍부했다. 중국은 이승만 정권을 미국의 꼭두각시라고 맹렬히 비판했으며 북한에 대한 미국의 여러 도발 행위를 지적하고 미국의 북한 정책을 비판했다. 이승만은 장제스가 지닌 "정치적·군사적 경험이 없으며" 그래서 국민당 정권보다 국내 기반이 취약해 미국의 원조가 더 많이 필요했다고 지적했다. 당연히 중국이 관심을 가진 것은 타이완해협에 대한 미국의 개입이었으며, 북한을 직접 지원하겠다는 약속은 하지 않았지만

그들의 성명은 소련의 조용한 태도보다 상당히 전진한 것이었다.[80]

주중 영국 대사관에서 근무하던 허치슨은 주더—무정 같은 북한의 군사지도층과 가까웠다—가 6월 25일 이전 얼마 동안 베이징에 없었다는 것에 주목했지만, 소련이 침공을 계획했다고 생각했다. 주더가 타이완 공격을 계획하고 있었다고 생각한 사람도 있었지만 "그는 북한 지도부와 접촉해왔다"고 생각한 부류도 있었다. 허치슨은 전쟁이 시작되기 전 몇 주 동안 중국 언론에 한국 관련 보도가 적었다면서 중국 정부는 "침공 계획을 사전에 통지받지 (…) 못했던 것 같다"고 주장하려고 했다. 그러나 그는 6월 1~26일까지 한국 관련 기사 14건을 발견했는데, 소련의 보도는 이것보다 적었다. 9월 말 허치슨은 "중국이 한국전쟁 발발에 주요한 역할을 했다"고 생각하게 됐으며 소련이 공격을 선동하지 않았다고 여러 차례 말한 인도 정치가 K. M. 파니카르의 발언을 언급했다. 영국 외무부는 중국 공산군에서 복무했던 많은 한국인이 북한으로 돌아갔기 때문에 중국이 관여했을 가능성은 있지만 "한국에서 일어난 분쟁은 소련이나 중국의 설득 없이 한국인 스스로 일으켰을 가능성이 많다"고 언급했다(명확한 것은, 어떻게 생각해야 할지 정말 아는 사람이 아무도 없었다는 점이다).[81]

미국도 중국의 개입을 평가하기 어려웠다. 케넌의 견해는 허치슨과 거의 반대여서 처음에는 중국이 관여했다고 생각했지만 나중에는 그렇지 않다고 봤다. 6월 30일 그는 중국이 소련보다 북한을 더 많이 지원하고 있다고 말했으며 중국이 참전할 수도 있다고 언급했다—그리고 미국은 한국에서 그들에 맞서야 하며 다른 곳, 특히 중국이 아닌 지역이어야 한다고 말했다. 상당한 시간이 흐른 뒤 그는 자신은 소련이 마오쩌둥에게 전쟁의 임박을 알리지 않았다고 생각했으며, 마오쩌둥은 "전쟁이 일어났을 때 사전 경고는 거의 받지 못했다. 중국은 그 사실 때문에 상당한 혼란을 겪었고 불만스러워했다고 우리는 생각했다"고 회고했다.[82]

중국이 개전을 미리 알았을 가능성과 관련해 현재 남아 있는 증거는 지금도 상당히 뒤죽박죽이다. 6월 25일 이전 마오쩌둥은 당 집회에 꾸준히 참석했고 인민해방군을 대규모로 제대시켜야 한다고 공개적으로 주장했다. 그러나 같은 시기 중국군은 타이완 맞은편에서 침공을 위해 대규모 동원됐다. 맥아더의 정보 조직은 중국의 중요한 군사 지도자인 녜룽전聶榮臻이 6월 23일 평양에 있다고 보고했으며, 7월 중순에는 중국과 북한 지도부가 한국과 타이완 관련 작전을 조정하는 군사 회의를 열었다고 주장했다. 그러나 이 정보는 국민당이 제공한 것으로, 영국 외무부는 그것을 "평가하기는 (…) 매우 어렵다"고 판단했다. 맥아더는 중국은 소련보다 큰 규모로 전쟁에 관여하고 있으며, 1950년 6월 이후 극동에서 소련의 군사행동이 전개되지 않은 결과라고 판단했다. 그러나 이런 판단은 전쟁을 대륙과 연계시킴으로써 소련이 대응하지 않으리라는 점을 미국 정부에 확신시키려는 맥아더의 의도와 떼놓고 생각할 수 없다.[83]

7월 윌러비의 정보 조직은 한 일본인 공작원을 취조했는데, 그는 약간의 일본인과 더 많은 한국인과 함께 1949년 여러 달 동안 산둥성(한국의 맞은편에 위치하며 한국에 살고 있는 중국인은 대부분 그곳 출신이다)에서 훈련받았다고 말했다. 1950년 6월 1일 그를 포함한 공작원들은 배로 평양을 떠나 황해를 거쳐 6월 10일 인천 부근에 상륙했다. 그들을 파견한 인물은 중국공산당의 정보활동 전문가였다. 남한에 대한 공격이 6월 중순에 있을 것이며 자신들은 북한 공작원과 협력할 것이라고 들었다고 그는 말했다(남한의 촌村 수준까지 인원을 배치하라는 명령을 받았지만 거기는 지역 원로들이 많이 동조하고 있었다). 그는 1950년 초 소련과 중국 지도자들이 만나 한국 문제를 논의한 결과 중국은 중국군 소속 한국인 부대를 북한에 보내고, 소련은 전차를 제공하기로 결정했다고 보고했다. 타이완 침공도 이뤄질 것이었지만 필요한 군함이 부족했다고 그는 말했다.[84] 이 보고는 그럴듯하지만 좀더 확인할 필요가 있다.

물론 중국은 1950년 봄 수만 명의 한국인 부대를 북한으로 돌려보냈다. 이것 또한 결정적인 증거는 아니다. 그것은 단지 중국에서 전투가 끝났음을 반영하는 것일 수도 있다. 앞서 본 대로 아무튼 비슷한 규모의 병력이 1949년에 귀환했다. 중국이 참전한 뒤 미국은 중국이 한국인 부대를 귀환시켜 북한의 침공을 사주했다고 비난했지만 중국은 그들이 귀국을 원할 경우

중국에 붙들어둘 수 없었다고 대답했다.[85]

　아무튼 이 증거들 가운데 결정적인 것은 없다. 소련의 경우와 마찬가지로 전쟁 발발에 중국이 관여했다는 증거는 남아 있지 않다. 그러나 정황증거를 살펴보면 소련보다 중국이 더 많은 사전 정보를 확보했던 것으로 보인다. 마오쩌둥과 주더 같은 지도자들은 공격의 시기조차 몰랐지만, 수만 명의 한국인 병사가 북한으로 귀환한 것이 가까운 장래에 남한에 대한 공격으로 이어지리라는 것을 상상하기는 어렵지 않다. 그들이 소련에게만 전쟁의 책임이 있다고 생각했다거나 전쟁이 자신들에게 참으로 놀라운 소식으로 다가왔다고 말한 것은 매우 믿기 어렵다. 중국과 북한 지도부는 1950년 초 장제스와 이승만 그리고 여러 미국인 사이의 강화되는 연결을 면밀히 관찰하고 대응을 조정하기로 결정했을 가능성이 훨씬 높다.

　전쟁과 미국의 개입이 심화되면서 중국은 북한의 운명을 책임질 조처를 시행했는데 그것은 그들이 실제로 개입하기 몇 달 전부터 시작됐으며, 소련의 입장을 훨씬 넘어서는 것이었다. 7월 10일 중국의 다양한 단체가 타이완과 한국에서 미 제국주의 반대 운동을 개시했다. 이 시점에서 그들은 "성원聲援"을 보냈을 뿐 직접적인 군사개입은 언급하지 않았다. 그러나 정보기관의 보고서에서는 제4야전군에 소속된 대규모 부대가 만주로 계속 이동하고 있다고 보고했다.[86]

　7월 31일 맥아더는 타이완에 도착해 장제스와 군사 문제를 협의하는 전권을 가진 것처럼 행동했다. 8월 1일은 중국의 건군 기념일이었는데, 주더는 그때 열린 집회에서 미 제국주의를 비난하면서 북한의 전쟁은 "완전히 정당"하다며 북한을 "우리의 우방"이라고 불렀다. 가장 중요한 것은 그 집회에서 채택된 평양으로 보내는 메시지에서 중국과 북한의 관계를 "단결"이라고 표현한 사실이다. 이 표현은 공식적 의미에서 동맹은 아니지만 결속이나 동맹을 뜻한다. 그러나 그것은 북한과 소련의 관계를 언급할 때는 쓰이지 않았으며, 일본에 맞서 공동 투쟁했던 때까지 거슬러 올라가서 북한과 중국의 "긴밀한 결속"을 강조할 때 사용됐다. 맥락으로 볼 때 그 표현은 범아시아적 색채를 띠면서 한국인·중국인·베트남인의 단결을 호소하고 마오쩌둥·김일성·호찌민을 지칭할 때도 사용됐다. 이 베이징 집회를 보도한 북한의 신문 기사는 8월 1일 주더의 성명을 "500만 군대의 거대한 무력을 지휘하는" 인물의 "엄숙한 선언"이라고 묘사하면서, 만주에서 김일성과 함께 싸운 유격대원들의 발언을 중국 신문에서 인용했다. 이튿날 케넌은 중국이 조선인민군에 군사지원을 제안했지만 북한이 거절했다는 정보 보고서를 작성했다.[87]

8월 중순 중국은 평양에서 열린 해방 기념식에 사절단을 파견했는데, 그들의 행동은 소련 대표의 미지근한 지지와 대조적이었다. 신임 북한 주재 중국 대사 니즈량은 연설에서 중국과 북한의 오랜 형제 관계와 제국주의에 맞선 공동 투쟁을 강조했다.

> 중국과 조선은 오랫동안 형제 같은 국가였습니다. 독립과 해방을 이룬 위대한 투쟁에서 중국과 조선 인민은 긴밀한 관계와 공동의 인식을 확립했습니다. 미 제국주의자들이 육·해·공군을 동원해 조선을 침공하는 한편 타이완을 해방시키려는 중국 인민을 무력으로 저지하고 있는 지금 우리 두 나라와 인민은 일치단결해 미 제국주의의 침략에 맞서 민족의 독립과 해방을 성취해야 합니다.
>
> 우리 두 나라의 단결과 우호와 협력은 두 인민 사이에서 오랫동안 유지됐고 더욱 공고해지고 있으며 독립과 해방을 위한 공동의 투쟁은 그것을 더욱 견고하게 만들 것이며 아시아와 세계 평화를 유지하는 데 기여할 것입니다.[88]

궈모뤄郭沫若가 이끈 21명의 중국 사절단은 소련 대표단보다 훨씬 규모가 컸으며, 거기에는 동북인민정부의 리리싼도 포함됐다. 궈모뤄 같은 문화계 인물이 단장이었다는 것이 얼핏 보기에 이상할 수도 있다. 그러나 궈모뤄는 저우언라이와 가까웠으며, 두 사람은 황푸군관학교에서 교관을 맡은 적이 있었다—그곳은 주요 한국인 장군을 여럿 배출한 곳이었다.[89] 궈모뤄는 일본 그리고 현재는 미국에 맞선 공동 무장투쟁을 자주 언급했다. 또한 평양에서 열린 해방 기념일 연설에서 아시아의 민족해방운동을 지지하는 중국의 "강철 같은 의지"를 언급하면서 아시아 문제는 아시아 인민 스스로 해결해야 한다는 마오쩌둥의 발언을 인용하면서 범아시아주의를 강조했다. "조선 인민의 승리는 중국 인민의 승리를 이은 것이며, 다른 아시아 인민도 이 두 인민을 따를 것입니다." 『파이스턴이코노믹리뷰』는 리리싼이 평양에서 "중국과 북한의 동맹이 성립된 것처럼 행동했다"고 보도했다.[90]

8월 중순 미국 당국자들은 중국이 북한을 지원하고 있다는 증거가 늘어나고 있음을 간파했다. 8월 14일 국가안보회의에서 에이버럴 해리먼은 한국전쟁에 중국을 분명히 관련시켜서 생각해야 할 때가 됐다고 발언했다. 그 뒤 작성된 정보 자료에서는 중국이 8월 14일 베이징에서 열린 고위급 회담에서 중국군 25만 명을 파병하기로 약속했으며, 그달 말에는 대규모 중국·북한군이 중국과 북한의 국경에 배치됐다고 주장했다. 타이완 침공 가능성이 줄어들면서 한국을 향한 배치는 증강되는 것 같았다. 7월 말까지 선박이 집결하는 등 침공이 임박했음을 보여주는 증거가 상당히 많았지만, 이후 더 이상의 보고는 없었다. 7월 21일 저우언라이는 중국은 한국전쟁에 거리를 두려 한다고 사르다르 파니카르에게 확언했지만, 8월 말에는 계속 경고하기 시작했는데, 지금 와서 보면 그것은 중국이 참전한다는 분명한 예고였다.[91]

부산에 대한 맹공

1950년 여름 조선인민군은 엄청난 승리를 거두며 남하했으며, 미군은 굴욕적 패배를 거듭하다가 제1해병사단이 투입돼 방어를 강화했다. 독일과 일본을 무찌른 군대는 농민들을 급조하고 빈약한 장비에 외국 제국주의 권력의 조종을 받는다 여겼던 군대에게 벼랑까지 밀렸다. 후일 김일성은 한달 안에 전쟁을 승리로 마무리할 계획이었다고 말했는데, 7월 마지막 주에 거의 그럴 뻔했다.[92] 전투는 한달 동안 부산 방어선에서 교착상태에 빠졌고, 인민군은 9월 초에 맹공을 전개해 미군과 한국군의 방어선을 거의 돌파했다. 그러나 대규모 인천상륙작전은 북한의 계산을 무너뜨렸고 유엔군은 서울을 탈환했다.

전쟁 시작 며칠 만에 북한의 전략은 서울 점령을 첫 목표로 전차가 앞서고 보병 부대가 뒤따르는 기갑전임이 명확히 드러났다. 기갑전에 대한 최선의 방어는 공격 측의 보급선을 길게 만들기 위해 영토를 일정 기간 내주는 기동방어라고 미어샤이머는 주장했다(그러나 그는 그런 실제 사례를 찾지 못했다). "이상적인" 기동방어는 "공격 측이 제한된 목표를 추구할 때" 이뤄지며 방어 측은 "공격 측이 깊이 침투하도록 유도한다"고 그는 지적했다. 이런 특수한 상황에서 전차전이 성공하면 할수록 공격 측의 제한된 목표는 최대의 목표로 변화해 결국 불리한 요인이 된다.[93]

남한 지도부의 혼란을 고려할 때 한국군이 기동방어를 미리 계획했다고 생각되지는 않는다. 북한은 남한의 "전방 방어"(완곡하게 표현해)의 거점을 무너뜨리거나 우회했고, 한국군과 남한 정부는 와해되었다. 그러나 8월 12일 이승만이 맥아더에게 전달한 기록에는 다음과 같은 내용이 있다. "우리는 전술적 이유 때문에 도시에서 도시로 철수했으며, 미국의 지원군이 곧 도착하리라고 기대했습니다. (…) 우리의 군 지휘관들은 이런 계획을 엄밀히 따랐고 그 덕분에 적군은 영토를 대단히 쉽게 얻었습니다."[94]

이것은 맥아더가 지휘권을 장악한 뒤 분명히 그가 추진한 전략이었다. 맥아더와 김일성, 많은 군사학자는 공통적으로 북한이 서울 남쪽에서 일주일 이상 머물렀던 재난적인 휴지기에 그들 패배의 씨앗이 뿌려졌다고 보았다. 공격이 재개되었을 때는 이미 너무 늦었고, 승리를 위한 재보급의 원천은 점점 더 멀어졌다. 맥아더는 유도 경기에서처럼 적을 남쪽으로 확 끌어당기는 가속도를 이용해 적을 쓰러뜨렸다. 한마디로 말해서 브라보 맥아더였다. 어쨌든 이것은 북한의 전략이 한반도 전체를 포위하는 것이 아니라 도시를 점령하는 전격전이었다는 사실을 되돌아보게 만든다. 소련이나 미국의 전략교본을 공부한 지휘관이라면 비슷한 전력의 미군이 개입할 가능성이 매우 높은 상황에서 기갑전을 시작하지 않았을 것이다. 그러나 상대측이 평양으로 진격하기 위한 사전 행동으로 해주를 점령하려고 했음을 생각하면 그 대응은 서울 장악이 될 것이었다. 1950년에 무슨 일이 일어났든 그것은 1949년 남한이 계획한 것이었으며, 장군들은 늘 최후의 결전을 준비한다는 격언과

상통했다.[95]

이런 전략은 선제적이며, 북한이 미국의 개입이라는 위험을 감수했다는 논리적 상정에도 들어맞는데, 그들은 시간이 흐르면서 상황이 자신들에게 유리하기보다는 불리해질 가능성이 크다고 생각했기 때문이다. 이를테면 남한과 일본의 관계가 강화되고, 어떤 사건(이를테면 중국이 타이완을 점령하는 것)이 일어나 미국의 태도가 강경하게 될 가능성이 크며, 남한에 대한 경제적·군사적 지원이 증강되는 상황이 전개되는 것이다. 그럼 이 선제적 전략을 좀더 깊이 살펴보자.

1967년 '6일전쟁'에서 이스라엘의 공격을 미어샤이머는 "기갑전"이라고 불렀지만 모셰 다얀과 그 측근은 그것을 "방어 전술을 공격적으로 수행한 것"이라고 불렀다. 5월 14일 이스라엘 정보기관이 "이집트군의 시나이반도 이동을 포착"한 것이 전투가 임박했음을 알려준 첫 번째 신호였다. 1주 뒤 나세르는 티란 해협을 봉쇄하겠다고 선언했다. 이스라엘 군부는 "우리가 당장 공격하지 않으면 이집트가 먼저 공격"해 주도권을 장악할 것이라고 우려했다. 적군은 규모가 비슷했다. 6월 1일에 입각入閣한 다얀은 "지체 없는 군사 공격"을 주장했다. 다얀은 4개의 축을 따라 침투하는 고전적 전격 작전을 세웠다. 6월 4일 그는 "승리할 수 있는 가장 좋은 기회는 먼저 공격하는 것"이라고 말했다. 다음날 내각은 개전을 결정하고 전쟁에 나섰다.[96]

김일성과 모셰 다얀을 이렇게 비교하는 것은 부당하다고 말할지도 모르지만[97] 6일전쟁과 한국전쟁은 하나하나씩 대응된다. 주목할 사항은 급속한 전개인데, 6일전쟁은 5월 14일부터 6월 6일까지, 한국전쟁은 5월 18일(박일우의 기자회견 날짜)부터 6월 25일까지 급속히 진전됐다. 두 진영의 병력은 서로 비슷했고 적군의 움직임을 감안할 때 먼저 공격해올지도 모른다고 생각했다. 두 나라 모두 자신들의 전차전을 방어를 위한 것이라고 정당화했다. 두 나라의 내각은 아무것도 모르고 있었으며 이미 사건이 터진 뒤 통보받았다(당 상무常務위원회의 기록에 전쟁이 다가오고 있다는 증거가 없는 것은 이 때문이다). 끝으로 이스라엘의 결단은 전차전 준비를 얼마나 신속히 할 수 있는지 잘 보여준다. 최근 일어난 기습 공격을 좀더 널리 비교한 〈표 2〉를 참조하라.

〈표 2〉의 사례들은 시나이반도의 이집트군과 유엔평화유지군(유엔 한국위원회와 달리 일찍 철수했다)에 대한 이스라엘의 공격 그리고 한반도의 사례와 가장 비슷하다고 생각되는 베트남 중앙 고원에 대한 북베트남의 공격을 제외하고는 모두 국경을 넘어 공격한 것이었다(북베트남과 한국의 유사점은 국경 안에서 일어난 분쟁이라는 분쟁의 성격, "결전"을 의도하지 않았음을 시사하는 병력의 규모, 방어 측인 남부의 예기치 않은 철수와 붕괴 등을 들 수 있다. 물론 1975년 미국이 북베트남에 저항하지 않기로 선택한 것은 다르다). 각 사례에서 공격 측은 자신들의 공격이 그동안 증가한 도발에 대한 보복이었다고 주장했다. 북한의 사례는 그 개시 시점(6월 25일)에서 다른 대부분의 사례보다 더 모호하다.

서울 점령과 이유가 밝혀지지 않은 지체 이후 조선인민군은 대공세를 전개해 대전을 탈취했으며, 대부분의 군사 평론가는 그 전투를 조선인민군의 가장 뛰어난 전투로 보고 있다. 7월 초 미국의 전황 보고는 조선인민군 보병부대는 "가장 우수하며" 전투부대와 전투 능력은 "제2차 세계대전과 비교해도 뒤지지 않는다"고 평가했다. 미국이 특히 깊은 인상을 받은 부대는 조선인민군 제6사단이었는데, 중국 공산군의 한국인 병사로만 구성됐고 방호산이 이끌었다. 그 부대는 옹진에서 일어난 최초의 전투에 참여하고 해안선을 따라 남하하면서 전라도를 휩쓴 뒤, 동쪽으로 방향을 돌려 8월 1일 진주를 점령하고 직접 부산을 위협했다. 그러나 서울 남쪽에서 지체한 것은 후방에서 야포와 그 밖의 물자를 보급할 필요가 있었기 때문이며, 서울만 점령하려는 당초 계획을 반영하는 것으로 보이는데, 동남부에서 방어를 구축하는 데 필요한 가장 중요한 시간을 맥아더에게 줬다.[98]

전투 개시 시간	병력	전차	포격 방법	공군력
조선인민군 새벽	40,000	80	집중 포격	임무 몇 건 수행
6일전쟁(a) 새벽	36,000	250	집중 포격	대규모 공습(b)
캄보디아(c) 새벽	미군 32,000 남베트남군 48,000	100여	집중 포격	지원사격(d)
중국-인도(e) 새벽	30,000	소수	집중 포격	없음
중국-베트남(f) 새벽	150,000	100	집중 포격	없음
북베트남(1975년) 새벽 아님	200,000	100	집중 포격	없음

전거: Allen S. Whiting, *The Chinese Calculus of Deterrence*, Ann Arbor: University of Michigan Press, 1975; Randolph S. Churchill and Winston Churchill, *The Six-Day War*, Boston: Houghton Mifflin, 1967; Hal Kosut, ed., *Cambodia and the Vietnam War*, New York: Facts on File, 1971; *New York Times*, May 1-10, 1970; July 10, 1978; December 3-10, 1978 ; January 18-25, 1979. 조사 보조: 마이클 로빈슨.

a: 이스라엘이 이집트군 공격
b: 450대의 이스라엘 전투기가 416대의 이집트 항공기를 조기에 격파
c: 1970년 5월 1일, 미군과 남베트남군의 침공
d: 북베트남 공습과 캄보디아 해안 봉쇄가 결합된 항공 지원
e: 1962년 10월 중국이 인도 공격
f: 1979년 2월 17일 중국이 베트남 침공

북한이 미국의 개입에 놀랐다고 해도 그들의 행동에는 드러나지 않았다. 그들은 미 육군·공군·해군과 맞닥뜨려도 움츠러들지 않았다. 김일성은 7월 9일 라디오방송에서 미국이 개입하지 않았다면 전쟁은 현재 끝났을 것이라고 말했다. 그는 남한 주민에게 유격대 투쟁을 확대하라고 촉구했으며, 외국 침략자들에 맞서 조국을 지킨 을지문덕과 이순신 같은 영웅들을 언급하며 연설을 맺었다. 북한 내부 자료에서는 그 전쟁을 "남진전투南進戰鬪"라고 불렀지만 이승만 정권을 와해시킨 뒤에는 미 제국주의 그리고 그다음에는 이승만 일파에 맞선 투쟁으로 전환됐다. 민정 장교들은 병사들에게 미국을 타도할 충분한 힘이 있다고 말했다. 재식민화의 위협에서 조국을 방어하기 위해 싸우고 있고, 소련의 선진 군사기술과 김일성의 유격전 경험을 결합시킨 장교들이 있으며, 토지개혁과 인민위원회 재건을 통한 민중의 지지가 있기 때문이었다. "전쟁은 길 것인가, 짧을 것인가?" 미국의 개입으로 승리는 "약간

지연될 것"이라고 그들은 생각했다.[99]

조선인민군의 행군은 이르면 7월 26일 한반도 전체를 포괄할 것으로 예상되어 위협적이었다. 워커 장군은 대구에서 철수할 것을 명령했다. 그러나 이튿날 맥아더는 한반도 상공을 시찰한 뒤 더 이상의 철수를 중단하라고 지시했으며, 그 직후 제2보병사단이 부산에 상륙하고 진주 전선으로 투입됐다. 한 미군 장교는 진주에서 조선인민군 제6사단이 "우리에게 엄청난 타격을 줬다"고 술회했다. 이튿날 마산이 점령되고 미군은 유격대가 거점으로 삼고 있는 여러 촌락을 불태우는 "초토화"작전을 전개하면서 낙동강으로 퇴각했다. "황간黃澗에서 금천錦川까지 전선에는 연기로 뒤섞인 구름이 자욱했다."[100]

8월 초 전선에 배치된 미군과 한국군은 9만2000명(미군이 4만7000명)이었고 조선인민군은 7만 명으로 미군과 한국군이 더 많았지만, 퇴각은 계속됐다. 맥아더는 이런 사실을 미국 당국자들에게 숨기면서 적군의 병력이 아군보다 2~3배 많다고 보고했다. 그러나 8월 첫째 주 제1해병사단이 투입됐고 마침내 조선인민군의 진격을 저지했다. 그 뒤 8월 말까지 전선은 크게 변화하지 않았다.[101]

부산 방어선은 북쪽으로는 포항 근처의 해안부터 남쪽으로는 진주-마산 지역에 걸쳐 있었으며, 그 중앙의 바로 남쪽에는 대도시 대구가 위치했다. 대구는 조선인민군의 남진을 저지하려는 미국의 결의를 상징하는 곳이었지만, 북한에게는 남한 좌익의 주요 근거지로서 훨씬 중요했다. 그러나 조선인민군의 부산 점령과 미군의 궤멸을 막은 결정적인 지역은 동북쪽에 있는 포항이었을 것이다.

북한의 "중대한 전술적 실책"은 동해안 도로에서 우위를 점하려고 하지 않은 것이라고 애플먼은 지적했다. 조선인민군 제5사단은 포항으로 신속히 이동한 뒤 제6사단과 합류해 부산을 위협하기보다는 측면 방어에 너무 치중했다. 북한군 사령부도 동일한 판단을 내렸다. 7월 중순 중국군에서 참전해온 오랜 경험을 지닌 무정은 (역시 중국군 경험을 지닌) 김광협의 후임으로 제5사단을 거느린 조선인민군 제2군단장이 됐다. 그는 8월 내내 동해안 전

〈사진 15〉 남한 전선의 조선인민군, 1950년 여름

투를 지휘했고 포항을 점령했다가 다시 빼앗겼다. 9월 초 무정의 군대는 한
국군 김석원 장군을 패배시키고 포항을 다시 점령했다. 그러나 이 전과는
너무 미미하고 늦어, 결국 무정은 부산 점령에 실패한 책임으로 해임됐다.[102]
조선인민군이 남해안에서처럼 동해안에서도 신속히 진군했다면 부산은 함
락됐을 것이다. 그러나 그것으로 전쟁이 끝났을지는 의심스러운데, 당시 조
선인민군은 대규모 상륙작전에 대비한 방어태세를 아직 갖추지 못했기 때
문이다.

  8월 말 조선인민군은 부산 방어선에 마지막 대규모 공격을 감행하기 시
작했다. 그 뒤 2주 동안 한·미 전선에 심각한 타격을 주면서 "놀라운 전과"
를 올렸다. 8월 28일 방호산은 며칠 안에 마산과 부산을 점령하라고 부대
에 명령했다. 조선인민군 3개 대대가 중앙 전선에서 낙동강을 도하하는 데
성공해, 포항과 진주를 함락시킨 뒤 다시 경주·마산·대구를 압박하면서 방
어선은 "거의 한계점"에 도달했다. 워커는 제8군 사령부를 대구에서 부산으
로 옮겼으며, 고위 관료들은 대구에서 탈출했고 한국의 주요 인사들은 부산

을 떠나 쓰시마섬으로 가기 시작했다. 9월 9일 김일성은 적이 세 전선에서 압박을 받으면서 전쟁은 "대단히 엄중하고 결정적인 단계"에 이르렀다고 말했다. 이틀 뒤 워커 장군은 방어선이 설치된 이후 전선은 가장 위험한 상황이라고 보고했다. 애플먼은 9월 중순에 "2주 동안 가장 격렬한 전투를 치른 뒤 (유엔군은) 북한의 대공세를 간신히 저지했다"고 말했다. 9월 15일 미군 사상자는 전쟁 시작 이후 가장 커서 사망자 4280명을 포함해 모두 2만 명이었다.[103]

북한은 9만8000명의 병력을 전선에 배치했지만 그 3분의 1 이상은 경험 없는 신병이었다. 그러나 여성도 많이 포함된 유격대는 포항과 마산 일대에서 계속 공격을 전개했다. 이 무렵 북한군은 수적으로 매우 열세였다. 맥아더는 미군 가운데 참전할 준비를 갖춘 사단의 대부분을 한국에 투입하는 데 성공했다. 9월 8일 그는 전투 훈련을 받은 육군 부대 가운데 제82공수사단을 제외한 모든 병력을 투입했다. 많은 부대가 인천상륙작전에 참가했지만, 8만3000명의 미군과 5만7000명의 한국군과 영국군은 전선前線에서 북한군과 대치했다. 이 무렵 미군은 조선인민군보다 5배 많은 전차를 보유했고 포병은 "월등히 우세했다".[104]

물론 9월 15일 미국은 인천에서 대규모 상륙작전을 전개함으로써 전선前線 전역에서 받던 압박을 줄였다. 그 직후 전쟁이 일어난 지 4개월이 지난 시점에 남부 지역의 전황을 김일성에게 종합적으로 보고하는 문서가 입수됐다. 문서의 신빙성은 입증되지 않았지만 분석은 타당하다. 그 내용은 이랬다. "원래 계획은 한 달 안에 전쟁을 끝내는 것이었지만 우리는 미군 4개 사단을 섬멸할 수 없었다." 서울을 함락시킨 부대들이 명령을 어기고 즉시 남진하지 않은 결과 미국에게 "숨 돌릴 시간"을 줬다. 그들은 "처음부터 우리의 주적은 미군이었지만 유엔군과 미 공군·해군이 정말 참전했을 때는 놀랐다"고 인정했다.[105] 이것은 미 지상군의 개입을 예상했지만 그렇게 대규모일 것이라고는 예측하지 못했으며 공군과 해군의 투입도 예측하지 못했음을 알려준다—소련 공군과 해군이 미군을 저지하거나 대항해줄 거라고 북한이 생각했던 것이 아니라면 실로 기이한 착오다. 사실 미국의 세계 전략에서 그리

〈사진 16〉 부상병을 치료하는 조선인민군 간호병

중요하지 않을 것 같은 이 조그만 반도에 전투태세를 갖춘 미군 보병 대부분을 전 세계에서 차출해 투입할 것이라고는 미군 합동참모본부 자신을 포함해 누구도 상상하기 어려웠을 것이다.

인천 상륙: 거점의 확보

1950년 9월 중순 맥아더는 탁월한 전술로 인천상륙작전을 실시해 마지막 승리를 지휘했으며, 그 작전에 따라 미군은 처음 한국에 발을 들여놓은 날로부터 거의 5년 만에 서울로 돌아갔으며, 승리를 눈앞에 둔 한국의 좌익 세력을 다시 패배로 몰아넣었다. 하지의 제24군단과 마찬가지로 맥아더의 함대는 늦여름 태풍의 위협 아래 출항했지만, 배를 위험에 빠뜨린다는 신의 바람은 다행히 함대의 주진로에 불지 않았다.[106] 인천항은 조류가 불안정해 시간을 잘못 선택할 경우 함대가 좌초되기 쉬웠지만, 미군은 완벽한 기술로 만灣과 저지대를 통과했다. 미 해병대는 거의 저항을 받지 않고 상륙했지만, 이후 격렬한 저항을 뚫고 전진해 9월 말 마침내 서울을 탈환했다.

소련이 미국의 제해권과 제공권에 도전하지 않을 것이라는 사실이 확실하자 북한 전선의 배후에 상륙한 이점이 분명해졌다. 실제로 앞서 봤지만 그것은 6월 25일 이전에도 명백했다. 맥아더는 7월 중순에 인천이나 해주 또는 진남포에 상륙할 계획을 추진했는데, 뒤의 두 곳은 38도선 이북에 있다는 점에서 맥아더가 일찍부터 반격에 관심을 갖고 있었음을 보여준다. 그러나 첫 목표는 인천이었다. 인천에 상륙하면 발달한 행정·통신·교통 설비를 지닌 한국의 중심 지역을 확보함으로써, 올먼드가 말한 대로 "거점을 확보"하는 상징이 될 수 있었다.[107] 서울을 장악하면 한국의 우익은 남한을 제압할 수 있었다. 맥아더가 인천을 선택한 것(원수 스스로 의견을 낸 것이지만)[108]을 둘러싸고 많은 신화가 있다. 맥아더는 일명 "크로마이트 작전Operation Chromite"은 분명히 실패할 것이라고 생각하는 완고한 간부들에 맞서 홀로 날카로운 통찰력을 발휘한 인물로 묘사됐지만, 대규모 함대를 동원하려는 미국에게 인천은 논리적으로 타당한 상륙 지점이었다.

인천상륙작전에서 261척의 대함대를 지휘한 인물은 필리핀 레이테섬Leyte 상륙작전을 이끌었으며 노르망디상륙작전에서 오마하 해안 작전을 지휘한 상륙작전의 전문가 아서 듀이 스트러블 해군 중장이었는데, 그는 거의 아무 피해 없이 해병대를 상륙시켰다. 블레어가 지적한 대로 "인천은 근대전의 역사에서 가장 쉬운 상륙작전 가운데 하나였다". 그 작전에 맞서 북한은 아무것도 할 수 없었다. 미국 쪽 이야기에 따르면, 그들은 상륙작전에 놀라지 않았지만 아무런 저항을 할 수 없었고, 북한 역사가들 말에 따르면, "위대한 전략적 후퇴"를 시작했다.[109]

노획한 북한 문서에 의하면 조선인민군은 적어도 7월 31일 무렵 인천 방어 계획을 수립했다. 적은 퇴각했지만 "기회가 주어지면 인천을 침공해 서울을 탈환하려고 계획하고 있다"고 그 문서는 적었다. 8월 17일 인천 상륙이 "아주 임박했다"는 두려움 때문에 그 지역을 떠나려는 "동지"들도 있었다. 인천항 부근 섬에 배치된 조선인민군 제226독립육전연대의 지휘관 박기수는 적군이 서울을 공격하려는 "최종 목표"로 선발 부대를 상륙시켰다고 9월 4일 보고했다.[110]

9월 6일 인천에 주둔한 조선인민군 제884부대의 지휘관 이규섭은 자신의 부대에게 이렇게 말했다. "적은 기회가 주어지면 대공세를 감행해 인천항에 기습적으로 상륙한 뒤 인천과 서울을 탈환하려는 계획을 세우고 있다. 우리 부대는 (…) 조국의 수도를 방어하는 중요한 임무를 띠고 (…) 그들과 치열하게 싸울 것이다." 인천에 주둔한 부대들은 경계를 강화하고 어민을 동원해 적선을 감시했으며 외딴 섬을 순찰했다. 9월 12일 전략적 요지인 강화도와 김포 비행장 지역을 담당한 조선인민군 부대의 지휘관 김영무는 적이 9월 15일 전후로 대규모 상륙작전을 계획하고 있으므로 "앞서 지시한 대로 9월 15일까지는" 완전한 방어 태세를 갖추라고 자신의 부대에 지시했다. 이튿날 김일성은 미군 함대가 인천으로 접근해 월미도를 포격하고 있으며 모든 부대는 "적이 상륙작전을 시도하면 격퇴시킬" 준비를 갖추라고 지시했다.[111]

CIA는 북한이 인천 연안에 방어 태세를 구축하는 데 "상당한 주의"를 기울이고 있다고 보고했지만 다른 항구로 상륙할 가능성을 높게 보고 있기 때문에 기습은 전술적으로 성공했다고 판단했다. 그러나 크로마이트 작전은 기밀을 유지하는 데 실패했다. 상륙 1주 전 미군 부대와 종군기자들이 일본을 출발했을 때 소련 외교관들은 "상륙작전이 성공하길!"이라고 손을 흔들며 외치기도 했다.[112]

이해할 수 없는 점은 북한의 침공을 소련이 전혀 지원하지 않은 덕분에 상륙에 성공할 수 있었다는 것이다. 평소와 마찬가지로 소련 해군과 공군은 전투 지역에서 전혀 보이지 않았다. 그러나 더욱 중요한 사실은 북한이 인천항에 기뢰를 부설하는 것을 소련이 돕지 않았다는 것이다. 그 뒤 스트러블이 원산에 해병대 5만 명을 상륙시켰을 때 기뢰 제거 작업 때문에 상륙은 크게 지연됐다. 원산에서는 소련 군사고문 30명이 기뢰 조립과 부설을 도왔다.[113] 그러나 인천에서는 기뢰가 거의 발견되지 않았다.

일본이 인천을 탈환하는 데 참여한 역할은 소련이 인천을 방어하는 데 수행한 역할보다 컸다. 로버트 머피에 따르면 전쟁이 시작된 뒤 "(한국 사정에) 정통한 일본인 전문가 수천 명이" 현지에서 비밀리에 미군과 협력해 활동했다. 일본인 수백 명은 인천과 원산 상륙작전에서 소해함과 그 밖의 지원 함선에 탑승해 참여했는데, 연합국 최고사령부는 그것을 숨기려고 애썼다. 북한은 그런 일본의 관여를 정기적으로 공표했지만, 참여한 일본인 스스로 자신들의 역할을 밝힐 때까지 오랫동안 북한의 주장은 받아들여지지 않았다. 일본의 지도자들은 조선인민군이 부산까지 진격하는 동안 신중한 태도를 보였지만, 미군이 인천에 상륙하자 요시다 총리는 한국전쟁을 "가미카제"라고 선언했다. 이는 전쟁 덕분에 일본 경제가 엄청난 호황을 누리고, 맥아더가 북진하면 "자유세계"를 위해 일본의 산업 시설이 재건될 거라는 희망이 반영된 것이었다. 요시다의 이런 무신경한 발언을 들은 한국의 애국자들은 일본이 자국의 이익을 위해 이웃 나라를 또 얼마나 희생시키려는지 분개하고도 남았을 것이다.[114]

아무튼 증거를 볼 때 소련은 38도선 이북의 항구를 방어하는 데서는 북한을 도우려고 했지만 인천은 그렇지 않았다고 판단된다. 이것은 1945년 분단된 한국에서 자신이 책임질 부분은 38도선 이북일 뿐이라는 소련의 인식과 일치하거나 미국의 침략을 조장해 북한으로 들어오게 하고 중국 국경에서 물리치려고 했다는 스탈린의 의도를 반영하는 것일 수도 있다. 다시 말해 맥아더가 북부 변경에 군대를 우발적으로 진격시키도록 틈을 열어놓았을 수도 있다. 그렇다면 그것은 다시 실수를 저지른 것이었다.

이렇게 미군은 제1해병사단을 선봉으로 삼아 놀라울 정도로 저항을 받지 않고 상륙했다. 그들은 첫날 인천에 들어왔는데 주민은 "분명히 기뻐하는 것으로 보이지 않았고" "해병대와 수병의 눈에 띄는 사람은 많지 않았다". 시내에는 한국군이 "유엔 해군의 지원을 받아" 다시 돌아왔다고 선포하는 전단이 뿌려졌다. 현지의 북한군의 방어는 9월 17일에 다시 강화돼 서울까지의 혈전이 막이 올랐다. 이 전투는 열흘 동안 이어졌고 "격렬한 저항"에 맞선 처참한 백병전을 거친 뒤에야 끝났다.[115] 그러나 이것은 관료와 그 밖의 인원을 대규모로 서울에서 탈출시키기 위한 지연작전일 뿐이었다. 결국 북한은 거대한 미군에 제대로 저항할 수 없었다. 북한이 부산을 점령했어도 전쟁을 끝내거나 인천 상륙을 저지할 수는 없었을 것으로 생각되는데, 앞서 본 대로 미국은 동해에 빠지더라도 돌아오려고 결심했고 그들은 그럴 수 있는 군사력을 가졌기 때문이다.

윌러비는 맥아더의 승리를 나폴레옹의 전투와 그의 "적의 배후를 찌르는 27가지 특징을 지닌 작전"에 비기면서 환호했다. 그러나 히데요시에 비유하는 것이 더 나았을 것이다. 맥아더는 맹렬한 기세로 진격해 전략의 주도권과 공세를 다시 확보했다. 그러나 그는 대부분의 전략가들이 방어할 수 없는 것은 아니지만, 주변 지역이라고 평가한 아시아의 작은 반도에서 벌어진 지상전에 모든 부문에서 동원할 수 있는 총병력 30만9843명의 원정군을 투입한 것이다. 그것은 미군 전병력의 절반에 가까웠으며 훈련을 받고 전 세계에 배치된 거의 모든 병력을 포함한 것이었다.[116] 9월 30일 한국군 정찰병들이 38도선을 넘어 북한으로 진입하면서 봉쇄를 위한 전쟁은 끝났으며 중국-북한 국경 산악 지대의 요새에 잠복한 훨씬 대규모의 중국-북한 연합군과 맞서는 반격이 시작됐다.

20장

한국전쟁의 정치적 특징:
인민위원회와 흰 파자마

이 무렵 그 나라는 경계警戒를 정비하고 즉시 전투태세를 갖췄으며, 방벽 뒤에 있는 아군의 측면마다 부대를 배치했고, 그로 인해 우리는 정면과 측면과 후방에서 끊임없이 공격에 시달렸다. (…) 수풀과 돌담 또는 나무 뒤에서 발포하고 달아나는 사람 이외에는 사람의 자취를 볼 수 없었다.

이승만 정권이 급속히 무너지고 미국이 보내준 원군에 의존해 싸운 것은 궁극적으로 북한의 공격 때문이 아니라 그 정권의 정치적 특징 때문이고, 한국 사회에서 넓고 강고한 지지를 받지 못했기 때문이다. 이승만 정권은 일관되게 서울의 정권이었으며 강력한 중앙정부의 꼭대기에 위태롭게 자리 잡고 있었다. 수도를 급속히 빼앗기면서 정권은 표류했고 대통령도 마찬가지였다. 지배층은 남쪽으로 피란을 떠났지만 대부분의 한국인은 그들을 따라가지 않았다.

인구 대비 적은 비율의 부유하고 교육받은 부류는 대부분 조선인민군의 공격 앞에서 도망쳤다. 교육받은 한국인 가운데 극소수만 미국이 정의한 민주주의를 희망했다. 그들 가운데 다수는 기독교인이었고 대부분 피란을 떠났다. 그러나 서울에 남은 사람도 많았다. 1950년 한국인 가운데 90퍼센트 이상의 압도적 다수가 중노동에 시달리고 보수를 받지 못해 매우 가난했으며 생활이 안정되지 못했다. 그들은 무엇보다 자기 가족의 운명을 걱정했고, 그래서 자신들을 억압하지 않는 정부를 바랐으며, 자신에게 이익이 될 것 같은 정치를 상상하는 사람들도 있었을 것이다. 미국이 유교의 가르침과 농민의 최저 생활에 무지한 것과 마찬가지로 그들은 자유민주주의에 대해 거의 몰랐다. 그들은 제자리에 머물러 있었다. 한국인 중 또 다른 압도적 다수는 외국의 간섭으로부터 독립을 유지할 수 있는 정권을 바랐고, 거의 모두 통일된 나라를 바랐다.

그들에게는 두 정권의 선택지가 있었다. 김일성이 이끄는 정권과 이승만이 이끄는 정권이었지, 카를 마르크스와 토머스 제퍼슨이 이끄는 정권은 아니었다. 북한은 실제로 스파르타 같은 사회였을지도 모르지만, 서울은 아테네와 전혀 다른 사회였다. 1950년(1910년이나 1990년이 아니라) 인민공화국 정권은 한국인이 정치에서 바라는 것을 이승만 정권보다 좀더 많이 그리고 좀더 많은 사람에게 제공했다. 조선민주주의인민공화국이 지닌 힘의 기본적 원천은 이것이었다. 남부 지방을 놓고 전쟁이 벌어지는 동안 미국 정보 조직은 "공산 세력이 장악한 지역에서 우군의 영토인 남쪽으로 피란한 남한 국민의 비율이 매우 적다"는 의견을 밝힌 것도 이 때문이었다.[1]

북한의 남한 점령과 관련해서는 또 다른 질문이 있는데, 그것은 이 연구를 시작할 때 품었던 분석과 정의定義에 대한 질문으로 되돌아가게 한다. 이 전쟁의 기원은 무엇이었으며 이 전쟁은 어떤 방식으로 전개됐는가다. 제시된 답변은 이렇다. 전쟁은 일본 식민 제국이 무너지면서 발원했으며 나라를 통일하고 변혁하려는 내전이자 혁명전쟁이었다는 것이다. 그 증거는 석 달 동안 전개된 북한의 점령에서 찾을 수 있는데, 그 기간 한국인은 1945년에 제기한 질문으로 돌아갔다. 어떤 정권이 통치할 것이며 누가 토지를 소유할 것인가? 이런 시각에서 이 전쟁을 연구한 논문은 거의 없는데, 그 전쟁을 외국의 침략 행위로 부른다고 해도 그 문제에 관심을 둘 사람은 없기 때문이다. 그러나 부산을 향해 대공세가 진행되는 동안 북한과 남한 출신의 수천 명의 노동당 간부는 1945~1946년 해체된 인민위원회를 재건하기 시작했으며 혁명적 원리에 입각해 토지 재분배를 추진했다. 그들은 이런 조처를 시행해 한국의 통일과 독립을 주장했다.

남한의 좌익은 그 사이 5년 동안 거의 궤멸됐지만 지지 기반은 사실상 그대로였다. 그러나 1950년의 두 번째 해방은 의심할 나위 없이 북한의 주도로 이뤄진 것이었다. 앞서 본 대로 김일성 체제의 큰 특징은 아래에서 자연적으로 발생한 세력 위에 핵심 지도자를 위로부터 앉혔다는 것이며, 이것은 1950년에도 다르지 않았다. 북한의 점령이 시작된 때부터 내부 자료와 출판물에서는 수동적 표현이 눈에 띄게 늘어났는데, 이를테면 남한은 조선인민군에 의해 해방됐다는 것이다. 1949년 남로당과 북로당이 합쳐지면서 박헌영을 중심으로 한 남한의 좌익과 공산 세력은 종속적 지위로 떨어졌다. 그런 하락은 특히 군부에서 나타났는데, 만주 유격대에서 기원한 군부는 김일성주의자의 핵심 권력 조직이었으며(당이나 정부 기관보다) 그 지도부에는 남한의 공산 세력은 거의 없었다.

북한이 점령한 초기 "해방지구"의 간부들에게 내무성이 보낸 기밀문서에서는 이 해방은 조선인민군의 공로 덕분에 이뤄졌다는 것을 강조하라고 지시했다. 누가 전쟁을 일으켰는지는 거의 언급하지 않는 대신, 이 전쟁은 한국이 영원히 분단될지도 모른다는 위협을 종식시키려는 시도라고 설명했다. "우리의 전쟁은 조국을 통일하고 남한의 인민을 해방시키려는 정의로운 전쟁이다." 선전물에 사용된 찬양문은 "항일 유격전을 거치면서 성장한 조선인민군 만세"라는 문장으로 시작했다. 그다음은 "영원히 통일된 조선의 인민", 조선민주주의인민공화국 그리고 이제는 소개할 필요가 없는 "절세의 애국자이며 영광스러운 지도자"에 대한 찬사가 이어졌다. 사회주의 진영의 지도력 외에는 소련에 대한 언급은 없었으며, 흥미로운 측면은 사회주의 진영에서의 소련의 위치를 중국과 동일하게 놓은 것이다.[2]

내무성 간부들에게 전달한 또 다른 지시에서는 소련이 한국의 해방에 "결정적 역할"을 했다고 언급했지만(소련은 8월 9일에야 동부에서 전투를 시작했다고 언급했어도) 조선민주주의인민공화국의 기원은 조선 인민의 창조성이 낳은 "일찍이 없던 새로운 통치 형태"인 인민위원회에 있다고 평가했다. 그것은 이 운동을 토지개혁과 결부시키면서 두 운동 모두 36년에 걸친 일본 지배의 영향을 "일소"해 "우리나라를 부유하고 강하게 만들었다"고 주장했다.[3]

당 기관 안에서도 북한 세력이 지도한다는 것이 강조됐다. "당 생활" 관련 기사에서는 많은 남한 출신이 "조직 생활"의 훈련을 거의 받지 못했으며 남한에서 전개된 지하활동의 가혹한 조건을 실제로 겪지 못했다고 말했다. 그러나 이제 "처음으로 (그들은) 당내 민주주의의 원칙을 훈련받고 있다". 당과 정부에 있는 수천수만의 간부가 지역 단위에서 위원회를 조직하고 토지개혁을 추진하기 위해 "아래로 파견됐다". 그들 가운데 다수는 북한에서 훈련받은 남한 출신자였지만, 내부 자료에서 놀라운 것은 김일성주의에서 벗어난 내용이 전혀 없다는 사실이다.[4]

내부 자료에서는 여운형을 애국자로 찬양했으며, 1945년에 사용된 "조선인민공화국"이라는 명칭을 조선민주주의인민공화국 대신 가끔씩 사용했다. 조선인민공화국의 후원 아래 생겨난 인민위원회는 북한과 남한의 인민공화국의 기원이자 기초로 평가됐다. 그러나 김일성과 기원이 다른 공산주의의 전통은 거의 언급되지 않았다.[5]

서울 점령

6월 27일 초저녁 조선인민군 제3사단 제9연대가 서울로 진입했다. 문산에서 독립문에 이르는 도로를 전차가 질주했으며, 독립문에 있는 서대문형무소를 공격해 이승만 정권이 수감한 좌익 수천 명을 풀어줬다. 그 뒤 몇 시간 동안 산발적인 저항이 이어졌지만 6월 28일 정오 무렵 도시는 진압됐다. 이때부터 3개월에 걸친 점령—혜택을 받은 사람에게는 해방—이 시작됐으며 1945년에 처음 나타난 인민위원회가 재건됐다.

서울 인민위원회는 대체로 남한 출신이 이끌었는데, 첫 위원장은 이승엽이고 부위원장은 박창식이었다. 국회와 여러 정당의 온건파와 중도파는 서울에 남았으며 새 정권에 자신들의 이름을 빌려줬다. 7월 초 인민위원회는 일본인, 한국 정부와 그 공무원 그리고 "독점자본가"의 재산을 몰수했다. 조선인민군은 비축된 미곡을 가난한 사람들에게 나눠주고 사법행정을 지방 치안 조직에 맡겼는데, 그들 가운데 다수는 감옥에서 갓 풀려난 사람들이었다.[6]

새 체제의 초반에 석방된 죄수들은 자신을 학대하고 투옥한 적에게 보복했는데, 대부분 경찰과 우익 청년 단체에 소속된 사람들이 대상이었다. 그들은 인민재판에 기소돼 규탄되고 즉결 처형됐다.[7] 이런 경험을 한 사람들에게 북한의 남한 점령은 생지옥이었다는 판단은 널리 퍼졌고, 이것은 미국 선전 기관에 의해 강화됐다.[8] 나도 그 경험은 끔찍했다고 말하는 한국인을 자주 만났다. 석 달 동안 용케 숨어 있었다고 말한 사람도 있었다.

서울에서 피란 온 한국 관료들과 나눈 대담을 포함해 당시의 증거에 따르면, 점령은 만연한 공포와 식량 부족과 미군의 폭격 때문에 지옥 같은 때가 많았지만, 서울 시민 대다수가 정치적으로 고통을 겪지는 않았다고 판단된다.[9] 그 기간 내내 서울에 남아 있었던 Y. H. 추의 설명에 따르면 석방된 죄수와 현지에서 임용된 관료들은 처음부터 인민재판 등을 통해 사람들을 학대했지만 "공산 경찰은 그런 행위를 신속히 금지하고 '인민재판'은 허용하지 않는다고 선언했다". 서울에 주둔한 조선인민군은 많이 보이지 않았으며 "상당히 온화하고 예의 바르게 행동했다. 사람들을 폭행하거나 약탈하지도 않았다". "신체적 고문 사례는 거의 보고되지 않았지만" 일종의 정신적 고문은 있었는데, 정권의 표적이 된 사람은 집회에 출석해 자신의 죄를 고백해야 했다. "반동분자"는 체포됐지만 대체로 처형되지는 않았다. 그러나 9월에 좌익 청년들이 각종 "블랙리스트"에 오른 많은 사람을 죽였다. 서울에 남아 있던 한국 정부의 고위 관료와 그 밖의 저명인사들이 체포됐는데, 소설가 이광수, 전직 도지사 구자옥, 『동아일보』의 장인갑, 일제 때 도지사 이창근 등이 포함됐다. 그들 가운데 다수는 자발적이든 아니든 9월에 북한으로 갔다.[10]

이승만을 경호했던 경찰관 오태선은 전쟁이 시작된 뒤 첫 3주 동안 서울에 남아 있었는데 "처형이 널리 대규모로 집행된 사실은 모른다"고 말했다. 밤에 체포된 사람들도 있었는데, 오태선은 그들이 어디로 갔는지는 모른다고 말했다. 미국인이 임시 숙소로 사용하던 내자內資아파트를 좌익이 약탈하자 서울 인민위원회는 물품을 모두 다시 갖다놓으라고 요구하고 약탈자는 "엄중히 처벌될 것"이라고 발표했다.[11]

서울을 처음 점령했을 때 간부들에게 보낸 북한 내부 지시는 입수하지 못했지만, 1951년 초 두 번째 점령했을 때 작성된 지시는 입수했다. 거기서는 병사들에게 "혁명적 질서"를 신속히 확립하고 "대중의 규율을 준수해" 이유 없이 체포하거나 살해하는 것"과 시민의 주택에 침입하는 것을 엄금하고, 적산敵産을 보호하고 약탈을 금지하며, 교회와 신자를 존중하고 간섭하지 말며, 적절한 국제법에 따라 외국인을 보호하라고 지시했다.[12]

서울을 탈환한 뒤 랜드연구소RAND Corporation의 전신이었던 기관에 참여한 미국의 사회과학자들은 서울에 잔류했던 100명 정도를 면담했는데, 60명은 여러 기관에서 근무한 공무원이었고 나머지는 시민이었지만 북한에 "열심히 협력한 사람"은 없었다.[13] 3개월에 걸친 조사가 끝나고 작성된 보고서에는 북한 특유의 관습이 언급되었다. 질서와 통제가 이뤄진 조직, 규율에 따른 행동 그리고 김일성주의에 입각한 철저한 학습 등이었다.

점령 당시 공무원으로 근무한 사람 가운데는 남한 출신도 많았는데 그들은 "지하에서 나온" 현지 좌익의 도움을 받으며 3년 정도 임무를 훈련받았다. 수많은 전단과 벽보와 선전물이 "인쇄돼 화물차에 보관됐다". 공무원들은 "정중하고 합리적"이었다. "명령이 내려지면 그 이유를 끈기 있게 설명했다. 재산이 조직적으로 몰수될 경우 그 용도를 상세히 알렸다. 체포되면 유감의 뜻을 표명했는데 이는 언제나 '외부'의 적을 찾아내기 위한 것이었다." 공무원과 경찰에게는 "자세한 지시가 내려졌으며" 정중하고 효율적으로 행동했다고 그 조사는 밝혔다. "이유를 충분히 설명하지 않은 채 조치가 시행되지는 않았다."

북한에서 그랬던 것처럼 그 정권도 명백한 적을 제외하고는 모두 포용했다. 일반 행정관과 마찬가지로 지식인과 기술자는 환영받았다. "협력을 약속하는 노동자에게는 문호를 자유롭게 개방했다." 인민재판은 열렸지만 "많은 경우 공산 세력은 피고에게 기꺼이 '기회를 한 번 더' 줬다. 조사 결과 협력하라는 압력은 분명히 컸지만, 피고의 주장을 합리적으로 수용했으며 공포스럽고 헛소문이 널리 퍼진 고문제도는 시행되지 않았다". 일부 전직 공무원은 심야에 체포돼 심문을 받았지만, 대부분 학습을 통한 재교육 과정에 보내졌으며 육체노동에 처해지기도 했다.

모든 병사와 공무원은 민정장교처럼 행동하면서 다양한 분야의 사람들과 면담을 진행했다. 노동자는 대중조직으로 신속히 흡수됐고, 학생은 전쟁과 자원병을 지지하는 집회를 끊임없이 열었다. 오랫동안 학대받아온 여성은 정권의 주요 포섭 대상이었다. 남조선민주여성동맹은 모든 계층에서 조직을 만들었고, 그 운동원들은 집집마다 선전물을 돌렸다. 모든 인민위원회에는 적어도 여성이 1명씩은 있어야 했다. "여성은 명예로운 직업을 갖게 됐고, 그동안 그들을 거부하던 직장에서 일하게 됐으며, 서로 '동무'라고 부르기도 했다." 병사가 길에서 여성을 만나면 여성의 평등권을 그녀에게 알려줬다.

정기 집회와 대중 회의를 포함한 수많은 정치 집회가 모든 단위에서 열려 정권의 방침을 열렬히 성원했다. 7월 초 라디오 방송에서는 고백할 일이 있는 사람은 모두 현지 경찰서로 가서 고백하라고 했고, 수천 명이 그렇게 했다. 대면해 구두로 하거나 문서로 이뤄진 비판과 자기비판은 공무원, 교사 그리고 권위 있는 지위에 있는 모든 사람에게 일상적인 경험이었고 그에 따른 "진단과 치료"가 널리 시행됐다. 사람들은 자신의 개인사를 말하고 과거의 잘못을 되돌아보고 뉘우치고 사죄했다. 이런 행위들은 모두 "종교적 갱생"과 비슷했으며 신속한 결과를 얻었다고 사회과학자들은 판단했다(서울로 돌아온 한국 정부는 많은 고백서를 발견했고 "공산주의 동조자"를 검거하는 데 활용했다). 모든 학교는 정치 교화를 수행하는 기관이었지만 "문맹과 무지를 퇴치하는 가장 광범위한 기반"으로 이용되기도 했다.

그 정권은 질서를 유지하고 활력을 불어넣었지만, 대중 정치에서는 서구적 자유주의를 질식시켰다. 한국의 소수 자유주의적 정치인 가운데 다수가 북한이 점령한 지역에 머물러 그 정권에 협력했으며 그 뒤에는 그들과 함께—당시의 증거에 따르면 자발적으로—북한으로 돌아갔다. 60명 정도의 국회의원이 서울에 남아 있었고, 7월 말 그중 48명이 모여 북한에 충성을 맹세했다. 거기에는 김용무·원세훈·김상현·백상규(1905년 브라운대학을 졸업하고 1945년 9월 미국인을 환영하려고 인천 앞바다에 나간 인물이다) 같은 한민당 온건파, 여운형의 동생과 장건상처럼 여운형의 영향 아래 있던 인물들, 김구와 밀접한 관계에 있던 조소앙 그리고 미 군정청에서 미국인의 신임을

〈사진 17〉 서울에서 훈련하고 있는 조선인민군 학생 "자원병". 1950년 여름

받은 두 인물인 김규식과 남조선과도정부 민정장관 안재홍도 들어 있었다. 7월 말 김규식과 3·1운동 참가자로 신망 높던 오세창은 라디오방송에서 이 승만을 비난했다. 원세훈은 경기도 인민위원회에 참여했다. 1949년 이승만 에 의해 투옥된 온건파 국회의원 노일환은 개성에서 "인민 판사"로 있었다. 김규식과 조소앙 그리고 대한민국임시정부에 참여했던 송호성은 적어도 한 동안 서울 인민위원회 위원으로 활동한 것으로 알려져 있다.[14]

그 정권의 명령에 따른 미국인은 1명이었다. 한국전쟁 판 도쿄 로즈Tokyo Rose●로 불리며 활동한 "서울 시티 수Seoul City Sue"는 정확한 원어민 발음으 로 라디오에서 미군 병사들에게 호소했다. 그녀는 앤 서였는데, 전직 감리교 선교사로 결혼 전 성은 앤 월리스이며, 1930년대 북한에서 선교사를 그만두 고 '서'씨 성을 가진 한국인 남성과 결혼했다. 그 남성은 1940년대 미 군정청

● 태평양전쟁 때 일본의 라디오 선전방송인 라디오 도쿄를 진행하던 여성 아나운서의 통칭.

에서 근무했으며 1950년 봄 좌익 활동을 한 혐의로 이승만 정권에 의해 투옥됐다.[15] 그녀는 서울이 탈환된 뒤 북한으로 돌아간 것으로 보인다.

미군 정보부에서는 "일반적으로 말해서 서울에서 북한을 지지한 대중 기반은 주로 여성을 포함한 노동자계급과 대학생·고등학생이었다. 상인은 중립적 성향으로 분류됐다. 지식인은 남한을 지지했지만 (…) 서울에 있는 학생의 60퍼센트 정도는 북한을 적극적으로 후원했다"고 판단했다. CIA는 이런 판단에 동의했지만 영국 자료에서는 정보 제공자에게서 얻은 자료를 근거로 조선인민군에 지원한 학생과 청년 비율이 높았으며, 지원한(또는 징집된) 사람의 4분의 3은 "공산주의에 대한 공감을 상당히 공개적으로 표시했다"고 지적했다.[16] 점령 기간 내내 서울에 거주한 부류에서 학생이 가장 열성적인 지지자 가운데 하나였다는 것은 부인할 수 없으며, 그것은 나중에 한국 우파의 등을 서늘하게 했다.

이러한 서울 점령은 인천 상륙과 서울 탈환의 격전 속에서 끝났다. 뒤에서 살펴보겠지만 규율은 무너졌고 수많은 학살이 자행됐다. 또한 많은 건물이 불탔는데, 조선인민군의 사주를 받은 부랑자와 아이들의 소행으로 생각된다.[17]

인민위원회의 재건

김일성은 전쟁이 일어난 뒤 처음으로 실시한 라디오 연설에서 인민위원회를 재건해야 한다고 주장했다. 미국 정보기관은 "미 군정청이 오래전에 해체시킨" 이 정치형태가 북한에 매우 중요하다는 것을 인식했다. 선전 활동가들은 이 역사를 반복해서 언급하며 위원회 형태는 대한민국의 정치가 아니라 "일제의 통치 기구"가 다시 재건된 것이라고 반박했다.[18] 즉, 그들의 주장은 식민지 이전의 인민위원회를 복원하자는 것이지, 북한의 정치 형태를 남한에 강요하자는 것이 아니었다.

재건된 첫 인민위원회는 38도선 바로 아래의 연백군에 있었다. 그것

〈사진 18〉 농민과 정치 집회를 열고 있는 조선인민군 장교. 1950년 여름

은 1945년 9월 미군이 처음으로 해체한 인민위원회 가운데 하나였다. 6월 27일 대중 집회에서 군 임시 인민위원회에 15명을 선출했다. 위원장은 이두철, 부위원장은 김능대였는데 모두 남한에서 유격대로 오래 활동한 인물이었다. 이승만 정권과 미 제국주의를 비판하려고 많은 사람이 궐기했다. 서울이 함락되자 석방된 죄수와 좌익들이 파출소를 거점으로 치안대를 조직했으며 수도의 여러 동洞에 인민위원회를 즉시 조직했다.[19] 조선인민군이 진주한 뒤 남한 전역에 인민위원회가 재건됐다. 북한은 그것을 정식 선거를 치르기 이전의 "임시" 인민위원회라고 불렀다.

한국 각료의 비서를 역임한 인물에 따르면, 동 인민위원회마다 "각 동에서 공개회의를 통해 선발된" 10명 정도의 좌익 간부가 있었다. 그들은 2000~5000명 정도의 주민을 담당했다. 인민위원회는 북한의 감시를 많이 받지 않고 "자율적 활동이 허용되었다". 1949년 좌익 인사들을 전향시켜 결성했던 국민보도연맹 구성원들도 서울 인민위원회 설립에서 적극적으로 활동했다. 이것은 전쟁이 시작되기 전 그들이 한국에 거짓 협력하고 평양과 미리 협의했음을 보여주는 것이라고 그 비서는 생각했다. 서울과 농촌 전역에서 불법으로 규정된 전평과 전농 출신 활동가들이 재건된 인민위원회에서 활동했으며 그 다수는 인민위원회 위원으로 선출됐다.[20]

일상 업무 운영은 새로 재건된 인민위원회에 대부분 넘겨졌다고 여겨지지만, 북한은 인민위원회 위원들이 북한의 관행과 규율을 확실히 따르고 있는지 엄격히 감독했다. 안양安養 인민위원회의 선거 실시 방법과 관련해 간부들에게 하달된 극비 지시는 그 과정을 잘 보여준다. 시흥군 내무부장 강영수는 7월 20~30일까지 10일 동안 전시 상태에서 선거를 경비할 광역 경비망을 설립하라고 지시했다. 선거는 7월 25일 리 단위에서 시작돼 이틀 뒤 읍·면 단위로 올라갔으며 7월 28일에는 군 단위에서 실시됐다. 자위대는 "불순분자와 파괴자·방화범"으로부터 투표소를 경비하고 여론을 수집하고 "악질" 사상과 "불순한" 음모에 대처하기 위해 2~3명을 순찰시켰다. 그런 활동에 대한 일일보고는 상부로 보내졌다. 투표소에 무장 병력이 배치되지는 않았다. 병력이 배치됐다면 "이승만 괴뢰정권 아래서 치러진 강제적 선거와 비슷하게 보였을 것이다". "(인민의) 정치의식을 높은 수준으로 끌어올리는 것"이 중요하다고 생각됐다.

정치·사회단체는 당 간부의 심사를 받아야 했으며 "인민에게 진정으로 봉사할 수 있는 인물이 추천되도록 읍·면·군 인민위원회의 후보자가" 선발돼야 했다. 투표권이 없는 사람은 다음과 같았다. 한국 정부나 국회 또는 "반동 조직"의 구성원으로 정의된 "친미 세력", 테러 조직의 구성원과 "경제적 목적으로 미제를 적극 도운 자"로 정의된 "민족 반역자" 그리고 식민지 시대의 중앙·도·군 정부 공무원과 경찰과 "경제적 목적으로 일제를 적극 도운 자"를 포함한 "친일파" 등이었다.[21]

남한 점령과 관련된 미국의 사회과학 정보 조사에 따르면 촌 인민위원회에는 3~4명의 후보자가 이름을 올렸는데, 대체로 극빈 가정의 젊은이 가운데서 뽑혔다(투표 연령은 18세 이상이었다). 투표에 앞서 대중 집회가 열려 노동당 간부가 사람들에게 후보자에 대해 토론하게 했으며 모두 투표에 참여하라고 독려했다. 노동당이 선호한 후보는 대체로 1명이었는데, 몇몇 농민은 투표 방법을 잘못 이해하고 다른 사람을 뽑는 바람에 선거가 다시 치러지기도 했다. 지방 기록에 따르면 노동당원이 읍·면 인민위원회의 3분의 1에서 2분의 1 정도를 차지했다.[22] 격전이 전개되는 동안 치러진 선거에서 이런 일들은 모두 놀라운 것이 아니지만, 1945년에 나타난 복잡한 사회 구성이 인민위원회 선거에 반영됐을 가능성은 낮다는 것을 보여준다.

인민위원회 선거를 위해 출판된 규정집은 명확하게 서술되지 않은 부분도 적지 않지만 위에서 언급한 일반적 방침을 따랐다. 투표가 금지된 부류는 "친일파·친미파·민족 반역자"였다. 하위에서 상위로 올라가면서 대표를 선출하는 방법은 1945년의 경우와 매우 비슷했다. 리 단위의 전체 회의에서 인민위원회 위원과 읍·면 회의를 구성하는 대표자를 선출했다. 그런 뒤 읍·면 대표가 군 단위 대표를 선발하는 식이었다. 여러 회의에서 인민위원회 위원을 선출했는데 군 단위에서는 20~50명, 읍·면 단위에서 15~25명, 리 단위에서는 5~7명을 선출했다. 인민위원회에서는 일상 행정 업무를 처리하는 직원도 고용했다. 김두봉이 서명한 한 지시문에서는 조선인민군이 남진해 임시 인민위원회를 재건한 뒤 이런 절차에 따라 "임시 인민위원회를 민주화할 것"이라고 말했다.[23] 이것은 위원회가 재건된 초기에 난관이 발생했음을 뜻한다고 생각된다.

이런 절차에 따른 선거는 7월 25일 경기도 리 단위에서 시작돼 29일 군 단위에서 끝났다. 새로운 인민위원회는 6월 25일 이후 설립된 임시 인민위원회를 대부분 대체했다. 그 이전 10일 동안 도 전역에서 투표자 등록과 선전 활동이 이뤄졌다. 고양에서 치러진 선거에서는 주민의 100퍼센트가 "인민 유격대"와 "김일성 장군" 관련 노래를 부르면서 "자유로운 분위기"에서 투표했다(1948년 5월 총선거를 묘사하는 데도 사용된 표현이다). 선거와 토지개혁 착수에 대한 소식이 이 시기 전황 보고를 지면에서 몰아냈다.[24]

출간된 자료에서도 명확히 알 수 있지만 김일성 정권에 반대하는 사람은 감히 후보로 나설 수 없었으며 100퍼센트 투표율이라는 빈번한 주장은 놀라울 정도로 순진해 상식 밖이 아니라면 고도의 강압이 있었음을 드러내는 것이었다. 그러나 북한에서 그랬던 것처럼 인민위원회는 과거에 정치적 지위를 가져보지 못했거나 정치적 의견을 표명하지 못했던 사람들에게 참여의 기회를 제공했다. 인민위원회는 완전히 새로운 계급에게 권력을 부여했다.

많은 위원이 여성이었으며, 농촌의 위원은 거의 모두 빈농이었다. 게다가 그들은 대단히 젊었다. 이를테면 고양군의 9개 리 선거에서 유권자의 86퍼센트가 참여해(낮은 수치지만) 57명을 선출했는데 10명은 여성이고 19명은 노동자, 28명은 빈농이었다. 인근 읍의 선거에서는 17명이 선출됐는데 10명이 30세 미만이었으며 2명만 40세 이상이었다. 좀더 완전한 자료가 남아 있는 보은군에서는 거의 모든 인민위원회 위원이 빈농이었다. 사례 가운데 절반 정도가 조선노동당원이었으며, 압도적 다수가 40세 미만이었다. 40여 명을 뽑은 양주군 선거에서는 여성 10명, 빈농 27명, 노동자 9명이 선출됐다. 8월 6일 경기도에서 선출된 리 인민위원회 위원 6100여 명 가운데 5800명 정도가 농민과 노동자였다. 나머지는 사무원·학생·지식인·사업가였다.[25]

이 시기의 관보에 따르면 8월 6일까지 경기도·강원도·황해도에서 인민위원회 선거가 완료됐다. 경기도에서는 1만5000명이 넘는 사람이 선출됐는데 여성이 14퍼센트, 농민이 86퍼센트, 노동자가 8퍼센트, 나머지가 6퍼센트였다―이런 수치는 앞서 북한에서 치러진 선거와 비슷했다. 충청도의 선거는 8월 중순에 치러졌고 전라도에서는 8월 25일에 치러졌다. 전라도에서는 지역 주민 스스로의 노력으로 인민위원회를 재건하고 선거를 치렀다는 점이 다른 도보다 강조됐는데, 이 지역의 좌익적 성격을 고려할 때 합당한 결과였다.

전라남도에서 선거가 신속히 진행된 것도 주목할 만한데, 좌익 성향이 덜 했던 전라북도에서는 밝혀지지 않은 이유로 8월 25일까지 7개 군에서만 선거가 치러졌다. 전라도의 각급 행정단위 모두 인민위원회 위원의 압도적 다수―90퍼센트도 많았다―가 빈농이었다. 군 단위에서 노동자는 10퍼센트 정도였다. 경상도에서는 조선인민군이 점령한 군에서 선거가 치러졌는데, 대부분 전선에서 떨어진 동부 산악 지대였다.[26]

인민위원회의 재건을 북한이 이끌었다고 해서 북한 출신 인사가 거기 배치된 것은 아니었다. 위원은 지역 주민이었는데, 1945년 처음 위원회에 참여한 사람이 많았다. 전라남도 인민위원회를 이끈 김수평은 1948년 여순반란

의 지도자였다. 그의 친구이자 역시 여순반란에 참여했던 이창수는 여수군 인민위원회를 지휘했다.[27]

토지개혁

인민위원회 재건은 전쟁 와중에 혁명적 토지개혁을 추진하려는 시도보다는 비교적 쉬웠다. 미국이 남한에서 추진한 혁신적인 재분배를 저지하는 데 성공한 남한의 지주계급과 대결하는 것은 쉽지 않았다. 이 대결은 반봉건·반식민적 혁명을 추진하는 데 있어 핵심이었다. 당 내부 자료는 일제가 농민 통제와 미곡 수탈을 용이하게 하려고 상당한 규모의 지주계급을 옹호했으며 그 결과 "항일투쟁은 반동 지주에 대한 인민의 투쟁과 유기적으로 연결됐다"고 오래전부터 주장했다. "새로운 외국 침략자"의 지원이 없었다면 지주들은 아무런 힘도 갖지 못했을 것이다.[28] 1950년 6월 그들은 일시적으로 외국의 지원을 잃었으며, 계급 구조와 권력을 쓸어버리는 혁명과 마주쳤다. 이 일소로 인해 나중에 이승만의 토지 재분배도 가능해졌다. 미국은 몇 세기에 걸쳐 한반도를 지배해온 이 계급에게 겨우 토지나 돌려주려고 싸운 것이 아니었기 때문에 이 부분에는 관여하지 않았다. 역설적이게도 북한은—폭력적인 방법으로—지주의 방해를 허물어뜨려 미국을 돕는 결과를 가져왔다.

1950년 7월 4일에 발표된 토지개혁법은 지주가 소유한 토지를 무상으로 몰수하고 농민이 소유할 수 있는 토지 규모를 5정보(1만5000평)로 제한했지만 자기 소유의 토지를 경작하는 부농은 상당히 넓은 규모인 20정보(6만평)를 소유할 수 있도록 했으며, 1948년 미 군정청이 소작인에게 재분배한 동양척식주식회사의 토지는 건드리지 않았다. 지주를 인민재판에 넘기거나 공격하는 일이 산발적으로 일어났지만, 조선인민군이 진주하기 전 대부분의 지주가 달아났기 때문에 중국·베트남과 비교해 특별히 폭력적이지는 않았다고 생각된다. 그것은 농업에 종사하던 압도적 다수를 자기편으로 끌어들이려고 노력하면서 격렬한 계급 투쟁을 자제한 중국 옌안식 토지개혁과 비슷했다. 나중에 미국인들이 집중적으로 조사한 마을에서는 소유지가 상한을 넘지 않을 경우 그것을 모두 잃은 농민은 없었으며, 소유자가 우익이라는 이유만으로 토지가 몰수된 사례도 없었다. 북한에서와 마찬가지로 농민은 토지를 자신들의 "영구적 재산"으로 삼는 증서를 받았으며 자손에게 토지를 상속할 수 있었지만 팔거나 임대할 수는 없었다. 1946년의 개혁과 동일하게 농민들은 토지를 갖게 해준 "위대한 지도자"에게 무한한 감사를 표한다는 기사가 예상대로 신문에 넘쳤다.[29]

지방 인민위원회는 재분배를 계획할 책임을 지녔지만, 규모와 토질과 관련해 어떤 토지를 누가 갖게 될 것인지 결정하는 것은 5~9명으로 구성된 토지개혁 실행위원회가 맡았다. 농촌위원회라고도 불렸고 빈농과 소작인, 농업 노동자로 구성됐지만, 대체로 노동당 간부가 통솔했다. 이런 위원회들은 농기구와 저장 곡물을 포함한 지주의 모든 재산을 조사·등록하고 소작인에 대한 통계를 수집하며, 토지를 받을 농민 명단을 작성하고 그 결과를 직속 상부 조직에 제출했다. 1946년 개혁과 마찬가지로 가호는 "노동 점수"에 따라 토지를 받았다. 충분한 생산능력을 지닌 남·녀 노동자에게 1점을 주고 10대 청소년, 어린이, 60세 이상에게는 부분 점수를 부여했다. 개별 구획의 토질도 평가됐다. 나중에 농민들은 토지개혁이 공평하게 이뤄졌다고 말했지만, 질 좋은 토지는 가장 가난한 농민과 북한을 가장 열렬히 지지한 부류에게 분배됐다고 생각했다. 직접 경작하지 않는다는 뜻의, 토지에 "기생한다"고 규정된 부류는 토지를 몰수당했다. 특히 친일파를 밝혀내는 일에는 농민의 참여가 필요했다. 기록 위조나 토지 은닉은 엄중한 징역형을 받을 수 있었다. 그 개혁에서는 1948년 미 군정청이 재분배한 동양척식주식회사 토지의 상환을 포함해 기존의 모든 부채를 말소했다. 이후 농업 생산물에는 25퍼센트 정도의 세금이 부과됐다.[30]

인민위원회의 상황과 매우 비슷하게, 조선인민군이 진주한 지역에서는 농민들(주로 소작인)은 자신들 지주의 토지를 점거하거나 소유권을 주장했고, 지주는 대체로 부산 방어선 뒤로 피신했다. 북한은 수천 명의 간부를 파견해 그런 농민의 행동에 규칙과 절차를 부과했다. 미국 정보 자료에 따르면 토지개혁은 군사적 승리를 거둔 직후 이뤄졌다. "분명히 이 계획은 그들에게 매우 중요했다." 북한 내부 자료를 보면 토지개혁을 시행하기 전 내무성 간부들이 폭넓게 준비했음을 알 수 있다. 흥미롭게도 이 자료들은 1950년 6월 25일 이후에 작성된 것으로 보이는데, 다시 말해 전쟁이 일어나기 전에는 준비되지 않았다는 것이다.[31]

개전 이후 처음 몇 주 동안 이뤄진 토지개혁 관련 사항은 거의 알 수 없지만, 여운형의 옛 정치적 동지인 북한 농림상 박문규는 7월 20일에 남한 농민에게 토지개혁을 준비하라고 촉구하면서도 전쟁이 끝나기 전에는 그 개혁이 종결되지 않을 수도 있다고 시사했다.[32] 그러나 전쟁이 교착상태에 빠지면서 이런 예정은 바뀌었으며, 간부들은 토지라는 실재하는 이익을 사용해 농민을 자기편으로 끌어들이기를 바라면서 급진적 재분배를 신속히 밀어붙였다. 북한은 1946년 3월에도 그랬듯 신속한 토지개혁 경험이 풍부했지만, 남한에서 추진한 계획은 성급했고 중국에서 시행한 것처럼 신중한 정치적 준비를 갖추지 못했다.[33]

보은군에서 노획한 자료에 따르면, 개혁을 실행하기 위해 "단기 강습"을 받을 목적으로 농촌위원회의 위원이 군 실행위원회에 파견됐다. 군 인민위원회는 지역의 노동당 지도층이 이끌었으며 군 인민위원회와 지역의 농민조합, 여성 단체, 좌익 청년 단체의 간부로 구성됐다. 1명을 제외하고는 모두 빈농 출신이었다. 촌락에서 빈농과 당 활동가가 대세를 차지한 토지개혁 위원회는 69곳이었고 5~11명으로 구성됐다.[34]

고양군의 9개 촌에 대한 보고서에서는 개혁 작업이 7월 중순에 시작돼 8월 9일에 끝났으며, 그날 대규모 "청산" 집회가 지역의 읍에서 열렸다고 적혀 있다. 이튿날에는 촌락마다 축제가 열렸다. 지주를 공격했다거나 인민재판 등과 관련된 언급은 없지만 "청산"은 대체로 지주의 재산을 분배한다는 의미였다. 모두 150만 평의 토지가 지주(전체 가운데 140만 평)·한국 정부·기업·학교·교회(2만1620평 소유)로부터 몰수됐다. 그것은 814가호에 다시 분배됐는데, 450가호가 토지를 갖지 못한 소작농이고 346가호는 토지를 가진 빈농이며 나머지는 고용 노동자였다. 그들은 모두 김일성에게 감사했고 "전

선前線을 지원하며 부유하고 강한 나라를 건설하기 위해 생산력을 높이겠다"고 맹세했다.[35]

비옥한 논과 소작지가 많은 신도읍神道邑에서는 가장 부유한 이동우를 포함한 지주 12명에게서 180만 평을 몰수했다. 그것은 1200명 정도의 농가에 분배됐는데, 3분의 1은 순수한 소작농이었고 나머지는 대부분 반자작·반소작농이었다. 충청북도는 소농이 대부분이었는데, 한 마을에서는 토지 가운데 5만7298평만 몰수되어 대부분 소작인이 아닌 토지를 소유한 빈농에게 분배됐다. 그 마을의 집회에서는 1946년 가을 봉기에 참여했다는 이유로 이창하라는 농민에게 특별히 토지를 주기로 결정했다.[36]

안양 농민 100명의 기록에 관한 조사에서는 개별 농민이 경작한 논·밭의 면적과 그가 소유한 구획, 소작농이 경작한 구획이 개괄적으로 열거돼 있다. 농민은 대부분 소농으로 자신이 경작한 토지의 대부분을 소유한 반면, 가족을 부양하기 위해 추가로 토지를 빌려 소작하기도 했다. 순수한 소작농은 4명뿐이었고 소작하지 않는 사람은 7명뿐이었다. 대부분 아주 작은 구획을 소유했고 1명만 6000평 이상을 소유했는데 소작하지 않는 사람 가운데 하나였다. 2명은 5000평 이상을 소유했지만, 그들 모두 토지를 더 빌려 소작했다. 평균 소유 면적은 2000평 정도였다.[37]

"증명서"라고 불린 토지 소유권을 기록한 서류에는 장소·종류·토지 총계가 기재됐다. 장소는 모호하게 기록된 경우가 많아 서양의 토지 소유 증명서와는 전혀 달랐다. 당시 품질이 그랬겠지만 가장 저렴한 종이를 사용한 그 문서는 토지를 재분배할 때 농민에게 지급됐다. 토지 소유자가 바뀐 경우는 거의 없었다. 소유자가 바뀌기보다는 소작인이 토지에 정착하는 권리를 인정받아 그때까지 경작해온 토지를 유지하는 것이었다.[38]

8월 말 신문에서는 경기도·충청도·강원도·전라북도에서 토지개혁이 완료됐으며, 전라남도에서는 아직 진행되고 있지만 광주 부근의 군은 완료됐다고 보도했다. 인천 상륙이 있을 무렵 전라남도의 토지개혁도 완료되어 약 5만8675정보가 재분배됐다. 경상북도의 2개 군에서는 예비 조사가 실시됐고 9월 무렵에는 토지조사위원회 몇 개가 설립됐는데, 대부분 예천·문경·

영주·안동 같은 동북부의 군에 있었다.[39]

지방 정치

앞서 본 대로 수천 명의 간부가 도시와 촌락으로 들어가 해방 직후 결성됐던 혁명 조직을 단기간에 재건하려고 노력했다. 여전히 남한의 정치적 양상은 마치 전쟁처럼 이런 활동을 계획하고 왜곡해 어느 곳에서는 더 쉽고 어느 곳에서는 더 어렵게 만들었다. 강력한 좌익이 없는 곳에서는 북한이 그런 활동을 직접 강요했지만, 전라도 같은 지역에서는 토착 세력과 융합했다.

북한 문서는 마을 단위까지 철저히 감독했음을 보여준다. 7월 16일 시흥군 경찰이 읍·면 단위 간부들에게 보낸 극비 지령에는 다음과 같이 적혀 있다.

(1) 지역 상황을 며칠 동안 신속히 구체적으로 검토하고 정보망을 조직하며 자수를 권유하는 활동을 폭넓게 시작할 것. 은닉한 무기를 자발적으로 반납하도록 반동분자를 설득할 것. 반동적 정당, 사회단체, 경찰 조직의 우두머리를 체포해 (저항할) 기회를 주지 말 것.

(2) 반동적 경찰로부터 중요 서류를 수집하고 연구·분석해 업무에 도움이 되도록 할 것.

(3) 북한 출신 간첩을 가장 먼저 처벌할 것.

(4) 정부 공무원, 남한과 미국의 간첩, 국민보도연맹 직원, 조선민족청년단 간부, 이승만·김성수·신성모·이범석이 이끄는 정당의 간부는 모두 숙청·체포한 뒤 본서本署(군 경찰)에 연락할 것.

(5) 위의 단체에서 하위 직원의 자발적 자백을 이용해 지역 상황을 파악할 것.

(6) 범죄를 수사할 때는 정치적 자각과 경계하는 자세를 잊지 말 것.

(7) 적의 재산은 몰수해 조선민주주의인민공화국 헌법에 따라 보고할 것. 회

계 보고를 정확히 할 것. 몰수한 재산을 절대 독단적으로 사용하지 말 것.

아울러 읍·면 경찰 간부들은 마을의 치안을 유지하기 위해 소규모 청년 조직, 4~5명으로 구성된 "정보망" 그리고 전쟁 피해 등을 복구하기 위한 "방위위원회"를 조직하라는 지시를 받았다.[40]

이런 지시가 신속히 추진되지 않았다는 것은 다른 몇 개의 자료에서 알 수 있는데, 8월 중순에 작성된 자료에서는 보은군 경찰에 대해 활동상의 문제를 해결하라고 촉구하면서 경찰과 지방 인민위원회가 자수를 촉진하지 않고, 기록을 수집·관리하지 않으며, 논쟁과 당파적 분쟁이 일어날 여지를 주고 있다고 지적했다. 한 지령에서는 경찰이 "사법행정을 적절히 운영해 인심을 안정시켜 군軍을 적극적으로 지원하게 하고 이승만의 압제 아래 신음하던 인민의 공포와 불안을 일소하도록 각 (경찰) 지부와 대중조직을 운영하라"고 촉구했다.[41]

"자수"는 지역 정치 상황에 대한 정보를 확인하고 주민의 충성도와 경향을 파악하는 주요한 수단으로 남한 전역에서 사용됐다. 익산군의 촌에서 작성된 자수서 원본을 보면 일반 주민의 생각과 행동을 철저히 취조하고 때로는 매우 사소한 사항까지 심문했음을 알 수 있다. 정문규라는 30세 남성은 1947년 김구의 청년 단체에 가입해 지역 책임자로 활동했다고 자백했다. 그는 "회개"했으며 앞으로는 조선민주주의인민공화국에 헌신하겠다고 맹세했다. 역시 30세의 농민 홍순영은 "인민군이 오면 재산을 모두 빼앗고 모두 학살할 것이라는 거짓 선전을 만들어 경찰에게 줬다"고 인정했다. 그러나 "진정한 해방이 무엇인지" 보고 나자 조선민주주의인민공화국에 헌신하기를 원했다. 25세의 군산 출신 경찰관 서평두는 앞서 일본 해군에서 복무했는데 "잔혹 행위"에는 "조금" 관여했다고 자백했지만 자세한 사항은 말하지 않았다. 그러나 그는 더 잘하겠다고 다짐했다.

이봉용이라는 소작농은 1942년 징용되어 일본의 수력발전소에서 일했다. 1945년 마을로 돌아왔을 때 앞서 소작하던 토지를 다시 경작하게 해달라고 주장할 권리가 거의 없어 지역 경찰을 도울 수밖에 없었다. 그는 반란에 가담한 농민이 수감된 감옥을 감시하거나 유격대를 감시했다. 반란을 일으킨 농민을 체포하기도 했다. 그러나 그는 "무산인無産人"이었으므로 "혁명쪽에 가담했다". 그래서 그는 수감된 농민의 가족에게 음식을 가져다주고 다른 방법으로도 그들을 도왔다. 그는 혁명을 위해 일해야 한다는 것을 알았지만 결심이 견고하지 않았고 "자신의 나쁜 정치 노선을 청산하지 못했다"고 인정했다. 자백의 끝머리에서 그는 "죄를 용서해주면 인민공화국을 위해 열성적으로 싸우겠다"고 말했다.

한국의 전통적 방식에 따라 훌륭한 좌익은 추천서 비슷한 서류를 제시하는 보증인에 의해 발굴됐다. 24세의 김수봉은 "빈농이고 그래서 인품이 훌륭하다"는 평가를 받았다. 그는 1947년 남조선노동당에 가입했으며, 언덕에 올라가 사람들에게 시위를 촉구하는 봉화를 자주 피웠다. 1948년 초 그는 근처의 읍 사무소를 공격하라는 지시를 받았다. 그 뒤 남로당은 그에게 마을의 경찰로 들어가 수감된 동지 등에 대한 정보를 제공하라고 요구했다. 그의 보증인은 그가 여러 죄를 자수한 뒤 "자신의 과거를 뉘우쳤다"고 썼다. 보증인은 그가 앞으로 범죄나 반동적 행위를 하면 자신이 책임지겠다면서 선처를 호소했다.[42]

부분적으로 결락된 경찰의 수감자 명부를 보면 북한은 월남한 사람들을 특히 감시했음을 알 수 있다. 14명의 범죄자를 적은 한 명단은 다양한 방법으로 좌익에 반대한 전직 공무원과 정치적 반동분자가 대부분이었는데, 두 사람은 월남했다는 사실만 적혀 있다.[43]

이런 방법은 전체주의 정권의 일처리 방식을 단적으로 보여주지만 저항할 수 있는 여지는 있었다. 이를테면 시흥군의 몇 개 촌에서 조선인민군 지원자 관련 문서는 지원 비율이 크게 달랐음을 보여준다. 7월 10일부터 9월 3일까지 8개 촌에서 청년 942명 가운데 149명이 자원했는데 방배촌方背村은 120명 가운데 47명으로 비율이 가장 높았고 서초촌瑞草村은 173명 가운데 7명으로 가장 낮았다. 아울러 이런 자료는 입대가 징병보다는 자원의 문제였음을 보여준다.[44]

"여론"을 다룬 북한 내부 자료에서도 실태를 엿볼 수 있다. 8월 초 시흥에서 올라온 보고서에서는 지역 주민이 미국인을 좋아하지 않으며 그들이 왜 한국에서 싸우고 있는지 궁금해하고 있다고 말했다. 농민들은 토지를 얻어 기뻐하고 있으며 농업 현물세에도 불만이 없다고 보고했다. 그러나 "우리의 원칙은 인민 대부분에게 아직 뿌리 내리지 못한 상태다. 이 전쟁의 의미와 중요성을 아직 이해하지 못하고 있는 사람이 많다. 그들은 군대에 기꺼이 자원하지 않는다".

또 다른 보고서에서는 조선인민군은 "인민의 지원과 큰 존경을 받고 있지만" "술을 마시고 극장에서 낯모르는 여성과 사랑을 나누는" 병사도 있는데, 그런 여성 중에는 미군을 상대했던 매춘부도 있어 문제를 일으키고 있다고 비판했다. 그러므로 "경솔한 행위, 특히 삼류 극장에서 일어나는 행위는 엄금"됐다. 전황도 공공의 안정을 악화시켰는데, 식량 부족 때문에 인천의 젊은이들은 "총과 칼을 들고 끊임없이 분쟁"을 벌였다. 사람들은 공습의 두려움에 떨었고 도시 지역에서는 대규모 탈출이 벌어졌다.[45]

점령 관련 사회과학 정보 조사는 대전 부근의 두 지역을 연구했다. 금남면錦南面은 인구가 1만4000명으로 대부분 소자작농이고 3정보 이상을 소유한 사람은 거의 없었으며 관개 벼농사에 종사했다. 인구 600명의 가창촌加倉村[46]은 매우 비옥한 토지로 둘러싸였으며 그 절반 정도는 일본인 부재지주가 소유했다. 주민은 대부분 극빈 소작농이었다. 연구자들은 금남면에서 하나의 친족이면서도 매우 분열된 친족 공동체를 연구했다.[47]

중국에서 참전한 조선인민군 부대가 그 지역에 진주한 뒤 7월 말에 공무원이 들어왔다. 북한군과 공무원은 자신들이 소련의 지원은 받지 않고 자체 물자로 전쟁을 수행하고 있다고 강조했다. 실제로 소련의 역할은 "거의 언급되지 않고 지나갔으며" 미국인도 "매우 가볍게 무시됐다". 그 대신 "북한의 널리 알려진 자족성自足性"과 점령의 3대 주제인 통일과 토지개혁, 인민위원회 재건이 매우 강조됐다.

공산 세력은 지방 정부의 기본 행정구역을 그대로 유지했지만 기존 관청은 "유일한 통치기관"인 인민위원회로 대체했다. 인민위원회 위원은 모두 선거로 선출됐는데, 그 지역에서는 일찍이 없던 일이라고 연구자들은 지적했다. 여성·농민·노동자·청년의 대중조직이 결성되고 전평이 지역 공장에서 다시 활동했다. 그 밖에도 자위대·건설대·작황 확인반 등 여러 단체가 생겨났는데, 북한이 특히 강조한 방침인 모든 사람을 조직에 가입시킨다는 것을 반영한 현상이었다. 그 결과 지역에서 "자치에 가까운 행정이 이뤄졌고 선거를 통해 지역사회에 책임을 질 수 있게 됐으며" "전례 없는 규모로" 임무를 수행하게 됐다고 미국인 연구자들은 평가했다.

관리 책임을 맡은 경찰은 모두 북한 출신이었지만 인원은 적었으며 대부분 군·읍·면 수준에만 배치됐고 리에는 드물었다. 그 대신 리에는 비공식적 공산주의 조직이 있었으며 (앞서 본 대로) 군에서 전문가가 내려와 운영되고 있는 다양한 조직에 배치됐다. 노동당 지부는 리와 그 이하 단위에 조직됐지만, 거기 소속된 비공식 집단의 지도자들을 제외한 주민들은 그것을 잘 알지 못했다. "주민들은" 노동당 같은 공식 조직보다 "특정 개인들이 더 큰 권력을 갖고 있다고 생각하는 경향이 있었다". 금남면에서 지도적 위치에 있다고 생각된 인물은 9명 정도였는데, 7명은 북한과 남한을 포함해 다른 지역 출신이고 2명은 그곳 출신이었는데, 인민위원회와 노동당 지부의 책임자였다. 최고 권력을 장악한 인물은 북한 출신으로 배후에서 거리를 두고 있었는데, 이는 북한 정치의 또 다른 형태였다. 점령 당국은 이전의 공무원을—고위직이 아닐 경우—그 자리에 유임시켰으며 그 지역의 책임자 가운데 피란하지 않은 사람은 다시 임용했다.

여기서 나타난 가장 흥미로운 유형은 가문 사이의 종속 관계와 공산주의 정치 사이의 유사성이었다. 가문 내부의 분열은 북한을 지지하는 부류와 수동적 또는 친남한 성향을 유지하는 부류 사이의 차이를 자주 반영했다. 7장에서 논의한 대로 이런 경험은 정치적 분쟁을 겪은 남한의 농촌이 모두 겪은 일반적 현상이었다고 생각된다. 금남면에는 한 가문만 거주했지만, 시조의 첫 번째 부인에서 나온 후손은 부유했고 두 번째 부인에서 나온 후손은 그보다 가난했다. 후자는 새 체제를 열성적으로 지원한 반면, 유복한 전자의 지도적 인물은 이승만을 적극 지지한 반동 세력으로 몰려 처형됐다—

금남면에서 처형된 유일한 인물이었다. 촌 인민위원회를 이끈 인물은 가난한 일족의 지도자였다. 그는 양반 가문의 30대 후반 남성으로 초등교육을 받은 인물이었는데, 1946년 가을 봉기 때 파출소를 습격한 남성을 집에 숨겨줬다가 이승만 정권의 경찰에게 아내와 함께 구타당했고 그때 젖먹이 아들을 잃었기 때문에 그 자리를 얻었다고 알려졌다.

노동당 지부를 이끈 인물은 그곳 인민위원회 위원장의 오랜 친구였다. 그의 가족은 분열된 가문에 소속되지 않은 유일한 가족이었지만, 그 마을에서 유일한 세습노비였다. 그는 북한군이 점령하기 전에는 좌익으로 알려지지 않았다. 촌락 사람들은 그가 개인적 관계 덕분에 그 자리를 얻었다고 생각했다. 이승만 정권이 돌아오자 두 사람은 피신했고 경찰은 그들의 아내를 구타했다.

이 연구에 따르면 북한을 지지한 또 다른 부류는 일정한 교육을 받은 젊은이들이었다(공산 세력은 학식을 갖추고 마을에서 존경을 받은 그들이 필요했다). "새 체제에 연속성과 권위를 부여하려면" 지식인과 양반 그리고 우익까지 포섭하는 방법이 실행됐다. 두 번째 범주에는 상대적 빈곤 때문이거나 이전에 경찰과 갈등을 빚었기 때문이거나 다른 집단보다 혜택을 누리지 못한 사람들이 포함됐다. 그들은 대부분 그 마을에서 가장 가난한 농민이었다. 마지막 부류는 개인적 연줄, 특히 가문의 연줄을 매개로 자리를 얻은 사람들이었다—이런 일은 "엄청나게" 많았다. 북한에 협력한 한 인물은 원래 극우인사였지만, 수감된 삼촌을 구하려고 그렇게 했다. 나중에 이승만 정권이 돌아왔을 때 삼촌은 그를 보복에서 보호해줬다.

다른 마을에서는 금남면에서와 같은 심각한 분열이 일어나지 않았고, 전통적 원로들이 새 체제와 주민 사이의 완충 역할을 했다. 리 인민위원회는 "지역의 안정을 위해 표면적인 타협이 필요했기 때문에 특별한 사안은 모두 원로들의 지시를 받았다." 인민위원회 간부에는 주요 자작농 몇 사람이 포함되었고, 정미소를 소유한 사람이 인민위원회를 이끌어 촌장이 되었다. 과거에도 이렇게 촌장을 선출했다. 인민위원회는 촌락 사람들에게 외부인과 협력하라고 지시했다. 연구 결과, 이런 식으로 "모면하는 것"은 "매우 성공적"이었지만 마을의 연대에 크게 의존한 것이라고 판단했다. 한 사람만 반대해도 촌민들은 이렇게 모면하는 방식이 효과가 없을 거라고 생각했다. 결국 공산 세력은 "지역사회를 지배할 방법을 찾지 못한 것이다".

두 촌의 문맹률은 50퍼센트를 넘었으며 라디오는 한두 대밖에 없었다. 정보는 대부분 구두나 벽보로 전달됐다. 점령 기간 한국과 미국의 방송은 거의 전달되지 않았다. 서울과 마찬가지로 여성은 새 정권의 특별한 목표였다. 연구자와 대담을 나눈 여성들은 모두 내연 관계와 매춘을 강력히 비난받았다고 말했다. 여성은 임시 인민위원회 선거에 출마하라고 장려됐으며, 임신한 여성은 무료로 건강관리를 받았다. 그러나 가입자를 늘리려는 남조선민주여성동맹의 활동은 대체로 실패했다.

북한의 만행과 고문 관련 증거는 거의 없었다. 치안 유지 조직은 대체로 한국보다 낫다고 인정받았다. "그들은 마을 사람들을 구타하거나 개인적으로 처벌하지 않았다. 점령 말기 이런저런 문제행동을 일으켰지만, 그때도 이런 측면은 변하지 않았다." 촌락 사람들이 가장 싫어한 것은 일종의 끊임없는 강제 노역이었는데, 농민은 폭격된 다리나 길을 보수해야 했지만 임금이나 추가 배급은 받지 못했다. 이것은 대개 북한의 가장 나쁜 행위로 간주됐다.

이 귀중한 연구를 통해 앞서 검토한 북한의 점령 구조를 확인할 수 있다. 리 단위에서 지도력의 유형은 다양하고 복잡하며, 인민위원회의 구성은 때때로 너무 가지각색이었고, 고립된 자급자족의 마을은 점령 당국이 침투하기 어려웠음을 알 수 있다(그런 지역은 남한의 중앙 정부에게도 늘 골칫거리였다). 적어도 리 수준에서, 북한 지배의 전반적 특징은 행정부의 명령과 지역의 저항, 중앙의 정통성과 촌의 복잡성, 형식상의 통일과 실질적 다원성이라는 훨씬 더 일반적인 구도에 굴복한 것으로 보인다.

남부의 유격전

대부분의 문헌은 남부 지방에서 전개된 전쟁을 단순한 진지전으로 서술하고 있다. 맥아더의 표현을 빌리면 북한은 "코브라처럼 습격해" 부산까지 신속히 내려왔고, 미국의 방어선을 뚫으려고 했지만 실패한 뒤 맥아더의 탁월한 인천상륙작전으로 패퇴했다. 조선인민군은 기갑전에 치중하고 소련의 전격 전술을 이용했지만 보급선 도착이 늦어지자 곤경에 빠졌으며 결국 맥아더의 함정에 빠졌다. 1950년 여름 남쪽 사람들이 수동적이었다는 데는 대체로 의견이 일치한다. [남침하면 남한 여기저기서 공산주의자들이 호응하여 봉기할 것으로 기대했지만] 그 누구도 "일어나서" 조선인민군을 맞이해주지 않았다. 이것이 실패의 또 다른 이유다. 김일성 지도부 역시 이러한 분석에 깊이 빠져들었다. 쿠바 "피그스만 침공"(1961)에서처럼, 봉기를 계산에 넣고 남침을 제안한 박헌영 때문에 전쟁이 실패로 돌아갔다며 그를 남한 출신 다른 공산주의자들과 함께 숙청한 것이다.

그러나 당시 남한에서 전개된 전쟁은 이것과 다른 양상을 띠었으며 미국 정부의 공식 분석도 이것과는 달랐다. 1951년 미 제8군 기록관의 대규모 조사에서는 조선인민군이 대부분 중국에서 참전했던 경험이 있으며 마오쩌둥의 군사 교리를 따랐다고 강조했다. 대부분의 병사에게는 식량 한 포대와 소총 한 정밖에 없었지만 재보급이 거의 필요하지 않았고, 소련의 기갑 전술·포격 전술과 중국의 유격 전술·포위 전술을 결합해 갖췄다. 여름 내내 그들은 유격대의 지원을 받았는데, 유격대는 대부분 그 지역 출신이었지만 북한에서 온 사람도 있었다. 부산 공방전이 전개된 몇 주 동안 "사단 (규모) 이상의 전술 부대"를 유격대가 침투한 후방 지역으로 전환시켜야 했다. 6월 25일부터 8월 31일까지 유격대 6만7228명이 사망하고 2만3837명이 체포됐으며 4만4154명이 투항했다. 이것은 한국전쟁에서 전사한 미국인의 두 배가 넘는 수치다.[48]

각 지방의 정치적 구성은 남부 지방의 전투에 영향을 줬는데, 그것이 가장 두드러진 곳은 전라도였다. 전라도는 전방에서는 중국 공산군 출신의 조선인민군이 급속히 진격했고 후방에서는 유격대가 급증했기 때문에 한국군이 전혀 방어하지 못한 지역이었다. 전라도는 전투를 벌인 지 48시간 만에 함락됐다. 강력한 좌익이 있는 또 다른 지역인 경상도 동남부에서도 유격대가 활동했지만, 촌락을 불태우고 공산당에 대한 충성을 의심받는 민간인을 대거 이동시키는 등 강력하게 대응했다. 물론 그곳에 배치된 미군은 최대 규모였으며, B-29 폭격기의 대규모 전술폭격은 전투 지역을 불바다로 만들었다.

김일성은 6월 26일 방송에서 남한 주민에게 "봉기"하라고 요구했지만 그 뒤 2주 동안 남한에서 유격대 활동은 거의 없었다.[49] 이것은 6월 25일의 사건이 남한 유격대와 합작한 것이 아님을 보여준다. 유격대는 한국군이나 미군이 강력한 힘을 보유하고 있는 동안은 전체적으로 침묵하다가 조선인민군이 진군해오면 신속히 봉기하는 양상을 띤 것으로 보인다.

미군은 대전 전투에서 정면 공격과 유격전의 혼합을 처음 체험했다. 여성과 아이들이 포함된 지역 농민은 난민처럼 전선 근처의 언덕을 달렸다. "신호를 받으면 '난민들'은 소총·기관총·수류탄을 들고 아래 지역의 병사들을 향해 격렬한 공격을 퍼부었다." 대전에서 퇴각할 때 도로 봉쇄와 매복이 잘 되었는데 지역 주민이 수행한 경우가 많았다. 이때부터 미군은 유격대의 근거지로 의심되는 촌락을 불태우기 시작했다. 단순히 "유격대에게 은신처를 주지 않으려고" 방화한 경우도 있었다.[50]

남으로 내려온 미군은 곧 남한에서 좌익 세력이 가장 강한 지역 가운데 하나인 영동군에 이르렀다. 북한 자료에 따르면 영동군은 조선인민군이 도착하기 전 유격대가 해방시켰다. 월터 설리번은 영동군의 유격대 300여 명이 퇴각하는 미군을 공격했으며, 인민군이 지나가고 난 뒤 그 지역의 치안을 맡았다고 보고했다. "미군은 도시와 시외의 모든 민간인을 의심의 눈으로 보기 시작했다. '흰옷―농민의 일상복―입은 사람을 조심하라'는 외침이 전선 근처에서 자주 들렸다." 인민군인지 유격대인지 확실치는 않지만 사망한 최성환이라는 인물은 7월 26일 미군 폭탄이 영동군을 공격해 "불바다가 됐다"고 말했다.[51]

미군이 대전 전투에서 대패하는 동안 중국 공산군 출신으로 구성된 조선인민군 제6사단을 지휘한 방호산 장군은 7월 23일 저항 없이 전라도 북단의 주요 항구도시 군산을 점령한 뒤 계속해서 이틀 만에 나머지 동남 지역을 모두 장악했다—애플먼은 "포위 작전을 사용한 (인민군의) 눈부신 승리"라고 평가했다. 그들은 7월 26일 경상남도 하동을 장악했으며, 그 때문에 미군은 부산 근처의 해안 교두보로 퇴각해야 한다는 것을 깨달았다. 전라도의 한국군은 거의 저항하지 않았으며 조선인민군이 도착하기 전 대부분 도망갔다.[52]

이 지역은 좌익의 근거지였으며 1945년에는 인민위원회가 그리고 전쟁이 일어나기 전 몇 년 동안은 유격대가 활동한 지역이었다. 미국 정보 제공자들은 서남부, 특히 목포·광주 같은 도시에서는 "인민군이 오기 전 유격대가 봉기했다"고 언론에 제보했으며, 광주는 "오랫동안 공산 세력의 활동 거점 가운데 하나였다"고 말했다. 광주에서는 전남방직 노동자 4000명이 즉시 파업을 일으키고 소유주에게 돌을 던졌다. 외곽 지역에서는 많은 파출소가 공격받았다. 조선대 학생들은 소요에 적극 가담했다. 그 지역은 "공산군이 올 때까지 지하 좌익과 지역 유격대가 통치했다."[53]

체포된 유격대원의 일기에는 7월 27일 자신이 광주에 들어왔을 때 지리산 유격대가 "광주시를 점령해 각자 임무를 수행하고 있는 반면, 우리 부대는 그들의 뒤를 따르기만 하는 것"을 보고 "부끄러웠다"고 기록했다. 이튿날 그의 부대는 패배한 한국군과 경찰이 나주 부근에서 "인민위원회를 습격하고 주민을 학살하고 있다"는 정보를 입수했다. 유격대는 전직 한국 경찰과 공무원 몇 사람을 사로잡아 그들 가운데 4명을 총살한 뒤 인민재판을 열어 8명을 더 처형했다. 그렇게 살해된 공무원은 앞서 그들이 죽인 인민위원회 위원 곁에 묻혔다(누가 잔혹 행위를 저질렀는지 파악하기 어렵게 만드는 일반적 방법이다).[54]

북한 자료에서는 7월 3일에 지리산 유격대가 순천과 광양에서 활동하고 있다고 보고했다. 순천에서는 그들이 경찰과 민보단을 공격했다고 보고됐다. 화순은 급진 세력이 포진한 탄광도시였는데 유격대는 "악질분자"를 공격한 뒤 그들의 재산을 주민에게 분배했다. 서울에서 발행된 신문들은 농민에게 곡물창고를 지키고 빨치산에 가담하라고 호소했다. "그래야만 토지를 얻게 될 것이다." 『뉴욕타임스』에 따르면 7월 19일 경무장한 유격대가 전라북도 이리와 그 밖의 도시에서 한국 경찰 부대를 축출했다.[55]

유격대와 제6사단은 비옥한 전라도의 여름 수확물이 파괴되기 전에 자신들이 거둬들여 남한에 큰 타격을 줬다. 전장의 피해는 더욱 심각했다. 윌러비의 정보참모부는 제6사단의 소탕 작전이 매우 대담하며 인민군의 보급선이 연장되면 "대단히 위험하다"고 평가했다. 그들은 뚜렷한 지원부대 없이 계속 돌진했다. 그러나 나중에 정보참모부는 현지에서 보급이 이뤄지고 있으며 경비와 치안 유지는 유격대와 좌익에게 맡겨졌다고 판단했다. 7월 25일이들의 이런 연합 행동은 미국의 작전에 "직접적인 위협"이 됐다. "적은 뛰어난 전술과 현명한 전략을 구사해 연합군의 배치에 드러난 '약점'을 파악하고 사실상 아무 희생 없이 완전한 포위를 전개했다. (…) (이제 그들은) 동쪽으로 방향을 틀어 광범한 전선으로 진격할 수 있다."[56] 핸슨 볼드윈은 "한국의 서해안에서 남해안으로 (…) 측면 공격을 전개한 작전은 과소평가됐다. 하지만 현재는 큰 위협이 됐다"고 평가했다. 며칠 만에 방호산 부대는 부산을 위협했고 월턴 워커 장군은 자신의 부대에 "후퇴하지 않는다"는 명령을 내렸다. 이렇게 "막중한" 상황에서 "우리는 1인치도 더 이상 포기하지 않을 것이다."[57]

전라도는 9월 하순까지 공산 세력에게 완전히 장악됐다. 그 무렵 세력이더욱 강해진 유격대는 다시 입산했다. 10월 말 맥아더는 전쟁이 사실상 끝났다고 선언했지만, 전라남도에 대한 보고서에서는 적어도 2만 명의 유격대원이 도내 9개 산악 지역에 은신하고 있다고 했다. 마을에는 낮에는 태극기가, 밤에는 인공기가 나부꼈다. 이승만 정부의 경찰은 군 경찰서 가운데 한곳을 제외하고는 모두 장악했지만 파출소는 338곳 가운데 80곳만이 그러했다. 한국 정부의 도지사는 유격대원이 대부분 전라남도 주민이라고 판단했다.[58]

8월 초 제24보병 사단장으로 안지오Anzio• 전투에 참가했던 존 H. 처치장군은 한국의 전투 상황은 제2차 세계대전 때 유럽에서 벌인 전투와 다르다고 판단했다. "이것은 완전히 다른, 진정한 유격전이다." 영국 자료에서는

"요약하면 험준한 지형에서 펼치는 유격전"이라고 파악했다. 미군은 "유격대가 산에서 내려와 후방으로 침투할 위협에 항상 노출돼 있었다". 8월 7일 월러비는 리지웨이에게 유격대는 "잘 짜여진 조직으로 현재 미군에게 가장 큰 유일한 골칫거리"라고 말했다.[59]

전투가 동남부로 확산되면서 유격대는 경상도에서도 활동하게 됐다. 워커 장군이 "후퇴하지 않는다"는 명령을 내렸을 때, 유격대는 부산에서 북쪽으로 10마일(약 16킬로미터)밖에 떨어져 있지 않은 김해를 공격했다. 미국은 전략적 요지인 대구도 걱정하기 시작했다. "광주와 마찬가지로 공산 세력이 만연했으며, 실패로 끝나기는 했지만 봉기가 한 차례 일어났다. 대구는 전선의 후방에 있는 주요 철도와 도로가 집결하는 지역으로, 이곳을 지키는 것은 매우 중요하다. 한국 경찰은 전쟁이 일어나기 전에도 대구에서 주민을 체포했고 이후 추가로 많은 사람을 검거했다고 한다."[60] 일일 전황 보고에서는 부산에서 서쪽으로 분포한 좌익 지역인 동해·밀양·울산·함안·하동·거창에서 7월 중순에 일어난 소규모 유격대 사건을 열거했다. 얼마 뒤에는 경상북도의 여러 군에서 유격대 활동이 보고됐는데, 대부분 경찰과 지역 유지에 대한 공격이었다.[61]

7월 말 유격대는 경상북도 북부 군들과 안동·영주·영양 그리고 포항 바로 북쪽 등 경상북도 동해안에서 교전했다. 7월 27일 1200명 정도의 유격대가 의성 부근에서 근처 마을로 대담하게 진입하는 것이 관측됐다. 또 다른 2000명은 대구 동북부 산악 지대에 있다고 했다. 경상도 유격대에는 삼척·영덕의 항구를 거쳐 북한에서 내려온 유격대도 포함됐다. 김일성의 만주 시절 동지 오진우(1980년대 거의 내내 인민무력부장을 지냈다)는 개전 며칠 뒤 강릉 남쪽에 상륙한 유격대 1500명을 지휘했는데, 거기에는 풍부한 유격전 경험을 지닌 중국 공산군 출신 400여 명이 포함됐다. 그들의 임무는 적과 마주치지 않고 경상도로 침투해 조선인민군이 도착해 전투를 개시할 때까지 기다리는 것이었다.[62]

• 이탈리아 로마 남쪽의 항구도시로 제2차 세계대전 때 연합군의 이탈리아 상륙 거점.

이런 활동은 부산 방어선을 계속 위협했다. 1950년 여름 유격대의 피해는 대부분 이 과정에서 발생했다. 미군은 경찰이 유격대와 그 용의자를 예전처럼 잔인하게 다루는 것을 허용했고 자신들도 가혹한 방법을 썼다. 유격대가 은거하거나 그들을 지원한다고 의심된 마을은 모두 철저히 불대웠는데, 대부분 공습空襲으로 이뤄졌다. 아울러 좌경화됐다고 판단되는 도시와 마을에서도 모든 주민을 강제 이주했다. 순천에서는 주민 가운데 10퍼센트를 제외하고 모두 이주됐고, 마산에서는 수만 명이, 예천에서는 "모든 주민"이 이주됐다. "대구의 좌익과 제5열이 대규모 폭동을 은밀히 계획하고 있다"는 위기감이 확산되고 부산 방어선에서 고전이 이어지면서 대부분의 대구 시민은 "폭동"을 일으킬 수도 있다는 우려 때문에 이주됐다. 8월 중순 이렇게 쫓겨난 시민은 대부분 부산 근처의 섬들에 수용됐고 이동이 금지됐다.[63]

한편 1940년대 후반 유격대 활동이 가장 격렬했던 제주도는 전쟁의 영향을 거의 받지 않았다. 8월 중순 몇 개의 사소한 사건이 일어나 아일랜드 출신 성직자가 대사관에 "공산 세력이 만연하기 시작했다"고 알렸지만 그 섬에는 100명 정도의 빨치산이 있을 뿐이었다. 전쟁이 일어나자 일본과 가까운 관계에 있던 한국군 지휘관 이응준 장군은 100여 명의 빨치산을 투옥하고 제주도에 계엄령을 선포했다. 체포된 사람 가운데는 제주도 수석 판사, 검사장, 행정장관, 농업 부문 책임자, 제주시장, 사업가와 변호사 등이 포함됐다(그들은 인민군 환영 준비를 꾸미고 있다는 혐의를 받았다). 이응준 장군은 여름 내내 밤 9시 이후 통행을 금지하고 라디오를 몰수했으며 모든 보도를 사전 검열했다. 당연히 제주도민은 전황을 거의 몰랐다. 제주 경찰대장警察隊長은 이전에 "청년단장"이었다.[64] 이것은 제주도에서 일상적인 일이었다.

"흰 파자마": 인민 전쟁과 인종차별의 문제

남한에 유격대가 만연한 것은 미국이 적과 민간인을 구별할 수 없는 새로운 종류의 전쟁에 직면했다는 뜻이었다. 인민군은 군복을 벗고 전형적인 농민의 흰 옷을 입은 뒤 그들 안으로 섞여 들어갔다. 할머니나 10살짜리 아이가 보따리에서 총을 꺼내 당신을 죽일 수도 있는 것이다. 그 결과는 아주 더러운 전쟁이었다.

한국에 도착한 보통의 미군은 자신이 어디에서 누구와 왜 싸워야 하는지 거의 몰랐다. 미군들은 한여름의 찌는 듯한 습기와 잦은 폭우, 질척이는 땅에서 전개된 전투 속으로 던져졌다. 미군은 인분이 비료로 사용된 논을 묵묵히 걸었다. 그 냄새는 농촌에서는 일상적이었지만 처음 맡는 사람에게는 경악스러웠다. 목이 말라 논에 고인 물을 마시면 이질에 걸렸다. 유엔이 "치안 활동"을 하는 과정에서 미군은 온갖 수단을 동원해 남한의 약점을 강점으로 바꾸면서 전면전을 수행하는 적과 맞닥뜨렸다. 적들은 아이에게 탄약을 운반시키기도 하고, 보병의 습격을 감추기 위해 울고 있는 피란민을 미군 대열로 들여보내기도 했다. 미군 병사는 미국 사회에서 대부분 피지배자이면서 차별받는 유색인종 출신이었다. 그 나라에서 가장 높은 법무 공무원인 맥그래스 법무장관은 공산주의자를 "쥐떼"라고 불렀다. 그래서 병사들도 오래지 않아 한국인을 인간 이하의 존재로 보고 그렇게 행동했다.

마치 '미라이Mylais 학살사건'● 같은 일이 베트남에서만 일어났다고 생각하듯, 한국전쟁의 이런 요소는 사람들의 기억에서 사라졌다. 그러나 1950년 "흰 파자마"를 입은 사람들과 그들이 미군에게 불러일으킨 감정은 이웃 이발소 탁자에 놓인 잡지만큼이나 가까이 느낄 수 있는 것이었다. 군사 사학자 월터 캐리그는 『콜리어스Collier's』에 쓴 글에서 이 싸움을 "인디언 전쟁 시기"에 비유했다. 그는 한국이 스페인과 비슷할 수도 있다면서 나중에 인도차이나와 중동 등에서 나타난 것과 같은 새로운 형태의 분쟁이 전개된 시험장으로 생각했다. "우리의 적인 공산 세력은 문명화된 전쟁의 규칙을 모두 경멸하면서 여성의 치마 뒤에 숨고 있다"고 캐리그는 썼다. 그런 뒤 그는 다음과 같은 대화를 소개했다.

●　베트남전쟁 중인 1968년 3월 16일 남베트남 미라이에서 미군이 민간인을 대량 학살한 사건이다. 350~500명 정도로 추정되는 희생자는 모두 비무장 민간인이었으며 여성과 아동도 많았다.

젊은 조종사는 커피를 마시면서 말했다. "빌어먹을, 서서 손을 흔드는 사람들을 쏠 수는 없습니다." "쏴야 돼." 그는 엄중한 명령을 받았다. "그들은 병사야." "그렇지만, 빌어먹을, 그들은 모두 흰 파자마 같은 것을 입었고 길에서 나오셨습니다." (…) "여자나 아이가 있나?" "여자? 모르겠습니다." "여자도 바지를 입고 있어. 그렇지?" "하지만 아이는 없습니다." "그들은 병사야. 쏴."[65]

존 오즈번은 『라이프』에서 미군은 민간인 집단에 발포하라고 상관의 명령을 받았다고 말하면서 그 가운데 하나를 인용했다. "아이들을 쏘는 것은 지나친 행동이다." 이것은 "적이 숨어 있을지도 모르는 마을을 완전히 파괴하고, 북한인이 숨어 있을지도 모르는 피란민을 폭격하는" 새로운 종류의 전쟁이라고 그는 말했다.[66]

에릭 래러비는 『하퍼스Harper's』에 쓴 기사의 첫 부분에서 1836년 피쿼트 인디언Pequot Indians ●을 정복한 영국인 지휘관의 발언을 인용했다. "원주민의 전술은 (…) 기독교도의 관행과 전혀 다르다." 그는 미국 독립전쟁 때 렉싱턴에서 싸운 한 영국인 장교의 발언을 떠올렸다. "당시 그 나라는 경계 태세를 갖추고 즉시 무장했으며, 방벽의 배후와 우리 쪽 측면에 부대를 배치한 결과 우리는 정면·측면·후면에서 공격을 받았다. (…) 수풀이나 돌담 또는 나무 뒤에서 나타나 총을 쏘고 달아나는 사람 외에는 사람의 자취를 찾을 수 없었다." 한국에 파병된 한 해병은 기자에게 "타라와섬 ●● 전투에서는 적을 볼 수는 있었다. 하지만 여기서 동양인은 수풀 속에 숨어 있다". 래러비는 이것은 미국인에게는 일부 국민의 전쟁이지만 한국인에게는 모든 국민의 전쟁(영국과 싸운 미국독립전쟁처럼)이라며, "기술적 우위를 잔인하게 가차 없이 보여주면서" 싸울 수 없다고 말했다. 그 대신 그는 직접적인 표현은 사용하지 않았지만 미래의 인민전쟁에서 싸우려면 신속히 전개할 수 있는 특수부대를 양성해야 하며, 그런 종류의 전쟁에서는 국민을 자기편으로 끌어들이는

● 미국 코네티컷주 남동부에 거주한 인디언.
●● 태평양 중부의 영국령 섬. 면적은 36제곱킬로미터. 제2차 세계대전 초기에 일본군이 점령했지만 1943년 11월 격전 끝에 미군이 승리했다.

것이 목표라고 주장했다.[67] 이것은 인민전쟁에 대한 자유주의자의 응답이었으며, 10년 뒤 케네디 정권의 결정으로 구현됐다.

그러나 내실보다 겉모습에 치중한다는 미국의 반응은 미국의 팽창주의 전통에서 기원했으며, 이런 의미에서 인디언전쟁은 진정으로 한국전쟁의 의미를 판단하는 출발점이었다(커스터 장군●이 마지막 전투를 시작한 것이 6월 25일이라는 것은 기억할 만하다). 팽창주의자들은 자신들이 문명도 없고 존중할 만한 사람들도 없는 지역으로 들어갔다고 생각했다. 인디언은 성인으로 대우받지도 못했고 "저항운동을 시작할 만큼 성숙하지 못한 (…) 영원한 아이"였다. 이런 아이의 인상은 태평양전쟁까지 이어졌으며 맥아더에게는 자명한 이치였다.[68]

아메리카 원주민에게 유효했던 작전은 동아시아 국민에게는 적용할 수 없는 것으로 판명됐다. 서부로 진출하는 과정에서 만난 부족은 섬멸했지만, 태평양에서는 제국주의에 저항하는 문명국 사람들을 만났다. 그러나 그런 저항과 문명은 이해할 수도 평가할 수도 없는 영역에 있었다. 오랫동안 아시아에 무지했던 팽창주의자에게 한국(과 중국)은 역사가 없고 역사 속에서 행동하지 못한―20세기로 접어드는 시점의 표현을 빌리면 "자신을 지키려고 싸울 힘도 없는"―민족이었다. 병사들에게 내려진 첫 명령이 적을 알아야 한다는 것이었다면, 한국에 보내진 미군은 장교부터 병사에 이르기까지 그것에 실패했으며, 자신들이 마주친 민족을 제대로 모르고 과소평가한 것에 비싼 대가를 치렀다.

한국인에 대한 형편없는 오판은 전쟁이 일어난 날 수뇌부에서 시작됐다. 맥아더는 "한쪽 팔을 등 뒤로 묶어놓고도 그것을 처리할 수 있다"고 말했다. 이튿날 그는 덜레스에게 제1기병사단을 한국에 투입하면 "그들을 만주 국경까지 쫓아버려 다시는 눈에 띄지 않게 할 수 있다"고 말했다.[69] 며칠 뒤에는 서울 바로 남쪽인 수원에 주둔한 조선인민군의 진격 방향을 바꿀 수 있다고 생각했다. 6월 29일이 되자 이제는 2개 사단 전체가 필요한 것으로 드러났

● 조지 암스트롱 커스터George Armstrong Custer(1839~1876). 미국의 장군으로 남북전쟁 때 북군으로 참전했고 전쟁 후 1876년 리틀 빅혼에서 인디언과 싸우다가 전사했다.

으며 개전 2주 뒤에는 "적어도 보병 사단 4개 또는 4개 반이 필요하다"고 판단했다. 7월 중순 그는 한국인에게 존경을 표하기에 이르렀다.

> 북한군을 낮게 평가해서는 안 된다. 그들은 강력하고 규율이 엄격하고 일본군의 침투 전술과 제2차 세계대전 때 소련군이 구사한 전차 전술을 겸비하고 있다. 그들은 행군과 군사행동, 합동 야간 공격을 구사할 수 있는데, 이것은 (내가) 하지 못하는 것이다. 그들은 중국에서 참전한 경험이 있으며 (…) 전차 전술은 대단히 효율적이고 능숙하다.[70]

미군은 북한군이 자신들과 마주치면 즉시 꼬리를 내리고 도망갈 것이라고 들었고 그렇게 믿었다. 세계의 보도진은 조선인민군이 8월 초까지 계속 전진하자 경악했다. 아서 크록은 "가장 약한 위성국이 우리를 고전에 빠뜨리고 있다"는 것을 믿기 어려워했다.[71]

거기에 인민군은 스탈린의 전쟁을 수행하는 꼭두각시 군대라는 심각한 오판이 더해졌다. 당황한 덜레스는 북한군이 "싸우고 죽으면서 정말 온 나라를 황폐하게 만들고 있다. 결국 소련은 차르의 야망을 이룰 수 있을지도 모른다"고 생각했다. 러스크는 어떻게 소련이 자신들을 위해 위성국이 "싸우게" 만들었는지 밝혀내는 것이 중요하다고 생각했다. 그는 "대단히 효과적인 기술이 있지만 그것이 어떻게 성공했는지는 명확히 알 수 없다"고 말했다. 거기에는 "민족주의적 충동"이 있는데, 소련이 어떻게 "그런 열정을 자극했는지" 설명할 필요가 있다고 생각했다.[72]

그러나 더욱 곤란한 사실이 있었다. 자신들 편에 선 한국인들은 싸우려고 하지 않는다는 것이다. 리지웨이 장군은 자신이 "동양인을 안 것은 1920년 중반으로 거슬러 올라간다"고 말했지만 1969년까지도 이런 난제를 고민했다(그는 니카라과에서 산디노●를 추격한 경험까지 추가해야 했을지도 모른다).[73]

● 아우구스토 세사르 산디노Augusto César Sandino(1885~1934). 니카라과의 혁명 지도자. 1927~1933년 미국의 니카라과 강점에 저항했고 1934년 미국에 협력한 소모사 가르시아 장군에게 암살됐다.

북한군은 중국군보다 "광신적"인 전사였지만 한국군은 뛰어난 군대가 아니라고 그는 판단했다. "나는 그 까닭을 묻지 않을 수 없었다. 그런 측면을 제외하면 그들은 동일한데 왜 그런 차이가 생긴 것인가?" 그는 조선인민군이 "마약"을 사용했을 수도 있다고 추측했지만 증거는 찾지 못했다.[74]

1950년 여름 조선인민군과 그 지도부와 관련된 기본 정보—이를테면 그 병사들은 대부분 국공 내전에서 싸웠다는 것 등—는 의외의 사실로 취급됐다. 9월 초 『뉴욕타임스』는 맥아더 사령부에서 발표한 최용건의 경력에서 중대한 정보를 발견했다. 그가 중국 공산당과 함께 싸웠으며, 1931년 옌안에 있었다는 것이다(평범한 사실이 아니며, 대장정을 시작하기 3년 전이었다). 또한 그가 조선인민군 전체를 지휘하고 있다는 정보도 나왔는데, 이것은 국제 공산주의가 각 지역의 공산주의자에게 스스로 일을 처리하도록 허락했음을 보여준다. 이틀 뒤 『뉴욕타임스』는 무정도 중국에서 싸웠으며 조선인민군의 장비는 대부분 1948년 소련이 매각한 것이라는 사실을 보도했다. 그러므로 "동양인 특유의 광신과 정치 그리고 단순하고 원초적인 전투 기술이 기묘하게 혼합된 (…) (인민군은) 처음 보는 군대다. 전쟁이 시작되기 전 충분한 정보가 없었기 때문에 우리는 이제야 그들에 대해 알기 시작했다고 보는 관찰자들도 있다".[75]

초기에 『뉴욕타임스』는 유엔에 대한 북한의 성명에서 기묘한 논조를 발견했다. 그 성명에는 "일종의 열정이 담겨 있었는데" 그들은 미 제국주의에 대해 자신이 말하고 있는 것을 참으로 믿는 것 같았다. "가짜" 김일성에 대한 『뉴욕타임스』의 사설은 다음과 같았다.[76]

북한 괴뢰정권의 명목상 지도자이자 북한군의 표면상 사령관 김일성은 38세로 키가 크고 남한에서 태어났으며 출신지인 남한에서는 도주자로 수배된 인물이다. 그의 진짜 이름은 김성주로 추정되지만, 그는 한국 혁명운동의 전설적 영웅의 이름을 따라 개명했으며 (…) 아직도 많은 한국인은 북한의 통치자가 가짜가 아니라 "진짜" 영웅이라고 믿고 있다.

이것이 "발행하기에 합당한 기사"라면『뉴욕타임스』는 이승만에게 사설을 부탁해도 됐을 것이다. 이런 기사를 읽는 일반 독자는 조선인민군이 미국인을 공격하는 것도, 수천 명의 병사가 죽고 있는 것도 모두, 매우 활동적인 뇌하수체를 지니고 다른 사람으로 행세하면서 서울 사법기관의 추적을 피해 도망다니는, 미국의 유명한 강도 존 딜린저 같은 사람 때문이라고 생각할 것이다.

그러나 '한국인은 야만적'이라는 당시 널리 퍼진 인식과 조선인민군의 높은 사기와 전투 능력을 연결하는 것은 미국인에게 인지적 부조화를 일으키지 않는 것 같았다. 베트남전쟁이 전개되던 시기 노골적인 인종주의는 대체로 커티스 르메이 같은 허풍쟁이의 분야였는데, 그는 자신이 통제할 수 없었던 아시아에 대해 분노를 터뜨린 것이었다. 한국전쟁 시기에는 완고한 팽창주의자부터 온건한 자유주의자까지 폭넓은 정치 영역에서 인종주의가 퍼져 있었다.『뉴욕타임스』의 군사 분야 편집자 핸슨 볼드윈이 개전 3주 뒤 내린 판단을 살펴보자. "우리는 한국에서 야만인의 군대와 싸우고 있지만, 그들은 훈련받고 무자비하며 목숨을 아끼지 않으며, 칭기즈칸의 군대처럼 독자적인 전투 기술을 습득한 야만인이다. (…) 그들은 나치의 전격전을 모방했으며 불안과 공포를 불러일으키는 모든 무기를 사용하고 있다." 그는 중국 공산군도 참전했으며(오보였다) "가장 원시적인 민족"인 "몽골인, 소련의 아시아인과 다양한 인종"도 머지않아 참전할 것이라고 보도했다. 다른 글에서 볼드윈은 한국인을 들판을 습격하는 메뚜기에 비유했다. 그는 미국인이 "무장한 유목민족의 야만적 규율에 맞서려면 더욱 현실적인 훈련을 실시해야 한다"고 제안하면서 글을 맺었다.77

며칠 뒤 볼드윈은 이렇게 썼다. 한국인에게 "생명은 중요하지 않다. 그들 뒤에는 아시아의 유목민족이 있다. 그들 앞에는 전리품을 차지할 수 있다는 희망이 있다." "그들의 함성"과 "광신적 결의"를 달리 어떻게 설명할 수 있겠는가?78 몽골인·아시아인·나치·메뚜기·원시인·유목민·도적 등, 조국을 침범한 세계 최강의 군대에 맞서 조국을 지키려는 민족을 묘사하기 위해 볼드윈은 자신이 생각할 수 있는 비유를 모두 사용했다고 독자는 생각할지도 모른다. 그러나 그는 "확고한 광신도의 문제"를 언급할 때 또 다른 비유를 생각했다. "소련 빨치산과 대규모 전투를 벌이면서 독일은 유격대에 대처하는 유일한 방법은 (…) 민간인 가운데서 '동조자를 얻고 사람들에게 영향을 주는 것'이라고 깨달았다. 그 나라에 적용할 수 있는 평화 공작은 바로 이것이다."(평화 공작은 우크라이나에 적용한 방법을 가리키는 것 같다.) "미군의 폭격으로 죽은 여성과 아이들"에 대한 북한의 분노를 다소 불편하게 생각한 볼드윈은 "우리는 단순히 파괴를 일삼으려고 온 것이 아니라는 사실"을 한국인이 이해해야 한다고 말했다. 미국은 "이런 단순하고 원시적이며 야만적인 민족에게 우방은 공산 세력이 아니라 우리라는 것"을 확신시켜야 한다고 그는 주장했다.[79]

그러나 내가 볼드윈 한 사람을 표적으로 삼은 것은 아니다(그의 한국전쟁 보도는 대부분 뛰어났다). 뉘른베르크 전범재판의 수석 검찰관 텔퍼드 테일러의 말을 들어보자. "동양에서 전쟁의 전통과 관행은 서양에서 형성된 것과 같지 않다. (…) 동양의 관습에서 개인의 생명은 그리 중시되지 않는다. 전쟁에 대한 우리의 매우 고매한 규칙을 (…) 한국인 병사들이 따르기를 기대하는 것은 완전히 비현실적이다."[80] 맥아더는 "동양인은 죽음을 삶의 시작이라고 생각하기 때문에 태연하게 죽는다(한국의 세속적 상황을 고려하면 전혀 근거 없는 말이다). 동양인은 죽을 때 비둘기가 날개를 접듯 자신의 팔을 모은다"고 말했다.[81]

매슈 리지웨이는 한국에서 아들을 잃은 미국의 어머니들에게 소중한 시간을 할애해 자주 감동적인 편지를 쓴 인격자였지만, 역시 이처럼 만연한 인종주의에서 자유롭지 않았다. 그는 처음 한국에 가서 포로수용소를 방문했을 때 이렇게 말했다. "이 포로들의 겉모습은 짐승보다 조금 나을 뿐이다. 소련은 이런 하층민들을 이용해 자신들의 병사는 보호하고 우리 병사를 죽이고 있다." 그는 "자연 상태에 있는 이 생물들"을 클로즈업해 "그들의 얼굴 표정"을 미국인들에게 보여주는 영화가 만들어지기를 바랐다. 그는 전쟁의 배후에 있는 "사악한 천재"는 "소련인이든 중국인이든 일종의 동양적 정신이며, 우리가 만약 전쟁에서 슬라브족들과 마주치게 되면 이와 같은 야만 행

위가 광범위하게 퍼져 있다는 것을 필연적으로 발견할 수 있을 것"이라고 생각했다.[82]

이런 사람들은 한국을 경험한 적이 없었을 것이다. 경제협력국 한국사무소에서 근무한 적이 있는 에드거 존슨은 6월 25일 "충격적이고 수치스러운 범죄적 침공"을 개시한 북한의 "야만적이고 미숙한 애국주의"를 격렬히 비난했다. 북한은 "단일한 주종 관계로 이뤄진 세계"의 지배를 받고 있는 "반쯤 미친 로봇"이라고 그는 판단했다. 미 군정청에서 근무한 적이 있는 한 미국인은 한국인은 "거칠고 사납고 잔인하며 흉포하고 야만적"이라고 『파이스턴이코노믹리뷰』에 썼다. 한국은 "악당과 야만인과 반半미개인의 온상"이었다. 한국의 미국인 선교사들은 한국에서는 근친결혼이 성행해 "정신 발달이 저해" 됐다고 생각했다. 영국 자료에서는 한국에 사는 외국인(주로 미국인)은 "한국인의 지성·풍습·능력·근면을 매우 낮게 평가하고 있다"고 지적했다.[83]

한국인을 고풍스러운 초인超人으로 묘사한 것은 물론 윌러비 장군이지만, 앞서 소개한 평가와 크게 다르지 않다. 나중에 그는 미국인이 "동양인의 만행"과 마주쳤으며 한국전쟁에서 "깊은 나락"으로 떨어졌다고 회고했다.

> 군복을 입은 이런 무지한 막노동꾼은 그 주인에게 군사적 의미로든 사회적 의미로든 소모품이었다. 한국전쟁에서 최악의 특징은 높은 교양을 갖춘 인재를 완전히 쓸모없게 만들었다는 것이었다. (…) 미국의 고등학생과 대학 졸업자들을 전장에 보낸 것은 사회적·도덕적으로 비싼 투자였다. 그런데 그런 그들이 포로의 손을 등뒤로 묶은 채 죽이는 무표정한 반半 인간 무리와 마주쳐야 했다.[84]

모든 계층의 미국인은 이런 혐오스러운 인종주의적 고정관념의 영향을 받아 다양한 민족을 "이름이 밝혀지지 않은 쓰레기"(앤더슨의 표현이다)로 취급하거나 "국민성을 소거"하고 하나의 이름("동양인")으로 불렀으며, 그 결과 의식에서 하나의 민족을 지워버렸다. "민족주의는 역사적 운명의 관점에서 생각하는 반면, 인종주의는 역사 바깥에서 (…) 영원한 오염을 꿈꾼다."[85]

베트남전쟁과는 반대로 그런 인종주의에 반대하는 목소리는 거의 제기되지 않았다. 1950년 여름에 나온 한 기사에서는 한국인의 미덕(확고한 반공적 태도를 갖고 있다는 것인데, 한국의 다수 세력을 고려하면 그것은 정형화된 또 다른 오해다)을 인정하고, 한국에 있는 미국인 대부분은 인종주의의 해로운 영향을 받아 한국인을 "완전히 경멸하고 있다"고 지적했다.[86] 아울러 미국은 한국에서 자유를 위해 싸우고 있었지만, 1950년에는 거주를 목적으로 한 한국인의 입국을 인종 할당을 근거로 금지하고 1924년 이전 미국에 입국한 한국인 3000명의 귀화를 거부했다. 15개 주에서는 한국인과 백인의 결혼을 금지했고 11개 주에서는 한국인이 땅을 사거나 소유하는 것을 허용하지 않았다. 뉴욕시에서는 27개 직종에서 한국인의 취업을 금지했다.[87]

이런 치졸함을 감추기 위해 한국인의 미덕을 열거하고, 그들의 긴 역사와 뛰어난 업적과 도덕에 대한 사랑을 강조하는 등 "다른 측면"을 서둘러 보여주기도 한다. 그러나 오늘날 한국산 자동차를 몰고 한국산 컴퓨터를 사용하며, 뉴욕에 흔히 있는 야채·과일가게에서 윤기 있게 잘 관리된 생산품을 사거나, 자신의 자녀가 한국인 지원자에게 밀려 하버드대학에서 떨어진 경험이 있는 미국인에게는 설교할 필요가 없을 것이다. 실제로는 위에서 말한 미국인, 곧 아시아인에 대해 아무것도 모르지만 자신들이 옳다고 믿는 미국인이야말로 야만인이다.

이런 태도는 전투의 양상을 결정했다. 수천 명의 젊은 미군은 충분한 훈련을 받지 못한 채, 보기 드문 용기와 끈기와 교활함을 갖춘 적과 싸우게 됐다. 그리고 이런 태도는 상대의 행동 양식을 형성하면서 그들은 "미국인이 한국인을 인간으로 인정하지 않는다"[88]고 인식하게 되었고 전쟁이 길어지면서 점점 무슨 일이라도 할 것처럼 보이는 미군에 맞서기 위해서 강철 같은 정신력을 가져야 했다.

잔혹 행위의 문제

악마 같은 만행에 대한 격렬한 비난을 들은 사람은 연기가 보이면 반드시 불이 난 것이라고 의심을 키우게 된다. 북한군과 중국군을 어금니에 피 묻은 야수로 묘사한 만화책을 읽으면서 자란 나는 그런 사람들과 싸운 한국전쟁은 틀림없이 끔찍하게 무서웠을 것이라는 생각을 오랫동안 떨칠 수 없었다. 그러나 모든 증언은 바로 그 "중국의 홍군"이야말로 그 전쟁에서 가장 기강이 잘 잡힌 확실한 군대라고 지적하고 있다. 그러나 그런 사실이 수없이 입증된 뒤에야 만화의 단순한 묘사부터 "서양"을 옹호하는 오늘날 권위자들의 견해에 이르기까지, 서양인의 정신에 남아 있는 오리엔탈리즘의 잔재는 사라질 것이다.

예측의 문제도 있다. 이론적으로는 어떤 폭력도 정당화될 수 없지만, 프랑스혁명 이후 자유주의자와 급진주의자는 본능적으로, 혁명을 위한 폭력은 반혁명에 봉사하는 폭력보다 정당하다고 생각하는 경향이 있다. 남한인이 공산 세력을 처형할 것이라고 예측하는 사람은 그런 일이 실제로 일어나면 그런 판단이 옳았다고 생각한다. 북한인이 지주를 처형할 것이라고 예상하는 사람은 그들이 그렇게 하지 않으면 충격을 받는다. 이런 의미에서 북한인도 남한인도 큰 놀라움을 주지 않는다. 북한의 정치적 폭력은 그 대상이 더욱 뚜렷했는데, 그들의 강령과 그들의 적이 남한에 비해 더 적었기 때문이다. 조선인민군은 한국군보다 좀더 규율 있게 민간인을 통제했다. 그러나 북한의 정치공작원들은 처형을 빈번하게 집행했고 그것은 "위대한 지도자"의 관대한 발언을 거짓말로 만들었다. 협소한 경험주의적 의미에서 북한은 "좀더 나아" 보일 수도 있지만, 이런 차이는 결국 각 체제가 대표하는 사회 구성의 강약에서 기인하는 것이다.

나는 잔혹 행위라는 주제가 조금이라도 언급될 때 한국인이 느끼는 수치스러운 감정을 잘 알고 있으며 그 감정을 존중한다. 나는 그 문제를 논의해야 한다고 생각하지만 미국인도 비슷한 수치를 느끼기 바란다. 미국인에게서 기대할 수 있는 것은 무엇인가? 그들의 폭력은 어떻게 생각해야 하는가?

미군이 민간인을 쏘았거나 조종사가 촌락을 불태웠다는 보고에 반사적으로 나오는 대답은 전쟁은 지옥이고 한국은 너무 낯설었으며 우리 편과 적을 구분할 수 없었다는 것이다. 그러나 북한인과 남한인의 잔혹 행위는 내전과 혁명적 상황—미국의 남북전쟁을 떠올려보라—에서 일어난 것이며, 미국인의 잔혹 행위보다 훨씬 더 이해할 수 있는 일이라고 생각한다. 미국은 한국의 분쟁과 관계가 없었으며 자유와 민주주의를 주기 위해 유엔이 승인한 "치안 활동"을 수행하고 있었다. 또한 하늘에서 네이팜탄을 사용해 수백 명의 마을 농민들을 죽이는 것은 그들을 한 줄로 세워놓고 사살하는 것보다 덜 잔혹한가? 그런 방법은 집행자의 시야에 살육이 들어오지 않으므로 사살보다 덜 끔찍할 수도 있지만 도덕적 척도에서 보면 차이가 없다. 그러므로 미국인이 "동양인" 병사보다 나았는지—텔퍼드 테일러의 말처럼 미국인은 "전쟁과 관련된 우리의 매우 고매한 규칙을" 따랐는지—내게는 분명하지 않다. 이제 이런 판단을 뒷받침하는 증거를 살펴보자.

그 정보는 그리 좋은 내용이 아니다. 무엇보다 그것들은 일단 전쟁범죄이므로 관련된 사람과 정부는 많은 것을 숨긴다. 유감스럽게도 이렇게 말할 수밖에 없는데, 미국이나 영국 또는 유엔의 내부 문서에서 잔혹 행위를 조사해 그것이 남한인의 행위라는 판단을 내렸지만 그런 사실을 계속 감추는 것은 그런 행위가 없었다거나 실제로는 북한의 소행이라는 남한의 주장보다 훨씬 확실한 증거가 된다. 적어도 미국인은 그런 증거가 나타나는 것이 반갑지 않기 때문이다. 그러나 이런 증거는 법정이나 국제재판소에서 심사된 적이 없으므로 법률적 의미에서 결론은 내려지지 않았다.

그렇다면 양적으로나 질적으로나 쉽게 답변할 수 없는 질문들이 있다. 한쪽에서 비전투원 1만 명을 학살하고 다른 쪽에서는 500명을 학살했다면 전자가 더 나쁘다고 말해도 위로가 되지 않는다. 양쪽 모두 잔혹 행위를 저지른 것이다. 숫자를 비교하는 것은 역겹다. 한국전쟁에서 모든 진영은 용서할 수 없는 잔혹 행위의 범죄를 저질렀다(그 얼마 전 끝난 세계대전에서 독일과 일본이 저지른 범죄와는 비교할 수 없지만).[89]

현존하는 증거는 이승만 정권이 서울·인천·대전에서 퇴각하면서 정치범을 학살했음을 보여준다. 호주 자료는 "이승만 정부는 서울에서 철수하기 전 그곳에 있던 공산주의자 100명을 처형하라는 어리석은 명령을 내렸다"고 지적했는데, 거기에는 북한의 간첩 김삼룡과 이주하도 포함됐다. UPI 통신의 보도에 따르면 90~100명의 공산주의자가 처형됐는데 "미모로 한국의 '마타 하리'라고 불린" 김수임도 포함돼 있었다.[90]

6월 29일부터 7월 1일까지 정치범과 공산주의자로 지목된 1000명이 인천에서 학살된 것을 목격했다는 증언을 확보했다고 북한은 주장했다. 그들은 이것이 주한 미군 군사고문단 고문의 명령으로 집행됐다고 주장했다. 이 시기 인천에서는 외부 세력의 도움으로 탈옥하려는 시도도 있었다. 도쿄의 G-2는 6월 30일 인천에서 "유격대 폭동"이 일어나 300명이 체포됐다고 보고했다. 국무부 정보조사국은 북한이 비난하고 있다고 언급하면서, 하지만 그 문제는 "탈옥을 시도한 반란분자와 그것을 지원한 반체제 세력을 한국 경찰이 진압한 사건일 뿐"이라고 치부했다.[91]

8월 초 앨런 위닝턴은 런던에서 발행되는 『데일리워커』에 「한국에 있는 미국의 벨젠Belsen ●」이라는 과장된 제목의 기사를 실었는데, 한국 경찰이 주한 미군 군사고문단의 감독 아래 7월 2일부터 6일까지 대전 부근의 "낭월촌朗月村"에서 7000명을 학살했다고 주장한 것이다. 조선인민군과 동행한 그는 20명의 목격자를 발견했는데, 그들은 7월 2일 트럭을 탄 경찰들이 와서 주민에게 180미터 정도 길이의 구덩이를 6개 파도록 했다고 말했다. 이틀 뒤 정치범들이 트럭에 실려와 처형됐는데 머리에 총을 쏘고 칼로 참수해 구덩이에 "정어리처럼" 차곡차곡 쌓았다. 학살은 사흘 동안 이어졌다. 목격자들은 두 대의 지프에 탄 미군 장교들이 학살을 감독했다고 말했다.[92]

북한 자료에 따르면 4000명이 살해됐는데(몇 달 뒤에는 7000명으로 바뀌었다) 대부분 제주도와 태백산에서 잡힌 유격대와 여순반란 사건에서 체포된 사람들이었다. 살해 장소는 앞서 말한 보도와 달랐는데 대덕군 사내면 창오촌에서 일어난 사건으로 기술했다. 미국 정부가 발행한 지명사전에는 대전

● 나치의 강제 수용소가 있던 독일 동북부의 지명.

근처에 그런 마을이 없다. 그러나 대전 근교의 낭월촌은 기재돼 있는데 그것은 '양월'로 표기되거나 발음된 경우도 많았다.[93]

미국 내부 자료는 전쟁이 시작되자 남한 당국은 유명한 좌익 인사를 대부분 투옥했다고 보고했다. 인민군에게 점령되는 도시가 늘어가면서 "우리 정보에 따르면 이런 죄수들은 남한의 적으로 간주돼 북한군이 도착하기 전 살해됐다".[94]

영국 주재 미국 대사관은 위닝턴의 기사를 "잔혹 행위를 날조한 것"이라면서 그 내용을 부정했다. 그러나 연합국 최고사령부의 장교와 이야기한 도쿄 주재 영국 관료는 "이 보고에는 약간의 진실이 있을 수도 있다"고 말했지만 연합국 최고사령부는 그것은 런던과 워싱턴이 처리할 문제라고 판단했다. 영국 외교관 개스코인은 신뢰할 만한 기자가 "한국군의 죄수 학살"을 "거듭" 지적했다고 말했다. 그러나 미국에서 파견된 전쟁 포로 조사단의 J. 언더우드는 대전 시내의 감옥에는 2000명 정도가 수감돼 있고 대전 전체로는 7000명 정도일 수도 있다고 영국 당국에 말했다.[95]

7월 2일 군 정보부는 한국 경찰이 대전에서 "공산당원을 모두 체포해 도시 외곽에서 처형했다"는 보고를 "진실일 것"이라고 평가했다. 이튿날 CIA는 "비공식 보고에 따르면 경찰이 수원과 대전에서 공산당원으로 의심되는 자들을 처형했는데, 그 목적은 제5열로 의심되는 부류를 제거하고, 서울에서 북한이 처형을 자행했다고 보고된 것에 보복하려는 것"이라고 언급했다. 그러나 어느 보고서에서도 인원수는 나와 있지 않다.[96] 미국 내부 자료에서는 위닝턴이 지적한 처형이 실제로 일어났을 가능성을 시사하면서 그 인원은 7000명이 아니라 2000~4000명 정도일 수도 있다고 봤다.

남한이 이보다 규모가 작은 학살과 관련됐다는 분명한 증거가 있다. 『뉴욕타임스』의 한 기자는 한국 경찰이 수행원들과 함께 유격대로 지목된 민간인 40명의 등을 "소총 개머리판으로 때리는 것"을 목격했다. "우리는 숲에서 총격전을 벌였다"고 그 경찰은 자랑스럽게 말했는데, 죄수들을 "숲으로 끌고 가 등을 구타한 뒤 처형했다"는 뜻이었다. 한 호주인은 비슷한 사건을 목격했는데, 공주에서 간수가 민간인 죄수 20명의 무릎을 꿇리고 "조금만 움직여도" 구타했다. 질문을 받자 간수는 "게릴라, 탕, 탕"이라고 대답했다. 7월 12일 『맨체스터가디언』의 특파원은 한국 당국이 죄수 60명을 트럭에 태워 금강으로 간 뒤 처형하는 것을 봤다. 18장에서 본 대로 "호랑이" 김은 전생 포로 50명을 참수했다. 적십자가 그것에 항의하자 주한 미군 군사고문단 장교들은 그들은 "특파원에게 그 사실이 알려지는 것을 싫어한다"고 말했다.[97]

7월 14일 경찰 치안국장 김태선은 6월 25일 이후 경찰은 공산당원으로 의심되는 1200명을 처형했다고 인정했다. 그 기사를 쓴 기자 키스 비치는 그 뒤 한 대담에서 기자에게 잔혹 행위를 인정하는 김태선의 안색이 어두웠다고 말했다. 1주 뒤 조선인민군이 전라도로 접근하면서 이응준 장군은 계엄령을 발표해 체제 전복과 방해 행위 그리고 "지휘관이 정치범이라고 판단한 사람은" 처형하도록 승인했다. 7월 26일 한국 정부는 "적과 비슷한 행동을 하는" 민간인은 총살될 것이라고 발표했다. 모든 민간인은 특별열차로 이동해야 했고, 전투 지역에 있는 주민은 하루에 두 시간만 외출할 수 있었다. "이 규칙을 어긴 것이 적발된 사람은 모두 적으로 간주돼 즉시 처형될 것이다." 요컨대 무차별 공격 지대가 이제 최전선을 둘러쌌다는 뜻이었다.[98]

8월에는 남한의 잔혹 행위에 대한 보도가 확산됐다. 날짜는 정확히 알려지지 않았지만 대구에서는 "집단 처형이 한 차례" 일어나 민간인 120명이 죽었다. 존 오즈번은 『라이프』에 남한 경찰은 너무 잔인해 "그들이 사용한 방법은 표현할 수 없다"고 썼다. 주민들은 "생생하고도 확실한 두려움으로 경찰의 명령 하나하나에 떨었다". 미국인들은 심문하기 위해 북한 포로를 색출했지만 거의 찾지 못했다. 오즈번은 한 미군 대위가 "살아 있는 포로를 찾으려고 고함을 질렀다"고 썼다. 미국 관료들은 잔혹 행위를 언제나 부인했지만 영국은 미국에 그것을 항의했으며, 인도의 네루 수상은 유엔 한국위원회 위원 한 사람에게 남한은 "좌익 동조자들을 대규모" 총살한 것을 포함해 "아주 많은 과오를 저질러왔다"고 말했다. 네루 수상이 입수한 정보에 따르면, 이와는 반대로 "북한은 비교적 온건하게 행동했고 그 덕분에 지지를 받았다".[99]

대부분의 기자는 당시의 냉전적 분위기 때문에 자신들이 한국에서 목격한 것을 보도하는 것을 두려워했다. 런던에서 발행되는 『픽처포스트Picture Post』의 제임스 캐머런은 1950년 늦여름 자신이 "남한의 강제수용소"라고 부른 부산에서 찍은 사진과 기사를 보도했다.

나는 벨젠에 가본 적이 있지만 여기는 더 열악했다. 이 끔찍한 남성 집단은 유죄 판결을 받지도 않았고, 재판을 받지도 않았으며, 남한에 사는 남한인이지만 "믿을 수 없다"고 의심받고 있다. 뼈만 앙상한 수백 명은 실로 조종되는 꼭두각시 같고, 얼굴은 투명할 정도로 창백하며, 사슬로 서로 연결돼 고전적인 동양적 복종의 자세로 움츠리거나 쓰레기더미에서 태아처럼 몸을 쪼그리고 있다. (…) 중세의 음산한 시장 같은 이곳에서 미군 병사들은 태평스럽게 이 광경을 사진에 담고 있다. (…) 나는 (유엔) 위원회에 분노를 터뜨렸지만, 그들은 아주 정중하게 말했다. "맞습니다. 아주 충격적입니다. 하지만 이들은 우리와는 다른 행동 기준을 가진 아시아인이라는 것을 기억하십시오. (…) 모두 아주 어려운 일입니다." 태만하고 변명의 여지가 없는 타협이었다. 나는 쉽게 분노하지 않지만 분노했다. 우리는 그 상황을 글과 사진으로 자세히 기록했다. 1년이 되기 전에 그것은 내 직업과 내 잡지의 존재를 위태롭게 할 것이다.

『픽처포스트』는 캐머런의 기사를 싣지 않았는데, 그 때문에 그 잡지사에서는 "작은 반란"이 일어나기도 했다. 그 직후 『픽처포스트』는 "당연히 활력을 잃었다".100

인천 상륙 이후 한반도를 다시 장악한 한국 정부는 북한에 협력한 부류에게 잔인하게 보복해 죽음에 이르게 했다. 영국 자료에서는 경찰의 "중세적 마녀사냥"이라고 언급했으며 남한 출신 한국인은 나중에 그것을 캄보디아의 "킬링필드"에 비유했다. 남한 장교들은 어린이와 임신부·노인을 포함해 북한의 협력자로 의심된 100여 명에게 자신의 무덤을 파게 한 뒤 학살했다고 한 미국인은 썼다—"이런 일은 전선의 모든 지역에서 일어났다".101

다른 자료에도 여러 트럭에 실린 "정치"범이 서울의 서대문형무소에 도착한 것이 기록돼 있다. 그 형무소에는 4000명이 수용됐는데, 그 가운데 1200명은 여성이었으며 아기를 데리고 있는 여성도 있었다. 한 면이 10피트(약 3미터) 정도 되는 감방에 24명이 수용됐다. 『뉴욕타임스』 기자는 4개월 된 아기를 업은 한 여성이 처형되는 것을 목격했다. 11월 중순 드럼라이트가 국무부에 보낸 전보에 따르면 "협력자" 1만6115명이 체포돼 6588명이 석방되고 나머지는 계속 갇혀 있었으며, 군사재판에서는 451명에게 사형을 선고했고 민간 법정에서는 131명에게 사형을 선고했으며 많은 사건이 계류 중이었다.[102] 이것은 일정한 사법절차를 거쳐 처형된 사람만을 언급한 것이므로 실제보다 적게 추산된 것이다. 그러나 이제 독자들은 실태를 상상할 수 있을 것이다.

북한 당국이 내부용으로 작성한 비밀문서는 남한이 서울을 탈환한 뒤 거기서 일어난 잔혹 행위를 자세히 기록했다. 남한 당국은 거의 2만9000명을 "총살"했다. 그 가운데 2만1000명이 감옥에서 총살됐고 나머지는 경찰과 "반동" 단체가 저질렀다. 인민위원회 지도자의 가족은 모두 학살됐다고 그 문서는 서술했다. 남한과 미국은 북한에 협력한 사람(과 그 가족) 가운데 처형되지 않은 부류는 "노예노동"을 시켰다고 문서는 고발했다. 그들에게는 남한의 시민증이 발급되지 않았으며 다양한 강제 노동에 동원했다. 문서는 참혹한 고문을 자세히 묘사했고, 여성 공산주의자와 협력자 300명이 사창가로 보내져 한국군과 미군을 지속적으로("밤낮없이") 상대했다고 주장했다. 이 보고서는 허위일 수도 있지만, 그렇다면 북한 당국자는 내부 비밀문서에서 자신의 상관에게 거짓말을 했겠는가?[103] 나는 이 보고서가 허위로 밝혀지기를 바란다. 그것은 나치즘과 규모만 다를 뿐 인류를 저버린 행위이기 때문이다.

북한의 잔혹 행위

전쟁이 일어난 뒤 북한이 남한 정부의 관료와 경찰, 우익 청년 단체의 지도자 그리고 미 군정청에서 근무한 적이 있는 사람들을 처형했다는 보고가 들어왔다.[104] 앞서 북한의 서울 점령을 살펴본 부분에서 지적한 대로 이것은 사실이었는데, 초기의 처형은 풀려난 죄수들이 보복한 경우가 많았다. 그 뒤 북한은 처형을 중지시키려고 노력했다. 북한 내무성 문서에서는 남한 경찰에는 식민지시대에 경찰로 근무하다가 월남한 사람, 북한 지주의 아들로 서북청년단에 가입한 사람, 남한 지주와 자본가의 아들 그리고 식민지시대에 비교적 고위직을 지낸 사람이 많았다고 지적했다. 이들의 범죄는 "용서받을 수 없다"고 그 문서는 선언했다.[105] 문서에서는 이들의 처형에 대한 사항은 언급하지 않았지만 이런 범죄는 "인민재판"을 거친 뒤 처형하는 데 근거가 됐으리라고 추정할 수 있다. 처형된 인원수와 관련된 증거는 없지만 상당한 규모였을 것이 분명하다.

조선인민군이 미군 포로를 처형한 증거도 있다. 이것은 7월 초에 처음 드러났으며 인천 상륙 이후 악화됐다. 30~40명으로 이뤄진 미군 포로 몇 집단이 처형된 사례가 발견됐으며, 87명으로 이뤄진 한 집단은 손이 묶인 채 구출됐다. 맥아더와 윌러비는 북한 지도부를 전쟁범죄로 재판에 회부해야 한다고 요구하면서 그런 행위를 빈번히 언급했다. 그러나 내부 문서에 따르면, 맥아더는 북한 지도부가 그런 행위를 금지하라고 지시했으므로 전범 재판에는 해당되지 않는다고 판단한 자료를 갖고 있었다.[106] 전쟁 포로들에 따르면 이런 처형은 미군 포로를 북한으로 이송하기 어렵거나 이송할 수 없을 때 일어난 것으로 보이며 처형은 전장의 전통적인 "인도적" 방법(귀 뒤에서 한 발을 쏘는)으로 이뤄졌다. 한국군 포로는 상당히 가혹하게 처리됐지만 관련된 증거는 거의 없다.

북한 내부 자료는 많은 포로가 살해됐으며 조선인민군 장교들은 그런 살육을 저지하려고 했다는 것을 보여준다. 6월 25일 최고사령부는 다음과 같이 명령했다.

항복한 자들을 잘못 처리하는 우리 일부 부대의 행위가 사상공작에 큰 손실을 초래하고 있다. 이를테면 항복한 자들을 포로로 잡지 않고 사살하는 부대도 있다. 그러므로 다음 명령을 엄수해야 한다. (1) 항복한 자는 모두 포로로 삼는다. (2) 사살은 엄금한다.

8월 16일 조선인민군 장교 최봉철은 "우리 가운데 일부는 항복하러 온 적군을 아직도 학살하고 있다. (…) 포로를 정중히 다루도록 병사를 교육할 책임은 각 부대 정치부에 있다"[107]

인천 상륙 이후 해방된 미군 포로들은 인민군이 자신들을 비교적 잘 대우했고(당시 상황을 감안하면) 규율이 잡혔으며 처형이 몇 차례 집행됐다고 보고했다. 나중에 유엔 한국통일부흥위원회United Nations Commission for the Unification and Rehabilitation of Korea는 우익에 대한 정치적 처형과 잔혹 행위가 많이 보고됐지만, 11월 초 강원도를 방문해 한국과 미국 당국자 및 지역 주민의 의견을 들은 그 조사반은 "주의를 끌 만한 사건은 거의 없었다"고 보고했다. G-2 자료도 정치범 수천 명이 서울에서 북한으로 이송됐는데, 경찰 간부와 우익 청년 단체 지도자 그리고 당초 살해됐다고 생각된 사람들도 다수 포함됐다고 보고했다.[108]

인천 상륙의 위기 상황에서 정치범을 대규모 학살한 사건이 몇 차례 있었다. 북한군이 철수하면서 목포에서는 500명이 학살됐고 원산에서도 500명이 살해됐고, 진격하는 부대들은 북한군이 처형해 매장한 것으로 추정되는 집단묘지도 많이 발견했다. 유엔 한국통일부흥위원회의 기록문서에는 생존자들의 사진과 대담이 들어 있는데, 전주와 대전에서 조선노동당 간부와 지역 공작원들이 정치범을 대량 학살했음을 보여준다. 희생자는 대부분 큰 구덩이를 파게 한 뒤 사살하고 그리로 밀어 넣었다. 대부분 경찰과 청년 단원이었다.

미국과 남한의 조사에 따르면 남한에서 학살된 사람은 2만~2만2000명 정도였다.[109] 이런 수치가 어떻게 나왔는지는 알 수 없다. 유엔 한국통일부흥위원회 보고서에 나온 수치는 상당히 적다. 아울러 유엔 한국통일부흥위원회의 조사는 균형이 잡혔지만, 미국과 남한의 조사에서는 남한의 잔혹 행위는 언급하지 않았다.

애플먼이 집필한 공식 기록에서는 북한이 대전에서 자행한 학살은 "한국 전쟁에서 가장 큰 규모 가운데 하나"였으며 5000~7000명이 학살돼 집단 묘지에 묻혔다고 주장했다. 거기에는 미국인도 일부 포함됐다. 한 살해 현장에서는 미국인 2명을 포함해 6명이 살아 있는 채로 발견됐는데, 자신들을 덮은 얇은 흙 아래서 죽은 체하고 있었다. 집단 묘지는 전라남도 여러 곳에서도 발견됐다. 애플먼은 북한이 10월 2일 원주에서 민간인 1000~2000명을 "미친 듯이" 죽였다고 기록했다.[110]

서울의 서대문형무소에는 7000~9000명 정도의 죄수가 수용됐는데, 대부분 북한 점령 마지막 달에 수감됐다. 그들은 대부분 남한의 경찰·군인·우익 청년이었다. 9월 17~21일 이 죄수들은 걷지 못해 총살된 사람들을 제외하고 모두 철도로 북송됐다. 미국 자료에서는 200명이 매장되고, 살해된 사람은 1000명으로 추산했다. 레지널드 톰프슨은 "증오와 욕망이 들끓은 광란의 마지막 며칠 동안 공산주의자에게 학살된 수백 구의 시체"를 봤다. 평양이 점령됐을 때 평양형무소 근처의 큰 참호에서 시체 수천 구를 발견했다고 미국 자료는 보고했다. 북한군이 함흥을 떠나면서 700명이 처형됐다고 알려졌다.[111]

대전·원주·전라남도에서 그런 대규모 학살이 일어났다는 증거를 나는 문서에서 찾지 못했다. 그리고 애플먼은 남한 대학살을 입증하는 구체적인 증거와 자신의 서술 간의 균형을 맞추지 못했다. 나는 대전에서 북한이 수천 명을 학살했다는 설명을 보지 못했다. 7000명이라는 수치는 7월 초 대전에서 남한이 학살을 저질렀다고 주장했을 때도 사용됐다. 북한은 처형된 시체를 묻은 동일한 구덩이를 사용했던 것이 아닌가 싶다. 다른 공식 자료에서는 북한이 9월 전라남도의 형무소에 1700명 정도를 수용했다고 말했다. 그들이 퇴각했을 때 그 가운데 10명은 살해됐으며 나머지는 석방됐다.[112]

대량 학살 가운데 타당하게 충분히 조사된 사례는 하나인데, 그 결과는 여러 가지로 해석할 수 있다. 주한 미군 군사고문단의 한 고문은 9월 마지막 주 공산군이 "양평군에서 철수하기 전" 민간인 700명을 "산 채로 불태우거나 사살하거나 총검으로 찔러 죽였다"고 보고했다. 희생자들의 사진도 있으며, 목격자들은 사망자가 대부분 경찰과 우익 청년 단원이었다고 말했다. 학살 사건을 조사한 유엔 한국통일부흥위원회 조사단은 민간인 시체 40구와 군복을 입은 채로 처형된 비슷한 숫자의 인민군 시체를 발견했다. 미국 대사관 필립 로 부영사의 조사에 따르면 시체는 9구뿐이었다. 지역 주민은 나머지는 희생자의 가족들이 옮겨갔다고 말했다. 로는 이것을 믿으려고 했지만, 주한 미군 군사고문단의 보고를 입증할 수 없었다. 그는 살해된 조선인민군에 대해서는 언급하지 않았다.[113]

연합군은 북진할 때도 퇴각하는 공산 세력이 잔혹 행위를 저질렀다는 증거를 거의 발견하지 못했다. 11월 30일자 유엔군의 문서에는 "최근 유엔군이 점령한 지역에서 (적의) 잔혹 행위에 대한 보고는 거의 없다"고 말했다.[114] 그러나 북한이 남한에서 잔혹 행위를 저질렀음을 보여주는 증거가 있다. 일련의 노획 문서들은 고위 관료들이 처형을 시행하지 말라고 경고했음을 보여준다. 조선노동당 고위 간부들이 참석한 것으로 생각되는 1950년 12월 7일자 수기手記 회의록에서는 "반동분자의 악질적인 보복 행위를 이유로 (그들을) 처형하지 말라. 숙청 계획은 사법 당국이 수행하게 하라"고 말했다.[115] 하지만 그것은 희생자와 그 가족에게 그리 위안이 되지 않았을 것이다.

미국의 잔혹 행위

영국인 레지널드 톰프슨이 쓴 『절규하는 한국Cry Korea』은 한국전쟁 첫 해에 대한 뛰어나고 정직한 목격담이다. 종군기자들은 남한을 방어하기 위한 군사행동은 "이상할 정도로 혼란스러웠으며" 유격대와 민중의 상황도 제2차 세계대전과는 다르다고 생각했다고 톰프슨은 썼다. "자신이 본 것을 사실대로 쓰려는 용기를 지닌 사람은 거의 없었다." 미군들은 "적을 사람으로 보고 말한 적이 없다. 그들은 원숭이를 상대하듯 했다." "모든 사람이 가장 바라는 것은 한국인을 죽이는 것이었다. '오늘 (⋯) 나는 국gook●을 없앨 것'"이라고 말하는 종군기자도 있었다. 미국인은 한국인을 '국'이라고 불렀는데, "그렇게 하지 않았다면 기본적으로 친절하고 너그러운 미국인이 그들을 무차별적으로 죽이거나 그들의 집과 가난한 세간을 파괴하지 못했을 것"이라고 그는 생각했다.[116]

『뉴욕타임스』에 한국전쟁 관련 기사를 쓴 찰스 그루츠너는 전쟁 초기 "일부 미군 부대와 한국 경찰은 간첩이 침투할 것을 우려해 남녀를 포함한 남한 민간인 수백 명을 학살했다"고 썼다. 그는 미군 고위 장교의 발언을 인용했는데, 7월 미군의 한 연대는 공황 상태에 빠져 "많은 민간인"에게 발포했다고 말했다.[117] 키스 비치는 『뉴어크스타레저Newark Star-Ledger』에 이렇게 썼다. "지금은 한국인에게 유리한 때가 아니다. 양키들이 그들에게 마구 발포하고 있기 때문이다. (…) 신경이 날카로워진 미군 부대는 한국인이면 누구에게라도 발포할 준비가 돼 있다." 베트남전쟁에서 세이모어 허시가 미라이 학살 사건을 폭로하고, 뒤이어 윌리엄 캘리 소위가 기소된 것에 격노한 윌러비 장군은 그런 일은 한국에서 일상적으로 일어났다고 주장하면서 해리 맥대니얼이라는 남성의 편지를 인용했다. "나는 대위로서 한국의 전방에서 싸웠는데, 어두워진 뒤에는 움직이는 모든 것에 발포하라는 명령을 받았습니다."[118]

북한은 미군이 "적화된" 영동군에서 민간인을 대규모 학살했다고 주장했다. 7월 20일 영동군에 도착해 목격자 10명과 이야기한 조선인민군 부대에 따르면, 미군은 영동군의 2개 마을에서 2000명 정도의 민간인을 모아 유격대가 들끓는 인근 산악 지대로 데리고 간 뒤 대전이 함락되자 학살했다. 대부분 공습으로 죽었을 것으로 생각되지만 여성들은 사살되기 전 강간당했다고 말했다.[119] 뒷받침할 수 있는 증거는 없지만, 1950년 여름 이후 북한 자료에서 미군의 잔혹 행위에 대한 언급은 드물고, 대부분 남한의 잔혹 행위에 관련된 보고였다. 미군과 관련된 보고는 대부분 그들이 여성을 강간했다는 것인데,[120] 내가 만난 많은 한국인 정보 제공자들도 비슷한 이야기를 했다.

• 동양인을 비하하는 표현.

주한 미군 군사고문단의 원본 자료에 따르면 1950년 8월 6일 공군은 청송(경상북도)·진부(강원도)·구수동(경기도)을 "완전히 없애야 한다"고 요청했다. 이틀 뒤 B-29기로 구성된 5개 편대가 전선 부근 장방형의 폭넓은 지대에 있는 모든 도시와 촌락을 수백 톤의 네이팜탄으로 폭격해 불바다로 만들었다. 그런 요청은 8월 20일에도 있었다. 8월 26일의 일지에는 "11개 마을을 불태웠다"고 적혀 있다.[121]

1950년 북한은 공습에 방어할 수단이 없었다. 1950년 여름부터 가을까지 소련과 중국의 조종사와 비행기는 항공 엄호를 제공하지 못했다. 리지웨이는 한국에 도착한 직후 북한군에 대해 "수적으로는 우세하지만 무기는 질·양 모두 매우 뒤떨어져 있으며, 항공 지원도 없고 통신수단과 보호 장비도 취약하다"고 평가했다. 한 공군 장군은 평양 일대에서만 격렬한 대공 포화를 받았을 뿐 항공 폭격은 "무임승차"였다고 말했다. 당시 공군으로 참전했던 존 글렌 상원의원은 제트기를 타고 해안을 거쳐 압록강 근처의 "마을"까지 북상했는데, "평양"에는 대공포 사격이 간간히 있었지만 다른 지역에서는 거의 없었다고 말했다.[122]

제공권을 완전히 장악하면서, 내키는 대로 하고자 하는 분위기 비슷한 것이 조성됐는데, 그것이 한국인 사상자를 증가시켰다는 사실은 의심의 여지가 없다. I. F. 스톤이 지적한 대로, 기밀 사항을 삭제한 기사와 공습은 "인간적 연민이라고는 찾아볼 수 없는 방만한 도덕적 해이로, 마음의 눈이 완전히 멀어버린 행위였다 ─조종사는 볼링 경기를 하듯 마을을 쓸어버렸다".[123] 이를테면 민간인 폭격을 피하기 위해 목격할 수 있는 목표만 공격하라는 지시를 받았음에도 불구하고 조종사들은 레이더로 인구 밀집 지역을 탐지해 폭격하거나, 1차 목표를 공격할 수 없게 되면 2차 목표에 대량의 네이팜탄을 투하하는 경우가 많았다. 공업도시 흥남에 전개된 7월 31일의 대규모 공격에서는 레이더를 사용해 구름을 뚫고 500톤의 폭발물을 투하해 상공 60~90미터까지 불길이 치솟았다. 8월 12일 공군은 북한에 625톤의 폭탄을 투하했는데, 제2차 세계대전에서 B-17 폭격기 250대가 투하한 분량과 맞먹는 것이었다. 8월 하순 B-29 편대는 하루에 800톤의 폭탄을 북한에 투하했

다.[124]

폭탄은 대부분 네이팜탄이었다. 6월부터 10월 말까지 B-29기는 86만 6914갤런(약 330만 리터)의 네이팜탄을 투하했다. 공군은 지난 전쟁 끝머리에 도입된 이 비교적 새로운 무기의 위력에 만족스러워했고 공산 세력의 항의에 농담으로 대응했으며, 언론에는 자신들의 "폭격은 정밀하다"며 사실을 호도했다. 또한 그들은 폭격기가 접근할 것이라는 경고를 민간인에게 전단으로 알렸다고 자주 언급했지만, 모든 조종사는 그것이 효과가 없음을 알고 있었다.[125]

네이팜탄 폭격으로 수천 명의 무고한 민간인이 겪은 고통은 오폭한 미군 10여 명의 진술에서 짐작할 수 있다(제임스 랜섬 2세 상병의 말이다). "내 주위에 있던 모든 사람이 불탔다. 그들은 눈 위에서 굴렀다. 함께 행군하고 싸웠던 전우들은 내게 자신을 쏴달라고 부탁했다. (…) 끔찍했다. 네이팜탄에 불탄 부분은 (…) 감자튀김처럼 얼굴·팔·다리부터 피부가 말려 올라갔다."[126]

1950년 9월 레지널드 톰프슨은 이렇게 썼다. "몇 안 되는 농민은 소총과 카빈총 몇 정과 가망 없는 용기로 현대 무기의 엄청난 화력에 저항했으며 (…) 그들과 모든 주민에게는 끔찍하게 무서운 젤리 형태의 유지소이탄油脂燒夷彈이 투하됐다." 이런 전쟁에서는 "학살자는 버튼만 누르면 된다. 그러면 죽음은 하늘을 날아 멀리 떨어진 낯모르는 사람을 뒤덮는다. 대학살, 진정한 의미의 대학살이다. 깊은 적막이 온 공동체 위에 드리워진다".[127]

미군이 서울로 돌아왔을 때 프랭크 E. 로 소장은 조선인민군이 퇴각하면서 중앙청을 불태운 것에 격노했다(피해는 부분적이었다). 그는 이런 "악의적인 약탈 행위"에 대해 "민간인에게 대피하도록 일정 기간 공지한 뒤 공습을 감행해 평양을 완전히 파괴하는 형태로 즉시 보복해야 한다"고 주장했다. 로 장군에게는 수도 하나가 중앙정부 청사 하나와 동일한 가치를 지닌 것 같지만, 그것이 옛 일제의 총독부 청사였으며 그 모습이 "일본"의 첫 글자인 '일日'을 본떴다는 사실을 알았다면 분노는 조금 누그러졌을 것이다.[128]

남한 방어전이 끝났을 때 남한에서는 11만1000명이 죽고 10만6000명이 부상했으며 5만7000명이 실종됐다. 가옥 31만4000채가 완전히 파괴되고

24만4000채가 손상을 입었다. 미군은 2954명이 죽고 1만3659명이 부상했으며 3877명이 전투 중에 실종됐다. 북한의 피해는 알려지지 않았지만, 전사자만도 7만 명 정도 될 것으로 추정된다.[129]

21장

반격을 위한 전쟁

그리고 이런 일들이 어떻게 일어났는지 아직 모르는 세상 사람들에게

제가 설명하도록 해주십시오.

육욕에 물들고 피비린내 나는 패륜 행위와

우발적 판단과 뜻하지 않은 학살,

교활하고 고의적인 술책 때문에 발생한 죽음들,

그리고 자신이 꾸민 계략에

자신의 머리를 잘못 맞게 된 경위를

저는 모두 사실대로 말씀드릴 수 있습니다. •

_「햄릿」에서 호레이쇼의 대사

워싱턴에서 8월의 무더위가 끝나가면서 트루먼 대통령과 국무장관은 선전 포고 없이 시작된 전쟁을 북한 해방을 위한 전쟁으로 전환하기로 결정했다. 봉쇄라는 주제thesis, 正의 승리가 유혈이 낭자한 부산 방어선의 지평선 위로 희미하게 깜박일 때 자유주의 세력은 반대 주제antithesis, 反를 향해 도약하고 있었다. 지난해부터 시작된 변화는 어느새 절정에 이르러 "제한적" 반격이라는 새로운 통합 주제synthesis, 合를 만들어냈다. 그러나 깨닫지 못한 그 시점부터 전장과 미국의 정치는 추진력을 얻어 행정부를 신속히 전진시켰고, 미국의 반공 전략에서 결정적인 전환점이 됐다.

많은 학자와 미국인들의 기억은 아직도 2개의 명제에 묶여 있다. 첫 번째 명제는 반격rollback이 사실 덜레스의 정책이었으며 아이젠하워 시대의 산물이라는 것이다. 이 명제에서는 반격을 실제로 추진한 것은 트루먼 행정부였다는 사실을 망각하고 있다. 이런 기억이 떠오르면 두 번째 명제가 등장한다. 반격은 맥아더의 정책이자 그의 실책이었다는 것이다. 프린스턴대학에서 열린 학술회의에서 애치슨은 북한에서 겪은 큰 실패의 책임을 맥아더에게

• 윌리엄 셰익스피어, 『셰익스피어 4대 비극』, 이형욱 옮김, 문예춘추사, 2016, 183쪽을 참조해 번역.

돌리려는 의도를 노골적으로 드러냈다. 그리고 언제나처럼 그의 역사 해석과 세련된 복화술은 주류적 해석에 수용됐다.

두 명제는 모두 틀렸다. 첫째, 1953년 덜레스는 반격의 수사修辭를 봉쇄정책으로 대체했는데, 그것은 1950~1951년의 결정적인 전환의 직접적인 결과였으며, 오만하고 호전적인 수사를 구사했던 8년 동안의 아이젠하워 시대[1953~1961]에 비교적 평온하게 봉쇄를 추진할 수 있게 했다. 덜레스는 반격을 지지했지만, 그 시기는 아이젠하워 시대가 아니라 트루먼 시대였다. 한국에서 반격을 추진하면서 초기의 봉쇄체제는 무너졌다. 그런 실패는 봉쇄를 지속적으로 제한했다.[1] 덜레스는 그 성배의 수호자였다.

둘째, 반격은 맥아더의 정책도, 그의 실책도 아니었다(그는 반격을 선호했지만). 북진정책은 전후 시기의 어떤 한국정책보다 폭넓은 워싱턴의 정치적 연합을 이끌어냈다. 그 범위는 우파의 완고한 반공주의자부터 존 빈센트와 O. 에드먼드 클럽 같은 자유주의자에까지 걸쳐 있었으며, 국제협력주의자와 민족주의자 사이의 균열을 치유했다. 1950년 늦여름 시점에서 반격은 미국이 앞으로 실현할 수 있는 영역에서 대체로 동의하는 중간 지점이었다. 그러나 이것은 작년에 나타난 논리의 연장선 위에 있는 것이었으며 국가안보회의 문서 48과 68에 보이는 봉쇄와 반격 사이의 변증법과 동일한 성질을 띠고 있었고 동일한 수사를 사용한 경우도 있었다. 이제 전전의 계획과 실제로 전개된 분쟁의 관계를 확인해보자.

애치슨이 생각한 한국정책은 북한의 공격을 물리치는 방어적 성격을 띠었으며,[2] 3년 전 자신이 구상한 봉쇄론을 추구했다. 그러나 당시는 1947년이 아니라 1950년이었으며, 1년 가까운 내부 대립을 거쳐 반격이라는 새로운 선택지가 떠오른 시점이었다. 1950년 6월 애치슨은 트루먼 행정부의 고위 관료 가운데 반격에 계속 반대하는 몇 안 되는 인물의 하나였다. 그러나 반격의 추진력이 커지면서 외교정책에 대한 애치슨의 영향력은 작아졌다. 6월 25일까지 그는 배의 키를 단단히 잡고 있었지만 한국에서 전투가 전개되면서 불어닥친 강력한 태풍 때문에 방향을 바꿔야 했다. 그 태풍은 외교정책을 "신들의 황혼Götterdämmerung"으로, 다시 말해 멸망으로 몰아가, 애치슨의 표현에 따르면 트루먼 행정부를 붕괴시켰다.

커지는 소용돌이

북한의 남진은 북진하려는 미국의 생각―포스터 덜레스의 생각이라고 말하는 것이 낫겠다―을 즉시 자극했다고 생각된다. 6월 하순 앨버리 개스코인은 덜레스가 한국에서 일어난 사건은 38도선을 넘는 데 이용할 수도 있다고 "두서없이" 말하는 것을 들었다. 7월 중순 덜레스는 반격의 핵심적 지지자였으며, 딘 러스크, 존 앨리슨 그리고 극동에서 반격 정책을 이전부터 지지한 존 페이턴 데이비스의 지원을 받았다.[3]

전쟁이 일어난 지 3주도 지나기 전 주요 정책 결정자들은 봉쇄 논리를 쓴웃음이 나올 정도로 교묘하게 완전히 뒤집었다. 그때까지 불가침 대상이었던 38도선 위의 "국제적" 경계선은 북한이 넘으면서 히틀러의 침략을 떠오르게 했으며, 이제는 남쪽에서도 침범할 수 있는 것으로 간주됐다. 미국은 한국의 통일을 위해 처음이자 마지막이며 한 번뿐인 감동적 배려를 보여줬다. 냉전주의자 에버렛 드럼라이트는 7월 10일 앨리슨에게 이렇게 썼다. "적이 패주하기 시작한다고 해서 우리가 38도선에서 멈추는 것은 엄청난 실패를 가져올 어리석은 행동입니다. (…) 우리와 유엔의 목표는 통일입니다." 앨리슨은 여기에 자극받아 38도선은 중부 유럽의 경계선과 다르며 (궁극적으로는) 법률적 의미도 없다고 주장하는 극비 메모를 작성했다. "이 경계선은 일본군의 항복을 염두에 두고 합의한 것일 뿐이며 미국은 다른 목적을 위해 그 경계선의 지속적 정당성을 약속한 적이 없다"는 것을 과거의 기록이 보여준다고 그는 말했다.[4] 달리 말하면, 한국을 둘로 쪼갠 경계선은 한국인이 넘으려 할 때는 국제적으로 확정된 국경선이지만, 미국인이 넘으려고 하면 상관없다는 것이다.

덜레스는 앨리슨의 문서를 즉시 러스크에게 보여줬고 이튿날인 7월 14일 북진을 주장하는 메모를 폴 니츠에게 보냈다. 아직 케넌의 영향 아래 있던 국무부 정책기획실이 소련의 개입을 우려하자 앨리슨은 "단호히 부정했다". 사흘 뒤 앨리슨은 국가안보회의의 반격 연구를 주도했고, 그 연구는 9월에 국가안보회의 문서 81로 결실을 맺었는데, 그 문서는 7월의 러스크·앨리슨·덜레스의 발언을 구체화한 것이었다. 국방부는 독자적인 문서를 제출해 반격을 주장하고 통일에 대한 한국인의 열망에 깊은 관심을 보였다. 그 문서는 전쟁의 과정은 이제 "소련의 세력권에서 일부를 떼어놓을 수 있는 첫 기회"를 주었다고 언급하면서, 국가안보회의 문서 48에서 실행할 수 있다고 간주된 영역과 북진을 결부시켰다. 국가안보회의 문서 48에서는 소련의 극동 전략의 "중심축인 만주"가 "(소련의) 지배에서 해방될 것"이라고 이례적으로 대담하게 주장했다.[5]

그러나 국가안보회의 문서 48과 68의 삼단논법이 선명히 드러난 것은 8월 12일 앨리슨이 작성한 기밀문서였다. "미국의 기본 정책은 아시아와 그 밖의 지역에서 소련의 우위를 견제하고 축소시키는 것이기 때문에 한국에서 유엔군의 작전은 소련의 통제 아래 있는 지역에 비공산 세력을 침투시키는 발판이 될 수 있다(강조는 인용자)." 8월에 존 데이비스 등도 한국에서의 반격을 이전 정책의 목표인 "견제 그리고 축소"와 분명히 연결시키는 메모를 작성했다.[6]

남아 있는 문제는 북한에 반격을 추진할 것인지 아닌지가 아니라, 누가 그것을 지휘할 것인가였다. 이승만이 지휘하기를 바라는 사람은 없었는데, 그는 앨리슨과 비슷한 시기에 반격을 공개적으로 주장했다. 앨리슨은 나중에 존 무초에게 "성급한 발언을 자제하라고 이승만에게 주의를 주라고" 요청했다.[7] 자유주의에 입각한 국제협력주의를 지향하던 부류는 이제 반격을 지지했지만 개량주의적 색채가 남아 있었다. 남한은 북한을 지배할 수도 있지만, 유엔의 감시 아래 한반도 전체에서 선거를 치러 남한이 자유화된 경우에만 허용할 수 있다는 것이었다. 그러지 않으면 국제협력주의자가 구상한 아직 검증되지 않은 방법인 연합국의 신탁통치를 시행해야 한다고 생각했다.[8] 앞으로 살펴보겠지만, 이승만은 1945년에 그랬던 것처럼, 늘 자신을 따라다니는 경찰, 우익 청년, 토지를 몰수당한 지주 같은 자신의 지지 세력과 함께 북한으로 진입함으로써 1950년에도 이런 운명을 피할 수 있었다. 그러나 맥아더와 중국 로비가 반격을 실행하도록 내버려둔 것에 비교하면 사소한 문제였다.

애치슨은 외교정책은 다른 부서가 아닌 대통령 집무실에서 조정해야 한다고 생각한 행정가였다. 그러나 그의 고문들이 북한을 해방시키기로 결정한 바로 그 시기에 그의 주요 정적들도 동일하게 움직였다. 7월 17일 맥아더는 반격을 주장했으며, 사흘 뒤 루이스 존슨은 중화민국 대사관에 보좌관을 다시 급파해 극도로 민감한 기밀 정보—자신의 주장에 따라 (⋯) 미국 정부는 북진을 결정했다는 것—를 알려줬다(윌리엄 새파이어 같은 보수주의자는 필비·버지스·마이클 스트레이트가 미국의 압록강 진격 계획을 소련에 "알려준" 배신행위를 비난했지만, 그들은 소련과 중국이 루이스 존슨의 의도를 읽는 데 어느 정도 시간이 걸릴지 생각했어야 했다. 중국 국민당이 비밀을 즉시 누설했기 때문에 7월 21일에는 그런 계획을 알고 있었으리라고 생각된다).[9] 아무튼 중국 로비와 국민당이 배후에서 움직이는 상황에서 애치슨은 맥아더와 존슨이 사건의 진행을 조종하게 할 수는 없었다. 그렇게 되면 반격은 중국을 정복하기 위한 전쟁이 되기 때문이다. 애치슨이 반격에 찬성했다면 그것은 그가 "제한적" 전쟁을 바랐던 것과 마찬가지로 "제한적" 반격이 돼야 했다.

가장 신뢰할 만한 자료에 따르면 트루먼은 8월 말 북진을 승인했다.[10] 그 결정은 러스크가 대부분 작성한 국가안보회의 문서 81에 수록됐는데, 소련이나 중국이 개입할 우려가 없으면 북진하도록 맥아더에게 허가했다. 이는 "반격"을 분명히 요구한 것이었다. 9월 16일 맥아더에게 보낸 명령서에서는 "반격의 수행"에 대해 언급했다. 중국 국경 근처의 작전에서는 한국군만 동원하도록 지시했다.[11]

트루먼이 행정부 안에 있는 강경파의 노선을 받아들이기로 결정함과 동시에 그들을 해임한 것만큼 반격 정책을 둘러싼 정치적 긴장을 잘 보여주는 것은 없는데, 그것은 정책을 선택하고 사람을 버린 것이었다. 루이스 존슨은 9월 초 해임됐다. 로버트 도너번 등은 이것을 맥아더가 해외참전군인회Veterans of Foreign Wars에 보낸 선동적 성명을 철회하라는 트루먼의 명령에 존슨이 애매한 태도를 보인 것과 연결시켰지만[12] 그것은 8월 26일의 일이었고, 트루먼은 반격을 결정한 직후인 9월 1일 존슨의 해임을 결정했는데 그 이유는 아직도 밝혀지지 않았다.[13] 존슨의 불성실과 애치슨으로부터 외교 정책의 주도권을 빼앗으려고 한 시도 그리고 아마도 그가 국민당과 배신행위를 공모할 관계를 맺을 수도 있는 것을 고려하면 애치슨은 그를 교체하도록 트루먼을 설득했을 가능성이 있다. 트루먼은 매슈스 해군성 장관도 해임했는데, 매슈스가 소련에 대해 예방적 차원의 전쟁을 공개적으로 주장했기 때문이다.[14] 워싱턴의 고위 정치는 정책의 경합, 정권이 바라는 것을 주장한 고위 관료의 해임, 역사적 심판의 역전 등 중국의 "2개의 노선 투쟁"과 점점 더 비슷해졌다.

맥아더는 처음부터 정부의 반격 추진력을 자신의 목표—한국전쟁을 발화점과 전주곡으로 삼아 국민정부군과 미 공군을 이용해 중국 본토에 반격을 전개하려는—에 이용했다. 전쟁이 시작되자마자 그는 국민정부군 3만 명을 투입하는 것을 지지했다. 7월 하순 그는 한 독립 왕국의 군주처럼 타이베이를 방문했다. 그는 장제스와 회담한 내용을 국무부에 밝히지 않았는데, 그 때문에 애치슨은 윌리엄 시볼드에게 타전해 그 회담에 관한 정보를 보내달라고 요청했으며, 맥아더가 "외교정책을 좌우하는 것"을 "점점 더 곤혹스러워했다". 존슨은 다음과 같은 전문을 맥아더에게 보내라는 지시를 받았다. "대통령 이외에는 누구도 (…) 중국 대륙의 군사 집결을 억제하는 예방 조처를 명령하거나 승인할 수 있는 권한을 갖고 있지 않다. (…) 국익에서 가장 중요한 사항은 전면전을 촉발시킬 행동을 우리가 하지 않거나 다른 나라가 그렇게 할 수 있는 구실을 주지 않는 것이다."[15]

트루먼과 애치슨도 에이버럴 해리먼을 보내 전쟁은 한국에만 국한돼야 한다고 맥아더에게 통보했다. 맥아더는 미국이 "중국의 내분을 조장하기 위해 좀더 적극적으로 움직여야 하며" 장제스군이 상륙한 뒤 전과를 거두지 못하면 전체적인 상황이 악화될 것이라고 대답했다. 미국은 "그런 방식으로 장제스를 제거할 수도" 있었다. 나중에 스트롱은 맥아더가 "타이베이의 미국 대사관을 완전히 무시하고 단독으로 국민정부와 협의했다"고 썼다. 장제스는

그 나름대로 "미국 정부의 도쿄 담당자를 이용하려고 했다".[16]

맥아더는 흔들리지 않았다. 그는 리지웨이에게 중국은 참전하지 않을 것이라고 장담했다. 그러나 참전한다면 "나는 전장을 그곳으로 옮겨 지휘해 철저히 패배시킬 것이며, 그것은 세계의 운명을 결정하는 전투의 하나가 될 것입니다―그 거대한 참화는 아시아를 강타할 것이며, 공산주의를 후퇴시킬 것입니다"라고 말했다.[17] 인천상륙작전 이후 맥아더는 "스스로 매우 만족스러워"했지만 미국 정부가 "전쟁의 지휘에 부당하게 간섭하는 것"을 매우 싫어했다고 개스코인은 지적했다. 맥아더는 세계대전이 일어날 수 있다는 우려를 개의치 않고 "중국은 물론 소련과도 싸울" 준비가 된 것처럼 보였다. 그는 "애치슨에게 독설을 내뱉었다". 그는 승리에 흥분했고 "상당히 위험하다"고 개스코인은 생각했다.[18]

첫 부대가 38도선을 돌파하자 모든 사람이 반격을 이야기했다. 전황 보고에서는 북한의 "해방 지역"이 늘 언급됐다. 10월 초 찰스 머피는 미국은 "소련으로부터 주도권을 빼앗아 그들을 후퇴시킬 방법을 찾기 위해" 더욱 노력해야 한다고 말했다. O. 에드먼드 클럽은 "우리의 과제는 그저 방어 태세를 유지하는 것이 아니라 적극적 행동으로 위성국을 압박하기 시작하는 것"이며, 중국이 참전할 경우 중국은 큰 희생을 치를 것이라고 썼다. 존 카터 빈센트는 부임지인 베른에서 "저우언라이가 위협하든 그렇지 않든 개의치 말고 우리는 38도선을 넘어야 한다고 생각한다"고 발언했다.[19]

맥아더는 1951년 상원에서 38도선 돌파는 "미국 정부 모든 부처의 전면적이고 절대적인 지지를 얻은 것"이었다고 증언했는데,[20] 재건된 자유주의 세력에게 격렬한 비판을 받은 인물이 약간 과장하는 것은 무리가 아니라는 것을 감안하면 그 증언은 옳았다고 말할 수 있다. 그러나 다른 형태의 반격이 있었다. 맥아더가 주장한 반격이 있었는데, 그것은 제동장치 없는 기관차와 비슷했다. 그리고 애치슨의 반격이 있었는데, 한국에 한정된 신중한 반격이었다. 애치슨 쪽에 가담해 브레이크를 밟으려고 노력한 사람은 당파를 초월해 조정하는 역할을 맡은 실권자 덜레스였다.

11월 중순 덜레스는 맥아더에게 편지를 보내 일부 공화당원은 "무모한 군사행동을 주장하고" 있으며 "그렇게 되면 우리는 아시아 대륙의 전쟁에 깊이 개입하게 될 것입니다. 귀관은 한국에서 기적을 만들어냈습니다. 그러나 그것이 우리가 아시아 대륙을 자유세계와 공산세계의 힘을 비교하는 시험장으로 삼아야 함을 입증하는 것이라고 귀관이 생각하는지 의심스럽습니다"라고 지적했다.[21] 그러나 그때는 전후 공산주의의 첫 대패에 모든 사람의 눈이 쏠려 있었기 때문에 미국 정부가 브레이크를 밟기에는 너무 늦었다. 넓어지는 소용돌이 속에서 정치적 중도파는 자신의 입장을 유지하고 있었지만, 국내의 정치적 대립과 한반도라는 멀리 떨어진 지역에서 벌어지는 전투의 변증법을 조정할 수 있도록 팽창하고 있었다. 봉쇄와 반격의 흐름이 결합하면서 워싱턴의 정책은 잘못된 방향으로 빠르게 달려갔다. 마치 롤러코스터가 가장 높은 지점까지 올라간 뒤 한번에 가속력을 내는 것과 비슷했다. 봉쇄 논리가 점차 수정되는 과정은 두 노선의 대립으로 가속화됐고, 이제 양적 변화가 질적 변화로 이어져 새로운 현실이 나타나는 지점에 이르렀다.

이런 힘의 결합에 저항한 사람은 누구였는가? 그 시점에서 맥아더 원수의 왼쪽에 있던 거의 모든 사람이었다. 앨버트 웨더마이어와 오마 브래들리가 대표적인 인물인데, 전자는 침략을 저지하는 것이 정책이라면 "우리는 북진할 필요가 없다"고 말했으며, 후자는 38도선 돌파를 "노골적인 침략 행위"이며 "대단히 위험하다"면서 그 결정은 "근본적으로 잘못됐다"고 주장했다.[22]

그러나 이 시기 진정한 반대파를 찾으려면 고성능 현미경이 필요했다. 7월 중순 허버트 파이스는 북한 점령과 관련된 상당히 위협적인 이승만의 담화를 들었지만 별다른 영향을 받지는 않았는데, 파이스의 견해에 대한 기록은 없다. 미국의 동맹국인 영국은 7월에 38도선을 돌파할 것이라는 전망을 듣고 깜짝 놀랐지만(그들은 그것을 "침략"이라고 불렀다) 8월까지는 반격을 묵인했다. 그러나 영국은 미국이 이승만 정권이 북한을 통치하도록 방치했다고 비판했다. 영국 외무부는 이승만 정권을 "포악하고 반동적이며 극도로 무능하다"고 평가했다.[23] 반격이라는 저항할 수 없는 거대한 힘에 반대한 사람은 케넌뿐이었다. 그는 늘 그랬던 것처럼 자신만의 방식으로 저항했다.

8월 중순 케넌은 국무부를 떠나려고 준비하면서 애치슨을 위해 "극동 정책"에 대한 자신의 생각을 정리했다. 그는 "현재 우리가 추진하고 있는 과정은 전망이 그리 밝지 않고 매우 위험해, 솔직히 말씀드리면 귀하가 그 책임을 계속 지도록 권고하고 싶지 않습니다". 가장 심각한 문제는 한반도와 관련해 "명확하고 현실적인" 목적이 결여됐다는 것이며, 맥아더에게 부여한 "재량권이 폭넓지만 통제하기 어려우며"("사실상 우리는 그를 완전하게는 통제하지 못합니다") 미국의 정책은 소련과 중국의 축을 강화시킬 뿐이라고 그는 말했다. 그런 뒤 그는 적절한 제안을 했다. "무엇보다 우리는 되도록 최선의 조건에서 아시아 대륙에 대한 개입을 신속히 종결하는 것을 정책 목표로 삼아야 합니다." 여기에는 프랑스가 인도차이나에서 조성한 "절망적인" 혼란 상태에서 탈출하는 것과 미국이 북한을 다음과 같은 상태로 정리한 뒤 철수하는 것이 포함됐다.

북한은 명목상으로는 독립한 상태지만 실제로는 소련의 영향력을 따르고 있습니다. 그러나 이런 상황을 서서히 변화시켜야 합니다. (…) 아울러 일본의 상황을 안정되고 안전한 상태로 만들어야 합니다. (…) 북한을 소련의 세력권 밖으로 영구히 벗어나게 하는 것은 우리의 능력을 넘는 일입니다. 한국은 소련과 일본의 압력을 받을 경우 독립을 유지하기 어렵습니다. 우리의 국익에서 보면 소련보다는 일본이 한국을 지배하는 것이 바람직합니다.*

예전과 마찬가지로, *표시한 부분에는 일본의 한국 지배를 옹호한 테디 루스벨트의 발언이 소개돼 있다.

일본은 "아시아에서 가장 중요한 유일한 지역"이었지만 당시에는 "경쟁하기에 너무 약했다". 그러나 "평소의 힘과 권위를 회복한다면" 일본은 한국에서 영향력을 다시 얻을 수 있을 것이다. "한국의 명목상 독립을 확보하는 것이 중요한데, 부당한 국제적 반격을 야기하지 않고 일본의 영향력이 점진적으로 소련의 영향력을 대체할 수 있는 유연한 방법이기 때문입니다(강조는 인용자)." 그는 "한국전쟁의 종결"과 38도선 이북으로 조선인민군이 철수하는 문제를 소련과 협상하라고 권고했다. 케넌은 자신의 정책이 채택되면 여론에 약간 문제가 생겨 "분노에 찬 격렬한 반대"가 뒤따를 것이라고 인정하면서 글을 맺었다. 그러나 "관여한 책임이라는 명백한 문제가 존재하며, 그것은 해명해야 합니다."[24]

이런 통찰이 그처럼 의기양양할 정도로 나쁜 타이밍을 동반한 경우도 참으로 드물 것이다. 1961년 이후 미국의 모든 정부는 남한을 통치하는 정권을 다루는 "유연한 방법"과 관련해 미국의 영향력 일부를 일본의 경제적 영향력으로 궁극적으로는 군사적 영향력으로 대체하려고 비밀리에 시도했다. 유감스럽게도 케넌은 일본이 과거에 한국에서 저지른 행동에는 관심을 갖지 않았다. 일본은 아시아에서 그의 관심을 끈 유일한 지역이었다. 유일한 산업국이고 이후 20년 동안 병적인 공포의 대상이 된 중국보다 훨씬 실제를 중시하는 나라였기 때문이다. 케넌은 늘 개성적이고 독특한 논리를 개발해 그릇된 근거로부터 올바른 견해를 도출하는 위치에 있었던 것 같다. 애치슨이 그의 문서를 다시 한번 검토했는지는 의심스럽다. 케넌은 자신의 견해를 지나치게 밀어붙여 스스로 "유주신遊走腎"●이라고 부른 것이 되기를 바라지 않아 프린스턴대학으로 물러났다. 그러나 그는 임박한 재앙을 통찰한 유일한 인물이었다. 그리고 그것이 닥쳤을 때 그는 애치슨에게 큰 영향을 준 현명한 조언을 했다.[25]

남한의 북한 점령

한국군이 38도선을 돌파해 북진하기 전날 애치슨은 38도선이 더 이상 의미가 없다고 말했다. "한국은 혜택받지 못한 나라들을 돕기 위해 서구 민주주의가 무엇을 할 수 있는지 입증하는 무대가 될 것이다."[26] 그러나 이승만 정권이 예전과 같은 방식으로 통치한다면 모두 빛이 바랠 것이다. 한국은 "한

● 신장은 호흡할 때 2~5센티미터 정도 위아래로 움직이는데, 그 범위를 넘어서 움직이는 생리적 이상 신장을 말한다.

반도의 유일한 합법 정부"는 자신이라고 생각했는데, 1948년 헌법을 기초로 북한을 자신의 보호 아래 두려는 의도를 나타낸 것이다. 그러나 유엔은 한국의 권한을 북한으로 확대하겠다고 약속하지 않았다. 영국과 프랑스는 그런 생각에 단호히 반대하면서 한국은 허약하고 부패했으며 "광범한 폭력 사태를 유발할" 수 있다고 지적하면서, 그들이 남한을 다시 지배하도록 인정해야 하는지 의문을 제기했다.[27]

북한 점령과 관련된 미국의 구상은 한국이 아니라 유엔에 "절대적 권한"이 있어야 한다는 것이었다. 그럴 수 없다면 신탁통치나 미국의 군정 실시를 생각했다. 또한 미국은 이승만을 실각시키려는 비밀 계획도 세운 것으로 보인다. 10월 3일 프레스턴 굿펠로는 친구에게 전보를 보냈다. "매우 강력한 권한을 가진 누군가가 귀하가 아닌 다른 사람을 대통령직에 앉히는 방법을 찾고 있습니다."[28] 1945년의 이승만과 미 국무부의 갈등이 다시 일어난 것 같았다. 국무부는 북한을 통치하겠다는 남한의 요구를 단호히 거부했으며 그 대신 유엔 감시 아래 새로운 선거를 요구했다(남한은 한국 국회에 북한 지역 의석으로 배정된 100석만을 대상으로 선거를 치르기를 바랐다). 10월 12일 유엔은 한국 정부의 권한을 잠정적 기간 남한에 국한하기로 의결했다. 그동안 북한의 기존 도道 행정조직을 활용하고, 조선민주주의인민공화국 정부와 정당·군부에서 중·하급 직무를 맡았다는 이유로 개인에게 보복하지 못하게 했다. 북한이 실시한 토지개혁과 그 밖의 사회 개혁은 존중했다. 광범한 "재교육과 재적응 계획"을 실시해 북한 주민에게 민주적 생활양식의 이점을 보여주려고 했다.[29]

결국 남한의 북한 점령은 1945년의 유형을 되풀이한 것이었다. 현지의 점령 당국자는 미국 국무부의 계획을 수행하지 않았고, 유엔의 감시를 받는 행정이나 신탁통치는 나타나지 않았으며, 미국인들은 영향력 있는 한국인들의 말을 들었다. 1945년 10월 하지에게 큰 도움을 준 경무국장 조병옥이 미국 비전투원非戰鬪員이 도착하기 전인 1950년 10월 25일 해군 정보부원과 함께 평양으로 날아간 것도 이런 맥락이었다.[30]

38도선을 돌파한 지 일주일 안에 개성 주민은 "민주주의가 작동하는 것을 처음으로 봤다"고 『뉴욕타임스』는 보도했다.[31] 그러나 북한의 표면적 정부는 유엔의 신탁통치나 국무부의 민정 계획과 무관했다. 그것은 그 나라의 다른 절반에 도입된 남쪽의 제도였다. 그 내전은 양쪽의 국가 구조와 사회 제도 사이의 대결이었다.

맥아더와 이승만이 점령을 계획하고 미국 정보기관은 한국군과 긴밀히 협력했음을 보여주는 증거가 있다. 국무부는 상황을 잘 파악하지 못해 두 사람 사이에 어떤 합의가 있었는지 알아내려고 했다. 한 보고에 따르면 이 승만은 범죄자를 사면하고 선거를 치러 한국 국회에 "북한의" 의석을 100석 보충한 뒤 "한반도 전역을 통치하는 단일 정부를 수립하겠다"고 맥아더에게 약속했다. 맥아더는 다른 방법은 한국인의 사기를 손상시킬 것이므로 이런 선거 절차에 찬성했다고 영국에 밝혔다.[32]

실질적인 점령 통치는 대부분 경찰과 그들의 영향력 아래 있는 우익 청년 단체가 맡았다. 당시 내무부 장관 조병옥은 10월 10일 한국 경찰은 38도 선 이북의 9개 도시를 관리하며 점령 임무를 위해 3만 명의 특수부대를 보충했다고 발표했다. 그 직후 드럼라이트는 남한의 인원은 최소한만 두어야 한다는 미국 정부의 구상은 2000명 정도의 경찰이 38도선을 넘은 "사건으로 이미 무의미해졌다"고 타전했다. 그러나 그는 북한 출신 경찰을 활용할 수 있다면 그 지역에 대한 책임을 일부 맡길 수 있다고 생각했다(이승만은 일 제강점기에 북한 지역에서 근무했다가 해방 때 월남한 경찰 수천 명을 자신의 "북 벌" 계획의 전위로 생각했다). 늦어도 10월 20일 무렵 안호상은 38도선 이북에 "정치적 교화"를 실시하라고 자신이 데리고 있는 청년 단체에 지시했다.[33] 한국군 점령 부대는 거의 10월 내내 감독받지 않고 독자적으로 활동했다.

10월 15일 원산에 도착한 미국 감시단이 조사한 결과에 의하면, 그곳 가옥의 70퍼센트 정도가 공중폭격으로 파괴됐으며 주민 15만 명 가운데 2만 명만 살아남았다. 북한 관료는 정치범 수백 명을 사살한 뒤 대부분 떠났다고 보고됐다. 1950년 6월 이후 주민들은 대개 "초췌한 얼굴에 누더기 옷"을 걸친 채 큰 고통을 겪고 있었다. 10월 15일 조병옥은 남루하고 절망한 시민들에게 연설했다.[34]

미군은 한반도 서부에서 더욱 격렬한 전투를 치렀으며 제1기병사단은 완강한 저항을 뚫고 10월 19일에야 평양에 들어갔다. 북한 지도부는 그 도시의 공무원과 기록물, 이동할 수 있는 공장 설비, 심지어 자전거까지 모두 옮겼다. 이승만은 점령의 첫 임무를 "호랑이" 김종원에게 맡기면서 그를 평양의 헌병 사령관 대리에 임명했다. 미군이 평양에 입성한 날 이승만은 북한이 실시한 토지개혁의 폐기를 선언했으며, 그 소식을 들은 CIA는 이것은 "토지개혁을 무효화하라는 최근 지주의 압력을 반영하는 것으로 (…) 한국의 정치·경제활동에서 지주가 전통적으로 보유한 지배적 지위를 유지하려는 목적"이라고 지적했다. 평양의 신임 시장은 유엔의 날에 맞춰 토지는 "정당한 소유자"에게 되돌아갈 것이라고 선언했다.[35]

리처드 스나이더를 포함한 국무부 정보조사국의 정보팀은 소련 대사관(인근 주민들은 소련 대사관이 인천 상륙 직후 철수했다고 말했는데, 흥미로운 사실이다)과 북한 고위 관료의 집과 사무실을 철저히 수색했지만 성과는 거의 없었다. 드럼라이트는 "역사상 처음으로 점령한 공산국가의 수도"에서 일할 훈련받은 사람이 부족한 것을 탄식했다. 그는 북한 인민위원회 청사는 "미국 북장로교회 선교국의 토지로 선교사 거주 지역의 중심"에 세워진, 설비가 잘 갖춰진 건물이라는 것에 놀랐다. 미국인 선교사들의 집은 1945년과 마찬가지로 유지됐으며 가구들도 온전했다.[36]

미군 방첩대 조사관은 북한 주민을 조사해 그들이 낮은 임금과 야간 학습 모임 그리고 "끊임없는 생산 증가 독촉"으로 많은 불만을 갖고 있다는 것을 알았다. 방첩대의 조사에 따르면 주민의 절반 정도는 여전히 공산주의에 동조했다. 수확의 25퍼센트라는 규정보다 세금이 무거운 경우가 많았지만 농민의 70퍼센트는 토지개혁으로 체제를 "열렬히 지지하게 됐다". 북한 학생의 20퍼센트 정도는 은밀히 남한을 지지했다. 조사받은 사람의 다수(70퍼센트)는 아직도 "공산주의가 옳고, 미국이 남한과 자신들의 조국을 '침략'할 권리가 없다고 생각했다". 조사자들은 이런 부분적 원인을 북한 교육의 "강한 민족주의" 때문으로 돌렸다.[37]

『런던타임스』의 한 기자는 "아시아의 어느 지역 못지않게 잘 정돈된 농촌"

을 거쳐 자동차로 평양에 가는 길에, 시장에 내다 팔려고 들판에서 말리고 있는 쌀더미를 보면서 북한의 "초토화" 작전은 없다고 언급했다. 농민들은 조선인민군이 철수하면서 "작물이나 논두렁을 파괴하려고 하지 않았다. 저장한 쌀은 가져갔지만 토지는 태워버리지 않았다"며 고마워했다.

하지만 평양 시내의 상황은 달랐다. 무정부 상태로 행정 기능이 없고 북한 정부의 협력자로 의심받는 사람에게 경찰이 보복했으며(암살도 많았다) 우익 청년들은 거리를 활보하고 얼마 남지 않은 재산을 약탈했다. 상점은 문을 닫고 주민은 대부분 떠났다. 남아 있는 시민은 "서울 시민보다 상당히 상황이 나아"보였다. 새로 구성된 시의회에는 1945년 이후 평양에 남아 있던 고령의 사업가들도 참여했다. 우제선은 이전에 텅스텐 광산을 소유했던 인물로 조만식과 함께 1949년까지 대규모 간장 공장을 운영했다. 오진환은 1945년 이전 만주에 두 개의 회사를 소유했으며 1950년에도 평양에 저택 2채를 소유하고 있었다. 윤도성은 식산은행에서 근무한 은행가로 북한에서 섬유 회사와 피혁 회사를 운영했다. 그들은 자신들이 살아온 치부를 드러낸 채 그것을 가릴 아무런 힘이 없었으며 1950년까지 북한에서 "계급의 적들" 중 일부는 여전히 잘살고 있었다는 것을 보여줬다. 미군 민정국 장교는 "애처로울 정도로 소수"였으며 경험도 부족했다.

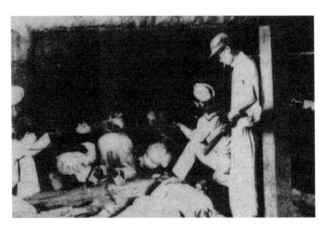

〈사진 19〉 북한 농민을 심문하는 남한인, 1950년 가을

평양 시의회에 새로 의원을 보충하는 것은, 그 의미가 그렇게 노골적으로 비극적이지만 않았다면 웃음거리가 됐을 것이다. 그것은 마치 병장이 잡무 맡을 사람을 뽑는 것처럼 보였다. 그 결과 평양 함락 몇 주 뒤에도 공공시설은 기능을 하지 못했고, 법과 질서는 낮 동안 도심에서만 효력을 발휘했으며, 낙후한 교통과 배급 때문에 식량 부족이 심각했다.[38]

유엔 한국통일부흥위원회 감시원에 따르면 주민들은 "한국군의 강탈과 약탈, 일상적인 폭력" 때문에 자기 집 가까이 머무르는 경향이 있었다. 그해 가을에 추수한 "쌀 수천 포대를 미리" 요구하는 부대도 목격됐다. 장교들은 "아무 권한 없이" 가옥을 몰수했다. 이런 행동을 미국인에게 알리는 주민은 보복 위협을 받았다.[39] 점령과 관련된 이런 설명이 일면적으로 보인다고 해도 증거는 그 반대 사실을 뒷받침하지 않는다. 한국군의 행동을 좋게 말하는 내용은 거의 없다. 말하기 더 나쁜 사례도 있다.

많은 기자는 9월 29일 서울의 텅 빈 중앙청에서 이승만이 한 연설을 기억한다. 바닥에서 유리 조각 소리가 나기도 하는 그곳에서 맥아더가 인자하게 바라보는 가운데 이승만은 가장 인상적인 연설을 해 청중의 눈물과 연민을 자아냈다. 해럴드 노블이 작성한 그 연설문은 한국의 긴 역사를 떠올리고 유엔군이 서울을 해방시킨 것에 진심으로 감사했다. 다음과 같은 약속도 들어 있었다. "한국은 제네바협정 체결국으로 그 4조에 따라 적의 포로를 대우할 것입니다. (…) 승리하고 있는 우리는 반드시 관용을 보일 것입니다. (…) 우리는 적이 썼던 것과 같은 잔학한 방법으로 이런 약속을 어기는 일은 없을 것입니다." 그 연설을 들은 레지널드 톰프슨은 나중에 이렇게 썼다. "그는 항복한 모든 사람에게 정의와 자비와 용서를 약속했다. 숭고한 연설이었다. (…) 나는 비정한 사람이 아니다. 그 연설은 나를 깊이 감동시켰다. (…) 그 연설이 끔찍한 냉소적인 정신에서 발설됐다는 것은 지금도 믿을 수 없고, 동시에 그렇지 않다는 것도 믿을 수 없다."[40]

이 글은 톰프슨이 북한에서 한국의 통치를 목격한 뒤 쓴 것으로, 북한의 내부 정보보고와 미국 정부 최고위층의 견해에 따르면, 한국은 민주주의와 유엔의 이름으로 역겨운 공포정치를 자행하면서 그것을 해방이라고 불렀다.

국무부 관료들은 "'대학살'이 초래되지 않도록 확실히 보장하기 위해" 반격의 정치적 측면을 감독하는 일정한 빙법을 찾고 있었다. "달리 말하면 (…) 한국군은 계속 통제 아래 두어야 한다."[41] 그러나 실제로는 북한 내에서 점령군은 누구의 통제도 받지 않았다. 북한의 사회적 기반은 폭넓어 빈농은 대부분 다양한 조직에 등록됐기 때문에 거의 모든 북한 주민이 표적이 될 수 있었다. 게다가 "협력"에 대한 남한의 정의는 광범위해서, 인민군 병사의 옷을 빨아준 것이 목격된 노파까지 대상으로 삼았다.[42]

10월 말 영국은 한국이 "공산주의자와 그 협력자를 색출해 죽이는 것"을 공식 정책으로 삼았다는 증거를 입수했다. "현재 상당히 악명이 높아지고 있다. 다시 말해 한국에서 다시 시행된 민정은 중대한 국제적 추문이 될 수도 있다"고 그들은 지적했다. 영국 외무부는 미국 정부가 즉시 항의해야 한다고 주장했는데, 이것은 "인간의 마음을 둘러싼 전쟁"이므로 군사적 측면만큼이나 정치적 측면도 중요하기 때문이었다. 그 결과 10월 30일 프랑스 대사는 이 문제를 딘 러스크와 협의했는데 "유감스럽게도" 한국 당국에 의한 "많은 잔혹 행위가 있었음을 러스크가 인정"했으며 미군 장교들은 통제 노력을 약속했다.[43]

11월 중순 조병옥은 그날까지 5만5909명의 "악질 적색 협력자와 반역자"가 체포됐다고 발표했는데, 총인원은 낮춰 잡은 것으로 생각된다. 미국 내부 자료는 미국이 한국의 잔혹 행위를 모두 알고 있었음을 보여준다. 이를테면 주한 미군 군사고문단 장교들은 한국 당국이 폭력 행위를 계속 자행하면 북한 전역에서 그들의 접근을 제한할 수도 있다고 말했으며, 한 문서에 따르면 미국은 평안남도 순천에서 약탈하고 돌아온 한국군 부대를 미군 제1기병사단 부대와 교체했다.[44]

중국이 참전하고 연합군이 북한에서 철수하기 시작하면서 세계 각국의 신문들은 남한이 구금자를 처형했다는 목격자의 증언을 보도했다. UPI 통신은 12월 11~16일까지 800명이 처형돼 집단 묘지에 묻혔을 것이라고 추정했다. 거기에는 "여성도 많았고 아이도 일부" 있었는데 공산주의자의 가족이라는 이유로 처형됐다. 미군과 영국군은 "트럭 몇 대에 노인·여성·청년과 어린이 몇 명을 싣고 와서 묘지 앞에 세운 뒤 사살하는 것"을 목격했다. 12월 20일 한 영국군 병사는 "수척하고 겁에 질린 한국인" 40여 명이 한국군 헌병에게 사살되는 것을 봤다. 그들의 손은 등 뒤로 묶여 있었고 저항하면 머리를 개머리판으로 얻어맞았다. 그는 그 사건으로 자신의 사기가 저하됐다고 말했다. 게다가 병사 3명이 북한에 포로로 잡혔다가 돌아와서는 좋은 대우를 받았다고 보고했기 때문이다. 다른 지역에서 영국군은 살육 중단을 요구하며 개입했고, 100명이 묻힌 집단 묘지를 파내 남녀 시신을 발견하기도 했는데, 여기에 아이는 없었다. 이 시기 군인과 기자들은 비슷한 사례를 많이 보고했다. 북한에 체류하고 있는 영국 대표는 사형은 대부분 남한 경찰이 3000여 명의 정치범을 남한으로 이송하는 과정에서 발생했다고 말했다. "서울에 대한 위협이 증가하고 사형수를 수감한 건물이 파괴되면서 남한 당국은 죄수를 남한으로 이송하거나 그들을 남겨놓아 공산 세력에게 해방되는 것을 피하기 위해 서둘러 학살이라는 수단을 동원했다. 그 방법이 아무리 개탄스러워도 무엇이 문제였는지는 즉시 파악할 수 있다."45 이승만은 "우리는 대책을 강구해야 했으며" "모든 (사형) 선고는 적절한 법적 절차를 거친 뒤 내려졌다"고 말하면서 살해를 옹호했다. 무초는 대체로 그를 지지했으며 잔혹 행위 문제에서 남한을 옹호했다. 늦어도 10월 20일 그는 남한 정부의 의도를 알았고, 남한 당국은 "적의 조직에 다시 가입했거나 적에게 협력한" 사람에게는 사형선고를 내릴 것이라고 타전했는데 그 "법률적 근거"는 한국의 국가보안법과 1950년 일본에서 공포된 비상사태에 관한 "특별법"이었다—이것은 연합국 최고사령부가 처형에 관여했다는 것을 시사하는 증거로 생각된다. CIA 자료에서는 오싹할 정도로 냉정한 발언이 실려 있는데, 남한 당국은 유엔 한국통일부흥위원회에 "처형은 모두 합법적 재판을 따랐다"고 알렸으며, 맥아더의 유엔군 사령부는 "협력자와 그 밖의 정치범의 재판과 처벌은 남한의 국내 문제로 간주했다"고 지적했다. CIA가 고려한 법률은 "비상사태법 1호"였는데, 포로와 정치범의 살해(물론 재판을 거친 뒤)를 정당화한 특별법으로 CIA는 생각한 것 같다. 살해를 목격한 많은 사람은 이런 행위는 아무런 법적 절차를 거치지 않았으며, 경찰뿐 아니라 우익 청년 단체도 저질렀다고 말했다. 한 보수적 학자가 인용한 일본 자료에서는 북한의 "해방"이라는 정치적 폭력에서 이승만 정권은 15만여 명을 처형하거나 납치했다고 추정했다.[46]

대부분의 미국인은 이런 슬픈 역사가 "한국인의 잔인함" 때문이라고 생각하지만 그렇지는 않다. 혁명은 말할 것도 없고 내전에서는 세계 모든 곳에서 이와 비슷한 정치적 폭력이 목격된다. 남한의 치안조직은 대부분 일본의 식민 제도에서 육성됐다. 남한 경찰과 군부의 대일 협력자는 정당성을 결여했으며, 스스로도 그것을 알고 있었다. 이런 상황에서 자신들의 지배를 유지하는 방법은 폭력밖에 없었다. 더욱 곤란한 문제는 북한을 점령하는 동안 벌어진 잔혹 행위에 미국이 공모하고 관여했다는 것이며, 그것은 앞서 언급한 남한의 행위를 미국이 부끄러움 없이 정당화한 것보다 더욱 심각한 문제다.

북한 현지에 있던 민정장교에게 미국이 내린 전율스러운 명령은 국무부의 구상에 있는 온화하고 관대한 점령 계획이나 민주적 방법을 세계에 보여주라는 애치슨의 구세주 같은 사명감과 합치하지 않는다. 제10군단에서 대적對敵 정보활동을 수행한 인물은 "북조선노동당과 북한 정보기관을 해체하고" "제10군단의 안전을 위협"할 수 있는 모든 정치조직을 금지하라는 명령을 받았다. "북조선노동당과 정부를 파괴하는 것"은 모든 경찰과 치안조직원, 정부 공무원, 북로당과 남로당의 전·현직 당원을 체포·구금해야 달성할 수 있었다. "블랙리스트"를 작성하라는 명령은 내려졌지만 그 목적은 설명되지 않았다. 이런 명령은 제10군단의 다른 문서에서도 반복됐으며, 공작원에게는 모든 종류의 민간 통신을 차단하고 무선송신기를 압수하며 "전서구傳書鳩 우리와 거기 들어 있는 물품"까지도 파괴하는 권한이 부여됐다.[47] 조선노동당은 전인구의 14퍼센트가 등록한 대중정당이었다. 이런 명령은 북한 성인 3분의 1 이상을 체포·구금하는 것을 의미했다. 급속히 진군한 군대가 도착하기 전 지방정부 차원까지 사실상 모든 북한 공무원이 도망친 것은 이런 이유 때문이라고 미국은 판단했다.[48]

한반도 서부에 있던 또 다른 주요 점령 부대인 미 제8군에 내려진 명령을 확인할 수 있는 자료는 입수하지 못했다. 민정을 실시하기 위해 민간구호사령부를 창설하라는 내용 정도만 확인된다. 영국 자료에 따르면 대부분의 인원이 미숙하고, "모든 유엔군 부대는 장군 이하 전원이 북한 출신이든 남한 출신이든 모든 한국인에게 격렬한 적의를 품었다. 그들은 한국인을 혐오하고 경멸했다. 이 때문에 민간구호사령부를 운영하는 것은 쉽지 않았다". 그 결과 "끔찍한 혼란"이 예상됐다.[49]

또 다른 내부 자료는 남한의 잔혹 행위를 묵인하기로 한 혐오스러운 측면을 보여준다. 남한 경찰과 동행한 미군 방첩대 분견대는 인천을 점령한 이후 한국인에 관련된 "화이트리스트"와 "블랙리스트"를 작성하라는 명령을 받았다. 특히 인민위원회에 참여한 사람은 블랙리스트의 대상이었다. "(또한) 공작원단은 우익 단체들을 이용"했는데 "질서 확립을 지원"하는 업무도 포함됐다. 미군 방첩대 요원은 북한에 주재한 많은 남한 경찰·정보 요원과 함께 근무했다. 주한 미군 군사고문단 고문들도 한국군 부대와 동행했으며, 10월 2일에는 "해방이 이뤄진 뒤 되도록 빨리 민간인을 통제하고 질서를 유지하는 데" 남한 경찰을 활용할 것이라고 언급했다. 앞으로 일어날 일을 예상한 주한 미군 군사고문단은 한국을 취재하는 기자들을 "조용하게 만들 방법"을 추천한 것으로 생각된다.[50]

남한이 작성한 블랙리스트 원본은 "적 노획 문서"에 들어 있는데, 미국인 조사관이 그것을 북한이 만든 문서로 판단했기 때문으로 생각된다. 한 문서에서 남한 "백호"부대는 함경북도 혜산군惠山郡 주민 69명을 "반동자"로 열거했는데 9명은 "밀정"으로, 19명은 "교정할 수 없는 악질"로, 12명은 두 가지 모두에 해당된다고 분류했다. 나머지는 단순한 반동자로 판단했다. 그들의 죄목은 북한군에 협력하고 당원이 됐으며 "애국자"를 투옥하고 한국군과 정보기관에 대해 첩보 활동을 했다는 것이었다.[51]

1950년 10월 유격대와 총격전을 벌이는 동안 매카프레이라는 정보장교가 클라크 러프너 소장에게 보낸 각서에 따르면, 미국은 필요하다면 "남한 정부가 '궐석' 재판에서 유격대 지도자들에게 내린 사형판결을 집행하기 위해 암살 부대"를 조직할 수도 있고 "필요하다면 유격대가 활동하는 민간인

구역을 소탕할 수 있으며" "사용할 수 있는 모든 선전 수단을 동원해 지역 주민이 유격대를 적대하도록" 했다(유엔군의 증언에 따르면 남한은 그런 궐석 "재판"에서 유격대와 그 지지자를 명확히 구분하지 않았다). 중국이 개입한 뒤 리지웨이·올먼드·콜터 등이 참석한 간부 회의에서는 "민간인 옷을 입은 적"과 관련된 문제가 논의됐다. "우리는 그들을 처형할 수 없지만 포로가 되기 전에 사살할 수는 있다"는 의견이 제기됐다. 거기에 대해 콜터는 "우리는 그들을 남한측에 인도했으며 남한측이 그들을 관리했다"고 대답했다.[52]

북한은 평양을 다시 점령한 뒤, 그동안 평양에서만 1만5000명이 학살됐다고 주장했다. 2000명 정도가 평양형무소 안마당에서 사살된 채 발견됐으며 수천 구의 시신이 26곳의 방공호에 쌓여 있었다.[53] 그러나 대규모 잔혹 행위가 일어난 곳이라고 북한 당국이 계속 주장한 곳은 평양과 개성 사이에 있는 신천信川이었다. 이곳에서 미국과 남한 당국은 도망간 남성 친족의 정보를 얻기 위해 수백 명의 여성과 어린이를 며칠 동안 물도 먹을 것도 주지 않고 헛간에 가둬놓았다. 그 뒤 그들은 산 채로 불태워졌다. 이 사건은 독립된 기관이 조사해 사실로 입증한 적도 없지만, 북한의 주장과 증거 사진이 본격적으로 조사되거나 부인된 적도 없다. 1987년 11월 나는 템스 텔레비전과 함께 납골당과 묘지를 방문했고, 원본 사진과 신문 기사를 봤으며, 유일한 생존자와 하루를 보냈다. 누가 그 잔혹 행위를 저질렀는지 문서로 입증할 수는 없지만 우리는 그 행위가 실제로 일어났다는 것을 확신했다.[54]

크게 입을 벌린 함정: "우리는 메추라기 떼를 쫓아버렸다"

해병대가 인천에 상륙한 날 막강한 힘을 가진 맥아더의 선전 기관은 조선인민군 주력부대를 대규모 협공 작전으로 격파해 살아남은 사람이 거의 없으며 인민군은 패배 직전이라고 주장하는 정보를 내보내기 시작했다. "텍사스 출신의 메추라기 사냥의 명수" 월턴 워커 장군은 인천에 상륙한 뒤 "우리는 메추라기 떼를 쫓아버렸고 이제는 한 마리만 남았다"고 환호했다.[55] 미군과 한국군이 압록강으로 진격하는 몇 주 동안 그런 선전은 지속됐으며, 성탄절에는 병사들을 집에 돌아가게 할 수 있으리라 여겼던 11월 하순의 마지막 공격까지 이어졌다. 중국군이 개입해 유엔군을 격퇴한 사건을 맥아더는 "새로운 전쟁"을 초래한 것으로, 트루먼은 참담하지만 피할 수 있는 패배로 생각했다.

이 위기로부터 두 견해가 나타났는데, 보수파의 견해는 맥아더가 배후를 공격당해 "승리할 가망이 없다"는 것이었고, 자유주의 세력의 견해는 맥아더가 중국의 의도를 크게 오판해 중국 본토까지 전쟁을 확대해 사태를 매우 악화시킬지도 모른다고 우려했지만, 트루먼과 애치슨이 용감하게 전쟁을 한반도에 국한하려고 한다는 것이었다. 최근의 문헌은 두 견해 모두 두 가지 잘못을 저질렀음을 보여주는데, 워싱턴에서도 도쿄에서도 전반적으로 미국은 중국의 의도를 정확히 판단하는 데 실패했다는 것과, 트루먼과 그의 정치 고문들은 대륙으로 전쟁을 확대하는 것을 여러 번 적극적으로 검토했다는 것이다.[56]

그러나 인천 상륙은 북한을 패퇴시킨 뛰어난 작전이었으며 김일성이 불속에 빠뜨린 밤을 중국이 건지도록 내버려두었다는 가설은 아직 남아 있다. 오랫동안 나는 이것을 믿었는데, 인천 상륙 이후의 상황은 "위대한 전략적 후퇴"이고 맥아더에게는 패배였다는 북한의 해석은 완전한 환상이며, 맥아더는 인민군을 하나씩 격파해 완전히 붕괴시키려고 했다고 생각했다. 그러나 1차 자료들은 이런 결론을 뒷받침하지 않는다. 그 대신 그것은 인천의 승리는 큰 희생을 수반했고, 조선인민군은 3주 정도만 전선에서 이탈했으며, 맥아더와 그의 고문들은 유격대와 싸우는 것을 통상적 전쟁으로 생각해 함정에 빠졌다는 것을 보여준다. 윌러비가 인천 상륙을 나폴레옹의 전투 지휘 능력과 비교한 것이 기억날 것이다. 그러나 미군이 다시 조선인민군 주력부대와 정면으로 대치했을 때 맞닥뜨린 눈과 무섭게 휘몰아치는 바람과 영하 22도의 기온은 그런 비유를 조롱했다. 러시아의 겨울을 한국으로 옮겨와 위대하지만 비극적이게도 너무 자만한 한 장군을 패배시킨 것 같았다.

9월 19일 맥아더는 자신의 부하가 이미 언론에 말한 내용을 개스코인에게 알려줬다. 조선인민군은 38도선 이북에 대규모 병력이 없으므로 광범위하게 흩어져 있는 적군의 "고립 지대"를 우회한 뒤 공격하면 쉽게 소탕할 수 있다는 것이었다. 1주 뒤 유엔군 사령부는 조선인민군을 "완전히 소탕해 무질서한" 혼란 상태로 북한으로 도주하게 만들었고, 인민군이 38도선을 방어하지 못하자 한국군은 곧 아무 저항 없이 38도선을 넘었다.

위싱턴 시간으로 9월 30일 한국군은 북한으로 진입해 제3사단 선봉 정찰대가 동해안 양양 근처에서 38도선을 넘었다. 38도선을 처음으로 넘은 지휘관의 영예는 그 직전 김석원의 후임으로 제3사단장에 취임한 이종찬 장군에게 돌아갔다―그 결과 김석원은 김일성을 추격할 기회를 다시 놓쳤다. 이종찬은 저명한 가문 출신이었다. 그의 할아버지는 1887~1889년 위싱턴 주재 한국 영사로 재직했고 그 뒤 경기도지사를 지냈다. 한국을 병탄한 뒤 일제는 그에게 "백작" 작위를 수여했다. 아버지는 식민지 때 사업가였으며 한국 최초의 고무 신발 제조 공장을 소유했다. 이종찬은 1937년 일본 육군 사관학교를 졸업했고 1945년 소좌로 진급했다.[57]

남한은 이런 새로운 단계를 "우리 국군의 반격"으로 "실지를 회복하는 성전"이라고 불렀다. 으레 그랬듯 연합군의 역할은 언급되지 않았다.[58] 이승만의 계획은 북한을 통일하는 것이었지만 거기서 멈출 필요는 없었다. 8월 그는 맥아더에게 유엔군이 "만주와 접경하고 있는 동해안에 강고한 작전기지를 세우면" "국제 규모의 분쟁이 발생할 때" 매우 유리할 것이라는 내용의 편지를 보냈다. 10월 초 한국군은 아무 저항을 받지 않고 한반도를 북상했다. 이틀 만에 38도선에서 25마일(약 40킬로미터)을 올라갔고 1주 만에 4개 사단이 북한으로 진입했으며 10월 10일 동해안의 항구도시인 원산을 점령했다. 그 뒤 한국군은 압록강으로 계속 진군했다―몇 주 전 북한의 압박 아래 계속 "패주"하는 것 같던 군대로서는 생각할 수 없던 흥분되는 새로운 현실이었다.[59] 북진 1주 뒤 한국군의 한 소령은 인민군이 왜 "아름다운 천혜의 방어지역을 버렸는지" 이해할 수 없다고 여러 번 언급했으며, 그것을 들은 한 기자는 북한이 "싸우지 않고 있으며" 그들의 전력은 과대평가된 것이 분명하다고 보도했다.[60]

10월 중순 유엔군 사령부는 공산국가의 수도를 점령했다는 "눈부신 전과"를 발표했으며, 그에 따라 연합국 최고사령부의 장교들은 전쟁이 끝났다고 공언했다. 『뉴욕타임스』도 전쟁의 마지막 국면이 임박했다고 판단했다. 1면 머리기사의 제목에서는 "유엔군이 만주 국경으로 거침없이 돌진하고 있다"고 자랑스럽게 보도했다. 핸슨 볼드윈은 소련이 "더 이상의 손실을 막으려고 손을 떼기로" 결정한 것이 분명하다고 판단했다. 다른 기자들은 "북한의 괴멸적 패배"라고 보도했으며 도쿄와 워싱턴의 곳곳에서 사람들은 담배에 불을 붙였다.[61]

그러나 전장의 보고서에는 대규모 정규 부대는커녕 인민군 상급 장교를 포로로 잡았다는 기록도 없다. 그래서 맥아더는 동해안의 원산에서도 육·해군 합동상륙작전을 펼쳐 포위망을 좁히려고 했지만 항구의 기뢰機雷 때문에 작전이 지체돼 미군 해병대가 해안에 도달했을 때 한국군은 이미 원산을 통과한 상태였다. 그 뒤를 이어 적진에 상륙한 공수부대도 주력부대를 포위하는 데 실패했다. 이것은 한반도를 통일하고 인민군을 무찌르려면 북한 영토 전체를 포괄해야 한다는 뜻이었다.[62]

영국 기자들은 미국인들보다 통찰력이 있었고(아니면 좀더 자유롭게 사실을 보도할 수 있었거나) 무슨 일이 있어났는지 즉각 알아차렸다. 맥아더가 추진한 협공 함정 작전은 접었는데, 거기에는 부산 방어선을 마지막으로 밀어붙이기 위해 최근 보충한 신병밖에 없었다. "북한군은 유령처럼 산간지대로 사라졌다. (…) 협공 함정 작전은 접게 됐고 함정 안은 비었다"고 톰프슨은 썼다. 『런던타임스』에는 인천 상륙 이후의 전투와 관련해 일반적 통념으로는 이해하기 어려운 기사가 실렸다. "후위의 공세로 보면 강계에는 미래의 마오쩌둥이 될 한국인이 있는 것 같다." "위험한 안주" 상태가 미군 장교들을 엄습하고 있다고 그 기사는 지적했다. "적군 12개 사단 가운데 일부 부대가 남아 있는 것으로 확인됐는데도 적군을 궤멸했다고 선언했다. (…) 공산군이 지닌 본래의 힘과 유연성을 잊고 있다. (…) 북한의 산간지대로 철수한 수많은 공산주의자와 그 추종자가 유격전을 전개할 것이라는 우려는 현실로 나타났다."

미국인 기자들 가운데 아시아 전문 기자인 월터 설리번만 조선인민군의 많은 지휘관이 중국에서 참전한 경험이 있다는 사실과, 이제 3개월 넘는 준비를 거쳐 "중국공산당"의 퇴각 전략을 따르고 있다는 것을 이해했다.[63] 북한은 미군을 따라가면서 수만 명의 유격대를 배치했고, 남아 있는 사단을 재편·보충했으며, 만주의 예비군에서 새로운 부대를 투입했다. 윌러비는 조선인민군의 실제 병력이 2만 명 정도밖에 남지 않았다고 언론에 단언했지만, 11월 하순 시점에서 전선에 배치된 부대와 후방에 남아 있는 유격대는 그 수의 6~7배였던 것으로 생각된다.

강계에는 한국의 마오쩌둥이라고 불린 역전의 군인들이 있었다—그런 인물은 여럿이었다. 지도부는 1930년대와 마찬가지로 험한 산악 지대의 요새로 후퇴했는데, 손자孫子와 마오쩌둥을 거쳐 김일성과 그 세력에게 이어지면서 실전에서 검증된 정통의 유격 전술을 따라 사단을 재편성하고 날씨, 중국군 그리고 미국인의 오만함이 자신의 동맹군이 되기를 기다렸다. 1930년대 일본인이 매우 자주 탄식한 대로 그들의 장점은 공격한 뒤 자취를 남기지 않고 사라지는 능력이었다. 북한에서는 어떤 것을 실천했는지 많은 것을 설명해준 1946년의 한 중요한 대담에서 김일성 유격대의 한 고위 인물은 자신들의 가장 중요한 원칙을 이렇게 말했다. "유리할 때 싸우고 그렇지 않을 때는 지켜보면서 기다린다. (⋯) 상황을 파악했을 때만 싸운다. 그렇지 않으면 다른 기회를 노린다. 이것이 작은 부대가 대군을 이길 수 있는 방법이다."[64]

9월 30일 박일우가 내린 극비 명령에서는 "흡혈귀" 미국이 인천에서 "모험적 공격"을 감행해 "조국의 운명을 결정할 중대한 군사적·정치적 상황"을 야기했다고 언급했다. "장기전"은 이제 피할 수 없었다. 그러려면 새로운 전술로 "신속히 전환"해야 했다. "모든 인민은 미국의 침공에 맞서는 정의로운 전쟁에 일어나야 한다." 인민은 "어느 곳에서든지 매복해 적을 무찔러야" 하며 지도부는 "솔선해 모범을 보여야" 했다.[65]

유엔군이 38도선을 넘은 직후 중국인민해방군 사령관 예젠잉은 광저우에서 실시한 비밀 연설에서 미군은 인천 상륙으로 "표면적 우위"를 차지했을 뿐이며 현재 북진에 말려들었다고 말했다.

광대한 산악 지대를 최대한 활용해 적을 내륙 깊이 유인해 3개 사단이 넘는 적의 주력군을 기동전술로 포위하고 있습니다. 이런 상황은 중국 해방전쟁의 첫 단계와 비슷할 수도 있는데, 그때 장제스 무리는 옌안과 장자커우張家口●를 공격하는 데 전력을 투입했으며 우리의 주요 전술은 병력을 보존해 적을 포위·전멸시킬 수 있는 기회를 기다리는 것이었습니다.

10월 3일자 중국측 지령을 개괄한 보고서에서는 조선인민군이 이승만 군대를 무너뜨리는 데 "찬란한 기록"을 세웠다고 말했다. 미국의 개입으로 전쟁은 이제 "새로운 단계"로 접어들었다. 그러나 인민군은 "패배한 적이 없으며 국내외에서 신병을 보충해 강력한 전력을 유지하고 있다. 영토의 일부를 포기했지만 병력은 엄청나게 증강됐다". 인민군이 북한 내 여러 도시를 내준 것에 대해서 그 보고서는 "인민해방군이 옌안을 포기한 것은 이런 종류의 작전의 선례"라고 말했다.[66]

노획한 공책에는 조선인민군 제8사단에서 정치 정보 부문 책임자로 복무한 박기선의 발언이 실려 있다. "적의 주력부대는 큰 손상 없이 여전히 온전하다. 그들은 우리의 전력을 충분히 알지 못한 채 보병을 (…) 멀리 압록강까지 진군시켰다. 이것은 그들이 우리를 과소평가하고 있다는 증거다. 이런 모든 조건은 그들을 가까이 유인하는 데 유리하다."

조·중 연합군이 공격할 때 포로로 잡힌 한 조선인민군 장교는 인민군이 11월 말까지 "계속 후퇴했다"고 말했다.

부산 방어선까지 내려갔다가 압록강까지 후퇴한 것은 완전한 패배라고 생각할 수도 있다. 그러나 그렇지 않다. 그것은 계획된 후퇴였다. 우리는 유엔군이 여기까지 우리를 추격하고 광범위한 지역 전체에 걸쳐 병력을 드문드문 전개할 것을 알았기 때문에 후퇴한 것이다. 이제 유엔군을 포위해 섬멸할 때가 왔다.

● 중국 허베이성河北省 서북부의 도시.

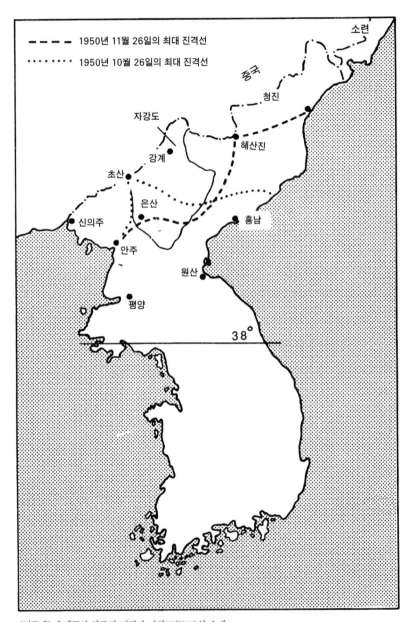

- - - - 1950년 11월 26일의 최대 진격선

·········· 1950년 10월 26일의 최대 진격선

소련

중국

청진

자강도

혜산진

강계

초산

은산

신의주

흥남

안주

원산

평양

38°

〈지도 8〉 유엔군의 압록강 진격과 자강도慈江道의 요새

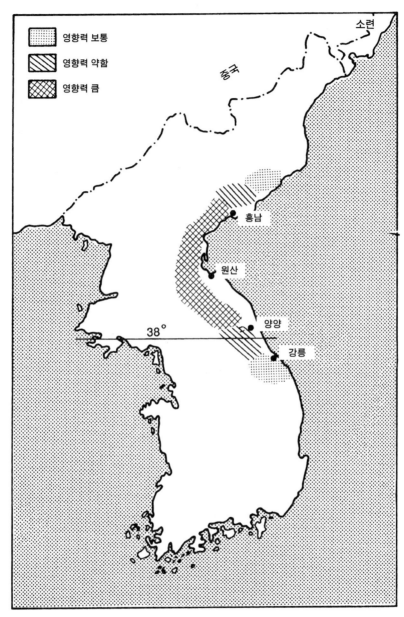

영향력 보통

영향력 약함

영향력 큼

소련

중국

흥남

원산

38°

양양

강릉

〈지도 9〉 10군단 관할 지역의 유격대. 1950년 11월

그는 "강력한 8개 군단이 적을 후방에서 공격해 교란하고" 정면에서 공격하는 조·중 연합군을 지원할 것이라고 말했다. 조선인민군은 유엔군의 측면을 돌아 경상북도 안동과 상주까지 남하했다.[67]

중국이 참전한 뒤 제10군단 정보 책임자 윌리엄 V. 퀸은 인천 상륙 이후 일어난 상황을 파악했다. 적은 "북쪽으로 계속 철수하면서" "구릉지대로 도망쳤으며" 필요한 지연 작전을 벌였다. "자강도의 산악 지대에 있는 요새"까지 가는 길은 여럿이었다. 식민지 시대에 김일성은 "숙련되고 냉혹한 유격 대장이었으며 (…) 그의 작전 거점은 (…) 함흥 북쪽과 서북쪽의 험준한 산악 지대"라고 알려졌다. 이것은 앞을 내다본 통찰이거나 "피할 수 없는 사태에 대한 방어 장치"였다고 퀸은 말했다. 아무튼 1950년 봄 김일성은 자신의 옛 거점이었던 지역을 분할해 자강도라는 새로운 도를 만들었다. 그 지역은 산과 강으로 이뤄진 자연적 경계 덕분에 남쪽에서 침략하기는 거의 불가능했지만 "충분한 도로망이 그 지역에 퍼져 있었고 만주로 왕래할 수 있었다".

한국과 달리 북한은 수도의 통제에 의존하지 않는 제도를 확립했으며, 그동안 한반도에 있던 어떤 국가도 하지 못한 방법으로 마을마다 침투해 유격대 전술에 협조할 수 있는 정치적 힘을 갖추게 했다. 10월 10일 무렵 북한의 당과 정부와 군부 지도자들은 지방 관료와 "공산주의 신봉자"들과 함께 자강도 지역으로 후퇴하기 시작했다. "장진長津과 갑산은 후퇴 병력의 집결지로 거듭 거론됐다." 동해안은 완전히 방치됐기 때문에 한국군은 지원을 받지 않고 국경까지 진군할 수 있었다. 철수가 너무 빨랐기 때문에 많은 현장에서 유엔군(주로 동부의 한국군)과 "적군의 접촉이 완전히 끊어졌다"는 말이 나올 정도였다. 서부에서는 평양에서 대피하기 위해 지연작전을 동반한 저항이 격화됐다. 그들은 집결지인 강계로 신속히 철수했다. 그동안 미군은 재래식 부대가 중국 국경 지대에 있는 신의주로 후퇴할 것을 예상하고 폭격했다. 만주의 재보급로再補給路를 따라 유격대는 "기한 없이" 싸울 수 있을 것이며 수륙양면공격이나 공습도 할 수 없을 것이라고 퀸은 생각했다. 조·중 연합군이 만주로부터 참전했을 때 주력부대는 만포진에서 압록강을 건너 강계를 통과해 장진호長津湖(일본 이름은 초신)에서 미군을 대파했다. 또 다른

대군은 안둥을 건넜고, 갑산 부근에서 다시 편성된 인민군과 연합했다.[68]

10월과 11월 인민군은 북한과 남한에서 유격전을 벌였다. 앞서 본 대로 조선인민군은 인천 상륙을 미리 알았지만 상륙이 이뤄진 뒤에도 10일 정도 동남부를 계속 압박했다. 되도록 많은 유엔군을 동남부에 묶어놓고, 서울 지역에서 조선인민군과 함께 저항해 맥아더의 협공 작전을 지연시키려는 목적이었다. 9월 25일 부산 방어선 전역을 한국군이 돌파하자 인민군은 후퇴했다. 인민군은 농민복으로 갈아입고 대부분 조직적인 부대 형태로 산악 지대로 들어갔다. 방호산은 자신의 제6사단 대부분을 이끌고 산악 지대를 거쳐 자강도로 돌아와 11월 하순 다시 전투에 합류했다. 전라도에는 4만 명 정도의 인민군과 지역 유격대가 남아 있었다. 춘천부터 원산에 이르는 지역에서 김책은 후퇴한 인민군 가운데 1만 명 정도를 모아 유격대를 조직했다. 철원 근처에서 김일은 미국이 "작지만 효율적인 전투부대"라고 평가한 병력을 지휘했으며, 전직 서울시장 이승엽도 같은 지역에서 유격대를 이끌었다고 보고됐다.

10월 후반 2주 동안 38도선 이남에서 전개된 유격대 활동은 다음과 같다. 유격대 1만5000명이 양양을 점령하고 삼척·울진·강릉에서 "강력히 결집했다". 유격대가 금화金化·화천·괴산을 점령했다. 광주 근처에 1000명의 유격대가 있었으며, 문경 근처에서 300명의 유격대가 교전했다. 장수에서는 300명이 유엔군의 공격을 받았고, 정읍 근처에는 2000명, 목포 근처에는 2000~3000명의 유격대가 있었다는 것 등이었다.[69]

이전과 마찬가지로 유격대가 가장 강력한 지역은 전라남도였고, 그들은 대부분 지역 주민이었다. 유격대는 인천 상륙부터 중국 참전 때까지 그 도를 통제했다. 그들은 전라북도 남부로도 세력을 넓혔다. 11월 초 전라남·북도에서 안전한 지역은 30퍼센트밖에 되지 않는다고 미국의 한 조사는 추산했다. CIA에 따르면 "유격대가 활동하고 있는 한국 서남부의 곡창지대"에서는 미곡 추수량 가운데 1퍼센트만 걷혔다. 11월 하순 광주는 한국이 장악했지만 "그 도시로 들어가는 육로는 차단됐으며 교외 상황도 확실치 않다"고 보고됐다. 전주의 남쪽 지역은 "장갑차로만" 이동할 수 있었고 철도와 도로는 몇 번이고 계속해서 끊겼다. 한국군의 유격대 진압 작전은 효과가 없었다. 한국군은 산악 지대를 철저히 수색했지만 "옥수수밭의 꿩처럼 유격대는 그들보다 먼저 이동했다". 전라남도지사 박철수는 유격대가 북한에서 내려왔다고 생각하는 미국인에게 "유격대는 대부분 (그 지역의) 민간인으로 빨갱이가 지배한 기간 활동하다가 산악 지대로 도망간 공산주의자"라고 설명했다.[70]

10월 하순 강원도에서는 유격대의 활동 때문에 군의 행정이 대부분 무너졌다. 영국 자료에서는 "유격대의 숫자는 아직도 많다. (…) 서울과 인천 지역에서도 출몰하고 있다"고 말했다. 공식 기록에서는 11월 시점에 남한에 "최소" 4만 명의 유격대가 남아 있다고 추산했다. "수많은 유격대 부대가 (…) 남한 서부 전역에서 활동하고 있다." 그들 가운데 다수는 농민으로 "위장했다". 당시의 정보 보고에서는 총인원은 훨씬 더 많다고 추산했다. 앞서 본 대로 전라남도에만 4만 명이 있다고 추산됐다. 10월과 11월의 일일 보고에서도 태백산맥 지역에 2만 명, 진주·하동·거창 지역에 1~2만 명 정도로 구성된 복수의 집단이 있다고 밝혔다. 한국군 제11사단에 소속된 여러 연대는 전라남도 전역과 전라북도 남부의 군—정확히 말하면 1945~1946년 인민위원회의 세력이 강했던 군—가운데 유격대가 대규모로 집결한 지역에서 매일 작전을 펼쳤다. 한국 경찰은 10월 하순 무주·장성·정읍·고창을 점령하지 못했는데 유격대가 그 지역을 장악했기 때문이다.[71]

소백산의 유격대에서 노획한 일기에는 윤달원이라는 인물이 130명으로 구성된 분대를 이끌었으며 10월 중순 각지의 파출소를 여러 번 공격했다고 기록돼 있다. 그 지역의 산적이 병사로 들어오기도 했다. "부농과 자본가의 재산을 약탈한 사람은 유격대로 간주됐으며 전투 훈련을 받았다." 부대는 엄격한 훈련 규범을 따랐고 비판과 자기비판을 중시했는데, 일부 사람들이 "무임승차" 문제라고 부른 것을 예방하려는 조처였다. "당신은 당신의 이익을 추구하다가 국가나 동료에게 손실을 입혔는가?" "서로의 고통을 참고 생사를 함께할 동료를 더 많이 사랑하자. (…) 인민의 물건은 결코 손상시켜서는 안 된다." 적대 세력에 대해서는 이렇게 말했다. "적과 협력하는 자는 무

조건 죽여라. 그들의 재산을 몰수해 가난한 사람들에게 나눠줘라."[72]

11월 초 김일의 유격대는 38도선 이남을 공격해 춘천을 점령한 뒤 서울로 진격했다. 한국군 2개 사단이 그들을 물리쳤다. 그의 부대는 철원-화천 지역에서 한국군과 계속 전투를 벌였다. 11월 셋째 주 그의 부대 또는 그 인근의 다른 부대는 서울 북쪽에 있는 대규모 수력발전소를 위협했다. 김책 부대는 적어도 1만 명 정도로 규모가 더 컸으며 원산에서 "미군이 상륙한 시점부터" 유격전을 계속 펼쳤다. 원산과 함흥을 잇는 철도와 고속도로를 파괴하는 공격은 일상적으로 일어났으며, 원산과 마전리馬轉里 사이의 도로는 유격대의 공격을 "가장 많이 받은 곳 가운데 하나였다"(마전은 원산과 평양을 연결하는 도로의 45킬로미터 정도에 있다). 11월 하순 제10군단은 흥남 남부와 서부에서 유격대 2만 5000명과 조우했다. 애플먼에 따르면 11월에는 "제10군단의 전선에서 서쪽이나 서북쪽에 위치한 북한은 사실상 모두 (…) 적의 손에 넘어갔다". 남쪽과 서남쪽의 넓은 지역도 마찬가지였다.[73]

조·중 연합군의 함정 유인책이 끝날 무렵 조선인민군의 1개 사단(제10사단)은 산악지대를 뚫고 대구 근처 20마일(약 32킬로미터) 지점까지 침투했고, 그곳을 장악하고 있던 미군 해병 제1사단과 혼성 한국군 부대와 여러 주 동안 치열한 산악전투를 벌였다. 미국 자료는 그것을 "탁월한 군사적 위업"이라고 평가했다. 리지웨이는 1950년 말 남한에 있는 유격대는 모두 6만 명 정도로 부산 가까이 내려와서 활동하고 있다고 파악했다.[74]

맥아더가 병력을 나눠 압록강으로 진군하기로 결정한 데는 조선인민군의 유격대가 중부지방에 자리잡은 것이 한 요인으로 작용했는데, 그것은 유명하지만 재앙으로 끝난 판단이었다. 그런 결정의 주요 이유는 높은 능선이 반도를 둘로 나눈 험준한 지형과 동·서의 교통·통신이 발달하지 않은 것에 있다고 애플먼은 주장했다(잘못된 전략 때문이라고는 생각하지 않았다). 병력을 나눈 것은 단지 지형 때문이 아니라 동·서의 통신과 교통이 "유격대의 활동으로 불안했기 때문"이라고 지적한 군사 역사학자도 있다.[75]

맥아더는 북한과 중국의 장군들에게 작전을 읽혔을 수도 있지만 윌러비는 그것을 열심히 숨기려고 했으며, 뻔뻔스럽게 정보 보고서를 조작해 공표하면서 맥아더를 모스크바로 진군하는 나폴레옹이 아니라 영광스러운 지도자로 묘사했다. 인천 상륙 직후 유엔군 사령부는 38도선 이북에 조선인민군 예비 병력은 거의 없으며 한반도 전체에서도 인민군의 실제 병력은 2만 명뿐이라고 주장했다. 윌러비는 이 수치를 11월 중순까지 계속 사용했다. 포로는 9만5000명이라고 알려졌는데, 이것은 조선인민군은 대부분 살해되거나 일망타진됐다는 인상을 준다.[76] 10월 13일 CIA는 38도선 이북에 있는 조선인민군 가운데 전투준비를 갖춘 병력은 13만2000명이며 거기에는 "상당히 결집력이 강한" 전선 사단前線師團 8만 명이 포함됐다고 추산했다. 이 수치는 유격대는 포함하지 않은 것으로 보인다. 그러나 윌러비는 2만 명이라는 추산을 고수했다.[77]

조·중 연합군이 본격적인 공격을 시작하자 하룻밤 사이에 조선인민군의 규모는 11개 사단과 12만 명의 병력이라고 추산됐다. 12월 3일에는 15만 명, 12월 20일에는 20만 명이라고 알려졌는데, 이 수치에는 적어도 4만 명으로 추산된 남한의 유격대는 포함되지 않았다. "맥아더는 나사로처럼 북한군을 무덤에서 살려냈다."[78] 인민군은 부대 재편성을 위해 후방으로 물러난 것이 분명하다고 당시 윌러비는 설명했다. 2만 명이라는 수치는 "유엔군과 접촉했다고 보고된" 병사의 숫자에 기초한 것이었다. 레지널드 톰슨은 "적군을 2만 명으로 추산한 정보기관의 판단은 틀렸으며 적어도 8만 명을 넘었을 것"이라고 지적했다.[79]

물론 맥아더의 인천 상륙작전은 인민군에게 분명히 뼈아픈 패배였다. 애플먼에 따르면 제3사단 전체가 혼란에 빠져 무너졌으며, 제8사단은 4000명의 희생자를 냈다. 제12사단은 "완강한 지연작전" 끝에 전멸했다. 막대한 장비도 잃었다. 병사와 민간인의 사기도 크게 꺾였다.[80] 그러나 철수는 수륙 양면의 대규모 반격이라는 불리한 상황에서 북한이 짜낸 최선의 대책이었다.

"중국군이 넘쳐난다": 중화인민공화국의 참전

"적을 오지로 유도한" 조선인민군 지휘관들은 중국과 긴밀한 호혜적 관계를 맺고 있었다. 일본제국주의에 맞서 함께 투쟁한 경험과 중국 본토에서 전개된 전투에 10만 명이 넘는 병력을 파견한 경험 덕분이었다. 두 나라가 미국의 반격을 함께 저지한 것에는 공동의 이익도 있었다. 중국 국경을 방어하고 압록강의 수력발전소를 공동으로 개발한다는 것이었으며, 좀더 범위를 넓히면 미·일 "공영권共榮圈" 구상의 재개를 막는 것이었다. 그것의 대체물은 공산 세력이 이끄는 범아시아주의이며, 참전하거나 본토를 침공해 중국과 북한을 위협하려는 국민당의 계획을 분쇄하는 것이었다. 6월 25일 이전 중국이 미국의 침공에 대항하겠다는 것을 북한에 약속했을 가능성은 있지만, 공동작전 계획은 부산 방어선을 무너뜨릴 수 없다는 것이 밝혀졌을 때 결정된 것 같다. 그러나 직접적인 원인은 어떤 의미에서는 비논리적이었다. 앞 시대의 한중 관계를 직관적으로 이해하고 있는 사람은 누구나 현대의 히데요시가 한반도를 쓸어버렸을 때 중국의 반응을 예상할 수 있었을 것이다.[81]

곤경에 빠진 저우언라이는 중국이 참전할 수 있다는 것을 미국에 계속 경고했지만 아무도 그나 그의 정보원이자 미식가로 유명하고 명민한 사르다르 파니카르의 말에 귀 기울이지 않았다. 냉철한 현실 정치가들은 미군이 방어가 취약한 국경의 강을 건너 진출하는 것을 중국이 허락하지 않을 것이라고 예상했을 것이다. 그 강의 수력발전소는 만주의 산업 대부분에 전력을 공급하고 있었다. 그러나 CIA가 이런 단순한 판단조차 너무 늦게 내린 것은 논란을 불러왔다. 당시 미국의 상황에서 중국이 국경 방어를 위해 한국전쟁에 개입했다고 주장하는 것은 "자유주의"에 입각한 견해로 보였다. 이것은 현재 국가 안보 전략 전문가의 일치된 견해다.[82] 그러나 그것은 퍼즐의 한 부분이었을 뿐이며, 중국의 참전에는 똑같이 중요한 다른 이유가 있었다는 것을 이해한 사람은 거의 없었다.

1950년 봄과 여름 내내 정보기관 공작원과 기자들은 북한군 부대와 북한군·중공군 연합 부대가 다수 포함된 정예의 제4야전군이 만주를 향해 북진하는 것을 모니터했다. 8월 집중적 훈련과 한국 국경을 넘는 기동작전이 시작됐다. 윌러비의 G-2는 그 규모가 37개 사단이며 "한국인 가운데 많은 사람은 이런 만주의 부대에 참가한 경험이 있었다"고 지적했다. 이런 활동은 "한국이라는 극장에 들어가기 전의 준비 단계"가 아닐까 우려하는 사람도 있었다. 그러나 결론은 "잠입은 일어났을 수 있지만 조직적 참전은 아니"라는 것이었다. 8월 맥아더는 해리먼에게 소련은 "중국을 현재의 전투에 끌어들이려고 할 것이다. (…) 그들은 할 수 있다면 중국 북부의 군대에서 파병하게 할 것"이라고 말했다. 그러나 그는 "우리는 현재 이길 수 있으며 그렇게 된다면 그들(소련)은 참전의 위험을 무릅쓰지 않을 것"이라고 말했다. 그 직후 그는 콜린스와 올먼드에게 말했다. "우리가 이긴다면 중국은 소련을 따르지 않을 것이다. (…) 동양인들은 승자를 따를 것이다."[83]

입수할 수 있는 증거에 따르면 CIA도 나을 것은 없었다. 9월 20일 CIA는 중국 "의용군"이 참전할 가능성을 상정했다. 한 달 뒤 CIA는 만주의 부대가 한국에 투입될 것이라는 "다수의 보고서"를 받았다. 그러나 CIA는 "소련과 마찬가지로 중국도 북한에 공개적으로 개입하지는 않을 가능성이 크다"고 판단했다. 이른 시점에 중국이 개입했다면 흐름을 바꿨을 수도 있지만, 그 시기는 지나갔다는 것이었다. 중국 참전의 첫 단계가 지난 뒤에도 CIA는 중국이 소련의 명령에 따라 움직이고 있으며 6월 25일에 시작된 "대리전쟁"의 실험을 계속하고 있다고 생각했다. 11월 1일 베델 스미스는 중국은 "만주 침공을 정말 두려워하고 있으며" "전면전의 위험이 커진다고 해도" 국경 안보를 위해 완충지대를 구축하려고 할 것이라고 정확히 지적했다. 그러나 11월 24일 맥아더가 마지막 대공세로 돌진한 시점에 CIA는 중국의 "대규모 침공 작전"을 보여주는 충분한 증거를 확보하지 못했다.[84]

영국은 맥아더의 북진을 깊이 우려했다. 선양 영사관에서는 8월 한국인이 다수 포함된 인민해방군 정예부대가 새벽부터 해가 질 때까지 훈련하기 시작했고, 당국은 새로운 군복을 만들기 위해 재봉틀을 양복점에서 조달했다고 보고했다. 10월 5일 중국의 참전을 확신한 영국의 각군 참모총장은 "큰 불안감"과 긴장감 속에 열린 회의에서 38도선에서 2주 동안 활동을 중단하고 중국과 즉각 교섭할 것을 워싱턴에 요청해야 한다고 주장했다. 10월 중순 중국 고관들의 가족은 남부로 이동했고 선양에는 계엄령이 내려졌다. 도시 전역에서 방공훈련을 실시했고 "심각한 공황" 상태에서 금 가격은 급등했으며, 모든 공장에서는 설비를 뜯어내 기계류는 북부로 수송했다. 급기야 영국 정부는 맥아더가 한국 국경 밖에서 하는 행동만은 허가하지 말 것을 워싱턴에 촉구하기로 결정했다. 영국 정보기관의 예측도 워싱턴과 크게 다르지 않아서 중국은 행동에 나서지 않을 것이라는 믿음을 고수했다. 그들은 파니카르의 경고를 경시했다. 도쿄의 영국 연락 공관의 무관 부서에는 맥아더의 환상에 완전히 사로잡혀 있었는데, 11월 중순에는 다가올 최후의 공세에 대해 "성공을 완전히 확신한다. (…) 오랜 시간이 걸리지 않을 것"이라고 예측했다.[85]

이런 정보 분석은 정보 자체가 아니라 분석의 전제가 틀렸기 때문에 나온 것이었다. 기존의 정책 노선과 가까웠던 CIA는 풍파를 일으키지 않으려고 했다. 그들의 보고는 언론 보도보다 떨어지는 경우도 많았고 객관성을 결여한 경우도 잦았다. 전후 최악의 외교 위기 속에서 애치슨과 트루먼은 클레먼트 R. 애틀리 영국 총리와 그의 고문들과 언쟁하면서 중국을 독립된 행위자로 보는 완전한 잘못을 저지르고 있다고 말했다. "중국의 행동은 모두 소련의 지시에 따른 것이며" "중국은 동유럽 위성국들보다 우수한 학생"이라고 애치슨은 말했다. 애치슨과 트루먼 대통령은 영국의 비판에 맞서 맥아더를 옹호하면서 그는 유엔의 명령을 언제나 따르고 있다고 말했다. 트루먼은 이렇게 말했다. "(중국은) 소련의 위성국이며 현재 베이핑北平의 정권이 권력을 잡고 있는 한 계속 그럴 것이다. (…) 공산주의에 대응하는 유일한 방법은 그것을 말살하는 것이다." "소련을 이해시킬 수 있는 것은 무력뿐이며" "우리는 그것을 준비하고 있다"고 그는 말했다. 미국이 한국에서 손을 뗀다면 "남아있는 한국인은 모두 살해될 것이다. 공산 세력은 사람의 목숨에는 조금도 관심이 없다."[86] 이런 과잉 흥분 상태에서 진행한 "정보" 분석은 핵심에서 상당히 벗어났다.

전쟁이 끝난 뒤에도 오랫동안 조지 케넌은 북한은 중국이 아니라 소련과 연합했다는 생각을 고수하면서, 마오쩌둥은 "마오쩌둥의 북한이 아니라 스탈린의 북한이 남한을 철저히 정복하는 것"을 봤다면 "진심으로 기뻐할" 수는 없었을 것이라고 말했다. 그러므로 "중국은" 소련에게서 자신들의 개입에 "어떤 방법으로든 분명히 보상을 받았을 거라고 생각된다"고 말했다.[87] 그러나 남한은 바로 "마오쩌둥의 북한"에게 정복됐으며, 이런 표현에서도 케넌이 북한이나 남한을 역사상의 독립된 행위자로 보는 능력이 없었음을 알 수 있다.

미국에서 가장 정보에 정통한 매체도 압록강 진격을 강력히 지지했고, 중국의 의도를 판단할 능력이 없었다. 『뉴욕타임스』는 "자유롭고 통일된 한국"에 중국이 위협을 느끼지는 않을 것이라는 사설을 내보냈다. 마지막 공세가 시작되면서 레스턴은 워싱턴의 정보망은 중국이 개입할 것이라고 생각하지 않는다고 단언한 기사를 실었으며, 한 사설에서는 "중국공산당의 위협에 굴복하지" 않은 미군을 찬양했다.[88]

증거보다 가설이 중시됐음을 보여주는 가장 좋은 증거는 주중 인도 대사 사르다르 파니카르의 경험일 것인데, 그는 중국이 압록강 진군을 용인하지 않을 것이라고 지속적으로 경고했다. 9월 26일 인민해방군 총참모장 녜룽전은 미국이 계속 도발한다면 중국은 저항밖에는 다른 선택지가 없을 것이라고 파니카르에게 말했다. 파니카르는 자신이 한국에서 겪은 경험으로 볼 때 미국은 중국의 "산업 시설을 하나도" 남겨놓지 않고 폭격할 것이라고 말하자 녜룽전은 그것은 어쩔 수 없다고 대답했다. 저우언라이와 베이징 주재 폴란드대사도 비슷하게 말하자 파니카르는 중국은 "결과에 상관없이 좀더 공격적인 방침을 결정했다"고 확신했다. 1주 뒤 저우언라이는 그를 불러 중국은 미군이 38도선을 넘는 것을 용인할 수 없다고 말했다.[89]

그러나 아무도 파니카르의 말에 귀 기울이지 않았는데, 그는 신용할 수 없는 사람으로 여겨졌기 때문이다. 중국은 미군이 한국을 통일시키려는 것을 막으려고 허세를 부리고 있는데, 파니카르는 거기에 자신도 모르는 사이에 "도구"가 됐다고 CIA는 판단했다. 제섭과 러스크는 그가 "속셈이 있어 일시적으로 중국공산당의 노선을 따르고 있다"고 생각했다. 그의 "사악한 성

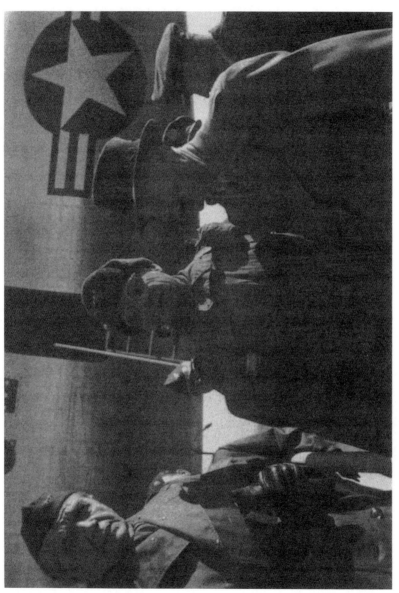

〈사진 20〉 찰스 윌러비 장군, 매슈 리지웨이 장군, 월터 베델 스미스 장군(왼쪽부터)

품"은 "스페이드 모양의 턱수염에만 있는 것이 아니었다"고 그들은 썼다. 그들은 뉴델리에서의 그의 영향력을 차단하는 방안을 제언했다.[90]

11월 중순 한 인도인 기자는 중국으로부터 받은 다음과 같은 관찰 기록을 소개했다.

> 지난주 베이징에서 톈진까지 80마일(약 130킬로미터)을 철도로 가면서 기자는 열차 7대를 봤는데, 각각 길이가 2펄롱furlong(약 400미터)쯤 되고 일본제 전차와 미제 장갑차, 소련제 대포, 수백 대의 유조차를 실었다. (…) 6주 가까이 만주로 대대적인 부대 이동이 이어졌다. (…) 중국 동북부 전체가 "일제 때를 생각나게 할 정도로 전쟁 준비에 흥분해 있었다(고 외국인들은 말했다)".

그는 중국 지도층이 장기전에 대비해 해안 지역 도시들을 버리고 옌안으로 후퇴를 준비하고 있다는 소문까지 들었다. 그러나 로이터 통신은 이를 대외비로 취급해 공개하지 않았다.[91] 이 기자가 볼 수 있던 것을 미국 정보기관은 보지 못한 것이 분명하다.

낙심한 파니카르는 자신의 경고는 모두 무시됐다고 개탄했으며, 미·중전쟁의 가능성이 커지자 늦가을 중국의 수도 너머로 눈을 돌렸다.

> 징산景山에서는 베이징시 전체가 녹인 금을 입힌 것처럼 보인다. 가을빛은 자금성紫禁城의 누런 기와에 자연스럽게 스며든다. (중국) 정부는 엄청난 노력을 기울여 베이징을 재건했다. 궁궐의 해자에는 (…) 맑은 물이 흐르고 정원을 갖춘 제방을 새로 쌓았으며 거대한 탑도 복원했다. 베이징은 정말 장려하게 보인다.

세계 규모의 전쟁을 생각하는 것이 어떤 의미가 있는지 그는 말했다.

> 바오다이나 이승만이 권력을 잡게 하려는 것인가? (…) 나는 비참하고 절망스럽다. 오늘 태연하게 전쟁을 고려하는 것은 범죄라고 생각한다. 그러나 모든

곳의 지도자는, 적어도 무의식적으로, 스스로 파멸의 길을 가고 있는 것 같다.[92]

호혜주의의 원칙

9월 하순 파니카르의 경고가 서방을 떠돌 무렵 중국은 한국을 방어해야 하는 또 다른 이유를 『런민일보』 1면에 크게 게재했다. 한국의 "의용군" 수천 명이 중국 혁명에서 피를 흘렸다는 것이었다. "지난 수십 년 동안 조선 인민이 중국 인민 편에 선" 것처럼 중국도 "늘 조선 인민 편에 설 것이다". 그들은 조선의용군과 이홍광 부대의 공헌을 특별히 언급했다. 동시에 마오쩌둥은 홍콩의 부유한 자본가 루쭤푸盧作孚에게 아래 사항에 대해 미국의 주의를 환기시키라고 요청했다.

> 북한 공산주의자와 중국공산당은 오랜 유대를 맺고 있으며 조선의용군은 항일 투쟁과 그 뒤 만주에서 국민당과 전개한 전투에서 중국공산당에 군사 원조를 했기 때문에 (…) 중국공산당은 조선의 공산주의자들에게 감사하고 있으며 그것을 무시할 수는 없다. (…) (마오쩌둥은) 미국과의 전쟁을 바라지 않지만 (…) 미군이 38도선을 넘는다면 중국군을 파견할 아주 큰 압력을 받게 될 것이다.[93]

중국인민지원군의 첫 부대가 한국에 들어가자 중국 자료들은 중국에서 싸웠던 조선의용군을 다시 찬양하면서 그들을 미국 독립전쟁에서 활약한 라파예트와 프랑스군 그리고 스페인내란에서의 '에이브러햄 링컨 여단'에 비유했다. "우리는 조선 인민을 잊을 수 없다. (…) 그들은 해방전쟁뿐 아니라 1925~1927년 북벌, 1927~1937년 토지개혁 전쟁, 1937~1945년 항일 전쟁에도 참가했다." 중국군 포로는 조선인들이 중국에서 싸웠기 때문에 자신들도 참전한 것이라고 말했다. 북한군 부대가 중국인 부대와 함께 국경을 넘는 것도 일상적인 일이었다. 10월 9일자 정보 보고는 다음과 같다.

유엔군이 38도선을 넘는다면 중국 공산 세력은 북한을 원조할 것이다. 그 이유는 (1) 중국 공산 세력은 북한에 빚을 지고 있는데, 특히 국민당과 싸울 때 이홍광이 린뱌오를 지원한 것이다. (2) 유엔군이 북한을 점령하는 것은 중국 영토에 위협이 될 것이다. (3) 소련은 중국에 참전을 명령하고 있다.

월러비의 G-2는 이 보고서는 "틀렸으며" 믿을 수 없다고 봤다.[94]

맥아더와 월러비는 중국 영토 전체를 대상으로 완전히 새로운 전쟁에 돌입할 것이라고 호언했지만 자신들이 누구를 상대로 싸울 것인지 이미 알고 있었거나 알았어야 했다. 인민해방군 제4야전군의 전력 편성과 관련해 그들이 작성한 11월 7일자 문서에서는 본토에서 전투가 벌어지는 동안 북한이나 만주에서 14만5000명의 북한군이 편성돼 투입될 것이라고 추정했다. 그 보고서는 그 북한군 부대는 옛 동북항일연군과 이홍광 "지대支隊"를 기반으로 한 것이며, 북한군 1명당 중국군 2명으로 편성하는 것이 원칙이라고 말했다.[95] 그들은 조선인민군이 이 부대의 구성원을 예비군으로 만주에 배치했다는 것도 알고 있었다. 앞서 본 대로 제4야전군에 소속돼 하이난섬의 "마지막 전투"에 참가했던 한국인들은 한국전쟁이 시작된 시점까지 한국에 돌아오지 못했다.

북한을 방어하기 위해 중국이 개입할 것을 한국 정부가 알고 있었다는 증거도 있다. 도쿄 주일 대표부의 김용주는 12월 초까지 기다린 뒤, 인민해방군이 참전할 것이라는 자신의 견해를 영국에 전달했다. "화북 지방을 해방시키는 데 북한군이 공헌한 것에 보답한다는 협정이 (…) 있었다. (…) 중국 정부는 특정한 상황(이를테면 38도선을 넘어 침공당하는 것)이 발생할 경우 북한을 원조해야 한다는 의무가 있었다."[96]

앞서 본 대로 이것은 설득력 있는 견해며, 1950년 6월 이전 단계에서 김일성은 아주 강력한 비장의 패를 갖고 있었고 그래서 미국 지상군이 대규모로 개입해도 두려워하지 않을 수 있었음을 알려준다.

중국 참전의 인과관계에서는 호혜가 가장 중요했으며, 국경을 방어하고 일본과 지역적 통합을 막는 것이 그다음이었다고 생각된다. 물론 두 요인은 중국과 북한 모두에 밀접히 관련됐으며 서로 강화하는 관계였다. 세 번째로 중요하게 고려할 사항은 북한에 대한 소련의 영향력을 결정적으로 대체했다는 것이라고 생각된다. 앞서 말한 대로 그것은 1949년에 일어난 일로 보이지만, 한국의 국토를 적신 중국인의 피가 그것을 훨씬 강고하게 만들었다.

스탈린은 이런 사태를 예측했을 것으로 생각된다. 그 때문에 그는 중국의 참전을 그리 반기지 않았다고 보는 견해도 있다. 유고슬라비아 외무차관은 소련이 동유럽에서 한국에 참전할 의용 여단을 얻으려고 했지만, 헝가리와 체코는 냉담한 반응을 보였다고 영국에 말했다. 소련은 중국의 참전이 극동의 권력 구조에 미칠 영향을 우려했다고 그는 말했다. 소련은 "중국이 한국에 개입하기를 바라지 않았지만 (…) 유엔군이 한반도를 완전히 점령하는 것보다는 낫다고 생각했다."[97] 끝으로 맥아더는 중국이 참전할 경우 국민정부군을 압록강과 화북 지방에 투입하는 계획을 세웠다. 중국은 1950년 6월부터 이런 조치가 있지 않을까 우려했는데, 그것은 맥아더의 북진에 저항하는 또 다른 이유를 제공했다.

중국이 북한을 직접 원조하기로 결정한 것은 9월 마지막 주였다고 생각된다. 연합군이 38도선을 넘은(중국과 북한은 이것을 예측하고 있었다) 이후가 아니라 조선인민군이 부산 방어선에서 철수한 시기와 맞물린다. 한국군은 10월 1일에 38도선을 넘었으며, 이틀 뒤 영국 정보기관은 트럭 150대의 긴 행렬을 확인했다. 병사와 물자를 실은 것으로 보이는 차량이 중국 단둥에서 한국 영내 80마일(약 130킬로미터) 지점까지 "꼬리를 물고" 이어졌다. "이동 규모로 판단할 때 중국의 개입이 시작된 것으로 보였다." 나중에 포로 심문을 보면 중국 공산군은 늦어도 10월 14일에는 국경을 넘기 시작했다.[98]

중국인민지원군이 처음 전투에 참가한 것은 북한과 중국 최고지도자가 직접 협상한 직후였다. 10월 25일 무렵 김일성은 야간 특별열차를 이용해 삼엄한 경호를 받으면서 베이징에 갔다. 그와 동행한 사람은 군복을 입은 한국인 3명과 동북인민정부 주석 가오강이었다. 저우언라이와 녜룽전(마오쩌둥

외에 한국 관련 결정에 가장 밀접히 관련된 두 사람이었다)을 포함한 중국 고위 지도부는 그 시기 베이징에서 모습을 나타내지 않았으며, 10월 27일 런비스의 장례식 때 다시 나타냈다.[99]

10월 22일 주한 미군 군사고문단은 조선인민군이 더 이상 "조직적으로 방어할" 능력이 없다고 판단했다. 그러나 며칠 만에 전차와 항공 지원을 받고 "새로운 장비로 무장한 북한군"이 유엔군의 전위를 맹공하기 시작했다. 강력한 조·중 연합군은 한국군 제2사단을 공격해 "전멸"시켰으며 제8군의 우익右翼부대를 심하게 손상시켰다. 공격군은 "제대로 훈련받고 잘 조직된 새로운 군대로, 일부는 중국 공산군이었다"[100]

운산은 북한 주민에게는 고향이고 중국인에게도 친숙한 지역이었다. 1909년 허버트 후버는 그곳에서 간단한 술자리를 갖기도 했지만 1950년 미국인에게는 끔찍한 장소였다. 11월 2일 금과 모나자이트를 생산하는 운산 광산 근처에서 미군 800명은 산에서 급습한 조·중 연합군에게 포위돼 학살됐다. 종군기자단은 그것은 "인디언 유형의 학살"처럼 보였다고 썼다. 날씨는 몹시 추웠고 어둠은 끝없이 계속될 것 같았다. 적의 척후는 미군의 전방을 밤새도록 정찰했고, 나팔과 음산한 뿔피리 소리는 미군을 혼란에 빠뜨려 마침내 그들은 자신이 어디 있는지, 자신이 누구와 싸우고 있는지 확신하지 못하게 만들었다. 노획한 중국군 문서는 이 첫 번째 전투에서 미군이 "치명적으로 허약했다"고 말했다.

> 미군 보병은 허약했고 죽음을 두려워했으며 공격하거나 방어할 용기가 없었다. 그들은 비행기·전차·대포에 의존했다. (…) 그들은 (…) 야간전투나 근접전에 익숙하지 않았고 (…) 박격포를 사용하지 않은 채 (…) 혼란에 빠져 완전히 사기를 잃었다. (…) 그들은 운산에서 며칠 동안 포위됐지만 아무것도 하지 못했다.[101]

전면 공격은 11월 6일까지 이어졌으며 2만7000명의 중국군이 가세해 인민 군은 16만 명으로 추정됐다. 유엔군은 압록강 국경에서 크게 후퇴했고, 그 뒤 적은 사라졌다. 전선은, 고요했으며 적군은 "이상할 정도로 조용했다". 유엔군의 눈앞에서 기묘한 후퇴가 다시 한번 이어졌다. 이것은 중국군과 북한군이 북진을 재개하지 말라고 경고하는 의도였지만,[102] 미군은 10월의 양동陽動작전을 경시하고 대규모 공격을 준비했다. 중국 공산군이 접촉을 끊고 사라지자 많은 미군 포로가 "탈출했으며" 11월 12일 유엔군은 국경을 향해 다시 공세를 시작했다.[103]

맥아더는 영하 22도에 이르는 혹한에도 미군 해병대를 장진호로, 미 제7사단을 웅기천雄基川 북부로 투입했다. 다시 한번 유엔군은 방해받지 않고 북진했다.[104] 1주 만에 미 제7사단은 김일성의 핵심 지역인 갑산을 확보하고 아무 저항을 받지 않으면서 압록강변의 혜산진惠山鎮에 이르렀다. 장진호 지역을 점령한 미군 부대 가운데 제27보병 연대는 1902년 미국이 필리핀 반란을 진압할 때 민다나오섬에서 모로족과 싸웠으며 시베리아의 미국 원정군에서 "울프하운드 부대The Wolfhounds"로 참가해 볼셰비키와 싸운 부대였다.[105]

이 시기 CIA의 일일 보고는 적이 후방으로 이동할 때의 패턴을 포착해 과거에 그렇게 철수한 것은 공격의 전조였다고 주장하면서 유엔군 배후의 "후방 지역에는 잘 조직된 대규모 유격대"가 있으며 "한반도 서남부의 상당한 지역"을 유격대가 점령하고 있다고 경계했다. 그러나 11월 20일까지도 평가는 일정하지 않아서 공산군은 방어에 좀더 적합한 지점으로 후퇴한 것뿐이라는 주장도 제기됐고 "유엔군이 북진하면 언제나 후퇴하는" 것은 "지연작전"일 뿐 총공격을 준비하는 것이 아니라는 주장도 있었다.

11월 24일 맥아더는 "위력 정찰"을 개시하고 모든 전선에 걸쳐 총공격을 시작했다. 그는 이것을 "대규모 압박과 포위", 곧 남아 있는 인민군을 궁지에 몰려는 "협공" 작전이라고 불렀다. 11월 25일 그는 압록강으로 날아가 혜산진의 미군 부대를 방문했다. 공격은 사흘 동안 이어졌지만 저항은 거의 없었으며, 한국군은 중요한 도시인 청진에 진입했다. 미군 승리의 열광 속에 사라졌던 적군이 "주변 지역 전체에 퍼져 있으며" 중국인 포로들이 서로 다른 6개 군에 소속되어 있었다는 보고가 있었다.[106]

11월 27일 적은 "깊이 침투해" 강력한 공격을 시작해 유엔군을 분열시켰다.[107] 미군은 큰 타격을 입었고, 한국군 제2군단도 다시 무너졌으며, 이틀도 안 돼 전면적 후퇴가 시작됐다. 12월 4일 합동참모본부는 "현재 가장 중요한 것은 병력 보존"이라는 전문을 맥아더에게 보냈다—다시 말해 미국 원정군 전체의 핵심 부대가 완전히 노출돼 포위 공격을 받고 있다는 것이었다.[108] 이틀 뒤 공산군은 평양을 점령했으며 그 이튿날 유엔군의 전위는 최북단 지점에서도 38도선에서 20마일(약 32킬로미터)밖에 떨어져 있지 않았다. 조·중 연합군은 공격을 시작한 뒤 2주 만에 북한에서 적군을 몰아냈다. 올먼드는 "중국군이 넘쳐난다"고 썼다. 그는 나중에 기회가 있다면 "이 황인종들에게 무슨 일이 일어나고 있는지 알려주고 싶다"고 말했다. 12월 말 서울은 다시 한번 함락될 위기에 놓였다.[109]

맥아더는 조·중 연합군의 양동작전을 "역사상 가장 불법적인 공격 행위 가운데 하나"라고 표현했다. 그는 조선인민군은 전멸해 33만 5000명이 사망했으며 아무 병력이 남지 않았다고 워싱턴에 보고했다. 그 결과 "새로 투입된 (중국)군이 우리와 맞서고 있다". 하지만 사실은 이 시점에서 조선인민군 병력은 중국군보다 훨씬 많았다. 11월 말 대규모 중국군이 전투에 가담하자 그는 "중국은 선전포고도 하지 않고 전 병력을 투입했다"고 타전했다.[110]

북한 신문은 1면에 수령 김일성의 사진을 크게 싣고 형제국인 중국 "의용군"이 참전했으며 유엔군을 북한에서 몰아냈다고 보도했다. 김일성은 그것은 조선인민군, 후방의 유격대 그리고 중국 의용군의 공적이라고 순서대로 언급했다. 그는 "최종 승리의 길이 열렸다"고 선언했다. 그동안 김일성 세력은 비밀회의를 열어 동부전선에서 부산에 도달하는 것이 사실상 실패했으며 무정이 지휘하고 있는 북부에서 학살이 일어났다는 이유로 그를 해임했다. 중국인민지원군의 진격과 마찬가지로 그가 주더 등의 중국 지도자들과 가까웠다는 사실은 언급되지 않았다.[111]

처음에 미국은 이런 대패의 책임을 한국군 각 사단에 돌렸다. 한국군은 강한 압력을 받으면 "버터처럼 녹아버린다"고 맥아더 사령부는 영국에 말했다. "역사는 되풀이되며 우리의 압록강 진군은 우군 때문에 다시 한번 좌절됐다." "정연하고 믿을 만한 전선前線"은 "자신의 나라와 미래를 위해 싸울 것이라고 믿었던 겁쟁이들 때문에" 무너졌다고 병사들도 불평했다. 실제로 한국군은 잘 싸우지 못했다. 몇 주 전만 해도 무기력했던 적을 상대로 한반도 동부 전체에서 후퇴했다. 적의 공격이 시작되면 부대 전체가 공황 상태에 빠져 장비를 버려두고 도망쳤다. 전쟁 첫 해가 끝날 무렵 한국군은 10개 사단이 무장할 수 있는 무기와 장비를 전장에서 잃었다. 티토를 포함한 몇 안 되는 사람만 지적했지만, 북한과 달리 남한은 적의 후방에 유능한 유격대를 구성하지 못했다.[112]

더욱이 젊은 징집병이 분투하기를 기대하기는 어려웠던데다, 그들을 이끈 장교들은 지휘 능력도 부족했고 일제 때의 경력으로 애국심도 손상됐기 때문이었다. 더 큰 문제는 자신이 싸우고 있는 전쟁의 성격과 적의 전투 방식을 이번에도 맥아더가 정확히 파악하지 못한 것이었다. 그는 대전 전투 이후 역사가 "스스로 반복"되도록 내버려두면서 통상적 방식으로 유격대와 싸웠지만, 더 심각한 실패는 북한이 급속히 퇴각한 의미를 정확히 파악하지 못한 것이었다.

연합군의 배후에서 유격대는 조·중 연합군과 합동작전을 폈다. 당시 2만 명으로 추산된 김일 유격대는 11월 21일 전략상 요지인 춘천을 점령했다. 김책도 "조직가이자 전술가의 탁월한 능력"을 발휘하면서 좀더 대규모인 자신의 유격대를 투입해 "협력을 잘 이루고 단호히 싸워 유엔군이 서울 북부와 동북부로 자유롭게 이동하는 것을 막았다". 유격대는 전방 부대와 "긴밀히 협력"해 "유엔군의 측면과 후방을 거듭 습격했다".[113] 유격대의 활동 때문에 맥아더는 흥남항을 경유해 대규모로 부대를 철수시켰다. 12월 3~10일 G-2 자료에는 유격대가 흥남 남쪽에서 측면 포위 공격을 감행하고 있다는 보고가 많이 기록돼 있다. "지난 3개월 동안 이 지역에서 일어난 격렬한 유격대 활동"은 후방 지역에서 다시 편성된 인민군과 유격대가 전개한 것으로 이제는 중국군과 연합해 공격하고 있으며, 그 지역의 정보에 정통한 그들의 존재는 "공격을 전개하고 있는 중국 공산군에게 매우 유용했다". 그 결과 그들은 "유엔군의 상당수를 사실상 무력화시켰다". 이 부대가 양양·원주 등의

연락 거점을 점령한다면 "제8군이 즉각 이동하기는 사실상 불가능해질 것"이었다.[114]

12월 중순 유엔군은 소수의 중국군과 마주쳤지만, 북한 유격대는 "현재의 전방에서 상당히 떨어진 후방에 새 진영을 구축하기 위해 싸우면서 후퇴하고 있었다". 12월 18일 영국 공사관에 소속된 한 육군 무관은 "몇 주 동안 제8군은 전방에 인접한 지역에서만 북한군과 조우했다"고 기록했다. 같은 시기 한국 중부의 유격대는 서울에 집결한 것으로 보였다.[115]

1월 초 미군 정보 자료에서는 활동하고 있는 유격대를 포함해 조선인민군 병력을 20만 명 정도로 추산했다. 중국군은 30만 명 정도로 과대평가했다. 실제로는 북한군과 중국군은 총병력에서 비슷했으며, 미군 지휘관들은 중국군보다 북한군이 "뛰어나다"고 생각했다.[116]

미군이 북부에서 전개한 반격 작전을 분쇄하는 데 중국 참전의 중요성을 경시하는 것은 어리석다고 생각한다. 그러나 그런 결과를 도출하는 데 전략과 전투력에서 북한군이 한 공헌은 지금까지 무시됐다.[117] 매일 작성된 1차 자료는 맥아더의 지도력에 큰 문제가 있었음을 보여준다. 그는 중국의 명백한 위협을 무시했을 뿐 아니라 자신이 가진 군수품과 비교해 그 일부밖에 갖지 못한 북한의 장군들에게 전략적으로 패배했다. 특히 1951년 2월 "심장 마비"로 사망한 김책이 대표적 인물이었는데, 항구도시 성진城津은 그를 기려 "김책시"로 개명됐다.[118]

나중에 맥아더는 본능적 무의식이 꿈틀거려 자신은 "전방의 적은 잘 처리할 수 있었지만 후방에서 전개된 공격은 막지 못했다"고 털어놓았다.[119] 사실 그의 "후방"에는 한국군이 있었다. 그러나 그가 감시한 후방은 워싱턴에 있었다—그것은 "그가 아니더라도 승리할 수 있다"고 생각하면서 그의 뛰어난 지휘력을 발휘하지 못하도록 방해하는 세력이었다. 그러나 맥아더의 승리는 그때마다 새로운 전쟁을 불러왔으며, 그의 마지막 공격은 그가 8월에 예측한 대로 "아시아를 강타한" 재앙으로 밝혀졌다. 그러나 그 의미는 정반대였다.

그러나 지금까지도 놀라운 사실은 전쟁이 시작되기 상당히 이전부터 워싱턴에서는 맥아더가 자신의 뜻대로 사안을 추진하고 무책임하다는 것을 잘 알았지만 11월 대패할 때까지도 그를 계속 지지했다는 것이다. 물론 맥아더가 지령을 정확하게 해석하지 않은 사례도 일부 있었지만 합동참모본부는 그가 타당하다고 판단할 경우 싸울 수 있는 사령관의 재량권을 부여했다.[120] 배후에 있던 반격을 지지하는 광범한 제휴가 이런 지지의 기반이었다. 『맨체스터가디언』은 맥아더가 자신의 입장을 해명하려고 할수록 상황은 악화된다고 지적했다. "그가 세운 계획의 재灰는 쓸어버리지 않고 그대로 두는 것이 나을 것이다."[121] 그러나 실제로 재는 철저하게 조사됐으며, 그러는 동안 워싱턴에서는 연기가 피어나는 장작더미가 눈치 채지 못하게 사라졌다.

이승만을 중심으로 한 지도층은 조·중 연합군의 맹공이 있기 전부터 공황 상태였다. 고령의 대통령은 미국이 무기를 좀더 제공하기만 하면 젊은 병사를 좀더 확보해 서울에서 중국군과 시가전을 벌일 것이라고 미국인들에게 "장황하게 이야기했다". 그러는 한편 이승만과 장면 그리고 민족주의자인 이범석까지도 일본으로 망명하거나, 미국이 허락한다면 임시 조치로 국민당을 본 따 제주도에 "작은 타이완"을 세울 방안을 모색했다. 이 시기 대량의 기계와 전략물자와 문서가 제주도로 옮겨졌다. 초조해진 무초는 이승만 대신 장면이 이끄는 "임시정부"를 수립하거나, 심지어 "정무위원회"를 수립할 방안을 생각했다.[122] 미국의 한국정책은 한 바퀴를 돌아 원래 자리로 돌아왔다. 다시 말해 이승만이 귀국해 정무위원회의 구상이 부상한 1945년 후반의 완전히 무지한 상태에서 시작해 끝내 모든 것이 붕괴해 세계대전이 일어날 것 같은 상태로 끝났다. 그동안 한반도는 늘 버티기 가장 어려운 장소 가운데 하나로 여겨졌다.

충격에 빠진 워싱턴

일반적으로 쿠바의 미사일 사태는 전후의 위기 가운데 가장 심각했던 것으로 거론된다. 그러나 한반도 북부에서 반격의 실패가 불러온 위기는 훨씬 컸다. 거기에는 두 개의 축이 누르고 있기 때문이었다. 하나는 전 세계에서 전개된 사회주의와 자본주의의 대립이고, 다른 하나는 미국 내부에서 나타난 민족주의자와 국제협력주의자의 대립이었다. 알고 있었든 그렇지 않았든 중국과 북한은 목표를 정확히 조준했고, 사회주의 국가를 축출하려는 최초이자 최대의 시도를 단호히 역전시키는 동시에 미국의 두 조류 사이에서 형성된 일시적이며 불안한 제휴를 무너뜨렸다. 1950년이 끝나가면서 미국 정부의 최고위층은 공황 상태에 빠졌으며, 지도층은 미국의 거대한 무기고에서 거의 모든 무기를 꺼내 참패를 역전시키려고 했다.

트루먼 행정부의 각료 회의록은 당시의 긴장감을 보여준다. 조·중 연합군의 공격이 시작된 이튿날, 상황은 "총력전으로 전개될 전면적 개입"이 될 가능성이 있다고 판단됐다. 12월 9일 트루먼은 이렇게 발언했다. "나는 평화를 위해 5년 6개월 동안 노력했지만 제3차 세계대전이 일어나고 있는 것처럼 보입니다. 나는 그러지 않기를 바랍니다. 그러나 우리는 무슨 일이 닥치든지 대처해야 하며 그럴 것입니다." 사흘 뒤 그는 각의에서 "우리는 총력을 다해야 할 상황에 직면했으며" "국가총동원"과 국가비상사태 선포도 고려해야 한다고 말했다. 국가안보회의 의사록도 비슷한 경고를 보여주며, 트루먼은 미국이 "이런 잔인한 중국 공산 세력에 굴복하지 않을 것"이라고 말했다.[123]

11월 29일 애치슨은 중국의 행동이 "비교할 수 없을 정도로 위험하다"고 평가하면서 "(6월에 발생한) 최초의 공격보다 훨씬 부도덕하며 정당한 이유 없는 새로운 침략 행위"라고 불렀다. 이튿날 기자회견에서 트루먼은 미국은 무기고에 있는 어떤 무기도 사용할 수 있다면서 원자폭탄 사용을 거론했다.[124] 이것은 대부분의 사람이 생각한 것처럼 실언이 아니라 비상사태 계획에 따라 원자폭탄을 사용할 수 있다는 위협이었다. 그 발언을 들은 애틀리 영국 총리는 급히 워싱턴으로 갔는데, 저녁 식사를 마치지도 않은 상태였을 것이다.

미국 지도층은 중국에 가장 강력한 방법으로 대응해야 한다는 데 일시적이나마 의견을 모았다. 제임스 코넌트와 『뉴욕타임스』의 줄리어스 옥스 애들러, 버니바 부시, 트레이시 부허스 등은 현재의 위기 상황에 대응하기 위한 위원회를 결성해 대규모 전쟁 동원을 호소했다. 25년 뒤 그 위원회는 베트남전쟁 관련 지도층의 합의가 무산된 뒤 다시 한번 결성됐다. 브래들리 장군은 세계 규모의 전쟁은 "언제라도 일어날 수 있다"고 생각했다. 버나드 바루크는 "효과를 볼 수 있다면" 원폭을 사용해야 하지 않겠냐는 의견을 애치슨에게 전달했다. 국가 안보자원위원회의 스튜어트 사이밍턴 위원장은 중국을 공격할 준비가 됐으며, 소련에 대해서도 그 이상의 공격이 있으면 "원폭을 투하할 것"이라는 최후통첩을 보냈다. 니츠는 압록강 유역의 댐 폭격을 고려했는데, 오랜 경험의 만주 전문가 해리먼은 그렇게 되면 만주의 산업이 기능을 못할 것이므로 소련의 전쟁 수행 능력도 멈출 것이라면서 그를 지지했다. 합동참모본부는 국내에서 "총동원"을 실시하고 "세계 규모의 전쟁"에 대비하며(거기에는 한국에서 미군을 철수하는 것이 포함됐다) 원폭을 "즉시 사용할 수 있는" 태세에 들어가야 한다고 제안했다. 케넌은 평소와 달리 도덕적 자세를 보이면서 "지금 중국은 가장 큰 모욕을 줬으며" 미국은 오랫동안 그것을 잊을 수 없을 것이라고 말했다. 그는 계속해서 중국은 "자신들에게 우리를 맞출 것이 아니라 우리에게 자신들을 맞추는 데" 신경 써야 할 것이라고 말했다.125

그리 뛰어난 능력을 발휘하지는 못했지만 트루먼은 역사상 비슷한 사건을 서로 비유하기를 즐겼는데, 이번에도 "세계 역사상 최대의 살인자인 칭기즈칸과 티무르의 후계자"와 싸우려면 세계 규모의 동원이 필요하다고 호소했다. 미국의 다른 정당 지도자도 비슷했다. 허버트 후버는 되살아난 고립주의와 이전에 두 차례 세계를 석권한 "아시아 군단"에 대한 불안감을 섞었다. 중·소 세력권은 제3의 물결을 형성해 "30개의 다른 민족을 결집시켰지만 앞으로 분산될 것이며 (…) 그동안 그들은 총알받이가 될 것이다." 『커먼윌Commonweal』은 지금의 위기에 떠오르는 생각은 "아우구스티누스가 『신국론』을 썼을 때 로마 제국이 무너지고 야만인이 공격해왔다는 사실"이라고 썼다.126

이 위기가 황금 군단●의 재래를 알리는 것이 아니었다면 새로운 세계 제국과 안보 국가의 탄생 그리고 마침내는 그 대가를 지불할 수단을 예고하는 것이었다. 조·중 연합군이 반격을 좌절시킨 결과 국가안보회의 문서 68의 검토 절차는 종료됐고, 이 위기에 따라 의회는 결국 예산을 통과시켰다. 북한의 침공이나 인천 상륙 때문에 의회는 예산을 승인한 것이 아니었으며, 선거가 치러지는 해라는 원인도 중요하게 작용했다.[127] "최대의 위기에 직면했으므로 서둘러 아군을 증강해야 한다"는 국가안보회의의 보고를 받은 뒤 트루먼은 12월 15일 국가비상사태를 선포하고 국방동원국을 신설해 제너럴 모터스의 회장 찰스 윌슨(초당파적 조정자로 아이젠하워 행정부 때 국방장관을 지냈다)을 수장으로 임명하고 "포괄적 권한"을 줬으며, 180억 달러에서 490억 달러로 늘어난 국방비를 승인했는데, 이는 1950년 6월의 4배 수준이었다.[128]

이 위기를 거치는 동안 매카시와 그 동조자들은 이상할 정도로 침묵을 지켰다. 맥아더의 실패가 뚜렷이 보였기 때문이거나 국방비의 급격한 증가가 애국적 공화당이 아니라 숨은 좌익의 민주당 주도로 이뤄졌기 때문으로 생각된다. 아니면 그저 매카시가 다른 문제로 더 바빴기 때문이었을 수도 있다. 드루 피어슨은 다시 한번 매카시의 남성성을 부각시켜, 중요하지만 감춰진 성性의 정치를 자극해 수도를 들썩이게 했다. 피어슨의 53세 생일인 12월 13일 매카시는 설그레이브 클럽Sulgrave Club ●●의 휴대품 보관실에 그를 몰아넣고 "폭격기 후미 방어를 맡은 테일거너 조" ●●●답게 그의 사타구니를 두 차례 무릎으로 가격하고 바닥에 쓰러뜨렸다. 그것을 본 리처드 닉슨이 큰 소리로 말렸다. "퀘이커 교도에게 이 싸움을 멈추게 합시다."[129]

새로운 무기

12월 위기의 또 다른 결과는 워싱턴이 "대량 살상 무기"라고 즐겨 부른 핵무기·화학무기·생화학무기를 사용하겠다는 위협이었다. 이것은 양당 모두 찬

● 13세기 유럽을 원정한 몽골의 군단.
●● 미국 워싱턴 D.C. 부근에 있는 개인 클럽.
●●● 3장 중 「중국 로비, 매카시즘, 반격」 참조.

성했으며, 커티스 르메이 같은 우익 "미치광이"만 주장한 것이 아니었다. 트루먼 행정부는 그 뒤 2년 동안 명백한 핵외교를 전개했는데, 그런 수단을 고려한 것은 1953년 아이젠하워와 덜레스뿐이었다는 대체적인 인식과는 상당히 다르다. 미국은 실제로 핵무기를 사용하는 데까지 이르지는 않았지만, 또 다른 신무기인 네이팜탄을 대량으로 투하해 엄청난 파괴를 가져왔으며 그 뒤에는 거대한 댐을 파괴해 북부 지방의 계곡을 수몰시켰다.

이것은 한국전쟁에서 가장 충격적인 측면으로, 쓰고 읽기도 힘들다. 그것으로 200만 명이 넘는 엄청난 민간인이 죽었다. 미국은 한국 혁명을 진압하기 위해 베트남전쟁보다 훨씬 강경하게 대응했는데, 이것은 지금까지도 놀랍다.

증거는 충분하지 않으며 대부분 아직도 기밀로 지정돼 있다. 나는 입증할 수 있는 자료를 모으려고 최선을 다했지만 앞으로 밝혀질 것이 훨씬 많을 것이다. 물론 맥아더는 만주의 비행장을 폭격하고 중국의 해안을 봉쇄하며 국민정부군을 중국 남부로 투입해 반격을 강력히 전개하려고 했다. 그는 공군·해군·군수 지원을 요구했으며 "첫 수순"으로 국민정부군 10만 명을 주요 상륙 목표인 상하이로 보내려고 했다. 그러면 "장강 연안의 방어선 후방에 있는 중국 남부를 점령"할 수 있을 것이라고 그는 판단했다. 이것은 중국 전역에서 공산 세력의 지배를 타도하는 "확대된 작전"의 시작이 될 것이다. 이것은 개전 이후 맥아더의 계획이었다고 생각된다. 흥미로운 것은, 앞서 자세히 서술하지는 않았지만 전체적으로, 중국이 참전한 뒤 맥아더는 리지웨이와 합동참모본부의 지지를 얻었다는 것이다. 1월 23일 합동참모본부는 중국의 해상봉쇄를 즉시 준비하고 "국민정부군의 작전행동 제한을 해제하고 군수 지원을 해 공산군에 맞서서 효과적인 작전에 기여하도록 잠정 합의했다". 합동참모본부는 중국이 한국 바깥에 있는 미군을 공격할 경우 만주와 중국을 공격하는 데 동의했는데, 일본이나 오키나와의 주둔지에 있는 공군을 동원한다는 뜻이었다고 생각된다.[130]

트루먼이 기자회견에서 원폭 사용을 위협한 11월 30일에 스트레이트마이어 공군 중장은 반덴버그 대장에게 전략공군사령부Strategic Air Command가

"중형 폭격기 부대를 지체 없이 극동으로 파견할 준비를 하고 (…) 이 증강에는 핵 장비를 포함해야 한다"고 요청했다. 앞서 합동참모본부는 핵무기는 "공산 중국에 대한 전면적인 핵 군사작전"의 일환으로 사용하는 것을 제외하고는 한국에서는 유용하지 않을 것이라고 판단했다는 것을 커티스 르메이는 정확히 기억했다. 그러나 현재도 그 명령이 바뀌지 않았다면 르메이는 그 임무를 수행하고자 했다. 그는 스트레이트마이어에게 운반 수단과 관련된 경험과 기술훈련과 "상세한 지식"을 지닌 것은 자신의 사령부뿐이라고 말했다. 소이탄을 사용한 도쿄 공습을 지휘한 방화광放火狂이 극동 공격을 추진할 준비를 다시 하고 있었다.[131]

트루먼이 원폭 사용을 진지하게 검토하고 있다는 것을 감지한 애틀리 총리는 "심각하게 동요하고 있는" 런던을 떠나 워싱턴으로 급히 갔다. 그는 당시 미국이 450기의 핵무기를 보유해 25기로 추정되는 소련을 크게 앞지르고 있다는 것을 알고 있었다. 영국과 미국 대표는 며칠 동안 회의를 열었지만 전체적으로 의견이 달랐다. 영국 외무부 기록에 따르면 미국은 항공 폭격과 해상봉쇄 그리고 중국 남부에 반공 부대를 비밀리에 투입하는 것을 포함해 중국에 대한 "제한전"을 강력히 주장했다. 마셜 장군은 그런 계획의 "유효성과 성공"에 회의적인 인물 가운데 하나였다. 애틀리는 한국에 원폭을 사용하지 않을 것이라는 서면 약속을 받으려고 했지만 트루먼은 구두로만 보장했다. 애틀리는 프랑스 총리에게 미국이 핵무기로 위협하는 것은 "유럽과 미국이 아시아인의 생명을 경시하는 것"을 보여준다며, 핵무기는 "최후의 수단"이라는 것이 확인될 때까지 유보돼야 한다고 말했다. "미국이 북한 같은 나라와 대결하는 경우는 당연히 여기에 해당되지 않는다[최후의 수단'과는 거리가 멀다는 뜻]."[132]

핵폭탄 사용은 전쟁 초기부터 논의돼 왔다. 7월 7일 합동참모본부 작전과는 한국에서 "핵폭탄 사용"과 관련된 조사를 요청했으며 전쟁이 일어난 지 2주밖에 지나지 않은 7월 9일에 맥아더는 리지웨이에게 "긴급 연락"을 보내 합동참모본부에게 "자신이 원폭을 사용할 수 있는지 검토하도록" 촉구했다. 리지웨이는 미군이 극동으로 이동하면서 이미 예비 전력에 "심각한 손실"이 발생했으며 "긴급 전쟁 계획을 (…) 수행할 능력이" 크게 줄었다고 말했다. 원폭은 미국 지상군의 부담을 어느 정도 줄일 수 있을 것이라는 암시였다.133

작전본부장 볼트 장군은 "지상전을 직접 지원하기 위해" 핵무기를 사용하는 것을 맥아더와 논의하라는 요구를 받았다. 그는 10~20기 정도의 폭탄은 전쟁의 전체적 계획을 "크게" 흐트러트리지 않으면서 사용할 수 있다고 말했다. 볼트는 맥아더가 북한을 점령하고 중국(또는 소련)이 참전할 가능성에 대응하는 것을 포함해 전쟁에 대단한 야심을 갖고 있다는 첫 인상을 받았다. "나는 북한에서 그들을 차단할 수 있다. 내게 한국은 막다른 골목처럼 느껴진다. 만주와 블라디보스토크에서 한반도로 오는 유일한 길에는 터널과 다리가 많다. 나는 이런 측면 때문에 원폭이 반드시 필요하다고 생각하는데, 원폭으로 차단 공격을 실시하면 수복 작업에 6개월이 걸릴 것이다. 우리 B-29 부대도 이런 공격에 동의할 것이다." 공군의 반덴버그 대장은 B-29부대도 병력을 유지할 것이라고 의무적으로 대답했다.134

그러나 미국이 북한만 상대하고 있던 1950년 여름 시점에 합동참모본부 작전부는 봉쇄를 위해 전쟁에서 원폭을 사용하는 것은 정당하지 않다고 판단했다. 그 까닭은 주로 기술적인 것이었는데, 적절한 목표가 나타나지 않았으며 통상적인 폭격으로도 북한에 있는 대부분의 공격 목표를 파괴할 수 있다는 것이었다. 그러나 합동참모본부의 조사에서는 중국이 참전하면 좋은 목표가 나타나는 것이라고 결론지었다. 원폭 사용은 핵무기의 "전술적 이용과 관련된 우리 지식의 근본적 공백을 메워줄 것"이다. 그러므로 원폭이 당장은 필요하지 않더라도 "작전을 즉시 수행할 수 있도록 필요한 준비를 해야 한다".135

영국 자료에 따르면 1950년 12월 9일 맥아더는 사령관의 재량으로 원폭을 사용할 수 있도록 요구했다. 12월 24일 그는 26기의 원폭이 필요하다는 "저지 목표 목록"을 제출했다. 그는 "침략군"에게 투하할 4기, "적 공군력의 위협적인 결집"을 저지하기 위해 4기가 더 필요하다고 요구했다. 세상을 떠난 뒤 출간된 한 대담 자료에서 그는 10일 만에 전쟁에서 승리할 수 있는 계획을 세웠다고 말했다. "만주의 협곡 지대에 (…) 30~50기의 원폭을 투하하려고 했다." 그런 뒤 압록강에 국민정부군 50만 명을 투입하고 "동해부터 황해까지 우리의 배후에 방사능 코발트 오염 지대를 확산시킨다. (…) 그것은 60~120년 정도 지속될 것이다. 그러면 적어도 60년 동안 북방에서 육로로 한반도를 침공할 수 없을 것이다". 그는 소련이 거기에 대해 아무 대응도 할 수 없을 것이라고 확신했다. "내 계획은 확실했다."[136]

코발트 60은 라듐보다 320배의 방사능을 갖고 있다. 400톤의 코발트 수소폭탄 1기는 지구의 생물을 전멸시킬 수 있다고 캐럴 퀴글리는 썼다. 이 대담에서 맥아더는 전쟁을 도발하는 데 열광한 것처럼 보이지만, 만약 그랬다면 그는 혼자가 아니었다. 조·중 연합군의 공격이 시작되기 전 합동참모본부의 한 위원회에서는 원폭이 중국의 한국 진입을 막는 데 "결정적 요인"이 될 것이라고 말한 바 있다. "만주 국경 바로 북쪽에 유엔이 '완충선'을 설치한다면 그 일대에서" 원폭을 사용하는 것은 초기 단계에서는 유용하리라는 것이었다. 몇 달 뒤 앨버트 고어 하원의원은 "한반도는 미국인 남성에게 지옥이 되고 있다"고 비판하면서, 전쟁을 끝내려면 "어떤 격변"—한반도를 분단할 방사능대—이 필요하다고 시사했다. 리지웨이는 코발트폭탄에 대해 아무 말도 하지 않았지만, 1951년 5월에는 1950년 12월 24일 맥아더가 제기한 요구를 다시 거론하면서 이번에는 원폭 38기를 제시했다.[137]

미국이 핵무기 사용에 가장 가까이 다가간 것은 1951년 4월 초였는데, 트루먼이 맥아더를 해임한 바로 그 시점이었다. 이 사건과 관련된 자료는 충분치 않지만, 트루먼은 반격 지지자인 루이스 존슨을 해임하는 동시에 맥아더도 교체하면서 그의 핵무기 정책을 수용하려고 한 것으로 보인다. 1951년 3월 10일 맥아더는 한국의 전장에서 제공권을 확보하기 위해 자신이 "핵공격의 디데이"라고 이름붙인 작전을 요구했다(만주의 비행장을 원폭으로 공격하려는 것이었다). 3월 14일 반덴버그는 "핀레터와 러벳은 핵 사용 논의에 경고를 표명했다. 모든 준비는 갖춰졌다고 믿는다"고 썼다. 3월 말 스트레이트마이어는 오키나와 가데나嘉手納 공군기지의 핵무기 적하장을 사용할 수 있다고 보고했다. 원폭은 분해된 상태로 그곳까지 운반해 기지에서 조립될 것이다. 원폭이 조립돼 사용할 준비를 마쳤는지는 이 각서에서 분명히 밝히지 않았다. 그러나 4월 5일 합동참모본부는 대규모 부대가 새로 참전하거나 폭격기가 미군을 공격하기 위해 만주의 기지에서 발진한다면 그 기지들을 즉시 원폭으로 보복하라고 명령했다. 그리고 4월 6일 트루먼은 합동참모본부의 요구를 승인하고 일정한 수의 핵무기 완성품을 "미국 원자력위원회에서 군 관리"로 이양하라고 지시했다. 그러나 "맥아더 장군의 해임으로 인한 혼란 속에서" 이 명령은 실행되지 않았다.[138]

1950년 당시 원자폭탄은 모래가 채워진 거대한 수조가 필요했으며 조립하는 데도 오랜 시간이 걸리는 무겁고 다루기 힘든 장치였다. 핵물질이 들어간 핵탄두는 군 관할로 이양되는 마지막 부품이었다. 외교정책에서 행정권의 위상을 가장 잘 상징하는 핵탄두는 대통령 산하 원자력위원회가 관리했다. 트루먼은 맥아더를 해임해 그가 없는 상태에서 핵분열물질을 탑재한 탄두를 군 관할로 이동시켰다. 로저 딩맨 교수는 이 문제와 관련해 가장 뛰어난 연구를 냈으며 나보다 훨씬 많이 알고 있는데, 자신이 갖고 있는 핵공격 작전 목표의 목록을 보여줬다. 거기에는 몇몇 공업 도시 가운데 상하이 도심부가 포함됐으며, 중국을 공격하기에 앞서 임무를 완수할 수 있도록 미리 핵공격을 전개할 북한의 도시 네 곳이 포함됐다.[139]

핵무기 사용을 좌우할 조건 가운데 하나는 중국이 만주로부터 대규모 공군력을 투입할지 여부였다. 소련은 중국 동북부로 폭격기 200대를 이동시켰으며, 만주가 공격받는다면 응전할 것이라는 경고를 파니카르를 거쳐 전달했다. 한국전쟁에서 소련이 미국의 전쟁 확대를 억제하려고 한 것은 이것이 처음이었다. 맥아더 지지자들은 만주가 공산 세력의 "성지"가 될 것이라고 강력히 비난했지만, 진정한 성지는 미군의 막대한 군수품이 시내 전체에 넘치던 부산 그리고 미국이 끊임없이 전개한 폭격의 출발점이 되면서 전장의 일부가 된 일본이었다. 미군 지휘관들은 부산과 일본이 공습에 대단히 취약하다는 것을 인식하고, 핵폭격이라는 확대된 수단으로 이런 위협을 저지하거나 대응해야 한다고 생각했다.[140] 그러나 한국은 세계 전쟁이라는 명백한 위험을 감수할 만한 가치가 없었기에 소련의 공군력 이동은 미국의 행동을 멈추게 한 것으로 보였다.

1951년 6월 합동참모본부는 핵무기 사용을 다시 검토했다. 이번에는 전장의 전술적 필요에 대처하려는 목적이었으며, 전쟁이 1953년까지 이어지면서 핵무기 사용은 여러 번 제안됐다. 로버트 오펜하이머는 핵무기의 전술적 사용이 가능한지 검토하는 "비스타 계획Project Vista"의 일환으로 한국을 방문했다. 1951년 초 새뮤얼 코언이라는 젊은이는 국방부의 비밀 임무로 두 번째 서울 탈환을 위한 전투를 시찰했는데, 도시를 파괴하지 않고 적을 무찌를 방법이 필요하다고 생각했다. 그는 나중에 중성자탄의 아버지가 됐다.[141]

그러나 가장 위압적이고 끔찍한 미국의 핵 위협은 허드슨항 작전Operation Hudson Harbor이었을 것이다. 그것은 "한국에서 신무기 사용 가능성을 국방부가 공개적으로 검토하고 CIA가 은밀히 활용한 것"을 포함하는 좀더 큰 규모의 계획의 일부였던 것으로 보인다. 완전히 분명하지는 않으며 다른 종류의 "대량 살상" 무기를 말하는 것일 수도 있지만, 그 자료철에 있는 또 다른 메모는 이런 "신무기"가 전술적 핵무기라는 것을 보여준다.[142]

이 계획은 전장에서 핵무기 사용 능력을 확립하려는 것이었으며, 이런 목표를 추구하기 위해 1951년 9월과 10월 B-29 폭격기가 오키나와에서 단독 발진해 핵사용을 모의실험하기 위해 북한 상공에서 "모조" 원폭이나 대형 TNT 폭탄을 투하했다. 그 계획의 목적은 "핵 공격에서 무기의 조립·시험·유도와 폭격 조준의 지상관제를 포함한 모든 행동을 실행하려는" 것이었다. 폭격기는 오키나와에서 이륙했지만 모든 명령은 일본의 야카오타橫田 공군기지에서 내려졌다. 그 계획은 원폭이 유용하지 않을 것이라는 측면을 보여줬는데, 그 까닭은 순전히 기술적인 것이었다. "적의 대규모 부대를 때맞춰 발견하는 경우는 대단히 드물었다."[143] 평양에서는 이것을 아무도 몰랐는데, 겨우 5년 전 히로시마廣島와 나가사키長崎의 참상을 만들어낸 공격 형태를 모의실험하고 있는 B-29기를 레이더로 추적하고 있는 북한 지도자들에게는 강인한 정신력이 필요했을 것이다.

미국 지도부는 핵무기 사용 위협이 아시아인들에게 미칠 영향은 신경 쓰지 않았다. 1954년 니츠와 오펜하이머는 "히로시마에서조차" 일본인들은 온화하고 고결했다고 말했다. 오펜하이머는 "히로시마 사람들은 특히 훌륭했다"고 말했다. 니츠는 "일종의 분위기가 느껴졌다. '아, 우리는 살아남았다. 우리는 (…)'". 오펜하이머는 이렇게 끝맺었다. "우리가 해냈다."[144]

12월 리지웨이는 조·중 연합군의 공격을 막기 위해 화학무기 사용을 요청했다는 기록도 있다. 연필로 쓴 12월 16일자 일지에서 리지웨이는 "대량 살상 무기를 비밀리에 도입하고 비정규전을 수행하는 문제"와 관련된 소위원회에서 애매하게 말했다. 나는 이 사안은 이 이상 알지 못하지만 그가 맥아더에게 한국에서 화학무기를 사용하도록 요청한 것을 가리키는 것 같다. 리지웨이가 보낸 전신의 원본은 이용할 수 없지만 1951년 1월 7일 맥아더는 이렇게 회신했다. "철수 명령이 내려질 경우 적에게 화학무기를 사용할 기회가 있으리라고는 생각하지 않습니다. 귀관도 아시다시피 미국은 그런 무기를 사용하는 것을 엄격히 금지하고 있습니다." 이튿날 리지웨이는 올먼드 등과 회의를 열었는데 그 회의록에는 이렇게 기록돼 있다. "독가스를 사용한다면 우리는 보복당할 것입니다. 이 문제는 맥아더 장군이 결정하도록 맡겼습니다. 우리는 독가스 사용이 승인될 경우 충분한 양을 즉시 수송해달라고 요청했습니다."[145]

"신무기"를 사용하지 않았어도—제2차 세계대전 말에 도입된 네이팜탄은 당시로서는 매우 새로운 무기였다—항공 폭격은 그 뒤 2년 넘게 북한에 전개돼 수십만 명을 살상했다. 중국군이 한반도로 진격하자마자 맥아더는 북한 영토 수천 평방마일이 넘는 지역의 모든 "군사시설, 공장, 도시, 촌락"을 항공 폭격으로 파괴해 전선과 한·중 국경 사이에 무인 지대를 만들라고 지시했다. 11월 8일 70기의 B-29가 신의주에 소이탄 550톤을 투하해 "(그곳을) 지도에서 지워버렸다". 1주 뒤에는 회령에 네이팜탄을 투하해 "불태웠다". 11월 25일 "압록강과 그 서부에 있는 적군 전선 사이 서북 지역의 대부분은 정도의 차이는 있지만 불타고 있다". 곧 그 지역은 "불탄 황무지"가 될 것이었다.[146]

이것은 모두 조·중 연합군의 대공세가 시작되기 전의 일이었다. 이와 함께 공군은 12월 14~15일 500파운드 폭탄 700발을 평양에 투하하고 무스

탕 전투기에서 네이팜탄을 투하했으며 지연신관遲延信管●이 부착된 시설 파괴용 폭탄 175톤으로 공격했다. 그것은 땅에 떨어질 때 둔탁한 소리를 낸 뒤 예기치 못한 시점에 또는 사람들이 네이팜탄의 화염에서 죽은 사람을 구출하려고 시도할 때 폭발했다. 리지웨이는 1월 3일과 5일 두 번에 걸쳐 "소이탄으로 도시를 완전히 불태우려는 목표로" 평양을 다시 폭격하라고 공군에 명령했다. 비슷한 때 미군 B-29기는 강계에 "타존tarzon" 폭탄을 투하했다. 이것은 새로 개발한 1만2000파운드의 거대한 폭탄으로 한국전쟁 이전에는 사용된 적이 없었다. 미군은 38도선 이남으로 후퇴하면서 "방화"를 동원한 지속적인 초토화작전을 펼쳐, 적이 접근하자 의정부와 원주 그리고 그 밖의 남한 소도시가 불태워졌다.[147]

앞서 본 대로 원산 이남 여러 곳에 거점을 마련한 유격대를 뿌리 뽑기 위해 항공 폭격이 확대됐고 그 과정에서 무차별 사격 지대가 확대됐다. 1월 5일 리지웨이는 적이 진격하는 데 축선이 되는 "촌락에 네이팜탄을 투하하는 것을 검토해달라고 요청했다". 1월 16일 올먼드는 그 이유를 이렇게 설명했다. "현재 우리가 싸우고 있는 유격대는 우리의 측면과 후방을 끊임없이 공격할 것으로 예상된다. 우리는 모든 수단을 동원해 그들과 싸워야 한다. 유격대를 발견할 때마다 네이팜탄으로 폭격하는 것은 유격대뿐 아니라 그들이 은거하고 있는 가옥과 촌락을 파괴하는 데도 가장 효과적인 방법이다." 유격대는 낮에는 촌락에 숨어 있다가 "밤이 되면 나온다"고 올먼드는 말했다. 그래서 "나는 이 가옥들을 불태우는 작전을 세웠다".[148]

1월 18일 바Barr 장군은 단양 부근 상공을 비행하다가 다음과 같이 묘사했다.

불타는 계곡과 초가에서 피어오른 연기가 단양 부근 계곡에서 3000피트(약 910미터) 정도 솟아올라 내 시야를 완전히 가렸으며 비행도 방해를 받았다. (…) 가옥을 조직적으로 불태우는 것은 적의를 낳는다. (…) 적이 나타나지 않

● 포탄이나 폭탄이 어떤 물체에 떨어진 뒤 일정한 시간이 경과한 뒤에 폭발하도록 만들어진 신관 (도화관).

을 때 왜 미군이 집을 불태우는지 사람들은 이해하지 못한다. (…) 적이 나타나지 않을 때 빈농들의 집을 조직적으로 불태우는 것은 미군의 본뜻이 아니다. 집이 불타 이미 8000명 이상의 난민이 발생한 것으로 추정된다. 그들은 대부분 노인과 장애자와 어린이다.

그래서 바는 올먼드에게 "조직적" 방식이 아니라 "선택적" 방식으로 소각하라고 권고했다. 올먼드는 바의 명령이 무차별적으로 소각하지 말라는 것이었음을 이해했지만, "자발적이든 아니든 유격대나 적군을 숨겨주고 있는 마을과 (…) 전선 진지의 전방이나 고립된 산악 요새에 있는 마을을 불태우면 유격대를 숨겨주고 있는 마을을 선택해 불태우는 것"이라고 이해했다.149 올먼드는 자신의 명령이 바가 관찰한 상황, 곧 움직이는 것은 무엇이든 무차별 폭격하는 지역을 만들 것이라는 사실을 이해하지 못한 것 같다. 아무튼 1월 25일에도 올먼드는 마을을 불태워야 한다고 계속 주장하면서 자신의 논리를 유지해 다음과 같은 결론에 이르렀다. 마을 주민들이 죽게 되는 것은 사실이지만 "약간 남아 있는 주민도 적에게 동조하고 적을 숨겨주고 있다".150

얼마 뒤 『뉴욕타임스』의 조지 배럿은 안양 북부의 한 마을에서 "근대전의 냉혹함을 보여주는 사례"를 목격했다.

마을에서 들판에 이르기까지 모든 주민이 네이팜탄의 폭격으로 사망했는데 폭격당할 때 자세를 그대로 유지한 채였다. 자전거를 타려던 남자, 고아원에서 놀던 50명의 소년과 소녀, 아무 외상도 입지 않은 여성도 있었다. 그녀는 손에 시어스로벅Sears-Roebuck●의 상품 목록에서 찢겨진 한 페이지를 쥐고 있었는데 주문번호 3811294번으로 2.98달러의 "매혹적인 산호색 침실복"이라고 인쇄된 내용이었다.

애치슨은 이런 "선정적인 보도"를 막기 위해 검열 당국에 보고하도록 지시

● 미국의 종합 유통업체.

할 필요를 느꼈다.[151]

나중에 리지웨이는 도시 소각에 대해 다음과 같이 생각을 바꿨다.

나는 중국 공산군이 점령했던 지역을 방문하고 충격을 받았다. 야만행위는 거의 또는 전혀 없었던 것처럼 보였다. (…) 나는 귀하에게 (부대의 안전을 보호할) 전권을 위임한다. (…) 그러나 그 권한은, 적이 점령했다고 확신할 수 있는 근거가 없을 경우, 총격이나 폭격으로 도시와 촌락을 타당한 이유 없이 파괴하는 것까지 확대되지는 않는다.[152]

그러나 이것 때문에 정책이 크게 바뀌지는 않은 것 같다. 1952년 한반도 북부와 중부의 모든 건물은 완전히 파괴됐다. 살아남은 주민은 동굴에서 살아갔고, 북한은 주거·학교·병원·공장 기능을 갖춘 완전한 사회를 지하에 만들었다. 제2차 세계대전의 폭격에 대한 연구에 따르면 민간인에 대한 폭격은 적의 저항을 강화시킬 뿐이었음을 보여줬지만, 미국 관료들은 일종의 심리전이자 사회전으로 항공 폭격을 이용했다. 나중에 각료 회의에서 로버트

〈사진 21〉 어머니를 구조하려는 아이들. 1950년 말 북한

러벳은 이렇게 주장했다. "우리가 그 지역을 계속 폭격하면 북한 주민이 전쟁을 끔찍이 혐오하게 만들 수 있습니다. 계속 밀어붙여야 합니다."153 미국은 계속 밀어붙였고, 이런 야만적 항공 폭격의 마지막 행위는 북한 식량 생산의 75퍼센트에 물을 공급하는 거대한 관개용 댐을 폭격한 것이었다. 농업은 당시 작동하고 있던 유일한 주요 경제 분야였다. 그 공격은 고된 모내기가 끝난 직후에 실시됐다. 공군은 파괴의 결과에 만족했다. "댐이 파괴된 뒤 물이 하류 27마일(약 43킬로미터)까지 흘러가 계곡을 남김없이 도려냈고 불어난 물은 (보급로 등을) 쓸어버렸다. (…) (쌀을) 잃는다는 것이 아시아인에게 얼마나 무서운 의미인지 서양인은 상상하지 못한다. 그것은 굶주려 서서히 죽어가는 것이다." 많은 촌락이 물에 잠겨 "떠내려갔고" 한 댐의 27마일 남쪽에 있던 평양도 큰 홍수를 겪었다. 사망한 농민의 숫자는 정확히 알 수 없지만 그들은 적에게 "충실"하고 "공산군을 직접 원조"한 것으로 추정됐다. 농민은 북한에 식량을 제공했던 것으로 간주됐다. 이런 경험에서 얻은 "교훈"은 "국가 경제와 국민을 모두 아우르는 (…) 전쟁의 총체성을 적에게 보여줬다는 것이다."154 이것이 한반도의 "제한전"이었다.

항공 폭격을 동원한 대량 학살을 가장 잘 표현한 비문碑文을 쓴 사람은 이 계획의 입안자 가운데 하나인 커티스 르메이 중장이다. 전쟁이 일어난 뒤 그는 이렇게 말했다.

우리는 국방부의 문 아래에 쪽지 같은 것을 슬며시 두고는 이렇게 말했다. "그곳으로 가서 (…) 북한에서 가장 큰 도시 다섯 곳—아주 크지는 않을 것이다—을 불태운 뒤 중단하자." 그러면 4~5명의 비명이 들릴 것이다. "우리는 민간인이다. 이런 행위는 너무 끔찍하다." 그러나 3년 넘게 우리는 북한과 남한의 모든 마을(원문 그대로)를 불태웠다. (…) 3년이 지난 지금 그것도 괜찮았다고 생각되지만, 그런 사태를 미리 방지하기 위해 소수의 사람을 죽이는 것은 많은 사람이 용납하지 않을 것이다.155

22장

결론: 석양

망각이 없다면 세계는 얼마나 비도덕적으로 보일 것인가! 신은 인간의 존엄이라는 사원의 문 앞에 망각을 문지기로 세워두었다고 한 시인은 말했다.

_니체

그들이 이 새로운 지평선 너머에서 무엇을 발견할지 누가 알았겠는가? (미국 대륙을 탐험한) 태양의 아이들은 서부로 계속 나아갔다. (…) "우리는 지는 해를 바라보며 나아가면 우리가 바라는 것을 발견할 것이라고 굳게 믿었다." 이후 4세기 동안 (서부로 확대된 추진력을) 이처럼 완벽하게 표현한 사람은 없었다.

_버나드 드보토, 『제국의 진로The Course of Empire』

1951년 봄, 한국전쟁은 시작된 곳과 거의 같은 장소에서 끝났다. 그 뒤 2년 동안 대규모 재래식 군대가 한반도 중부에서 살육전을 벌였고 전선은 수시로 바뀌었다. 마침내 전투를 멈추기 위해 1953년 7월 27일 정전협정이 체결됐고 그 경계선은 1951년에 합의한 것과 동일한 선 위에 형성됐다. 공군력의 위협과 그에 맞서는 대응 위협, 원폭 외교, 비밀 협상, 중국의 물리적 억지력에 대한 상호 억지력을 거치면서 상황은 1950년 9월 하순 이전으로 돌아갔다. 중국은 교훈을 줬고, 미국이 구상한 전쟁의 규모를 제한시켰다. 중국이 아니었다면 미국은 그렇게 하지 않았을 것이다. 중국은 한반도를 통일하거나 자신들이 유엔군을 한반도에서 축출했을 경우 예상된 원폭 투하를 감수하려고 하지도 않았다. 소련이 만주에 대규모 폭격 부대를 배치하자 미국은 원폭 투하를 단념했으며, 받아들이기는 어려웠지만 봉쇄 정책의 승리라는 결과에 만족했다.

이런 문제들은 이 연구의 범위를 넘는 것이다. 1951~1953년까지 전개된 전투에서는 우리가 관심을 둔 한국전쟁의 요소—일제의 패망에서 시작해 1951년 초에 끝난 전쟁이며 정치적 대립, 반란, 독특한 형태의 봉기, 38도선 일대의 전투, 통상적 공격이라는 과정을 거쳐 추구한 전쟁이라는—가 나타나지 않았다. 그 전쟁의 기원에는 다양한 "분석 수준"에서 "운동 법칙"이 작용했는데, 간단히 말해서 그 법칙을 이해하려면 전라도 농민을 행동하게 만든 동기, 미국을 행동하게 만든 동기, 세계 체제를 움직인 동기는 무엇이었는지 알아야 한다. 이 책은 1945년 8월과 9월에 내려진 그리 중요하지 않게 보인 몇몇 결정에서 시작해 1940년대 후반의 세계와 이후 여러 세력의 복잡한 논의를 거쳐 미국이 내린 전략적 결정을 규명하는 것에서 끝났다.

해방 초기에 일어난 사건들을 설명하려면 그 이전의 상황으로 거슬러 올라가야 했는데, 전진을 강요한 수동적 공업화인 일본식의 "후발적 발전"을 겪으면서 수백만 명의 한국 농민은 토지에서 유리돼 지역의 정치·경제적 상황 안으로 흩어졌고 그것은 세계 체제 안에서 더 높은 지위로 상승하려는 일본의 시도에 추진력이 되었다. 1945년 일제가 패망했을 때 그들은 노동자-농민이었고 고향으로 돌아온 뒤 거대한 폭발을 일으킬 수 있는 유동적 불씨가 됐으며, 20세기 전반前半 아시아의 격동 속에서 수십 년의 경험을 축적한 한국인들은 혁명적 민족주의의 이름으로 확대되고 있던 그 폭발을 이끌었다.

한국의 이런 변증법적 측면과 반대되는 부류는 일제 치하에서 번영을 누리던 야심적이며 출세를 지향하던 세력, 곧 관료·군인·경찰·기업가·자본가 그리고 자본주의적 생산을 향해 조금씩 변모하기 시작한 지주들이었으며, 그들 대부분은 거대한 식민 정부와 밀접한 관계를 맺고 있었다. 이러한 요소들이 일제의 통치를 계승하자, 그들은 해방 이후 한국을 특징지은 격렬한 계급 투쟁에서 미국이라는 강력한 협력자를 얻었다.

한국이 마주친 루스벨트 정권의 미국은 한국의 민족주의를 유도해 억제하되 한국의 문호를 개방하고 한국과 국경을 맞대고 있는 소련의 입장을 수용하고자 했으며, 소련은 한국이 통일된 상태를 유지하려면 미·소의 협력이 필요하다고 생각했다. 탁월한 국제협력주의자인 루스벨트가 구상한 방안은 신탁통치로, 1943~1946년까지 그 방향으로 정책을 추구했다. 이것은 전후 한국이 통일을 유지할 수 있는 유일한 방법이었을 것이다. 그것은 결국 실패했는데, 그 이유는 그 시기 미국이 추진한 그 밖의 한국정책과 마찬가지로 한국인과 상의하고 그들의 의견을 진지하게 받아들이거나 통일국가와 독립에 대한 그들의 열망을 알아채지 못했기 때문이다. 소련은 그들대로 자신에게 우호적인 체제를 한반도의 절반에 세우려고 했다. 그들도 한국의 민족주의를 끌어낸 뒤 억제하려는 야욕을 품었다. 1950년 북한의 침공은 미국과 소련의 영향력에서 벗어나 그들 모두에게 저항할 수 있는 통일국가를 세우려고 한 것이었다.

1947년 초까지 한국과 그 내부의 분쟁이 사건의 과정을 좌우했다. 한국에서 냉전은 1945년에 시작됐으며, 한반도에서 전개된 미·소의 긴장과 한국의 사회·정치적 움직임에 대한 미국의 대응이 전개되면서 미숙한 봉쇄 정책도 시작됐다. 1946년 중반 사실상 두 국가는 경계선으로 굳어져가고 있던 38도선의 방어물에 병력을 배치할 필요가 커지면서 경쟁을 강화하고 확대했다. 미국의 전면적 관리를 받는 남한만의 단독 국가를 수립하려는 움직임은 해방된 이듬해에 중대한 전환점을 맞았으며 미국의 정책은 돌이킬 수 없는 지점에 섰다.[1] 가을 봉기에 대한 탄압은 식민 정부의 가공할 강압적 측면을 보여줬으며, 한국 정부의 관료들에게는 생명의 호흡을 줬다. 그때까지 사태를 지배해온 남한의 좌익은 세력을 잃고 활동의 중심을 평양으로 옮겼다. 1947년 중반 여운형은 사망했고 박헌영은 김일성에게 종속됐다.

1947년 초 트루먼 독트린과 일본의 산업부흥은 전체적인 중심을 이동시켰고, 그 뒤 3년 동안 외부 세력은 한국의 정세를 좌우했다. 한국의 봉쇄 정책은 그리스와 튀르키예뿐 아니라 한국도 "방어선에 포함시키지 않기로 한" 애치슨의 결정을 미리 보여줬으며 고위층의 승인을 얻었다. 그러나 그 배경에 있는 것은 공산주의에 대한 하지의 우려가 아니라 거대한 초승달 지대라는 정치·경제적 상황이었다. 이는 마셜 플랜을 유럽에 적용하고 좀더 포괄적으로는, 루스벨트적 국제협력주의 수사를 계속 사용하면서도, 미국을 최선은 아니지만 차선의 세계에서 점차 일방적인 역할을 하는 세계의 패권 국가로 변모시키려는 세계관이 동아시아 지역에 표출된 결과였다. 미국에게 한국의 중요성은 커져갔지만, 소련은 군대를 철수했으며 김일성은 중국의 국공 내전에 자신의 부대를 파병했다.

봉쇄 정책이 지지를 얻음과 동시에 반격 전략이 나타났는데, 그것의 운동 법칙은 쇠락하던 앞 세대의 정치·경제적 상황에서 출발했으며 다국적기업 보다는 개인 사업가나 국내 자본가에게 친화적이었다. 그들은 대체로 팽창 주의를 표방했으며 선호한 전략은 반격이었다. "외교정책"은 초강대국인 미국에게 완전히 새로운 것이었기 때문에 외교정책을 담당한 정부 기관은 일반 사회에 대해 거의 완전한 자율성을 가졌다. 당시 외교정책에 관심을 가진 부류는 귀족 혈통으로 미국 동부의 명문대를 나와 국무부 외교국에 근무하던 인물들로 실제로는 미국 동북부와 남부의 지역 정책을 시행하고 있었다. 뉴잉글랜드의 무역업자, 남부의 농장 경영자, 월가의 투자자들은 외교 문제의 배후에 있는 "특수 이익집단"이었다. 그러나 1930년대에 공업 수출업자라는 새로운 패권 세력이 형성됐으며, 1940년대 후반에는 패권을 유지하기 위한 새로운 제도가 급증하면서 평균적 미국인과는 거의 무관한 내부의 권력투쟁이 전개됐다. 그러므로 1차 한국전쟁과 2차 한국전쟁의 원형이 된 사건들은 1년 전, 즉 미국 정부 안에서 반격의 주장이 비등하고 미군의 마지막 전투부대가 한국에서 철수한 시점에서 형성되었다.

이처럼 반격을 추진하기로 의견이 모아진 까닭은 두 가지로 설명할 수 있는데, 하나는 "중국"이라는 상위구조의 존재로, 중국의 공산혁명 덕분에 보수파가 1948년 선거와 뉴딜에 설욕할 수 있게 됐다는 것이며, 다른 하나는 재기한 일본이라는 정말 중요한 장치였는데 그 장치가 있던 지역의 정치·경제가 대부분 공산 세력의 지배 아래 넘어갔기 때문이었다. 미국 정계의 자유주의 세력과 보수 세력은 한국전쟁에 개입하기로 한 딘 애치슨의 6월 결정을 단합해 지지했으며, 그 뒤에는 서로 다른 이유에서 북진에 합의했다. 전자는 압록강에서 멈추기를 바랐지만, 후자는 중국이라는 미지의 황야까지 진격하려고 했다. 중국과 실제로 부딪쳤을 때 그들의 결속은 깨졌다. 반격 전략과 이전부터 그것을 지지해온 세력은 현실을 떠나 과거를 그리워하는 회고주의의 망각 속으로 옮겨갔으며, 봉쇄는 외교정책을 이끄는 지도층의 기본 선택지가 됐다.

한편 한국인이 사태의 진전을 장악하는 수단을 되찾으려고 노력하면서 한국에서는 일종의 운동 법칙이 나타났다. 이승만은 미국의 후원과 유엔의 승인을 받고 거리에서 청년을 대규모로 동원해 세력을 강화했지만, 온전한 과정을 밟지 않은 경제는 악화됐다. 김일성은 소련제 장비와 중국식 훈련으로 강력한 군대를 만들어 전쟁을 일으키기 1년 전 귀국시켰다. 북한은 (공산주의적) 수입 대체 공업화를 추진해 외국의 침략에 대항하는 기반을 건설한다는 우선적 전략을 추진하기 위해 식민지 시대에 도입된 중공업을 재건하는 데 많은 노력을 기울였다. 1949~1950년 남한 사람들은 자신들이 유격대와 싸우는 방법을 알고 있다는 것을 최소한 미국의 지원을 받아 보여줬다. 수확량이 늘어나고 일본과의 관계가 다시 형성되면서 경제는 활기를 띠기 시작했다. 그러나 6월 25일에 시작된 전쟁은 한반도 안의 문제였고 식민지 시대로 거슬러 올라가는 대립의 결말이었다. 다시 말해 그 전쟁은 김일성을 중심으로 한 몇 사람과 김석원을 중심으로 한 몇 사람이 싸운 것이었다.

그러나 그 전쟁은 남한을 변화시켰다. 어떤 의미에서 그것은 한국의 사회구조에 필요했지만 그 이전 5년 동안 실현되지 않은 혁명과 동일했다. 그 혁명은 자본주의적 혁명이었다. 전쟁은 지주제를 종결시키고 강제적 관리(국가 예산의 80퍼센트를 차지했다)에 대한 강박관념에서 국가를 해방시킴으로써 변혁의 기간을 단축하고 가속화했다.

부유한 지주계급은 국가에 깊이 침투해 발전을 저해하고 관료 기구를 마비시켰다. 지주가 장악한 국회는 행정 권력을 외부에서 견제했다. 조병옥과 장택상처럼 굳은 정치적 신념을 가진 인물들은 지지자들과 함께 정부의 강압적 기관을 장악했다. 한국 지주계급의 저물어가는 권력과 이루 말할 수 없는 완고한 후진성 그리고 한국에서 전개된 계급 투쟁의 기본 성격을 가장 잘 보여주는 사실은, 세계 최강국이 자신들을 위해 끔찍한 전쟁을 치르는 와중에도 자신들이 태어날 때부터 갖고 있던 권리, 즉 남한과 북한에 있던 사유재산을 다시 확보하려고 완강히 버텼다는 것이다. 그들은 이것이 전쟁의 목적이며 자신들이 옳다고 생각했다. 1950년 여름 북한이 이 계급을 숙청하고 지주를 토지에서 분리시켜 미국인의 처분에 맡기고 나서야 토지 재분배가 이뤄졌다.[2]

내가 성장하는 동안, 그러니까 어렸을 때 세이버Sabre 전투기와 미그 15기의 플라스틱 조립물을 맞추고 울부짖는 한국인이 그려진 만화책을 보던 시절부터 현재에 이르기까지, 남한과 북한은 큰 고통을 받고 이산한 사람들로 넘치는 황폐하고 절망적인 한반도의 상황을 벗어나 "현대" 국가의 하나로 성장했다. 그 국민의 탁월한 회복력과 활력은 국가의 재편과 재건으로 나아가는 강력한 추진력을 보여줬다. 처음에 북한은 순조롭고 신속한 재건에 성공해 20년 정도 세계에서 가장 높은 공업 성장률을 실현했다. 오늘날 평양은 현대의 불사조로서 잿더미에서 일어나 넓은 산책로와 신록의 공원, 현대적 형태의 한국식 건물을 갖춘 아름다운 도시로 변모했다.

남한은 1960년 4월 학생혁명으로 이승만 정권과 식민지 시대의 잔재인 치안기구에 마지막 타격을 가한 뒤에야 개발에 맹렬히 집중할 수 있었고, 지난 20년 동안 세계 최고의 경제성장률을 달성해 세계에 문호를 열었다. 하지만 그에 비해 북한이 추진한 자력 발전 노선의 성과는 줄어갔다. 서울 또한 활력이 넘치는 대도시이며, 한국은 세계 경제에서 가장 생산력이 높은 거점 가운데 하나다.

앞으로 "어느 한국이 이길 것인지" 묻는다면 나는 모른다. 지난 40년 동안 두 가지 대답이 제시됐지만, 내가 할 수 있는 대답은 『맥베스』에서 마녀가 한 예언뿐이다.

> 당신이 시대의 모판을 보고
> 싹을 틔울 씨앗과 썩을 씨앗을 구분할 수 있다면,
> 빌지도 두려워하지도 않을 내게 말하라,
> 당신의 호의나 미움을.

여기서는 위대한 문명의 재건과 개화開花만 기록해두자.

패권의 구축과 재편: 한국인의 전쟁이 아니었다

한국전쟁이 한국인에게 총력전이었다면, 미국인에게는 자국의 패권을 구축하고 재편하는 계기였다. 애치슨이 말한 대로 이런 관점에서 보면 그것은 한국의 전쟁이 아니었다. 세계 어느 곳에서도 일어날 수 있는 사건이었다. 또한 1954년 애치슨은 회고록 집필을 돕고 맥아더의 위상을 약화시킬 목적에서 열린 한 학술회의에서 과거를 돌이켜보다가 무심코 이렇게 말했다. "한국이 나타나 우리를 구했다."[3]

애치슨은 현대의 가장 중요한 냉전 사료인 국가안보회의 문서 68을 언급하며, 한국은 그 문서에서 요구한 거액의 국방 지출을 가능하게 만든 필요한 위기였다고 지적했다. 좀더 넓게 말하면 한국은 20세기에 미국이 추진한 국가 건설의 두 번째 물결을 가능하게 만든 위기였다는 것이었다. 뉴딜이 첫 번째 물결이었고 안보 국가가 두 번째 물결이었으며, 관련된 관료 조직은 1950년대 초부터 급격히 커졌다. 그 결과 한국전쟁은 대외적으로는 패권을, 대내적으로는 국가 건설을 추진한 계기가 됐다. 그러나 한국이 미국의 패권을 구축하는 데 좋은 기회였다는 것은 이제 연구서, 적어도 관련 학술서에서 일반적인 견해다. 한국이 봉쇄 정책의 세계화를 야기해 케넌의 제한적 봉쇄를 니츠와 덜레스의 무제한적 개입으로 확대시켰다는 것이 일반적 논의다.

그러나 이 책에서는 패권의 구축과 재편을 논의했으며 "재편"을 통해서 어떤 새로운 역사를 발견했다. 또한 국가안보회의 문서 68에는 봉쇄의 세계화만 있던 것이 아니며 봉쇄와 반격 사이의 변증법도 다뤘다. 국가안보회의 문서 48은 중국의 공산혁명과 일본 산업 부흥의 시작을 해석하기 위해 미국이 추진해온 아시아 정책의 철저한 재평가가 끝났음을 시사했다. 거기에도 봉쇄와 반격 사이의 동일한 변증법이 보인다. 8월 하순 트루먼과 애치슨은 북진을 결정하고 워싱턴은 맥아더의 진격에 광범한 지지를 보냈다. 1947~1950년 위태위태하게 지속되어오던 봉쇄와 반격을 둘러싼 절충의 움직임은, 아시아에 대한 초당파적 협력의 결여와, 무엇보다 새로운 패권을 뒷받침할 재원이 부족한 채로 1950년 8월 하순부터 10월 하순까지 약 두 달 동안 진행된 북진 과정을 거치며 타협에 가까워졌다. 반격 정책은 재편된 조선인민군과 20만 명의 중국 "인민지원군"의 반격을 받아 전후 최대의 위기에 직면했으며, 그 결과 워싱턴에서는 어쩔 수 없이 확전을 중단했다. 1950년 겨울, 애치슨과 니츠 같은 중도파는 봉쇄 정책을 추진해야 했음을 뒤늦게 깨달았다.

중도파의 반격은 실패했지만 그것은 아시아 우선주의자의 책임이었다. 그 결과 맥아더는 서서히 무대에서 사라졌지만 반격 지지자들이 자신들의 옳은 의견이 뒤집히는 것에 저항하면서 미국 국내 정치에서는 치열한 공방이 전개됐다. 초당파적 합의를 도출하려면 일종의 수정주의 사관이 필요했다. 외로운 늑대 같은 맥아더는 반격 정책 실패의 책임을 지게 될 것이었다. 덜레스는 대세를 차지하고 있던 중도파를 안심시키는 한편 반격의 수사를 사용해 격분한 우익을 만족시켰다. 가장 중요한 것은 한반도에서 반격이 실패한 결과 이후 수십 년 동안 "적극적 행동"에 결정적인 한계가 설정됐다는 것이다. 봉쇄는 아이젠하워의 정책이 분명했으며, 당시 외교정책을 이끌던 중도파 지도층은 그것을 매우 선호했다.

이런 한계를 설정한 사람은(중국의 참전에 따른 것이었지만) 반격 정책의 입안자로 평가받는 포스터 덜레스였다. 이를테면 1953년 그는 내전의 재발을 억제하는 궁극적 방법으로 한국군의 북진을 막을 필요가 있다면 미군을 한국군의 정면에 배치시키겠다고 시사했다. 그리고 트루먼·애치슨과 마찬가지로 덜레스는 미국이 전쟁을 중국까지 확대할 수 없으며 한반도에 한정해야 한다는 것을 깨달았다.[4] 그러나 그의 생각을 좀더 잘 보여주는 것은 소규모 반격을 추진할 후보지를 탐색한 것인데, 타격을 받지 않고 개입하거나 철수할 수 있으며 중국이나 소련을 도발하지 않음을 전제로 그 실행 가능성을 검토했다. 덜레스가 선택한 작은 지역은, 그가 자주 언급하기도 했지만, 중국과 베트남 연안의 하이난섬이었다.[5] 그러나 물론 그것은 실행되지 않았다. 반격 세력의 일원으로 1983년 그레나다를 침공한 로널드 레이건과 마찬가지로 덜레스는 "도서 지역에 국한한" 전략을 추진했는데, 그가 애치슨의 도서 방어선에 반대한 것을 생각하면 역설적인 사실이다. 1956년(일반적으로 이 무렵 덜레스는 반격에 대한 환상을 접었다고 평가된다) 헝가리에서 소련에 저항한 반란이 일어나기 오래전 덜레스는 "예방전豫防戰" 정책과 반격을 비판했다. 소련으로부터 위성국을 "분리"시키려고 시도하면 미국은 "전면전에 말려들 것"이라고 그는 말했다. 험프리 재무장관은 "공산주의를 물리치려는 공격적 행동"은 "그에 따르는 위험을 무릅쓸 만한 가치가 없으므로" 하지 말아야 한다면서 덜레스를 지지했다.6

그 결과 봉쇄가 우선적 전략이 돼서, 역사적으로 형성된 한계의 범위 안에서 방안을 선택하는 체제가 나타났으며, 1950년 이후 모든 정권은 이 방법을 선호했다. 케네디가 피그스만 침공을 완수하는 데 적극적이지 않았던 것은 쿠바와 한국에서 추진한 반격 정책이 질적으로 달랐음을 보여준다. 또한 1950년에 일어난 사태는 미국이 북베트남을 침공하지 않은 까닭을 설명해준다. 1971년 닉슨이 베이징을 방문할 때까지 국가 안보 관련 주요 인물들은 북베트남을 침공하면 중국을 자극할까 우려했다. 미국의 어떤 정권도 북베트남을 침공함으로써 또 다른 "수많은 중국인"이 출현하는 사태를 불러와 자신들이 붕괴할 수도 있는 위험을 무릅쓰지 않았다.7 중국은 한국과 베트남에서 벌어진 전쟁이 대리전이며 진정한 문제는 중국 혁명이라는 것을 인식했다. 한국에서 피 흘려 희생하고 베트남에서 능숙하게 저지함으로써 중국은 가장 중요한 옛 조공국 두 곳에서 미국의 팽창주의를 명확히 제한했다. 아무튼 봉쇄 정책에 설정된 한계는 1961년 피그스만 침공, 베트남전쟁 그리고 1980년대 니카라과를 둘러싼 보수파와 자유주의 세력 사이의 교착 상태(대니얼 엘즈버그는 "교착 장치"라고 불렀다)의 원인을 설명해준다.

이제 우리는 미국 역대 정권의 반공 전략이 형성된 경위를 이해할 수 있다. 그러나 그것은 미국의 패권 재편을 완전히 설명해주지는 않는다. 패권에는 전략 이상의, 현실 정치에서 세계의 세력권을 분할하는 것 이상의 의미가 있다. 그것은 정치와 경제를 의미한다. 미국 국제협력주의자의 뇌리에서 패권의 본질은 자유무역과 경제성장을 위한 광대한 영역을 경계짓는 외곽 한계를 설정하는 것이었다. 그런 체제에서는 세력권의 획득·유지나 군사력의 행사보다 자율적인 경제 교류가 중시된다. 동아시아에서 이런 경계선은 대부분 1947년에 그어졌다. 일본에서는 역진reverse course으로, 나머지 아시아 지역에서는 "거대한 초승달 지대"로 등장했다. 여기서 동아시아 봉쇄 정책의 기원을 볼 수 있으며, 실행 가능한 몇 가지 전략 가운데 하나에 지나지 않는 봉쇄 정책이 패권 사상에 종속된 과정을 파악할 수 있다. 패권 사상이라는 이 정치·경제적 조건은 일부 미국인과 일본인에게 일본이 중공업을 일으켰던 주요 광물자원이 있는 북한을 다시 차지할 수 있다는, 반격 정책의 이점을 알려줬다. 이것은 자유주의적 반격이자 제한적 반격이라고 볼수 있다. 이것은 한국에서 반격이 실행돼야 할 이유는 아니었지만 중요한 결과라고 말할 수는 있다. 아무튼 이런 "회복"의 시작은 북한이 공격한 동기가됐다. 그것은 미국의 패권과 일본의 활력을 기반으로 발전하고 있는 동북아시아의 정치·경제를 파괴하려는 시도였다. 북한이 전쟁을 벌인 이유는 이것이었다. 북한과 중국은 1945년 이후 형성된 국경선 안에서 새로운 공영권을 유지하는 데 성공했다.

그러나 미국 외교정책을 둘러싸고 지금까지 전개된 논의에서 회피할 수 없는 문제가 있다. 1950년에 일어난 그처럼 중요한 변화를 설명하는 것은 결국 무엇인가? 우리는 서로 다른 사회 세력과 이해관계에 기반을 둔 두 세력을 분석했는데, 미국 국내에서 권력투쟁을 전개하고 그 과정에서 형성된 중도적 입장이 외교정책의 최종 결과가 됐다는 것이다. 그러나 이것은 미국에서 늘 일어나는 일이다. 이 책에서는 한 세대 동안 지속된 승리를 가져왔다는 의미에서 1949~1951년의 위기가 가장 중요했다는 것을 보여줬다. 그런 승리의 배후에는 어떤 힘이 있었는가?

승리는 팽창주의/반격 세력과 대립하면서 형성된 국제협력주의/봉쇄론자의 연합 세력에게 돌아갔다. 그것은 큰 희생을 치른 투쟁이었지만 그것이 끝났을 때 딘 애치슨과 존 포스터 덜레스는 주도권을 장악했다. 국제협력주의자의 뒤에 있는 세력은 1930년대에 권력을 잡은 새로운 "패권 연합"이었다. 그들은 선진 첨단기술 산업과 초기 다국적기업이라는 새로운 생산자로서 세계시장에서 경쟁하는 것을 두려워하지 않았다. 그리고 노조를 수용할 정도로 노동엔 충분히 둔감하여 결과적으로 기업/노동단체를 만드는 데 도움이 되었다. 마지막 분석으로, 우리는 기계적 결정론자로 지목되지 않도록 다음의 사항을 지적해야 하는데, 미국 국제협력주의자의 정치적 입장을 형성하고 결정한 기반은 활기찬 신흥 생산자 세력이었다는 것이다.

그러나 1950년 시점에서 국제협력주의자는 힘들이지 않고 무한히 자신의 영역을 확장할 수 있는 세계―광대한 지역―를 갖지 못했다. 소련이 강대국으로 대두한 것은 사회주의 연합이 세계시장에서 일정한 지역을 차지했다는 뜻이었다(쇠퇴하고 있는 유럽 열강이 그 지역을 차지한 적이 있지만 일시적 현상일 뿐이었다). 국제협력주의가 미국 정계에 충분히 뿌리내렸다면, 소련과 그 동맹국들을 이런 세계시장으로 끌어들이는 데 성공했을 것이다. 그러나 미국 국내의 대립은 그것을 불가능하게 만들었고, 반대파는 그런 선택지에 거부권을 행사할 수 있을 만큼 강력했다. 외교정책에서 국제협력주의자의 자율성은 미국 민주주의에 달려 있었다. 국제협력주의의 지도자는 대부분 선거가 아니라 임명되는 인물들이었으며, 선거로 선출된 사람들은 대부분 국제협력주의자가 말하는 내용을 이해하지 못했다. 게다가 스탈린이 1930년대 초반 이후 "일국사회주의"의 특징이 된 신중상주의적 전략(세계시장에서 철수하고 고립 상태에서 독자적으로 중공업 우선의 공업화를 추진하는)보다 서방의 자본과 그들이 주도하는 세계경제에 순응하려고 했는지는 분명치 않다. 이런 이유로 한 세대에 걸쳐 세계는 두 개의 연합으로 나뉘어 있었다. 다음으로, 한국전쟁이 보여준 대로, 식민지에서 독립한 "제3세계" 국가들이 출현해 전후 미국이 지배한 세계 체제를 무너뜨리는 데 엄청난 힘을 발휘했다. 그 결과 1947년에 뚜렷해진 양극체제는 1950년의 위기로 안정화된 반면 제3세계의 일부 지역은 초강대국이 세계대전을 초래하지 않고 분쟁을 지속할 수 있는 중간 지대로 남게 됐다.

그러므로 미국 외교 방침의 중대한 전환을 다음과 같은 요소로 설명할 수 있다. (1) 가장 기본적 요소는 새로운 생산자 세력의 흥기(나 몰락) (2) 세계체제에서 사회주의 국가의 출현 (3) 식민지 지역에서 혁명적 민족주의의 출현. 첫 번째 요소가 근본이며, 두 번째와 세 번째 요소는 세계시장으로 팽창하는 것을 결정하고 제한하거나 경우에 따라서는 축소하기도 했다.

얽힌 실과 풀린 실

이 책의 첫 부분에서 인용한 페리 앤더슨의 말을 떠올려보자. "알 수 있는 것은 역사를 연구해 확립된 것이며, 어떤 한 사건의 작동 방법이나 전체 구조의 운동 법칙은 알 수 없는지도 모른다." 지금 이 말을 생각해보면 구조적 수준에서 인과관계를 입증했다는 점에서, 독자는 만족하지 않을 수도 있지만, 나는 만족했다. 그러나 한 사건에는 거기에 작용하는 운동법칙이 있으며 ("결정적 증거") 또는 한 개인에게 작용하는 운동 법칙—개별적 계기의 작동 방식이라고 부를 수 있는—이라는 문제가 남아 있다. 그 계기는 여러 운동 법칙이 결합해 발생하는 역장力場이 교차하는 지점에서 발생하는 경우가 많다. 이런 측면과 관련해 이 책에서 제시한 증거에 만족할 사람은 없을 것이다. 우리는 그 이전보다 나은 질문을 제기할 수 있다고 말할 수 있을 뿐이다.

질문들은 급류처럼 쏟아진다. M. 프레스턴 굿펠로가 말할 수 있다면 이제 어떤 말을 할 것인가? 그리고 가이 버지스와 킴 필비, 프레더릭 매키, 쿡 제독, 윌리엄 폴리는 어떨까? 그리고 지금까지도 모스크바에 살고 있는 조지 블레이크는 무슨 말을 할까? 평양의 김일성은 말할 것도 없고 타이베이의 쑨리런, 서울의 백선엽, 워싱턴의 리처드 스틸웰은 어떨까? 1950년 아시아에서 일어난 사건들에서 윌리엄 도너번은 어떤 역할을 맡았는가? 1945년 이후 10년 동안 쑹쯔원과 그의 자금이 미국 정계에서 한 역할을 분석할 수 있는 방법은 무엇인가? 세르게이 루빈스타인을 살해한 사람은 누구이며 그 이유는 무엇인가?[8] 굿펠로는 애치슨과 아는 사이였는가?—여기에 국제협력주의와 팽창주의의 개별적 계기의 교차 지점이 있으며, 후자가 양자를 추진시키는 역사적 역할을 했는가?[9] 이것들이 앞으로 연구해야 할 문제라고 말하는 것은 약간 우스꽝스럽다. 개별적 계기는 소란스럽게 등장했지만 엄격하게 관리된 공문서나 "폐기된" 공문서 또는 당사자들조차 완전히 이해하지 못한 사건들의 암흑 속으로 조용히 빠져들어갔다.

과거를 돌이켜보게 만드는 발언을 들으면 "누가 한국전쟁을 일으켰는가?"라는, 흥미롭지만 무의미한 질문을 깊게 생각하게 될지도 모른다. 애치슨이 미주리주에서 트루먼의 회고록 집필을 도울 때, 트루먼 대통령은 지금 돌이켜보면 전혀 다른 결정을 내릴 일들에 대해서 "당시 상황을 있는 그대로 기술"하려 한다고 단호히 말했다. 이를테면 한국과 관련해 자신과 애치슨이 내린 조치는 "나중에 입수한 사실이 아니라 그 시점에서 입수한 것에 기초해야만 했다"는 것이다.[10] 물론 그들이 나중에 어떤 사실을 알았는지는 설명하지 않았다.

한국전쟁에서는 일본과 중국이라는 명백한 두 승자가 나타났다. 우리는 전쟁의 발생에서 두 나라가 어떤 역할을 했을 가능성이 있는지는 전혀 모른다. 그러나 "거기서 이익을 얻는 쪽은 누구인가?"라는 고전적 원칙 아래 그들이 한국전쟁의 발발에 어떤 역할을 했는지 물어볼 만한 가치가 있다.

요시다 총리는 한국전쟁을 "하늘의 도움"이라고 평가했으며,[11] 도쿄의 주식시장은 한국의 "평화에 대한 불안"에 따라 3년 동안 등락을 거듭했다. 의자에 편안히 기대 앉아 가득 찬 배를 쓰다듬으며 자기들끼리 분열되는 한국인을 바라보면서 가장 즐거워한 부류는 일본의 보수파 지도층이었을 것이다. 결국 일본이 세계 최고의 공업국으로 발전하도록 후원한 것은 "거대한 초승달 지대"가 아니라 한국전쟁과 그것에 따르는 미국 정부의 여러 조달 조치였다. 산업을 재건하고 전쟁 이전의 경제체제를 복구하려는 미국과 일본의 계획은 북한이 전쟁을 도발할 계기가 되었다고 생각된다. 그러나 가장 잔학한 행위를 한 인물 가운데 하나인 이시이 장군을 미국이 보호했다는 것을 제외하면, 일본의 군국주의자와 식민지 시대의 전문가들이 1945년 이후 어떤 일을 했는지 거의 또는 전혀 알 수 없지만, 로버트 머피는 한국전쟁 기간 그런 수천 명의 전문가가 한국 안팎에서 활동했다고 지적했다. 고다마 요시오가 6월 25일 서울에서 미군의 일원으로서(앤서니 샘프슨은 그렇게 썼다) 개인적으로는 어떤 일을 했는지 아직도 알고 싶다. 모나자이트와 귀중한 금속류를 매입하고 일본의 고위 정치인들에게 자금을 대줬으며 CIA와 가깝다는 소문이 있던 그의 존재에 대해서는 설명할 필요가 있다.

한국전쟁 이후 위상을 높인 중국은 국내 통치를 확고히 하고 경제를 도약시켰으며 국제적 지위를 높였다(1954년 반둥회의는 그런 측면을 입증했다). 거기에는 그들이 참전하고 미국과 휴전할 때까지 싸운 것이 크게 작용했다. 전쟁이 일어나기 1년 전 자국에 있던 한국인 병사 수만 명을 한반도로 보낸 중국이 한반도에서 긴장이 높아지던 상황을 모를 리 없었다. 또 다른 중국인 국민당은 이 전쟁에서 한 세대 동안 미군이 안전을 보장하고 지원한다는 것을 보장받았으며 군수물자 조달에서도 혜택을 입었다. 그러나 1950년 6월의 마지막 주말에 네룽전이 평양에 있었다는 소문과 전쟁이 일어나기 전 몇달 동안 타이완을 많은 사람이 오간 정황에 관한 복잡한 실타래 같은 사실관계는 아직까지 분명히 밝혀지지 않았다.

이 책을 쓰면서 그동안 전혀 볼 수 없었던 소련 자료에서 새로운 사실을 입증할 수 있기를 바라기도 했다. 자신을 위대한 해방자로 주장하고, 한국인들의 분투를 은폐·폄하하며, 자신이 북한을 점령한 것은 근본적으로 아무런 잘못이 없다는 등의 거짓 면죄부 대신에 그들이 정직하게 말해줄 것을 바라곤 했다.

이 전쟁과 관련된 모든 당사자는 전쟁의 시작에 대해 음모론을 갖고 있다고 지적하면서 이 책을 시작했다. 이제 우리는 1950년 6월의 마지막 주말에 여러 음모가 교차했다는 것을 이해했다. 그러나 음모가 있었다고 해도 그것이 역사를 움직이는 일은 드물다. 음모는 주변적 사안에 영향을 미치기도 하지만 그 주모자의 영향력이 닿는 범위 바깥에서 논리적으로 예측하지 못한 결과를 가져온다. 이것이 "음모론"의 문제점이다. 역사를 움직이는 것은 인간집단의 광범한 힘과 거대한 구조이며, 한국전쟁도 예외가 아니다.

역사와 기억

미국에서 한국전쟁은 "잊힌 전쟁"이라고 불리는데, 말 그대로 잊혔기 때문이다. 이런 상황은 올림픽 문제로 뉴욕에 온 한 북한 관료의 경험을 들으면 이해할 수 있다. 그는 한국전쟁이 언제 일어났는지 기억해내는 사람은 거의 없는 것 같고, 택시기사는 공산 세력이 남한을 지배하는 줄 알고 있다고(인권이 심각하게 침해됐기 때문이다) 했다. 그가 보기에 미국인들은 친절했고 그가 예상했던 적의를 보이지 않았다. 그는 그것을 일종의 건망증이라고 불렀지만 새로운 관계를 시작하는 데는 매우 유용하다고 생각했다.[12]

클레이 블레어가 붙인 "호칭"[13]•은 한국전쟁을 생각하는 하나의 방법이다. 한국에서 일어난 분쟁을 "잊힌 전쟁"이라고 부름으로써 우리는 그것에 이름을 붙이고 기억한다. 이것은 하나의 역설이다. 잊힌 것을 기억한다는 것은 무슨 말인가?

망각은 단순히 타성의 결과가 아니라고 니체는 말했다. "그것은 오히려 능동적이고 엄밀한 의미에서 적극적 억제 능력이다." 인간이라는 동물에게는 망각이 필요하다고 그는 말했다. 망각은 "정신적 질서와 안정, 예의를 지닌 문지기나 집사執事다. (…) 망각 없이는 현재도 없다".[14] 그러므로 한국전쟁이 잊힌 전쟁이라고 불리는 것은 이유가 없는 것이 아니다. TV 드라마 「M.A.S.H」••의 최종회 바로 전회는 적지 않은 지혜를 품고 있는데 거기서 호크아이는 코냑의 병뚜껑을 따면서 "우리는 잊으려고 마신다"고 말한다.

미국인에게 그 전쟁은 천둥처럼 1950년에 갑자기 일어났다. 그 이전의 사건에 관한 기억은 대부분 희미하다. 한국인들에게 그것은 1945년에 시작돼 1950년에 절정에 이르렀다. 그 절정은 [미국의] 한국 수비에 일격을 가한 것으로 "여러 번 되풀이된 과거의 나약함과는 대조되는 새로운 성질의 행동"이었다. 그 전쟁은 앞으로 나아갈 방향을 제시하려고 계획된 것이었지만, 길고 한탄스러웠으되 궁극적으로는 일시적이었던 한국의 곤궁한 역사에 대한 회고적인 웅변이기도 했다. 그것은 굴욕적인 상황을 "과거의" 우발적 상황으로 바꿔버리는, 말하자면 1600~1950년(또는 1876~1950년일 수도 있다)까지의

• 클레이 블레어가 쓴 책 『잊힌 전쟁The Forgotten War』을 가리킴.
•• 로버트 올트먼Robert Altman(1925~2006) 감독의 1970년 작. 한국전쟁을 배경으로 심각해야 할 이동외과병원을 코미디로 만들었다.

일시적인 상황으로 바꿔버리는 행위였다. 그리고 그것은 한국의 역사를 "근본부터 완전히" 다시 평가하게 만든 새로운 사건이었다. 그것은 한국인이 일어섰다는 것을 보여준 행위였다. 그러나 이런 침략 행위는 우리의 생각과 추정에도 침투해 우리로 하여금 "어떤 사람이 역사 해석을 위해 자신의 목숨을 버리는 모습은 얼마나 대단하고 보기 드문가"라고 생각하게 한다.[15]

행위가 이뤄지면 "그 행위의 순간은 (…) 과거 속으로 말없이 흘러가며" 세계는 닫힌다.[16] 세계는 판단을 내리지만, 행위 자체가 어떤 변화를 만들 수 있다고 생각하는 주관성, 대담함, 뻔뻔함은 배척된다.

세계가 닫히고 판단을 내릴 때 일어나는 일은 무엇인가? 기억과 명명命名, 그리고 '생각'이라는 과정은 서로 밀접히 관련돼 있다고 마르틴 하이데거는 주장했다. 이름을 붙임으로써 어떤 것을 기억에 위치시키거나 "호출"하며, 그것을 망각으로부터 꺼내고 생각하기 위해 계속 간직한다. "지나간 일을 그저 지나간 일로 치부해 그것을 이런 최종 결과 속에 동결시키는 것"에 저항해야 한다.[17] 만약 그 최종 결과가 묻힌다면, 그것이 우리에게 충격을 주더라도 파내서 생각해야 한다.

우리는 역사를 기억하지 못하더라도 1950년대 시끄러운 국내 정치의 일부였으며 그것에 의해 형성된 특별한 결정은 기억한다. 미국의 묘비에 새겨진 묘비명은 무엇인가? 딱딱하게 굳은 그것은 무엇을 말하고 있는가? 그 내용은 두 가지다. 트루먼의 자유주의 세력에게 한국전쟁은 "국지전"이며 성공한 것이었다. 반면, 맥아더의 보수 세력에게 한국전쟁은 실패였고 미국 역사상 첫 패배(좀더 정확히는 교착상태)였으며, 아무튼 그것은 "승리를 대신할 수 있는 것은 없음"을 입증했다. 맥아더와 관련해 그 묘비명이 보여주는 문제는, 그가 승리를 대신할 수 있는 것은 없다고 생각했기에 승리의 한계도 인정하지 않았다는 것이다. 하나의 승리는 또 다른 전쟁을 요구했다. 트루먼의 자유주의 세력이 지닌 문제는 그 국지전(제한전)이 1950년 후반에는 제한적이지 않았다는 것이다.

그러므로 우리는 또 다른 판단이 필요하다. 판단을 분리하는 것이다─첫 번째 한국전쟁, 즉 1950년 여름, 남한을 방어하기 위한 전쟁은 성공했지만 북한을 차지하기 위한 두 번째 전쟁은 실패했다고 판단하는 것이다. 그 결과 딘 애치슨은 정신분열에 가까운 묘비명을 새겼다. 남한을 방어하기로 한 결정은 트루먼 대통령의 임기에서 가장 빛나는 결정이었다. 반면 압록강까지 진격하기로 한 결정은 "미국의 외교정책에서 막대한 패배였으며 트루먼 행정부를 무너뜨렸다". 그것은 남북전쟁의 불런Bull Run 전투 이후 최악의 패배였다[18](또 다른 흥미로운 비유다). 그러나 애치슨의 정신적 안정은 흔들리지 않았다. 두 번째 전쟁이 자신이 아닌 자신이 증오하는 세력에게 일어난 일로 생각해버렸기 때문이다. 애치슨은 억지스러운 논리를 동원해 모든 책임을 맥아더에게 넘겼고 주류 역사학자들도 대부분 비슷하게 억지 논리를 주장했다.[19]

마이클 월저는 『정당한 전쟁과 부당한 전쟁Just and Unjust Wars』에서 베트남전쟁에 비춰 그 문제를 검토하면서 봉쇄를 위한 전쟁은 정당하지만 반격을 위한 전쟁은 부당하다고 주장했다. 그는 그 차이를 명확히 구분하고 애치슨적 입장을 자유주의적 관점에서 매우 정교하게 옹호했으며, 한국과 관련된 그런 판단이 아직도 미국인의 생각을 지배하고 있다는 것을 보여줬다. 그러나 대체로 흠잡을 데 없는 월저의 논리는 중요한 한 가지 사항에서 무너진다. 유엔 주재 미국 대사는 북한으로 진격하는 것을 정당화하면서 38도선을 "가상의 선"이라고 말했다. 월저는 이렇게 말했다. "나는 38도선이 가상의 선이었다는 기이한 견해는 고려하지 않을 것이다(그렇다면 우리는 최초의 침략을 어떻게 인식할 수 있었는가?)"(강조는 인용자). 월저는 이런 중요한 견해를 더 이상 고찰하지 않았지만 이것은 이 전쟁에 대한 그의 기본 주장이다.[20] 그가 이 의미를 좀더 철저히 탐구하고 이 "가상의 선"의 기원을 검토했다면 애치슨(과 자신)의 입장에 놓여 있는 중대한 역설에 이르렀을지도 모른다. 그것은 간단히 말하면 "1950년 6월 25일 한국인이 한국을 침략했다"는 것이다.

12월의 위기 속에서 영국 공공사업부 장관 리처드 스토크스는 이런 역설을 직감했다. 그는 베빈 외무장관에게 보낸 문서에서 38도선을 설정하기로 한 결정은 "분쟁을 실제로 일으킨 방아쇠였다"고 썼다.

미국인은 남북전쟁에서 북부와 남부 사이에 가상적 경계선을 설정하는 것을 한 순간도 용납하지 않았다. 영국이 남부를 도우려고 군사적으로 개입했다면 그들이 어떻게 반응했을지는 명약관화하다. 38도선은 그것과 비슷한데, 한국의 경우와 마찬가지로 남북전쟁은 단순히 두 집단으로 나뉜 미국인의 충돌이 아니라, 대립하는 두 경제체제의 충돌이었기 때문이다.[21]

한국전쟁을 둘로 나눈다는 정합성 없는 묘비명은 미국에서 두 정치적 입장의 대립을 초래했다. 또한 "명명", 곧 그 전쟁을 어떻게 부를지 어리둥절하게 했고, 우리의 생각까지 혼란스럽게 했다. 기억은 과거로 거슬러 올라가 공백을 발견하거나 정치적 결단을 거쳐 일반적으로 받아들이게 되는 지혜에 이른다. 좌파도 대부분 침묵하고 있다—그리스부터 니카라과까지 전후 미국이 개입한 목록에 한국은 포함되는 경우가 드물며, 눈에 띄지 않는 곳에서 이런 판단을 직관적으로 내릴 것이다. 그것은 정의로운 전쟁이었다—좌파에게도. 월저가 비논리적인 것은 이 부분이다. 한국전쟁은 베트남전쟁 같은 인민 전쟁이 아니었다고 생각하는 암시적 전제가 있는 것 같다(미군 장교들이 베트남을 또 다른 한국으로 보거나 두 나라를 자주 혼동하며, 기이하게도 아직도 그렇다는 것을 알고 나면 그런 전제는 더욱 괴상하게 생각된다).[22] 한국전쟁은 베트남전쟁보다 대량 학살이 많이 일어났다는 의미에서 전후 미국이 개입한 전쟁 가운데 가장 나쁘고 파괴적이었는데, 그런 진실을 받아들이기에 한국의 좌파와 그 지도자인 김일성은 너무 알려지지 않았고, 미국과 너무 이질적이며, 미국의 좌파는 너무 자유주의적이다(애치슨과 트루먼은 너무 가까웠다). 북한의 민간인 사상자는 200만 명 정도로 전쟁 이전 인구의 20퍼센트였다. 이것은 제2차 세계대전에서 소련과 폴란드에서 발생한 엄청난 전사자보다 훨씬 높은 비율이다. 태평양전쟁에서 일본은 군인과 민간인을 합쳐 200만 명 정도가 전사했으며 이것은 인구의 3퍼센트였다. 한국전쟁은 미국 내부적으로 억압이 심하던 시대일 때 일어났고 미국인들에겐 보이지 않는 곳에서 일어난 일이라[23] 거의 모든 게 가능했다.

"찢어진 양말보다 꿰맨 양말이 낫다"고 헤겔은 말했지만, 자기 인식의 문제에서는 그렇지 않다. 한국전쟁에 대한 미국 내부의 분열된 입장정리는 서로 동의하지 않기로 합의한 것이며, 찢어진 국민 정신을 꿰매어 수선한 것이다. 무엇보다 그것은 잊기로 하는 협정을 맺은 것이다―곧 정신적 질서를 유지하기 위한 선택적 망각이다. 당신은 어떤 판단은 기억하지만 다른 판단은 잊거나 비난한다. 각 판단마다 상응하는 망각이 수반된다. 우리가 한 것은 수선된 바늘땀을 푼 것이다. 그러나 능동적 망각은 어떤가? 기억의 문지기가 통과시키지 않은 것은 무엇인가? 억제된 것은 무엇인가?

니체가 "감춰진 역사"라고 불렀듯이, 비밀스럽거나 알려지지 않고 감춰진 역사가 있다. "과거는 아직도 본질적으로는 발견되지 않았는지도 모른다!"고 그는 외쳤다. "어떤 것이 앞으로 역사의 일부가 될지 말할 수 없다." 이것은 「즐거운 지식The Gay Science」에서 인용한 말이지만[24] 타키투스가 말한 독재정치의 비밀을 떠올리게 한다. 달리 말하면, 한국전쟁에 대한 I. F. 스톤의 저작뿐 아니라, 모든 역사는 숨겨진 역사일지도 모른다.

그러므로 한국전쟁에 정확한 이름을 붙이려면 그것을 발견하고 드러내야 한다. 다시 말해 발굴해야 한다는 것이다. 우리는 애치슨이 혐오한 "재검토주의자"가 되어, 세심하게 길러진 식물―그의 경우는 정책―을 뿌리째 뽑아 늘 다른 각도에서 봐야 한다.

전쟁 당시도 지금도 한국전쟁에는 유학에서 말하는 정명론正名論의 빛을 비춰야 한다. 우리는 그것을 확립된 국경을 넘은 국제적 침략이라고 말할 수 있는가? 우리는 김일성을 히틀러나 도조 히데키와 비교할 수 있을까? 우리는 미국이나 남한을 1938~1939년의 체코슬로바키아나 폴란드처럼 무죄라고 말할 수 있는가? 한국은 진주만처럼 미국의 영토였던가? 1945~1950년의 기록을 탐구한 사람이라면 그런 비유를 도출할 수 없을 것이다. 한국인 가운데 이런 비유를 한 사람은 없다. 한국인은 38도선을 항구적인 것으로 인정하지 않았기 때문이다. 이승만이 뭔헨보다 사라예보를 연상한 것은 이 때문이었다. 이것은 사실을 가장 명확히 드러낸 비유다. 작은 사건이 세계전쟁을 촉발시켰으며, 그 거대한 전쟁 속에서 이승만과 장제스는 "잃어버린 영토"를 회복할 수 있을 것이라고 생각했다. 그러나 다행히도 그것은 사라예

보처럼 되지 않았다(1년 가까이 사태가 어떻게 전개될 것인지 안 사람은 아무도 없었지만). 미국의 사례는 좀더 가깝다. 곧 내전이었던 것이다. 스페인과 베트남은 더 가깝다. 혁명적 내전이었던 것이다.

북한의 침공이, 다시 말해 어떻게 시작됐든, 조용한 일요일 아침의 평화를 부순 전격전이 지닌 마지막 의미는 무엇인가? "만일의 가능성"을 고려하지 않고 행동하는 외교기관은 없다고 애치슨은 말했다. 그러나 이 결정은 외교기관에서 내린 것이 아니었다. 그것은 알 수 없는 미래에 자신을 맡기는 젊은이만 가질 수 있는 대담한 만용과 차가운 계산이 뒤섞인 한 한국인의 머릿속에서 내려진 결정이었다. 예상된 결과(미국이 재무장하고 냉전이 빙하로 바뀌었지만 한국의 통일에는 아무도 신경 쓰지 않는)에 대한 무관심 안에는 유아론唯我論과 열광적 애국심이 존재했는데, 이런 사실은 그 결정을 내린 주체가 한국이고 그 실패는 엉망이 된 파우스트의 도박처럼 비극적이지도 고귀하지도 않았음을 알려준다.[25] 거기에는 조급하고, 한발 앞서가려는, 벼락부자 되기를 고집하는, 표현하기는 어렵지만 "한국적"인 어떤 것이 있었다(이 "한국적"이라는 표현이 이번 세기의 한국을 뜻한다면). 한국을 정의하고 요약하고 (그렇게 함으로써) 제어하기 위해 세계가 준비한 분류를 이번 세기의 한국은 참기 어렵다고 느끼면서도 감수하고 있다. 말하자면 20세기는 우리를 궁지에 몰아넣었지만 우리는 그것을 거부한다.

38도선이 "가상적 선"이 아니었으며 첫 번째 모자이크가 보여주듯 북한의 침공이 공식적 역사라고 해도 이 전쟁을 도덕적으로 정당화할 수 있을까? 이 관점에서 우리는 다음과 같이 논의할 필요가 있다.

반전주의자가 아닌 일반 시민은 "방어적" 전쟁이 "공격적" 전쟁보다 도덕적으로 우월하다고 생각한다. 그러나 둘을 구분하는 근거는 객관적 사실이 아니라 주관적 감정일 뿐이다. (…) 역사적 인과관계와 관련해 모든 사람은 근대전은 첫 발포로 시작하는 게 아님을, 일련의 전체 사건 안에서 발단해 분쟁으로 전개된다는 사실을 알고 있다. (…) 누가 처음 발포했는가의 문제는, 역사적 관점에서 누가 "침략자"였는가라는 좀더 중대한 질문의 답이 될 수 없다.

이 저자는 이렇게 썼다. "전쟁을 시작했는가는 더 이상 문제가 아니다. 이겼는가 졌는가가 문제다. (…) 언제 발포했는가는 편의상의 질문이다." 그는 계속 말했다. "대규모 기습 공격을 하는 것이 적의 공격을 기다리는 것보다 많은 인명과 물자를 구할 것이라고 믿을 만한 충분한 이유가 있다면 (…) 그런 공격을 감행하는 것은 도덕적으로 잘못되기는커녕 도덕적 의무다." 누가 이 말을 했는지—김일성인지 마오쩌둥인지 스탈린인지—알고 싶은 독자들은 미주를 보기 바란다.[26] 이 말은 1950년 초 우리의 적이 무엇을 하고 있었는지 알려줄 뿐 아니라 그 전쟁의 전체적 의미를 이끌어낸다.

6월의 침공은 1945년에 시작돼 진행되고 있던 변증법의 일부였다. 침공이 일어난 직후 최초 미군이 참전했을 때 초기의 판단은 그것은 내전이며 인민 전쟁이라는 것이었다—그런 증거는 『콜리어스』와 『라이프』 같은 대중 잡지에서 볼 수 있다. 1950년이라면 근처의 이발소에서도 그런 증거를 손쉽게 볼 수 있었다. 그러나 1950년 미국의 자유민주주의에서 이런 결론을 이끌어낸 사람은 거의 없었다. 아니, 탄압의 시련을 이겨내지 않고서는 그럴 수 없었다. 재검토되고 있는 이런 역사는 미국인에게 매우 충격적이다. 이런 발견은 다른 이름을 붙여야 할 필요를 느끼게 한다. 그러나 1980년대에 그 이름을 다시 붙이는 데는 『콜리어스』 한 권이 아니라 두 권의 책이 필요했다. 이제 그 이름을 바로잡는다. 그것은 혁명적 내전이고 인민 전쟁이었다.

서쪽을 향해: 팽창주의의 종언

제3세계에서 한국전쟁으로 전개된 대리전은 끝난 것이 아니었다. 미국의 전통적 팽창주의는 그동안 가보지 못한 영역을 넘어 아시아에 선을 그었다. 동아시아의 혁명적 민족주의는 미국인이 "중국"이라고 알고 있던 가상의 빈 그릇을 채웠다. 손탁 박사라는 인물은 이런 결론을 직관적으로 도출했다. 베델 스미스에 따르면 (전쟁이 끝났을 때 열린 국가안보회의에서) 그 인물은 "천년 만에 처음으로 동양이 서양에 맞서 휴전이라는 성공적인 결과를 얻어냈다"라

고 말했다.[27]

리처드 드리넌의 『서쪽을 향해Facing West』는 미국인이 "해 뜨는 곳에서 해 지는 곳으로" 나아간 동력을 훌륭하게 파악했다고 존 피스크는 평가했다. 남북전쟁과 인디언 전쟁에 참전한 아서 맥아더 같은 강경한 미국인들은 서쪽의 해류가 "태평양 건너편의 위대한 아리아인들"을 휩쓸고 있다고 표현했다. 미국의 국무장관이었던 윌리엄 수어드는 서양 문명은 "새로워진 세계 문명의 조류와 쇠퇴하고 있는 세계 문명의 조류가 태평양 연안에서 만날 때까지 서쪽으로 나아가야" 한다고 생각했다. 이런 거칠고 야만적인 발언은 얼마든지 있다. 마크 트웨인은 "우리는 동양에서 제국을 유지하면서 미국에서 공화국을 유지할 수 없다"고 말했는데, 앞서 든 발언에 대응하는 예언적 견해지만 큰 영향을 주지는 못했다.[28] 그러나 드리넌의 책에서 놀라운 것은 한국전쟁과 관련해서는 색인 항목에서도 다루지 않았다는 것이다. 그가 국경 팽창주의를 필리핀의 반란 제압과 연결시킨 것은 적절하지만, 책의 끝부분에서 한국전쟁을 인도차이나전쟁과 결부시킨 것은 비약이다. 그러나 팽창주의자들의 충동에 제동을 건 것은 한국이었다. 베트남은 자유주의에 입각해 봉쇄를 추진하려는 전쟁이었으며 한국에서 얻은 교훈의 논리를 뛰어넘지는 못했다.

팽창주의의 파도가 덮친 현지인들의 불행한 운명을 드리넌이 가감 없이 해석한 것은, 내가 한국전쟁의 잔인한 측면을 서술한 것과 마찬가지로 독서를 불편하게 만들 것 같다. 스스로 문명의 전달자라고 생각한 것은 팽창주의자만이 아니었다. 그 동전의 다른 면에는 "이름도 없는 쓰레기"라는 낙인이 찍혀 있었으며, 그런 낙인 아래는 자신들을 방해하는 인종과 민족—문명과 역사를 갖지 못한—을 대량 학살하려는 충동이 있었다. "전쟁과 고문의 표적은 동일하다. 그것은 민족과 그 문명이다"라고 일레인 스캐리는 지적했다. "문명'을 파괴하는 것이 전쟁과 고문의 가장 기본적인 형태다."[29]

자신의 생존과 존엄을 위해 싸우고 있는 약소국들 가운데서 적을 찾고, 애국심의 증거로 (과테말라·리비아·그레나다 등) 보잘것없는 승리를 축하하거나, 베트남전쟁의 패배로 깊은 자기연민에 빠져 올바른 길에서 벗어난 것을 생각하면 매우 가슴 아프다. 소련이 더 나쁘다고 말하고 싶다면, 나는 내 조국은 자기 기준으로 판단한다고 대답할 것이다. 미군 병사들은 근본적으로 같은 척도로 비교할 수 없는 적과 조우해 (대부분 자신의 의지와는 반대로) 전통적인 전투 규칙을 위반하는 상황에 놓였고, 그 결과 전사戰士로서의 의지를 잃어버렸다.[30]

또 다른 "인디언 거주 지역"이라고 말할 수 있는 한국에서 흰 옷을 입은 여성에게 총을 맞았다는 충격은 두렵지만 놀라운 것은 아니었다. 충격적인 것은 한국에 대한 미국의 억제되지 않은 폭격인데, 그 폭격을 고안한 사람들의 증언에 따르면, 그것은 한 민족을 고통스럽게 하고 한 사회를 파괴하려는 것이었다. 1945년에는 소규모로 관여했지만 히로시마에 원폭을 투하한 5년 뒤 상황은 위협과 지배의 수단으로 핵무기가 거론되는 수준까지 확대됐다. 핵무기는 기술적 이유 때문에 사용되지 않았다. 하지만 대량의 네이팜탄이 투하됐으며 이 덕분에 "한국전쟁은 국지전(제한전)"이 되었다. 그 전쟁의 무의식적 의도는 오랜 자족적 역사를 지닌 한국의 문명을 파괴하고 한국을 "개방"시키려는 것이었다. 그러나 애치슨과 케넌을 수장으로 한 미국의 정책 입안자들이 한 문명을 의식적으로 파괴하려던 것은 아니었다. 그들은 한국에 문명이 존재했다고 생각하지 않았기 때문이다.

그러나 전쟁 과정과 그 이후 한국이 보여준 저항과 부흥은 외부 세력의 팽창주의와 그 지역에 뿌리내린 문명 사이의 충돌을 증언한다. 미국 대륙에서 맞닥뜨린 민족들을 파괴한 힘은 동아시아에서는 공개적으로 반제국주의적 혁명을 전개한 강인한 문명과 마주쳤고 적수를 만났다.

미국의 팽창주의자에게 아시아는 유럽의 질곡과 도시와 관료 조직으로부터 벗어나 보통 사람들 속에서 자유롭게 뛰어다닐 수 있었던 서부 개척지의 변경과 비슷한 황무지였다. 미국은 유럽 문명에서 떨어져 나온 파편이었으며, 그런 문명을 오랫동안 존속시켜야 한다는 의미를, 완전히는 아니지만 부분적으로는 이해하고 있었다. 그 파편은 유럽 문명에 저항할 수 있는 사람들이 없는 대륙에서 자신의 목적telos을 실현하고자 했으나 질질 끌었을 뿐 세월만 허비하고야 말았다. 하지만 그 대륙에서 그 파편은 적어도 자유로웠다. 유럽적 자유의 역사적 원천에 관한 다양한 지식에도 얽매이지 않았고, 근대의 대체물로 등장한 "사회주의"라는 상상적 존재에도 얽매이지 않았다. 루이스 하츠는 이 점을 날카롭게 지적했다.

> 그런 국력을 낳은 환경이 미국을 볼셰비키 혁명에 저항하는 지도자로 만든 것은 분명하다. 이러한 사실에는 역설 이상의 의미가 담겨 있다. 그것은 마치 역사가 실제로 확연히 반대되는 교리에 관심을 가지고 있는 것과 같다. 왜냐하면 파편화된 자유주의는 발견할 수 있는 부르주아적 전통 가운데 가장 강력한 표현이기 때문이다.[31]

미국의 팽창주의자와 그들의 위대한 영웅으로 자신의 경력을 그곳에서 마친 더글러스 맥아더에게 한국전쟁은 아시아에서 경계를 확대하는 데 마침표를 찍은 사건이었다. 한국전쟁으로 시작된 하나의 과정은 이후 베트남전쟁에 의해 속도가 빨라졌다. 왜냐하면 베트남전쟁은 "가시적"이며 자세히 관찰할 수 있는 전쟁이었기 때문이다. 그 전쟁에서 그때까지 서쪽을 향했던 사람들은 결국 자신에게 방향을 돌렸으며, 나름의 항변과 참작할 만한 상황을 제시하기는 했지만, 몇 세대 뒤 나타날 사태에 대한 책임을 인정할 수밖에 없었다. 미국이 한국과 베트남에서 학살을 주도했기 때문이다. 그것을 인정하고 배상하는 방법은 이러한 행위가 일어난 까닭을 생각하고 속죄하는 것이다. 잊는 대신 속죄하는 것이다.

중심지의 교체

1951년 맥아더는 시애틀에서 주목할 만한 연설을 했다.

> 초기 개척자들에게 태평양 연안은 서쪽으로 용감하게 달려가서 만나는 끝이었습니다. 우리에게 이제 그곳은 시작이어야 합니다. 그곳이 개척자들에게 서

쪽 경계였다면, 오늘날 그 경계는 이제 태평양의 수평선을 넘어 이동했습니다. (…) 우리의 경제적 경계는 이제 아시아의 무역 잠재력을 포괄하고 있습니다. 여러 세기 전 극동에 있던 세계무역의 중심지는 다시 그곳으로 서서히 돌아오고 있으며, 다음 천년의 주요 문제는 그곳에 살고 있는 10억 명 넘는 인구의 낮은 생활수준을 끌어올리는 일이 될 것입니다.[32]

앞서 본 대로 한국전쟁이 끝난 뒤 남한과 북한은 부흥했으며, 특히 남한은 세계 많은 나라에 필요한 물품을 좋은 가격에 판매함으로써 큰 주목을 받았다. 내가 사랑하는 조국—내 조상은 1632년(한국과 연결지어 생각하면 히데요시가 침략한 직후) 스코틀랜드에서 이주했다—은 수십 년 동안 어리석고 무의미한 전쟁을 계속한 결과, 나치를 무찔러 얻은 국제적 지위와 거대한 도덕적 권위를 스스로 실추시켰다. 봉쇄체제를 유지해야 할 필요성은 급증했지만 그동안 비교적 소수의 투자가와 실업가는 자신들의 힘과 활력을 해외에 계속 수출했으며, 폴라니가 말한 "영광스러운 허구"와 크로더가 말한 "기묘한 치매" 또는 비어드가 말한 "도박에 가까운 모험"을 추구했다.

자본주의는 창조와 파괴의 거대한 폭포를 타고 거침없이 전진했다.[33] 평등하지 않은 발전의 물결은 이곳에는 부를, 저곳에는 가난을 분배했다. 1950년에 품었던 전망의 관점에서 보면 미국의 정치와 경제는 껍데기만 남았으며, 여러 주州의 광대한 옛 산업 중심지는 쇠퇴와 분열을 겪고 있다. 이제 이 나라 국민은 "사람이 만일 온 천하를 얻고도 제 목숨을 잃으면 무엇이 유익하리요?"●라는 성서 구절의 뜻을 이해한다. 이 질문의 대답은 50년 전 비어드가 제시한 것과 동일하다. 그것은 "공공복지를 추구하는 민족주의"로, "안보를 위협하는 외향적 공세를 일으키려는 사익 단체로부터 공적 지원 받는 것을 중단하고" 기업의 권력과 부를 민주적으로 통제하며 제국을 종결하는 것이다.[34]

1950년 남북을 분단시킨 경계선 뒤에서 일본과 남한과 타이완은 부흥했

● 「마태복음」 16장 26절.

고 오늘날 이웃 공산국가들에 강한 영향력을 행사하고 있다. 그것을 거대한 초승달 지대라고 부르든, 환태평양 지역이라고 부르든, 애치슨의 패권은 시들지 않는 권력을 입증했다. 현재까지 북한과 중국은 이 지역의 경제적 약진에서 20년 정도 뒤처진 것으로 보인다. 중국과 북한은 고전적 팽창주의를 억제할 수 있었지만, 1960년대 중반 다시 시작된 역동적인 지역 자본주의 경제가 지닌 경제적 구조의 자동성自動性은 억제하지 못했다. 그 대신 이런 정치와 경제의 파도는 북한과 중국의 연안으로 밀려왔고 이전에는 무너뜨릴 수 없었던 공산주의 봉쇄체제의 방벽을 밀어내고 있다. 그렇다면 결국 자족적 "자연경제"가 그 지역에 만들어졌는지도 모른다. 아마 여기에 일종의 반격이 작동하고 있는지도 모르며, 20세기 중반 국제협력주의자가 목표로 삼은 "광대한 지역"을 실현하는 방법인지도 모른다. 그리고 이제 부흥하고 풍요로운 동아시아 문명과 자본주의 체제가 결합하면서 정세는 맥아더가 말한 천년보다 훨씬 빨리 한 바퀴를 돌았다. 중심지의 교체는 1950년에는 상상도 할 수 없던 방식으로 미국의 심장부를 위험에 빠뜨리고 있다.

그러나 이런 사태는 바로 우리 눈앞에서 펼쳐지고 있다. 이것을 보고 판단하기 위해 "역사가"가 될 필요는 없다. 그동안 한국전쟁이 우리의 기억에서 희미해진 데는 타당한 이유가 있다. 그것은 이제 목격되고 인식된 사건이며, 과거의 사건으로 취급할 시간이 됐다. 그러므로 이제 우리는 한국인의 화해와 통일을 목표로 행동할 수 있다고 생각한다. 니체도 알았던 대로, 좋은 역사가보다 좋은 시민이 나으며, 할 일이 많기 때문이다.

명백하고 완전하게 이해되고 하나의 지식 현상으로 분석된 역사적 현상은 그것을 인식한 사람에게는 죽어 있는 것이다. 왜냐하면 그는 그 안에 망상과 부정不正과 맹목적 열정과, 일반적으로 말해서 완전히 세속적이며 어두운 전망이 있다는 것을 인식하고 있으며, 그 결과 역사에서 그런 현상이 가진 힘 또한 이해하기 때문이다. 이런 힘은 그가 현명한 사람이라면 그에게 영향을 주지 못한다. 그러나 그가 삶에 얽매여 있는 한 그렇게 되지는 않을 것이다.[35]

주注

12장 적절한 간격: 미군 철수, 38도선 일대의 전투, 유격대 진압

1. RG335, Secretary of the Army file, box 77, Royall to Secretary of Defense, March 17, 1948; HST, PSF, NSC meetings, summary of 9th NSC meeting, April 12, 1948. 로열은 한국이 북한에 대한 방어는 말할 것도 없고 국내 치안도 유지하기 어려울 것이라고 우려했음에도 철수에 찬성했다. "한국에서는 반체제 세력 때문에 국내 치안을 확립한 적이 없으며 앞으로도 그럴 것이다"(9차 국가안보회의).

2. RG335, Secretary of the Army file, box 22, memo of conference between Muccio, Draper, and others, August 9, 1948; ibid., box 22, Almond to Mueller, January 11, 1949.

3. 895.00 file, box 7126, Muccio to State, November 16, 1948; 740.0019 file, box C-215, Muccio to Secretary of State, May 11, 1949. 무초는 1949~1950년 한국군의 군비 증강을 자주 요구했다.

4. 740.0019 Control(Korea) file, box C-215, Royall to Secretary of State, January 25, 1949; memo of conversation between Rhee, Royall, and Muccio, February 8, 1949, in Butterworth to Webb, March 3, 1949; memorandum of conversation, Royall, Draper, and Muccio, February 25, 1949; HST, PSF, NSC file, box 220, summary of the 34th meeting of the NSC, February 18, 1949.

5. RG330, Secretary of Defense file, box 33, Gray to Johnson, May 4, 1949.

6. 합동참모본부의 판단은 국가안보회의 문서 48을 작성하는 과정과 연관돼 그보다 앞서 논의됐다. 1949년 2월 CIA는 "1949년 봄에 한국에서 미군이 철수하면 침략을 초래할 것"이라고 판단했다. 그 뒤에도 그 문서에서는 그런 침략의 가능성이 "매우 높다"고 주장했다. HST, PSF, CIA file, box 256, CIA, "Consequences of US Troop Withdrawal from Korea in Spring, 1949," ORE 3-49, February 28, 1949 참조. MA, RGg, Blue Binder, "Korea Planning and Withdrawal Documents," Colonels Levy and Maris, CINCFE, to Department of the Army, January 19 and June 12, 1949도 참조.

7. 740.0019 file, box C-215, Acheson to Seoul, May 9, 1949; Muccio to Acheson, May 11, 1949.

8. 895.00 file, box 7127, Drumwright to State, July 11, 1949.

9. Gordon Gray to Sidney Souers, June 30, 1949에 첨부돼 있다. 그 문서는 1981년 국가안보회의에 의해 기밀 해제됐다. 그 문서를 제공해준 마이클 샬러에게 감사한다.

10. 740.0019 file, box C-215, Muccio to State, April 15, 1949; Muccio to State, May 7, 10, 1949; Acheson to Seoul, May 7, 1949; 895.00 file, box 7127, Muccio to State, September 13, 1949.

11. 890.00 file, box C-846, Dean Rusk, memo for the Secretary, July 16, 1949, and Yost to Jessup, July 18, 1949 참조. *FR*(1950) 6, 19~20쪽; Thai Embassy to State, February 18, 1950도 참조.

12. Australian Tokyo Embassy to Canberra, June 15, 1949, Gavan McCormack 제공(내가 직접 방문하지 않았지만 호주 국립공문서관Australian archives에 있는 이 자료를 포함한 여러 문서를 제공해준 매코맥 교수께 감사한다). HST, PSF, NSC file, box 206, CIA, Review of the World Situation, June 15, 1949(이승만은 매우 불안해하고 있지만 "남한군은 병력에서는 북한군과 적어도 동등하며 장비는 우월하다"고 판단했다). 무초의 견해는 740.0019 file, box C-215, Muccio to State, May 31, 1949 참조. 발언의 전체 내용은 다음과 같다. "철수에 따른 소요와 공포는 내 예상보다 훨씬 크다. 공황 상태에 가까운 위기감이 한국 정부 고위층을 뒤덮고 있는 것으로 보인다." 북한의 견해는 『함경남도 노동신문』, June 4, 1949 참조. 거기서는 이승만을 "매국적 범죄자"라고 표현하면서 미군을 주둔시키기 위해 "미국인 주인들 앞에서 엎드리고 있다"고 비난했다.

13. 895.00 file, box 946, Muccio letter to Butterworth, August 207, 1949.

14. 내무성에서 1947년 11월 27일 전방 부대에 보낸 비밀문서에서 박일우는 남한 경찰과 서북청년회가 38도선을 침범하고 있다고 언급하면서 소련군의 철수를 발표했으며, 남한은 "분란을 일으켜" 미국이 철수하지 않도록 하려 하고 있다고 말했다. RG242, SA2005, item 6/11, 사무관계서류 수록. 1949년 6월 24일자 『함경남도 노동신문』의 기명 기사에서는 이승만이 "내전을 일으켜" 미군을 계속 주둔시키려고 한다고 보도했다.

15. Koo Papers, box 217, diary entries, February 8, June 28, 29, 1949; oral history, vol. 6, pt. 1, 1~367쪽; The cable in box 147, cable no. 222, June 29, 1949. Wing Fook Jung is listed in *Army Register*, 1950. A "Lt. Col. Jung" of Army G- 2 listed in NA, Lot 55D128, box 381, Korean Log, June 24-25, 1950. 1950년 6월 29일 웰링턴 구가 타이베이의 외교부로 보낸 중국어 전보는 다음과 같은 내용이다. "비밀 소식통에 따르면, 미국 정부는 한국 상황을 검토하고 있다. 이 소식통은 미군이 철수했기 때문에 북한군이 남한을 침공할 것이고 남한 정부는 침략에 저항할 수 없을 것이라고 전망했다. (…) 그때 맥아더 장군은 철수한 7사단을 한국으로 돌려보낼 명분을 갖게 될 것이다. (…) 우리는 이런 상황 추이에 주목해야 한다."

16. 경제협력국과 주한미군 군사고문단이 어느 나라보다 대규모 사절단을 파견한 것은 795.00 file, box 4299, Drumwright to Embassy, May 10, 1950 참조. 그리스의 수치는 아래 참조. Army data in Knowland to Hoover, January 23, 1950, Herbert Hoover PPI file, box 395. 그 자료에 따르면 1947년에는 37명의 장교와 사병들이 있었고, 1948년에는 330명이 있었다. 미군을 대신해 군사고문단을 둔 것은 Omar H. Bradley and Clay Blair, *A General's Life*(New York, Simon and Schuster, 1983), 475쪽 참조.

17. *FR*(1949) g, 428~431쪽, Acheson to Taipei, November 18, 1949. 1950년 2월 애치슨은 트루먼에게 "독립적인 생존이 우리의 지원에 달려 있는 특별한 상황(곧 그리스, 오스트리아, 튀르키예)은 필연적으로 계속 존재할 것"이라고 말했다(*FR*[1950] 1, 838~841쪽, Acheson to Truman, February 16, 1950). 1950년 4월 트루먼은 "공산주의가 시도하는 체제 전복이나 침략에 맞서 경제를 강화하기 위해" 원조를 받는 나라들을 논의한 공개 성명에서 "그리스, 튀르키예, 한국"을 그런 나라로 지목했다(HST, Official file, box 1304, press release of April 3, 1950). 놀런드 상원의원은 1950년 5월 애치슨의 한국정책과 대만정책의 차이를 인정면서 "우리가 그리스와 한국을 원조한 것과 같은 방식으로" "미국은 대만 관련 계획을 입안해야 한다"고 말했다(Smith Papers, box 100, Knowland to Acheson, May 15, 1950).

18. U.S. Senate, Committee on Foreign Relations, Historical Series, *Economic Assistance to China and Korea: 1949-1950*(Washington, D.C.: U.S. Government Printing Office, 1974), 148, 157, 170쪽.

19. Far East confidential file, box C-846, meeting of the Secretary and consultants on the Far East, October 26, 1949(강조는 인용자); HST, CIA file, box 255, CIA, "Governmental Programs on National Security and International Affairs for Fiscal Year 1951," ORE 74-49, September 22, 1949, 극비 문서. 주요 사항은 삭제한 뒤 복사돼 1980년 기밀 해제됨. 1949년 6월 20일 케넌의 증언도 참조. 거기서 그는 미국의 그리스 정책과 한국정책은 "상당히 비슷하다"고 말했다. "그리스에서도 우리는 미군을 파견하지 않았습니다." 그리고 "소련과 군사력으로 대결하는 장소로 그리스 반도를 선택했을지 의심스럽습니다. (…) 전쟁이 일어났다면 우리는 그리스 반도를 소련과의 교전 장소로 선택하지 않았을 것입니다"(U.S. Congress, House, Committee on International Relations, *United States Policy in the Far East, Part 2: Korea Assistance Acts, Far East Portion of the Mutual Defense Assistance Act of 1950* [Washington, D.C.: U.S. Government Printing Office, 1976], 101~102쪽).

20. 외상 박헌영은 1949년 10월 29일부터 12월 28일까지 한국을 방문한 인물의 명단을 작성했다. 『로동신문』, January 14, 1950 참조.

21. MA, RGg, box 40, Army to KMAG Chief, October 27, 1949.

22. Ibid., box 149, CINCFE to Army, December 27, 1948. 맥아더는 미국 지상군이 한국에 남아 있는 한 "최종 책임"을 진다는 뜻이었다.

23. 레스턴은 1950년 6월 이 전략에 대해 공개적으로 발언했는데, 일부는 거기에 반대하면서 소련을 두 개의 전선에서 상대하는 것을 선호했다(*New York Times*, June 18, 1950).

24. *FR*(1950) 6, 949~954쪽; JCS, Joint Strategic Survey Committee, analysis of Indochina, November 17, 1950.

25. *New York Times*, letters column, April 30, 1950; Patterson Papers, box 45, Schlesinger to Patterson, July 11, 1950.

26. HST, Acheson Papers, box 65, 미국 상공회의소의 국방위원회에서 케넌이 한 비공개 연설, January 23, 1947, enclosed in Kennan to Acheson, August 21, 1950.

27. PPS file, box 32, 148th meeting record, October 11, 1949.

28. Acheson Seminars, July 23, 1953.

29. Roberts to Bolte, "Personal Comments on KMAG and Korean Affairs," August 19, 1949, 국립공문서관 13W실의 기록관 로버트 테일러가 보관한 문서의 복사본. 남한의 공식 연구인 『한국전쟁사』에서는 38도선의 분쟁을 좀더 자세히 서술했다(Vol. 1, 506~544쪽). 그러나 이 연구는 모든 전투와 관련해 북한을 비난하고 있으며 왜곡도 많아 신뢰할 수 없기 때문에 당시의 1차 자료를 사용했다. 유격대 전투를 서술한 부분과 1950년 6월에 전쟁이 발발한 상황도 마찬가지다.

30. USFIK 11071 file, box 62/96, G-2 "Staff Study," February 1949, signed by Lt. Col. B. W. Heckemeyer of Army G-2. 북한은 1950년 후반 대량의 노획 문서의 사진 사본을 유엔에 보냈지만 유엔의 문서 관리자는 현재 그것을 찾지 못하는 것 같다. 본문에서 언급한 내용은 1950년 12월 4일자 『데일리 워커』다. 나는 북한의 전쟁 박물관에서 이 문서의 사진 사본 한 장을 보았는데, 그것은 내가 사용했던 다른 주한미군 군사고문단 자료들과 같은 표시와 서명이 들어 있었으며 변경되지 않은 것 같았다.

31. Robert K. Sawyer, *Military Advisors in Korea: KMAG in Peace and War*(Washington, D.C.: Office of the Chief of Military History, 1962), 58쪽.

32. Kim, *Military Revolution in Korea*, 46~63쪽.

33. RG335, Secretary of the Army file, box 56, Hodge to JCS, January 14, 1948. 하지도 "북한의 공격 가운데 일부는 남한의 공격에 대한 보복이라고 무방하다"고 말했다. 1947년 12월과 1948년 1월의 각종 사건에는 서북청년회원이 거의 모두 연루되어 있었다. G-2 Intelligence Summary no. 142, May 28-June 4, 1948; RG334, 971st CIC detachment, box no. 18371, "Annual Progress Report for 1948," December 31, 1948; ibid., CIC Monthly Information Report no. 8, January 12, 1949도 참조.

34. 895.00 file, box 7127, Muccio to State, May 13, 1949; Drumwright to State, June 13, 1949.

35. 『로동신문』, February 6, 1950. 1949년 5월에 발행된 『로동신문』은 입수할 수 없었기 때문에 북한이 당시 공격을 김석원의 혐의로 돌렸는지 여부는 알 수 없다. 템스 텔레비전 직원과 나는 송악산에서 싸웠던 조선인민군 국경경비단 여단장과 대담했다. 그는 5월 4일 새벽 남한군이 38도선을 넘어 송악산의 291고지를 점령하면서 전투가 시작됐다고 말했다. 북한은 지원군을 투입했고 나흘 동안 전투를 벌인 끝에 고지를 탈환했다. 그는 남한군 400명이 죽거나 다쳤다고 주장했다. 그는 7월 25일 새벽에도 한국군의 공격으로 송악산에서 전투가 시작돼 5일 넘게 격전이 이어졌다고 말했다(최희섭과의 대담, 1987년 11월, 평양).

36. Deane Papers, "Notes on Korea," June 2, 1948.

37. RG349, box 699, Roberts to General Almond, August 5, 1949. 남한에서 작성됐다고 생각되는 정보는 FR(1949) 6, 987~988, 1016~1018쪽 참조.

38. 『함경남도 노동신문』, May 7, 11, 1949.

39. Ibid., May 15, 1949. 옹진에서 5월 전투에 참가한 정승철은 템스 텔레비전 직원들에게 한국군 12연대 2대대가 전투경찰·서북청년회원들과 함께 5월 24일과 5월 27일 38도선을 넘어 해주 동쪽 지역을 공격했다고 말했다. 그는 북한이 38도선 남측 지역을 공격한 것은 언급하지 않았다(대담, 1987년 11월, 평양).

40. Merrill, "Internal Warfare," 311~312쪽; 895.00 file, box 7127, Drumwright to State, June 11, 1949; FO317, piece no. 76259, Holt to Bevin, June 21, 1949; 『함경남도 노동신문』, June 23, 25, 1949; 『한국전쟁사』, Vol. 1, 508쪽.

41. 『함경남도 노동신문』, June 23, 1950; New York Times, June 28, 1949; Thames Television interview with Han Jin Hyong, P'yŏngyang, November 1987.
한진형은 북한 국경 부대 가운데 한 곳에서 작전 부문 서기였으며, 호림부대에 관련된 원자료를 내게 보여주었다. Kim Han Gil, Modern History of Korea(P'yŏngyang: Foreign Languages Publishing House, 1979), 266~267쪽도 참조.

42. New York Times, June 29, 1950(옹진 전투 관련기사는 1면에 실렸다).

43. UN Archives, BOX DAG-1/2.1.2, box 3, account of briefing on June 15, 1949.

44. 895.00 file, box 7127, Drumwright to State, July 11, 1949; FO371, piece no. 76262, Holt to FO, June 28, 1949.

45. 김효석에 따르면 1949년 7월 15일 이승만은 "북벌을 시작할 계획"이라고 발언했다고 언급했다 (『해방일보』, July 8, 1950). MA, RGg, box 40, KMAG Chief to Department of the Army, July 22, 1949도 참조. 그 자료에서 로버츠는 한국군 하위 계급이 공격을 도발할 것을 우려했다. MA, RG6, box 79, intelligence summaries, issue no. 26, February 28, 1951, translating a top secret report of July 15, 1949, by the North Korean 383rd Coastal Defense Unit도 참조. 그 자료에서는 적군 해병대와 보병대가 진해를 떠나 원산에 상륙하려 한다고 말했다. "남한군의 침략에 대비하기 위해" 북한으로 연결되는 모든 도로에 지뢰를 매설한 것은 KMAG G-2 Periodic Report no. 174, August 30-September 1, 1949 참조.

46. MA, RGg, box 43, Roberts to Department of the Army, August 1, 9, 1949; New York Times, August 5, 1949; 『로동신문』, February 6, 1950.

47. 김한길도 은파산 전투와 그 이전 송악산 전투의 중요성을 강조했다(Modem History of Korea, 266쪽). 이때 로버츠는 남한이 북한을 공격할 것을 우려해 남한군에 무기 공급을 줄이려고 했다. "이런 방식으로 남한 방위군을 최대한 통제하는 것이 현명하다고 생각된다"(RG349, box 747, Roberts to Dept of Army, top secret, August 2, 1949).

48. 895.00 file, box 946, Muccio, memos of conversation on August 13, 16, 1949.

49. 닐스 본드는 "무초와 로버츠는 한국이 (북한을 공격하는) 행위를 계속하면 미국의 원조 중단과 군사고문단 철수"와 그 밖의 조처가 이뤄질 것이라고 계속 경고하고 있다고 호주 관리들에게 말했다. Washington to Canberra, memorandum 953, August 17, 1949 참조. FO317, piece no. 76259, Holt to FO, September 2, 1949도 참조. 로버츠가 올먼드에게 보낸 편지는 RG349, box 699, August 5, 1949 소재. 이 시기에도 로버츠는 북한의 목표는 옹진 전체를 장악하는 것이었다고 생각했다(로버츠는 철원을 침공하려는 남한의 의도에 대해서도 비슷한 정보를 볼트에

게 제공했다. Roberts to Bolte, "Personal Comments on KMAG and Korean Affairs," August 19, 1949 참조).

50. 895.00 file, box 946, Muccio to Butterworth, August 27, 1949.

51. Merrill, "Internal Warfare," p. 315; RG338, KMAG files, box 5414, Hansen to Roberts, September 1, 1949; Bartosik to Capitol Division KMAG Advisor, September 1, 1949; MA, RG9, box 43, U.S. Naval attache, Seoul, to Washington, August 23, 1949; KMAG G-2 Periodic Report no. 176, September 2-6, no. 177, September 6-8, 1949.

52. RG330, Secretary of Defense file, box 2, Irwin, "Estimate of North Korean Objectives, M August 9, 1949; New York Times, August 10, 1949.

53. Koo Papers, box 217, Koo Diaries, entry for January 4, 1950. Goodfellow arrived in Seoul on September 27, 1949(895.00 file, box 7127, Muccio to State, October 7, 1949).

54. Koo, Oral History, Columbia University.

55. KMAG G-2 Periodic Reports no. 184, September 19-20, no. 187, September 23, 26, no. 188, September 26-27, no. 189, September 27-29, 1949.

56. Lhee Yung Myung, "The Policies of Syngman Rhee and the U.S.(1945-1950)," 77~78쪽에서 인용.

57. KMAG G-2 Periodic Reports no. 198, October 14-17, no. 200, October 18-20, no. 201, October 20-21, no. 203, October 24-25, no. 204, October 25-27, no. 205, October 27-28, 1949.

58. Goodfellow Papers, Rhee to Goodfellow, October 26, 1949; 『로동신문』, January 5, 1950. 거기서는 모금 운동을 보도하면서, 1949년 10월에 시작됐다고 언급했다.

59. Merrill, "Internal Warfare," 334쪽. KMAG G-2 Periodic Report no. 234, December 20-22, 1949. 이 보고서에서는 12월 9~10일까지 옹진 전투에서 사망한 조선인민군 70명, 한국군 5명의 명단을 열거했으며, 백인엽이 전투를 시작했다는 언급은 없는 것으로 생각된다. 895.00 file, box 7128, Embassy to State, summary for November, December 10, 1949도 참조.

60. 895.00 file, box 7128, Embassy to State, November 7, 1949.

61. 895.00 file, box 946, Muccio to Butterworth, November 1, 1949.

62. New York Times, July 15, 1950.

63. 북한으로 망명한 이승만의 전 비서가 쓴 책에는 1949년 전투의 정확한 정보가 많이 수록돼 있다. 거기에 따르면 옹진과 개성 전투를 본 로버츠는 조선인민군이 강하고 한국군이 약하다고 확신하게 됐으며, 맥아더는 북한이 공격한다면 미군은 남한을 방어하는 데 동원될 수밖에 없을 것이라고 결론지었다. 문학봉, 『미제의 조선침략 정책의 정체와 내란 계획자의 진상을 폭로함』, 평양, 중앙통신, 1950년 9월, 70쪽.

64. HST, Acheson Papers, box 81, "Notes on Korea."

65. Thames Television interview, P'yŏngyang, November 1987.

66. New York Herald-Tribune, October 30, 1949.

67. MA, RGg, box 43, Roberts to Department of the Army, September 23, 1949; Roberts to MacArthur, September 30, 1949; KMAG G-2 Periodic Report no. 221, November 28-29, 1949.

68. 존 메릴의 질문표에 대한 베니 그리피스 2세 소령의 회답. 메릴 박사 제공.

69. 795.00 file, box 4262, "Guerrilla Strength and Activity," in Drumwright to State, April 15, 1950; MA, RG6, box 60, intelligence summary no. 2873, July 22, 1950.

70. 주 70에 이어진 부분은 이하의 일일정보 보고 참조. RG319, G-2 file, box 873, KMAG G-2 Periodic Reports nos. 191-226, September 29-December 8, 1949.

71. 895.00 file, box 7128, Muccio to State, December 27, 1949.

72. FO317, piece no. 76258, Holt to Far East, January 18, 1949; piece no. 76259, Holt to Far East, October 14, 1949; Holt to Far East, October 27, 1949; Holt to Far East, November 16, 1949; Merrill, "Internal Warfare," 354쪽.

73. 795.00 file, box 4303, Embassy to State, May 19, 1950. 여기에는 국회의 보고서가 수록돼 있는데, 대사관에서는 그것을 "귀중하고 상당히 정확하다"고 평가했다.

74. KMAG Periodic Report no. 209, November 3-4, 1949, and no. 211, November 7-8, 1949.

75. MA, RG6, box 40, Daily Intelligence Summaries, no. 2686, January 16, 1950. 비슷한 설명은 MA, RG9, box 43, U.S. Military Attache to Department of the Army, January 11, 1950에도 있음. 북한도 그 사건과 관련해 비슷한 설명을 제시했시만 손락 이름을 석봉리石鳳里보로 기재했으며, 한국군의 보호를 받은 우익 청년단체에게 원인이 있다고 말했다. 북한이 발표한 의생자 수는 미국 내부 기록과 동일하다. 『로동신문』, January 3, 1950 참조.

76. RG338, KMAG file, box 5417, raw notes, Major Painter to Advisor of KNP, "Activities 25 Dec to 1 Jan," 1950; "Notes on Col. Kang's Trip to Chiri San Area," January 5, 1950.

77. 795.00 file, box 4262, political summary for December, January 18, 1950; summary for January, February 11, 1950; Drumwright to State, February 15, 1950. 『로동신문』, January 29, 1950도 참조. 거기서는 최현의 사망을 인정하고 실명을 기재했지만, 그 밖의 자세한 사항은 없다.

78. RG338, KMAG file, box 5417, B. J. Hussey to KMAG G-2, January 28, 1950.

79. 795.00 file, box 4262, Drumwright to State, March 15, 1950.

80. MA, RGg, box 43, KMAG cables to MacArthur and to Department of the Army, November-December 1949; New York Times, February 3, 1950; New York Herald Tribune, June 5, 1950; 795.00 file, box 4262, Drumwright to Muccio, enclosing a KMAG G-3 report, April 20, 1950.

81. U.S. Air Force, Air University, "Preliminary Study"; see also 795.00 file, box 4262, Muccio to State, January 18, 1950. 1949년 12월 2일 『태양신문太陽新聞』은 "전향하지 않은 좌익을 섬멸"하는 새로운 작전에 관련된 경찰의 정보를 인용했다.

82. RG242, SA2010, item 8/87, 『노동당 중앙위원회 정기총회의 문헌집』, 1949년 12월 15~18일, 평양, 노동당출판사, 1950, 42쪽 참조. 『로동신문』, January 14, 1950도 참조. 『로동신문』은 이승만이 "일본 파시스트의 수법을 부활시킨다"고 비난했다. 그 수법은 고문을 견디지 못하면 "부상자"나 "분열주의자"나 "두려움에 떠는 사람"으로 만들었다. 불안에 떠는 사람들은 "자신을 영원한 망각 속에 묻어버렸다". 북한인들이 잘 알고 있듯이, 실제로 그 수법은 골수 공산주의자까지 분쇄할 수 있었다.

83. RG338, KMAG file, box 5417, KMAG G-3 report; box 4262, Drumwright to State, April 15, 1950; RG338, KMAG file, box 5417, "Digest of Operations," March 31-April 3, 1950, and Schwarze to Roberts, March 28, 1950; RG319, G-3 Operations file, box 126, Operations report no. 39, March 17-24, 1950; KMAG G-2 Weekly Summary no. 1, March 31-April 6, 1950; no. 4, April 20-27, 1950. 미국 자료에서는 그 부대의 두 번째 지휘자를 '김무현'이라고 기록했지만 북한 자료에서는 '김두현'으로 적혀 있다(『로동신문』, May 17, 1950 참조).

84. 795.00 file, box 4299, Drumwright to State, April 25, 1950. Muccio to State, June 23, 1950도 참조. 여기에는 육군 무관의 보고가 첨부돼 있다. FO317, piece no. 84078, Holt to FO, April 22, 1950; MA, RG6, box 60, intelligence summary no. 2873, July 22, 1950.

85. 이승엽, "Struggle of the Southern Guerrillas for Unification of the Homeland," 15~26쪽.

86. 이승엽, "On the Present Tasks of the Southern People's Guerrillas," 9~22쪽.

87. 김삼룡, 『로동신문』, March 22, 1950; 최용건, 『로동신문』, February 8, 1950. 최용건은 3쪽이 넘는 분량의 연설에서 남한 유격대에게 5개 단락의 지침을 전달했지만 내용은 모호했다. 남한 유격대에 관련된 추가 사항은 『로동신문』, March 16, 21, May 17, 1950 참조. 마지막 기사는 김두현 부대가 4월 1일부터 20일까지 적군 1000명을 죽였다고 주장했지만 4월 24일 이후 그 부대의 존재가 소멸됐다는 것은 언급하지 않았다.

88. Office of Chinese Affairs, box 4218, Jessup to Butterworth, January 18, 1950; RG319, G-2 operations file, box 121, Roberts to Bolte, March 8, 1950.

13장 "연설": 프레스 클럽에서 제시한 애치슨 방식의 억제

1. Alexander George and Richard Smoke, *Deterrence in American Foreign Policy*, 146~149쪽(강조는 원문).
2. 같은 책, 163~164쪽(강조는 원문).
3. *New York Times*, October 2, 1986.
4. HST, Acheson Seminars, box 81, February 13, 1954.
5. Acheson, *Present at the Creation*, 141쪽.
6. 같은 책, 17~27쪽.
7. 같은 책, 4, 26쪽.
8. 같은 책, 25~27쪽.
9. 같은 책, 35~37쪽.
10. Rusk, in Acheson Seminars, March 14, 1954; Kennan, CP, 1977, 316B, "Transcript of Roundtable Discussion," October 1949.
11. HST, NSC file, box 206, CIA, "Review of the World Situation," April 20, 1949; *FR*(1949) 9, 826~842쪽, draft of NSC 41, February 28, 1949, and UK Embassy to State, April 5, 1949; Warren Cohen, "Acheson, His Advisors, and China, 1949-1950," in *Uncertain Years*, ed. Borg and Heinrichs, 33쪽; Bruce Cumings, "The Political Economy of China's Turn Outward," in *China and the World*, ed. Samuel Kim(Boulder, Colo.: Westview Press, 1984).
12. 저우언라이가 미국에 접근한 것이나 적어도 O. E. 클럽, 데이비드 배럿 등이 보기에 그렇게 생각됐던 것은 *FR*(1949) 8, 357~360쪽, Clubb to Secretary of State, June 1, 1949 참조. 미국 정보기관의 자료는 베이징의 친스탈린파에 관련된 억측으로 가득하다. 이를테면 Office of Chinese Affairs file, box 4210, Peking to State, February 11, 1950; Hong Kong to State, November 15, 1950 참조.
13. HST, NSC file, box 220, summary of the 50th meeting, December 30, 1949; Office of Chinese Affairs, box 4193, Wiley to Acheson, January 10, 1950.
14. 타스통신 기사는 『로동신문』, January 5, 1950에서 인용.
15. Office of Chinese Affairs, box 17, Howard Furnas, memo for the record, February 7, 1950. 그 정보는 CIA 국장이 직접 구두로 전달했다.
16. *New York Times*, January 1, 1950. 애치슨이 직접 작성한 "회의 노트"에는 1949년 30일자에 "레스턴은 뉴욕에 있다Reston in New York"고 적혀 있다(HST, Acheson Papers, box 81).
17. *FR*(1950) 6, 294~296쪽, Acheson to Paris Embassy, January 25, 1950.
18. 레스턴은 제2차 세계대전 후 30여 년 동안 워싱턴의 폴 니츠의 집 가까이 살았는데, 니츠는 애치슨과 매우 가까운 사이였다. 니츠에 대한 애치슨의 사설은 *New York Times*, January 10, 1982 참조. FO317, piece no. 83013, Franks to FO, March 6, 1950도 참조.
19. 1950년 11월 마오쩌둥의 오랜 동지였지만 나중에 장정에서 적대 관계가 된 장궈타오張國燾는 리리싼과 왕밍은 중국에서 영향력이 있지도 않았으며 스탈린과도 가깝지 않다고 한 대담에서 말했다. 그는 중국 공산당 안에 파벌이 있다고 생각하지 않으며, 류사오치는 흥미롭게도 "중국이 한국에 개입하는 데" 반대했지만 마오쩌둥과 관계가 좋았다고 말했다. 마오는 모스크바와 좋은 관계를 유지하고자 했고 스탈린과 "당시 거의 모든 문제"에 동의했다고 그는 말했다. 장궈타오는 펑더화이가 마오쩌둥을 거의 존중하지 않는다고 생각했고, 그와 자주 다퉜다. Office of Chinese Affairs, box 4211, Hong Kong to State, November 15, 1950, and January 31, 1951.
20. HST, NSC file, box 205, NSC 37/5 deliberations, March 3, 1949; box 220, summary of 33rd NSC meeting, February 4, 1949; summary of 35th NSC meeting, March 4' 1949; *FR*(1949) 9, 346~350쪽, Butterworth to Rusk, June 9, 1949.
21. 로널드 스틸Ronald Steel은 이 문제와 관련해 미국은 "자신의 지배를 받지 않는 어떤 형태의 민족주의에도 적대적이었다"고 타당한 지적을 했다. *Uncertain Years*, ed. Borg and Heinrichs, 54쪽에 실린 그의 언급 참조.

22. Cohen, "Acheson, His Advisors, and China," in' *Uncertain Years*, ed. Borg and Heinrichs, 38쪽.

23. *FR*(1949) 9, 356~359쪽, PPS 53, "Memo on US Policy Toward Formosa," July 6, 1949.

24. *London Times*, December 30, 1949. 발신지는 워싱턴이었지만 정보는 맥아더에게서 나왔다. FO317, piece no. 84037 참조. 이 자료에서는 이 문제를 전반적으로 다뤘다.

25. CP, 1979, 439B, "Notes on Meetings in Secretary's Office in re Testimony on MacArthur Hearings," May 16, 1951.

26. FO317, piece no. 83013, Franks to FO, January 16, 1950. 프랭크스는 "현재 시점에서"라는 대통령의 표현은 전쟁이 일어날 경우 대만의 시설이 접수될 것임을 의미한다고 말했다.

27. HST, Acheson Papers, box 45, appointment books. 국가안보회의 문서 48을 대외적으로 소개한 연설은 Judicial, Fiscal and Social Branch, Records of the NSC, NSC 48 file, Webb to Lay, February 24, 1950(NSC 48 file) 참조.

28. Office of the Executive Secretariat, box 4, Summaries of Acheson's daily meetings, entries for January 3, 9, 1950; Acheson Papers(Yale), box 47, 타자로 작성된 1월 10일자 개요와 그 이전인 1월 3일, 8일, 10일자 각종 초안; Butterworth Papers, box 3, January 12, 1950, draft. Acheson Seminars, July 23, 1953, session도 참조.

29. Acheson Papers(Yale), box 47, 타자로 작성된 1월 10일자 개요; Acheson's rough draft of January 8, 1950.

30. Acheson Seminars, February 13, 1954. 세미나를 준비하면서 애치슨은 "자택에서 혼자" 연설 작업을 한 것은 실수였을 가능성이 컸다고 썼다. "나는 그 당시 지금보다 훨씬 더 사태를 단순하게 생각했다. 모든 초안은 많은 사람의 검토를 거쳐야 한다는 것을 그 이후 깨달았다."(HST, Acheson Papers, box 81, "Notes on meetings," "Korea"). 그러나 그는 많은 초안을 검토하고 많은 사람의 검토를 "거쳤지만" 그것을 마음에 들어하지 않았다는 것이 진실이었다. 애치슨은 초기의 초안에서 긴 부분 몇 곳을 통합했다. 그는 방어선 부분은 자신이 직접 쓰기로 결정했다.

31. Acheson, *Present at the Creation*, 357, 764n쪽.

32. John Lewis Gaddis, *The Long Peace*, 72~73, 94쪽.

33. Central Intelligence Group, "Korea," SR2, Summer 1947.

34. PPS file, box 1, record of conversation between Kennan, MacArthur, and others, March 5, 21, 1948.

35. U.S. Senate, Committee on Foreign Relations, *Reviews of the World Situation: 1949-50, Hearings Held in Executive Session*, 81st Congress, 1st and 2d sessions(Washington, D.C.: U.S. Government Printing Office, 1974), 105~171쪽, January 10, 1950. Schaller, *American Occupation*, 193, 213~215쪽도 참조.

36. HST, Acheson Papers, box 81, notes on meetings, 17쪽.

37. 『로동신문』, January 19, 1950.

38. Ibid., January 25, 26, 1950.

39. *New York Times*, January 13, 1950; "News of the Week in Review," January 15, 1950.

40. FO317, piece no. 83013, Franks to FO, January 13, 16, 1950.

41. HST, Acheson Papers, box 65, memo of conversation with Chang Myun, January 28, 1950; FO317, piece no. 84077, Holt to FO, January 19, 1950; 795.00 file, Muccio to State, March 18, 1950. 이승만의 우려는 795.00 file, box 4262, Drumwright to State, Feb 15, 1950 참조. 하원이 원조 법안을 부결시킨 뒤 장면 대사는 미국 국무부에 그것을 항의했고 애치슨이 한국을 방어선의 "한 쪽에" 방치한 것이 분명하다고 비판했다(*FR*[1950] 7, 12쪽).

42. Thames Television interview, November 1987.

43. FO317, piece no. 83013, Franks to FO, February 15, 1950에 실린 흥미로운 언급 참조. 영국 외무부의 누군가(가이 버제스?)는 3쪽으로 구성된 이 각서 가운데서 국무부가 의도적이지는 않지만 한국을 붕괴시키려고 한다는 내용에만 강조 표시를 했다. 프랭크스도 또한 원조 법안이 마침내 통과되었을 때 1950년 6월 30일을 넘어서도 여전히 자금을 제공하지 않았다는 사실에 특

별히 주목했다.

44. HST, Acheson Papers, box 65, memo of conversation with Vandenberg, January 21, 1950.

45. Acheson's comments in Matthew Connelly Papers, box 1, Cabinet meeting minutes for January 20, 1950(misdated as 1949); Office of the Executive Secretariat, box 4, summaries of Achesons daily meetings, entry for January 20, 1950; Acheson to Truman, January 20, 1950, CP, 1979, 311B. 1950년 1월 30일 애치슨의 증언도 참조. 거기서 그는 "미국은 '한국에 대해' 큰 책임을 갖고 있다. (…) 우리는 한국이 수립되는 데 주도적으로 참여해왔다"고 말했다(U.S. Congress, House, Committee on International Relations, *United States Policy in the Far East, Part 2: Korea Assistance Acts, Far East Portion of the Mutual Defense Assistance Act of 1950*[Washington, D.C.: U.S. Government Printing Office, 1976], 405쪽.

46. 『로동신문』, signed commentary, January 31, 1950.

47. Ibid., signed commentaries, February 2, 11, 1950.

48. Ibid., February 2, 1950.

49. Ibid., March 3, 10, 1950.

50. Ibid., March 23, February 10, 1950; also Kang Ch'ol-su, "U.S. Imperialism is the Enemy of the Chinese People," ibid., March 10, 1950.

51. Kennan Papers, box 31, letter to Allen Whiting, October 20, 1960.

52. Acheson Seminars, February 13–14, 1954.

53. Office of Chinese Affairs, box 18, record of Jessup's account of his trip, Acheson and others present, March 23, 1950; box 4218, Jessup to Butterworth, 1950년 1월 18일 제섭과 이승만의 회담 회의록이 첨부돼 있다. 제섭은 방문하는 동안 대만의 많은 우익 지지자를 만났다. 그는 쿡 제독과 웨더마이어 장군과 면담을 요청했다. 그는 12월 20일 웨더마이어를 만났지만 쿡을 만났는지는 분명하지 않다. 제섭은 1950년 3월 22일 하틀리 도지에게 "나는 방문하는 동안 '와일드 빌' 도너번도 두어 번 만났다"고 말했다. 그는 12월 20일 놀런드를 만나 한국의 정세가 어떻게 진행되고 있는지 처음 들었다(Jessup Papers, box A47; Far Eastern file, box 4122a, Jessup memo of conversation with Knowland, December 20, 1949). 제섭은 온화한 성격의 학구적인 국제법 교수이자 오랜 국제협력주의자였다. 모스크바가 공산주의를 일원적으로 통제하고 1950년 봄 동남아시아로 관심을 돌리고 있다고 보는 것에서 애치슨과 그 밖의 관료들과 견해를 달리했다는 증거는 없다. 그럼에도 3월 7일 매카시는 그가 "공산주의의 주장에 매우 친화적"이라면서 그를 래티모어와 애치슨의 핵심적 연결고리라고 주장했다(*New York Times*, March 9, 1950). 제섭의 효용가치는 소진됐고, 곧 덜레스가 그의 후임이 됐다.

54. HST, Acheson Papers, box 64, Acheson to Bruce, July 26, 1949; Cumings, "Introduction," *Child of Conflict*, 33~35쪽.

55. *FR*(1950) 3, 1033~1040쪽, transcript of Acheson's remarks to European allies on May 11, 1950; *MacArthur Hearings*, vol. 3, 1681, 1741쪽; 895.00 file, box C-947, Acheson to Muccio, April 15, 1949; HST, Acheson Papers, "Notes on meetings," 17쪽.

56. HST, Acheson Papers, box 65, "짐"(제임스 웹으로 생각됨)에게 보내는 수기 메모, 날짜는 "August ?, 1950." 표지에 1063-b이라는 번호가 적혀 있다. 피터 노빅Peter Novick은 "야당의 임무는 반대하는 것"이라는 부분이 특별히 중요하다는 것을 내게 일깨워줬다. 그는 이 의원의 발언은 의회에 있는 애치슨의 반대 세력을 가리키는 것이며 소련을 지칭하는 것은 아니라고 지적했다. 그럴 수도 있지만, 맥락을 고려할 때 뒤에서 언급한 미식축구의 비유와 좀더 적합하다고 생각된다. 아무튼 행정부가 만든 방어가 필요한 상황(이나 그의 표현에 따르면 "사태")을 애치슨이 논의한 것은 분명했다.

57. Richard Nixon, *The Real War*(New York: Warner Books, 1980), 254쪽. 이 구절과 관련해 나는 닉슨에게 편지를 썼는데, 이렇게 회답했다. "귀하의 편지는 매우 흥미롭지만 내가 답변할 수 없는 질문을 던지고 있습니다. 미국의 정책이 실제로 어땠는지와 상관없이 유감스럽게도 애치슨의 성명은 북한이 남한을 침공해도 미국이 대응하지 않을 것이라는 인상을 남겼습니다. 딘 애치

슨은 자신의 발언을 적이 그렇게 해석하리라고, 의도한 것은 말할 것도 없고, 예측하지 못했다고 생각됩니다"(1981년 11월 4일 리처드 닉슨이 보낸 편지). 물론 그 편지는 왜 닉슨은 애치슨이 잘 못 해석될 수 있는 표현을 의도적으로 구사했다고 생각했느냐고 물은 내 질문에는 답변하지 않았다.

58. *US News and World Report*, May 5, June 9, 1950.

59. D. F. Fleming, *The Cold War and Its Origins*, vol. 2(Garden City, N.Y.: Doubleday, 1961), 597쪽. Acheson, *Present at the Creation*, 415쪽, 사진 설명도 참조. 코널리는 1949년 12월 29일 국가안보회의 문서 48에 관련된 문제에서 미국은 중화인민공화국을 승인하지 말아야 한다는 애치슨의 의견에 즉시 동의했다(349쪽).

60. 795,00 file, Drumwright to State, May 2, 10, 1950; Muccio's cable, *FR*(1950) 7, May 25, 1950.

61. John Toland, *Infamy: Pearl Harbor and Its Aftermath*(New York: Berkley Books, 1983), 14쪽.

62. Office of Chinese Affairs, box 15, "Two Talks with Mr. Chou En-lai," no date, attached to document no. 350,1001.

63. 여러 자료 가운데서도 Glenn W. Price, *Origins of the War with Mexico: The Polk-Stockton Intrigue*(Austin: University of Texas Press, 1967) 참조. 이 책에 관심을 갖게 해준 로버트 디바인Robert A. Divine에게 감사한다. Charles C. Tansill, *Back Door to War: The Roosevelt Foreign Policy, 1933-1941*(Chicago: Regnery, 1952); George McT. Kahin, *Intervention: How America Became Involved in Vietnam*(New York: Alfred A. Knopf, 1986), 277~280쪽도 참조.

64. Ridgway Papers, Ridgway Oral Interview, March 5, 1982.

65. 동부 기득권 출신으로 적극 활동한 여러 인물은 스팀슨을 모범으로 삼았다(Isaacson and Thomas, *The Wise Men*, 28~29쪽).

66. Beard, *Roosevelt and the Coming of the War*, 244~245, 418, 519, 526~527쪽. 톨랜드는 1941년 11월 27일 조지 마셜 장군과 해럴드 스타크 제독이 맥아더에게 보낸 전문을 언급했다. "전쟁 행위를 피할 수 없다면, 다시 한번 피할 수 없다면 미국은 일본이 먼저 공개적으로 행동하기를 바라고 있습니다"(*Infamy*, 6~7쪽). Richard N. Current, "How Stimson Meant to 'Maneuver' the Japanese," *Mississippi Valley Historical Review* 40, no. 1(1953), 67~74쪽도 참조.

67. HST, Acheson Papers, box 65, Memo of conversation with Herter, March 24, 1950.

68. *FR*(1950) 6, 401~404쪽, Johnson to Acheson, July 29, 1950; Acheson to Johnson, July 31, 1950.

69. *MacArthur Hearings*, vol. 3, 2010~2011, 2020쪽.

70. Acheson Papers(Yale), box 9, Acheson to William Elliott, August 11, 1960.

71. *MacArthur Hearings*, vol. 3, 2020쪽.

72. *New York Times*, February 19, March 10, 12, 1950. 영국은 『뉴욕타임스』기사와 레스턴의 역할이 중요하다는 것을 인식했으며, 소련도 그랬으리라고 추정할 수 있다(FO317, piece no. 83013, Franks to FO, March 6, 1950).

73. *New York Times*, March 16, 1950.

74. Ibid., March 17, 1950. 애치슨이 연합국과 협상하기 위해 작성된 문서에서는 "소련과 광범한 협상을 하는 것은 현재 바람직하지 않다"고 지적했다. 회의 도중 미국 참석자들은 협상이 성공할 "가망은 없다"면서, 그 대신 서방은 "힘을 발휘할 수 있는 상황을 구축"해야 한다고 주장했다(*FR*[1950] 3, 863쪽 주석. 여기서는 4월 말에 작성된 문서를 언급했지만 본문에는 포함되지 않았다. 1078~1082쪽, memorandum of tripartite meetings, May 9, 1950도 참조).

75. *New York Times*, March 17, 19, 1950; *FR*(1950) 4, 1185쪽, Kirk to State, April 27, 1950. 웰링턴 구는 프레스 클럽 연설에 관심을 두지 않았지만 일기에서는 서부 해안에서 한 연설은 "매우 흥미롭고 중요하다"고 쓰면서, "트루먼 독트린을 아시아로 온건하게 확장"한 것이라고 표현했

다(Koo Papers, box 217, entry for March 17, 1950).

76. 『로동신문』, March 28, 1950, 김기호의 기명 시사 해설.
77. *New York Times*, March 19, April 14, 30, 1950.
78. *World Events* 7, no. 3(Summer 1950). 이 잡지는 한국전쟁이 일어났을 때 인쇄되고 있었다.
79. *FR*(1950) 3, 43~44쪽, "Military Assistance for Indochina," submitted to Truman by Acheson on March 9, 1950; New York Times, May 9, 13, 1950; 『로동신문』, May 17, 1950. 설즈버거는 5월 13일자 기사에서 미국 국민이 알든 모르든 미국은 이제 동남아시아 봉쇄에 "깊이 관여"하고 있다고 썼다.
80. *FR*(1950) 3, 1007~1013쪽, Acheson to State, May 8, 1950; 901쪽, record of the Tripartite meetings for May 1, 1950.

14장 전쟁 직전의 북한

1. 『勤勞者』, no. 1(January 15, 1950), 3~7쪽.
2. 1950년 6월 30일자 국무부 보도자료에 따르면 김일성은 1949년 12월 14일 스탈린의 생일을 축하하기 위해 모스크바에 갔으며 귀국 날짜는 나와있지 않다. 복사본은 Smith Papers, box 100 소재.
3. Nikita Khrushchev, *Khrushchev Remembers*, intro. Edward Crankshaw, trans. and ed. Strobe Talbott(New York: Little, Brown, 1970), 367~368쪽; John Merrill, "Review of Khrushchev Remembers," *Journal of Korean Studies* 3(1981), 181~191쪽.
4. 사설과 이정수, "Let's Strengthen the True Armed Force of the Korean People, the KPA," 참조. 모두 『순간통신』, no. 5(January 1950), 1~6쪽 수록.
5. 『로동신문』, February 26, 27, March 26, May 15, 1950. 중국에 대해서는 전직 유엔 구제부흥기관UNNRA의 직원이 1950년 3월 중국 본토의 생활을 조사한 장문의 보고서 참조. Smith papers, box 100 수록. 주한 미국대사관은 1950년 4월 북한이 2개년 계획의 1차년 목표를 달성했으며 2차년 목표를 "상향 조정했다"고 언급했다. 그 보고서에서는 북한이 "비교적 자족적으로 생존·확대할 수 있으며 소련과 연동되고 종속된 경제"를 발전시켰다고 지적했다. 795.00 file, box 4299, Drumwright to State, April 17, 1950 참조.
6. 사설 「생산 과정에서의 정치의식 강화」, 『勤勞者』, no. 6, March 31, 1950.
7. 『로동신문』, May 22, 1950.
8. 신화사통신, 『로동신문』, March 3, 1950 수록.
9. MA, RGg, box 110, weekly military attache report, April 21, 1950. 그 자료에서는 김일성과 박헌영의 "귀국"을 언급했지만 어디서 돌아왔는지는 밝히지 않고 있다. 그러나 그 뒤의 정보 보고는 중국에서 회합을 가졌다고 말했다.
10. RG242, SA2006, item 15/65, 조선노동당 선전선동부, "New work methods for a new environment and new conditions," 당원용 자료, 1950년 5월 10일.
11. Interview with Walter Sullivan, New York, May 21, 1983. 그 방문 계획에 관련된 편지와 각서를 보여준 설리번 씨에게 감사한다. 그 편지는 평양에서 온 진본이 분명하다고 생각된다.
12. CIA, "Current Capabilities of the Northern Korean Regime," ORE 18-50, June 19, 1950.
13. 795.00 file, box 4299, Drumwright to State, May 4, 1950; CIA, "National Intelligence Survey: Korea."
14. 나중에 윌러비는 소련 극동5함대가 청진항을 독점적으로 사용했다고 주장했다(Willoughby Papers, box 10, "The North Korean Pre-Invasion Build-up," circa early 1951). 그러나 오늘날 베트남의 캄란 만Camh Ranh Bay에 있는 소련 기지와는 달리 청진항에 그런 해군기지는 없었다. 앞서 본 대로 소련군은 1948년까지 몇몇 항구를 직접 운영했고, 다른 항구에 대해서는 공동회사를 설립했다. 노획 문서에 따르면 1947년 7월 조·소 해운주식회사가 함경북도 인민위원회와 항만 및 그 시설에 대한 30년 임대 계약을 체결했다. 그러나 이것은 상업적인 목적이었고, 그 협정에 군사적인 요소가 있다는 징후는 없다. 1949년 12월에 발표된 극동 정세에 관련된 방

대한 규모의 극비 문서에서는 북한에 소련의 "대규모 해군기지"나 "해군기지"가 있다고 기록하지 않았다. 전쟁이 시작된 뒤 공군 정보기관에서 해군기지는 없는 것으로 추정했다. 전쟁이 시작된 6개월 뒤 한 극비 문서에서 청진의 소련 잠수함기지를 언급했지만, 6월 25일 이전에는 그런 기지가 없었던 것으로 보인다. 1948년 이후 원산과 그 밖의 주요 동해안 항구에 잠수함을 포함한 소련군 선박이 원산과 그 밖의 주요 동해안 항구에 들어온 사례는 없었다. 1947년 7월 16일 청진항 임차에 관련된 번역 문서는 MA, RG6, box 78, ATIS issue no. 11, December 13, 1950 수록. box 98, "Intelligence Estimate Far East," December 1, 1949도 참조. 이 지도에는 북한과 소련 국경 바로 북쪽의 포스예트Posyet에 소련의 해군기지가 표시돼 있으며, 중국 뤼순과 다롄에 있는 기지도 표시돼 있다. 한 지에는 청진에 소련의 잠수함기지가 표시돼 있지만 다른 해군기지는 표기되지 않았다. ibid, box 1, map no. SGS1282 수록. 기밀 인장이 찍혀 있으며 날짜는 나와 있지 않지만 1951년 1월로 생각된다. 포로로 사로잡힌 북한 해군은 1948년 이후 잠수함을 포함한 소련 군함이 원산항에 입항하지 않았다고 말했다. 같은 자료, box 14, G-2 periodic intelligence report no. ZJY1061, July 4, 1950 수록.

15. 노획 문서들에 따르면 소련은 1949년 1월 19일 원산공항의 통제권을 북한으로 넘겼다. 그것은 1945년 소련 해군 항공대가 일본에게서 빼앗은 것이었다. MA, RG6, box 79, ATIS issue no. 17, January 10, 1951 참조. 평양공항에 관련된 자료는 없다. 노획된 소련 문서의 많은 번역본은 ibid., ATIS issue no. 22, February 8, 1951 수록. 소련이 김일성을 주시한 것은 U.S. State Department, McCune, "Leadership in North Korea" 참조.

16. 『로동신문』, January 19, 1950. 4월 중순 시티코프가 모습을 감춘 것은 795.00 file, box 4299, chronology for April, May 8, 1950; Ho Hon, 『로동신문』, March 18, 1950에서 언급했다.

17. CP, 1978, 52A, Shin Sung-mo to Collins, October 20, 1949. Ridgway Papers, box 16, 소련 고문의 숫자에 관련된 리지웨이의 질문에 윌러비 장군이 제출한 메모, August 7, 1950도 참조. 북한 조종사를 심문한 결과 소련인 고문은 15명이라는 답을 얻었다. 그는 공군 고문단장은 1950년 6월 27일에 교체됐다고 말했는데, 흥미로운 사실이다(MA, RG6, box 14, G-2 periodic report, July 2, 1950). 스탈린은 전쟁이 시작되었을 때 소련 고문들을 철수시켰지만, 1950년 가을 북부 도시에는 소련 고문들이 주재하면서 대공사격對空射擊을 지휘하거나 직접 사격하기도 했다. Australian delegation to UNCURK, Memorandum no. 25, December 8, 1950 참조. 개번 매코맥이 사본 제공.

18. *New York Times*, May 4, 1950.

19. Smith Papers, box 98, Smith to Knowland, October 24, 1949. 그에게 이런 분석을 제공한 사람이 윌러비인지 아니면 굿펠로인지 안다면 흥미로울 것이다.

20. Appleman, *Naktong/Yalu*, 12쪽; HST, PSF, CIA file, box 250, CIA, "Military Supplies for North Korea," September 13, 1950.

21. 특히 "History of the North Korean Army"는 잘못된 정보와 선전성 비난으로 가득하다.

22. HST, PSF, CIA file, box 262, joint daily sitrep no. 16, July 12-13, 1950; *New York Times*, July 5, 1950. 월터 설리번은 조선인민군이 다목적 트럭을 제외하고는 1945년 이후의 무기가 없다고 보고했다. *New York Times*, July 27, 1950 참조.

23. Willoughby Papers, box 10, Korea Liaison Office file, report of November 5, 1949; CP, 1975, 9D, Army Headquarters, Historical Section, staff study of weaponry of KPA and CCF. 소련은 "정확한 대금을 받지 않고 북한과 중국공산당에 원조를 제공하는 것을 노골적으로 싫어했다"고 딘 러스크는 말했다. no. 605, Carrollton, 18쪽 주석 참조. *New York Times*, September 3, 1950, 맥아더의 참모로부터 인용한 정보도 참조.

24. FO317, piece no. 84076, RAF squadron leader A. G. Lawrence to Scott, December 30, 1949; MA, RG6, box 58, intelligence summary no. 2827, June 6, 1950. 주한미군 군사고문단 연락사무소에 따르면 4월 15일 소련제 전투기 3대가 함경남도의 비행장에 착륙했으며 소련 대령이 사열대에 서 있었다. 그러나 그 전투기들이 김일성에게 지급된 것이라고는 말하지 않았다(그랬을 개연성은 컸다)(Willoughby Papers, box 10, Korea Liaison Office file, report of May 8, 1950).

25. MA, RG6, box 59, intelligence summary no. 2853, July 2, 1950.

26. MA, RG6, box 9, Seoul Embassy attache to CINCFE, December 7, 1950.

27. RG349, FEC G-2 Theater Intelligence, box 462, 북한 산업 관련 자료. 날짜는 나와 있지 않지만 미군이 북한을 점령한 이후임.

28. HST, PSF, NSC file, box 2, CIA, no. 326, "Military Supplies for North Korea," September 15, 1950.

29. Charles Bohlen, *Witness to History, 1929-1960*(New York: W. W. Norton, 1973), 294~295쪽.

30. RG218, JCS file, box 130, Hodge to MacArthur, October 22, 1947; 895.00 file, box 7126, Muccio to State, September 14, 1948; G-2 Weekly Report no. 163, October 22-29, 1948. 11월 무초는 북한이 중국에서 병력이 돌아오지 않았는데도 남한군을 이길 수 있는 능력을 갖고 있다면서 상황이 "심각"하다고 보고했다. 미군이 철수한 뒤 침략이 일어날 것이라고 예측한 보고도 있었지만 미군이 철수하기 전에 침공할 수도 있다는 보고도 있었다. "국민의 강력한 지지를 받지 못하는 무능한 정부"는 미군만이 한국군의 안보를 유지할 수 있다는 뜻이었다(RG335, Secretary of the Army file, box 56, Coulter for Muccio to State, November 12, 1948). 육군정보부 차장은 12월 "북한의 남침이 임박했다는 소문이 북한으로부터 계속 보고되고 있다"고 말했다(ibid., Carter W. Clarke to Chief of Staff, December 14, 1948).

31. KMAG G-2 Periodic Reports nos. 258, 260, 261, 277, February 3-March 10, 1950; G-2 Weekly Report no. 6, May 4-11, 1950(주한미군 군사고문단의 정보 보고는 1950년 4월 1일 "정기 보고"에서 "주간 보고"로 전환됐다).

32. G-3 Operations file, box 121, Roberts to Bolte, March 8, 1950; also G-3 Operations Reports nos. 46 — 50, May 5-June 16, 1950.

33. KMAG G-2 Periodic Reports nos. 246, 254, 256, 257, 258, 260, 261, 268, 269, 277, 282, 287, 288, January-April, 1950. KMAG G-2 Weekly Reports nos. 1-11, April-June 15, 1950.

34. KMAG G-2 Periodic Reports nos. 204, 205, 206, 208, 225, 226, 229, 230, 233, 234, 238, October 25-December 30, 1949.

35. "잠음" 등은 Roberta Wohlstetter, *Pearl Harbor: Warning and Decision*(Stanford, Calif.: Stanford University Press, 1962) 참조.

36. FO317, piece no. 84076, Major Ferguson-Innes of War Office to FO, top secret, December 30, 1949. 퍼거슨 이네스는 미국 정보기관이 "북한에 대한 정보의 대부분을" 영국에 제공했다고 말했다. 1950년 4월 영국 정보부의 비슷한 결론은 같은 자료, piece no. 84079, Tokyo Chancery to FO, April 19, 1950 참조. CIA, "Current Capabilities of the Northern Korean Regime," ORE 18-50, June 19, 1950 참조.

37. FO317, piece no. 84078, Holt to FO, December 22, 1949. 홀트는 무초의 방안에 동의한다고 말했다. CIA, "Current Capabilities of the Northern Korean Regime," ORE 18-50, June 19, 1950도 참조.

38. KMAG G-2 Periodic Report no. 285, March 23-24, 1950; MA, RG6, box 9, Embassy to CINCFE, December 7, 1950. 후자의 정보는 포로를 심문해 얻은 것이다. box 16, Order of Battle for the PLA 4th Field Army, November 7, 1950; FO317, piece no. 84076, Lawrence to Scott, December 30, 1949도 참조. 애플먼의 수치는 좀더 보수적이어서 1950년 6월 시점에 조선인민군 병력의 약 3분의 1, 곧 3만2000명 정도가 중국인민군에 있던 군사였다고 추정했다. 그는 1950년 4월 약 1만2000명이 북한으로 귀환했고, 그 밖의 병력은 1949년부터 돌아왔다고 판단했다. 그의 정보는 대부분 포로를 심문해 얻은 것이다. 그는 그 밖의 다양한 정보 자료는 이용하지 않았으며, 총합계는 훨씬 많다고 시사했다. 이를테면 그는 조선인민군 5, 6, 7사단의 병력 대부분이 중국에서 참전한 경력을 갖고 있었다고 인정했는데, 다른 사단을 포함하지 않고 그것만 따져도 3만 명이 넘을 것이다. 거기에는 1948년과 1949년에 한국으로 돌아온 많은 중국 참전 병사들이 포함되어 있었다(*Naktong/Yalu*, 9쪽).

39. FO317, piece no. 84079, Tokyo Chancery to FO, April 19, 1950. 이것은 당시 한반도를 시찰

하고 돌아온 영국의 주재무관이 쓴 것이다.

40. MA, RG6, box 58, intelligence summary no. 2829, June 8, 1950; no. 2830, June 9, 1950; no. 2847, June 26, 1950.

41. Ibid., no. 2847, June 26, 1950.

42. *Naktong/Yalu*, 8~18쪽. 또한 애플먼은 6월 25일 시점에서 조선인민군의 "실질 병력"은 8만 5000명이었는데, 한국군의 "실질 병력"은 6만5000명에 지나지 않았다고 서술했지만, 어떤 근거로 이렇게 판단했는지는 밝히지 않았다.

43. 『로동신문』, January 14, 1950.

44. 가장 뛰어난 논의는 Hiroshi Sakurai, "Why Did the Korean War 'Break Out' on June 25, 1950?" 참조

45. Simmons, *Strained Aliance*, 104~110쪽.

46. U.S. State Department, McCune, "Leadership in North Korea."

47. 5월 17일 당 기관지는 남부 유격대에 관련된 사설에서 이승만이 "평화통일에 반대하며 한국을 영원히 분열시키려고 한다"고 주장했다. 한 주 뒤에는 5월 30일 선거가 "조국의 영원한 분단"을 앞당길 것이라는 기사가 실렸다(『로동신문』, May 17, 23, 1950). 두 기사 모두 "분할의 영구화"라는 표현을 사용했다.

48. 『로동신문』, January 20, 1950. 연설의 나머지 부분은 앞서 언급한 "동방은 붉다"는 주제를 김일성이 자신의 방식대로 표현한 것을 강조했으며, 공산 세력의 발흥과 미국 세력의 쇠퇴를 언급했다.

49. 『로동신문』, January 16, 1950.

50. 『로동신문』, January 19, 1950.

51. Han Chŏl-ho, "The Rhee Clique's Strengthening Ties with Japanese Imperialism, under Directions from U.S. Imperialism," 『旬刊通信』 48, no. 5(January, 1950).

52. 『로동신문』, February 10, 18, 1950.

53. 『로동신문』, February 19, 1950.

54. 『로동신문』, February 22, 23, 24, 25, 1950. 각호마다 방일 관련 여러 기사를 실었는데, 대부분 기명 논평이었다. 이승만이 전 홍콩 총독이자 1919년 3·1운동 탄압의 주요 인물인 우소노미야 宇都宮太郎 장군을 만났다고 주장한 기사도 있었다.

55. Kang Ch'ol-su, "U.S. Imperialism is the Enemy of the Chinese People," 『로동신문』, March 10, 1950. 이 기사도 쿡 제독의 비공식 군사고문단이 대만에 있다는 것을 인지하고 있음을 보여준다. 시어도어 루스벨트와 관련된 그 밖의 인용은 『로동신문』, February 25, 1950도 참조.

56. 『로동신문』, 사설, March 3, 1950. 인용 부분의 강조는 인용자가 추가한 것이다. 통상적으로 중국은 "민주국가"에 포함될 것이기 때문에 이례적 용법이라고 할 수 있다.

57. Song Sung-ch'ol, "The Rhee Country-Selling Clique and the Japanese Militarists Are Colluding under the Direction of American Imperialism," 『勤勞者』, no. 8(April, 1950), 42~52쪽.

58. RG242, SA 2010, item 3/55, 「미제는 일본을 군사 모험을 위한 병기고로 만들고 있다」, 평양, 노동당출판사, 1950년 5월 8일, 64쪽.

59. RG242, SA2009, item 8/33.3, 「정치상학 교재」, 미출간, 민족보위성 문화훈련부, 1950년 6월.

60. O Song-hwa, "The US Imperialists Cannot Save the Rhee Clique, Now Facing Destruction, 『로동신문』, July 5, 1950; 『로동신문』, August 9, 1950. RG242, SA2012, item 6/122, 문학봉, 「미제의 조선 침략 정책의 정체와 내란 계획자의 진상을 폭로함」, 평양: 중앙통신, 1950, 71~72쪽도 참조. 『해방일보』, 1950년 6월 8일, 1950에 실린 김효석의 글도 참조. 이 시기 이후 비슷한 기사가 많이 나왔다.

61. Walter Simmons, "The Truth About Korea," *Chicago Tribune*, November 6, 1949, in FO317, piece no. 76259, Holt to FO, November 9, 1949. 미국인들은 미국의 정책에 동의하는 사람들을 나타내기 위해 "학식 있는 한국인"이라는 표현을 자주 사용한다. 나머지는 동의하지

않으므로 어리석다는 뜻일 것이다.

62. 795.00 file, box 4262, Embassy to State, January 18, 1950(summary of events in December 1949); 같은 자료, Drumwright to State, January 21, 1950; Office of Chinese Affairs, box 4218, Jessup to Butterworth, January 18, 1950.

63. 795.00 file, box 4299, Tokyo to State, February 19, 1950; Seoul Embassy to State, March 18, 1950; Hugh Deane Papers, Rhee's press release of February 18, 1950.

64. 신성모는 1949년 11월 이은을 만났는데, 한국군에서 "군주제를 복구"하려는 움직임이 일어나고 있다는 보고도 있었다(FO317, piece no. 76259, November 16, 1949). 국방부의 승인을 얻었다고 말한 아이컬버거의 도발적인 연설은 1950년 3월 3일 『뉴욕타임스』에 보도됐다. 남한군 장교들을 일본에서 훈련시키기 위해―주로 미국 기지에서 훈련하되 일본 장교들의 도움을 받는 것으로 생각된다―파견한 것에 관련된 문서는 RG338, KMAG file, box 5417 수록. 그 가운데 한 사람은 이후락李厚洛 대위였는데, 그는 나중에 박정희 정권에서 중앙정보부장을 역임한 유력 인물이었다.

65. 『U.S.뉴스앤드월드리포트』는 1950년 8월 4일호에서 윌러비가 일본에 "보안대"를 설치하려고 "몇 달 동안" 노력해왔고 "가장 유능한 전직 장교들과 계속 연락해왔다"고 보도했다. 한 당국자는 새로운 일본군 장교단을 "24시간 안에 동원할 수 있을 것"이라고 말했다. 한국인 첩보망은 National Archives, manuscripts of the office of the Chief of Military History, box 625, FEC, Military History Section, "Intelligence and Counterintelligence Problems during the Korea Conflict(원문 그대로)"(1955), 49쪽 참조.

66. G-3 Operations file, box 121, Roberts to Bolte, March 8, 1950; *New York Times*, May 27, 1950.

67. G-3 Operations file, box 121, Roberts to Bolte; 795.00 file, box 4299, "Developments Concerning the 1950 General Election," in Embassy to State, April 24, 1950. Embassy to State, May 12, 1950; also Drumwright to State, June 15, 1950; box 5696, ECA to State, May 12, 1950도 참조.

68. *The Oriental Economist*, June 24, 1950, 636~639쪽. 이 무렵 요시다 총리의 측근인 시라즈 지로白洲次郎는 월턴 버터워스에게 이렇게 말했다. "그는 아직 일본에 살고 있는 60만 명의 한국인을 한국으로 추방하는 것이 가장 좋은 방법이라고 생각하고 있습니다. 그는 재일 한국인은 대부분 불법 행위나 비생산적 행위에 종사하고 있으며 일본 정부가 (…) 이런 기생적 집단에 대해 의무를 지는 것은 매우 불공평하다고 생각하고 있습니다." 버터워스는 이것은 요시다의 견해를 반영한 것이라고 말했다(795.00 file, box 3006, Butterworth to Acheson, May 3, 1950).

15장 전쟁 직전의 남한

1. Eisenhower Library, Ellis Briggs Oral History, June 19, 1970. 아이젠하워가 한국에 파견한 대사인 브릭스Briggs는 1950년 6월 주한 미국대사관에는 2000명 이상의 직원이 있었다면서 "세계에서 인원이 가장 많은 대사관"이라고 말했다.

2. FO317, piece no. 84053, Holt to FO, May 1, 1950.

3. CP, 1977, item 316B, "Transcript of Round Table Discussion," October 1949; MA, RG9, box 43, various KMAG cables to Tokyo, March 1950. 김포공항을 운영하기로 합의한 것은 1950년 1월 14일이었다. 관련 자료는 RG338, KMAG file, box 5415 수록. Willauer Papers, box 1, Memo for Chennault, July 10, 1950; tape transcript, December 1, 1960도 참조. 이를테면 대한조선공사는 미국에 본사를 둔 포머로이 사Pomeroy Company에 고용된 미국인인 사장이 경영했다. 795.00 file, box 4299, Drumwright to State, April 27, 1950 참조.

4. U. Alexis Johnson, *The Right Hand of Power*, with Jef Olivarius McAllister (Englewood Cliffs, N.J.: Prentice-Hall, 1984), 97쪽.

5. 버틸 렌보그(유엔 한국위원회 수석비서)는 한국 국가예산의 80퍼센트가 경찰과 군에 지출됐다고 밝혔다(UN Archives, BOX DAG-1/2.1.2, box 3, report of March 31, 1950).

6. U.S. Senate, Committee on Foreign Relations, Historical Series, *Economic Assistance to China and Korea: 1949-1950*(Washington, D.C.: U.S. Government Printing Office, 1974), 159쪽(이하 *Economic Assistance*).

7. 같은 자료, 159~163쪽.

8. 같은 자료, 129, 134쪽. 호프먼Hoffman도 이승만을 "한국의 조지 워싱턴"이라고 표사했으며 이 범석은 "뛰어난 인물"이라고 평가했다(149쪽).

9. 같은 자료, 181, 191쪽.

10. 895B. file, box 5695, Allison to Rusk, March 30, 1950, 번스, 앨리슨, 부히스 등의 회동 각서 가 수록돼 있다. E. A. J. 존슨은 부히스가 "한국을 희생시켜 일본 경제를 살리려고 한다"고 비난 했다. Andrew J. Rotter, *The Path to Vietnam: The Origins of the American Commitment to Southeast Asia*(Ithaca, N.Y.: Cornell University Press, 1987), 132~134쪽도 참조.

11. Rotter, *The Path to Vietnam*, 136쪽.

12. 795.00 file, box 4262, Drumwright to State, January 25, 1950에서는 이승만의 1월 20일 기 자회견을 언급했다. 1940~1944년 한국은 일본에 수출되는 쌀의 일부를 대체하기 위해 매년 평 균 15만 톤의 밀과 콩을 수입했다. 1946년 한국은 17만9000톤의 미국산 밀, 옥수수, 밀가루를 수입했다. 1948년 그 수치는 48만 톤에 이르렀고, 그 뒤에도 계속 증가했다. USAMGIK, "History of the National Food Administration," Appendix C, "Food Report for South Korea as of March 1948," in XXIV Corps Historical file, box 10 참조.

13. Senate Committee on Foreign Relations, *Economic Assistance*, 133, 138, 144쪽.

14. FO317, piece no. 83883, Gascoigne to FO, June 19, 1950.

15. "Agreement on Aid Between the United States of America and the Republic of Korea," December 10, 1948, Senate Committee on Foreign Relations, *Economic Assistance*, 276~280쪽.

16. RG242, SA2005, item 1/2, 「조선인민공화국 최고인민회의 제3차 회의 회의록」, 평양, 1949년 4월 19~20일, 김일성의 연설, 231쪽.

17. 895B. file, box 5693, Lightner to State, October 16, 1951.

18. Bruce Cumings, *Industrial Behemoth: The Northeast Asian Political Economy in the 20th Century*(Ithaca, N.Y.: Cornell University Press, forthcoming).

19. Minutes of Joint Korean Government-American Mission Stabilization Committee, various meetings February 10-17, 1950, in 895.00 file, box 5693, February 22, 1950. FO317, piece no. 84141, Holt to FO, June 20, 1950, 1950년 5월 경제협력국의 보고서가 첨부돼 있다.

20. 버터워스는 4월 5일 애치슨과 다른 사람들에게 이것을 말했다. Office of the Executive Secretariat file, box 4, summary of the secretary's daily meeting, April 5, 1950 참조.

21. 795.00 file, box 5696, report dated March 18, 1950. 그 뒤 블룸필드Bloomfield와 젠슨Jensen 이 쓴 *Banking Reform in South Korea*(New York: Federal Reserve Bank of New York, 1951)도 참조.

22. 895.00 file, box 5692, J. Franklin Ray, Jr., monthly economic report for March 1950. Ray to State, summary of basic economic information, May 9, 1950; Ray, monthly economic report for May, June 14, 1950도 참조. 4월 2만 명이 부산에 비행장을 건설하는 "징발(무보 수) 노동"을 하고 있었다. 795.00 file, Robert M. Berry report on Pusan, in Drumwright to State, April 27, 1950 참조.

23. 북한의 견해는 이를테면 홍남표, 『로동신문』, 1950년 5월 22일자 및 이승엽, 『勤勞者』, no. 6(March 30, 1950), 20쪽 참조. 홍남표는 이승만의 개혁 정책이 유격대를 "약화"시키려는 시도라 고 지적했다.

24. 895.00 file, box 5691, William Jones to Cyrus Peake, November 15, 1950, orig. classification "secret." box 5696, Drumwright to State, November 28, 1950도 참조. 여기서도 1950년 6월 25일 이전에 토지소유권의 이전은 없었다고 언급했다. FO317, piece no. 84053, Holt, annual report for 1949, May 1, 1950도 참조.

25. 895.00 file, box 5692, Drumwright to State, January 16, 1950; HST, PSF, NSC file, box 3, CIA memorandum of October 19, 1950.

26. RG319, Plans and Operations file, 091 Korea, KMAG study of ROKA, October 15, 1949. 17연대는 다른 보병 연대보다 기본 전술, 분대·소대·중대·대대 전술과 관련해 많은 훈련을 받았다. 1950년 6월 남한군의 전력은 KMAG G-3 Operations Report no. 51, June 9~16, 1950 참조. 한 영국인 군사고문은 "현재의 예비군을 현역으로 복귀시키면 무기와 장비는 부족하지만 상당히 잘 훈련된 13만1000명의 병력을 동원할 수 있다"고 말했다(FO317, piece no. 84079, Tokyo to FO, enclosing report by military advisor Figgess, April 19, 1950). Robert K. Sawyer, *Military Advisors in Korea*, 95~106쪽도 참조.

27. 이를테면 795.00 file, box 4299, Embassy to State, June 19, 1950 참조. 이것은 한국 국방 예산에 주한미군 군사고문단이 깊이 관여했음을 보여준다.

28. HST, PSF, NSC file, box 205, Webb to Lay, February 10, 1950; *New York Times*, July 15, 1950; 740.0019 Control(Korea) file, box 3829, Muccio to State, May 21, 1949; Sawyer, *Military Advisors in Korea*, 96쪽.

29. MA, RGg, box 40, Army to CINCFE, September 2, 1949; 895.00 file, box 5693, Drum-wright to State, February 10, 1950; 895.00 file, box 946, Muccio to Butterworth, November 1, 1949; HST, Muccio oral history interview no. 177, December 27, 1973. 육군성 문서는 다음과 같은 우려를 표시했다. 원조가 너무 늦으면 북한에 "침략 결정의 주도권을 줄 것"이며 남한은 "장기간의 공격에 버티는 데 필요한" 물자가 부족할지도 모른다는 정치적 의미가 발생할 수 있다는 것이었다.

30. Lowe, *Origins of the Korean War*, 67~68쪽.

31. 로버츠와 무초는 1949년 9월에 17명의 공군 고문을 요청했다(MA, RGg, box 43, Roberts to Army, September 21, 1949). 로버츠는 1949년 10월에 F-51S 40대를 요구했다(Butterworth Papers, box 1, Allison to Butterworth, November 2, 1949). 렘니처의 결정은 RG330, Secretary of Defense file, box 33, Lemnitzer to Johnson, March 11, 1950에 수록. 국무부는 1950년 3월 9명의 공군 고문을 한국에 배치해야 한다고 촉구했지만 공군은 거절했다(RG330, Secretary of Defense file, box 82, Martin to Burns, March 10, 1950). 주한미군 군사고문단과 경제협력국은 5월에 F-51S 40대와 C-47 3대를 보내달라고 요청했지만, 한국전쟁이 일어나기 전에 실현되지 않았다(MA, RG9, box 43, Seoul military attache to CINCFE, May 24, 1950).

32. MA, RG10, box g, Rhee to MacArthur, September 19, 1949. 1950년 초 굿펠로가 이승만을 위해 항공기를 입수하려고 시도한 것은 Goodfellow papers, box 2 참조.

33. MA, RGg, box 43, Roberts to Department of the Army, November 10, 1949; *New York Times*, September 1, 1945, February 18, 1946, July 13, 1948. 후자에서는 랜들이 "정보 부문 책임자로 임명됐다"고 보도했는데, CIA 국장을 의미하는 것으로 생각된다.

34. 995.00 file, box 6175, Ray to State, June 15, 1950; *New York Times*, November 27, 1949. 『旬刊通信』, no. 42(December 1949)의 November 17, 1949 항목도 참조.

35. G-3 Operations file, box 121, Roberts to Bolte, March 8, 1950; CRC, 247A, JCS 2106, "Notes by Secretaries W. G. Lalor and J. H. Ives, on JCS Visit to the Far East," March 13, 1950.

36. *New York Herald-Tribune*, May 30, June 5, 1950.

37. RG338, KMAG file, box 5415. 여기에는 1950년 4월 한국군의 결함에 관련된 수많은 메모가 있다. box 5418, Roberts to Gerald E. Larsen, May 4, 1950도 참조(라슨은 한국군 8사단의 상급 고문이었다).

38. Sawyer, *Military Advisors in Korea*, 76~78쪽. 클레이 블레어는 한국군과 주일 미8군의 훈련 양상이 우연히 비슷한 상황에 놓였다면서 모두 1950년 6월 시점에서 예정보다 훈련이 늦었다고 언급했다(*Forgotten War*, 51쪽).

39. 895.00 file, box 5693, Ray to State, June 8, 1950; 795.00 file, box 4262, Drumwright to State, April 15, 1950; MA, RG6, box 58, intelligence summary no. 2833, June 12, 1950.

40. RG319, G-3 operations file, box 121, Operations Report no. 44, April 21-28, 1950, and no. 45, April 28-May 5.

41. MA, RG6, box 59, intelligence summary no. 2847, June 26, 1950에는 한국군의 전력 편성이 기록돼 있다. 소규모 부대는 집계되지 않은 것으로 보이는데, 제시된 전체 병력은 8만7500명이지만 한국군 전체 병력은 9만5000명이라고 언급됐기 때문이다.

42. Manuscript collection of the Office of the Chief of Military History, National Archives, "History of the Korean War," vol. 3, pt. 14, "Special Problems in the Korean Conflict," 9쪽; MacArthur, *MacArthur Hearings*, vol. 1, 231쪽.

43. G-3 Operations file, box 121, Roberts to Bolte, March 8, 1950; MA, RG9, box 43, KMAG to Tokyo, June 6, 1950; *New York Times*, June 26, 1950.

44. 김석원은 1사단장에서, 채병덕 장군은 참모총장직에서 해임됐는데, 모두 1949년 10월 6일의 일이다. 이 인사에 관련된 정보 보고서는 김석원이 "38도선을 넘는 밀무역과 물자 강탈에 관여한 혐의로 군사재판에 회부될 수도 있다"고 말했다. 채병덕은 김석원의 밀무역을 알고 그를 군사재판에 회부할 계획이었다고 한다. "이승만은 채병덕의 의도를 알고 두 사람 모두 해임했다." 이승만은 채병덕을 좋아하지 않았다고 한다(RG349, box 699, "spot intelligence report," October 6, 1949 참조). 이승만이 미국의 압력에 굴복해 김석원을 해임했지만 미국이 선호하는 채병덕도 함께 해임했다는 사실은 보고서에서 언급하지 않았다.

45. *New York Times*, March 17, April 5, 29, May 11.

46. UN Archives, BOX DAG-1/2.1.2, box 3, Egon Ranshofen-Wertheimer to "Andy"(Andrew Cordier), July 5, 1949; *New York Times*, July 13, 1949. 유엔 사무총장의 특별보좌관 앤드루 코디어Andrew Cordier는 1950년 내내 유엔과 유엔 한국위원회의 연락과 운영을 담당하는 핵심 인물이었다. 유엔에서 유엔 한국위원회로 보내는 거의 모든 서신에는 그의 이름이 적혔고, 유엔 한국위원회가 제출하는 문서도 그의 지휘를 받았다(이를테면 UN Archives, Box DAG-1/2.1.2, box 16 참조). 1960년 루뭄바Lumumba에 대항해 유엔군을 배치하는 데 코디어가 핵심 역할을 한 것은 Jonathan Kwitny, *Endless Enemies* (New York: Congdon and Weed, 1984), 65~66쪽 참조.

47. 895.00 file, box 7127, Ranshofen-Wertheimer to Jessup, September 22, 1949.

48. FO317, piece no. 76259, conversation between Butterworth and Dening, September 14, 1949.

49. 『로동신문』, February 15, 1950. 거기서는 서울에서 이뤄진 논의에 관련된 UPI 통신의 보도(날짜 불명)을 언급했다. 이에 앞서 당 기관지는 유엔 한국위원회의 군사감시요원이 전쟁을 일으키려는 이승만의 계획을 도울 것이라면서 그들을 "미국의 공격 도구"라고 불렀다(『로동신문』, January 24, 1950).

50. UN Archives, BOX DAG-1/2.1.2, box 3, Sanford Schwarz to Lie and Zinchenko, October 31, 1949, enclosing the 15th report of UNCOK, October 8-28, 1949.

51. 895.00 file, box 7127, Muccio to State, September 13, 1949; Seoul Embassy to State, March 30, 1950; 357.AD file, UNCOK, box 1375, State Department to San Salvador Embassy, January 24, 1950.

52. UN Archives, BOX DAG-1/2.1.2, box 3, Renborg to Cordier, April 28, 1950.

53. 357-AD file, UNCOK, box 1375, Embassy to State, May 24, 29, June 6, 1950. 호주는 5월 21일 두 명의 감시요원을 임명했다. 엘살바도르는 5월 22일 두 명의 군사 감시요원을 임명했는데, 그들은 전쟁이 시작되었을 때 한국으로 오던 중이었다(795.00 file, box 4299, Drumwright to State, June 15, 1950).

54. 이를테면 MA, RG9, box 43, KMAG to CINCFE, February 18, 1950 참조.

55. UN Archives, BOX DAG-1/2.1.2, box 3, Renborg to Secretary-General, January 20, 1950.

56. UN Archives, BOX DAG-1/2.1.2, box 16, account of a visit to Kangnung on March 27, 1950.

57. 895.00 file, box 5697, Muccio to State, March 11, 1950; UNCOK file, box 1375, Embassy

to State, March 11, 1950; 795.00 file, box 4299, Drumwright to State, May 1, 1950.

58. UNCOK file, box 1375, Embassy to State, May 25, 1950. 2~4월까지 12차례의 회동이 있었다. 자문을 들은 인물의 전체 명단은 다음과 같다. 임병직·김성수·김도연·전용순·윤보선·김활란·이범석·이청천·신익희·박순천(친이승만 계열인 『부인신문婦人新聞』의 편집장).

59. Koo Papers, box 130, record of conversation with Cho Pyŏng-ok, August 26, 1949; UNCOK file, box 1375, Seoul to State, May 9, 1950. 이 자료에서는 장면이 퀴리노 필리핀 대통령을 설득해 라파엘 루나Rafael Luna를 유엔 한국위원회에 임명했다고 말했다.

60. UN Archives, BOX DAG-1/2.1.2, box 3, Sanford Schwarz to Cordier, Oct 10, 1949.

61. *Seoul Times*, August 14, 1948; Koo Papers, box 217, diary entry for October 26, 1949; UNCOK file, box 1375, Muccio to State, May 24, 1950; FO317, piece no. 83236, FC1016/8, China summary for June 1950, July 12, 1950. 유엔 한국위원회는 5월 29일부터 한 번에 3주씩 돌아가면서 의장직을 맡았다. 무초는 "중국의 류위안이 '선거를 준비하는데' 요직을 맡게 될 것"이라면서 선거가 끝나면 살바도르 대표가 의장이 될 것이라고 언급했다. 미국은 호주의 간섭을 피하려고 했으며 민주적 선거의 전통이 확립된 나라에서 파견된 대표들에게 보고서를 작성하게 하려고 했다. 5월 29일 호주 대표가 의장을 맡았으며 그다음은 대만 차례였기 때문에 전쟁이 발발하자 류위안이 의장을 맡았다(UNCOK file, box 1375). 윌러비의 정보부도 5월 30일 선거에 관련된 보고서는 "대부분" 류위안의 지휘 "아래 작성됐을 것"이라고 보고했다(MA, RG6, box 58, intelligence summary no. 2831, June 10, 1950).

62. Office of the Executive Secretariat, box 31, daily secret summaries, May 2, 11, 1950; UNCOK file, box 1375, Drumwright to State, May 5, 1950. 후자에는 친첸코와 다른 러시아인들에게 "북한 방문"이나 중립적인 장소에서 회담을 주선하기 위해 그의 "좋은 사무실"을 이용하도록 요청하는 UNCOK 편지의 사본이 포함되어 있다. 후자에는 유엔 한국위원회에서 트뤼그베 리에게 보내는 서신이 포함돼 있는데, 진첸코와 그 밖의 소련인들이 "북한 방문"이나 중립지대 회동을 계획하는 데 "좋은 사무실"을 사용할 수 있도록 배려해줄 것을 요청하는 내용이다.

63. 795.00 file, box 4299, Muccio to State, June 11, 1950; *New York Times*, June 11, 1950; UN Archives, BOX DAG-1/2.1.2, box 4, cables, June 10, 1950, Renborg to UN; June 12, report by Gaillard on the incident. 유엔 한국위원회의 보도자료에서는 한국군의 기관총 사격을 언급하지 않았다.

64. 795.00 file, box 4299, Muccio to State, June 11, 12, 1950.

65. 같은 자료, Muccio to State, June 16, 23, 1950. 미국대사관에서는 3명의 사절에게 폭력이 행사되지 않았다고 주장했다.

66. 795.00 file, box 4262, Drumwright to State, February 15, 1950. Embassy to State, April 3, 1950도 참조. 이 자료는 한국의 정당정치에 대해 쓴 『서울신문』의 긴 기사를 번역한 문서가 실려 있다.

67. 795.00 file, box 4299, "Developments Concerning the 1950 Election," April 24, 1950. 이 연구의 분량은 50쪽에 이른다.

68. Koo Papers, box 130, record of conversation with Cho Pyŏng-ok, January 5, 1949.

69. "Developments Concerning the 1950 election." 『자유신문』 1950년 4월 12일자가 인용돼 있다. 795.00 file, box 4299, Embassy summary for May, June 19, 1950도 참조. 선거위원 70명의 직업은 795.00 file, box 4299, Drumwright to State, June 9, 1950 참조.

70. 『동아일보』, March 9, 1950.

71. HST, PSF, NSC file, box 208, CIA, "Review of the World Situation," May 17, 1950; MA, RG6, box 58, intelligence summary no. 2825, June 4, 1950; 795.00 file, box 4299, Drumwright to State, June 9, 1950; Muccio to State, June 9, 1950, 『동아일보』 기사(날짜 불명) 인용.

72. Howard Papers, box 251, Howard to Rhee, June 9, 1950; *New York Times*, June 1, 1950. 원조법안의 추가 조항은 895.00 file, box 5693, Webb to Seoul, March 17, 1950 참조. 원조법안의 추가 조항은 5월 초에 가결됐다.

73. 무초의 발언은 795.00 file, box 4299, Muccio to State, July 6, 1950 수록. HST, PSF, NSC file, CIA memorandum, July 7, 1950도 참조. 60명 정도의 국회의원이 서울에 남아 있었고, 인천상륙 이후 거의 모두 북한으로 갔다.

74. 795.00 file, box 4299, Muccio to State, June 9, 1950. 발표문 원문은 RG242, SA2009, item 4/9 수록.

75. MA, RG6, box 59, intelligence summary no. 2834, June 13, 1950. 여기에서는 통일에 관련된 북한의 제안을 자세히 논평했다. FO317, piece no. 84056, Moscow Embassy to FO, June 26, 1950도 참조. 6월 17일자 *Red Star*의 기사 인용.

76. 795.00 file, box 4299, Embassy to State, June 23, 1950. 북한이 8월 15일이라는 일정을 계속 사용하는 것은 "유격전이나 국경 분쟁의 재개 같은 새로운 행동을 시도할 수도 있다"는 징후라고 대사관에서는 지적했다. 6월 19일 성명의 원문은 RG242, SA2009, item 4/9 참조.

77. 북한의 신문들은 1949년 5월 12일 새로운 통일 방안을 상찬하는 특별호를 발행했으며, 며칠 뒤 조국통일민주주의전선이 대대적인 선전과 함께 설립됐다. 6월 초에는 조국통일민주주의전선과 그들이 낸 각종 성명과 관련된 기사가 신문들을 가득 채웠다. 『함경남도 노동신문』, May 15, 21, June 9, 1949 참조.

78. 795.00 file, box 4262, Muccio to State, April 4, 1950; box 4299, Drumwright to State, April 10, 1950; 『로동신문』, May 23, 25, 27, 1950. 이주하는 박헌영의 "부관"으로 자주 묘사됐으며, 다른 기관과 달리 서울의 수도경찰은 이주하가 1949년 이후에도 박헌영의 부관으로 남한 공산주의자를 실질적으로 지휘했다고 판단했다. 이주하와 김삼룡은 적극적인 반일 활동을 펼쳐왔다. 이주하는 1929년 대규모 파업을 조직하는 것을 도왔고 1931~1945년까지 2년을 제외하고는 모두 감옥에 있었다. 그는 1945년 원산 인민위원회 부위원장이 되었고, 1946년 서울로 와서 조선공산당 중앙위원회에 가입했다. 그는 1946년 9월 총파업 기간에 체포영장이 발부된 뒤 지하로 잠입했다. 김삼룡은 1908년에 태어났으며, 1933년에 체포돼 고문을 당하고 1936년까지 수감됐다. 그는 1941~1945년까지 다시 수감됐다. 그는 남로당 조직부장을 지냈으며, 1948년 지하 활동의 공적으로 김일성에게서 훈장을 받았다고 한다.

79. 795.00 file, box 4299, Muccio to State, June 20, 23, 24, 1950; Embassy to State, June 23, 1950. 『해방일보』, July 30, August 6, 1950도 참조. 조만식의 운명은 795.00 file, box 4269, Drumwright to State, November 13, 1950 참조. 대사관 자료에서는 "그가 분명히 살해됐을 것"이라고 생각했는데 "거의 모든 친척이 처형됐다"는 증거가 있었기 때문이다(그러나 그의 아들 가운데 한 사람은 나중에 서울에 나타났다).

80. 895.00 file, box 5694, Ray to State, April 3, 1950. 프랑켈은 한국에서 몇 년 동안 생활한 경험을 가진 드문 미국인 가운데 한 사람이었다. 그의 발언은 국방을 위한 "자발적 기부"가 정치적 목적으로 전용되고 있는 것에 분노한 주한미군 군사고문단의 한 장교에게 한 것이었다. 프랑켈은 그런 자금이 협박과 폭력으로 모집된 경우가 많았다고 말했다. 대사관도 국민의회의 비공개 내부 조사 보고서에서 "경찰의 강요와 만행에 대중이 격렬히 분노하고 있다"는 내용이 있다고 보고했다(795.00 file, box 4299, Embassy to State, February 18, 1950).

81. 795.00 file, box 4299, Drumwright to State, May 26, 1950. 남한에서 이것은 "대한정치공작대" 사건으로 알려졌다. 관련된 설명은 한국광복38년사 편찬위원회, 『대한민국 광복38년사』, 서울: 삼성출판사, 1983, 334~41쪽 참조. 김교식, 『광복 20년』, 서울: 계몽사, 1972, 19~92쪽도 참조. 이런 문헌에서는 그 음모 사건 뿐 아니라 100여 개의 작은 사건까지도 놀랄 만큼 자세히 서술했다. 대부분은 이 책의 내용과 일치하지만, 나는 그 문헌의 옳고 그름을 확인할 수 없기 때문에 대사관의 서술을 이용했다.

82. 같은 자료, box 4299, Muccio to Secretary of State, June 20, 1950; Embassy to State, June 23, 1950; MA, RG9, box 110, military attache reports for April 15, 21, 1950.

83. 795.00 file, box 4262, Muccio to Bond, June 23, 1950.

84. 같은 자료, 이 정보는 대부분 전직 경찰 간부인 김태선이 제공한 것이다.

85. 795.00 file, box 4299, Seoul Embassy, "Activities of Brig. Gen. Kim Suk Won," March 25, 1950.

86. 같은 자료, box 4299, Drumwright to State, April 17, May 2, 1950, Chronology for April, May 8, 1950. 김석원의 배경과 관련된 정보는 『해방일보』, July 6, 1950 참조.

87. 795.00 file, box 4299, Drumwright to State, May 1, 1950; Drumwright to State, May 26, 1950; chronology for April, May 8, 1950.

88. RG338, KMAG file, box 5417, William Secor to KMAG Deputy COS, June 7, 1950.

89. MA, RGg, box 110, military attache reports for April 15, 21, 1950.

90. 895.00 file, box 5691, Drumwright to State, January 7, May 19, 1950.

91. RG338, KMAG file, box 5415, Wright to Shin Sung-mo, May 13, 1950; Drumwright to KMAG, April 10, 1950. 주한미군 군사고문단도 한국군에게 군 고문을 그 조직에서 탈퇴시킬 것을 요구했다.

92. 795.00 file, box 4299, Muccio to Acheson, June 20, 1950; Embassy to State, June 23, 1950.

93. 그 음모는 서울에서 발행된 여러 신문에서 논의됐다. 북한도 남한에 유능한 간첩을 많이 배치했다. MA, RG6, box 58, intelligence summary no. 2831, June 10, 1950 참조.

94. 895.00 file, box 946, Muccio, memo of Rhee's conversation with American representatives, December 5, 1949.

95. 895.00 file, box 5697, Muccio to State, March 11, 1950; *New York Times*, March 2, 1950.

96. *New York Times*, May 11, 1950; 795.00 file, box 4299, Drumwright to State, June 15, 1950.

97. 795.00 file, box 4299, Embassy to State, June 19, 1950("한국은 무기가 필요하다는 인상을 미국에 주기 위해 정보기관이 추정한 북한 군사력의 평가를 왜곡했다"). FO317, piece no. 84061, minute by Scott, June 30, 1950도 참조. 여기서 홀트는 "이것은 모두 미국에게서 더 많은 군사 장비를 얻으려는 수단일 뿐"이라고 보고했다. 38도선 일대의 공습경보는 FO317, piece no. 84078, Holt to FO, May 23, 1950 참조. 그는 5월에는 그날까지 두 차례 경보가 내려졌다고 말했다. 6월 초에도 경보가 한 차례 내려졌다(795.00 file, box 4299, Muccio to State, June 9, 1950). 전쟁이 시작된 뒤 유엔 한국위원회는 9월에 발표한 보고서에서 한국을 변호했다. 그 자료에서는 5월 10일 신성모가 인용한 정보가 타당하다는 것을 장도영 한국군 정보국장이 인정했다고 언급했다. 장도영은 귀환한 중국공산군 병사들이 전차 부대와 마찬가지로 1950년 1월부터 남쪽으로 이동했다고 말했다. 그는 로버츠의 휘하 장교 두 사람이 이 정보를 기본적으로 확인했지만 "위험이 임박했다"는 것에는 동의하지 않았다고 말했다. 그는 또한 5월 12일 로버츠에게 이 정보에 대해 이야기했다고 말했다. 로버츠는 신성모가 5월 12일 자신에게 그런 이야기를 하지 않았다고 대답했으며, 유엔 한국위원회는 "결과론"을 이야기했다고 비난했다(*New York Times*, September 15, 1950). 앞서 본 대로 전차와 병력의 대규모 이동은 1949년 가을에 있었다.

98. RG332, XXIV Corps Historical File, box 10, G-2 Weekly Summary no. 105, September 7-14, 1947, 이청천의 제안이 첨부돼 있음.

99. G-2 Weekly Summary no. 158, September 17—24, 1948; FO371, piece no. 69946, *Stars and Stripes*, September 8, 1948; 895.00 file, box 7127, Drumwright to State, January 10, 1949. 1948년 12월 18일 장도영의 기자회견 내용이 인용돼 있음.

100. Clarence Weems, "American-Korean Cooperation(1941-1945): Why Was It So Little and So Late?"(Seminar paper, Columbia University, 1981); Lim, *Founding of a Dynasty*, 135쪽.

101. Kim, *Politics of Military Revolution in Korea*, 46쪽.

102. Office of Chinese Affairs, box 4194, Strong to State, February 24, 1950.

103. FO317, piece no. 84125, Holt to FO, April 25, 1950; Tokyo Chancery to FO, May 2, 1950. 미국 대사관은 공군기지에 관련된 이야기는 "억측"일 뿐이라고 영국에 말했다. NA, 1950-54, box 6173, 994A.61, dispatches of April 20, 22, 1950도 참조.

104. Parks M. Coble, Jr., *The Shanghai Capitalists and the National Government, 1927-1957* (Cambridge, Mass.: Harvard East Asian Monographs, 1980), 100, 229쪽. 吳鐵城, 『吳鐵城回顧錄』, 臺北, 1969도 참조.

105. 클레이턴 제임스는 맥아더와 직접 대화할 수 있는 사람이 거의 없다고 말했다. 1945~1951년 맥아더와 회의한 자료의 부록에서 그는 개스코인이 128회, 요시다가 75회, 월러비가 51회, 올먼드가 40회 그리고 주시밍이 36회 만났다고 기록했다(*Years of MacArthur*, vol. 3, 693쪽). Milton Miles Papers, box 2, Milton Miles to Mrs. Miles, April 3, 1947; box 3, Milton Miles to 吳鐵城, March 9, 1947도 참조.

106. 795.00 file, box 4299, chronology for April, May 8, 1950; political summary for April, May 12, 1950; Office of Chinese Affairs, box 4195, Drumwright to State, April 19, 1950; Strong to State, April 22, 1950; FO317, piece no. 83234, Formosa summary for April, May 11, 1950. Koo Papers, box 217, Diary, entries for March 27, April 3, 1950도 참조. 북한은 남한으로 달아난 한국인을 이용해 중국 동북부와 북한에서 한국과 국민당 정부가 합동 첩보 활동을 폈음을 보여주는 문서를 서울에서 노획했다고 주장했다. 그들의 목적은 첩자의 소규모 조직을 만들려는 것이었다. 북한은 이 문서들을 한국어로 다시 전재했기 때문에 신빙성을 판단할 수 없게 됐다. 첩보원들은 "HID"(정보조직으로 생각됨)와 접촉할 예정이었다고 한다(『로동신문』, August 7, 1950).

107. FO317, piece no. 83234, Taipei to FO, May 18, 1950. 이 문서의 한 부분에는 버제스가 직접 강조 표시를 한 것이 있다. 우치에청에 대해서는 Formosa summary for May, June 15, 1950 참조. 6월 6일 우치에청의 방문에 대해서는 piece no. 83236, Formosa summary for June, July 11, 1950에 보고됨.

108. Smith Papers, box 100, Koo press release, May 19, 1950; Office of Chinese Affairs, box 4210, Hong Kong to State, June 6, 1950. 이 자료에는 "C-3"으로 표기된 중국 북부의 정보기관의 정보 보고가 인용돼 있는데, 신빙성이 높다는 뜻으로 받아들일 수 있다.

109. 『로동신문』, January 6, 1950.

110. *Manchester Guardian*, May 8, 1950.

111. Anthony Sampson, *The Arms Bazaar: From Lebanon to Lockheed*(New York: Bantam Books, 1978), 253쪽. 샘프슨은 고다마가 서울에서 무엇을 하고 있었는지에 대해 다른 정보를 주지 않았다. 다른 곳에서는 그는 록히드 사Lockheed의 슈팅 스타Shooting Stars 전투기가 출격의 40퍼센트를 담당했으며, 역시 록히드 사의 수송기 수퍼콘스텔레이션Super Constellations이 바다를 건너 병력을 이동시켰다면서 "한국전쟁은 무엇보다도 록히드의 전쟁"이었다고 말했다(105쪽).

112. RG349, FEC G-2 Theater Intelligence, box 466, G-2 report on Cheju, May 23, 1950.

113. 795.00 file, box 4262, Muccio to Bond, June 23, 1950. 장제스는 한국으로 망명할 것을 이승만에게 요청한 적이 있었기 때문에 본드는 이 보고서가 사실이라고 생각했다.

114. Acheson Seminars, February 13-14, 1954.

115. Koo Papers, box 217, diary entry for June 12, 1950.

116. J. F. Dulles Papers, Chang Myon Oral Interview, September 1964. 장면은 미국이 보기에 많은 미덕을 가지고 있었지만, 한국의 혁명가들이 보기에는 가장 나쁜 행동 방침인 사대를 체현한 인물이었다.

117. MA, VIP file, box 2, Chang to MacArthur, July 1, 1950; FO317, piece no. 84061, minute by E.J.F. Scott on document no. FK1015/115, June 30, 1950. *London Times*, June 26, 1950도 참조.

118. *New York Herald-Tribune*, June 14, 1950.

119. 같은 자료, June 26, 27, 1950.

120. 장면이 이승만에게 보낸 편지는 북한이 노획했으며, 1950년 12월 4일자 『데일리 워커』에 실렸다. 이 자료는 진본으로 생각되되, 장면이 웰링턴 구에게 말한 것과 비교할 때 무해한 것 같다. Koo Papers, box 217, diary entries for June 17, 26, 1950 참조.

121. 『동아일보』, June 17, 1950; 795.00 file, box 4299, Embassy to State, June 23, 1950.

122. 795.00 file, box 4299, Muccio to Acheson, June 19, 1950.

123. Acheson Seminars, February 13-14, 1954; *FR*(1950) 6, 1222~1223쪽, Dulles to Acheson,

June 15, 1950. 덜레스는 도착한 뒤 무초와 함께 연설 원고를 마무리했다.

124. 덜레스의 6월 19일 연설은 아래 책에 재수록. Donald G. Tewksbury, *Source Materials on Korean Politics and Ideology*, vol. 2(New York: Institute of Pacific Relations, 1950).

125. FO317, piece no. 84092, Foreign Office account of Rhee's provocative statements, July 20, 1950.

126. J. F. Dulles Papers, Chong Il-gwon Oral Interview, September 1964. 정일권은 한국어로 "덜레스의 선언"과 덜레스의 "서약"을 언급했는데, 거기서 덜레스는 "미국은 한국을 절대로 버리지 않고 끝까지 지킬 것"이라고 말했다고 지적했다. 그러나 맥락에 비춰보면 정일권의 발언은 덜레스가 한국에 애착을 표시하고 애치슨이 방어선에서 한국을 제외한 것을 시간이 흐른 뒤 대비한 것으로 여겨진다. Almond papers, "Korean War, Historical Commentary," Almond to H. C. Pattison, March 7, 1969도 참조. 여기서 올먼드는 덜레스가 애치슨의 정책을 뒤집고 "미국을 한국 방어에 참여하도록 했다"고 두 번이나 언급했다. 이것 또한 애치슨을 혼란에 빠진 외교관으로 본 비평의 하나다. 이승만이 1950년 6월 20일 맥아더에게 보낸 전문은 MacArthur Papers, VIP file, box g 수록. 거기서 이승만은 대커Dacker 제독을 한국으로 보내달라고 요청했다. 덜레스의 연설과 그의 방문에 관련된 홀트의 보고는 새로운 내용이 없으며 단조롭다. FO317, piece no. 84059, Holt to FO, June 20, 1950 참조.

127. 『민주조선』에 실린 문학봉의 주장. 날짜 불명. 795.00 file, box 4266, Kirk(Moscow) to State, July 31, 1950에 수록. 『로동신문』, 1950년 8월 9일자 문학봉의 설명도 참조.

128. In Ch'ol, "What sort of Person is this Dulles, Who Provoked a War in Korea?" 『순간통신』, no. 19/62(September 1950), 12~14쪽.

129. 『로동신문』, January 19, 1950. "민족의 살육과 동족상잔의 내전을 조장하기 위해 38도선을 시찰한 제섭의 행동에는 사악한 음모가 드러나 있다. 절대적인 애국심을 가진 조선인은 이에 대해 증오와 분노를 참을 수 없다."

130. Mathews Papers, box 90, "Korea with the John Foster Dulles Mission," June 14-29, 1950. Mathews to Gabriel Kolko, September 24, 1964도 참조. 다른 곳에서 매슈스는 자신이 예상했던 무관심하고 지친 사람들이 아니라 "큰 활력과 야망"으로 가득 찬 한국인을 발견했다고 말했다. 그는 이승만이 "1년 안에" "북한을 점령하기 위한 공격을 시작할 것"이라고 확신했다. 이승만은 그것이 한국 영토이기 때문에 "침략이 아니라고" 주장했다. J. F. Dulles Papers, box 49, Mathews to Dulles, June 20, 1950.

131. Letter, Jamieson to Gavan McCormack, March 18, 1983, Gavan McCormack 제공.

132. *New York Times*, June 22, 1950. 덜레스는 자신의 방한 성과를 앨버리 개스코인에게 개인적으로 전달했다. 그것을 살펴보면 덜레스도 전쟁이 시작되기 전부터 이승만의 공격성을 알고 있었지만, 자신은 비군사적 형태의 반격을 지향함을 보여준다. '덜레스는 남한의 현재 상황에 크게 만족하고 있다고 내게 말했다. 이승만과 그의 세력은 많은 사람이 생각하는 대로 북한의 침략을 받게 될 날을 기다리지 않았다고 그는 말했다. 그들은 자신들이 북한을 침략해 조국을 통일할 때를 낙관적으로 기대하고 있었다. 반면 덜레스는 이 주제와 관련해, 일반적으로 말해서, 우리 모두는 지금 전 세계에 침투한 적화세력을 저지하는 데 그치지 말고 그들을 반격해야 한다고 생각했다. 그러나 그 방법은 무력을 사용하지 않고 대응하는 것이며, 정치·사회·경제 분야에서 그들에게 보복하는 방법을 추진해야 한다고 그는 판단했다(FO371, piece no. 83831, Gascoigne to FO, June 24, 1950. 이 전신에 관심을 갖게 해준 존 핼러데이에게 감사한다).

16장 타이완의 암시

1. Robert Strong to Bruce Cumings, June 2, 1989. 스트롱에 따르면 하이난 섬이 함락된 뒤 딘 러스크는 해군이 "정크선 1척을 사서 구축함과 순양함의 모든 무기를 사용해 그것을 폭격해봤지만 침몰시키지 못했다"고 자신에게 말했다. "포탄이 정크선에 남긴 구멍은 원처럼 둥그랬으며, 헝겊으로 싼 나무 마개로 막을 수 있었다." 그 결과 러스크는 5월 대만에 네이팜 탄을 파는 데 동의했고, 그것으로 돛 문제는 정리될 것이라고 생각했다. 그러나 정크선은 모터로 계속 작동했다.

2. Koo Papers, box 175, memo of June 8, 1950. 1951년 회계연도에 대만은 약 4000만 달러의 상품을 일본에 수출할 예정이었는데, 그 가운데 2600만 달러가 설탕이었다. 대만의 설탕산업은 식민지 시대에 발달해 1930년대 후반 쿠바에 이어 두 번째 규모였다. 수출품 가운데 바나나는 360만 달러를 차지했다. 나머지는 소금, 알코올, 에틸 그리고 생선이었다. 대만은 일본에서 4000만 달러를 수입했다. 그 내역은 암모니아 황산염 1500만 달러, 섬유 공장과 중화민국군이 사용할 카키 친 320만 달러, 공작기계 550만 달러, 기관차, 철·철강제품, 화학제품 등이었다. 대만은 한국에 설탕, 석탄, 탄산음료, 바나나를 포함한 660만 달러의 상품을 판매했다. 수입액은 560만 달러였는데, 자전거가 100만 달러였으며 나머지는 자동차와 자전거 부품, 가방 기계, 생선, 야채 등이었다.

3. Office of Chinese Affairs, box 14, Pawley to Acheson, November 7, 1949, 필립 스프로스Philip D. Sprouse의 분석이 첨부돼 있음. 스프라우스는 이것에 대해 물었을 때 웨더마이어는 "부인하지 않았다"고 스프라우스는 언급했다. Pawley Papers, box 2, "Russia is Winning," 269~270쪽도 참조.

4. Herbert Hoover Presidential Library, Bourke Hickenlooper Papers, Foreign Relations Committee file, "China Lobby, evidence," 1949-1950, 국민당의 극비 전보가 인용돼 있음. 전보는 1950년 9월 15일자. 첸치마이의 서명.

5. FR(1949) 9, 428~431쪽, Acheson to Taipei, November 18, 1949. 블럼은 9월 9일 무렵 애치슨도 "셔놀트 계획"에 따라 "무슬림 장군들"에 대한 군사원조를 지지하기로 결정했을 가능성이 있다는 정황을 인용했다. 트루먼은 중국에서 비밀공작을 전개하는 데 매우 적극적으로 찬성했다(Blum, *Drawing the Line*, 101, 153, 161쪽).

6. William D. Leahy Papers, box 6, Diary, entry for November 10, 1949. 레이히의 반응을 알려주는 자료는 없으며, 그가 쿡의 방문을 트루먼에게 보고했는지도 알 수 없다. 레이히가 국민당을 지원한 것은 ibid., entry for October 1, 1948 참조.

7. Donovan Papers, box 75A, Item 893. 그 문서에는 'Chiang Kai-ming'이라고 이름이 기재돼 있지만, 당시 요직에 그런 이름을 가진 인물은 없었으며 국방부 부副장관 '정제민Cheng Kai-ming'이라고 생각된다. 정제민의 이름을 로마자로 바르게 표기하면 Ch'eng Chieh-min이지만 장제스Chiang Kai-shek의 표기와 동일하게 하려고 그는 "chieh"를 "kai"로 바꿔서 표기했다. 밀턴 마일스에 따르면, 정제민은 타이리가 사망한 뒤 국민정부의 비밀경찰 책임자가 됐다. "Mao Jung Fong"은 '마오룽펑'으로 전략사무국/중미합동작전부에서 마일스와 함께 근무했다(Milton Miles Papers, box 2, Miles to Karb Kunjara, February 2, 1947).

8. Koo Papers, box 130, Conversation with Admiral Badger, December 20, 1949; box 217, Koo Diaries, entries for December 9, 20, 1949. 아무튼 웰링턴 구는 자신의 각서를 애치슨에게 보냈다. FR(1949) 9, 457~460쪽, Koo to Acheson, December 23, 1949 참조.

9. Koo Papers, box 217, diary entry for June 23, 1949.

10. Wellington Koo oral history, vol. 6, J-463쪽; Koo Papers, box 217, diary entry for March 18, 1949.

11. Cave Brown, *Last Hero*, 795~800쪽. 패솔리스는 Scott, *War Conspiracy*, 210쪽 참조. 패솔리스와 케이츠는 795.00 file, box 5687, Fassoulis to M. Hamilton, January 3, 1950도 참조. 패솔리스에 대한 피어슨의 기사는 Cooke Papers, box 26 수록.

12. 795.00 file, box 4214, Commerce International letter of April 4, 1951, signed by M. A. Couvaras; Nicholson to Bushong, memo of August 9, 1951; Office of Chinese Affairs, box 4215, legal documents on Commerce International, dated March 12, 1952, including a long letter from Ambrose Cates to his parents, dated August 22, 1950.

13. 795.00 file, box 4257, Poston to Strong, August 14, 1950. Blum, *Drawing the Line*, 41쪽도 참조.

14. 795.00 file, box 4257, Poston to Strong, August 14, 1950.

15. Koo Papers, box 180, Chen Chih-mai to Koo, April 10, 1950.

16. FO317, piece no. 83008, Slessor to FO, December 30, 1949.

17. 이 비행기들에는 DC3S기 71대, 컨베어 기Convairs 5대, 엔진 4기를 탑재한 스카이 마스터Sky masters 5대가 포함돼 있었으며 총액 3000만 달러의 가치가 있었다(Smith Papers, box 100, Chennault to Smith, March 13, 1950). Rankin Papers, box 14, Rankin to Rusk, April 14, 1950도 참조. 거기서 랜킨은 중국항공공사의 항공기가 중화인민공화국에 넘어가는 것을 막기 위해 "우리가 전개해온 후방 활동"을 언급했다. Schaller, *American Occupation of Japan*, 251쪽도 참조. William M. Leary, *Perilous Missions: Civil Air Transport and CIA Covert Operations in Asia*(University, Ala.: University of Alabama Press, 1984), 102쪽도 참조.

18. FO317, piece no. 83013, Gascoigne to FO, February 11, 1950, 1950년 2월 8일 퍼거슨이 도너번과 나눈 대화에 관련된 비망록이 첨부돼 있음; Schaller, *American Occupation of Japan*, 251쪽.

19. MA, VIP file, box 3, Donovan to MacArthur, March 14, 1950; Jessup Papers, box A47, Jessup to M. Hartley Dodge, March 22, 1950; Karl Rankin Papers, box 14, H. Alexander Smith to Rankin, May 1, 1950; Donovan speech of February 16, 1950, included in Smith Papers, box 114.

20. Donovan Papers, box 5B, Donovan to Acheson, February 12, 1950; Acheson to Donovan, February 28, 1950.

21. 같은 자료, Donovan to Acheson, March 23, 1950; Acheson to Donovan, March 27, 1950; Whitney H. Shepardson to Donovan, April 27, 1950; Donovan to H. Alexander Smith, March 23, 1950; Donovan to Russell C. Leffingwell, July 6, 1950.

22. 같은 자료, box 7, Donovan memorandum of March 2, 1950; box 3A, Donovan, "The Global War of Subversion," *Vital Speeches*(March 1, 1950), 295~297쪽; box 76A, "Preface to a Basic Plan for a Psychological Campaign(Peacetime) Against the Kremlin Military Dictators," April 4, 1950, 서명은 없지만 도너번이나 그의 측근이 작성한 문서로 판단됨. 1950년 3월 8일자 『뉴욕타임스』에 실린 도너번 의회 증언도 참조. 거기서 도너번은 미국이 아시아에서 "도전적인 공산주의를 억제하는 데 앞장서야 한다"고 말했다고 보도됐다.

23. Donovan Papers, box 5B, Donovan to H. A. Smith, March 23, 1950.

24. Smith Papers, box 282, diaries, entries for April 4, 5, 22, 25, 27, 28; May 14, 15, 16, 1950.

25. Donovan Papers, box 76A, item 1042, May 26, 1950; *New York Times*, June 30, 1950.

26. Sheeks, "Activities of Irving Short." 거기에는 칼 포스턴Carl M. Poston 중령의 말이 인용돼 있다. 그는 "탤리 대령Col. Tally"에게서 들은 이야기와 연결시켰다. '탤리'는 육군 정보부에 있던 인물로 생각된다(in 795.00 file, box 4257, Poston to Strong, August 14, 1950).

27. MA, RGg, box 43, KMAG cables, KMAG to CINCFE, October 8, 1950; CINCFE to KMAG, October 10, 1949. Smith met Goodfellow in Kyoto on October 15. See Smith Papers, box 98, Smith to William Knowland, October 24, 1949; box 282, Smith Diaries, entries for October 10, 15, 1949.

28. Hoover Presidential Library, PPI file, box 341, Goodfellow to Hoover, January 3, 1950. Goodfellow writes, have just returned from Korea." 1월 2일 후버가 대만과 관련해 윌리엄 놀런드에게 보낸 편지는 언론에 보도됐다.

29. Koo Papers, box 217, Koo Diaries, entry for January 4, 1950; Koo oral history, vol. 6, J-392쪽.

30. Goodfellow Papers, box 1, Goodfellow to Rhee, January 24, 1950. 여기 나오는 콜린스는 1942년 2월 굿펠로와 동행한 콜린스 대령과 같은 인물로 추정된다. 그는 아래 자료에서도 언급된다. Oliver Papers, Oliver to his wife, February 11, 1947. 콜린스는 굿펠로, 올리버, 제이 윌리엄스와 함께 의회에서 이승만을 위한 로비 활동을 하고 있었다.

31. Koo Papers, box 217, Koo Diaries, entries for January 12, February 3, 1950; Koo oral history, vol. 6, J-393~396쪽; Nancy Tucker, *Patterns in the Dust: Chinese-American Relations and the Recognition Controversy 1949-1950*(New York: Columbia University Press, 1983, 77쪽. 굿펠로는 1950년 1월 26일 김태선에게 다음과 같이 썼다. "이것이 내가 약속

한 사진입니다. 대부분의 경찰은 45구경이 아닌 38구경 권총을 소지하고 있습니다." Goodfellow Papers, box 1. 그는 김태선의 이름을 'Kim Sae Sun'으로 잘못 적었다.

32. Koo oral history, vol. 6, J-398~399쪽; 795.00 file, box 4255, Strong to State, February 24, 1950. 굿펠로는 "비료를 판매하는 것으로 알려진 개인 사업가"로 묘사됐다. 워싱턴에서는 장문의 주간보고 가운데서 이 부분에만 주목했다. 그 보고서는 쿡과 굿펠로가 함께 여행했는지는 밝히지 않고 그들이 같은 시간에 도착했다는 것만 언급했다. 1987년 8월 M. 프레스턴 굿펠로와의 대담 참조.

33. Robert Strong to Bruce Cumings, June 2, 1989. 국무부의 그런 결정은 1950년 3월이나 4월에 내려졌다고 스트롱은 생각했다.

34. Koo Diary, entry for March 23, 1950; Koo oral history, vol. 6, J-396, J-399쪽.

35. 이면 경로를 이용한 타이베이와의 접촉은 Nancy Tucker, "Nationalist China's Decline and its Impact on Sino-American Relations, 1949-1950," in *Uncertain Years*, ed. Borg and Heinrichs, 150쪽 참조. Louis Johnson 문서에서는 이런 활동의 흔적을 찾을 수 없다.

36. Koo Diary, entries for March 27, April 3, 1950. 3월 15일 굿펠로가 서울에 도착한 것은 795.00 file, box 4262, Embassy to State, April 17, 1950 수록. 『동아일보』는 그가 1950년 3월 16일에 도착했다고 보도했다. Goodfellow Papers, box 1, Goodfellow to Rhee, March 27, 1950도 참조. 그 문서의 "황"은 장제스의 개인비서 황샤오구黃少谷로 생각된다. Koo oral history, vol. 6, J-404쪽 참조.

37. Koo oral history, vol. 6, A-2~4쪽.

38. Smith Papers, box 282, Smith Diaries, entries for February 26, 27, March 7, 17.

39. 해리먼은 한국에서 심리작전을 추진하는 데 적합한 인물을 검토하면서 "1946년 자신이 한국을 방문했을 때 만난 전직 육군 대령 출신 굿 프렌드"를 후보자로 언급했다. Office of the Executive Secretariat, box 4, summaries of Acheson's daily meetings, August 1, 1950.

40. Office of Chinese Affairs, box 4195, Strong to State, April 22, 1950. 중국 전문 외교관들은 "자신들이 비난의 표적이 되기를 바라지 않았다." 그래서 중국 담당 통역관이 아니었던 스트롱은 "표적이 되도록 선발됐다." 그는 다음과 같이 썼다. "그런 위치에 있는 것은 힘든 일이었다. 많은 모욕을 참아야 했고, 가족과 떨어져 지내야 했으며, 은퇴한 지 오래 됐는데도 존 버치의 세력에게 모욕을 당해야 했다. (…) 사우디는 내가 이라크 대사로 임명되는 것을 막으려고 미국인 요원을 고용하기까지 했다"(Robert Strong to Bruce Cumings, June 2, 1989).

41. FO317, piece no. 83233, Summary of events in Formosa, October 1949, January 19, 1950. 1949년 11월 21일 셔놀트와 맥아더의 회담 기록 참조. 중요 기밀 사항은 삭제됨. HST, PSF, CIA file, box 249 수록.

42. MA, VIP file, box 2, Chennault to MacArthur, November 20, 1949.

43. 995.00 file, box 6175, J. Franklin Ray, Jr., to State, January 28, 1950, citing Chennault's letter to Rhee of December 5, 1949; Leary, *Perilous Missions*, 103~104쪽.

44. 995.00 file, box 6175, Ray to State, May 16, 1950; Willauer Papers, box 1, Willauer to L. K. Taylor, April 25, 1950.

45. FO317, piece no. 83235, Graeme Chivers to FO, June 29, 1950.

46. MA, RG6, Intelligence Summaries, box 59, no. 2843, June 22, 1950; RG9, box 12, SCAP to Chennault, June 27, 1950. 6월 26일자 셔놀트의 전신을 언급(이 시점에서 맥아더는 민항공운공사에 대한 지원을 중단했다); Willauer Papers, box 1, Memo for Chennault, July 10, 1950; tape transcript, December 1, 1960. 맨 나중 자료에서 윌로어는 "한국인은 중국인을 증오하고 우리는 중국 국기를 계양했기 때문에" 민항공운공사는 전쟁 전에는 한국에서 축출됐다고 말했다. 그러나 앞서 본 대로 이승만과 레이디는 6월 중순 무렵 민항공운공사와 일할 준비가 되어 있었으며, 합작회사를 가로막은 것은 대사관이었다.

47. 795.00 file, box 4214, Commerce International letter April 4, 1951, signed by M. A. Couvaras; Nicholson to Bushong, memo of August 9, 1951; Office of Chinese Affairs, box 4215, 1952년 3월 12일자 커머스 인터내셔널에 관련된 법률 서류. 1950년 8월 22일 앰브로즈

케이츠가 자신의 부모에게 보내는 긴 편지도 포함돼 있음. 추가 자료는 795.00 file, box 4254, S. G. Fassoulis to M. Hamilton, January 3, 1950; Smith Papers, box 100, Burton Crane to Smith, October 13, 1950; Tucker, *Patterns in the Dust*, 91, 187쪽도 참조.

48. 로버트 스트롱에 따르면, 타이베이의 국무부 직원들과 육군 무관이 쓴 기밀 보고의 모든 사본 은 밴더필을 거쳐 대만에서 워싱턴으로 보내졌으며, 밴더필은 그것을 도쿄의 극동위원회 중화민 국 대표인 허스리 장군에게 정기적으로 전달했다. 트루먼은 이 사실을 알고 밴더필을 해고하려 고 했지만 밴더필은 "루이스 존슨의 후배였고 미국 재향군인회에서 매우 활발히 활동했기" 트루 먼은 그 문제를 접었다(Robert Strong to Bruce Cumings, June 2, 1989). FO317, piece no. 83233, Taipei to FO, February 4, 11, 18, 1950; Office of Chinese Affairs, box 4195, Tai- pei to State, April 22, May 18, 1950. See also 795.00 file, box 4255, Taipei to State, June 3, 1950. Also, Charles M. Cooke Papers, box 6, Cooke to ROCA Chief of Staff(중화민국 국방부 참모총장) Chow Chih Jou(저우즈러우周至柔), July 1, 1950; box 26, Rear Adm. F. I. Entwhistle to Cooke, January 30, 1950; box 26, Gen. O. T. Pfeiffer to Cooke, May 6, 1950.

49. 新華社의 보도, January 3, 1950. 『로동신문』, January 6, 1950에 번역돼 실림.

50. 국무부가 케이츠와 쿡에 반감을 가진 것은 위에서 언급한 대부분의 문서에서 명백히 드러난다. 합동참모본부의 반대가 명확히 보이는 것은 *FR*(1950) 6, 41311쪽, citing a JCS telegram to MacArthur of August 8, 1950 참조.

51. Cooke Papers, box 2, Cooke to E. D. Coblentz, February 20, 1950; Office of Chinese Affairs, box 17, Strong to Sprouse, May 26, 1950; William R. Mathews Papers, box 90, "Korea with the John Foster Dulles Mission, June 14-29, 1950"; J. F. Dulles Papers, box 49, William R. Mathews, memo for Dulles, June 20, 1950; Smith Papers, box 100, Taiwan diary by Entwhistle and Twitchell, April 27, 1950, entry; MA, RG6, box 58, Intelligence Summary no. 2808, May 18, 1950. 1950년 2월, 5월, 6월에 있었던 쿡과 맥아더의 회담은 MA, RG9, box 12, Cooke to Fortier, June 9, 1950 참조. 1950년 8월 대만을 방문한 맥아더를 환영 한 사람들 가운데 쿡은 널리 알려진 인물이었다.

52. 795.00 file, box 4257, Poston to Strong, August 14, 1950; Cooke Papers, box 4, Terry Kouan to Cooke, March 11, 1959. 윌리엄스 대령의 이름을 알면 흥미로울 것이다. 1942년 굿 펠로가 영국 정보부와 협상할 때 갈런드 윌리엄스Garland Williams 대령이 보좌했다(Corson, *Armies of Ignorance*, 189~190쪽).

53. Office of Chinese Affairs, box 4198, Robert B. Sheeks, "Activities of Irving Short and History of the Volunteer Composite Ground Force Group," June 14, 1951 참조. 여기에는 1950년 7월 20일 쇼트가 포스턴 중령에게 한 말이 실려 있다. box 4194, Strong to Sprouse, March 2, 1950, enclosing letter from Short to Hovans; Special Agent S. L. Evans inter- view with Don Edgar, April 13, 1950; box 4195, Acheson to Rankin, top secret, eyes only cables of April 18, 19, 1950; box 4196, Strong to State, two cables on July 7, 1950; also box 4195, Strong to State, April 23, 1950.

54. Koo Papers, box 217, Koo Diary, entries for March 16, April 5, 1950; box 180, Chen Chih-mai to Koo, April 10, 1950.

55. Office of Chinese Affairs, box 4198, Sheeks, "Activities of Irving Short."

56. 795.00 file, box 4255, Taipei Embassy to State, July 20, 1953; box 4258, Strong to State, June 6, 1950; Office of Chinese Affairs, box 4219, Sebald to Allison, March 20, 1950, 성 명 미상의 G-2 장교가 시볼드에게 제공한 정보가 인용돼 있음; box 4195, Barrett to State, April 27, 1950; John W. Dower, "The Eye of the Beholder: Background Notes on the U.S.-Japanese Military Relationship," *Bulletin of Concerned Asian Scholars* 2, no. 1 (October 1969), 20쪽. 고급 장교들에 대한 정보는 타이베이 영사관에서 나왔으며, 애치슨 은 맥아더에게 그것을 긍정하거나 부정해달라고 요청했다(795.00 file, box 4195, Acheson to MacArthur, June 9, 1950). 맥아더의 대답은 찾지 못했다. 6월에 군사고문단 40명을 파견한 것 은 Smith Papers, box g8, Basil R. Entwhistle to Smith, May 11, 1950 참조. 엔트휘슬은 바

로 얼마 전 도쿄에서 타이베이로 돌아온 상태였다. 1950년 1월 국민당의 공작원 2명이 벨기에의 감옥에 있는 폰 팔켄하우젠을 방문했다. 그는 당시 이렇게 썼다. "공작원들은 내 의견에 동의했다. 그래도 방법은 있었다. (…) 1947년 장제스는 나를 '대만에 고문으로 오도록' 급히 초청했지만, 그때도 지금도 나는 갇혀 있다"(Allen Dulles Papers, box 45, von Falkenhausen to Eric M. Warburg, January 12, 1950). 1950년 쑨리런 장군에게는 보도 슈타인Bodo Stein이라는 독일인 고문이 있었는데, 그는 폰 팔켄하우젠이 이끈 군사파견단의 일원으로 중국에 왔다. 1938년 파견단은 독일로 돌아갔지만 슈타인은 중국에 남아서 정찰 활동을 계속했다. 그 뒤 타이베이 주재 대사가 된 칼 랜킨에 따르면 장제스의 둘째 아들 장웨이궈蔣緯國는 1930년대 군사훈련을 위해 독일로 가서 1938년 오스트리아 병합에 참여할 때까지 머물렀다. 이는 흥미로운 사실이다 (795.00 file, box 4195, Taipei Embassy to State, July 20, 1953 참조).

57. 『人民日報』, January 12, March 23, 25, April 24, May 24, 1950. 『新華日報』, February 15, 1950도 참조.

58. FO317, piece no. 83297, comment or "minute" on Gascoigne to FO, January 13, 1950; piece no. 83243, memo on invasion of Formosa, January 25, 1950, minute by Burgess; piece no. 83247, report on Formosa, April 14, 1950, minute by Burgess.

59. Burgess's comments on FO317, piece no. 83243, FC1019/16, January 25, 1950; FC1019/11, March 22, 1950; FC1019/123, April 14, 1950.

60. FR(1950) 6, 340~342쪽, Strong to Secretary, May 17, 1950. 쑹쯔원에 대해서는 New York Times, June 10, 1950 참조. 거기서는 그가 쿵샹시와 뉴욕에 있었다고 보도했다. Office of Chinese Affairs, box 4195, Taipei to State, May 18, 1950도 참조. 피난 권고는 5월 마지막 주에 내려졌다(795.00 file, box 4255, Taipei weekly report, May 26, 1950).
    스트롱은 육군 무관과 협의한 뒤 피난 권고를 제안했다. 권고가 발령된 뒤 국무부는 "사실상 아무 사후 조처를 하지 않았으며" 스트롱은 "워싱턴에서 어떤 일이 일어나고 있는지 통보받지 못했다"(Robert Strong to Bruce Cumings, June 2, 1989).

61. 3월 애치슨은 대만에 M-4 전차 25대와 F-80 전투기 25대를 대만에 판매하도록 허가하는 증서 발급을 거부했는데, 대만이 중화인민공화국의 손에 넘어갈지도 모른다는 영국의 우려에 따른 것이었다(RG330, Secretary of Defense file, box 115, Acheson to Johnson, March 7, 1950).

62. Koo Papers, box 217, diary entry for January 5, 1950.

63. CP, 1980, item 339C, CIA intelligence memos, ORE 7-50, February 20, 1950, and no. 292, May 11, 1950.

64. FO317, piece no. 83013, Franks to FO, June 5, 1950. 스미스 상원의원은 워싱턴에 있는 대만 지지자들이 하이난 섬 상실을 "매우 걱정하고 있다"고 우궈전에게 전달했다. 같은 때 스미스는 친구 두 사람에게서 대만의 "사태를 수습하기 위해 즉시 행동해야 한다"는 보고를 받았다 (Smith Papers, box 100, Smith to Wu, May 1, 1950; Basil R. Entwhistle and H. Kenaston Twitchell to Smith, May 11, 1950).

65. 795.00 file, box 4255, Taipei to State, April 28, 1950; Smith Papers, box 100, 장제스의 기자회견 내용, May 8, 1950. 윌러비의 정보 보고서에서는 장제스가 무능하며 이런 상황에서 벗어나기 위해 세계 전쟁을 일으키려고 한다고 비판했다. 이를테면 MA, RG6, box 58, intelligence summary no. 2819, May 29, 1950 참조.

66. Willauer Papers, box 2, Willauer to Louise Willauer, May 1, 1950.

67. FO317, piece no. 83234, Formosa summary for April, May 11, 1950, 표지에 버제스의 각서가 있음; piece no. 83235, Formosa summary for May, June 15, 1950.

68. MA, VIP file, box 3, Cooke to MacArthur, April 27, 1950. Charles M. Cooke Papers, box 1, Cooke to Rear Adm. W. F. Boone(U.S. Seventh Fleet Commander), April 26, 1950도 참조. 이 자료에서 쿡은 대피를 옹호했지만 자신이 명령했다고는 말하지 않았다. 실제로 그는 "하이난 섬은 잃지 않을 수 있었다. 침략을 (…) 물리칠 수도 있었다"고 썼다.

69. Ibid., Cooke to MacArthur, April 27, May 2, 1950.

70. MA, RG6, box 58, intelligence summaries no. 2803-2817, May 1950. 이 문서들은 대부분

중화인민공화국의 공군력이 증강되고 있다는 정보다. RG330, Secretary of Defense file, box 37, Bradley to Johnson, May 5, 1950; box 30, Bradley to Johnson, May 29, 1950도 참조. "샤Shah "는 장제스의 측근 K. C. Shah로 생각된다.

71. Smith Papers, box 100, undated Chennault note to Smith, apparently late March 1950; Francis Shen to Smith, March 31, 1950; Knowland to Smith, April 26, 1950(쿡은 놀런드에게 미그기와 제로센이 모두 상하이 상공에서 발견됐다고 말했다); "Commander Liu" et al. to Smith, June 12, 1950, enclosed in Smith to Rusk, June 16, 1950; *New York Times*, June 1, 1950.

72. HST, PSF, CIA file, box 250, situation summary for October 27, 1950. CIA는 한국전쟁 이전 항공기용 연료가 만주에서 남부 지방으로 이송됐다는 증거는 없다고 밝혔다. FO317, piece no. 83316, Hutchison to FO, March 30, April 5, 1950도 참조. 모두 버제스의 각서가 있다. piece no. 83317, Hutchison to FO, May 18, 1950, Burgess minute도 참조. 이 무렵 버제스는 후퇴익 제트전투기, 곧 미그기가 중화인민공화국에 "확실히" 존재했다고 말했다.

73. 795,00 file, box 4255, Taipei to State, May 12, 1950. William R. Mathews Papers, box 1, "Korea with the John Foster Dulles Mission, June 14-29, 1950"도 참조. 제너럴 모터스의 현지 대표 플로이드 스티븐슨Floyd A. Stephenson은 플라잉 타이거스의 조종사들이 대만에 있다고 매슈스에게 말했다.

74. Hickenlooper Papers, "China Lobby, evidence," cable signed by Kung Chi, June 23, 1950.

75. Koo Papers, box 180, conversation with Dulles, June 12, 1950; MA, RG6, box 58, intelligence summary no. 2831, June 10, 1950; 비슷한 보고는 6월 12일에도 있었다; Higgins, *New York Herald-Tribune*, June 10, 15, 1950.

76. MA, RG6, box 58, intelligence summaries no. 2838 and 2844, June 17, 23, 1950; FO317, piece no. 83236, Formosa summary for June, July 11, 1950; piece no. 83249, Formosan consul to FO, June 19, 1950. 월터 설리번은 1950년 6월 29일 함대가 집결해 침략을 개시할 준비가 되었다고 홍콩에서 보고했다(*New York Times*, June 29, 1950).

77. Koo Papers, box 217, Diary, entries for June 6, 8, 1950.

78. MA, RGg, box 40, Naval Commander in the Philippines to Washington, May 29, 1950. 이 문서에서는 다음과 같이 말했다. "정보에 따르면 대만은 가까운 장래에 몰락할 수도 있으며 국민당은 필리핀과 남한 정부의 고위 관료와 망명 문제를 협의하고 있다. 전자와의 협상은 실패했음을 인지하라."

79. MA, RG6, box 1, Willoughby to MacArthur, June 15, 1950.

80. *FR*(1949) 9, 337~341쪽, Merchant to Butterworth, May 24, 1949; 같은 자료, 359~364쪽, "A Possible Course of Action with Respect to Formosa and the Pescadores," June 23, 1949. 케넌의 서명이 들어 있지는 않지만 정책기획실의 이 문서를 작성한 사람은 그였을 것이다.

81. Corson, *Armies of Ignorance*, 360~366쪽. 상원에서의 증언과 보고가 첨부돼 있음. 이 두 사례에 관련된 문서는 모두 파기됐다. 패시의 경력은 Simpson, *Blowback*, 152~153쪽도 참조.

82. Joseph Burkholder Smith, *Portrait of a Cold Warrior*(New York: Ballantine Books, 1976), 66~67쪽. 스미스가 말한 것이 어느 해인지는 명확하지 않은데, 1951년일 가능성이 크지만 1949~1950년일 수도 있다. 익명을 요구한 한 정보 제공자는 리미가 더 일찍은 아니더라도 1950년 5월 무렵 CIA에서 근무하고 있었다고 말했다.

83. Executive Secretariat file, box 4, summaries of secretary's daily meetings, August 31, 1949. 미얀마 시절의 러스크와 메릴은 Schoenbaum, *Waging Peace and War*, 80~84, 106쪽 참조.

84. 간지에허우는 "총통을 제거하고 싶다"고 러스크 등에게 말했다(*FR*[1949] 9, 719~720쪽, September 16, 1949. Louis Johnson Papers, box 103, Canaday to Johnson, October 20, 1949도 참조). 이것은 워드 캐너데이로 생각되는데, 그는 1936~1946년 윌리스 오버랜드 모터스 사Willys-Overland Motors의 회장이었다. 그 회사는 지프와 트럭을 공급하면서 전쟁에 깊이 관여했다. 1949년 7월부터 여러 차례에 걸쳐 쑹쯔원은 후스를 "내각 수반으로 추대하면 미국은 깊

은 인상을 받을 것"이라고 말했다. Koo oral history, vol. 6, I-251, I-255, J-97~101쪽 참조. 리드의 구상은 Koo Papers, box 217, diary entry for May 16, 1949 참조. 거기에는 리드 부인이 국민당은 후스 같은 새로운 인물이 필요하다고 말한 것으로 인용돼 있다.

85. Robert Strong to Bruce Cumings, June 2, 1989. 스트롱은 내게 이렇게 언급했다. "중국 본토에서 대만으로 건너온 사람들은 모두 장제스의 통치를 따르고 있으며 정보 기능도 원활히 이루어지고 있는데 쑨리런이 어떻게 권력을 장악할 수 있는지에 대해 그랜스는 아무 설명도 하지 않았습니다."

86. Koo Papers, box 217, Diary, entries for March 25, April 20, 1950. 클리블랜드는 리간에게 말했다. 리간은 그 일에 대해 "이렇게 확실히" 말한 것은 이번이 처음이라고 구웨이쥔에게 밝혔다.

87. Office of Chinese Affairs, box 4195, Barrett to State, originally top secret, April 27, 1950. 전보 원문에는 5월 1일 러스크가 그 전보를 읽었다고 적혀 있다.

88. Office of Chinese Affairs, box 17, Strong to Sprouse, May 11, 1950, originally top secret. 쑨리런은 배럿에게 "2주 전"에 말했다고 스트롱은 밝혔다.

89. Office of Chinese Affairs, box 4195, doc. no. 793.00/5-350, "Hypothetical Development of the Formosan Situation," May 3, 1950, originally top secret. 이 문서는 PHN이라는 머릿글자로 서명돼 있는데, 폴 H. 니츠Paul H. Nitze일 가능성이 있다. 복사본은 4부밖에 만들어지지 않았는데, 내가 본 것은 그 가운데 하나였다. 문서에 일반적으로 붙이는 표시는 그 문서에 없었다. 그 문서가 편철돼 보관된 것은 1956년 6월 29일 이후였다.

90. 나는 1987년에 이 문서를 열람하게 해달라고 요청했지만 기밀 해제 심사관들은 거부했다. 그것은 Office of Chinese Affairs, box 17, February 20, 1950에 수록돼 있다. 로버트 스트롱은 니츠의 제안이 "어리석고 너무 포괄적이며, 미국이 구현할 수 없는 비현실적 일반론으로 가득하다"고 평가했다. 스트롱은 프라하에서 함께 일했던 케넌과 관련해 "진정한 소련 전문가지만 중국에 대해서는 초보자다. (…) 쑨리런은 적어도 100명의 관료와 장교를 제거하지 않고서는 국민당과 그 밖의 권력기관을 장악할 수 없을 것"이라고 평가했다(Robert Strong to Bruce Cumings, June 2, 1989).

91. 795.00 file, "For P.A. only," May 31, 1950, relating the content of the May 30 meeting, formerly top secret. FR(1950) 6, 347~349쪽도 참조. P. A.는 Park Armstrong이다.

92. Schoenbaum, Waging Peace and War, 209쪽.

93. Office of Chinese Affairs, box 18, Merchant to Rusk, 날짜는 명확하지 않지만 1950년 3월로 추정됨. 익명을 요구한 한 정보 제공자는 "프랭크"는 위스너일 것이라고 말했으며, 조이스의 입장을 내게 알려주었다. 러스크는 1949년 10월 미국이 "여기서는 무기, 거기서는 아편, 다른 곳에서는 뇌물과 선전" 그리고 "제안할 수 있는 모든 수단"을 사용해 중국공산당을 불편하게 만들어야 한다는 대체로 무모한 주장을 제기했다(Far East 890.00 file, box C-846, Meeting of the Secretary and Consultants on the Far East, October 26, 1949, in 890.00/11-1749). 1949년 말 애치슨은 맥아더에게 이렇게 말했다. "반공 유격대를 자칭하는 세력을 지원하는 것은 무익하며 정치적으로 위험합니다. 중일전쟁 동안 국민당 유격대는 대부분 적에게 패배했습니다. 미국은 국민당이 싸우려고 했다면 유격대에게 충분히 제공할 수 있는 무기를 주었습니다"(MA, RG9, box 145, Acheson to SCAP, December 24, 1949). 이것은 애치슨이 미국의 비밀공작이 아니라 다만 국민당의 비밀공작에 반대했다는 뜻일 수도 있다.

94. RG330, Secretary of Defense file, box 30, Magruder to Johnson, April 7, 1950; Donovan Papers, box 1, Peers to Donovan, April 7, 1950; R. Harris Smith, OSS: The Secret History of America's First Central Intelligence Agency(Berkeley: University of California Press, 1972), 265, 265n쪽 참조. 피어스는 미얀마에서 군대를 지휘한 전략사무국의 공작원이었다. 굿펠로도 버마에서 복무했다는 것은 기억할 만하다. 그 뒤 피어스는 베트남전쟁 중에 일어난 미라이 학살 사건의 공식 보고서를 작성해 유명해졌다. 1951년 CIA는 잔존한 국민정부군을 이용해 미얀마로부터 중국을 공격하는 작전을 몇 차례 지원했지만 결과는 참담했다.

95. MA, RG9, box 40, Rankin to SCAP, May 27, 1950.

96. Office of Chinese Affairs, box 18, Rusk to Acheson, "U.S. Policy Toward Formosa," 5

May 30, 1950. See also box 17, Merchant to Rusk, "Condensed Checklist on China and Formosa," June 29, 1950.

97. Lowe, *Origins of the Korean War*, 153쪽.

98. Office of Chinese Affairs, box 17, Rusk to Acheson, June 9, 1950, formerly top secret.

99. *FR*(1950) 6, 348쪽 주석.

100. HST, Acheson Papers, box 45, appointment books, entries for May 1, June 9, 1950. 러스크는 5월 30일에 니츠, 제섭 등과 회동했지만 그 회의록에 실제로 기재돼 있는 날짜는 5월 31일이다. 그날 애치슨에게 보여주려고 그렇게 기재한 것으로 생각된다.

101. Koo Papers, box 217, diary entry for June 6, 1950; Koo oral history, vol. 6, J-448쪽. 그 뒤 1950년 11월 클럽은 머천트에게 중국 국민당 군 간부들과 접촉은 "마지막 단계에서" 실시해야 한다면서 서두르면 그런 정보가 장제스에게 유출될 수도 있기 때문이라고 지적했다. 그는 1950년 7월 14일의 메모를 다시 언급했는데, 그것은 실패한 쿠데타 시도에 관한 것으로 생각된다. 클럽이 1950년 11월 다시 "마지막 단계"를 거론한 이유는 알 수 없지만, 이때는 중국 공산군이 한국전쟁에 참전한 시기였다. Office of Chinese Affairs, box 17, Clubb to Merchant, November 22, 1950.

102. Koo Papers, box 180, memo of conversation, June 3, 7, 1950; Cohen, "Acheson, His Advisors, and China," in *Uncertain Years*, ed. Borg and Heinrichs, 32쪽.

103. Koo Papers, box 180, June 7, 1950; Office of Chinese Affairs, box 17, Acheson to Johnson, June 8, 1950. 이것은 타이베이를 방문해 위기에 빠진 정권을 구해달라는 쑹메이링의 요청을 애치슨이 존슨에게 전달한 회신이다.

104. *New York Herald-Tribune*, June 10, 1950; *New York Times*, June 10, 16, 1950. 쿵샹시가 윌러비를 방문한 것은 Roy Howard Papers, box 251, Willoughby to Howard, June 22, 1950 참조.

105. 795.00 file, box 4254, Strong to Acheson, June 7, 1950; Acheson to Strong, June 13, 1950; Strong to Rusk, June 14, 1950.

106. Office of Chinese Affairs, box 18, "Summary of Principal Elements Underlying Present U.S. Policy toward Formosa, as Set Forth in President's Statement of January 5, 1950," June 19, 1950.

107. Office of Chinese Affairs, box 17, Merchant to Rusk, "Condensed Checklist on China and Formosa." 쿡의 활동에 대한 러스크의 언급은 box 18, Rusk to Acheson, May 30, 1950 참조.

108. RG330, Secretary of Defense file, box 37, Kenneth Young to General Burns, June 19, 1950. 장제스를 실각시켜야 하지만 그것은 "장기적 문제"라고 영은 말했다. 실제로 이 국방부 문서에는 침공이 임박했을 경우 대체로 나타나는 긴박감은 보이지 않았다.

109. Schaller, *American Occupation of Japan*, 278쪽.

110. FO317, piece no. 83008, Brind to FO, June 3, 8, 1950. 그 뒤 올먼드 장군의 발언에 따르면 맥아더는 늘 장제스를 지원하려고 했지만, 대만과 관련된 것은 아니었으며 "되도록 빨리 본토로 돌아갈 수 있도록 하려는" 의도였다(Almond Papers, Oral History interview, March 25, 1975).

111. 795.00 file, box 3006, Merchant to Rusk, June 23, 1950; Koo Papers, box 217, diary entry for July 24, 1950; Koo oral history, vol. 6, A-72~73쪽.

112. Office of Chinese Affairs, box 4195, McKee to Rusk, April 27, 1950.

113. Schoenbaum, *Waging Peace and War*, 209쪽.

114. Cohen, "Acheson, His Advisors, and China," in Uncertain Years, ed. Borg and Heinrichs, 32쪽. 이것은 러스크와의 대담에서 나온 것이 분명하다. 쿠데타 계획의 핵심 인물인 러스크가 쿠데타의 "힌트"를 얻었다고 말한 것은 역설적이다. 또한 러스크는 쿠데타 계획이 모두 대만의 중국인의 작업이라고 내게 말했다. MA, RG6, box 59, intelligence summary no. 2853, July 2, 1950 및 Koo oral history, vol. 6, A-121쪽도 참조. 중국 정책에 정통한 내부 인사인 랜

킨은 1950년 9월 장제스에 대한 쿠데타를 다시 제안했는데, 이것이 본문에서 인용한 발언의 배경이다(Rankin Papers, box 14, Rankin to Rusk, September 4, 1950). 1955년 쑨리런이 체포된 것은 Koo Papers, box 170, Sun Li-jen case 참조. 쑨리런은 믿었던 부하 귀징량郭廷亮이 반란을 계획했지만 아무 조처도 하지 않아 체포됐다고 한다. 장제스 정권은 귀징량이 공산당의 공작원이라고 주장했다. 그러나 최근 한 기사는 "쑨리런의 실각을 불러온 진정한 상황은 아직도 수수께끼에 싸여 있다"면서 이 사건은 "미국이 동맹국으로 신뢰할 수 없다는 것'과 미국이 선호하지 않는 지도자를 실각시키기 위해 선호하는 장군들을 이용하는 미국의 경향을 보여주는 전형적인 사례"라고 지적했다(Shim Jae Hoon, "A Question of History," *Far Eastern Economic Review*, April 14, 1988).

115. Burgess's comments on FO317, piece no. 83234, FC1016/54, May 11, 1950과 같은 자료, FC1016/59, May 1950. FO317, piece no. 83297, Moscow Chancery to FO, January 10, 1950도 참조.

116. 같은 자료, piece no. 83250, Burgess comments on FCioig/198, June 20, 1950.

17장 6월의 어느 고요한 주말: 전쟁 직전의 도쿄, 모스크바, 워싱턴

1. 로버트 도너번은 이런 인물들의 여름 활동의 일부를 기록했다(*Tumultuous Years*, 189쪽). Blair, *Forgotten War*, 69쪽; U. Alexis Johnson, *Right Hand of Power*, 94쪽; Stueck, *Road to Confrontation*, 177쪽도 참조.

2. Harold Joyce Noble, *Embassy at War*, ed. Frank Baldwin(Seattle: University of Washington Press, 1975), 219쪽.

3. *New York Times*, June 23, 24, 25, 1950.

4. 대기명령은 6월 25일 『뉴욕타임스』에 보도됐지만, 기사 날짜는 한국전쟁 소식이 전해지기 전인 6월 24일로 되어 있다. 마크 클라크 장군은 대기 명령의 전반적 지휘를 맡았으며, 볼트 장군은 감시와 협력을 담당했다.

5. Joseph C. Goulden, *Korea: The Untold Story of the War*(New York: Times Books), 97쪽.

6. RG242, SA2OO0, item 16/103, Chosŏn inmin-gun 『조선인민군』, June 21, 23, 1950. 이 군 기관지의 몇 가지 복사본만 RG242에 수록돼 있다. 그 기관지의 편집자들이 박헌영 세력과 가까웠다는 증거가 몇 가지 있는데, 6월 23일 기사를 들 수 있다. 그 기사는 조선공산당이 관여했다고 알려진 1946년 지폐 위조 사건을 다뤘는데, 조선공산당을 조선노동당의 "전신"이라고 언급하고 김삼룡·이주하 사건을 논평했으며 "프롤레타리아 국제공산주의자들"만이 일제에 무력으로 저항했다고 주장했다. 이것은 김일성의 지배 아래 있는 조직과는 다른 역사관이며, 조선노동당 출판물에서는 좀처럼 사용되지 않은 '공산주의'라는 용어나 '프롤레타리아'라는 용어를 사용했다. 이것은 임박한 전투와 관련된 도발적 언사와 결합돼 전쟁 결정에 박헌영이 개입했다는 추가 증거가 될 수도 있다. 그러나 김일성과 최용건 등이 전쟁계획에 강하게 반대했다면 박헌영의 뜻에 동의하지 않았을 것이라는 주장은 반박하기 어렵다.

7. Gavan McCormack, *Cold War/Hot War*(Sydney, Australia: Hale and Iremonger, 1983), 97쪽; E. Gough Whitlam, *A Pacific Community*(Cambridge, Mass.: Australian Studies Endowment and Council on East Asian Studies, Harvard University Press, 1981), 57~58쪽.

8. Letters, J. W. Burton to Bruce Cumings, November 25, 1981, February 3, 1982. McCormack, *Cold War/Hot War*도 참조. Interview with Burton, February 1987도 참조. 버턴 박사는 현재 조지 메이슨대학에서 국제정치를 가르치고 있다.

9. Letter, Jamieson to McCormack, November 24, 1983, courtesy Gavan McCormack.

10. Ibid.

11. Jon Halliday, "The Korean War," *Bulletin of Concerned Asian Scholars*(July–September 1979).

12. McCormack, interview with Peach on August 13, 1982, in *Cold War/Hot War*, 81쪽.

13. *New York Times*, May 20, 1950. 브래들리가 미군 철수에 반대하고 대만에 대한 군사 지원에 찬성한 것은 Schnabel and Watson, JCS, *Korean War*, vol. 3, pt. 1, 25~26, 61쪽 참조.

14. HST, Acheson Papers, box 65, memo of conversation on Japanese peace treaty, April 24, 1950; *FR*(1950) 6, 1175~1182쪽, memo of conversation, Acheson, Rusk, Johnson, and others. *FR*(1956) 6, 1109~1116쪽, Jessup talks with MacArthur, January 9, 1950; Jessup to Acheson, January 10, 1950도 참조. 레스턴은 1950년 6월 18일자 『뉴욕타임스』에서 애치슨은 덜레스가 존슨과 함께 도쿄로 가기를 바랐다고 언급하면서 애치슨의 견해를 대변했다.

15. Koo Papers, box 180, memo of conversation with Dulles, June 12, 1950.

16. Schaller, *American Occupation of Japan*, 269~270쪽; Lowe, *Origins of the Korean War*, 79쪽.

17. Johnson Papers, box 138, itinerary for Johnson-Bradley visit; see also MA, RG6, box 9, schedule for Johnson-Bradley and Dulles visits; RG10, VIP file, box 3, Dulles to MacArthur, July 4, 1950. 이 편지는 맥아더의 환대에 감사하고 있지만 특별히 따뜻한 내용은 아니다. 중국 국민당 자료에서는 윌리엄 불릿이 존슨과 함께 도쿄로 갈 것이라고 말했다. Chen Chih-mai to Taipei, May 31, 1950, translated cable in Wayne Morse Papers, box 22a, "China Lobby." 참조. 당시 대만을 위해 적극적으로 군비 로비를 벌였던 불릿이 존슨과 함께 갔다는 증거는 찾지 못했다. 앨리슨은 덜레스와 동행했으며 덜레스가 맥아더와 단독으로 "몇 차례 사적인 대화를 나눴다"고 언급했다(J. F. Dulles Papers, John M. Allison Oral Interview, April 20, 1969). 윌리엄 시볼드는 그 사적인 만남이 아마 1952년 선거를 의미하는 "정치"에 관련된 것이라고 생각했다(Ibid., Sebald Oral Interview, July 1965).

18. MA, RG6, box 8, MacArthur to Department of the Army, May 29, 1950; RGg, box 12, Cooke to Fortier, June 9, 1950. 쿡은 5월 말 도쿄에 있었다. 주한미군 군사고문단 대표인 W. H. S 라이트 대령은 6월 19일 도쿄 출장 명령을 받았으며 6월 24일에 도착했다(RG338, KMAG file, box 5420, KMAG officers' travel documents).

19. MA, RG6, box 1, Willoughby to MacArthur, June 15, 1950. 장제스는 허스리 장군을 통해 자신의 요청을 전달했다. 윌러비의 정보에 따르면, 나중에 존슨은 자신이 극동을 방문하는 동안 인민해방군의 침략 부대는 4만 명에서 15만6000명으로 증가했다고 말했다. *MacArthur Hearings*, vol. 4, 2621쪽 참조.

20. Higgins, *New York Herald-Tribune*, June 15, 1950. 그녀도 연합국 최고사령부의 간부들이 적어도 한여름 전에는 대만 침공이 일어나지 않을 것 같다고 말했다고 보도했는데, 이것은 내부 보고서의 내용을 반영하지 못한 것이었다.

21. 같은 자료, June 18, 19, 1950. 그녀는 맥아더가 고위 책임자가 될 의향이 있다는 것을 알게 되었다고 말했다. 앞서 본 대로 이것은 1950년 봄 도너번 등이 제안한 계획이었다. *New York Times*, June 20, 1950도 참조. 그 기사는 회담의 비밀성을 강조했는데, 그것은 공표된 목적보다 "좀더 중요한" 회담임을 나타낸다.

22. 795.00 file, box 4254, Sebald for Dulles to Acheson, June 22, 1950. 여기서 덜레스는 맥아더의 각서의 요지를 보고했으며, 그 각서를 존슨에게서 6월 14일에 받았다고 말했다. 그는 맥아더가 "공산 세력의 대만 지배를 막기 위해" 대만의 군사·경제·정치적 요구사항을 직접 조사하고자 한다고 보고했다. 시볼드는 6월 22일 회동에서는 "대만 문서에 대체로 의견이 일치했다"고 언급했다(J. F. Dulles Papers, Sebald interview). 덜레스는 6월 21일 맥아더와 "대만 유지의 필요성"에 동의했다고 매슈스는 말했다(Mathews diary, entry for June 21).

23. *New York Herald-Tribune*, June 25, 1950; RG330, Secretary of Defense file, box 73, Cooke to Johnson, June 20, 1950. 존슨은 이 각서를 브래들리에게 건네면서 "극비 사항이며 반환할 것"이라고 말했다. 여기서 쿡은 자신은 "미국의 이익을 지키는 데 전념하고 있다"고 말했으며, 존슨은 6월 19일 자신의 발표를 듣고 싶어하지 않는다고 언급했다.

24. J. F. Dulles Papers, Robert D. Murphy Oral Interview, May and June, 1965.

25. 695.00 file, box 3006, Dulles to Acheson, June 7, 1950.

26. 『뉴욕타임스』 사설(14장 첫 부분에 인용)이 1950년 5월 27일자라는 점에 주목하라.

27. Lowe, *Origins of the Korean War*, 86~90쪽. 로는 1948년 10월 요시다는 연합군(곧 미군)이 강화조약 체결 이후에도 일본에 잔류할 것임을 영국에 시사했다고 로는 썼다. 다워Dower에 따르면, 요시다는 "조약을 체결한 뒤 기지를 설치할 가능성을 공식적으로 거론하는 데 주도적 역할을 했다." 요시다는 이런 생각을 가장 가까운 측근에게도 털어놓지 않았으며 마지막 순간에 이케다에게 말했다. John W. Dower, *Empire and Aftermath: Yoshida Shigeru and the Japanese Experience, 1878-1954*(Cambridge, Mass.: Council on East Asian Studies, Harvard University. 1979), 374쪽.

28. Chitoshi Yanaga, *Big Business in Japanese Politics*(New Haven, Conn.: Yale University Press, 1968), 141~143쪽.

29. Schaller, *American Occupation of Japan*, 229~231쪽.

30. Stanley Andrews, with Robert R. West, "Coordination of American Economic Aid in South and Southeast Asia," in RG335, Secretary of the Army file, box 77, Voorhees to Pace, April 4, 1950. 부어히스도 이 기밀 보고서를 허버트 후버에게 보냈다(Hoover Presidential Library, PPI file, box 545, Voorhees to Hoover, April 4, 1950). *New Times*, May 10, 1950도 참조. 거기서는 4월 일본에 파견된 미국의 경제사절단을 언급하고, 미국이 일본과 협력하기를 바라는 것은 전전 식민지 관계를 연상시킨다는 취지의 『런던 타임스』 기사를 인용했다.

31. Dulles to Acheson, June 7, 1950, *FR*(1950) 6, 1207~1212쪽; Dulles memo, June 15, 1950, *FR* (1950) 6, 1222~1223쪽; Schaller, *American Occupation of Japan*, 271쪽.

32. Pratt Papers, box 2, Kern to Pratt, September 8, 1950; Roberts, "The 'Japan Crowd,'" 401~402쪽; Howard Schonberger, "The Japan Lobby in American Diplomacy," *Pacific Historical Review* 46, no. 3(August 1977), 352~354쪽. Dower, *Empire and Aftermath*, 217쪽도 참조.

33. Dower, *Empire and Aftermath*, 380~383쪽.

34. Pratt Papers, box 2, Kern to Pratt, September 8, 1950. 천황이 보낸 서신도 box 2에 수록. 좀더 자세한 사항과 그 신빙성에 관련된 의문은 Roberts, "The 'Japan Crowd,'" 402~403쪽 참조.

35. Ayers Papers, box 26, diary entry for July 1, 1950. 나중에 요시다 총리는 덜레스가 재무장을 선호했지만 자신과 맥아더는 그렇게 하지 않기로 "비밀 합의"를 했다고 말했다(J. F. Dulles Papers, Yoshida Shigeru Oral Interview, September 1964).

36. *FR*(1950) 6, 1170~1071쪽, Memo of conversation, Sebald and MacArthur, April 6, 1950; 1213~1221쪽, MacArthur, memorandum on Japan peace treaty, June 14, 1950; 1227~1228쪽, MacArthur, memorandum on the security of Japan, June 23, 1950.

37. 『로동신문』, March 12, 1950. 3월 9일 말렌코프의 연설을 전재.

38. *New Times*, April 5, 12, 19, May 1, 10, 31, all June and July issues, 1950.

39. *New York Times*, April 21, 23, 1950.

40. 같은 신문, May 3, 4, 17, 1950.

41. *New York Herald-Tribune*, June 19, 1950.

42. *New York Times*, June 14, 1950; *New York Herald-Tribune*, June 15, 1950.

43. *New York Times*, May 30, June 1, 1950.

44. 같은 신문, May 29, 1950.

45. 같은 신문, March 13, 1950.

46. *New York Times*, May 28, 29, 1950. 5월 31일 도쿄 주재 국무부 고문은 "'데레뱐코의' 갑작스러운 귀국이 무엇을 의미하는지는 아직 분명하지 않다"고 말했다. Office of the Executive Secretariat, box 31, daily secret summaries, May 31, 1950. 일본에서 이 사건은 크게 보도됐다. MA, RG10, box 19의 신문 기사 참조.

47. *New York Times*, May 24, 1950.

48. Office of the Executive Secretariat, box 31, daily secret summaries, June 5, 1950; CP, 1978, item 22A, CIA report, July 8, 1950.

49. Donovan Papers, box 9A, item 4050, "Digest of Conference Transcript, J, June 10, 1950, received April 22, 1953.

50. MA, RG6, box 105, CIC District Field report, no. 12, July 12, 1950.

51. 1984년 11월 와다 하루키 교수와의 대담. 국민당 정보 자료에서는 데레뱐코가 1950년 말 만주 창춘에서 소련군 군사고문단장으로 재직했으며, 중국·소련·북한군 합동사령부에 있었다고 언급했다. New York Times, December 13, 1950 참조.

52. Louis Johnson Papers, box 111, testimony before the House Foreign Affairs Committee, June 5, 1950; New York Herald-Tribune, May 30, June 4, 1950.

53. 드루 피어슨은 이 정찰기가 소련의 로켓 발사 시험장을 정찰했다고 말했다. 이 정찰기에는 "비밀 전자 기기"가 탑재돼 있었다(Diaries, 117, 121쪽).

54. New York Times, May 21, 1950, April 20, 1950.

55. Smith Papers, box 282, diaries, entries for June 1, 13, 20, 1950; New York Times, June 21, 1950.

56. Koo Papers, box 180, top secret account of June 15, 1950, meeting, apparently by Chen Chih-mai for Koo.

57. Koo oral history, vol. 6, J-464쪽.

58. Current Biography, 1949, 65~66쪽.

59. Koo Papers, box 180, top secret acount of June 15, 1950, meeting; Koo oral history, vol. 6, I-246, J-464쪽. 필기록에는 "Russell Sheperd" 또는 "Shippard"라는 이름이 나오는데, 동일한 인물이다.

60. 하이난 섬 전투가 끝난 뒤 윌로어는 이렇게 썼다. "나를 포함해 여기 있는 모든 사람은 (…) 우리가 극동의 냉전과 열전에서 빠르게 패배하고 있다고 결론짓는 것 같다." 그 직후 그는 필리핀으로 갔고, 셔놀트는 한국으로 갔다. 그 뒤 6월 중순 윌로어는 대만에서 워싱턴으로 돌아왔다. 토프트는 1930년대 만주국의 덴마크 동아시아 회사에서 근무했기 때문에 한국과 만주에 대한 지식이 있었다(Leary, Perilous Missions, 109~110, 124~125쪽).

61. Current Biography, 1949, 66쪽; Koo Papers, box 218, diary entry for August 29, 1951.

62. Donovan Papers, box 75B; Koo oral history, vol. 6, I-239, I-268~270쪽. 매키와 매카런은 Blum, Drawing the Line, 67쪽 참조. 매키는 반공 중국을 지원해 미국을 방어하는 문제에 관련된 위원회에서 도너번과 함께 근무했다. 홍콩에 억류된 중국항공공사의 비행기 건과 관련해 웨인 모스 상원의원에게 보낸 1950년 3월 22일자 편지의 첫부분에 매키는 위원회 간부 가운데 첫 번째로, 도너번은 세 번째로 이름이 기재됐다(Morse Papers, box A/22).

63. Donovan Papers, box 75B.

64. Goodfellow Papers, box 1, Ellen Dockery to David Namkong, June 12, 1950. 그녀는 그가 왜 그렇게 했는지 설명하지 않았으며, 굿펠로 문서에서 그런 설명과 관련된 부분은 이것뿐이다. 전쟁이 시작된 직후 굿펠로는 이승만에게 다음과 같은 전문을 보냈다. "채병덕 장군에게 굳게 지키게 하십시오. 원군이 오고 있습니다. 지금이 중요합니다. 민주 세계의 모든 사람이 당신을 위해 기도하고 있습니다. 제가 곁에 있었어야 했는데 안타깝습니다." 7월 28일 굿펠로는 S. T. 량 Ryang에게 다음과 같이 말했다. "나는 한국 상황을 연구해왔고, 곧 내 임무에 대해 좀더 많은 사항을 듣게 되리라고 생각합니다"(box 1).

65. Donovan Papers, box 132C, appointment diary for 1950. 이것들은 도너번 부인의 일기로 여겨지는데, 도너번의 면담 약속을 전부는 아니더라도 일부를 기록했다.

18장 누가 한국전쟁을 일으켰는가? — 세 개의 모자이크

1. NA, manuscripts of the Office of the Chief of Military History, box 620, "History of the Korean War," vol. 1, pt. 2, ch. 2, "The Initial Attack." 제6사단과 방호산에 관련된 정보도 참조. Almond Papers, periodic intelligence report no. 190, April 4, 1951 수록. 번호가 기재되지 않은 보고도 참조. April 21, 1951.

2. Applernan, *Naktong/Yalu*, 21~22쪽. 하우스만은 당시 채병덕 참모장의 고문이었다. 미국인 고문 5명이 옹진에 있었다고 하지만, 그들은 오전 6시까지도 한반도가 곧 제압될 것이라는 보고를 보내지 않았다. 이런 사실을 고려하면 고문들이 한국군 부대에 있었는지는 의심스럽다. 그들은 자고 있었거나 토요일 밤 서울이나 기지로 외출했다가 얼마 전에 돌아왔을 수도 있다. Sawyer, *Military Advisors in Korea*, 114, 118쪽 참조. RG 338, KMAG file, box 5415, "General Survey of Enemy Situations," 정일권, 날짜는 적혀 있지 않지만 1950년 8월로 생각됨; Lim Un, *Founding of a Dynasty*, 174쪽도 참조.

3. Appleman, *Naktong/Yalu*, 21쪽. 서대숙 교수는 김일성이 김석원을 위협한 이야기를 내게 들려주었는데, 사실이 아닐 수도 있다고 했다.

4. MA, RG6, box 78, ATIS translation issue no. 2, October 5, 1950(조선인민군 기관지 『보위保衛』, 1950년 7월 2일자의 번역). DPRK radio broadcast, noted in ibid., box 59, intelligence report no. 2848, June 27, 1950도 참조.

5. 『뉴욕타임스』『뉴욕헤럴드트리뷴』『워싱턴포스트』는 6월 26일 17연대의 2개 중대가 해주를 점령했다고 보도했다. 주일 영국 연락공관에 소속된 무관은 6월 27일 17연대의 2개 대대가 해주를 점령했다는 전보를 보냈다(FO317, piece no. 84057, Gascoigne to FO, June 27, 1950).

6. U.S. Information Agency, "The Communist Invasion of the Republic of Korea," July 12, 1950, 이 자료의 복사본은 Smith Papers, box 100에 수록. 첫 쪽에서는 1949년 8월 4일 옹진에서 "대규모 침략"이 일어났으며 1949년 10월 14일 공격이 "재개"됐다고 언급했다(앞서 본 대로 8월 4일의 공격은 38도선 이북에 있는 한국군 진지에 대한 것이었다). 첨부된 연표에도 그 전투가 언급돼 있지만 1949년 9월 9일부터 20일까지 "38도선을 넘어 격렬한 유격전"이 전개됐다고 언급한 것은 이상하다. 앞서 본 대로 이 기간 동안 38도선은 대부분 평온했다.

7. *New York Times*, August 12, 1950. 말리크는 북한이 유엔에 제출한 자료를 토대로 한 것으로 보인다(DPRK Ministry of Foreign Affairs, *Documents and Materials Exposing the Instigators of the Civil War in Korea*[P'yŏngyang: Ministry of Foreign Affairs, 1950], 133~136쪽 참조). 아무튼 내가 본문에서 사용한 정보는 위와 같다. 한수환이 "새벽"이라는 표현을 사용한 것은 공격이 자정 직후에 시작됐다고 말한 북한의 다른 자료와 일치하지 않는다. 북한이 새벽이나 "이른 새벽"이라는 용어를 오전 1시라는 이른 시각을 의미하는 것으로 사용했다면 달리 해석할 수 있지만, 그것은 뒤에서 살펴보겠다. 동일한 문서의 122쪽에서는 "6월 24일 심야에 이승만이 미국인 주인의 명령을 실행해 침략을 개시했다"고 쓰여 있다.

8. Karunakar Gupta, "How Did the Korean War Begin?" *China Quarterly* 52(1972). 이정식, 윌리엄 스킬렌드William Skillend, 로버트 시먼스의 지적과 굽타의 회답도 참조. *China Quarterly* 54(1973), 354~368쪽 참조. 공식 기록에서는 옹진에 있던 한 기자가 최초의 보도를 해 신성모에게 잘못된 정보를 줬다고 서술한 것에 주목하라. 존 메릴도 『한국전쟁사』(2판)는 "(1949년의) 38도선 일대의 분쟁은 너무 '정치적'인 색채가 강하다는 이유로 모두 생략했다"고 지적했다(John Roscoe Merrill, 'Internal Warfare in Korea, 1948-1950: The Local Setting of the Korean War'[Ph.D. diss' University of Delaware, 1982], 149쪽).

9. 콜코 부부는 북한의 목적이 서울만 점령하는 것이었을지도 모른다고 가장 처음 지적했으며, 소련의 전략은 도시를 직접 공격하는 것은 피하려는 것이었다고 주장했다(중국의 전략도 그랬다). Kolko and Kolko, Limits of Power, 578~579, 586쪽.

10. *Seoul Times*, October 14, 1947; HST, PSF, CIA file, box no. 255, CIA, "Communist Capabilities in South Korea," ORE 32~48, February 21, 1949.

11. 황해도 침투 계획은 NA, OCMH manuscripts, box 620, "UN Partisan Forces in the Korean Conflict," 1952 참조. Vanderpool Papers; reports of anticommunist resistance, CIA file, NA, OCMH manuscripts, box 248, CIA daily intelligence summary for January 18, 1951도 참조. 이 시기 이것을 포함한 그 밖의 CIA 보고서는 저항운동이 "해주 이북"에서도 전개됐다고 서술했다.

12. Kim, *Military Revolution in Korea*, 57~63쪽. 이종찬은 1950년 6월 15일부터 7월 15일까지 수도경비사령관을 지냈다. 그 뒤 3사단장이 됐으며 1950년 가을 그의 부대는 38도선을 넘어 북

진한 첫 부대가 됐다(Ridgway Papers, box 19, Van Fleet to Ridgway, February 17, 1952, enclosing Yi's biography). 김백일과 1950년 수도경비사령부의 동향은 RG338, KMAG file, box 5418, "KMAG Journal," entry for August 5, 1950 참조. 남원의 17연대와 그들의 강도 높은 훈련은 Plans and Operations file, 091 Korea, U.S. Military Advisory Group to the ROK, October 15, 1949 참조. 한국군 사령부가 보낸 정기 정보 보고에 따르면 17연대는 특정 한 사단의 지휘를 받는 것이 아니라 독립 부대로 다뤄졌다. RG338, KMAG file, box 5418, July 9-November 7, 1950 참조.

13. 이 정보와 인용은 대부분 아래 자료 참조. Muccio's report, 795.00 file, box 4267, "'Tiger' Kim vs. the press," May 12, 1951. 무초는 전쟁이 시작되었을 때 김종원이 부산에 있다고 잘 못 기록했으며, 그가 전보된 날짜도 잘못 기재했다(그것은 1950년 8월 2일 이후가 분명하지만 7월 7일이라고 말했다). USFIK 11071 file, box 65/96, Yŏsu Rebellion packet도 참조. "The Yŏsu Operation, Amphibious Stage," by Howard W. Darrow도 참조. 여수에서 김종원은 5연대를 여수에 상륙시키지 말라고 지시한 미국인 고문 2명의 명령을 따르지 않았다. 아무튼 김 종원은 그 지시를 수행했지만 실패했다. 참수 사건은 RG338, KMAG file, box 5418, "KMAG Journal," entries for July 26, August 2, 1950 참조. 이승만과 호랑이 김은 Ridgway Papers, box 20, draft of a message Muccio planned to present to Rhee, May 3, 1951 참조. 거기 서 무초는 이승만이 공식적 기관보다 호랑이 김, 몬태너 장(장석윤), 노덕술의 정보에 의존했다고 지적했다.

14. 『로동신문』, May 19, 1950. 박일우의 성명은 이례적으로 1면에 게재됐다. 18연대의 월북을 보도 한 북한의 기사들은 김석원과 김백일이 관동군에서 복무한 사실을 강조하면서 이들 휘하의 모 든 병사는 남부의 유격대와 싸우거나 "북벌"을 준비할 수밖에 없었다고 말했다(『함경남도 노동 신문』, May 11, 1949).

15. KMAG G-2 Weekly Summaries nos. 8-11, May 18-June 15, 1950; G-3 Operations file, box 121, operations report no. 51, June 9-16, 1950.

16. RG242, SA2010, item 2/76, 조선노동당 선전선동부의 해주 관련 자료, "극비" 취급. 그 학생은 "이승만측 병사가 포로로 잡히고 있다고 그들은 말하지만 사실이 아니라는 것은 모두 알고 있 다"고도 말했다. 이것이 무슨 의미인지는 분명하지 않다. 남한이 공격하고 있다는 것을 그는 믿 지 않는다는 뜻일 수도 있고, 북한이 전투에서 이기고 있다는 것을 믿지 않는다는 뜻일 수도 있 다.

17. FO317, piece no. 84079, Tokyo Chancery to FO. 여기에는 1950년 4월 19일 육군 무관의 방 한 보고가 첨부돼 있다. 그 보고서에서는 1950년 여름에는 내전이 일어날 것 같지 않다고 말했 는데, 미국인 고문들이 "앞서도 그런 (한국군의) 침략을 성공적으로 단념시켰기 때문"이고 북한 은 현재 동남아시아에서 전개되고 있는 공산주의 운동의 결과가 나올 때까지 움직이지 않을 것 이기 때문이었다.

18. McCormack, *Cold War/Hot War*, 83쪽. 그 뒤 랜킨은 남한이 공격할 준비가 됐다고 생각한 것 은 아니며 단지 무슨 일이 일어나고 있다고 생각했다고 밝혔다.

19. 1987년 템스 텔레비전과의 대담. 피치는 17연대가 공격했고 그 뒤 북한이 반격했다고는 아직도 생각하지 않는다고 말했다.

20. MA, RG9, box 38, Far East Air Force Commanding General to other units, June 26, 1950; Schnabel, *Policy and Direction*, 66쪽. George Howard Poteat, "Strategic Intelligence and National Security: A Case Study of the Korean Crisis(June 25-November 24, 1950)" (Ph.D. diss., Washington University, 1973), 12쪽도 참조.

21. MA, RG6, box 80, ATIS Supplement, Issue no. 3, December 5, 1950: "Full translation of a file, dated 25 June to July 9, handwritten in Russian, containing radio communica- tions, copies of interrogations, and intelligence summaries, presumably kept by Soviet military liaison interpreter, Lt. Murzin, whose signature appears" 이 문서는 1950년 10월 4일 서울에서 노획됐다. 이 문서들이 허위 정보일 가능성도 있지만, 그렇다면 왜 이 문서들은 그 렇게 막연하고 애매하며, 남한이 38도선을 따라 총공격했다는, 북한에 불리한 내용을 담고 있는

가?

22. Committee for a New Direction for U.S. Korea Policy, *Conference for a New Direction in U.S. Korea Policy*(New York: 1977), 100쪽. 이영은의 발언 전문은 다음과 같다. "나는 한 국전쟁의 발발 원인을 재고할 때라고 생각한다. 나는 지휘관의 한 사람으로서 해전을 수행한 경 험에 따라 판단했으며, 그런 생각은 완전히 잘못됐다고 단언할 수 있다. 전쟁 발발 이틀 전인 6월 23일 육군참모총장은 "전투명령 2호"를 내렸다. 전군은 경계 태세에 들어갔고 "6월 25일 오전 5시 전투를 개시하라"는 명령을 받았다. 6월 23일 오후 10시부터 부분적인 공격이 시작됐는데, 이것은 전군의 임박한 북침에서 주의를 돌리려는 것이었다. AFP 통신은 이런 사실을 전 세계에 보도했다." 이영은의 군사재판은 MA, RG6, box 58, Intelligence Report no. 2833, June 12, 1950 참조. 다른 자료에 따르면 이영은은 무죄를 선고받은 뒤 진해로 전속돼 6월 말 "훈련임무 단"의 지휘관이 됐다(795.00 file, box 4299, Embassy to Seoul, June 23, 1950). 물론 이 기록 들은 그의 군사재판이나 진해 부임 날짜를 명시하지 않았기 때문에 이영은이 6월 23일에 여전 히 해주 지역에 있었을 수도 있다. 한 가지 더 말하고 싶은 것은 나는 1977년 뉴욕에서 열린 이 회의에 참가했는데, 그 회의에는 반공주의를 신봉하는 한국인이 많이 참석했지만 그 뒤 나는 그 회의가 북한의 일정한 영향을 받았다고 생각하게 됐다는 것이다. 내 발언을 매우 왜곡해 실은 필 기록은 내 편집이나 승인 없이 회의 기록 자료에 실렸다.

23. FO317, piece no. 84097, "Draft Brief for the U.K. Delegation New York: on Korea" 날짜 는 나와 있지 않지만 1950년 9월로 추측된다.

24. MA, RG6, box 78, ATIS issue no. 1, September 26, 1950. 한국어 원본은 찾지 못했다.

25. MA, RG6, box 9, MacArthur's second teleconference with Washington, June 26, 0355 hours; box 59, intelligence reports nos. 2847-2851, June 26-30, 1950; Drumwright, July 20, 1950, account, Smith Papers, box 100.

26. 『해방일보』, July 8, 1950.

27. 사상자 수는 이하 자료에 인용됨. MA, RG6, box 79, ATIS translation issue no. 15, January 3, 1951(『로동신문』1950년 6월 28일자 번역. 원본은 입수하지 못함).

28. Merrill, "Internal Warfare," 149쪽.

29. Donovan Papers, box 8B, Ryan to Donovan, March 8, 1952.

30. Oliver, *Rhee and American Involvement*, 290쪽; Noble, *Embassy at War*, 87쪽; Noble Papers, "Activities Log," June 30, 1950, entries for 1833 and 2130.

31. 키스 비치는 6월 27일 밤 서울의 주한미군 군사고문단 본부에서 김백일을 만났다(그가 쓴 *To-kyo and Points East*[Garden City, N.Y.: Doubleday, 1954], 112쪽 참조).

32. Ridgway Papers, box 16, memorandum of August 9, 1950; Appleman, *Naktong/Yalu*, 324쪽. 김석원은 7월 15일부터 8월 중순까지 수도경비사령관으로 있다가 3사단장으로 전보된 것으로 보인다. 김백일은 1950년 가을 에드워드 로니 대령(1980년대 초 레이건 정부에서 소련 과 진행한 군비 협상의 핵심 인물)과 함께 행동했다(Almond Papers, "Korean War Diaries," entries for November 1950 참조). 1987년 2월 템스 텔레비전과의 대담에서 로니는 김백일을 기억하지 못한다고 내게 말했다.

33. HST, Muccio Oral History, December 1973(강조는 인용자).

34. *New York Herald-Tribune*, May 29, 30, 1950.

35. Appleman, *Naktong/Yalu*, 22~23쪽; Sawyer, *Military Advisors in Korea*, 115쪽. 블레어 의 설명은 세부 사항에서 약간 다르다. 그는 대리고Darrigo가 잠에서 깬 시간을 오전 3시 30분 이라고 말한 반면 애플먼・소여・선교사는 오전 5시나 5시 30분이라고 말했다. 내부 기록에 따 르면 조선인민군 제6사단의 13연대와 15연대는 5시 30분에 본격적으로 공격을 개시했고, 마을 은 오전 9시 30분 무렵 함락됐다(NA, Manuscripts of the OCMH, box 620, "History of the Korean War, vol. 1, pt. 2, ch. 2, "The Initial Attack"). 블레어는 "처음에 '대리고'는 한국군이 총신이 짧은 '보병부대용' 105밀리포를 발사하고 있다고 생각했지만, 사격음이 맹렬해지면서 한 국군이 아니라 북한군이 포격하고 있다는 것을 깨달았다" 말했다. 물론 이 설명은 한국군이 먼 저 포격하고 조선인민군이 반격했다는 설명과 모순되지 않는다(*Forgotten War*, 59쪽). 1950년

6월 개성에 살고 있던 미국인 선교사 로런스 젤러스Lawrence Zellers는 서울에서 결혼식을 마치고 송악산 바로 아래 있는 집으로 돌아왔을 때인 6월 24일에는 군사활동의 징후가 전혀 없었다고 내게 말했다. 그는 1949년 여름과 가을 동안 "38도선 부근에서 작은 교전이 거듭됐으며 장기간에 걸쳐 지속된 경우도 있었다"고 말했다("양쪽의 박격포와 포탄이 거의 언제나 우리 머리 위로 날아갔다"). 그는 아침 일찍 포성을 들은 경우가 많았고, 그러다가 대리고의 지프차가 남한군 12연대 본부로 가곤 했다. 6월 25일 아침 4시가 조금 넘었을 때 그는 포성과 소형 화기 소리를 들었다. 언제나처럼 대리고는 지프차에 뛰어올라 남쪽으로 향했다. 젤러스는 몸을 돌려 다시 잠들었다. 7시 30분쯤 깨어났을 때 그는 인민군 병사들이 "우리 집을 지나다니는" 것을 보았다. 그들은 6월 29일까지 그를 혼자 남겨뒀다. 이후 그 지역의 모든 선교사는 긴 시간에 걸쳐 북한 경찰의 심문을 받았다. 그들은 그를 처형하겠다고 위협했지만, 그 뒤 그를 북한에 투옥했다(Letter, Lawrence A. Zellers to Bruce Cumings, August 24, 1987).

36. MA, RG6, box 9, Army to CINCFE, June 26, 1950; Blair, *Forgotten War*, 99쪽. 그 뒤 맥아더가 의회에서 증언한 것처럼 지뢰는 매설되지 않았다. Appleman, *Naktong/Yalu*, 7쪽도 참조. 전쟁 1년 전 로버츠는 서울과 38도선 사이의 지역이 1949년 1월 이후 "일촉즉발 상태"였다고 썼다. "38도선 부근에 3개 사단이 배치됐다. (…) 모든 '포병대'와 대전차포(91과 127)가 서울 인근이나 그 북방에 배치됐다. 공병대는 서울로 들어가는 모든 도로에서 파괴-전진 저지 임무를 수행할 준비를 마쳤다"(RG 319, box 548, Roberts to Bolte, July 4, 1949). 1950년 6월에 방어를 위한 파괴가 나타나지 않은 것은 남한이 북한으로 진격하거나 빠른 철수를 위한 것이라고 생각할 수도 있다.

37. RG242, SA2010, item 3/43, "Pogosŏ" 'Report', 유병준의 서명 첨부, June 29, 1950. 유병준은 241연대 2공병 중대장이었다. 보고서의 일부는 판독할 수 없다. 블레어는 북한이 1950년 5월에 철도를 "이해할 수 없게도 철거했다"고 말했지만 다른 여러 자료에서는 1949년에 철거가 이뤄졌다고 서술했다(*Forgotten War*, 58쪽).

38. John J. Mearsheimer, *Conventional Deterrence* (Ithaca, N.Y.: Cornell University Press, 1983), 25~27쪽.

39. 795.00 file, box 4267, "Tiger Kim vs. the Press," May 12, 1951; Schnabel and Watson, JCS, *Korean War*, vol. 3, pt. 1, 98쪽.

40. Ridgway Papers, box 19, Thomas D. McPhail to Ridgway, April 15, 1965.

41. Appleman, *Naktong/Yalu*, 26쪽.

42. 같은 책, 26~27쪽; Smith Papers, box 100, Drumwright account, July 5, 1950.

43. Sawyer, *Military Advisors in Korea*, 117쪽.

44. Appleman, *Naktong/Yalu*, 27~28쪽. 6월 28일 육군 G-2는 포항 상륙 보고는 오류였다고 밝혔다(HST, PSF, CIA file, box 262, joint daily summary no. 3, June 28, 1950). 1950년 3월 6일 『뉴욕타임스』는 유격대는 매주 동해안에 상륙했다고 보도하면서 북한 출신자들의 소행이라고 말했다(그러나 실제로는 남한 출신자로 생각된다).

45. Appleman, *Naktong/Yalu*, 24쪽; NA, manuscripts of the OCMH, box 620, "The Initial Attack." 이 공격과 관련해서는 참가한 부대명과 1연대가 공격받은 시간 외에는 자세한 사항이 기록되지 않았다.

46. Smith Papers, box 100, Drumwright account of July 5, 1950. 2사단 고문 제임스 S. 갤러거 James S. Gallagher 대령은 일요일 오전 8시 침공을 받았다는 소식을 들었다. 2사단은 그 시각에 대전을 떠나 북쪽으로 이동하라는 명령을 받았다(Sawyer, *Military Advisors in Korea*, 116, 120쪽). 그들은 14시 30분에 기차로 떠났다. 7사단이 패주한 것은 2사단이 제 시간에 도착하지 않았기 때문이라고 블레어는 말했다(*Forgotten War*, 60쪽).

47. *MacArthur Hearings*, vol. 5, 3385쪽.

48. Mearsheimer, *Conventional Deterrence*, 36, 47쪽.

49. Laurence Lafour, *The Long Fuse*, 2d. ed.(New York: J. B. Lippincott, 1971), 196~204, 254~264쪽 참조. 795.00 file, box 4262, Muccio to State, June 25, 1950의 두 전신도 참조. 서울 시간으로 하나는 오후 2시에, 다른 하나는 오후 6시에 발송됐다.

50. Smith Papers, box 100, Drumwright account of July 5, 1950; Noble Papers, Harold No-
ble letter to "Bell" Noble, June 26, 1950; also 795.00 file, box 4262, Muccio to State, June
25, 1950, two cables.

51. 895.00 file, box 5695, Bunce, Allison, and others, meeting at the State Department,
March 15, 1950; box 5692, Allison to Secretary of State, October 31, 1953; Drumwright
to Robertson, December 10, 1953; box 5693, Ray to State, April 7, 1950; MA, RG9, box
43, KMAG to SCAP, March 25, 1950; Goodfellow Papers, box 1, Goodfellow to Rhee,
October 3, 1950. 레이디는 7월 말 당국의 반대를 무릅쓰고 한국으로 돌아가려 했으나 시볼드
에게 저지됐다(MA, RG6, box 80, SCAP to State, July 20, 1950).

52. John Gunther, *The Riddle of MancArthur*(New York: Harper and Brothers, 1950),
165~166쪽.

53. 조선인민군, June 26, 1950. '새벽'이라는 표현을 사용한 것은 『로동신문』 1950년 5월 22일자 기
사 참조. 거기서는 5월 1일 '새벽' 1시 오대산 유격대가 춘천에 들어왔다고 썼다.

54. RG242, SA2005, item 2/67, 김일성의 방송 원고 "조선의 모든 인민에게 호소함" June 26, 1950.
1950년 8월에 노획된 조선인민군 병사의 강의록(RG242, SA2010, item 1/62)에서는 다음과 같
이 서술했다. "5년이 지나는 동안 이승만은 '제국주의자의' 아첨꾼이 돼 내전을 도발할 준비를
했다. 6월 24~25일 밤부터 아침까지 이승만의 군대는 전쟁*(원문 그대로)을 시작했다." *표 뒤에
서는 "선동한 것은 미제국주의자였다"고 지적했다.

55. Schnabel and Watson, JCS, *Korean War*, vol. 3, pt. 1, 5511쪽; Appleman, *Naktong/Yalu*,
20쪽. 두 문서는 1951년 5월 2일에 처음 공표됐다. 그 문서의 내용과 그것에 관련된 미국 의
원들의 다양한 발언은 State Department, *The Conflict in Korea*(Washington, D.C.: U.S.
Government Printing Office, 1951) 참조. 2주 뒤 북한은 그 문서가 위조된 것이라고 비난했
다(KCNA, May 16, 1951).

56. Office of the Executive Secretariat, box 5, daily summaries, April 20, 23, 1951. 4월 23일
까지 기밀이 해제돼 그것을 활용하기로 결정됐다.

57. MA, Willoughby Papers, box 12, Brig. Gen. Hal C. Pattison to Willoughby, August 5,
1965; Willoughby to Pattison, August 10, 1965.

58. MA, RG6, box 78, ATIS issue no. 6, November 8, 1950.

59. *Korea Herald*, June 27, 1979.

60. 임은은 해주 사건부터 쑹쯔원의 콩 사건까지 기록의 부조화를 모두 스스로 반증했다. 다른 어
떤 증거보다도 이것은 그 책이 서울에서 대필됐다는 가장 확실한 증거다(*Founding of a Dy-
nasty*, 173~174쪽 and ch. 5). 1981년 8월 현준극과의 대담도 참조.

61. MA, RG407, entry 429, box 350, ATIS Issue no. 2, October 30, 1950, "Order no. 1, dated
6/22/50, issued by Lee Kwon Mu, CO, 4th Infantry Division, Captured in Taejŏn area, 16
Jul 50."

62. Appleman, *Naktong/Yalu*, 20쪽.

63. MA, RG6, box 79, ATIS issue no. 15, January 3, 1951.

64. MA, RG6, box 81, "Interrogation Reports, North Korean Forces," ATIS, August 25, 1950,
interrogation reports nos. 603 and 605.

65. MA, RG6, box 61, intelligence summary no. 2883, August 1, 1950.

66. 같은 자료, box 78, ATIS issue no. 4, October 21, 1950.

67. Both are in ibid., ATIS issue no. 1, September 26, 1950. 첫 번째 문서에서는 한국군의 손실
인원 가운데 "일본인 고문 1명"이 있었다고 기록돼 있다.

68. 같은 자료, ATIS issue no. 1.

69. 같은 자료.

70. 나는 1984년 9월 5일 수트랜드 국립문서관Suitland National Records Center의 한 기록관에게 이
말을 들었다. 이 사건이 있은 뒤 한국 국적을 가진 사람들이 이 수집 문서를 열람할 때는 기록관
이 잘 볼 수 있는 곳에 앉도록 됐다. 한국의 국사편찬위원회와 협력해 노획 문서와 그 밖의 고문

서를 서울로 전송한 또 다른 인물은 수집된 문서 가운데 전쟁과 관련해 한국의 주장이나 당시 한국에서 출간된 역사서의 내용과 배치되는 것이 있으면 위원회에서는 출간은 말할 것도 없고 인수하는 것조차 거부했다고 내게 말했다. 그 결과 남한에서 편찬된 전쟁사는 거의 무용해졌다. 그러나 그 덕분에 노획 문서는 한국 정부나 북한 정부에 의해 훼손되지 않은 한국 관련 1차사료 가운데 하나가 됐다.

71. U.S. State Department, *North Korea: A Case Study in the Techniques of Take-over* (Washington, D.C.: U.S. Government Printing Office, 1961), 113, 117쪽. 최근 증언에 따르면 조선인민군 부참모장 이상조李相朝조차 전쟁 계획을 전혀 모르고 있다가 전쟁이 일어나자 깜짝 놀랐다고 한다. 그럼에도 그는 김일성이 스탈린의 승인을 받아 전쟁을 시작했다고 여전히 믿고 있다. 현재 소련에 살고 있는 이상조 장군과 최평길 교수의 대담 참조. *Korea Times*, June 18, 1989 수록.

72. RG242, SA2005, item 4/75.

73. MA, RG6, box 78, ATIS issue no. 14, December 29, 1950.

74. MA, RG6, Box 81, ATIS issue no. 834, August 21, 1950; ATIS issue no. 423, August 7, 1950.

75. RG242, SA2009, item 10/58, "전시 정치문화 사업" 조선인민군 655부대 문화부 발행.

76. RG242, SA2008, item 10/56, "Chŏnt'u sokbo," no. 1, June 16, 1950. 나는 제2호를 보지 못했지만 ATIS issue no. 3, October 12, 1950 (MA, RG6, box 78)에 번역돼 있다. 6월 18일자로 된 이 보고서는 입수할 수 있는 요약 번역본에 따르면 거의 같은 내용을 담고 있다. "38도선 부근에서 대규모 군사훈련이 실시될 것이다. 그러므로 어떤 군인도 외부인과 연락해서는 안 된다. 이 극비 사항이 적게 누설되지 않도록 모두 경계해야 한다."

77. RG242, SA2006, item 20/28, 1950년 6월 4일에 있은 조선인민군 3군 기술 부대 6선발대의 회동에 관련된 수기 기록.

78. RG242, SA2010, item 3/81, 조선인민군 855부대에 전달되거나 그 부대가 발령한 여러 명령.

79. Willoughby Papers, box 10, Korea Liaison Office file, report nos. 475-C(May 2, 1950), 498-C(May 15, 1950), and 518(May 25, 1950). 한국 연락사무소 자료 가운데 있는 6월의 보고에는 임박한 침략을 특별히 언급한 것이 거의 없다.

80. Baldwin, *Embassy at War*, 315쪽. 리처드 스틸웰 장군은 1987년 템스 텔레비전과의 대담에서 북한은 여전히 "엄청난 대군을 비무장지대를 향해 배치하고 있으며 감지된 최초의 징후에 따르면, 24시간 이내에 어떤 전략적 경고도 없이 직접 공격을 개시할 수 있다"고 말했다.

81. McCormack, *Cold War/Hot War*, 58쪽에 그 문서가 인용돼 있다. 헨더슨도 보통 북한이 남한을 공격한다고 말한다는 민기식 대령의 말을 인용했다. 그러나 민기식은 "이것은 사실이 아니다. 대부분은 우리 군이 먼저 공격한다. 그리고 더 열심히 공격하고 있다"고 말했다. 민기식은 포트 베닝의 보병학교Infantry School, Fort Benning에서 훈련을 마치고 돌아왔다.

82. 대만을 침략하기 위해 소집된 인민해방군 부대에 주혈흡충증住血吸蟲症이 발병했다고 보고됐다는 내용이 있다.

83. FO317, piece no. 92804, FK1075/1, July 5, 1951, 프랫의 1951년 팸플릿 "Rearmament and the Far East"와 그의 강연 요지 수록.

84. Prouty, *Secret Team*, viii~xiii, 34~36, 67쪽.

85. Warren Hinckle and William W. Turner, *The Fish Is Red: The Story of the Secret War Against Castro*(New York: Harper and Row, 1981), 80~81쪽. 이 책에 관심을 갖게 해준 케빈 마치오로에게 감사한다.

86. *New York Times*, June 8, 1984. 공공방송 시스템Public Broadcasting System의 다큐멘터리 자문위원 오스틴 호이트Austin Hoyt는 1987년 2월 스틸웰과 가진 대담에 대해 내게 말해줬다.

87. HST, Acheson Papers, box 65, Wallace to Acheson, July 26, 1950, *China Weekly Review's article*, "Background to the Civil War in Korea"의 복사본 첨부; Acheson's letter to Wallace, August 10, 1950, 본문의 인용이 그대로 수록돼 있음.

88. Eisenhower Library, Anne Whitman file, NSC, 179th Meeting, box 5, January 8, 1954.

89. 같은 자료, boxes 4 and 9.

90. Arthur Krock Papers, box 1, notebooks, Book II, entries for July 1950. Johnson telephoned Krock on June 25, 26, 1950 (Johnson Papers, box 141, appointment book, June entries).

91. *MacArthur Hearings*, vol. 4, 2572~2584쪽; RG46, *MacArthur Hearings*, deleted testimony, box one, Johnson testimony of June 14, 1951.

92. Johnson Papers, box 138, Johnson to Willoughby, June 29, 1950; Koo Papers, box 180, memo of meeting with Griffith, June 28, 1950; Koo oral history, vol. 6, A-24쪽. 그리피스는 자신의 말이 어떤 뜻인지 자세히 설명하지 않았다.

93. Bradley, *General's Life*, 503쪽.

94. Military History Institute, Carlisle, Willoughby Papers, box 10, "The North Korean Pre-Invasion Build-up," circa early 1951. 월러비가 모든 것을 쓰지는 않았을 수도 있지만 그것은 그의 견해를 나타낸다.

95. 같은 글.

96. *MacArthur Hearings*, vol. 3, 1991~1992쪽.

97. James, *Years of MacArthur*, vol. 2, 5~14쪽.

98. MA, Willoughby Papers, box 13, "Aid and Comfort to the Enemy," early 1951. Charles A. Willoughby and John Chamberlin, *MacArthur, 1941-1951* (New York: McGraw-Hill, 1954), 352~354쪽도 참조. 북한의 공격에 "워싱턴은 경악했지만" 도쿄는 그렇지 않았다고 그는 말했다.

99. MA, RG6, box 40, daily intelligence Summary, no. 2684, January 14, 1950.

100. MA, RG6, box 58, intelligence summaries no. 2803-2850, May 13-June 29, 1950.

101. MA, RGg, box 40, Commanding General, Far East Air Force, to other units, May 20, 1950; 같은 자료, June 10, 1950. 모두 당초에는 극비 문서였다.

102. 한국의 신호정보 수집 능력에 대해서는 거의 알려져 있지 않지만 육군 보안국의 8609부대에 관련된 사항은 아래 자료에 실려 있다. G-3 Operations file, box 34A, CINCFE to Army, September 4, 1950, attachment. Corson, *Armies of Ignorance*, 318쪽도 참조. 조선인민군의 무선통신은 NA, OCMH manuscripts, box 616, "History of the Korean War," vol. 3, "Enemy Tactics," 4쪽 참조.

103. Mathews Papers, box 90, diary, "Korea with the J. F. Dulles Mission, June 14-29, 1950." 브래들리도 "오랜 친구"인 로버츠가 자신에게 침략은 일어나지 않을 것이고, 일어난다고 해도 남한은 대처할 수 있을 것이라고 안심시켰다고 말했다 (*General's Life*, 530쪽).

104. Acheson Papers (Yale), box 1, Allison to Acheson, November 7, 1969; Ayers Papers, box 26, diary, entry for July 1, 1950; Far East file, box 4123, Dulles, "Notes on Korea," June 29, 1950.

105. FO317, piece no. 84060, Gascoigne to FO, July 5, 1950; James, *Years of MacArthur*, vol. 1, 572쪽; vol. 2, 196쪽.

106. *MacArthur Hearings*, vol. 1, 235~241쪽.

107. *New York Times*, June 27, 1950; *Manchester Guardian*, 27, 1950. 힐렌쾨터에 따르면 레버렛 샐튼스톨Leverett Saltonstall 상원의원은 CIA가 공격에 대해 6월 17일 "마지막 경고"를 보냈다고 말했다. 그것이 6월 19일의 보고서와 다른 것인지는 분명하지 않다 (*MacArthur Hearings*, vol. 1, 436쪽 참조).

108. RG218, JCS, file 383.21, box 25, section 21, "Memorandum for the Secretary of Defense," through Maj. Gen. J. H. Burns, signed by Maj. Gen. Lyman Lemnitzer, June 29, 1950. 분실된 6월 19일자 CIA 보고서에 대해서는 Schnabel and Watson, JCS, *The Korean War*, vol. 3, pt. 1, 52쪽 참조. 거기서는 그 보고서를 CIA의 "현지 기관"이 보고한 것으로 보았는데, 한반도에서 보내졌다는 뜻으로 여겨진다. 한국전쟁에 관련된 그 연구의 다른 부분에서 합동참모본부는 공격이 임박했다는 어떠한 경고도 미국이나 한국의 기관에서 받지 못했다고 애써 주장하고 있다. JCS, "The Korean Conflict," manuscript in NA, vol. 4, ch. 2, Wilber W. Hoare, Jr., "The

Week of Decision," 1~2쪽 참조.

109. Acheson Seminars, June 23, 1953. 케넌이 한국에 대해 거의 몰랐던 것은 분명하다. 그 회의에서 케넌은 평양에서 영향력을 행사하고 있는 것은 소련의 꼭두각시이지 마오쩌둥의 수하가 아니며, 소련은 한국인으로 구성된 몇 개 사단을 카자흐스탄에서 훈련시켜 전쟁에 투입했다고 말했다. 그러나 3년 동안의 전쟁에서 그 사단의 병사는 한 사람도 포로로 사로잡히지 않았다.

110. *New York Times*, June 24, 1950; CP, 1977, item 175D, CIA report, sanitized, signed by Hillenkoetter, June 27, 1950.

111. Corson, *Armies of Ignorance*, 154, 315~321쪽.

112. Ronald Lewin, *The American Magic*(New York: Penguin Books, 1982), 65쪽. 제2차 세계대전의 신호정보에 관련된 그의 저서는, 그런 정보를 입수할 수 있었다면, 그것이 한국에 얼마나 중요했을지 보여준다. 로베르타 볼슈테터Roberta Wohlstetter는 진주만 공격을 깊이 연구해 원래의 보고로부터 "정보"를 분리하는 것이나 신호와 "소음"을 구분하는 것이 얼마나 어려운지 보여주었다(*Pearl Harbor: Warning and Decision*, 1962).

113. RG 338, box 5417. March 6, 1950, G-2 HQ intelligence report, grade C-4.

114. Koo Woo Nam, *The North Korean Communist Leadership, 1945-1965: A Study of Factionalism and Political Consolidation*(University, Ala.: University of Alabama Press, 1974), 92~93쪽. 설정식은 1953년 8월에 숙청됐다. 그는 조선인민군 최고사령부의 정치행정부에 있었다. 익명을 요구한 한 한국인은 "윤"이 연정延禎일 것이라고 추정했다. 연정은 윌러비의 한국 연락사무소에서 근무했으며 북한의 침략에 관련된 정보를 한국 연락사무소에 사전에 제공했다고 주장했는데, 그 정보를 제공한 인물은 설정식일 것이라고 내게 말했다. 그 뒤 연정은 윌러비를 위해 위험한 임무를 맡았는데, 원산의 병원에서 입원 환자들을 데려와 그들이 선線 페스트에 걸렸는지 확인하는 것이었다.

115. *United States Policy in the Far East, Part 2: Korea Assistance Acts, Far East Portion of the Mutual Defense Assistance Act of 1950*(Washington, D.C.: U.S. Government Printing Office, 1976), 464쪽; Corson, *Armies of Ignorance*, 315~321쪽.

116. Ridgway Papers, Oral Interview, March 5, 1982; Rusk's June 20 testimony is in Selected Executive Session Hearings of the House Committee on International Relations, vol. 7, "U.S. Policy in the Far East," Part 2(Washington, D.C.: U.S. Government Printing Office, 1976), 464쪽. 핸슨 볼드윈은 38도선 일대에서 "병력이 현저히 증가했다"고 지적하면서 "언제라도 침략할 수 있다고 언급한" 6월 9일 CIA의 경고를 보고했다. 이것은 6월 14일자 보고서를 말한 것으로 생각된다. 조선인민군 4개 사단과 국경경비대의 부대는 오랫동안 38도선에 배치됐다고 그는 말했다. "그러나 6월 초부터 일본제로 보이는 경·중전차와 122밀리 소련제 야전포 30여 대와 그 밖의 중장비가 전방에 집결했으며, 병력 집중은 더욱 뚜렷해졌다"(*New York Times*, 28, 1950).

117. 1951년 6월 17일 후버는 "신뢰할 수 있는 익명의 친구가 보낸 각서"를 놀런드에게 보냈는데, 그 내용은 알려지지 않았다. 1951년 6월 19일 놀런드는 다음과 같이 응답했다. "귀하의 친구가 보낸 정보는 기본적으로 정확합니다. 힐렌쾨터 제독이 상원 세출위원회에 출석했다는 것은 나도 그때 그 자리에 있었기 때문에 알고 있습니다"(Hoover Presidential Library, PPI file, box 395).

118. *New York Times*, June 26, 1950. 휘트니의 기사 날짜란에는 6월 25일 워싱턴에서 보낸 것으로 돼 있다.

119. G-3 Operations file, box 121, Bolte to Ridgway, June 20, 1950. 볼트는 리지웨이의 요청을 언급했지만, 그것이 언제 작성됐는지는 말하지 않았으며, 나도 그것을 알 수 없었다.

120. Koo oral history, vol. 6, A-116쪽.

121. Blair, *Unknown War*, 87쪽. 도널드 매크비 커티스Donald McB. Curtis 대령은 SL-71의 초고를 작성했으며, 『아미』 1985년 7월호에 투고한 서신에서 그것을 논의했다.

122. Appleman, *Naktong/Yalu*, 19쪽.

123. Corson, *Armies of Ignorance*, 316, 318쪽.

124. HST, PSF, CIA file, box 248, memo of June 28, 1950; box 250, CIA, "Military Supplies for North Korea," September 13, 1950.

125. 795.00 file, box 4269, MacArthur to Army, September 1, 1950(유엔에서 소련은 조선인민군이 사용한 소련 무기는 모두 1948년에 비축한 물품 가운데 일부라고 주장했는데, 맥아더는 그 가운데 10개 품목은 1949년과 1950년 소련에서 제조됐다는 인장이 찍혔지만 중국을 거쳐 들어올 수 있었다고 반박했다); New York Times, September 7, 1950.

126. Walter Sullivan, New York Times, July 31, 1950; 795.00 file, box 4262, Muccio to State, June 25, 1950, cable no. 933; New York Times, June 25, 1950, United Press accounts; Hanson Baldwin, New York Times, June 30, 1950 인용.

127. FO317, piece no. 84064, Sawbridge to FO, August 17, 1950; piece no. 84130, Dening minute on no. FK10338/4, July 7, 1950; Manchester Guardian, June 26, 1950

128. 795.00 file, box 4262, Muccio to State, June 26, 1950, 심야에 보낸 전신. 이범석의 발언을 인용.

129. Stone, Hidden History, 44쪽.

130. 이를테면 Harry Summers, On Strategy(New York: Presidio Press, 1982), and my critique, "Parades of Remembering and Forgetting: Korea, Vietnam, and Nicaragua," The Nation(October 1986) 참조.

131. United Press account of Lutwak' July 20, 1950, speech in Charleston, S.C., New York Times, July 21, 1950.

132. Friedrich Nietzsche, Beyond Good and Evil, trans. Walter Kaufmann(New York: Vintage, 1966), 195쪽.

19장 봉쇄를 위한 전쟁

1. Alisdair Cooke, Manchester Guardian, June 27, 1950; FR(1950) 7, 125~128쪽. 후자에는 무초의 전보(no. 925), 편집 메모, 1950년 8월 7일 러스크와의 대담이 포함돼 있다. "편집 메모"에서는 애치슨에게 전화한 인물이 누구인지 언급하지 않았지만, 애치슨은 존 히커슨John Hickerson이라고 밝혔다. Acheson Seminars, transcript for February 13-14, 1954 참조.

2. "편집 메모"(FR[1950] 7, 125~128쪽)에서는 트루먼이 6월 24일 오후 11시 20분에 유엔에 회부하기로 한 결정을 승인했으며 그 뒤 11시 30분에 리에게 전화를 걸었다고 언급했다. 그러나 애치슨은 자신이 히커슨에게 안전보장이사회 소집을 지시한 것은 오후 10시 30분이었으며, 그것보다 거의 한 시간 전에 트루먼에게 전화했다고 말했다. 애치슨은 히커슨에게 분명히 말했다. "즉시 행동해야 합니다. 대통령이 다른 생각을 가졌다면 '귀하가' 하고 있는 일은 아무 문제 없이 변경될 것입니다." 애치슨은 트루먼에게 전화를 걸어 자신이 "히커슨에게 허가한 행동"을 전달했고 대통령은 그것을 "승락했다." 애치슨에 따르면 1950년 7월 19일 트루먼에게서 받은 메모에는 "토요일 밤 유엔 안전보상이사회를 즉시 소집해 내게 보고한" 애치슨의 조처는 "이후 사안이 전개되는 데 결정적으로 중요했다. 귀하가 그런 방향으로 신속히 행동하지 않았다면 우리는 단독으로 한국에 들어갈 수밖에 없었을 것입니다"라고 씌어 있었다. 또한 트루먼은 즉시 돌아오려고 했지만 자신은 다음 날까지 기다릴 것을 제안했다고 애치슨은 말했다. Acheson's account in Acheson Seminars, February 13-14, 1954 참조. 영빈관 회의는 FR(1950) 7, 157~161, 178~183쪽 참조.

3. Acheson Seminars, transcript of February 13-14, 1954. 케넌은 자신이 1950년 6월 말 수첩에 적어둔 말을 인용했다. 브래들리도 애치슨 정책 결정 과정을 지배했다고 지적했다(A General's Life, 536쪽). 케넌은 6월 26일에 쓴 메모에서 "우리는 남한에게 강력하게 반격해야 하며" 공격을 "격퇴해야" 한다면서 애치슨의 결정을 지지했다. 만약 미국이 한국을 방어하지 못한다면 그 뒤에는 이란과 베를린이 위협을 받게 될 것이라고 그는 생각했다(Kennan Papers, box 24, Kennan to Acheson, June 26, 1950). 그 결정에 관련된 애치슨의 논의는 Present at the Creation, 405~407쪽 참조.

4. Acheson, Present at the Creation, 405쪽.

5. Beard, *Roosevelt and the Coming of the War*, 553쪽에서 인용한 스팀슨의 일기. 세미나의 초고(HST, box 81) 12쪽에서 애치슨은 "6월 25일이라는 날짜는 이론의 영역에서 많은 것을 제거했다. 한국은 국가안보회의 문서 48을 확정한 것으로 여겨지며 실제로도 그렇게 했다". 하시의 발언은 Hodgson, *America in Our Time*, 46쪽에서 인용.

6. CP, 1979, item 439B, "Notes on Meetings," May 16, 1951.

7. 같은 자료, 16쪽 주석.

8. HST, George M. Elsey Papers, "President's Conversation with George M. Elsey," June 26, 1950. 이 인용에 관심을 갖게 해준 바턴 번스타인Barton Bernstein에게 감사한다. 6월 30일 트루먼은 국가안보회의에서 전쟁의 범위를 한국과 38도선의 복원에 국한하려는 자신의 구상―곧 봉쇄―을 분명히 밝혔다. HST, PSF, NSC file, box 220, summary of the 59th meeting, June 30, 1950. "Review of the World Situation, July 19, 1950"에서 CIA는 "이 선을 획정하지 못하면 미국의 봉쇄 정책 전체의 신뢰도는 심각하게 추락할 것"이라고 말했다(HST, PSF, CIA file, box 250).

9. 이런 상황은 이를테면 Glenn Paige, *The Korean Decision*에 잘 나와 있다.

10. Acheson Seminars, transcript of February 13-14, 1954. 태프트가 아니라 다른 사람이 6월 27일에 처음 이의를 제기했지만 태프트의 발언이 "큰 영향"을 주었다고 로버트 도너번은 말했다(*Tumultuous Years*, 220쪽).

11. 애치슨은 1950년 7월 13일 프랭크 페이스 육군 장관과 나눈 대화와 관련해 루시우스 배틀Lucius Battle에게 "우리는 이 문제에 대해 어떠한 기록도 남기기 않기로 합의했다. 반복하지 않음"이라고 말했다(HST, Acheson Papers, box 45, Appointment book entry for July 14, 1950). 맥아더에 관련된 비밀 회동은 Acheson Seminars, transcript for February 13-14, 1954 참조.

12. 브래들리 장군은 첫 영빈관 회의에서 "우리는 어딘가에 선을 그어야 한다"면서 애치슨류의 봉쇄를 지지했다. 그러나 그는 프랭크 페이스와 루이스 존슨과 마찬가지로 미지상군을 대규모로 투입하는 것의 "타당성"에는 의문을 제기했다. 6월 26일 두 번째 회의에서 브래들리 장군과 콜린스 장군은 총동원령을 내리지 않는 한 지상군 투입은 미군 전투부대에 무리를 가져올 것이라는 견해를 다시 표명했다. 그러나 루이스 존슨은 이제 애치슨을 지지하면서 애치슨이 아니라 자신이 대만의 방어를 주장했다는 거짓 정보를 언론에 흘렸다(*FR*[1950] 7, 157~161, 178~183쪽). 그 결과 트루먼은 존슨을 해임하는 것을 다시 한번 생각하게 됐다. 트루먼은 언론 보도와는 달리 "그들은 국방부를 움직이는 데 어려움을 겪었다"면서 "이런 상황이 지속되면 새로운 국방장관을 임명해야 할 것"이라고 말했다(Ayers Papers, box 26, Diary entry for June 29, 1950).

13. Acheson Seminars, transcript for February 13-14, 1954.

14. Allison, *Essence of Decision*, 10~38쪽.

15. Donovan, *Tumultuous Years*, 202쪽.

16. Acheson, *Among Friends*, 185, 192쪽. 트루먼은 때로 굴욕을 느꼈을 것이지만 그런 내색을 하지 않고 언제나 애치슨을 옹호했다.

17. Quoted in Donovan, *Tumultuous Years*, 256쪽.

18. Stone, *Hidden History*, 105쪽.

19. Eben Ayers Papers, box 26, Diary entry for November 7, 1948. 한국전쟁이 전개되는 동안 트루먼은 흥미롭고 익살스러운 메모를 자주 남겼지만 수많은 오자로 가득해 역사를 전공하는 대학 2학년생에게 실망감을 안겨주기도 한다(이를테면 아이젠하워Eisenhower를 "Isenhower"로, 애치슨Acheson을 "Atcheson"으로, 그리고 장제스Chiang Kai-shek는 늘 "Chiang Kai Chek"으로 표기했다). 1952년 4월 그는 "칭기즈 칸, 티무르, 아틸라 같은 역사상의 살육자들은 볼셰비키에 비하면 평범한 신사였다"며 볼셰비키를 맹렬히 비난했다. 이 밖에도 그는 역사적으로 몇 가지 나쁜 일이 일어났음을 언급했다. 트루먼의 메모는 용기, 결단력, 깊은 애국심 그리고 미국의 위대함에 대한 단순한 믿음을 보여준다. HST, PSF, box 333, "Longhand Notes" file, 1945-1955 참조.

20. *FR*(1950) 7, 148~154쪽, "Intelligence Estimate," Office of Intelligence Research. 6월 25일자 힐렌쾨터의 CIA가 작성해 대통령에게 송부한 보고서에서는 이번 조치는 미국의 결의를 시험

하려는 소련의 탐색이었지만 미국이 개입하면 소련은 "관여를 부정하거나 국지적 충돌로 전환시킬 것"이라고 지적했다(HST, PSF, CIA file, box 248, Hillenkoetter's daily summary for the president, June 25, 1950. 이 보고서에는 날짜가 기재되지 않았지만 문맥으로 볼 때 6월 25일이 분명하다). 복수의 정보원情報源에게서 트루먼에게 전달되는 정보 보고는 대체로 내용이 부실했고, 미국이 한국에 개입하는 방향으로 매우 편향돼 있었기 때문에, 그는 『뉴욕타임스』를 읽는 것이 더 나았을 것이다.

21. FO317, piece no. 84080, BBC monitor of Seoul broadcast, June 27, 1950. 한국의 전단 원본은 MA, RG6, box 16 소재. 그것은 대부분 한자로 씌어 있었기 때문에 농민은 대부분 읽을 수 없었다.

22. 맥아더와의 원격회의 기록 참조. FR(1950) 7, 250~252쪽 수록. MacArthur's cable in MacArthur Papers, RG6, box 9, CINCFE to Army, top secret, June 30, 1950도 참조. CINCFE to Army, July 7, 1950도 참조. 6월 29~30일 전투부대와 관련된 결정은 Acheson Seminars, transcript of February 13-14, 1954도 참조. 이 문서는 합동참모본부가 결정에 대해 상담을 받지 않았으며, 실제로 6월 30일까지 그 결정에 반대했다는 것을 입증한다. 거기에는 맥아더가 "허가를 받기 전에 이미 병력을 이동시키기 시작했는가"라고 물은 니츠의 발언과 "그런 기록은 입수하지 못했다"는 애치슨의 대답이 인용돼 있다. JCS, "The Korean Conflict," vol. 4, section VI, ch. 2, 11쪽도 참조.

23. Schnabel and Watson, JCS, *The Korean War*, vol. 3, pt. 1, 46쪽.

24. 『로동신문』, July 2, 1950. 당 간부용 극비 내부 자료에도 6월 말부터 거의 같은 내용이 담겨 있다. 곧 이 전투는 이승만과 미국을 표적으로 한 "민족 독립과 독립국가의 주권을 실현하기 위한 인민의 전쟁"이고 조선인의 손으로 승리할 수 있는 전쟁이며 "위대한 소련이 영도하는 세계의 반제국주의 민주 진영의 완전한 정신적 지지를 불러일으킬 것"(다시 말해 누구의 도움에도 의지하지 않을 것)이라고 서술했다. RG242, SA2009, item 7/26, 당 내 모든 단체와 당원들에게 보내는 조선노동당 중앙당위원회의 편지, 1950년 6월 27일, "극비" 참조.

25. 『해방일보』, July 9, 1950.

26. 같은 신문, July 19, 22, 1950.

27. 같은 신문, July 29, 1950.

28. Acheson Seminars, transcript for February 13-14, 1950.

29. *New York Times*, July 30, July 6, 1950.

30. FR(1950) 7, 144~147쪽, Memo of conversation, June 25, 1950.

31. UNCOK file, box 1375, Acheson to SCAP, July 1, 1950. McCormack, *Cold War/Hot War*, 77~84쪽도 참조.

32. 같은 자료, Muccio to State, June 25, 1950; Seoul to State, June 27, 1950; Tokyo to Secretary of State, June 27, 1950; Tokyo to State, June 30, 1950. 795.00 file, box 4262, Muccio to State, no. 933, June 25, 1950도 참조.

33. FO317, piece no. 83298, Dening meeting with Chiefs of Staff, July 12, 1950; piece no. 83299, 1950년 여름 대만에 대한 미·영의 여러 논의 자료; piece no. 84076, RAF squadron leader A. G. Lawrence to FO, December 30, 1949 참조. 영국 부대의 도착은 IIST, OIR daily reports, August 25-28, 1950 참조. 연합군의 총병력은 *MacArthur Hearings*, vol. 5, 3586쪽 참조.

34. HST, PSF, CIA file, box 250, CIA daily report, July 8, 1950.

35. HST, Acheson Papers, box 81, "Notes on meetings."

36. Thames Television interview, Athens, Georgia, September 1986. Schoenbaum, *Waging Peace and War*, 211쪽도 참조.

37. *New York Times*, May 8, 1950. 이 제안은 후버가 노랜드에 보낸 서신에서 나온 것으로 언론에 공개됐다.

38. 동독 언론도 미국은 전쟁이 일어나기 전 동맹국에게 유엔의 행동을 준비하라고 주의를 촉구했으며, 입증할 수는 없지만 이것은 소련에게는 사전에 계획할 수 있는 시간이 있었음을 다시 한번

알려주는 것이라고 주장했다. HST, State Department OIR pamphlet, "World Reactions to Korea Developments," no. 1, June 28, 1950.

39. 평양에서 열린 남북연석회의에서 김일성이 한 연설(『북조선통신』, no. 29, May 1948, 9~10쪽).

40. *New York Times* editorial, August 30, 1950.

41. *New York Times*, 26, 1950: Kennan Papers, box 34, draft memorandum, "Possible Further Danger Points," June 30, 1950.

42. 월러스는 8월 초 한국전쟁에 대한 입장을 둘러싸고 진보당을 탈당해 트루먼을 지지했다. J. Samuel Walker, *Henry A. Wallace and American Foreign Policy*(Westport, Conn.: Greenwood Press, 1976), 209쪽 참조. 월러스는 7월 15일 미국이 "이승만과 그의 잔인한 정부를 위해" 싸우는 것은 "어리석은 행동"이지만, 유엔이 "허가한 이상" 전쟁을 지지해야 한다고 말했다 (HST, Acheson Papers, box 65, Wallace to Acheson, July 26, 1950, and enclosure). 1950년 6월과 7월 I. F. 스톤은 일정한 거리를 두면서도 전쟁을 지지한다는 입장을 『컴패스』에 전달했지만, 얼마 뒤 공식 견해에 의문을 품기 시작해 *Hidden History*를 쓰기 시작했다.

43. 머천트의 보고에 따르면 6월 25일 오후 외교위원회 극동소위원회의 엘버트 토머스 상원의원과 협의할 때 토머스는 "이것은 법률적으로 내전이지 침략 행위가 아니라는 견해를 나타냈다." 토머스도 "남한에는 공산주의에 대한 공감이 널리 퍼져 있다"고 생각했다. 그러나 내가 알기에 토머스는 그 문제를 거론하지 않았다(795.00 file, box 4262, Merchant to Rusk, June 25, 1950).

44. *The Progressive*, August 1950: The Nation, July 1, 1950.

45. *Monthly Review*, lead editorial, 2/4(August 1950), 110~117쪽.

46. *World Events* 7, no. 2(Spring 1950): 7, no. 4(Fall 1950).

47. Hoover Presidential Library, Kenneth R. Colegrove Papers, box 32, Hodge to Colegrove, July 6, 1950.

48. *The Oregonian*, July 19, 21, 23, 25, 29, 1950. 이 중도적 신문에는 당시의 다른 많은 신문과 마찬가지로 공산주의자들과 공산주의자로 알려진 사람들, 충성 선언에 서명하지 않은 교수들, 그리고 핵폭탄 사용 금지를 요구하는 학생들을 공격하는 기사로 가득했다. 한편 동유럽에서 망명한 반공주의자들의 발언에는 많은 지면을 할애했다.

49. Dulles Papers, box 48, Dulles to Holland, August 17, 1950. 덜레스는 자신의 책이 나오기 전에 죽은 매큔을 "말만 완벽하게 하는 공산주의자와 필연적으로 불완전한 행위를 할 수밖에 없는 우리를 대비시킨" 사람들 가운데 하나라고 비방했다.

50. *New York Times*, July 4, 10, August 3, 1950.

51. *New York Times*, July 3, 1950.

52. Reeves, *Life and Times of Joe McCarthy*, 578, 632쪽.

53. Ridgway Papers, box 16, Conant memorandum of September 28, 1950.

54. Hodgson, *America in Our Time*, 89, 97쪽.

55. Letter to the *New York Times*, July 10, 1950.

56. 아직도 익명을 바라는 한 한국계 미국인과의 대담. 그는 서부 지역에 거주하는 온건한 자유주의적 성향의 한 한국인 교수는 이승만에 비판적인 입장을 갖고 있었는데, FBI의 조사 후 실직했고 한국으로 추방되는 것을 간신히 모면했으며, 국적을 상실해 오랫동안 여권을 취득하지 못했다고 주장했다. 추방된 한국인 가운데 몇 사람은 로스앤젤레스에서 발행된 좌익 한국 신문과 연결됐다.

57. *US News and World Report*, September 29, 1950.

58. *New York Times*, August 26, September 1, 2, 1950. 핸슨 볼드윈은 존스도 예방 전쟁에 대해 이야기해왔다고 주장했다.

59. 이런 논의 가운데 가장 뛰어난 것은 Victor Navasky, *Naming Names*(New York: Viking Press, 1980).

60. 795.00 file, box 4263 and box 4269의 자료 참조.

61. Barnes, ed., *Perpetual War for Perpetual Peace*, 657쪽.

62. FO371, piece no. 84059, Gascoigne to FO, July 4, 1950, "신뢰성을 담보할 수 없는" 정보 보

고에서 인용. 이 소련의 지령이 나온 것은 6월 26일 오전 3시라고 보고한 중국 국민당의 노획 연락문 참조. Office of Chinese Affairs, box 4222, Freeman to Rusk, July 6, 1950에 수록. *FR*(1950) 1, 363쪽, Kennan to Acheson, August 8, 1950도 참조. 워싱턴 주재 이탈리아 대사 관에서는 6월 30일 소련 대사관 직원이 소련 병사는 한국 영토에 한 명도 보내지 않을 것이라고 밝혔는데 "지시를 받은 것으로 보인다"고 보고했다(795.00 file, box 4267, "Record of Actions in the Korean Crisis 「June 30, 1950」," in 795.00/8.2550).

63. HST, PSF, CIA file, box 250, Foreign Broadcast Information Service(FBIS) translations of Radio Moscow, June 26-28, 1950. 외국 방송 정보 서비스FBIS에는 7월 6일까지는 소련이 나 그 위성국이 북한을 지지하는 발언이 들어오지 않았으며 도덕적 지지의 수준을 넘지 않았다.

64. *FR*(1950) 1, 329쪽, Memo of NSC consultant's meeting, June 29, 1950: HST, PSF, State Department Office of Intelligence and Research, "World Reactions to Korea Develop-ments," no. 5, July 2, 1950: 795.00 file, box 4264, Acheson telegram to all missions, July 3, 1950도 참조. 동유럽 언론에 대해서는 *New York Times*, July 1, 1950 참조. 케넌의 발언은 아 래 자료에 인용됨 Acheson Seminars, February 13-14, 1954.

65. 795.00 file, box 4265, "Kelly-Gromyko Talks," top secret, July 15, 1950.

66. MA, RG6, box 61, intelligence summary no. 2885, August 8, 1950: see also HST, PSF, "Army Intelligence—Korea," box 262, daily situation reports nos. 5-15, July 1-2-July 11-12, 1950. 육군 정보부는 9월 초 일일전황 보고에서 소련의 참전과 관련해 "계속 '부정적'"이 라고 판단했다(795.00 file, box 4268, Memo for the Chief of the Intelligence Division of the Army, September 8, 1950). 국무부 정보조사국은 소련의 군사고문 문제를 다음과 같이 요 약했다. 북한군 포로 250명을 심문한 결과 침공 전 모든 북한군 부대에는 소련의 군사고문이 있 던 것으로 조사됐다. 그러나 모든 포로는 부대가 38도선을 넘을 시점이나 그 이전에 북한군을 떠났다고 증언했다. 보통 5명의 고문이 각 사단에 있었고, 2명은 사단 사령부에, 1명은 각 연대 에 배치됐다. 북한 해군·공군·군사훈련 학교에도 고문이 있다고 보고됐다. 고문들은 북한군 부 대를 직접 지휘한 적은 없으며 북한군 장교를 개입시켜 행동했다(HST, PSF, "Selected Records Relating to the Korean War," box 3, OIR report no. 5299.51, August 30, 1950).

67. HST, PSF, CIA file, box 250, report of July 7, 1950. 그러나 이 지역에는 소련의 TU-4 중重폭 격기와 대형 군함이 배치되지 않았으며, 이것은 일본을 공군과 해군으로 침공할 위험이 거의 없 다는 뜻이었다.

68. 8월 초 CIA는 소련에서 북한으로 수송되는 무기가 "6월 25일 이후 약간 줄었다"고 보고했다 (HST, PSF, CIA file, box 250, daily summary for August 3, 1950. 그러나 CIA는 만주로 수 송하는 분량은 늘었다고 지적했다. 그러나 그것이 북한으로 가는 것인지 대만 침공을 지원하 려는 것인지는 확신하지 못했다). *New York Times*, September 7, 1950: NA, OCMH manu-scripts, box 617, "History of the Korean War," vol. 3, pt. 13, "Enemy Materiel," 1~2쪽도 참 조. 한국군이 전장에 방기한 미군의 장비는 *New York Times*, July 26, 1950 참조. CIA는 소련 이 블라디보스토크에서 철도와 해로를 이용해 북한에 다시 군수품을 수송하고 있다고 판단했 지만, 조선인민의 장비는 대부분 소련과 일본이 남긴 비축품이라고 지적했다. 1950년에는 "분 명히 소련에서 상당한 분량의 장비가 유입됐을 것"이라고 덧붙였다(강조는 인용자). HST, PSF, NSC file, box 2, CIA, intelligence memo no. 326, September 15, 1950 참조.

69. 1950년 11월 맥아더는 북한과 중국은 소련제 군수품에 현금이나 현물로 지불했다고 시볼드에게 말했다. 795.00 file, box 4269, Sebald to Acheson, November 15, 1950: HST, PSF, "Selected Records Relating to the Korean War," box 3, OIR report no. 5299.18, July 18-19, 1950: 895.00 file, box 5692, Embassy to State, June 18, 1952.

70. 『로동신문』, August 15, 1950: 『해방일보』, August 17, 18, 1950.

71. Nikita Khrushchev, *Memoirs, 1950-1953*(New York: Pantheon Books, 1977): Ridgway Papers, box 16, Memo of meeting with MacArthur, August 8, 1950. 8월 중순 피터 플레 밍Peter Fleming은 소련은 북한의 도시에 "일정한 방어"를 제공하기 위해 "공군부대를 파견하는 데 어려움을 겪지 않았다"고 지적했다(*The Spectator*, August 11, 1950, 170~172쪽). 포항에서

전개된 대규모 전투와 관련해 『뉴욕타임스』는 "소련은 미국의 함선이 항해하는 해역에 잠수함을 보유하고 있지만 아무 조치도 하지 않고 있는 것은 간과해서는 안 된다"는 내용의 사설을 내보냈다(July 20, 1950). 소련의 소극성에 관련된 드루 미들턴Drew Middleton의 해설도 흥미롭다. *New York Times*, July 26, 1950.

72. *US News and World Report*, August 25, 1950; New York Times, October 11, 1950. 후자는 사이클론이 강타한 것처럼 대사관 문서들이 아직도 사무실 주변에 널려 있다고 보고했다. 물론 극비 서류는 대사관 직원들이 떠나기 전에 불태웠다.

73. Kennan Papers, draft memorandum, "Possible Further Danger Points," June 30, 1950, top secret.

74. *FR*(1950) 1, 361~367쪽, Kennan to Acheson, August 8, 1950, top secret.

75. U.S. Senate, Committee on Foreign Relations, Historical Series, *Economic Assistance to China and Korea: 1949-1950*(Washington, D.C.: U.S. Government Printing Office, 1974), 175~179쪽.

76. *FR*(1950) 1, 393~395쪽, Acheson notes for congressional hearings, circa August 20, 1950.

77. 소련이 한국전쟁에서 얻을 수 있는 것이 "서방세계의 200억 달러 규모의 재무장"이라면 그것은 소련의 큰 실책으로 역사에 남을 것이라는 것이 레스턴의 결론이었다(*New York Times*, July 23, 1950). 실제로는 1950년 말 시점에 미국의 국방비만도 500억 달러였다.

78. G-3 Operations File, box 121, London Embassy to State, June 26, 1950, reporting conversations with the Foreign Office; *Time*, July 17, 1950(이 기사는 "서방 전문가"의 견해를 소개했다). 시먼스는 소련이 전쟁이 발발한 후 열흘 동안 북한을 지지하는 대규모 집회를 열지 않았다고 지적한다(123쪽). 5장에서 그는 소련이 침략 시기를 몰랐고, 그 시점에 계획한 것보다 빨리 왔다는 설득력 있는 주장을 제시한다(Simmons, *Strained Alliance*).

79. *US News and World Report*, July 28, 1950, 이름이 밝혀져 있지 않은 "유고슬라비아 고위 관료"와의 대담이 실려 있다; 795.00 file, box 4267, report of July 20, 1950, 프랑스 군 정보기관의 판단은 아래 자료에 첨부돼 있음. Jack D. Neal, "China's Role in Korea," August 21, 1950.

80. FO317, piece no. 84057, Hsinhua June 26, 1950, report; piece no. 83278, Hutchison to FO, July 14, 1950; *Renmin Ribao*, June 27, 1950.

81. FO317, piece no. 83250, Hutchison to FO, June 29, 1950; piece no. 83278, Hutchison to FO, July 14, 1950; piece no. 84109, Hutchison to FO, September 28, 1950, with FO commentary.

82. Kennan Papers, box 24, "Possible Further Danger Points," June 30, 1950; box 31, Kennan letter to Allen S. Whiting, October 20, i960.

83. MA, RG6, box 59, intelligence summary no. 2841, June 20, 1950, and no. 2852, July 1, 1950; FO317, piece no. 83251, Gascoigne to FO, July 18, 1950. 11월 맥아더는 마샬에게 "중국 공산당은 북한을 강력히 지지하고 있다고 나는 처음부터 확신했다"고 말했다(MA, RG6, box 1, MacArthur to Marshall, November 8, 1950). 1951년 그는 상원의원들에게 "한국전쟁과 소련의 연관성은 사태가 진전되면서 중요성을 잃었다"고 말했다(*MacArthur Hearings*, vol. 1, 250쪽).

84. MA, RG6, box 60, intelligence summary no. 2882, July 31, 1950, with attached ATIS interrogation report no. 219.

85. 12월 말 러스크는 중국이 한국에 대해 1950년 6월보다 훨씬 이전에 음모를 꾸몄다고 비난했다. 조선인민군의 "대부분"이 중국에서 참전했고, 소련 무기를 포함한 인민군의 군수품은 대부분 만주에서 수송됐다는 것이 그 증거였다. 또한 그는 인민해방군 4야전군이 6월 25일 이전에 만주를 향해 북상하기 시작했다고 말했는데, 정확한 지적이었다(*New York Times*, December 30, 1950). 그 전날 육군성은 전쟁 발발 전 중국 공산군의 한국인이 대거 북한으로 돌아간 것에 관련된 연구 보고를 국무부에 제시했는데, 중국이 남한을 침략하려는 의도가 있음을 증명하려는 목적이었다(795.00 file, box 4271, Army study of Chinese aid to North Korea, December 29, 1950).

86. 『로동신문』, July 14, 1950; Office of Chinese Affairs, box 4196, Hong Kong to State, July 15, 1950. 『홍콩 스탠더드Hong Kong Standard』 7월 15일자는 신4군이 북한군의 "어머니"이며 이론상 북한을 지원하는 군대라고 지적했다.

87. 『해방일보』, August 6, 7, 1950; 『로동신문』, August 11, 1950; 795.00 file, box 4267, Kennan to Armstrong, August 2, 1950.

88. 『해방일보』, August 18, 1950.

89. 이것을 지적해준 데이비드 로이David Roy에게 감사한다. 북한의 함흥에는 저우언라이의 거대한 동상이 있다. 최근 네룽전도 8월 초순을 전쟁에 대한 중국의 태도가 급변한 시기라고 강조했다. 네룽전에 따르면 전략 예비부대의 지휘관이던 덩화鄧華가 허난성 북부로 파견됐고, 8월 5일 인민해방군은 참전할 가능성이 있으므로 8월 말까지 모든 준비를 마치라는 명령이 내려졌다. 聶榮臻, 『聶榮臻回憶錄』, 北京: 解放軍出版社, 1984, vol. 2, 734쪽 참조.

90. 『해방일보』, August 18, 1950; Far Eastern Economic Review, September 28, 1950. 이 잡지는 리리싼을 "베이징의 막후 실력자"로 보았는데, 당시 정보 당국자의 공통된 (그리고 잘못된) 판단이었다.

91. Office of the Executive Secretariat, box 4, NSC meeting summary, August 14, 1950; Willoughby Papers, box 10, "The Chinese Communist Potential for Intervention in the Korean War," no date. 8월 26일 『뉴욕타임스』는 16만~20만 명에 이르는 대규모 중국군 부대 2개가 안둥 근처의 국경을 따라 결집했다고 보도했다. 대만 침공에 관련된 보고는 FO317, piece no. 83236, report of July 27, 1950 참조. piece no. 83299, Paris to FO, July 26, 1950도 참조. 임박한 침공에 관련된 프랑스 정보기관의 보고가 인용돼 있음. New York Times, July 23, 1950도 참조. 그 기사에서 버턴 크레인은 중국 연안에 70만 척의 해군 함정이 결집해 임박한 침공을 알려주고 있다고 보도했다. 7월 21일 저우언라이와 파니카르의 대화는 FO317, piece no. 83306, Hutchison to FO, July 25, 1950 참조.

92. 린제이 패럿Lindsay Parrott은 한반도의 대부분은 31일 동안 조선인민군에게 지배됐다고 썼다 (New York Times, July 26, 1950).

93. Ibid., 51~57쪽.

94. McCormack, Cold War/Hot War, 94쪽에서 인용.

95. 김일성이 남한 전역을 포함하는 최대의 전략을 세웠다면 서울 중심부를 관통해 좌파 세력이 강한 전라도와 경상도와 제휴했을 것이다(앞으로 서술하듯 한쪽에서는 성공했어도 다른 한쪽에서는 그러지 못했다).

96. Mearsheimer, Conventional Deterrence, 135~137, 142~153쪽. 1982년 이스라엘의 메나켐 베긴Menachem Begin 총리는 국립 국방대학 강연에서 다음과 같이 말했다. "1967년 6월 이집트군이 시나이반도에 집결한 것은 나세르Nasser가 실제로 우리를 공격하려고 했다는 것을 증명하지 못합니다. 우리는 우리 자신에게 정직해야 합니다. 우리가 그를 공격하기로 결정한 것이었습니다. 그것은 가장 숭고한 의미의 자위전쟁이었습니다"(New York Times, August 21, 1982에서 인용).

97. 나는 북한의 공격을 히틀러의 폴란드 공격에 비유하는 학자들을 자주 보는데, 이스라엘의 행동과 비교하면 그들은 불쾌하게 느낄 것이라고 생각한다.

98. MacArthur's testimony, MacArthur Hearings, vol. 1, 232쪽 참조. HST, PSF, "Selected Records Relating to the Korean War," box 3, OIR daily report no. 5299.9, July 8~9, 1950도 참조. 제6사단은 Almond Papers, Korean War general files, periodic report for April 21, 1951 참조. 대전 전투는 Appleman, Naktong/Yalu, 179쪽 참조.

99. RG242, SA2005, item 1/30, transcript of Kim Il Sung's radio broadcast of July 9, 1950; SA2010, item 3/81, 1950년 7월 26일 조선인민군 715부대 문화부가 보낸 비밀 군사명령; SA2010, item 1/62, 1950년 7월 무렵 조선인민군 병사에게서 압수한 강의 노트.

100. New York Times, August 1, 3, 1950; Appleman, Naktong/Yalu, 206~207쪽.

101. Appleman, Naktong/Yalu, 263~264쪽; MacArthur Papers, RG6, box 1, MacArthur conference with Harriman, Ridgway, and others, August 8, 1950. 맥아더는 제2차 세계대전

동안 아프리카, 이탈리아, 오키나와에서 마주친 적군보다 강했으며 "북한군은 내가 본 가장 뛰어난 군인"이라고 말했다. 물론 이것 가운데 일부는 전장에 더 많은 미군을 확보하려는 과장이 있었다. 8월의 전선은 HST, PSF, "Army Intelligence—Korea," box 262, joint daily situation reports nos. 42-66, August 7-8 to August 31-September 1, 1950 참조.

102. Appleman, *Naktong/Yalu*, 104~106, 399~400, 404~405쪽. *New York Times*, August 27, 1950도 참조. 그 기사에 따르면 무정은 8월 하순 포항 전선에 있었다.

103. HST, PSF, CIA file, box 248, daily reports for September 1-10, 1950; 김일성의 조선민주주의인민공화국 창건 2주년 기념 연설, 『로동신문』, September 10, 1950. 9월 11일 맥아더가 워커의 발언을 인용한 것은 아래 자료에 수록. Ridgway Papers, box 20, Ridgway memo of conversation with MacArthur, December 26, 1950; Appleman, *Naktong/Yalu*, 404~407, 415~417, 438, 487, 547쪽.

104. Appleman, *Naktong/Yalu*, 319, 321, 394~395, 477, 545~547쪽; James, *Years of MacArthur*, vol. 3, 451쪽. 9월 8일 합동참모본부는 맥아더에게 82공수부대를 제외한 모든 부대를 위임했으며 부분적 훈련을 받은 주州 병력이 한국에 도착하기까지는 4개월이 걸릴 것이라고 말했다. 합동참모본부는 8군단의 거의 모든 예비역이 전투에 참가하고 있다고 우려했다. MacArthur papers, RG6, box 9, JCS to MacArthur, September 8, 1950 참조.

105. HST, PSF, CIA file, box 248, daily reports, September 20-25, 1950; MA, RG6, box 80, ATIS issue no. 30, March 21, 1951, 전쟁 이후 첫 4개월에 대한 김일성의 총평, 2장짜리 수기 문서를 번역한 것. 날짜 불명.

106. James, *Years of MacArthur*, vol. 3, 474쪽.

107. Almond Papers, Korean War diaries, diary entry for September 14, 1950. 올먼드는 서울의 통신·수송로의 전략적 위치를 명확히 언급했다. 맥아더의 7월 중순의 계획은 Department of the Army, "Memo for Gen. Bolte," July 17, 1950, held in NA, room 13W 참조.

108. 9월 27일 맥아더는 모든 의견을 물리치고 직접 인천으로 결정했다고 개스코인에게 말했다(FO317, piece no. 83008, Gascoigne to FO, September 28, 1950).

109. *New York Times* obituary, May 4, 1983; Blair, *Forgotten War*, 270~271쪽(인천에 관련된 뛰어난 논의는 238~242쪽 참조). 올먼드는 "적은"(해군은 말할 것도 없고) 화포와 기동부대가 부족했기 때문에 "우리의 상륙에 저항할 능력이 거의 없었다"고 말했다. Almond Papers, oral history interview, March 26, 1975.

110. MA, RG6, box 78, ATIS issue no. 4, October 21, 1950, 조선인민군 317포병대 참모의 1950년 7월 31일 문서의 번역; issue no. 12, December 19, 1950, entry for August 17, 1950; issue no. 1, September 26, 1950, 1950년 9월 4일 박기수가 서명한 문서의 번역.

111. RG242, SA2009, item 7/133, 조선인민군 884지대의 1950년 9월 6일 문서, 지휘관 이규섭의 서명 첨부; SA2009, item 7/84, 지휘관 최한과 인민군 고급 장교 김영무의 1950년 9월 12일 조선인민군 107보병부대의 명령서. "극비" 취급됨. 암호화되지 않은 김일성의 무선통신을 윌러비가 도청해 같은 날 올먼드에게 보고했다(Almond Papers, "General Files, X Corps," X Corps radio log, September 13, 1950). 북한은 9월 18일까지 상륙작전을 자국민에게 알리지 않았는데, 그날 『로동신문』은 인천 앞바다에서 미국 선박이 침몰했다고 사무적으로 보도했다(『로동신문』, September 15-18, 1950).

112. HST, PSF, CIA file, box 250, CIA reports of September 15, 22, 1950; *Philadelphia Inquirer*, October 3, 1950; *New York Times*, September 14, 1950.

113. Appleman, *Naktong/Yalu*, 635쪽.

114. Robert Murphy, quoted in Roberts, "The Japan Crowd," 406쪽. 상륙작전에 일본인이 참여한 것은 FO317, piece no. 83243, memo by J.H.S. Shattuck, October 28, 1950 참조. 요시다의 발언은 1950년 9월 15일자 『US 뉴스 앤드 월드 리포트』에 인용됨. 서울의 『해방일보』는 1950년 7월 12일 조선인민군 부대가 수원 전투 시점에서 30명의 일본 장교와 조우했다고 보도했다.

115. *New York Times*, September 17, 1950; Daniel Doyle Papers, box 5, original ROKA leaf-

lets in Korean; HST, PSF, CIA file, box 248, CIA daily reports, September 19-29, 1950. 버트 하디Bert Hardy는 인천 사람들의 음울한 표정을 뛰어난 사진으로 포착했다. Jon Halliday and Bruce Cumings, *Korea: The Unknown War*(New York: Pantheon Books, 1988) 참조. 이승만은 1950년 9월 8일까지도 인천상륙이 임박한 사실을 모르고 있었던 것 같다. 이때 그는 맥아더에게 인천이나 대구 북쪽에 상륙을 청하는 편지를 썼다(MacArthur Papers, VIP file, box 9, Rhee to MacArthur, September 8, 1950).

116. 인천상륙작전은 "울프Wolfe나 몽캄Montcalm보다 나폴레옹의 전술과 훨씬 비슷했다"고 윌러비는 평가했다. 나폴레옹의 작전은 "적의 후방을 침투하는 27가지의 독특한 전술로 구성됐다"고 그는 말했다. "1813년 이탈리아 북부에서 전개한 나폴레옹의 작전은 1950년 한국에서 성공적으로 반복됐다"고 그는 서술했다(Willoughby Papers, box 13, "Aid and Comfort to the Enemy," 29쪽). Ridgway Papers, box 16, Bolte, "Estimate of UN Forces Commited in Korea," September 29, 1950도 참조. 이때 한국군은 7만9253명이었고 미군을 제외한 유엔 지상군은 3750명이었으며 대부분 영국군이었다.

20장 한국전쟁의 정치적 특징: 인민위원회와 흰 파자마

1. HST, PSF, "Selected Records Relating to the Korean War," box 3, Office of Intelligence Research(OIR file로 지칭), report no. 5299.1, June 30-July 1, 1950. 이것은 서울을 점령한 지 며칠 뒤였고, 조선인민군이 남진한 뒤에도 마찬가지였다. 공산군이 오기 전에 수백만 명의 한국인이 피난한 것은 일반적이지만 그것은 1951년 초반과 서울이 두 번째 점령됐을 때였다. 이 OIR(국무부 정보사국) 보고서 가운데 다수는 나중에 주한 미국대사가 된 리처드 스나이더가 작성했다.

2. RG242, SA2009, item 6/8, 경기도 내무국, 『해방지구 인민들에 대한 해설선전 제강』, July 15, 1950.

3. RG242, SA2009, item 6/72, 북한 내무성 문화국, 『학습자료집』, 날짜는 나와 있지 않지만 1950년 6월 25일 이후로 생각됨. 당 활동가를 대상으로 작성된 또 다른 문서에서는 "인민위원회란 무엇인가?"라고 질문했고 "인민들이 자신의 손으로 자발적으로 독창성을 발휘해 수립한 기관"이라고 대답했다(SA2009, item 6/7, Chuganbo, no. 1, August 13, 1950). 다른 많은 자료도 서울을 해방하는 데 조선인민군의 역할을 강조했다. 인민위원회에 관련된 한윤남의 아래 기사 참조. 『해방일보』 1950년 7월 27일자. 김일성의 해방 5주년 기념 연설도 참조. 『로동신문』, 1950년 8월 16일.

4. 『해방일보』, August 13, 1950. 이 신문의 많은 기사는 김일성에게 "감사의 메시지"를 담은 것이었다. 평양에서 서울로, 서울에서 각도로, 지방 도시에서 군으로 그리고 군에서 촌락으로, 모든 단위의 활동을 지도하기 위해 간부가 파견됐다. 이를테면 RG242, SA2010, item 4/43 참조. 이 문서는 1950년 9월 15일 충청남도 문화부장 김하경이 군 인민위원회와 당 지도자에게 보낸 수기 지령인데, 이웃 촌락에 다양한 정책을 설명하는 강의를 실시하라는 내용이다.

5. 여운형은 "조국의 독립과 민주주의를 위해 싸운" "조선인민의 애국자"로 불렸다. RG242, SA2009, item 9/4, 『조국의 통일 독립과 자유를 위한 정의의 전쟁에 관한 제문헌집』, 조선인민의용군 문화부, 1950년 7월 4일 발행. 『해방일보』 1950년 7월 22일자에서는 조선민주주의인민공화국이라는 표현 대신 조선인민공화국이라는 용어가 두 번 쓰였다.

6. OIR file, report no. 5299.3, July 3, 1950; 795.00 file, box 4265, 도널드 맥도널드가 김명철을 심문한 기록, July 9, 1950(김명철은 서울을 떠나 대전으로 가고 있었다).

7. OIR file, report no. 5299.17, July 16-17, 1950; no. 5299.30, July 31-August 1, 1950, 7월 15~16일 약 160명의 경찰과 청년단체 회원들의 공개재판에 관련된 보고. 그 뒤 그들은 처형됐다. 그러나 7월 17일의 또 다른 정보 보고에 따르면 인민재판은 아직 시작되지 않았다. 그보다 앞선 7월 12일의 보고서에서는 재판이 "밤낮으로 시행되고 있다"고 보고했다(MA, RG6, box 14, G-2 flash report for July 17, 1950; also G-2 periodic report, July 12, 1950). 그러나 인민재판이 이뤄졌고 수많은 처형이 집행됐다는 것을 입증하는 자료는 많다. 2주 뒤 서울을 떠난 한국

각료의 비서 임태정林泰貞은 서울의 각 지구에서 인민재판이 "밤낮"으로 열렸다고 말했다. 그들은 남한군, 경찰, 우익 청년단체 회원들을 체포했고 대부분 그 자리에서 죽였다(795.00 file, box 4265, Donald McDonald interview with Im, July 11, 1950). 미국 대사관의 심문을 받은 서울의 한 경찰은 "최악의 폭거"는 감옥에서 풀려난 죄수들이 자행했다고 말했다(795.00 file, box 4265, Muccio to State, July 18, 1950).

8. 특히 John W. Riley, Jr., and Wilbur Schramm, *The Reds Take a City*, with translations by Hugh Heung-wu Cynn (New Brunswick, N.J.: Rutgers University Press, 1951) 참조. 이것은 점령에 대해 영어로 쓰인 유일한 보고로 미공군대학의 방대한 연구인 "A Preliminary Study of the Impact of Communism on Korea"의 1부를 기초로 했다. 그 연구는 슈램Schramm이 이끈 사회과학자들이 실시했으며, 전체적으로 유용하고 완성도가 높다. 그러나 *The Reds Take a City*는 원래의 원고보다 상당히 더 부정적인 내용을 담고 있으며, 학술적 범주보다는 심리전의 범주에 더 적합한 것 같다. 트루먼의 심리작전전략위원회(CIA에 실제로 소속되지는 않았지만 밀접한 관계를 맺고 있었다)의 문서는 슈램의 연구는 에브런 커크패트릭Evron Kirkpatrick과 협력했으며, 그 뒤 국무부와 공군대학, 그리고 설립된 지 얼마 안 된 상태였던 랜드 연구소가 참여했다. 그것은 정부를 위해 수행한 사회과학 연구의 한 모범이 됐다. 슈램의 연구는 이 집단이 수행한 그런 연구의 첫 사례였다(HST, Psychological Strategy Board file, box one 참조. 여기에는 유명한 사회과학자들과 CIA 그리고 트루먼 시대의 여러 재단 사이의 긴밀한 관계를 보여주는 자료가 많다).

9. American intelligence reported on July 10-11 that "Seoul has become 'an' increasingly dead city following heavy US bombing"(OIR file, report no. 5299.11, July 10-11, 1950).

10. Y. H. Chu, "Ninety Days Under Red Rule," Noble Papers.

11. Memo for the record, July 16, 1950, Noble Papers.

12. RG242, SA2011, item 7/43, "On the Observance of Military Discipline by Those Units Entering Seoul," 이 명령에는 조선인민군 8사단 정치부장 김영수의 1951년 1월 4일부 서명이 들어 있다.

13. U.S. Air Force, Air University, "Preliminary Study," pt. 2, 35~95쪽.

14. 본문에서 거론한 인물을 포함한 더 많은 인물의 명단은 『해방일보』, July 26, 1950 참조. OIR file, report nos. 5299.8, July 7-8, 1950; 5299.9, July 8-9, 1950, and 5299.24, July 23-24, 1950도 참조. 7월 말 서울을 떠난 한 경찰관은 온건파가 확실히 정권을 지지하고 있으며, 그렇게 하도록 강요되지는 않은 것으로 생각했다고 말했다(795.00 file, box 4265, Muccio to State, July 18, 1950). 7월 7일 CIA는 온건파가 "서울에 자진해서 잔류한 것으로 추정된다"고 밝혔다(HST, PSF, CIA file, box 248, report of July 7, 1950).

15. *New York Times*, August 28, 1950.

16. MA, RG6, box 14, G-2 report no. ZJY 1164, July 15, 1945; HST, PSF, NSDC file, box 3, CIA report of July 19, 1950; FO317, piece no. 84066, Korea mission to FO, September 9, 1950. G-2 보고서에서도 "사람들은 한국군이 돌아올 것이라고 생각하고 있으며 대부분 이것을 환영할 것"이라고 밝혔지만, 누가 이런 말을 했는지, 어떤 집단이 그럴 것인지는 명확히 밝히지 않았다. 1951년 CIA는 남한 노동계의 대표적 인물들은 전쟁 개시 후 10일 이내에 "대부분"이 북한에 가담했다고 지적했다. HST, PSF, NSDC file, box 3, CIA, report of June 6, 1951 참조.

17. U.S. Air Force, Air University, "Preliminary Study." CIA의 일일 요약보고서에서는 9월 26일부터 9월 29일까지의 서울 탈환 시기에는 그 도시에서 방화가 일어나지 않았다고 기록했다. HST, PSF, CIA file, box 248, CIA reports September 26-29, 1950 참조. 불탄 건물 가운데 일부는 의심할 여지 없이 미국의 폭격과 시가전으로 그렇게 된 것이었으며, 조선인민군이 서울에서 퇴각하면서 방화한 것도 있었다. 전체적으로 서울의 파괴 규모는 북한 도시들보다 훨씬 적었다.

18. 김일성, 「모든 조선인민에게 호소함」, 1950년 6월 26일; HST, PSF, "Selected Records Relating to the Korean War," box 3, OIR file, report no. 5299.17, July 16-17, 1950; no author, "On the Second Anniversary of the Establishment of the DPRK," 『순간통신』, no. 19(62) (Sep-

tember 1950), 1쪽.

19. 『로동신문』, July 4, 1950; 795.00 file, box 4265, interview with Im Tae-jong by Donald McDonald, November 7, 1950.

20. Interview with Im Tae-jong by Donald McDonald, November 7, 1950. 『해방일보』, July 21,1950도 참조.

21. RG242, SA2010, item 5/121, 시흥군 내무부장 강영수의 서명이 첨부된 인민위원회 선거 관련 극비 지시. 1950년 7월 20일자.

22. U.S. Air Force, Air University, "Preliminary Study," 159~160쪽.

23. 남한의 인민위원회 선거에 관련된 공식 규칙과 김두봉의 지령 (강양욱의 서명 첨부), 『로동신문』 1950년 7월 15일자.

24. 『해방일보』, July 19, 20, 22, 26, 1950.

25. 『해방일보』, July 29, 31, August 9, 1950. RG242, SA2010, item 4/74, 보은군 인민위원회 구성원의 정치적 소속과 계급에 관련된 표. 날짜는 나와 있지 않지만 1950년 8월로 생각됨. 이 자료에 따르면 22개 촌의 인민위원회 위원 120명 가운데 56명은 노동당에 소속됐으며, 120명 모두 빈농이었다. 4명을 제외한 전원이 40세 미만이었다. 그러나 위원 106명이 소속된 회남의 18개 촌에는 조선노동당원은 16명이었으며 빈농은 102명, 40세 미만은 80명이었다. 보통 15~20퍼센트가 여성이었다.

26. 『해방일보』, August 13, 14, 1950; 『로동신문』, September 7, 11, 12, 18, 1950; 『순간통신』, no. 19(62)(September 1950), 3~4쪽; Yi Kyu, "The People's Committees are Being Restored and Strengthened in the Southern Part," 『勤勞者』, no. 15 (August 15, 1950), 51~58쪽. 경상도의 선거는 9월 1일 무렵 10개 군에서 완료됐으며, 9월 7일 무렵 그 밖의 6개 군에서 실시되고 있었다.

27. MA, RG6, box 14, G-2 daily report, September 7, 1950.

28. RG242, SA2009, item 6/76, 북조선노동당 중앙당학교, 「당건설(강의요강)」, 97쪽.

29. U.S. Air Force, Air University, "Preliminary Study," 181쪽. 나중에 농민들의 보고에 따르면 조사 대상이 된 소수의 마을들에서는 개혁과 관련된 심각한 폭력이나 저항이 없었다. 『해방일보』, July 20, 1950도 참조. 토지개혁의 절차와 농민에게 토지를 주어야 한다는 김일성의 지시에 관한 기사.

30. 그 법률의 영어판 참조. Noble Papers 수록. 한국어판은 RG242, SA2009, item 10/66 수록. U.S. Air Force, Air University, "Preliminary Study," 183~185쪽; 『로동신문』, July 8, 1950도 참조. 1946년의 토지개혁법과 비교하면 매우 비슷하다. 그것의 복사본은 RG319, "Intelligence Summaries-North Korea," intelligence summary no. 42, August 18, 1947 수록.

31. U.S. Air Force, Air University, "Preliminary Study," 177~181쪽. RG242, SA2009, item 6/72, 『학습자료집』도 참조. 이 자료는 해방 지구의 간부들을 위해 북한 내무성에서 발행한 것이다. 날짜는 나와 있지 않지만 102쪽으로 구성된 이 자료의 정보를 보면 6월 25일 이후에 나온 것으로 판단된다.

32. OIR file, report no. 5299.22, July 21-22, 1950.

33. U.S. Air Force, Air University, "Preliminary Study," 182쪽. 개혁이 성급하다는 사실은 농민위원회가 결정한 개혁 절차를 농민이 대부분 모르고 있었다는 사실에서 두드러지게 나타났다.

34. RG242, SA2010, item 4/74, 보은군과 회남면의 토지개혁 실행위원회에 관련된 수치표. 1950년 8월 무렵. item 4/80, directive of August 17, 1950도 참조. 수한면 실행위원회 위원장 박기설의 서명 첨부.

35. 『해방일보』, August 12, 1950.

36. 『로동신문』, September 3, 7, 1950.

37. RG242, SA2009, item 5/142.2, 1950년 여름 수원군 안양에서 작성된 표.

38. 이런 토지의 원래 소유권을 보여주는 자료는 이를테면 RG242, SA2009, item 7/53; also SA2010, item 4/41 참조.

39. 『로동신문』, September 1, 16, 1950.

40. RG242, SA2010, item 5/121, 1950년 7월 16일 시흥군 경찰이 각읍 경찰에게 보낸 극비 문서. 시흥군 내무부장 강영수의 서명 첨부. 1950년 8월 22일자.

41. RG242, SA2010, item 4/49, 조흥선과 김명순의 서명이 첨부된 1950년 8월 11일자 문서.

42. RG242, SA2009, item 10/55, 자수자 명부, 익산군, 1950년 8월. 본문에 기재한 것은 이 자료 가운데 일부를 보기로 든 것이다.

43. RG242, SA2009, item 8/29, J950, 『1950년 구류인 명부』, 광주군 경찰 기록부에서 작성.

44. RG242, SA2009, item 6/17.2, 1950년 여름 조선인민군 지원자 명단. 지원자의 대부분은 빈농으로 분류됐다.

45. MA, RG6, box 78, ATIS issue no. 10, December 12, 1950; issue no. 12, December 19, 1950. 두 자료 모두 1950년 7월과 8월에 번역된 문서가 수록돼 있음.

46. 원문철에는 Kachiang으로 돼 있는데, Kach'ang의 표기로 생각된다.

47. U.S. Air Force, Air University, "Preliminary Study," pt. 3, 106~185쪽. 이 부분은 존 펠젤 John Pelzel과 클래런스 윔스Clarence Weems가 주로 썼다.

48. NA, OCMH manuscripts, box 616, "History of the Korean War," vol. 3, pt. 12, "Enemy Tactics," 1~2, 90~91쪽.

49. OIR file, report no. 5299.9, July 7-8, 1950.

50. MA, RG6, box 60, G-2 report no. 2872, July 21, 1950; New York Times, July 21, 1950.

51. 『해방일보』, July 29, 1950; New York Times, July 22, 1950. The diary is translated in MA, RG6, box 78, ATIS issue no. 2, October 5, 1950. 영동 전투는 Appleman, Naktong/Yalu, 199~200쪽도 참조.

52. Appleman, Naktong/Yalu, 210, 234쪽. HST, PSF, Army intelligence file, box 262, joint daily sitreps nos. 24-29, July 20-26, 1950도 참조.

53. New York Times, July 25, 1950, quoting the director of "a U.S. Government Agency," and others.

54. MA, RG6, box 78, ATIS issue no. 1, September 26, 1950, 1950년 8월 25일 강진에서 사로잡힌 젊은 유격대원 이군장의 일기를 번역한 자료.

55. 『로동신문』, July 4, 5, 10, 1950; 『해방일보』, July 11, 12, 1950; New York Times, July 20, 1950.

56. MA, RG6, box 60, G-2 report nos. 2874, July 23, 1950, 2876, July 25, 1950, and 2878, July 27, 1950.

57. New York Times, July 26, 30, 1950.

58. 795.00 file, box 4269, Muccio to State, October 25, 1950, 도널드 맥도널드가 전라남도를 시찰한 뒤 작성한 보고서 첨부.

59. New York Times, August 5, 1950; FO317, piece no. 84065, Sawbridge to FO, August 17, 1950; Ridgway Papers, box 16, Willoughby to Ridgway, August 7, 1950.

60. New York Times, July 25, 30, 1950.

61. MA, RG6, box 14, G-2 daily reports, July 10-21, 1950. 『로동신문』 1950년 7월 5일 및 14일자에서도 같은 군에서 일어난 공격을 보도했다.

62. MA, RG6, box 60, daily G-2 reports, July 20, 24, 31; August 2, 1950; OIR file, report no. 5299.31, August 1-2, 1950.

63. RG338, KMAG file, box 5418, "KMAG Journal," entries for July 24, August 8, 1950; handwritten "G-3 Journal," July 1950; Appleman, Naktong/Yalu, p. 478; New York Times, August 17, 1950; RG349, box 465, CIC report of Aug 17, 1950.

64. 795.00 file, box 4268, Drumwright to Allison, 1950년 8월 29일 도널드 맥도널드가 제주를 시찰한 뒤 작성한 보고서 첨부. 조지 백George Paik 수행.

65. Walter Karig, "Korea—Tougher Than Okinawa," Collier's, September 23, 1950, 24~26쪽. 로턴 콜린스 장군은 한국전쟁은 "구식 전투로 돌아간 것이며, 현대전이라기보다는 우리가 인디언과 벌인 전쟁과 비슷하다"고 말했다(New York Times, December 27, 1950).

66. John Osborne, "Report from the Orient—Guns Are Not Enough," Life, August 21, 1950,

74~84쪽.

67. Eric Larrabee, "Korea: The Military Lesson," *Harper's*(November 1950), 51~57쪽.

68. Drinnon, *Facing West*, 96쪽. John Dower, *War Without Mercy: Race and Power in the Pacific War*(New York: Pantheon Books, 1986)도 참조.

69. Dulles Papers, John Allison oral history, April 20, 1969; Dulles Papers, William Sebald oral history, July 1965. 시볼드는 자신의 일기에서 맥아더는 "실질적으로 그런 의미로 말했다"고 서술했다.

70. Schnabel and Watson, JCS, *The Korean War*, pt. 1, 178~181쪽; "Memo for General Bolte," July 17, 1950, 7월 13일 도쿄에서 맥아더가 한 발언 수록. 다른 지휘관들의 평가도 비슷했다. 처치 장군은 전쟁 첫 주에 연대 전투부대가 2개만 있으면 전세를 역전시킬 수 있을 것이라고 생각했다(MA, RG6, box 4, Church to Almond, June 28, 1950).

71. Appleman, *Naktong/Yalu*, 70쪽; Arthur Krock Papers, box 1, notebooks, vol. 2, 222쪽, entry for July 1950. 7월 말과 8월 초의 많은 신문 기사 참조. 795.00 file, box 4267 수록. 일부 프랑스 장교들은 미군이 서유럽 방위를 유지할 수 없었기 때문에 북아프리카로 이동할 것을 고려하고 있다고 말했다. 브래들리 장군은 1951년 상원의원들에게 "북한군이 강력하다는 것을 아무도 믿지 않았다"고 말하면서, 군부는 "그들의 전투 능력을 과소평가했다"고 인정했다. 한국에서 무엇을 배웠느냐는 질문을 받자 그는 "유격전"이라는 새로운 형태의 전투라고 대답했다(*MacArthur Hearings*, vol. 2, 948쪽).

72. *FR*(1950) 6, 128~130쪽, Dulles to Acheson, August 4, 1950; FO317, piece no. 83014, notes on talk between Dening and Rusk, July 22, 1950.

73. 주한미군 군사고문단 고문 토머스 맥파일은 경력의 마지막에 니카라과의 소모사 정권에서 군사고문단장으로 재직한 인물이었다. 그는 1965년 리지웨이에게 이렇게 썼다. "미해병대와 함께 산디노에 맞서 싸웠던 옛 국가경비대원들은 아직도 리지웨이 장군에 대해 이야기합니다"(Ridgway Papers, box 19, Thomas D. McPhail to Ridgway, April 15, 1965).

74. Ridgway Papers, oral interview, August 29, 1969. 그와 대담을 진행한 인물은 베트남전에 참전한 경험이 있었는데, 자신에게 북한군은 베트콩과 "거의 동일한 의미"였다고 그에게 말했다.

75. *New York Times*, September 1, 3, 1950.

76. *New York Times* editorial, July 5, 1950; *New York Times*, July 27, 1950. 당시 CIA도 김일성은 1940년경 만주에서 사망한 유격대 영웅의 이름을 도용한 인물이라고 생각했다. CP, "National Intelligence Survey, Korea" 참조

77. *New York Times*, July 14, 1950.

78. *New York Times*, July 19, 1950.

79. *New York Times*, August 21, 1950. 우크라이나와 소련에서 나치가 일으킨 유혈 참사에 관한 심슨의 서술 참조. 그는 그것을 "역사상 유례가 없는 사건"이라고 생각했다(*Blowback*, 13~26쪽).

80. Letter to the *New York Times*, July 16, 1950. 서양 군대도 이런 규칙을 언제나 지킨 것은 아니었다고 테일러는 지적했다.

81. Ridgway Papers, box 16, Notes on conference with MacArthur, August 8, 1950.

82. Ridgway Papers, box 20, Ridgway to MacArthur, January 9, 1951; Ridgway to Collins, January 8, 1951.

83. FO317, piece no. 84130, enclosing Johnson's address of August 20, 1950, in Lenox, Massachusetts. 또한 그는 한국이 "건강한" 민주국가라며, 다른 제안을 하는 사람은 공산주의 노선을 반복하고 있거나 "자신들의 무지에 사로잡혀 있다"고 말했다. *Far Eastern Economic Review*, August 31, 1950도 참조. 정보 제공자는 미국 점령 기간 동안 "우리는 갖가지 수많은 폭동과 내란을 끊임없이 겪었다"고 말했다. "가장 원시적이고 야만적인 방식으로" 일본에 협력했던 경찰을 공격하는 일이 일어나기도 했다. 그는 또한 "한국에서는 기계가 잘 작동하지 않는다"고 생각했는데, 오늘날 섬유, 철강, 전자, 자동차 산업에 종사하는 미국인 노동자가 들으면 놀랄 것이다. FO317, piece no. 84070, Adamson to FO, October 5, 1950도 참조.

84. Willoughby and Chamberlin, *MacArthur*, 1941-1951, 312쪽; draft chapter not used in ibid., Willoughby Papers, box 10.

85. Anderson, *Imagined Communities*, 135~136쪽.

86. See P. C. Tullier, "The Oriental Mind," *The New Yorker*, July 15, 1950.

87. *The Nation*, August 26, 1950.

88. 이를테면『해방일보』, July 24, 1950.

89. 일본인이 자행한 잔혹 행위의 희생자는 필리핀에서만 6만~10만 명이었다. 이 가운데 절반 정도는 1945년 마닐라에서 2개월 동안 벌어진 전투에서 "살해나 부상, 강간"을 당했다(James, *MacArthur*, vol. 3, 94쪽).

90. *New York Times*, July 1, 1950; Tokyo Australian mission to FO, July 10, 1950(Gavan McCormack 제공).

91. 『로동신문』, July 6, 1950; MA, RG6, box 60, G-2 report of July 22, 1950; OIR file, report no. 5299.17, July 16-17, 1950.

92. London, *Daily Worker*, August 9, 1950.

93. RG242, SA2009, item 6/70, 조선인민군 사령부, 「조선인민은 도살자 미제와 이승만 역도들의 야수적 만행에 복수하리라」, 날짜는 불명이나 1950년 후반으로 생각됨, 40~41쪽.『해방일보』 1950년 8월 10일자에서는 4000명으로 추산했다. U.S. Board on Geographic Names, *South Korea, Official Standard Names*, gazeteer no. 95(Washington, D.C.: Department of the Interior, 1965)도 참조.

94. RG349, bojc 465, CIC report, Aug 17, 1950. 이 보고에서도 한국 당국은 "한국 인구의 약 80퍼센트는 북한군에 저항하지 않을 것"이라고 생각했다고 말했다.

95. 795.00 file, box 4267, London Embassy to State, August 11, 1950; FO317, piece no. 84178, Tokyo Chancery to FO, August 15, 1950; Gascoigne to FO, August 15, 1950; Chancery to FO, August 17, 1950. 또 다른 영국 보도에 따르면, 한국 경찰이 포로를 잔인하게 구타하는 사진을 기자들이 찍자 미국과 한국 당국은 이 사진의 출판을 금지했다(Chancery to FO, September 13, 1950).

96. HST, PSF, "Army Intelligence—Korea," box 262, joint daily sitrep no. 6, July 2-3, 1950; NSC file, box 3, CIA report of July 3, 1950. 캘럼 맥도널드Callum MacDonald에 따르면 한 프랑스 성직자는 대전에서 남한인이 살육하는 것을 목격하고 저지하려고 했다(*Korea: The War Before Vietnam*[London: Macmillan, 1986], 41쪽).

97. *New York Times*, July 11, 1950; FO317, piece no. 84178, Sawbridge to FO, July 25, 1950; *Manchester Guardian*, July 13, 1950; RG338, KMAG file, box 5418, report of August 2, 1950.

98. *New York Times*, July 14, 1950; interview with Keyes Beech, Thames Television, February 1987; OIR file, report no. 5299.22, July 21-22, 1950; *New York Times*, July 26, 1950.

99. *New York Times*, September 30, 1950; Osborne, "Report from the Orient"; FO317, piece no. 84094, U.K. High Commissioner to India to FO, August 17, 1950.

100. "Cameron's Wars," *The Guardian*(London), September 5, 1982 참조. Halliday and Cumings, *Unknown War*도 참조. 거기에는 검열된 사진도 몇 장 실려 있다.

101. Donald Knox, *The Korean War, Pusan to Chosin: An Oral History*(New York: Harcourt Brace Jovanovich, 1985), 295쪽.

102. FO317, piece no. 84074, report by J. W. Swire, November 7, 1950; *New York Times*, October 28, November 3, 1950; 795.00 file, box 4269, Drumwright to State, November 17, 1950. 1950년 8월 10일 무렵 북한은 처형자 일람표를 아래와 같이 작성했는데, 전재하기는 하지만 진실을 확인할 방법은 없다. 영등포(노동자 계층이 거주한 서울 교외지역) 600명, 인천 700명, 수원 1000명, 푸연 2000명, 대전 4000명, 경주 2000명, 군산 400명(『로동신문』, August 10, 1950).

103. RG242, SA2012, item 5/18, 「서울시와 그 주변 지대에서의 적들의 만행」, 서울을 다시 점령한

뒤 조선노동당 서울 지부가 작성한 두 개의 비밀 보고. 날짜는 나와 있지 않지만 1951년 초로 생각됨.

104. 이를테면 HST, PSF, CIA file, box 248, daily report for July 8, 1950 참조.

105. RG242, SA2009, item 6/72, 『학습자료집』.

106. 795.00 file, box 4269, MacArthur to Army, September 1, 1950. 이 보고서에서는 두 사건만 언급했다. 하나는 7월 10일에 일어난 사건으로 두 명의 미국인이 발견됐다. 다른 하나는 8월 17일의 사건으로 41명이 살해됐다. 인천상륙 이후의 살육은 *New York Times*, September 30, 1950 참조. 조선인민군은 비정규전을 수행하면서 제2차 세계대전 동안의 일본군보다 뛰어난 전력을 보였다. 일본군은 미군 포로들을 참수한 경우가 많았으며, 적어도 2000명을 처형했다. 795.00 file, box 3026, G. T. Hagen to Mrs. Dunning, September 12, 1953 참조.

107. MA, RG6, box 78, ATIS issue no. 2, October 5, 1950, document signed by Kim Ch'aek; issue no. 9, November 27, 1950, document of August 16, 1950. 7월 26일 조선인민군 715부대도 병사에게 사람들의 재산을 훔쳐서 사용하지 말라는 명령을 내렸다. RG242, SA2010, item 3/81, secret military order of July 26, 1950 참조.

108. UNCURK, "Report on a Visit to Chunchon, Capital of Kangwon Province, Republic of Korea," November 30, 1950. 이 자료를 제공해준 개번 매코맥에게 감사한다. *New York Times*, September 29, 1950도 참조. 북부로 이동한 것은 MA, RG6, box 14, G-2 report of October 16, 1950; RG349, CIC, November 6, 1950, report 참조. 후자에서는 후퇴하는 조선인민군과 함께 수백~수천 명의 남한 민간인들이 북쪽으로 이동했다고 말했다.

109. HST, PSF, NSC file, box 3, CIA report of October 4, 1950; *New York Times*, October 6, 14, 1950.

110. Appleman, *Naktong/Yalu*, 587~588, 599쪽.

111. 795.00 file, box 4299, Drumwright to State, October 13, 1950; box 4269, Emmons to Johnson, November 13, 1950; Reginald Thompson, *Cry Korea* (London, MacDonald and Co., 1951), 92쪽; *New York Times*, October 20, 1950.

112. 795.00 file, box 4269, Muccio to State, October 25, 1950.

113. RG338, KMAG file, box 5418, KMAG journal, entry for October 3, 1950; Noble Papers, Philip Rowe account of October 11, 1950.

114. RG319, G-3 Operations file, box 122, UNC operations report for November 16-30, 1950.

115. Handwritten minutes of a KWP meeting, apparently at a high level, December 7, 1950, translated in MA, RG6, box 80, ATIS issue no. 29, March 17, 1951.

116. Thompson, *Cry Korea*, 39, 44, 84, 114쪽.

117. *New York Times*, September 30, 1950.

118. Keyes Beech, *Newark Star-Ledger*, July 23, 1950. Willoughby Papers, box 7, "Foreign Intelligence Digest"(a publication of the Billy James Hargis Crusade), March 1971.

119. 『해방일보』, August 10, 1950; RG242, SA2009, item 6/70, KPA HQ, "The Korean People Will Avenge," 47쪽.

120. 이를테면 『로동신문』 1950년 9월 4일자에서는 미군이 한국 여성들을 자신의 부대에 며칠 동안 구류하면서 마음대로 강간하게 했다고 주장했다.

121. RG338, KMAG file, box 5418, KMAG journal, entries for August 6, 16, 20, 26, 1950.

122. Ridgway Papers, box 20, Ridgway to Collins, January 8, 1951. 거기서는 이것은 중국군이 참전한 뒤의 일이며, 1950년 여름 조선인민군의 상황이 더욱 악화됐다고 지적했다. testimony of USAF Maj. Gen. Emmett O'Donnell, *MacArthur Hearings*, deleted testimony, box 1, 8046쪽; John Glenn, interview with Thames Television, February 1987도 참조. 핸슨 볼드윈은 "대공포화는 없었으며 공군도 저항을 거의 받지 않았다"고 썼다(*New York Times*, September 1, 1950).

123. Stone, *Hidden History*, 258쪽.

124. *New York Times*, July 31, August 11, September 1, 1950.

125. "Air War in Korea," *Air University Quarterly Review* 4, no. 2(Fall 1950), 19~40쪽; "Precision Bombing," *Air University Quarterly Review* 4, no. 4(Summer 1951), 58~65쪽 참조. 그 책에 실린 1951년 한국에서 전개된 공중전에 관련된 그 밖의 논문 참조. J. Townsend, "They Don't Like Hell Bombs," *Armed Forces Chemical Journal*(January 1951), 8~11쪽; "Napalm Jelly Bombs Prove a Blazing Success in Korea," *All Hands*(April 1951), 17쪽; E. F. Bullene, "Wonder Weapon: Napalm," *Army Combat Forces Journal*(November 1952), 25~28쪽도 참조.

126. Blair, *Forgotten War*, 515쪽에서 인용.

127. Thompson, *Cry Korea*, 39, 42, 54, 143, 150~151쪽.

128. Almond Papers, "General Files, X Corps," 1 Mar Division to X Corps, September 28, 1950.

129. 895.00 file, Box 5693, Embassy to State, November 11, 1950, giving official ROK figures; Ridgway Papers, box 16, memo on official Department of Defense count of American casualties, October 5, 1950.

21장 반격을 위한 전쟁

1. 레슬리 겔브Leslie Gelb는 봉쇄체제와 그 결정 규칙 그리고 베트남에서 발생한 교착상태와 패배에 이 봉쇄체제가 어떻게 "작동했는지" 잘 분석했다. 그러나 그는 봉쇄체제 안에서 생각했기 때문에 그것이 발생한 기원을 파악하지 못했다. 봉쇄를 추진하는 원칙, 거기에 부과된 제한, 자금, 체제 유지에 필요한 관료조직의 조건은 모두 1947년이 아닌 1950~1951년에 만들어졌다. 1947년에 봉쇄는 작동되고 있던 체제가 아니라 이론의 단계였다. 그는 베트남의 "체제"가 한국에서 나타난 교착의 논리를 유발했다고 분석했어야 했다. Leslie Gelb, with Richard K. Betts, *The Irony of Vietnam: The System Worked*(Washington, D.C.: The Brookings Institution, 1979) 참조.

2. 7월 12일 애치슨은 다음과 같이 주장했다. 미국은 무슨 일이 있어도 반격해 38도선을 회복해야 한다. 만약 한반도에서 밀려나면 "다시 들어와야" 한다. 그러나 미국은 중국까지 전투를 확대해서는 안 된다. 남한을 다시 점령한 뒤 미국은 그곳에 주둔하면서 방어하고 지원해야 한다. "버지니아 주의 속담처럼 우리는 망아지를 산 것이다." 그런데 그 망아지의 이름은 '봉쇄'였다(HST, Acheson Papers, box 65, Acheson memo for "Paul," July 12, 1950).

3. FO317, piece no. 84093, memo by F. S. Tomlinson, July 9, 1950. 이 문서에서는 도쿄에 체류하고 있던 덜레스가 개스코인과 나눈 대화가 실려 있다. 7월 12일 데이비스는 "중국이 한국을 침략할 경우 이용할 수 있는 군사 목표에 미국 해군과 공군이 군사행동"을 전개할 가능성을 시사했다(Rosemary Foot, *The Wrong War: American Policy and the Dimensions of the Korean Conflict, 1950-1955*[Ithaca, N.Y.: Cornell University Press, 1985], 83쪽). Cohen, "Acheson, His Advisors, and China," in *Uncertain Years*, ed. Borg and Heinrichs, 46쪽; Bradley and Blair, *General's Life*, 558쪽도 참조(브래들리는 38도선을 돌파하자는 "강경파"에 애치슨을 포함시켰다).

4. 795.00 file, box 4265, Drumwright to Allison, July 10, 1950; Allison, "The Origin and Significance of the 38th Parallel in Korea," July 13, 1950. 이 각서에는 서명이 없지만, 같은 날 덜레스가 러스크에게 보낸 각서에서는 "38도선에 관련된 앨리슨의 각서"를 언급했다(같은 자료).

5. *FR*(1950) 7, Dulles to Nitze, July 14, 1950, 386~387쪽; PPS draft memo, July 22, 449~454쪽; Allison to Nitze, July 24, 458~461쪽; Defense Department draft memo, July 31, 1950, 502~510쪽. 795.00 file, box 4266, "Future US Policy With Respect to North Korea," July 22, 1950도 참조.

6. *FR*(1950) 7, Allison draft memo of August 12, 1950, 567~573쪽.

7. 795.00 file, box 4265, Allison to Rusk, July 13, 1950.

8. 795.00 file, box 4267, Sandifer to Allison, August 23, 1950. 선거는 한국 정부에 "큰 변화"를

가져올 것이며, 그 결과 북한을 "경찰국가"로 비난하게 될 것이라고 언급됐다.

9. 맥아더는 7월 17일 원격 회의에서 "한국을 조직해 통일하는 것이 관건"이라고 볼트 등에게 말했다. 그는 전선이 안정되면 "북한의 철수를 추격해 북한을 공격하는 것이 나의 목표"라고 말했다. 그는 이것은 모두 당시의 "추론"이었다고 말했지만 그의 의도는 분명하다("Memo for Bolte," July 17, 1950, held in NA, room 13W). 7월 20일 오켈리어는 중화민국대사관의 J. 장Chiang에게 미국 정부는 "북한으로 직진해 한국 문제를 완전히 해결하기로 결정했다"고 말했다. 애치슨은 이 결정에 반대했지만, 존슨은 "미군 단독으로 북한으로 진격하라는 트루먼 대통령의 승인을 받았다"(Koo Papers, box 218, diary entry for July 20, 1950). 존슨이 그런 정보를 국민당에 제공하면서 중화인민공화국도 그것을 알게 했을 것으로 생각되는데, 중국공산당은 국민당에 대해 정교한 통신 감청을 포함해 뛰어난 정보력을 갖고 있었기 때문이다. 만약 그렇다면 중국은 미국의 반격에 대응하는 준비를 하는 데 2개월을 확보했던 것이다. Straight, *After Long Silence*도 참조.

10. Foot, *Wrong War*, 74쪽. 브래들리는 트루먼이 동의한 날짜를 9월 7일로 판단했지만(Bradley and Blair, *General's Life*, 560쪽) 나는 성실한 조사에 바탕한 푸트의 판단에 동의한다.

11. NSC 81과 그것의 여러 초고 참조. FR(1950) 7 수록. 볼트의 명령은 Almond Papers, Korean War General Files, X Corps, Bolte to MacArthur, September 16, 1950 참조. 볼트는 유엔군이 현재 북한에서 작전을 수행할 수 있는 "법률적 근거"를 갖고 있으며 북진할 수 있는 승인을 받을 것으로 예상되지만, 소련과 중화인민공화국이 군사행동에 나설 수도 있으므로 아직 최종 결정은 내려지지 않았다고 맥아더에게 말했다. 이것은 국가안보회의 문서 81의 표현과 일치한다. 물론 맥아더는 "법률적" 허가에 주목해 사태를 해석했다.

12. Donovan, *Tumultuous Years*, 264~266쪽.

13. 포그는 9월 1일이라는 날짜를 부여했다(*Marshall: Statesman*, 422쪽). 슈나벨과 왓슨이 쓴 합동참모본부의 역사에 대한 책에서는 존슨이 해임된 까닭은 "공식적으로 발표되지 않았다"고 적었다(*Korean War*, vol. 3, pt. 1, 218쪽 주석).

14. *US News and World Report*, September 8, 1950.

15. 795.00 file, box 4254, F.H. to P.A., August 3, 1950; FR(1950) 6, Acheson to Sebald, August 1, 1950; Strong to Acheson, August 3, 1950; Johnson to MacArthur, August 4, 1950. 스트롱은 자신과 중화민국 주재 무관도, 대만 체재 중에 "맥아더가 내린 결정"에 대해 "아무 정보도" 얻지 못했다고 말했다. 도쿄에 있던 시볼드도 비슷하게 배제됐다. 개스코인은 이렇게 말했다. "시볼드는 "미국 군부에게 완전히 '패배했다'는 것을 스스로 인정했다. 군부는 그에게 아무것도 알려주지 않았으며 먼지처럼 취급했다. 그는 맥아더와의 면담에서 전쟁에 관련된 어떤 정보도 알아내지 못했다"(FO317, piece no. 84044, Gascoigne to FO, August 9, 1950).

16. FR(1950) 6, Harriman memorandum of conversations with MacArthur, August 6, 8, 1950; Harriman comments at Acheson Seminars, February 13-14, 1950; Strong to Clubb, September 6, 1950.

17. Ridgway Papers, box 16, notes on conference with MacArthur, August 8, 1950.

18. FO317, piece no. 83008, Gascoigne to FO, September 28, October 4, 1950.

19. "해방 지구"에 대한 사항은 795.00 file, box 5696에 수록된 여러 문서 참조. 머피의 발언은 아래 자료에 수록. HST, PSF, NSC file, box 220, 68th NSC meeting, October 2, 1950. 클럽의 발언은 아래 자료에 인용돼 있다. 611.93 file box 2860, Clubb to Rusk, October 26, 1950; FR(1950) 7, Vincent to State, October 7, 1950, 902쪽; Clubb to Rusk, November 4, 1950, 1038~1041쪽.

20. *MacArthur Hearings*, vol. 1, 245쪽.

21. FR (1950) 6, 1349~1352쪽, Dulles to MacArthur, November 15, 1950.

22. Wedemeyer's remarks in *MacArthur Hearings*, vol. 3, 2378쪽; Bradley and Blair, *General's Life*, 561, 594쪽 참조. 그러나 트루먼의 많은 자유주의적 고문들과 달리 브래들리는 이런 결정을 내릴 때 자신이 잘못된 역할을 했다는 것을 인정했다.

23. FO317, piece no. 84093, Tomlinson memo of July 9, 1950; Moscow Embassy to FO, July

26, 1950; piece no. 84099, "Korea: The 38° Parallel," October 2, 1950. piece nos. 84097, 84098, and 84099, autumn 1950에 있는 여러 문서도 참조. 795.00 file, box 4265, Feis memo attached to Dulles's July 14, 1950, memo도 참조.

24. HST, Acheson Papers, box 65, memoranda, Kennan to Acheson, August 21, 1950.

25. "개인의 삶에서도 실제로 어떤 일이 일어났는가보다는 그것을 어떻게 견디는가가 중요하듯, 국제 문제도 마찬가지입니다"(Kennan's letter in Acheson, *Present at the Creation*, 476쪽 참조).

26. HST, Matthew Connelly Papers, box 1, Acheson remarks in cabinet meeting minutes for September 29, 1950.

27. FO317, piece no. 84100, John M. Chang to Acheson, September 21, 1950, relayed to the FO by the State Department. *FR*(1950) 3, 1154~1158쪽, minutes of preliminary meetings for the September Foreign Minister's Conference, August 30, 1950도 참조.

28. 북한에 대한 군사 통치에 대한 미국의 계획이 서술된 16쪽짜리 일지는 Hoover Institution, Alfred Connor Bowman Papers 참조. 미군 장교들은 특히 한국 관료를 이 기관에서 제외하려고 노력했다(바우만은 당시 육군 군사통치 부문 책임자였다). Goodfellow Papers, box 1, Goodfellow to Rhee, October 3, 1950도 참조.

29. FO317, piece no. 84072, Washington Embassy to FO, November 10, 1950, enclosing State Department paper on the occupation. 앨리슨은 영국에 다음과 같은 의견을 전달했다. 한국 정부는 "한반도의 유일한 합법 정부"라는 임병직의 주장은 유엔 그리고 "미국 정부의 입장과 정면으로 배치되는 것"이며, 유엔과 미국은 유엔 한국위원회의 감독 아래 선거가 치러진 지역에서만 한국 정부가 합법성을 가진다고 판단한다는 것이다(795.00 file, box 4268, Allison to Austin, September 27, 1950). 유엔의 결의는 *London Times*, Nov 16, 1950도 참조.

30. Noble Papers, "Conditions in P'yŏngyang," October 27, 1950. 노블은 해군 정보부 요원들이 북한의 정부 소재지의 "특정 대상에 대해 정보활동을 했다"고 보고했는데, 어떤 내용인지 구체적으로 밝히지는 않았다.

31. *New York Times*, October 7, 1950.

32. 795.00 file, box 4269, U. Alexis Johnson to Mathews, top secret, September 14, 1950. 이 전보에 따르면 국무부가 파악하고 있던 정보는 합동참모본부로부터 얻은 것이었다. 그러나 그 뒤 합동참모본부는 그 협정에 대해 알고 있는 것을 국무부에 자세히 진술하지 않기로 결정했다(see RG218, JCS, 383.21 Korea file, Sec. 34, box 28, Kreps to JCS, September 29, 1950; FO317, piece no. 84075, Plimsoll memo on MacArthur meeting with UNCURK, November 21, 1950).

33. 795.00 file, box 4268, Acheson to Muccio, October 12, 1950. 한국 경찰이 분명히 유엔의 지휘 아래 행동할 것을 애치슨은 무초에게 요구했다. box 4299, Drumwright to State, October 14, 1950; *New York Times*, October 20, 1950도 참조.

34. 795.00 file, box 4299, report on a visit to Wŏnsan by Donald McDonald, October 15-16, 1950.

35. HST, PSF, CIA file, box 248, daily summaries for October 19, 25, 1950; ibid., NSC file, box 3, CIA report for October 25, 1950; 795.00 file, box 4267, Muccio to State, May 12, 1951. 경제협력국은 경제협력국 직원이자 정보장교인 로버트 키니Robert Kinney의 조사를 바탕으로 북한의 토지개혁 관련 보도자료를 준비했다. 그 보도자료는 선전적 측면이 강했는데, 토지개혁을 사기적 행위라고 부르면서 북한의 농업제도는 식민지보다 더 나쁘다고 비난했다. 사빈 체이스Sabin Chase는 그 보고서를 경제협력국 내부에서 비판하면서 북한 농민은 그 개혁을 "기꺼이 수용했다"고 지적했으며, 경제협력국이 이런 부당한 자료를 발표하는 까닭을 질의했다(895.00 file, box 5691, Chase to Emmons, January 19, 1951 참조).

36. HST, PSF, CIA file, box 248, daily summaries for October 30, November 14, 1950; 795.00 file, box 4299, Drumwright to State, October 27, 1950. 무초는 정보 담당반의 일원으로 리처드 스캐먼Richard Scammon과 스나이더가 있었다고 언급했다. 795.00 file, box 5696, Muccio to State, November 20, 1950 참조.

37. RG349, FEC G-2 Theater Intelligence, box 464, 181st CIC report on North Korean sympathies, November 30, 1950.

38. *London Times*, November 16, 1950.

39. H. W. Bullock, UNCURK Memo no. 2, "Conditions in P'yŏngyang," November 16, 1950, courtesy of Gavan McCormack.

40. 연설 원고는 FO317, piece no. 84073, October 25, 1950에 수록. 1950년 10월 1일 노블은 부인에게 보내는 편지에서 자신이 그 연설 원고를 썼다고 말했다(Noble Papers). Thompson, *Cry Korea*, 88쪽도 참조.

41. 795.00 file, box 4268, Durward V. Sandifer to John Hickerson, August 31, 1950, top secret.

42. 11월 말 영국 당국자는 병사의 옷을 세탁해준 죄로 기소된 노파를 만났다. 그녀는 밧줄에 묶여 거리를 다니는 "지치고 더럽고 해진 옷을 입은" 사람들 가운데 있었다(F0317, piece no. 84073, Korea to FO, November 23, 1950).

43. Ibid., handwritten FO notes on FK1015/303, U.S. Embassy press translations for November 1, 1950; piece no. 84125, FO memo by R. Murray, October 26, 1950; piece no. 84102, Franks memo of discussion with Rusk, October 30, 1950; Heron in *London Times*, October 25, 1950.

44. *Manchester Guardian*, December 4, 1950; RG338, KMAG file, box 5418, KMAG journal, entries for November 5, 24, 25, 30, 1950.

45. 795.00 file, box 4270, carrying UPI and AP dispatches dated December 16, 17, 18, 1950; FO317, Piece no. 92847, original letter from Private Duncan, January 4, 1951; Adams to FO, January 8, 1951; UNCURK reports cited in HST, PSF, CIA file, box 248, daily summary, December 19, 1950. *London Times*, December 18, 21, 22, 1950도 참조.

46. *London Times*, UPI, December 16, 1950; 795.00 file, box 4299, Muccio to State, October 20, 1950; HST, PSF, CIA file, box 248, daily summaries for December 19, 20, 21, 1950. CIA도 유엔군 사령부가 한국 관리들에게 학살을 항의했지만 "효과는 거의 없었던 것으로 보인다"고 보고했다. 『맨체스터 가디언』은 안호상의 대한청년단 호국대가 살육하는 현장에 미군 보병대가 도착해 여성 1명을 구했다고 보도했다. 나머지 26명은 이미 살해됐는데, 그 가운데는 여성 3명, 9세 소년 1명, 13세 소녀 1명이 있었다. "그들이 자라면 공산주의자가 될 것"이라고 학살자는 말했다(December 18, 1950). 일본 자료는 Nam, *North Korean Leadership*, 89쪽 참조.

47. Almond Papers, General Files, X Corps, "Appendix 3 Counterintelligence'" November 25, 1950; William V. Quinn Papers, box 3, X Corps periodic intelligence report dated November 11, 1950(퀸은 10군단 G-2 책임자였다).

48. FO317, piece no. 84073, Tokyo to FO, November 21, 1950.

49. 같은 자료.

50. MA, RG6, box 61, intelligence summary no. 3006, December 2, 1950. 이 문서는 지난 9월 인천상륙작전도 언급하면서 그런 방법이 그 시기 이후 표준이 됐다고 시사했다. RG338, KMAG file, box 5418, KMAG journal, entry for October 2, 1950도 참조.

51. RG242, SA2010, item 2/99, 「반동자 명부」, 날짜는 나와 있지 않지만 1950년 가을로 추정됨.

52. William V. Quinn Papers, box 3, X Corps HQ, McCaffrey to Ruffner, October 30, 1950; Ridgway Papers, box 20, highlights of a staff conference, with Ridgway and Almond present, January 8, 1951.

53. FO317, piece no. 92847, containing a TASS report of December 29, 1950.

54. 건장한 남성은 대부분 도망갔거나 유격대로 입산했으며 친척은 신천에 남아 있었다. 이 잔혹 행위는 적에게 점령된 상태에서 일어났기 때문에 관여한 사람의 명단이 북한에 거의 남아 있지 않다는 것은 놀라운 일이 아니다. 나는 한 미국인이 여성과 아이들을 불태우는 것을 감독했다고 들었는데, 그의 이름은 번역된 자료에 "부마든 해리슨Vumaden Harrison"이라고 적혀 있으며 그 지역 지휘관이라고 알려졌다.

55. John Edward Wiltz, "The Korean War and American Society," in Francis H. Heller, ed., *The Korean War: A 25-Year Perspective*(Lawrence: The Regent's Press of Kansas, 1977), 127쪽에서 인용.

56. 가장 뛰어난 설명은 Rosemary Foot의 *The Wrong War*이다.

57. RG338, KMAG file, box 5418, KMAG journal, entry for October 1, 1950; periodic intelligence report, October 1, 1950. See General Yi's biography in Ridgway Papers, box 19, Van Fleet to Ridgway, February 17, 1952.

58. 이를테면 『동아일보』 1950년 10월 21일자 참조. FO317, piece no. 84073, U.S. Embassy press translations, November 1, 1950도 참조.

59. HST, PSF, CIA file, box 248, CIA daily reports, October 3~10, 1950; 795.00 file, box 4268, Drumwright to Allison, August 30, 1950; MacArthur Papers, VIP file, box 9, Rhee to MacArthur, August 12, 1950.

60. FO317, piece no. 83008, Tokyo to FO, September 28, 1950, enclosing Gascoigne's memo of conversation with MacArthur on September 19. 맥아더 사령부가 작성한 보도자료와 논평은 아래 참조. *New York Times*, September 16, 28, 29, October 2, 1950. 이름이 나와 있지 않은 한국군 소령의 발언은 *New York Times*, October 9, 1950에서 인용.

61. *New York Times*, October 15, 18, 22, 23, 1950. 평양을 점령했을 때 유엔군 사령부의 분위기는 *London Times*, November 16, 1950 참조.

62. Blair, *Forgotten War*, 318~319, 351쪽.

63. Appleman, *Naktong/Yalu*, 658쪽; Thompson, *Cry Korea*, 79쪽; *London Times*, November 16, 1950; Sullivan in *New York Times*, October 2, 1950. 1949년과 1950년에 한국에서 작성한 설리번의 기사에 퓰리처 상을 수여했어야 한다고 생각한다. 상을 받지는 못했지만 그 기사는 그에게 좌파의 명성을 가져다주었다. 애플먼은 조선인민군의 작전을 파악하지 못하고 인천상륙 이후 조선인민군은 "사실상 붕괴됐다"고 평가한 부류와 의견을 같이했다(600쪽). 이승만은 9월 8일 맥아더에게 서신을 보내 남한에 남아 있는 유격대는 "주력군이 지나간 뒤에는 큰 위험이 될 것"이라고 우려했다(MA, RG10, VIP file, box 9, Rhee to MacArthur, September 8, 1950).

64. 김일성 세력의 한 인물과의 대담. 한재덕, 『김일성 장군』, 62쪽 수록.

65. RG242, SA2010, item 3/117, Interior Ministry directive no. 520, September 30, 1950, marked top secret. 미군 방첩대의 한 보고서에서는 이르면 10월 6일에 김일성이 베이징에 있었다고 판단하면서 그가 "단호히 항전해 퇴로를 확보하라"고 지휘관들에게 명령했다고 보고했다(RG 349, box 465, CIC report, October 6, 1950). 당시 김일성이 한 연설은 아래 참조. 그러나 그 신빙성은 입증하지 못했다. Kim, "Temporary Strategic Retreat and the Tasks of Party Organizations," September 27, 1950, *Works*, vol. 3(P'yŏngyang: Foreign Languages Publishing House, 1981), 107~114쪽. 미국에 보관된 문서 가운데는 1950년 10월 14일자의 기이한 극비 문서가 있다. 그것은 김일성과 박헌영이 군에 지시한 것인데, 그들은 적이 북진하지 않을 것이라고 생각했으며, 군에 38도선을 넘어도 휴식하거나 무기를 방기하지 말라고 지시했다. 거기에는 "장교들은 적이 38도선을 넘지 않으리라고 생각하는 경향이 있다"고 적혀 있다. 그러나 2주 전에 적은 38도선을 넘었으며 9월 중순 소련대사관은 평양에서 대피했다. 이 기밀 지시가 노획됐다는 사실은 북한이 반격을 예상하지 못했고 그 결과 조선인민군이 혼란에 빠졌다고 미국이 생각하게 만들려는 계략임을 암시하는 것일 수도 있다. 영역본은 MA, RG6, box 79, ATIS issue no. 19, January 30, 1951 참조.

66. 10월 6일의 연설 원고는 1950년 12월 하순 홍콩에서 입수할 수 있었다. *New York Times*, December 24, 1950 참조. 10월 3일 지령의 설명은 795.00 file, box 4269, Hong Kong to State, October 17, 1950 참조. 1950년 7월 19일 만주에서 유격대를 사냥했던 익명의 "유격대 진압 작전에 풍부한 경험을 지닌 인물"(일본인으로 생각된다)은 미군이 주도권을 잡아 인민군이 철수할 수밖에 없게 되면 인민군은 유격전에 의존할 것이라고 미국 정보기관에 예측했다(MA, RG6, box 60, intelligence report no. 2870, July 19, 1950).

67. MA, RG6, box 80, ATIS issue no. 28, March 11, 1951, 여기에 인용된 것은 박기선의 발언이다. 이 자료는 1951년 2월 4일에 노획됐다. 그 밖의 문서는 Quinn Papers, box 3, periodic intelligence report no. 120에 수록. 날짜는 나와 있지 않지만 1951년 1월로 생각됨.

68. Quinn Papers, box 3, "The Chagang-do Redoubt," annex no. 2, periodic intelligence report no. 37. 날짜는 나와 있지 않지만 1950년 11월 이후로 생각됨. CIA는 10월 18일 다음과 같이 보고했다. "북한 공산주의자들의 내부 기강이 붕괴됐다는 증거는 없다. 지도층은 중국과 일제 침령하의 한국에서 여러 해 동안 역경을 겪었고, 그들은 어떤 식으로든 계속 싸울 것이다"(HST, PSF, CIA file, box 250, "Review of the World Situation," October 18, 1950). 그 뒤 애치슨은 일본도 중국과 접경한 북부 지역을 "실질적으로 약체화하지 못했기" 때문에 맥아더는 평양과 원산을 잇는 "좁은 병목 지역"에서 멈췄어야 했다고 말했다(Acheson Seminars, February 13-14, 1954).

69. MA, RG6, box 68, intelligence report no. 3005, December 1, 1950; see the laudatory account of Pang's exploits, 『로동신문』, December 6, 1950. Almond Papers, "Korean War Command Report," X Corps "War Diary," November 1-30, 1950; 795.00 file, box 4299, report by Army attache Robert E. Edwards, enclosed in Emmons to Johnson, December 14, 1950; Donovan Papers, box 5a, packet 2002, "By-passed Enemy Troops and Guerrilla Activities Below 38th Parallel for period 18 Oct-31 Oct 1950," no agency of origin, but originally classified "secret"도 참조. HST, PSF, CIA file, box 248, daily report, October 17, 1950도 참조.

70. HST, PSF, CIA file, box 248, daily report for December 22, 1950; ibid., NSC file, box 3, CIA daily report for November 22, 1950; 795.00 file, box 4299, report on an inspection of the Chollas by Army attache Robert E. Edwards, in Emmons to Johnson, December 14, 1950. 마지막 자료에서는 4만 명으로 추산했다. CIA는 10월 말 전라남도에 있는 유격대를 8000~1만 명으로 추산했다(HST, PSF, CIA file, box 248, daily report, October 27, 1950).

71. Almond Papers, "Korean War General Files," X Corps HQ operations report, October 16-December 31, 1950; FO317, piece no. 84074, report by J. K. Swire, November 7, 1950; NA, OCMC manuscripts, box 616, "History of the Korean War," vol. 3, pt. 12, "Enemy Tactics," 88~89쪽; RG338, KMAG file, box 5418, KMAG journal entries for October 9, 12, 26, 28, November 4, 9, 19, 1950; also box 5419, various briefing reports for an unnamed Commanding General, October and November 1950.

72. MA, RG6, box 80, ATIS issue no. 29, March 17, 1951, translating a diary of one "Major Chung," captured in October 1950.

73. 795.00 file, box 4299, report by Army attache Robert E. Edwards, enclosed in Emmons to Johnson, December 14, 1950; Appleman, *Naktong/Yalu*, 721~727, 745~746쪽; HST, PSF, NSC file, box 3, CIA report of November 22, 1950; MA, RG6, box 14, FEC intelligence report no. 2224, December 19, 1950.

74. NA, OCMH manuscripts, box 615, "History of the Korean War," vol. 3, pt. 12, "Enemy Tactics," 82쪽. 한국군 2사단은 1951년 2월에도 이 부대와 싸우는 데 "전념"하고 있었다. Ridgway Papers, box 18, Ridgway to Van Fleet, November 13, 1951도 참조.

75. Appleman, *Naktong/Yalu*, 745~746쪽; NA, OCMH manuscripts, box 617, "History of the Korean War," vol. 3, pt. 14, "Special Problems in the Korean Conflict," 42쪽.

76. 이를테면 *New York Times*, September 16, October 22, 28, 1950 참조.

77. HST, PSF, CIA file, box 250, CIA report for October 13, 1950.

78. Stone, *Hidden History*, 217쪽.

79. MA, RG6, box 61, intelligence summaries nos. 3008-3010, December 4-6, 1950; box 68, intelligence summaries nos. 3011-3016, December 7-12, 1950; *New York Times*, November 28, December 3, 19, 1950; Thompson, *Cry Korea*, 201쪽. 부시에는 윌러비의 수치에 유격대는 포함되지 않았다고 지적했다. F0317, piece no. 84073, Bouchier to FO, December 8,

1950 참조.

80. Appleman, *Naktong/Yalu*, 565~567쪽.

81. 1590년대 히데요시의 침략 당시 한·중 외교는 특히 교훈적인 역사적 사례다. 그것에 대해서는 Gari Ledyard, "The Korean Security Crisis of 1598: National Security, Confucian Style," presented to the Columbia University Faculty Seminar on Korea, December 12, 1980 참조. 이 논문에서 나는 많은 것을 배웠다.

82. 대부분 앨런 화이팅Allen S. Whiting의 *China Crosses the Yalu: The Decision to Enter the Korean War*(Stanford, Calif.: Stanford University Press, 1960)에 근거함.

83. 795.00 file, box 4268, teleconference of August 30, 1950; MA, RG6, box 1, MacArthur conference with Harriman, Ridgway, and others, August 8, 1950; conference with Collins, Almond, and others, August 24, 1950.

84. HST, PSF, CIA file, box 250, "Review of the World Situation," September 20, October 18, 1950; box 248, CIA report of November 1, 1950; CIA report of November 24, 1950, cited in Willoughby Papers, box 10, "The Chinese Communist Potential for Intervention in the Korean War."

85. F0317, piece no. 83271, Mukden Consulate to FO, November 23, 1950; Office of Chinese Affairs file, box 4224, London to State, October 31, 1950, 그 직전 선양을 떠난 브리티시 아메리칸 타바코 사 판매원의 발언이 인용돼 있다; piece nos. 84069, 84070, 중국이 참전하지 않을 것이라고 예상한 많은 문서가 수록돼 있다; piece no. 84100, memo of conversation with British chiefs of staff, October 5, 1950; piece no. 83015, FO to Washington Embassy, October 11, 1950. 예리한 관찰자인 허치슨(베이징 주재 영국대사)조차 중국이 참전하지 않을 것이라고 예측했다(piece no. 83306, Hutchison to FO, September 28, October 12, 1950). 파니카르에 대해서는 piece no. 83306, High Commissioner to India to FO, September 29, 1950, and the October 2 FO minute 참조. 이 자료에서는 파니카르가 중국에 너무 동조하고 있으며 "중·소 관계를 정확히 이해하지 못하고 있다"고 말했다. 부시에는 맥아더가 마지막 공세를 전개하기 전날 밤 유엔군 사령부는 자신들이 무엇을 하고 있는지 알고 있으며, 세계 다른 지역의 기관들보다 상황을 더 잘 파악하고 있다는 전보를 보냈다(ibid., piece no. 84072, Bouchier to FO, November 13, 1950).

86. *FR*(1950) 3, 1706~1709쪽, minutes of Truman-Attlee discussions, December 4, 1950.

87. Kennan Papers, box 31, Kennan to Allen Whiting, October 20, 1960.

88. *New York Times*, October 2, November 19, 21, 1950.

89. F0317, piece no. 83306, High Commissioner to India to FO, September 29, 1950. 파니카르는 1951년 10월 홍콩에서 영국 당국자와의 긴 대화에서 미국의 일본 정책 때문에 소련이 한국전쟁을 일으켰다고 생각하는 것은 "어리석은 일"이라고 말했다. 그는 "중국도 소련도 일본을 두려워하지 않았다"면서 "전쟁은 순전히 한국 내부의 문제"라고 말했다. 그는 "소련이 중국을 개입시키려는 것 이상으로" 중국은 참전에 열의를 보이고 있다면서 중국의 강한 민족주의적 경향과 강대국이 되려는 열망을 언급했다. Office of Chinese Affairs, box 4199, Hong Kong to State, October 19, 1951 참조.

90. HST, PSF, CIA file, box 250, CIA report of October 6, 1950; Office of Chinese Affairs file, box 18, McConaughy for Jessup and Rusk, October 12, 1950; FO317, piece no. 84109, FO minute on Hutchison to FO, September 28, 1950.

91. FO317, piece no. 84121, Peking to FO, November 24, 1950 참조. 이 자료의 날짜는 11월 19일로 돼있다.

92. FO317, piece no. 84121, Pannikar to Guy Wint, November 5, 1950.

93. FBIS no. 186, September 25, 1950; no. 187, September 26, 1950, citing editorials in *Renmin Ribao*; Canadian Archives, Department of External Affairs, War in Korea files, vol. 10, memo for the minister, September 26, 1950. 이 자료의 복사본을 제공해준 윌리엄 스툭에게 감사한다.

94. *New York Times*, November 12, 1950, 같은 날의 중화인민공화국의 성명을 인용; RG338, KMAG file, box 5418, periodic intelligence report, November 6, 1950; MA, RG6, box 14, G-2 memo of October 9, 1950.

95. MA, RG6, box 16, Order of Battle, "Chicom 4th Field Army," November 7, 1950.

96. FO317, piece no. 84108, Tokyo to FO, December 4, 1950.

97. FO317, Piece no. 84121, Belgrade Embassy to FO, December 2, 1950. 허치슨은 9월 말 중국의 침진은 "한국에서 소련의 영향력이 확대되고 영속화하는 것에 안전장치를 두려는 것으로 생각된다"는 서신을 베이징에서 보냈다(piece no. 84109, September 28, 1950).

98. FO317, piece no. 84110, Tokyo military liaison to FO, October 4, 1950; see also Appleman, *Naktong/Yalu*, 670~675, 717쪽.

99. Office of Chinese Affairs file, box 4211, Hong Kong to State, October 26, 1950; F0317, piece no. 83271, FO minute on Mukden to FO, November 23, 1950. 녜룽전은 저우언라이와 가까웠으며, 1924년에는 저우언라이의 지휘 아래 베이징에서 활동했다. 1925년 다시 황푸 군관학교에 들어가 저우언라이를 도와 린뱌오를 포함해 공산주의자를 등용했다. 녜룽전은 한국 근처의 집결지에서 전투를 준비하고 있던 부대에 소련제 무기를 공급하는 "중요한 역할"을 맡았다. 린뱌오의 전면적 지휘 아래 리텐유李天佑는 10월 14~20일 정예부대인 13군을 이끌고 한국으로 들어왔다. 리텐유는 1947년 5월의 위기 때 만주에서 10만 명을 지휘했으며, 그때 많은 한국인이 참전했다는 것은 흥미롭다(William W. Whitson, *The Chinese High Command*, 93~95, 307, 338~339쪽 참조). 휫슨은 11월 말 시점에서 약 40만 명의 중국군이 한국에서 싸웠다고 추측했는데, 적어도 10만 명은 더 포함된 것으로 보이며, 북한에서 미국을 몰아내려는 중국의 의지를 반영한 것으로 생각된다.

100. MA, RG6, box 9, Walker to CINCFE, November 6, 1950 참조(강조는 인용자).

101. MA, RG6, box 78, ATIS issue no. 11, December 13, 1950, translating PLA 66th Army, "Primary Conclusion of Battle Experience at Unsan."

102. 몇 달 뒤 박일우는 저우언라이가 여러 번 경고했어도, 조·중 연합군의 첫 공격을 감행했어도 미국은 교훈을 얻지 못했다고 말했다. 이 발언은 흥미로운데, 미국이 새로운 전선에 머물렀다면 중국은 물론 북한도 협상에 나섰을 수도 있음을 암시하기 때문이다. 만약 그랬다면 북한과 중국은 38도선 이남으로 미국이 후퇴하기를 요구했을 것이다. RG242, SA2012, item 6/57, 박일우, 『조선인민과 중국 인민지원군의 공동작전』, 평양: 노동당출판사, 1951, 13~18쪽 참조.

103. *New York Times*, November 6, 7, 11, 12, 1950.

104. RG338, KMAG file, box 5418, periodic intelligence report, October 22, 1950; *New York Times*, November 1, 2, 3, 1950; HST, PSF, CIA file, box 248, daily reports, November 1, 3, 4, 6, 7, 9, 10, 11, 1950.

105. Joseph B. Longuevan Papers, box 4, "History of the 27th Infantry."

106. HST, PSF, CIA file, box 248, daily reports, November 9-27, 1950; *New York Times*, November 24, 25, 26, 1950.

107. HST, PSF, CIA file, box 248, daily reports, November 15-21, 1950; RG338, KMAG file, box 5418, periodic intelligence report, November 26, 1950.

108. MA, RG6, box 9, JCS to MacArthur, December 4, 1950.

109. HST, PSF, CIA file, box 248, daily reports for November 27-December 16, 1950; Almond Papers, "Korean War, Historical Commentary," Almond letters to H. E. Eastwood, December 27, 1950, and W. W. Gretakis, December 27, 1950. 유엔군이 철수하는 며칠 동안 홍남은 방어됐다. 중국은 더 큰 피해를 입힐 수도 있었지만, 그 철수를 방해하지 않으려고 한다는 암시였다.

110. MA, RG6, box 9, MacArthur to Army, November 6, 1950; MacArthur to JCS, December 4, 1950. 개스코인은 월러비가 북한에 있는 중국군 수를 "부풀리려고" 했다면서 하룻밤 만에 1만 7000명에서 20만 명으로 늘렸다고 지적했다(FO317, piece no. 84119, Gascoigne to FO, November 24, 1950).

111. 『로동신문』, December 9, 1950. 12월 3일자에서는 김일성을 수령으로, 마오쩌둥을 중국인민의 영도자로 표현했다. Nam, *North Korean Communist Leadership*도 참조.

112. Ridgway Papers, box 17, Almond to Ridgway, February 14, 1951; FO317, piece o. 84073, Bouchier to FO, November 28, 1950; piece no. 84075, Bouchier to O, December 16, 1950; *New York Times*, January 4, 8, 1951; *MacArthur Hearings*, eleted testimony by General Marshall, May 11, 1951, and by General Bradley, ay 24, 1951; Ridgway Papers, box 22, Ridgway to Bradley, January 16, 1952. 리지웨이는 1952년 초까지 34개 사단의 장비에 상당하는 중기관총과 25개 사단 분량의 로켓포, 10개 사단 분량의 경기관총을 잃어버렸다고 말했다.

113. RG338, KMAG file, box 5418, periodic intelligence reports, November 21, 26, 29, 1950; NA, OCMH manuscripts, box 617, "History of the Korean War," vol. 3, pt. 14, "Special Problems in the Korean Conflict," 104쪽.

114. MA, RG6, box 68, intelligence summaries no. 3007-3014, December 3-10, 1950.

115. FO317, piece no. 84074, Adams to FO, December 12, 1950; piece no. 84075, Bouchier to FO, December 13, 18, 1950; HST, PSF, NSC file, box 3, CIA reports for December 12, 13, 1950.

116. 795.00 file, box 4271, "Briefing of Ambassadors on Korea" January 17, 19, 1951.

117. 최근의 (그리고 심각하게 왜곡된 정보를 담은) 사례는 Russell Spurr, *Enter the Dragon: China's Undeclared War Against the U.S. in Korea, 1950-1951*(New York: New Market Press, 1988) 참조. 영국 공사관에 소속된 육군 무관들은 12월 초 중국군 병력이 크게 과장됐다고 말하면서 "중국인과 접촉한 것은 거의 확인되지 않았다"고 말했다. 아울러 적군의 국적은 판단하기 어려운 경우가 많다고 보고했다. 중국군 포로의 숫자도 대규모 병력을 보여주지는 않았다. 부시에는 전쟁 상황을 "보고하기가 점점 더 어려워지고 있다"고 말했다. 중국군의 "주력부대"가 어디 있는지 아무도 모르는 것 같았다(영국 외무부는 부시에가 어느 날은 중국군이 "전역에 퍼져 있다"고 말하고 그다음 날은 사라졌다고 말했다고 논평했다). 미군 정찰기의 한 조종사는 해병대가 장진호에서 실제로 포위된 것은 아니었으며 낮에는 몸을 감춘 소규모 부대에게 "야간 공격을 당했다"는 목격담을 전했다. 그는 대규모 부대라고 볼 수 있는 발자국이 눈 위에 남아 있지 않았다고 말했다. FO317, piece no. 84074, Adams to FO, December 6, 7, 17, 1950; Bouchier to FO, December 5, 11, 12, 1950; piece no. 84075, Bouchier to FO, December 13, 14, 16, 1950 참조. J. S. Schattuck minute on the December 16 report도 참조.

118. HST, PSF, CIA file, box 248, daily report for February 2, 1951.

119. Willoughby and Chamberlin, *MacArthur*, 403쪽.

120. 11월 21일 합동참모본부와 국무부 그리고 그 밖의 대표가 모인 합동회의에서 참석자들은 "맥아더의 공격 개시 계획을 간접적이지만 분명히 승인했다." 이 시점에서 영국 참모총장은 동요했다. 그들은 "애치슨이 맥아더 장군을 거의 통제하지 못하고 있다"면서 공격은 "중국 공산군과의 충돌로 이어질 수밖에 없으며" 적군은 "맥아더 장군이 생각한 것보다 훨씬 강할 것"이라고 판단했다. 그들은 미국이 "가장 강력하고 분명한 표현으로" 맥아더에게 현재의 전선을 유지하도록 지시해야 한다고 권고했다. 그러나 영국 정부는 현 시점에서 그 이상의 주장을 하는 것은 "바람직하지 않다"면서 그 제안을 거부했다. Schnabel and Watson, JCS, *The Korean War*, vol. 3, pt. 1, 327~329쪽; FO317, piece no. 84104, memo on British chiefs of staff meeting, November 20, 1950; Cabinet meeting minutes, November 24, 1950 참조.

121. *Manchester Guardian*, December 4, 1950.

122. 795.00 file, box 4271, "Use of Cheju Island as a Seat for the Government of the ROK," top secret, December 29, 1950; Dulles conversation with Chang Myon, January 4, 1951; Rusk conversation with Chang, January 17, 1951; HST, PSF, NSC file, box 3, CIA report for December 21, 1950; HST, CIA file, box 248, report for December 29, 1950. 이범석도 대만을 망명지로 거론했지만, 첫 번째 선택지는 일본이었다. 무초는 이승만의 배제를 시사하는 메모에서 장면이 조속히 돌아와 "전시 내각의 실질적인 책임자"가 되기를 바랐다(795.00 file, box 4299, Muccio to State, December 10, 1950). 장면에게 전시 내각을 운영하게 하려

는 기대는 서재필이 좋은 대통령이 될 것이라는 생각과 비슷한 것이었다. box 4299, top secret memo signed by Jessup, December 28, 1950 참조. 거기서는 이승만이 제주도에 망명정부를 세운다면 미국은 "정무위원회를 위해 이승만 대통령의 퇴진을 유도"하는 것을 고려해야 한다고 말했다. 이 제안도 무초가 한 것으로 생각된다. 그것이 1945년 후반의 정무위원회 계획을 가리키는지는 알 수 없다.

123. HST, Connelly Papers, box 1, cabinet notes, November 28, December 12, 1950; Truman, "Longhand Notes" file, box 333, note for December 9, 1950; PSF, NSC file, box 220, 74th NSC meeting, December 12, 1950.

124. *New York Times*, November 30, December 1, 1950.

125. Bradley and Blair, *A General's Life*, 581쪽; HST, Acheson Papers, box 65, Baruch to Lovett to Acheson, December 2, 1950; Symington quoted in Barton Bernstein, "The Korean War and Containment" Acheson Papers, box 65, memo of conversation between Nitze, Harriman, Kennan, and Acheson, December 5, 1950; CRC, 1975, item 67A, JCS for Army Chief of Staff, December 3, 1950.

126. *New York Times*, December 13, 21, 24, 1950; Burton I. Kaufman, *The Korean War: Challenges in Crisis, Credibility, and Command*(Philadelphia: Temple University Press, 1986), 121~123쪽.

127. 이 주제에 관련된 흥미로운 논의를 해준 게이브리얼 콜코에게 감사한다.

128. *FR*(1950) 1, 468~474쪽, NSC report to the President, December 14, 1950; *New York Times*, December 16, 1950.

129. Oshinsky, *Conspiracy So Immense*, 180쪽.

130. MA, RG6, box 9, CINCFE to JCS, February 7, 1951. 이것보다는 야심적이지 않은 계획은 Ridgway Papers, MacArthur to JCS, December 30, 1950 참조. 리지웨이는 국민정부군을 중국 남부에 상륙시키는 논리에는 "설득력이 있으며 내가 즉시 완전한 동의를 표명하지 않는다면 나는 태만한 것"이라고 말했다(같은 자료, box 22, December 29, 1950). 이것은 12월 26일 맥아더의 발언에 회신한 것으로 생각된다. 리지웨이와 가진 그 회의에서 맥아더는 중국은 "남부가 넓게 개방돼 있다"면서 대만군이 그곳을 공격하도록 허용해야 한다고 주장했다. 1951년 1월 23일 합동참모본부가 국방부에 보낸 문서는 MA, RG6, box 1 참조. 맥아더가 실각된 직후 리지웨이는 자신이 필요하다고 생각한다면 중국과 소련의 국경을 넘어 자신의 부대를 파견할 수 있는 권한을 달라고 요청했다. "이것은 리지웨이 장군이 확전의 위험성에 대해 부관들에게 한 말을 생각하면 놀라운 제안이었다"(Schnabeland Watson, JCS, *The Korean War*, vol. 3, pt. 2, 490쪽).

131. Vandenberg Papers, box 86, Stratemeyer to Vandenberg, November 30, 1950; LeMay to Vandenberg, December 2, 1950. 11월 3일 폴 니츠는 허버트 로퍼Herbert B. Loper 장군에게 한국에 있는 "중국군에게 원자폭탄을 투하하는 문제를 논의하기 위해" 물었다. "그런 목적으로 몇 개의 폭탄을 투하하면 많은 사상자를 내지 않고 더 이상의 중국 개입을 저지할 수도 있다고 니츠는 추측했다." 그러나 로버트 도너번에 따르면, 회의를 마친 뒤 그는 원자폭탄을 사용하는 것은 불가능하다고 결론지었다(Donovan, *Tumultuous Years*, 308쪽).

132. FO317, piece no. 84104, Cabinet discussion, November 30, 1950; piece no. 83109, minutes of meeting between Attlee, Pleven, and the Foreign Secretaries, December 2, 1950; Franks to FO, December 7, 1950. Schnabel and Watson, JCS, *The Korean War*, vol. 3, pt. 1, 376도 참조. 1950~1951년 원자폭탄의 수는 Donovan Papers, box 7A, item 2025 참조. 날짜는 나와 있지 않지만 1951년으로 생각됨.

133. 합동참모본부의 연구와 다양한 관련 문서는 RG319, G-3 Operations file, box 34, C.V.R. Schuyler to Lieutenant Colonel Lawler, "Utilization of Atomic Bombardment to Assist in Accomplishment of the US Objectives in South Korea," July 7, 1950에 수록. 맥아더의 "긴급 연락"은 입수하지 못했지만 리지웨이는 1950년 7월 9일의 메모일 것이라고 말했다(Ridgway Papers, box 16).

134. RG319, 같은 자료, box 34A, Bolte to Collins, July 13, 1950. Department of the Army, General Staff, "Memo for General Bolte," July 17, 1950, in Room 13W, National Archives 도 참조. 여기에는 1950년 7월 13일 맥아더와의 원격회의 기록들이 들어 있다.

135. RG319, 같은 자료, box 34A, Bolte to Collins, July 13, 1950. Bolte memo of July 25, 1950도 참조. 그 준비는 7월 말 불길한 전환을 맞았는데, 공군은 중형 폭격부대 2개를 영국 기지로 이동시켰다. 목표는 한국이 아니라 소련이었다. 그 부대의 폭격기는 원자폭탄을 탑재할 수 있었고 탄두를 제외한 핵무기의 모든 부품을 탑재했다. 이 때문에 영국은 미국의 구상이 정확히 어떤 것인지, 그리고 한국에서 미국의 행동이 더 큰 전쟁으로 이어질 것인지 의문을 품게 되었다. 소련은 실전에서 미국까지 핵무기를 운반할 능력을 보유하지 못했다(그들이 할 수 있는 최선의 방법은 상선으로 핵무기를 미국 항구로 운반해 배치하는 것이었다). 그러므로 소련의 주요 목표는 유럽이었다. See Hoyt S. Vandenberg Papers, box 86, July 1950 folder of top secret messages, Norstad to LeMay, July 9, 1950 참조. 소련이 보유한 핵폭탄 숫자와 실전 배치 가능성은 HST, PSF, CIA file, box 250, CIA, "Soviet Preparations for Major Hostilities in 1950," August 25, 1950 참조.

136. FO317, piece no. 84073, Bouchier to FO, December 9, 1950; G-3 Operations file, box 38-A, "Actions Necessary to Conclude the Korean Operations," July 6, 1951, Annex A, July 5, 1951; Willoughby Papers, box 8, interviews by Bob Considine and Jim Lucas in 1954, printed in *New York Times*, April 9, 1964.

137. Quigley, *Tragedy and Hope*, 875쪽; G-3 Operations file, box 34A, Bolte memo of November 16, 1950, with attached memo of conclusions; 고어의 발언은 1984년 9월 우드로윌슨센터에서 열린 트루먼 집권기에 대한 학술회의를 위해 바턴 번스타인이 준비한 "The Korean War and Containment"이라는 논문 가운데 1951년 4월 중순의 발언에서 인용. G-3 Operations file, box 38-A, "Actions Necessary"도 참조.

138. G-3 Operations file, box 38-A, "Actions Necessary"; Vandenberg Papers, box 86, Vandenberg to Norstad, March 14, 1951; MA, RG6, box 1, Stratemeyer to MacArthur, March 31, 1950; Walter S. Poole, *History of the JCS*, vol. 4, *The Joint Chiefs of Staff and National Policy*(Washington, D.C.: U.S. Government Printing Office, 1983), 151~152쪽.

139. 데이비드 로젠버그는 1953년 6월까지는 핵탄두의 해외 배치를 위한 군사 관리가 시행되지 않았다고 주장했지만(Rosenberg, "The Origins of Overkill: Nuclear Weapons and American Strategy, 1945-1960," *International Security*, 3[Spring 1983], 27쪽) 딩먼은 핵탄두가 군사 관리로 이관됐다는 것을 입증했다. 딩먼 교수는 (1985년 12월 미국 역사학회 연차 총회를 위해 준비한 논문에서) 트루먼이 "핵폭탄 마크 4호Mark IV atomic bombs를 탑재한 B-29S 2개 중대를 괌과 오키나와에 보냈다"고 썼다. 백악관이 맥아더 해임을 발표한 지 몇 시간 안에 폭격기에는 원자폭탄이 탑재됐다. 딩먼의 뛰어난 연구의 핵심 사항은 "Atomic Diplomacy During the Korean War," *International Security*, 3(Winter 1988-1989), 50~91쪽 참조(그러나 이 책이 나온 뒤에 발표돼 여기서는 다루지 못했다).

140. 러스크는 1950년 11월 29일 영국에 소련이 200대의 쌍발 폭격기를 만주의 항공기지로 이동시켰다고 말했다. 12월 6일 영국 국방부는 "국경을 넘어 폭격하면 소련 공군이 출동할 것"이라는 명백한 경고를 현재 맥아더가 갖고 있다고 언급했다. 맥아더는 자신은 만주를 공격할 능력이 없다고 되풀이 언급했지만 "그는 (…) 휘하의 기지와 보급선이 (…) 사실상 (소련의 공격에서) 벗어나 있다는 사실을 완전히 경시했다"(FO317, piece no. 84119, memo of conversation, Rusk and Franks, November 29, 1950; piece no. 84108, Chiefs of Staff to Bouchier, December 7, 1950). 파니카르의 경고는 러스크와 프랭크스의 회담에서 언급됐다.

141. 1951~1953년 핵무기 사용 논의와 관련된 좀더 상세한 내용은 Schnabel and Watson, JCS, *The Korean War*, vol. 3, pt. 2, 613~614, 931~933, 954, 960~961쪽 참조. 새뮤얼 코언은 헐먼 칸Herman Kahn의 어릴 때 친구였다. Fred Kaplan, *The Wizards of Armageddon*(New York: Simon and Schuster, 1983), 220쪽 참조. 오펜하이머와 비스타 계획은 G-3 Operations file, box 38, "Tactical Employment of the Atomic Bomb in Korea," December 22, 1950

참조. David C. Elliot, "Project Vista and Nuclear Weapons in Europe," *International Security* 2, no. 1(Summer 1986), 163~183쪽도 참조.

142. HST, Psychological Strategy Board file, box 33, Walter B. Smith to Gordon Gray, October 12, 1951; 같은 자료, RAND Corporation, "Study on Atomic Weapons," July 23, 1952에서는 핵무기를 "신무기"라고 불렀다.

143. G-3 Operations file, box 38-A, "Actions Necessary"; memo by S. V. Hasbrouck, November 7, 1951; memo for the Chief of Staff, Army, November 20, 1951; Schnabel and Watson, JCS, The Korean War, vol. 3, pt. 1, v쪽, pt. 2, 614쪽; RG349, FEC G-2 Theater Intelligence, box 752, Sept 30, 1951, CINCFE to CG SAC("Requests SAC to execute simulated atomic strikes on tgts. vie. CT402453 and CT576484"); Oct 1, 1951, CG FEAF to 98th Bomb Wing commander, Okinawa; Oct 13, 1951, resume of operation("지상작전 원조를 위해 [원문 그대로] 핵무기의 전술적 사용에 대한 명확한 정의의 필요성"). 허드슨 항 작전에 관련된 대부분의 문서는 아직도 기밀로 지정돼 있다.

144. Acheson Seminars, March 14, 1954. 존 개디스는 트루먼이 한국전쟁에서 핵무기를 사용하지 않았으며 사용하겠다고 위협만 한 것을 "자기 억제"라고 평가한 저서를 1987년에 펴냈지만, 위에서 든 증거를 고려하면 그런 논리는 이해하기 어려워진다. 이 증거를 자세히 읽고, 아이젠하워 정부의 "매우 다른 태도"에 대한 개디스의 주장을 살펴보면 트루먼과 아이젠하워의 정책은 거의 같았으며, 모두 한국전쟁에서 원자폭탄 사용을 진지하게 고려했음을 알 수 있다. 덜레스는 그것에 대해(반격에 대한 그의 발언과 마찬가지로) 아이젠하워보다 더욱 소리 높여 주장했다는 개디스의 견해는 옳지만, 입수할 수 있는 기록을 살펴볼 때 아이젠하워 정권에는 "허드슨 항 작전"에 상당하는 것이 존재하지 않았다(Gaddis, *Long Peace*, 115~129쪽 참조).

145. Ridgway Papers, box 20, MacArthur to Ridgway, January 7, 1951; memo of Ridgway's conference with Almond and others, January 8, 1951.

146. Bradley and Blair, *A General's Life*, 584쪽; MA, RG6, box 1, Stratemeyer to MacArthur, November 8, 1950; FO317, piece no. 84072, Bouchier to Chiefs of Staff, November 6, 1950; ibid., piece no. 84073, November 25, 1959, sitrep(상황 보고서). 네이팜탄은 나프텐 산酸과 팔미트산의 혼합물로 인광에 의해 점화돼 피부 속으로 침투해 타오르며, 상처 안에서 15일 동안 연소되기도 한다. 네이팜탄은 제2차 세계대전 동안 하버드대학교의 루이스 피서Louis Fieser 교수가 발명했는데, 그는 1966년 베트남에서 네이팜탄을 사용하는 것에 반대하는 시위가 벌어지는 동안 "우리는 비전투원에게 네이팜탄을 사용하리라고는 전혀 생각하지 않았다"고 말했다. J. B. Nielands, "Chemical Warfare," in *The Social Responsibility of the Scientist*, ed. Martin Brown(New York: Free Press, 1971), 82~83쪽 참조. 한국의 민간인에게 그 무기를 훨씬 광범하게 사용한 것에 대한 피서 박사의 대답은 기록되지 않았다.

147. HST, PSF, CIA file, box 248, report of December 15, 1950; FO317, piece nos. 84074 and 84075, Bouchier situation reports, December 5, 17, 1950; *New York Times*, December 13, 1950, January 3, 1951; Blair, *Forgotten War*, 603쪽.

148. Ridgway Papers, box 20, highlights of conference with Ridgway, January 5, 1951; box 17, Almond to Ridgway, January 16, 1951.

149. Almond Papers, "General Files, X Corps," Barr to Almond, January 18, 1951; Almond to Barr, January 19, 1951.

150. Ridgway Papers, box 17, Almond to Ridgway, January 25, 1951.

151. 895.00 file, box 6175, George Barrett dispatch of February 8, 1951; Acheson to Pusan Embassy, February 17, 1951.

152. Ridgway Papers, box 20, 리지웨이와 성명 미상의 지휘관의 대화. 날짜는 나와 있지 않지만 1951년 3월로 추정됨.

153. HST, Connelly Papers, "Notes on Cabinet Meetings," September 12, 1952. 이 자료에 관심을 갖게 해준 바턴 번스타인에게 감사한다.

154. "The Attack on the Irrigation Dams in North Korea," *Air University Quarterly* 6, no.

4(Winter 1953~1954), 40~51쪽. 댐 폭파에 관련된 뛰어난 설명은 MacDonald, *War Before Vietnam*, 241~242쪽 참조.

155. J. F. Dulles Papers, Curtis LeMay oral history, April 28, 1966.

22장 결론: 석양

1. 조지 카힌George Kahin은 미국이 남베트남에 개입한 것은 한국의 사례와 매우 비슷하며, 남베트남의 경우는 1954년이 전환점이었다고 지적했다(*Intervention*, 66~92쪽).

2. 전쟁이 계속되는 가운데 미국은 이승만을 크게 압박했다. 미국은 1950년 여름 북한이 토지를 혁명적으로 재분배한 사실을 잘 알고 있었고, 남한의 지주들이 그 소유권을 되찾지 못하게 하려고 결정했다. 그 결과 마침내 1951년 봄 토지개혁이 시작됐다. 895.00 file, box 5692, Drumwright to State, January 16, 1951; HST, PSF, NSC file, box 3, CIA memorandum of October 19, 1950 참조. 1951년 3월 CIA는 "일부 군에서 토지 재분배 계획의 실시를 방해하려는 지주를 당국은 강력히 억제할 열의가 없지만" 경제협력국은 재분배를 압박하고 있다고 보고했다(HST, PSF, NSC file, box 3, CIA memorandum of March 8, 1951).

3. 1953년 7월 9일의 논의에서 한 인물(누구인지는 명확하지 않음)은 이렇게 말했다. "우리는 국가안보문서 68을 마련하는 데 많은 어려움을 겪고 있습니다." 그러자 다른 사람이 말했다. "한국이 나타나 우리를 (구했습니까?)—우리 대신 그 일을 한 것입니다." 애치슨은 대답했다. "나도 그렇다고 생각합니다"(HST, Acheson seminars, box 82).

4. Eisenhower Library, NSC series, box 4, 168th meeting, October 29, 1953 참조. 1953년 12월 3일 173차 회의(box 5)에서 전쟁이 재개될 경우 상하이 이북을 핵공격하는 문제와 관련해 아이젠하워와 래드퍼드Radford 제독이 논의한 뒤 덜레스는 미국은 반격을 한반도 안으로 한정하고 동맹국을 확보하며 전쟁을 중국으로 확대하지 말아야 한다고 말했다. 리처드 닉슨은 제177차 회의(1953년 12월 23일)에서 "우리는 한반도의 분단이라는 결과를 받아들여야 한다"고 말하면서 한국이 통일된 독립국가가 되는 것은 "절대 불가능하다"고 주장했다.

5. Eisenhower Library, NSC series, box 4, 144th meeting, May 13, 1953. 하이난 섬에 관련된 그 밖의 언급은 157th meeting, July 30, 1953; the 168th meeting, October 29, 1953; and the 179th meeting, January 8, 1954 참조.

6. 같은 자료, box 6, 229th meeting, Dec 21, 1954.

7. 특히 Kahin, *Intervention*, 396~400쪽 참조. Summers, On Strategy도 참조. 베트남전쟁에 대한 그의 주요한 주제 가운데 하나였지만 서머스는 한국이 베트남전쟁을 형성하는 데 어떤 영향을 주었는지 파악하지 못했다.

8. 드루 피어슨은 루빈스타인을 "엄청난 사기꾼"이라고 생각했다. 1955년 피어슨은 그와 보잉 항공사를 관련시켰다. 그는 스탠웰 석유회사Stanwell Oil Company에서 루빈스타인과 관련됐던 리 브룩Lee Brooke이라는 인물의 말을 인용해 루빈스타인은 자택에 보관했던 협박 문서를 찾으려고 침입한 누군가에게 살해됐을지도 모른다고 말했다(*Diaries*, 345쪽). 그러나 그 살인사건의 진상은 아직 밝혀지지 않았다.

9. Walter LaFeber, *New Empire*, 407~408쪽. 트루먼 도서관과 예일대학에 소장된 애치슨 문서에는 굿펠로와 접촉한 내용이 없다. 그러나 굿펠로는 애치슨이 국무부로 걸어서 출근할 때 그와 자주 대화를 나눴다고 말했다.

10. HST, PSF, memorandum of discussion on February 16, 1955 between Truman and Acheson, xerox copy courtesy of John W. Powell.

11. Dower, *Empire and Aftermath*, 316쪽.

12. Conversation in P'yŏngyang, August 1981.

13. *Korea: The Forgotten War*. 템스 텔레비전의 프로듀서는 자신의 다큐멘터리에 "Korea: The Forgotten War"라는 제목을 붙이고 싶어했다. 존 핼러데이와 나는 그의 의견에 설득돼 "Korea: The Unknown War"이라는 제목을 붙이기로 했다(그 다큐멘터리와 관련된 그 밖의 여러 문제와 마찬가지로 그것은 부분적인 승리였다).

14. Nietzsche, *The Genealogy of Morals*, trans. Walter Kaufmann and R. J. Hollingdale(New York: Vintage Books, 1969), 57~58쪽.

15. 여기서 전개한 논의는 사르트르의 『닫힌 방No Exit』에 나오는 인물인 가신Garcin에 대한 프레데릭 제임슨의 생각과 니체의 저작에 실린 여러 문장에서 많은 도움을 받았다. Jameson, *Sartre: The Origins of a Style*(New York: Columbia University Press, 1984), 3~18쪽 참조. 인용은 16쪽.

16. 같은 책, 13쪽.

17. Martin Heidegger, *What Is Called Thinking?*, trans. J. Glenn Gray(New York: Harper Colophon Books, 1968), 103, 138~141, 151~152쪽. 이 책에 관심을 갖게 해준 게일 터너Gayle Turner에게 감사한다. 제임슨은 이렇게 썼다. "과거는 항상 가정된다. 우리는 과거에 대해 아무런 태도도 가지지 않을 자유가 없다. 과거는 변화시킬 수 없다. 그러나 우리는 변하지 않는 사실에 우리가 살고 있는 인생을 통해 의미를 부여하고 있다. 그리고 망각을 통해서도 의미를 부여하고 있다"(*Sartre*, 13쪽).

18. Acheson, *Among Friends*, 99, 103~104쪽.

19. 1987년 2월 나는 맥조지 번디와 한 학회에서 만나는 흔치 않은 경험을 했다. 역사학자 찰스 마이어Charles Maier가 나와 내 저서를 소개하자 번디는 물었다. "당신은 북진을 어떻게 생각하십니까?" 내가 대답하기도 전에 그는 그것은 워싱턴의 방심한 상태와 맥아더의 "광기"가 결합된 것이었다고 말했다.

20. Michael Walzer, *Just and Unjust Wars: A Moral Argument with Historical Illustrations* (New York: Basic Books, 1977), 117~123쪽. 봉쇄를 위한 전쟁은 정당했고 반격을 위한 전쟁은 정당하지 않았다는 주장은 이 저서에서 중요한 부분이다. 이를테면 6월의 침략을 언급하면서 월저는 "침략자의 범죄는 개인과 공동체의 권리에 도전한 것이었다"면서 적절한 미국의 대응(1950년 여름에 수행됐다)은 "보수적 성질"의 "정의로운 전쟁" 곧 국제사회를 대표해 수행한 제한된 종류의 경찰 행위였다고 평가했다. 그러나 우리가 "최초의 침략을 인식"할 수 없다면 "개인과 공동체의 권리"를 어떻게 판단할 수 있는가? 대답은 "할 수 없다"는 것이다. 당시 케넌은 한국에 대해 많은 것을 잘못 이해했지만, 그의 회고록은 그가 최종적으로는 전쟁의 성격을 바르게 이해했음을 보여준다. "궁극적으로 그 전쟁은 국제전이 아니라 내전이었다. 그리고 통상적인 국제적 의미에서 '침략'이라는 용어는 그 뒤 베트남의 경우와 마찬가지로 한국에는 적합하지 않은 것이었다"(Memoirs, 1925~1950, 490쪽).

21. FO317, piece no. 83008, Stokes to Bevin, December 2, 1950.

22. 베트남이 또 다른 한국이었다(거나 그렇게 봐야 한다)는 견해는 특히 Summers, *On Strategy* 참조. 커티스 르메이는 출간된 한 책에서 1950년 "남베트남 침략"에 대해 언급했다(America Is in Danger[New York: Funk and Wagnalls, 1968], 109쪽). 올먼드 장군은 1968년의 뗏 공세Tet offensive와 관련해 "베트콩과 북한이 총공격을 했을 때"라고 썼다(Almond Papers, Almond to W. J. McCaffery, February 15, 1968).

23. See H. D. Harootunian, *Things Seen and Unseen: Discourse and Ideology in Tokugawa Nativism*(Chicago: University of Chicago Press, 1988), 115~122쪽. 베트남에서 대량 학살이 일어났다는 주장을 논박하기 위해 일종의 수정주의적 입장을 견지하고 있는 귄터 르위Guenter Lewy는 베트남에서 발생한 전체 사상자 가운데 민간인은 28퍼센트였지만, 제2차 세계대전에선 40퍼센트, 한국전쟁에서는 70퍼센트였다고 분별없이 말했다. 그러므로 그의 경험주의에 기초한 계산을 적용하면 그는 베트남에서는 대량 학살이 일어나지 않았다고 생각하겠지만 한국전쟁에서는 대량 학살이 일어났다는 데 동의할 것이다. Lewy, *America in Vietnam*(New York: Oxford University Press, 1978), 451쪽 참조. 이 인용과 관련해 로버트 디바인Robert Divine에게 감사한다. Dower, *War Without Mercy*, 298쪽도 참조.

24. Nietzsche, *The Gay Science*, trans. Walter Kaufmann(New York: Vintage Books, 1974), 104쪽.

25. 전거는 Ivan Morris, *The Nobility of Failure* 참조.

26. James Burnham, *The Coming Defeat of Communism*(New York: John Day Co., 1951),

145~147쪽.

27. Eisenhower Library, Eisenhower Papers(Whitman file), NSC series, box 4, 144th meeting, May 13, 1953.

28. Drinnon, *Facing West*, 241, 315~318쪽. 수어드의 발언은 LaFeber, *New American Empire*, 26쪽에서 인용. 마크 트웨인의 발언은 Gore Vidal, "Requiem for the American Empire," *The Nation*, January 11, 1986에서 인용. 테디 루스벨트는 "강력하게 문명화된 인종들"의 힘 앞에서 "야만인은 물러가거나 정복된다"고 생각했다(Drinnon, *Facing West*, 232쪽). 비달은 테디 루스벨트의 다음과 같은 발언을 인용했다. "필리핀인을 옹호하는 모든 논의는 아파치에게도 해당될 수 있다. (⋯) 아기날도Aguinaldo를 옹호하는 모든 발언은 시팅 불Sitting Bull에게도 적용될 수 있다."—이것과 비슷하게 애치슨은 베트남전쟁을 비판하는 사람에게 "당신의 말은 모두 한국에도 해당될 수 있다"고 대답했다(Acheson Papers[Yale], Acheson to Prof. E. A. Burtt, October 14, 1965).

29. Elaine Scarry, *The Body in Pain: The Making and Unmaking of the World*(New York: Oxford University Press, 1985), 61쪽.

30. "적과 대등한 것. 이것이 공정한 결투의 첫 번째 전제다. 경멸을 느끼는 곳에서는 전쟁을 할 수 없다. 명령을 내리고 자신이 우월한 곳에서는 전쟁을 벌일 이유가 없다"(Nietzsche, *Ecce Homo*, trans. Walter Kaufmann[New York: Vintage Books, 1969], 232쪽).

31 Hartz, *Founding of New Societies*, 119쪽.

32. 1951년 후반 시애틀에서 한 연설. Michael W. Miles, *The Odyssey of the American Right* (New York: Oxford University Press, 1980), 170쪽에서 인용. 나는 이 책의 많은 부분에 동의한다.

33. 물론 이것은 조지프 슘페터Joseph Schumpeter가 지적한 것이다.

34. Beard, *Open Door at Home*, 301~302쪽. 공공의 복지를 추구하는 민족주의는 "외교정책과 국내 정책이 동일한 것이라고 보며 (⋯) 국제 관계를 통제하려면 국내 정책과 국내 세력을 먼저 효과적으로 통제해야 한다고 생각한다".

35. Friedrich Nietzsche, "On the Uses and Disadvantages of History for Life," in *Untimely Meditations*, trans. by R. J. Hollingdale(Cambridge: Cambridge University Press, 1983), 67쪽.

참고문헌

I. 정부 자료

미간행

Carrollton Press, Retrospective Collection.

Carrollton Press. 1975-1985.

England, Public Record Office, Foreign Office 371 File. 1948-1951.

Dwight D. Eisenhower Library, Eisenhower Papers(Whitman file), National Security Council Series.

Lyndon Baines Johnson Library, Drew Pearson Papers.

Gen. Douglas MacArthur Archives. Record Groups 6, 9, 10(VIP). 1945-1951.

National Archives, Manuscripts of the Office of the Chief of Military History.

———. Record Group 43, US-USSR Joint Commission on Korea.

———. Record Group 94, Central Intelligence.

———. Record Group 165, Plans and Operations Division, ABC Decimal File.

———. Record Group 330, Entry 199, Office of the Secretary of Defense File.

———. Record Group 335, Office of the Secretary of the Army File.

———. Records of the National Security Council.

———. United States Army. Record Group 319, G-3 Operations Section. 1950-1951.

National Records Center, "History of the North Korean Army." Tokyo: G-2 Section. 1952.

———. United States Armed Forces in Korea. Record Group 332, XXIV Corps Historical File.

———. USFIK 11071 File.

———. United States Army. Record Group 319, "Intelligence Summaries-North Korea"(Army staff). Intelligence(G-2) Library. "P." File. 1946-1951.

———. United States Army. Record Group 407, "World War II Operations Reports." Entry no. 427, Counter-Intelligence Corps Reports. 1947-1951.

———. United States Army Military Government in Korea. Record Group 319, G-2(intelligence) weekly and periodic reports.

————. United States, Far East Command. Record Group 242, "Captured Enemy Documents"(source of North Korean materials).

————. United States, Far East Command. RG 349, Far East Command G-2 Intelligence File.

————. United States Military Advisory Group to the Republic of Korea. Record Group 338, KMAG File.

————. KMAG journal. 1950.

Harry S. Truman Library. Official File; Presidential Secretary's File: Central Intelligence Agency File, National Security Council Meetings File, Daily Korean Summaries File.

Harry S. Truman Library. Psychological Strategy Board File.

Harry S. Truman Library. Presidential Secretary's File. "Selected Records Relating to the Korean War," Office of Intelligence Research File.

U.S. Air Force. "A Preliminary Study of the Impact of Communism Upon Korea." Maxwell Air Force Base, Ala.: Air University Human Resources Research Institute, 1951.

U.S. Central Intelligence Agency. "Communist Capabilities in South Korea." ORE 32-48, February 21, 1949.

————. "Current Capabilities of the Northern Korean Regime." ORE 18-50, June 19, 1950.

————. "The Current Situation in Korea." ORE 15-48, March 18, 1948.

————. "Implementation of Soviet Objectives in Korea." ORE 62, November 18, 1947.

————. "Korea." SR 2. 1947.

————. "Prospects for the Survival of the Republic of Korea." ORE 44—48, October 28, 1948.

————. "The Situation in Korea." ORE 5/1, January 3, 1947.

U.S. Joint Chiefs of Staff. Record Group 218, 383.21 Korea(3-19-45).

U.S. State Department. Office of Intelligence Research, Evelyn McCune, "Leadership in North Korea: Groupings and Motivations," 1963.

U.S. State Department. Record Group 59, Decimal Files, 501.BB category. 1947-1948.

————. 695.00 category. 1947-1954.

————. 740.0019(Control) Korea category. 1945-1949.

————. 795.00 category. 1948-1954.

————. Far East 890.00 File. 1950-1954.

————. 895.00 category. 1948-1954.

————. Record Group 353, State-War-Navy Coordinating Committee. 1946-1947.

————. Record Group 353, "SWNCC-SANACC." 1946-1947.

————. Office of Chinese Affairs, 1944-1950 Subject File.

————. Office of the Executive Secretariat File.

————. Policy Planning Staff File.

————. United Nations Commission on Korea File.

————. Wedemeyer Mission File.

U.S. War Department. Record Group 319, Plans and Operations Division Decimal File, "Korea 1946-1950, 091 Korea." 1947-1950.

간행

영어

Appleman, Roy. *South to the Naktong, North to the Yalu*. Washington, D.C.: Office of the Chief of Military History, 1961.

DPRK Ministry of Foreign Affairs. *Documents and Materials Exposing the Instigators of the*

Civil War in Korea. P'yŏngyang: Ministry of Foreign Affairs, 1950.

Kim Il Sung. Works, vols. 1-7. P'yŏngyang: Foreign Languages Publishing House, 1981.

Sargent, Clyde. "Political Developments in South Korea, 1947." Seoul: USAMGIK Public Opinion Bureau, January 1948.

Sawyer, Robert K. *Military Advisors in Korea: KMAG in Peace and War*. Washington, D.C.: Office of the Chief of Military History, 1962.

Schnabel, James F. *Policy and Direction: The First Year*. Washington, D.C.: Office of the Chief of Military History, 1972.

Schnabel, James F., and Robert J. Watson. *The Korean War. Vol 3 of History of the Joint Chiefs of Staff*. JCS Historical Division. Wilmington, Del.: Michael Glazier, Inc., 1979.

South Korean Interim Government, National Food Administration. "History of the National Food Administration." Appendix C, "Food Report for South Korea as of March 1948," and Appendix E, "Survey of Food Distribution in South Korea." Seoul: 1947, 1948.

U.S. Board on Geographic Names. *South Korea, Official Standard Names*. Gazeteer no. 95. Washington, D.C.: Department of the Interior, 1965.

U.S. Congress. *The Military Situation in the Far East*. 2 vols. Washington, D.C.: U.S. Government Printing Office, 1951; NA, Deleted Testimony.

U.S. Congress. *Selected Executive Session Hearings of the House Committee on International Relations*, vol. 7. "U.S. Policy in the Far East," part 2. Washington, D.C.: U.S. Government Printing Office, 1976.

U.S. Congress. House. Committee on International Relations. *United States Policy in the Far East. Part 2: Korea Assistance Acts, Far East Portion of the Mutual Defense Assistance Act of 1950*. Washington, D.C.: U.S. Government Printing Office, 1976.

U.S. Congress. Senate. *Executive Sessions of the Senate Foreign Relations Committee(Historical Series)*, vol. 5. Washington, D.C.: U.S. Government Printing Office, 1977.

U.S. State Department. *Foreign Relations of the United States*. Washington, D.C., 1947-1951
————. *The Conflict in Korea*. Washington, D.C.: U.S. Government Printing Office, 1951.
————. *North Korea: A Case Study in the Techniques of Take-over*. Washington, D.C.: U.S. Government Printing Office, 1961.

한국어

국방부 전사편찬위원회,『한국전쟁사』1권,『해방과 건군』, 서울: 국방부, 1967.

국사편찬위원회,『대한민국사』, 서울, 1970.

김일성,『조국의 통일독립과 민주화를 위하여』, 평양: 조선노동당 출판사, 1949.

내무부 치안국,『대한경찰전사大韓警察戰史』1권,『민족의 선봉』, 서울: 흥국 연구협회, 1952.

대검찰청 수사국,『좌익사건 실록』, 서울, 1964.

문학봉,『미제의 조선침략정책의 정체와 내란계획자의 진상을 폭로함』, 평양, 중앙통신, 1950년 9월.

조선노동당 선전부,『새 환경과 새 조건, 새로운 사업방식』, 평양: 노동당출판사, 1950년 5월.

조선노동당,『노동당 중앙위원회 정기회의 문헌집』, 1949년 12월 15~18일(평양: 조선노동당, 1950).

주영하,『북조선노동당 창립 1주년과 조선의 민주화를 위한 투쟁에서 그의 역할』, 평양: 노동당출판사, 1947.

II. 단행본
영어

Abell, Tyler, ed. *Drew Pearson: Diaries, 1949-1959*. New York: Holt, Rinehart and Winston, 1974.

Acheson, Dean. *Present at the Creation: My Years in the State Department*. New York: W. W.

Norton, 1969, 1987.

Acheson, Dean, and David McClellan, eds. *Among Friends: Personal Letters of Dean Acheson.* New York: Dodd, Mead, 1980.

Allison, Graham. *Essence of Decision: Explaining the Cuban Missile Crisis.* Boston: Little, Brown, 1971.

Ambrose, Stephen E. *Ike's Spies: Eisenhower and the Espionage Establishment.* New York: Doubleday, 1981.

————. *Eisenhower. Vol. 1, 1890-1952.* New York: Simon and Schuster, 1983.

————. *Rise to Globalism.* 3d ed. New York: Penguin Books, 1983.

An Ho-sang. *The Ancient History of the Korea-Dong-I Race: Creator of East Asian Culture.* Seoul: Institute of Paedal Culture, 1974.

Anderson, Benedict. *Imagined Communities.* New York: Verso, 1983.

Anderson, Perry. *Lineages of the Absolutist State.* London: New Left Books, 1974.

Archer, Jules. *The Plot to Seize the White House.* New York: Hawthorn Books, 1973.

Arrighi, Giovanni. *The Geometry of Imperialism: The Limits of Hobson's Paradigm.* Translated by Patrick Camiller. New York: Verso, 1983.

Bachrach, Stanley D. *The Committee of One Million: 'China Lobby' Politics, 1953-1971.* New York: Columbia University Press, 1976.

Barnes, Harry Elmer, ed. *Perpetual War for Perpetual Peace.* Caldwell, Idaho: The Caxton Printers, 1953.

Barnet, Richard J. *The Roots of War: The Men and Institutions Behind U.S. Foreign Policy.* Baltimore, Md.: Penguin Books, 1973.

Beard, Charles A. *The Open Door at Home: A Trial Philosophy of National Interest.* New York: Macmillan, 1935.

————. *President Roosevelt and the Coming of the War, 1941: A Study in Appearances and Realities.* New Haven, Conn.: Yale University Press, 1948.

Bell, Daniel, ed. *The Radical Right.* New York: Doubleday, 1955, 1963.

Blair, Clay. *The Forgotten War: America in Korea 1950-1953.* New York: Times Books, 1987.

Blum, Robert M. *Drawing the Line: The Origin of the American Containment Policy in East Asia.* New York: W. W. Norton, 1982.

Bohlen, Charles. *Witness to History, 1929-1960.* New York: W. W. Norton, 1973.

Borg, Dorothy, and Waldo Heinrichs, eds. *Uncertain Years: Chinese-American Relations, 1947-1950.* New York: Columbia University Press, 1980.

Boyle, Andrew. *The Fourth Man.* New York: Dial Press, 1979.

Bradbury, William C., Samuel M. Meyers, and Albert D. Biderman, eds. *Mass Behavior in Battle and Captivity.* Chicago: University of Chicago Press, 1968.

Bradley, Omar H., and Clay Blair. *A General's Life.* New York: Simon and Schuster, 1983.

Brzezinski, Zbigniew. *The Soviet Bloc: Unit and Conflict.* Rev. Ed. Cambridge, Mass.: Harvard University Press, 1971.

Burnham, James. *The Struggle for the World.* New York: John Day Co., 1947.

————. *The Coming Defeat of Communism.* New York: John Day Co., 1951.

Cave Brown, Anthony. *The Last Hero: Wild Bill Donovan.* New York: Times Books, 1982.

Chaney, Lindsay, and Michael Cieply. *The Hearsts: Family and Empire.* New York: Simon and Schuster, 1981.

Chirot, Daniel. *Social Change in the Twentieth Century.* New York: Harcourt Brace Jovanovich, 1977.

Churchill, Randolph S., and Winston Churchill. *The Six-Day War.* Boston: Houghton Mifflin, 1967.

Cohen, Stephen. *Bukharin and the Bolshevik Revolution*. New York: Vintage Books, 1974.

Cole, Wayne S. *Roosevelt and the Isolationists, 1932-1945*. Lincoln: University of Nebraska Press, 1983.

Corson, William R. *Armies of Ignorance: The Rise of the American Intelligence Empire*. New York: Dial Press, 1977.

Crowther, Samuel. *American Self-Contained*. New York: Doubleday, Doran and Co., 1933.

Cumings, Bruce, ed. *Child of Conflict: The Korean-American Relationship, 1943-1953*. Seattle: University of Washington Press, 1983.

Dallin, David J. *Soviet Foreign Policy After Stalin*. New York: J. B. Lippincott, 1960.

Deutscher, Isaac. *Stalin: A Political Biography*. London: Oxford University Press, 1949.

DeVoto, Bernard. *The Course of Empire*. Lincoln: University of Nebraska Press, 1952.

Diggins, John P. *Up from Communism: Conservative Odysseys in American Intellectual History*. New York: Harper and Row, 1975.

Divine, Robert A. *Second Chance: The Triumph of Internationalism in America During World War II*. New York: Atheneum, 1967.

Doenecke, Justus D. *The Literature of Isolationism*. Colorado Springs: Ralph Myles, 1972.

──────. *Not to the Swift: The Old Isolationists in the Cold War Era*. Lewisburg, Pa.: Bucknell University Press, 1979.

Domes, Jurgen. *Peng Te-huai: The Man and the Image*. Stanford, Calif.: Stanford University Press, 1985.

Domhoff, William. *The Bohemian Grove and Other Retreats: A Study in Ruling Class Cohesiveness*. New York: Harper and Row, 1974.

Donovan, Robert J. *Tumultuous Years: The Presidency of Harry S. Truman, 1949-1953*. New York: W. W. Norton, 1982.

Drinnon, Richard. *Facing West: The Metaphysics of Indian-Hating and Empire-Building*. New York: New American Library, 1980.

Dower, John W. *Empire and Aftermath: Yoshida Shigeru and the Japanese Experience, 1878-1954*. Cambridge, Mass.: Council on East Asian Studies, Harvard University, 1979.

──────. *War Without Mercy: Race and Power in the Pacific War*. New York: Pantheon Books, 1986.

Eastman, Lloyd. *Seeds of Destruction: North China in War and Revolution, 1937-1949*. Stanford, Calif.: Stanford University Press, 1984.

Etzold, Thomas H., and John Gaddis. *Containment: Documents on American Policy and Strategy, 1945-1950*. New York: Columbia University Press, 1978.

Fainsod, Merle. *How Russia Is Ruled*. Cambridge, Mass.: Harvard University Press, 1957.

Fleming, D. F. *The Cold War and its Origins*, vol. 2. Garden City, N.Y.: Doubleday, 1961.

Flynn, John T. *While You Slept: Our Tragedy in Asia and Who Made It*. New York: Devin-Adair, 1951.

──────. *The Road Ahead*. New York: Devin-Adair, 1952.

Foot, Rosemary. *The Wrong War: American Policy and the Dimensions of the Korean Conflict, 1950-1953*. Ithaca, N.Y.: Cornell University Press, 1985.

Ford, Corey. *Donovan of OSS*. Boston: Little, Brown, 1970.

Freeland, Richard M. *The Truman Doctrine and the Origins of McCarthyism*. New York: Schocken, 1974.

Gaddis, John Lewis. *The Strategy of Containment*. New York: Oxford University Press, 1982.

──────. *The Long Peace: Inquiries into the History of the Cold War*. New York: Oxford University Press, 1987.

Gardner, Lloyd C. *Economic Aspects of New Deal Diplomacy*. Boston: Beacon Press, 1964.

—————. *Architects of Illusion: Men and Ideas in American Foreign Policy, 1941-1949*. Chicago: Quadrangle Books, 1970.

Gelb, Leslie, with Richard K. Betts. *The Irony of Vietnam: The System Worked*. Washington, D.C.: The Brookings Institution, 1979.

George, Alexander, and Richard Smoke. *Deterrence in American Foreign Policy: Theory and Practice*. New York: Columbia University Press, 1974.

Goodwyn, Lawrence. *The Populist Moment*. New York: Oxford University Press, 1978.

Goulden, Joseph C. *Korea: The Untold Story of the War*. New York: Times Books, 1982.

Graebner, Norman. *The New Isolationism: A Study in Politics and Foreign Policy Since 1950*. New York: The Ronald Press, 1956.

Gunther, John. *The Riddle of MacArthur*. New York: Harper and Brothers, 1950.

Halliday, Jon. *A Political History of Japanese Capitalism*. New York: Pantheon, 1975.

Halliday, Jon, and Bruce Cumings. *Korea: The Unknown War*. New York: Pantheon Books, 1988. London: Penguin Books, 1988.

Halperin, Morton H. *Bureaucratic Politics and Foreign Policy*. Washington, D.C.: The Brookings Institution, 1974.

Harootunian, H. D. *Things Seen and Unseen: Discourse and Ideology in Tokugawa Nativism*. Chicago: University of Chicago Press, 1988.

Hartz, Louis. *The Founding of New Societies*. New York: Harcourt, Brace and World, 1964.

—————. *The Liberal Tradition in America*. New York: Harcourt, Brace and World, 1955.

Heidegger, Martin. *What Is Called Thinking?* Translated by J. Glenn Gray. New York: Harper Colophon Books, 1968.

Helmreich, Jonathan E. *Gathering Rare Ores: The Diplomacy of Uranium Acquisition, 1943-1954*. Princeton, N.J.: Princeton University Press, 1986.

Henderson, Gregory. *Korea: The Politics of the Vortex*. Cambridge, Mass.: Harvard University Press, 1968.

Herken, Gregg. *The Winning Weapon: The Atomic Bomb and the Cold War, 1945-1950*. New York: Vintage Books, 1982.

Higham, Charles. *Trading with the Enemy*. New York: Delacorte Press, 1983.

Hinckle, Warren, and William W. Turner. *The Fish Is Red: The Story of the Secret War Against Castro*. New York: Harper and Row, 1981.

Hobsbawm, Eric J. *Primitive Rebels*. 2d ed. New York: W. W. Norton, 1965.

Hodgson, Godfrey. *America in Our Time*. Garden City, N.Y.: Doubleday, 1978.

Hoopes, Townsend. *The Devil and John Foster Dulles*. Boston: Little, Brown, 1973.

Hunt, Frazier. *The Untold Story of Douglas MacArthur*. New York: Devin-Adair, 1954.

Isaacson, Walter, and Evan Thomas. *The Wise Men: Six Friends and the World They Made*. New York: Simon and Schuster, 1986.

Iyenaga, Saburo. *The Pacific War*. New York: Pantheon Books, 1976.

James, D. Clayton. *Years of MacArthur. Vol. 1: 1880-1941*. Boston: Houghton Mifflin, 1970.

—————. *The Years of MacArthur. Vol. 3: Triumph and Disaster 1945—1964*. Boston: Houghton Mifflin, 1985.

Jameson, Frederic. *Sartre: The Origins of a Style*. New York: Columbia University Press, 1984.

Jervis, Robert. *Perception and Misperception in International Politics*. Princeton, N.J.: Princeton University Press, 1976.

Johnson, Edgar A. J. *American Imperialism in the Image of Peer Gynt*. Minneapolis: University of Minnesota Press, 1971.

Johnson, U. Alexis. *The Right Hand of Power*. With Jef Olivarius McAllister. Englewood Cliffs, N.J.: Prentice-Hall, 1984.

Joseph, Paul. *Cracks in the Empire: State Politics in the Vietnam War*. Boston: South End Press, 1981.

Jowitt, Kenneth, ed. *Social Change in Romania, 1860-1940*. Berkeley, Calif.: Institute of International Studies, 1978.

Kahin, George McT. *Intervention: How America Became Involved in Vietnam*. New York: Alfred A. Knopf, 1986.

Kamp, Joseph P. *We Must Abolish the United States: Hidden Facts Behind the Crusade for World Government*. New York: Constitutional Education League, 1950.

Kaplan, Fred. *The Wizards of Armageddon*. New York: Simon and Schuster, 1983.

Katzenstein, Peter, ed. *Between Power and Plenty*. Madison: University of Wisconsin Press, 1978.

Kaufman, Burton I. *The Korean War: Challenges in Crisis, Credibility, and Command*. Philadelphia: Temple University Press, 1986.

Keeley, Joseph. *The China Lobby Man: The Story of Alfred Kohlberg*. New Rochelle, N.Y.: Arlington House, 1969.

Kennedy, Thomas C. *Charles A. Beard and American Foreign Policy*. Gainesville: University of Florida Press, 1975.

Kennan, George F. *Memoirs, 1925-1950*. New York: Pantheon Books, 1967.

Khrushchev, Nikita. *Khrushchev Remembers*, trans. Strobe Talbott. Boston: Little, Brown, 1970.

─────. *Memoirs, 1950-1963*. New York: Pantheon Books, 1972.

Kim Han Gil. *Modern History of Korea*. P'yŏngyang: Foreign Languages Publishing House, 1979.

Kim, Se-jin. *The Politics of Military Revolution in Korea*. Chapel Hill: University of North Carolina Press, 1971.

Kindleberger, Charles P. *The World in Depression, 1929-1939*. Berkeley: University of California Press, 1973.

Knox, Donald. *The Korean War, Pusan to Chosin: An Oral History*. New York: Harcourt Brace Jovanovich, 1985.

Koen, Ross. *The China Lobby in American Politics*. New York: Octagon Books, 1974.

Kolko, Joyce, and Gabriel Kolko. *The Limits of Power: The World and U.S. Foreign Policy, 1945-1954*. New York: Harper and Row, 1972.

Kosut, Hal, ed. *Cambodia and the Vietnam War*. New York: Facts on File, 1971.

Kubek, Anthony. *How the Far East Was Lost*. Chicago: Henry Regnery, 1963.

Kutler, Stanley I. *The American Inquisition: Justice and Injustice in the Cold War*. New York: Hill and Wang, 1982.

Kwitny, Jonathan. *Endless Enemies*. New York: Congdon and Weed, 1984.

LaFeber, Walter. *The New Empire: An Interpretation of American Expansion 1860-1898*. Ithaca, N.Y.: Cornell University Press, 1963.

─────. *America, Russia and the Cold War 1945-1984*. 5th ed. New York: Alfred A. Knopf, 1985.

Lafour, Laurence. *The Long Fuse*. 2d ed. New York: J. B. Lippincott, 1971.

Langley, Michael, *Inchon: MacArthur's Last Triumph*. London: B. T. Batsford Ltd., 1979.

Laquer, Walter, ed. *Fascism: A Reader's Guide*. Berkeley, Calif.: University of California Press, 1976.

Leary, William M. *Perilous Missions: Civil Air Transport and CIA Covert Operations in Asia*. University, Ala.: University of Alabama Press, 1984.

Lewin, Ronald. *The American Magic*. New York: Penguin Books, 1982.

Liggio, Leonard P., and James L. Martin, eds. *Watershed of Empire: Essays on New Deal Foreign Policy.* Colorado Springs: Ralph Myles, 1976.

Lim, Un. *The Founding of a Dynasty in North Korea.* Tokyo: Jiyu-sha, 1982.

London, Kurt, ed. *The Soviet Union, A Half-Century of Communism.* Baltimore, Md.: John Hopkins University Press, 1968. 4

Lowe, Peter. *The Origins of the Korean War.* New York: Longman, 1986.

Lundberg, Ferdinand. *Imperial Hearst: A Social Biography.* New York: Equinox Cooperative Press, 1936.

McAuliffe, Mary Sperling. *Crisis on the Left: Cold War Politics and American Liberals, 1947-1954.* Amherst: University of Massachusetts Press, 1978.

McCagg, William O., Jr. *Stalin Embattled, 1943-1948.* Detroit: Wayne State University Press, 1978.

McCormack, Gavan. *Cold War/Hot War.* Sydney, Australia: Hale and Iremonger, 1983.

MacDonald, Callum A. *Korea: The War Before Vietnam.* London: Macmillan, 1986.

MacLean, Fitzroy. *Take Nine Spies.* London: Weidenfeld and Nicolson, 1978.

McLellan, David S. *Dean Acheson: The State Department Years.* New York: Dodd, Mead, 1976.

Maier, Charles S., ed. *The Origins of the Cold War and Contemporary Europe.* New York: New Viewpoints, 1978.

Mao Tse-tung. *Selected Works.* New York: International Publishers, 1954.

—————. *Critique of Soviet Economics.* Translated by Moss Roberts. New York: Monthly Review Press, 1977.

Martin, David C. *Wilderness of Mirrors.* New York: Ballantine Books, 1980.

Mearsheimer, John. *Conventional Deterrence.* Ithaca, N.Y.: Cornell University Press 1983.

Meisner, Maurice. *Li Ta-chao and the Origins of Chinese Marxism.* New York: Atheneum, 1970.

Miles, Michael W. *The Odyssey of the American Right.* New York: Oxford University Press, 1980.

Moore, Barrington, Jr. *Social Origins of Dictatorship and Democracy: Lord and Peasant in the Making of the Modern World.* Boston: Beacon Press, 1966.

Morris, Ivan. *The Nobility of Failure: Tragic Heroes in the History of Japan.* New York: Holt, Rinehart and Winston, 1975.

Mosely, Leonard. *Dulles: A Biography of Eleanor, Allen, and John Foster Dulles and Their Family Network.* New York: Dial Press, 1978.

Murphy, Robert. *Diplomat Among Warriors.* Garden City, N.Y.: Doubleday, 1964.

Nam, Koon Woo. *The North Korean Communist Leadership, 1945-1965: A Study of Factionalism and Political Consolidation.* University, Ala.: University of Alabama Press, 1974.

Navasky, Victor. *Naming Names.* New York: Viking Press, 1980.

Niebuhr, Reinhold. *Moral Man and Immoral Society.* New York: Charles Scribner's Sons, 1932.

Nietzsche, Friedrich. *The Genealogy of Morals.* Translated by Walter Kaufmann and R. J. Hollingdale. New York: Vintage Books, 1969.

—————. *The Gay Science.* Translated by Walter Kaufmann. New York: Vintage Books, 1974.

—————. *Untimely Meditations.* Translated by R. J. Hollingdale. Cambridge: Cambridge University Press, 1983.

Noble, Harold Joyce. *Embassy at War.* Edited by Frank Baldwin. Seattle: University of Washington Press, 1975.

Oliver, Robert. *Syngman Rhee and American Involvement in Korea, 1942-1960.* Seoul:

Panmun Books, 1978.

Oshinsky, David M. *A Conspiracy So Immense: The World of Joe McCarthy.* New York: The Free Press, 1983.

Paige, Glenn. *The Korean Decision.* Glencoe, Ill.: The Free Press, 1968.

Paterson, Thomas G., ed. *Cold War Critics: Alternatives to American Foreign Policy in the Truman Years.* Chicago: Quadrangle Books, 1971.

Pawley, William. *Americans Valiant and Glorious.* New York: n.p., 1945.

Pearson, Drew. *Diaries, 1949—1950.* New York: Holt, Rinehart and Winston, 1974.

Peek, George N., and Samuel Crowther. *Why Quit Our Own?* New York: D. Van Nostrand Co., 1936.

Pogue, Forrest C. George C. *Marshall: Statesman 1945-1959.* New York: Viking Press, 1987.

Polanyi, Karl. *The Great Transformation.* New York: Beacon Press, 1957.

Prouty, L. Fletcher. *The Secret Team.* Englewood Cliffs, N.J.: Prentice-Hall, 1973.

Pruessen, Ronald W. *John Foster Dulles: The Road to Power.* New York: The Free Press, 1982.

Quigley, Carroll. *Tragedy and Hope: A History of the World in Our Time.* New York: Macmillan, 1966.

Radosh, Ronald. *Prophets on the Right.* New York: Simon and Schuster, 1975.

Reeves, Thomas C. *The Life and Times of Joe McCarthy.* New York: Stein and Day, 1982.

Rieselbach, LeRoy N. *The Roots of Isolationism.* New York: Bobbs-Merrill, 1966.

Riley, John W., Jr., and Wilbur Schramm. *The Reds Take a City.* With translations by Hugh Heung-wu Cynn. *New Brunswick,* N.J.: Rutgers University Press, 1951.

Robbins, Christopher. *Air America.* New York: G. P. Putnam's Sons, 1979.

Rogin, Michael Paul. *The Intellectuals and McCarthy: The Radical Specter.* Cambridge, Mass.: MIT Press, 1967.

Rotter, Andrew J. *The Path to Vietnam: The Origins of the American Commitment to Southeast Asia.* Ithaca, N.Y.: Cornell University Press, 1987.

Rovere, Richard. *Senator Joe McCarthy.* New York: Harcourt, Brace, 1959.

————. *The American Establishment and Other Reports, Opinions, and Speculations.* New York: Harcourt, Brace and World, 1962.

Scalapino, Robert, ed. *The Communist Revolution in Asia.* 2d ed. Englewood Cliffs, N.J.: Prentice-Hall, 1969.

Scalapino, Robert, and Chong-sik Lee. *Communism in Korea.* 2 vols. Berkeley: University of California Press, 1972.

Scarry, Elaine. *The Body in Pain: The Making and Unmaking of the World.* New York: Oxford University Press, 1985.

Schaller, Michael. *The American Occupation of Japan: The Origins of the Cold War in Asia.* New York: Oxford University Press, 1985.

Schlesinger, Arthur, Jr. *The Vital Center: The Politics of Freedom.* Boston: Houghton Mifflin, 1949.

Schoenbaum, Thomas J. *Waging Peace and War: Dean Rusk in the Truman, Kennedy and Johnson Years.* New York: Simon and Schuster, 1988.

Schurmann, Franz. *Ideology and Organization in Communist China.* Berkeley: University of California Press, 1967.

————. *The Logic of World Power: An Inquiry into the Origins, Currents, and Contradictions of World Politics.* New York: Pantheon Books, 1974.

Scott, Peter Dale. *The War Conspiracy.* New York: Bobbs-Merrill, 1972.

Seagrave, Sterling. *The Soong Dynasty.* New York: Harper and Row, 1985.

Seldes, George. *One Thousand Americans.* New York: Boni and Gaer, 1947.

Silva, Peer de. *Sub Rosa: The CIA and the Uses of Intelligence.* New York: Times Books, 1978.

Simmons, Robert R. *The Strained Alliance: Peking, P'yŏngyang, Moscow and the Politics of the Korean Civil War.* New York: The Free Press, 1975.

Simpson, Christopher. *Blowback: America's Recruitment of Nazis and Its Effects on the Cold War.* New York: Weidenfeld and Nicholson, 1988.

Skocpol, Theda, ed. *Vision and Method in Historical Sociology.* New York: Cambridge University Press, 1984.

Smith, Richard Norton. *Thomas E. Dewey and His Times.* New York: Simon and Schuster, 1982.

Smith, Robert. *MacArthur in Korea: The Naked Emperor.* New York: Simon and Schuster, 1982.

Stone, I. F. *The Hidden History of the Korean War.* New York: Monthly Review Press, 1952; paperback, 1970.

Straight, Michael. *After Long Silence.* New York: W. W. Norton, 1983.

Stueck, William. *The Road to Confrontation.* Chapel Hill: University of North Carolina Press, 1983.

Suh, Dae-sook. *The Korean Communist Movement, 1918-1948.* Princeton, N.J.: Princeton University Press, 1967.

Summers, Harry. *On Strategy.* New York: Presidio Press, 1982.

Swanberg, W. A. *Citizen Hearst.* New York: Charles Scribner's Sons, 1961.

—————. *Luce and His Empire.* New York: Charles Scribner's Sons, 1972.

Taubman, William. *Stalin's American Policy: From Entente to Detente to Cold War.* New York: W. W. Norton, 1982.

Tawney, R. H. *Land and Labor in China.* New York: Octagon Books, 1932, 1964.

Thompson, Reginald. *Cry Korea.* London: MacDonald and Co., 1951.

Tilton, Timothy Alan. *Nazism, Neo-Nazism, and the Peasantry.* Bloomington: Indiana University Press, 1975.

Tillyard, E.M.W. *The Elizabethan World Picture.* New York: Vintage Books, 1942.

Trotsky, Leon. *Stalin.* 2d ed. New York: Stein and Day, 1967.

Troy, Thomas F. *Donovan and the CIA.* Frederick, Md.: Alethia Books, 1981.

Truman, Margaret. *Harry S. Truman.* New York: William Morrow and Company, 1973.

Tucker, Nancy. *Patterns in the Dust: Chinese-American Relations and the Recognition Controversy, 1949-1950.* New York: Columbia University Press, 1983.

Tucker, Robert C., ed. *Stalinism: Essays in Historical Interpretation.* New York: W. W. Norton, 1977.

Ulyanovsky, R. A., ed. *The Comintern and the East.* Moscow: Progress Publishers, 1979.

Unger, Roberto Mangabiera. *Knowledge and Politics.* New York: The Free Press, 1975.

Wales, Nym. *Song of Ariran: A Korean Communist in the Chinese Revolution.* San Francisco: Ramparts Press, 1973.

Walker, J. Samuel. *Henry A. Wallace and American Foreign Policy.* Westport, Conn.: Greenwood Press, 1976.

Wallerstein, Immanuel. *Historical Capitalism.* New York: Verso, 1983.

Walzer, Michael. *Just and Unjust Wars: A Moral Argument with Historical Illustrations.* New York: Basic Books, 1977.

West, Nigel. *A Matter of Trust: MI5, 1945-72.* London: Coronet Books, 1982.

Whiting, Allen S. *China Crosses the Yalu: The Decision to Enter the Korean War.* Stanford, Calif.: Stanford University Press, i960.

—————. *The Chinese Calculus of Deterrence.* Ann Arbor: University of Michigan Press,

1975.

Whitlam, E. Gough. *A Pacific Community*. Cambridge, Mass.: Harvard University Press, 1981.

Whitson, William W. *The Chinese High Command: A History of Communist Military Politics*. With Chen-hsia Huang. New York: Praeger, 1973.

Wilcox, Robert K. *Japan's Secret War*. New York: William Morrow, 1985.

Willoughby, Charles A., and John Chamberlin. *MacArthur, 1941-1951*. New York: McGraw-Hill, 1954.

Wohlstetter, Roberta. *Pearl Harbor: Warning and Decision*. Stanford, Calif.: Stanford University Press, 1962.

Wolff, Robert Paul. *Moneybags Must Be So Lucky: On the Literary Structure of Capital*. Amherst: University of Massachusetts Press, 1988.

Yanaga, Chitoshi. *Big Business in Japanese Politics*. New Haven, Conn.: Yale University Press, 1968.

Yergin, Daniel. *Shattered Peace: The Origins of the Cold War and the National Security State*. Boston: Houghton Mifflin, 1978.

Yim, Louise. *My 40-Year Fight for Korea*. Seoul: Chungang University, 1951.

Zilg, Gerard. *DuPont: Behind the Nylon Curtain*. Englewood Cliffs, N.J.: Prentice-Hall, 1974.

한국어 및 동양어

『건국 10년지』, 서울: 건국 10년지 간행회, 1956.

고용환, 『금일今日의 정객들』, 서울: 동아일보사, 1949.

김교식, 『광복 20년』, 서울: 계몽사, 1972.

김봉현·김민주, 『제주도 인민의 4.3무장투쟁사』, 大阪: 문우사, 1963.

김삼규, 『민족의 여명』, N.p., 1949.

김용진 편, 『반민자 대공판기反民者大公判記』, 서울: 한풍출판사, 1949.

사사키 하루타카, 『한국전 비사』, 강정구 옮김, 서울: 병학사, 1977.

안호상, 『민족의 주체성과 화랑얼』, 서울: 배달문화연구원, 1967.

양우정, 『이대통령 투쟁사』, 서울: 연합신문사, 1949.

여운홍, 『몽양 여운형』, 서울: 청하각, 1967.

이범석, 『민족과 청년』, 서울: 백수사白水社, 1947.

이승만, 『일민주의 개술概述』, 서울: 일민주의보급회, 1949.

이춘식, 『선거독본選擧讀本』, 서울: 신흥출판사, 1948.

임병직, 『회고록』, 서울: 여원사, 1964.

──, 『임정에서 인도까지』, 서울: 여원사, 1966.

『전라남도지』, 광주: 문화공보실, 1969.

조병옥, 『나의 회고록』, 서울: 민교사, 1959.

최학서, 『농민조합조직론』, 평양: 사회과학서, 1946.

한국광복 38년사 편찬위원회, 『대한민국 광복38년사』, 서울: 삼성출판사, 1983.

한재덕, 『김일성 장군』, 평양: 민주조선사, 1947.

한태수, 『한국정당사』, 서울: 신태양사, 1961.

『해방후 3년간 국내주요일지』, 서울: 1946.

홍승면 외, 『해방 20년』, 서울: 세문사, 1965.

聶榮臻, 『聶榮臻回憶錄』, 전3권, 北京: 解放軍出版社, 1984.

彭德懷, 『彭德懷自述』, 北京: 人民出版社, 1981.

III. 기사와 정기간행물

영어

"Air War in Korea." *Air University Quarterly Review* 4, no. 2(Fall 1950), pp. 19~40.

Akio, Yamakawa. "Lockheed Scandal." *Ampo*(April-September 1976), p. 3.

"The Background of the Present War in Korea." *Far Eastern Economic Review*(August 31, 1950), pp. 233~37.

Block, Fred. "Economic Instability and Military Strength: Paradoxes of the 1950 Rearmament Decision." *Politics and Society* 10, no. 1(1980), pp. 35~58.

Brus, Wlodzimierz. "Stalinism and the People's Democracies." In *Stalinism: Essays in Historical Interpretation*, edited by Robert C. Tucker, pp. 239~58. New York: W. W. Norton, 1977.

Bullene, E. F. "Wonder Weapon: Napalm." *Army Combat Forces Journal*(November 1952), pp. 25~28.

Bullitt, William. "The Story of Syngman Rhee." *Reader's Digest*, September 1953, p. 37.

Cumings, Bruce. "Kim's Korean Communism." *Problems of Communism*(March-April 1974).

―――――. "Corporatism in North Korean", *Journal of Korean Studies*, no. 3(1983).

―――――. "Parades of Remembering and Forgetting: Korea, Vietnam, and Nicaragua." *The Nation*(October 1986).

Current, Richard N. "How Stimson Meant to 'Maneuver, the Japanese." *Mississippi Valley Historical Review* 40, no. 1(March 1953), pp. 57~76.

Elliot, David C. "Project Vista and Nuclear Weapons in Europe." *International Security* 2, no. 1.(Summer 1986), pp. 163~83.

Evangelista, Matthew A. "Stalin's Postwar Army Reappraised." *International Security* 7, no. 3 (Winter 1982-1983), pp. 110~39.

Fensterwald, Bernard, Jr. "The Anatomy of American 'Isolationism' and 'Expansionism.'" *Journal of Conflict Revolution* 2, nos. 2 and 4(June and December 1958).

Ghosh, Partha Sarathy. "Passage of the Silver Purchase Act of 1934: The China Lobby and the Issue of China Trade." *Indian Journal of American Studies* 6, no. 1/2(1976), pp. 18~29.

Halliday, Jon. "The Korean War." *Bulletin of Concerned Asian Scholars*(July-September 1979).

Hofstadter, Richard. "The Pseudo-Conservative Revolt—1955" In *The Radical Right*, edited by Daniel Bell. pp. 63~80. New York: Doubleday, 1963.

Karig, Walter. "Korea—Tougher Than Okinawa." *Collier's*, September 23, 1950, pp. 24~26.

Korean Survey.

Kramer, R. C. "Japan Must Compete." *Fortune*, June 1947.

LaFeber, Walter. "Crossing the 38th: The Cold War in Microcosm." In *Reflections on the Cold War: A Quarter-Century of American Foreign Policy*, edited by Lynn H. Miller and Ronald W. Pruessen. Philadelphia: Temple University Press, 1974.

"Land Reform in China's Liberated Areas." *Puk-Chosŏn t'ongshin*(North Korea News), no. 1 (July 21-October 21, 1947), pp. 14~15.

Larrabee, Eric. "Korea: The Military Lesson." *Harper's*, November 1950, pp. 51~57.

Linz, Juan. "Some Notes Toward a Comparative Study of Fascism in Sociological Historical Perspective." In *Fascism: A Reader's Guide*, edited by Walter Laquer, pp. 3~12. Berkeley: University of California Press, 1976.

Lipset, Seymour Martin. "The Sources of the 'Radical Right.'" In *Radical Right*, edited by Daniel Bell, pp. 259~312. New York: Doubleday, 1963.

Mao Tse-tung. "On Methods of Leadership." In *Selected Works*. New York: International Publishers, 1954.

Marx, Karl. "Bastiat and Carey." In *Grundrisse: Foundations of the Critique of Political Economy*, trans. Martin Nicolaus. New York: Penguin Books, 1973.

Merrill, John. "The Cheju-do Rebellion." *Journal of Korean Studies*, no. 2(1980), pp. 139~98.

————. "Review of *Khrushchev Remembers*." *Journal of Korean Studies* 3(1981), pp. 181~90.

Monthly Review 2, nos. 4 and 11(1950-1951).

Morely, Felix. "A Solution for Korea." *The Freeman* (October 30, 1950), pp. 81~82.

"Napalm Jelly Bombs Prove a Blazing Success in Korea." *All Hands* (April 1951), pp. 17~19.

Newman, Robert P. "Clandestine Chinese Nationalist Efforts to Punish Their American Detractors." *Diplomatic History* 7, no. 3(Summer 1983), pp. 205~22.

Osborne, John. "Report from the Orient—Guns Are Not Enough." *Life*, August 21, 1950, pp. 74~84.

"Our Spineless Foreign Policy." *The American Mercury* 70, no. 313(January 1950), pp. 3~13.

Plain Talk.

Roberts, John J. "The Japan Crowd' and the Zaibatsu Restoration." *The Japan Interpretor* 12 (Summer 1979), pp. 384~415.

Rosenberg, Ron. "The Shadow of the Mole." *Harper's*, October 1983, pp. 45~54.

Schmitter, Philippe. "Reflections on Mikhail Manoilescu and the Political Consequences of Delayed Development on the Periphery of Western Europe." In *Social Change in Romania, 1860-1940*, edited by Kenneth Jowitt. Berkeley, Calif.: Institute of International Studies, 1978.

Schonberger, Howard. "The General and the Presidency: Douglas MacArthur and the Election of 1948." *Wisconsin Magazine of History* 57, no. 3(Spring 1974), pp. 201~19.

————. "The Japan Lobby in American Diplomacy." *Pacific Historical Review* 46, no. 3(August 1977), pp. 327~59.

Sewall, Arthur F. "Key Pittman and the Quest for the China Market, 1933-1940." *Pacific Historical Review* 44, no. 3(1975), pp. 351~71.

Simmons, Walter. "The Truth About Korea." *Chicago Tribune*, November 6, 1949.

Snowden, Frank M. "On the Social Origins of Agrarian Fascism in Italy." *European Journal of Sociology* 13, no. 2(1972), pp. 268~95.

The Spectator (August 1950).

Townsend, J. "They Don't Like Hell Bombs." *Armed Forces Chemical Journal* (January 1951), pp. 8~11.

Trow, Martin. "Small Businessmen, Political Tolerance, and Support for McCarthy." *American Journal of Sociology* 64(November 1958), pp. 270~81.

Tucker, Robert. C. "Paths of Communist Revolution, 1917-1967." In *The Soviet Union, A Half-Century of Communism*, edited by Kurt London. Baltimore, Md.: John Hopkins University Press, 1968.

————. "Communist Revolutions, National Cultures, and Divided Nations." *Studies in Comparative Communism* 7, no. 3(Autumn 1974), pp. 235~45.

Tullier, P. C. "The Oriental Mind." *The New Yorker*, July 15, 1950.

US News and World Report (1950).

Viereck, Peter. "The Revolt Against the Elite—1955." In *The Radical Right*, edited by Daniel Bell, pp. 135~54. New York: Doubleday, 1963.

Westin, Alan. "The John Birch Society: 'Radical Right' and 'Extreme Left' in the Political Context of Post-World War II—1962." In *Radical Right*, edited by Daniel Bell, pp. 201~26.

New York: Doubleday, 1963.

Willoughby, Gen. Charles. "Franco and Spain." *The American Mercury* (January 1960), pp. 23~32.

World Events 7, no. 2(Spring 1950); 7, no. 4(Fall 1950).

한국어

김두봉. "The Results of the Elections and the Tasks Facing the Worker's Party." 『勤勞者』, no. 2(November 1946), p. 34.

김연훈. "Patriotism in the Democratic State." 『勤勞者』, no. 8(August 1947), pp. 60~65.

김영택. "The Courageous Armed Resistance of the South Korean People." 『旬刊通信』, no. 14(March 1949), p. 3.

김일성. "What Are the Demands of the Various Political Parties and Social Organizations Concerning the Establishment of a Democratic Provisional Government?" 『勤勞者』, no. 6(June 1947), pp. 2~15.

────. "Report on the Development of the North Korean People's Economy, 1947." 『勤勞者』, no. 4(April 1947), pp. 22~24.

────. "Greeting the First Anniversary of the Founding of the NKWP." 『勤勞者』, no. 8(August 1947), pp. 27~44.

────. "Report on the Second Anniversary of Liberation." 『勤勞者』, no. 8(August 1947), pp. 2~9.

────. "Speech to the Youth of Korea." *Podo*, no. 3(August 1947), pp. 11~17.

────. 「북조선노동당 2차 전당대회 당중앙위원회 사업결산보고」, 『勤勞者』, no. 4(14)(April 1948), pp. 2~12.

────. 「1949년 신년사」, 『旬刊通信』, no. 8 (January 1949), pp. 1~4.

민추(가명). "Several Problems in Leadership Work in Economic Construction." 『勤勞者』, no. 7 (July 1947), pp. 20~23.

민평의. "The Full Story of the Southern Guerrillas." 『선전자』(평양, 1949).

박동조. "The Meaning of the Korean-Soviet Agreement on Economic and Cultural Cooperation." 『勤勞者』, no. 8(April 30, 1949), pp. 16~25.

백일. "The Theory of Dialectical Materialism is the World View of the Marxist-Leninist Party." 『勤勞者』, no. 8(August 1947), pp. 66~80.

『보도』, 평양.

『북조선통신』, 평양.

설산. "Economic Development in China's Northeast." 『순간통신』 46, no. 3(January 1950), pp. 9~13.

송승철. "The Rhee County-Selling Clique and the Japanese Militarists Are Colluding under the Direction of American Imperialism." 『勤勞者』, no. 8(April 1950), pp. 42~52.

이상북. "The People's Guerrillas Launch a New Offensive, Holding High the Banner of the Patriotic Front." 『旬刊通信』, no. 34(September 1949), pp. 1~3.

이승엽. "The Struggle of the Southern Guerrillas for Unification of the Homeland. 5, 『勤勞者』, no. 1(January 1950), pp. 15~26.

────. "On the Present Tasks of the Southern People's Guerrillas, Who Have Completely Defeated the Enemy's 'Winter Subjugation.'" 『勤勞者』, no. 6(March 30, 1950), pp. 9~22.

이정수. "Let's Strengthen the True Armed Force of the Korean People, the KPA." 『旬刊通信』, no. 5(January 1950), pp. 1~6.

최창익. "People are the Motive Force of History." 『勤勞者』, no. 9(November 1947), pp. 13~23.

한철호. "The Rhee Clique's Strengthening Ties with Japanese Imperialism, under Directions from U.S. Imperialism." 『旬刊通信』 48, no. 5(January 1950).

IV. 미간행 논문과 연구

Eckert, Carter. "The Origins of Korean Capitalism." Ph.D. diss" University of Washington, 1986.

Eden, Lynn. "The Diplomacy of Force: Interests, the State, and the Making of American Military Policy in 1948." Ph.D. diss., University of Michigan, 1985.

Flint, Roy Kenneth. "The Tragic Flaw: MacArthur, the Joint Chiefs, and the Korean War." Ph.D. diss., Duke University, 1976.

Koh, Kwang-il. "In Quest of National Unity and Power: Political Ideas and Practices of Syngman Rhee." Ph.D. diss., Rutgers University, 1962.

Ledyard, Gari. "The Korean Security Crisis of 1598: National Security, Confucian Style." Columbia University Faculty Seminar on Korea, 1980.

Lee, Kyung Jo. "Social Origins and Backgrounds of Representatives of National Assembly in South Korea 1948-1961." Ph.D. diss., Claremont Graduate School, 1975.

Lhee Yung Myung. "The Policies of Syngman Rhee and the U.S.(1945-1950)." Master's thesis, University of Chicago, 1962.

Merrill, John Roscoe. "Internal Warfare in Korea, 1948-1950: The Local Setting of the Korean War." Ph.D. diss., University of Delaware, 1982.

Poteat, George Howard. "Strategic Intelligence and National Security: A Case Study of the Korean Crisis(June 25-November 24, 1950)." Ph.D. diss., Washington University, 1973.

Robinson, Richard. "Betrayal of a Nation." Manuscript, Massachusetts Institute of Technology.

Sakurai, Hiroshi. "Why Did the Korean War 'Break Out' on June 25, 1950?" Seminar paper, University of California, Berkeley, May 1983.

van Ree, Erik. "Socialism in One Zone: Stalin's Policy in Korea, 1945-1947. Ph.D. diss., University of Amsterdam, 1988.

Wada, Haruki. "The Soviet Union and North Korea." Seminar paper, University of Washington, 1984.

Wallerstein, Immanuel. "McCarthyism and the Conservative." Master's thesis, Columbia University, 1954.

Weems, Clarence. "American-Korean Cooperation(1941-1945): Why Was It So Little and So Late?" Paper. Columbia University Faculty Seminar on Korea, 1981.

V. 신문

한국어
강원인민보. 1949.
개벽신보. 서울. 1950.
국제신문. 서울. 1948.
노동신문. 평양. 1948-1950.
동아일보. 서울. 1950.
민중일보. 평양. 1947.
부인신문. 서울. 1950.
서울신문. 서울. 1950년 3월.
여수인민보. 여수. 1948.
연합신문. 서울. 1949년 1월.
이북통신. 서울.
자유신문. 서울. 1947.
조선인민보. 평양. 1950.
태양신문. 서울. 1949.

함경남도 노동신문. 1949-1950.
해방일보. 서울. 1950.

영어

The Christian Science Monitor. Boston. 1950.
Daily Worker. London. 1950.
Hong Kong Standard. Hong Kong. 1950.
Korea Herald. Seoul. June 1979.
Korean Independence. Los Angeles. 1949.
London Times. London. 1950.
Manchester Guardian. Manchester. 1950.
New Times. Moscow. 1950.
New York Herald-Tribune. New York. 1949-1950.
New York Times. New York. 1947-1951.
The Oregonian. Portland. July 1950.
Philadelphia Inquirer. Philadelphia. 1950.
Seoul Times. Seoul. 1946-1948.
Washington Post. Washington, D.C. 1950.

중국어

Renmin Ribao人民日報(People's Daily). Beijing. June-November, 1950.
Ta Kung Pao大公報. Hong Kong. June, 1950.

VI. 개인 문서

Dean Acheson Papers, Harry S. Truman Library.
Dean Acheson Papers, Yale University Library.
Gen. Edward M. Almond Papers, Carlisle Military Barracks.
Eben Ayers Papers, Harry S. Truman Library.
Roger Baldwin Papers, Princeton University.
Hay don L. Boatner Papers, Hoover Institution.
Charles Bohlen Papers, Library of Congress.
Alfred Connor Bowman Papers, Hoover Institution.
Rothwell Brown Papers, Carlisle Military Barracks.
W. Walton Butterworth Papers, George C. Marshall Research Center.
William R. Castle Papers, Hoover Presidential Library.
Claire Chennault Papers, Library of Congress.
Kenneth R. Colegrove Papers, Hoover Presidential Library.
Sen. Tom Connally Papers, Library of Congress.
Matthew Connelly Papers, Harry S. Truman Library.
Charles M. Cooke Papers, Hoover Institution.
Hugh Deane Papers, University of Chicago.
William Donovan Papers, Carlisle Military Barracks.
Daniel Doyle Papers, Carlisle Military Barracks.
Allen Dulles Papers, Princeton University.
John Foster Dulles Papers, Princeton University.
Robert L. Eichelberger Papers, Duke University.
George M. Elsey Papers, Harry S. Truman Library.

M. Preston Good fellow Papers, Hoover Institution.
Bourke Hickenlooper Papers, Hoover Presidential Library.
Herbert Hoover Post-Presidential Individual File, Hoover Presidential Library.
Roy Howard Papers, Library of Congress.
Joseph E. Jacobs Papers, Hoover Institution.
Phillip Jessup Papers, George C. Marshall Research Center.
Edgar A. Johnson Papers, Harry S. Truman Library.
Louis A. Johnson Papers, University of Virginia.
George F. Kennan Papers, Princeton University.
Wellington Koo Papers, Columbia University.
Korea Liaison Office Papers, Carlisle Military Barracks.
Arthur Krock Papers, Library of Congress.
William D. Leahy Papers, Library of Congress.
Joseph B. Longuevan Papers, Carlisle Military Barracks.
Gen. Douglas MacArthur Papers, MacArthur Memorial, Norfolk, Va.
William A. Mathews Papers, University of Pennsylvania.
Milton E. Miles Papers, Hoover Institution.
Ogden L. Mills Papers, Library of Congress.
Wayne Morse Papers, University of Oregon.
Harold Noble Papers, University of Chicago.
Robert Oliver Papers, selections from Chong-sik Lee, University of Pennsylvania.
Robert Patterson Papers, Library of Congress.
William D. Pawley Papers, George C. Marshall Research Center.
Adm. William V. Pratt Papers, Naval War College.
William V. Quinn Papers, Carlisle Military Barracks.
Karl Rankin Papers, Princeton University.
Gen. Matthew Ridgway Papers, Carlisle Military Barracks.
Clyde Sargent File, Hoover Institution.
Sen. Alexander Smith Papers, Princeton University.
T. V. Soong Papers, Hoover Institution.
Sydney W. Souers Papers, Harry S. Truman Library.
Charles W. Thayer Papers, Harry S. Truman Library
Arthur Vandenberg Papers, Library of Congress.
Hoyt S. Vandenberg Papers, Library of Congress.
William Vanderpool Papers, Carlisle Military Barracks.
Orlando Ward Papers, Carlisle Military Barracks.
Whiting Willauer Papers, Princeton University.
Gen. Charles Willoughby Papers, Carlisle Military Barracks.
Gen. Charles Willoughby Papers, MacArthur Memorial, Norfolk, Va.
Robert Wood Papers, Hoover Presidential Library.

VII. 대담

Interview with Leonard Bertsch, May 1973.
Interview with J. W. Burton, February 1987.
Interview with M. Preston Good fellow, Jr., August 1987.
Interview with Robert Oliver, August 1985.
Interview with Walter Sullivan, May 1983.
Miscellaneous interviews with Thames Television, 1986-1987.

옮긴이의 글

길고 힘든 시간이었다. 그 과정을 모두 마치고 이 글을 쓰니 기쁘다. 이 책, 특히 두 번째 권을 번역하는 것은 어학 능력으로나 전공 지식으로나 내 힘에 많이 부치는 일이었다. 2권은 1권보다 분량도 많고, 여러 지역에서 복잡하게 전개된 국제관계를 세밀하게 검토했기 때문에 다루는 시간·공간적 범위도 훨씬 넓었다.

이런 사실과도 연관되겠지만, 그러나 무엇보다 영어 자체가 무척 어려웠다. 부끄러운 말이지만 주절이 어디까지인지, 수식관계가 어떻게 되는지 정확하게 파악하기 어려운 문장도 적지 않았다. 1권보다 훨씬 화려한 문학적 표현(이를테면 '해방과 분단체제의 출현'과 '폭포의 굉음'이라는 1권과 2권의 부제는 그런 측면을 상징적으로 보여준다)과 복잡한 만연체로 구성된 문장은 충실히 번역하기에 앞서 올바로 독해되지 않는 때가 드물지 않았다.

그럴 때마다 일본어 번역본을 참고했다. 그 번역은 정확하고 친절했다. 그 문장들을 그대로 중역하지는 않았지만 이 번역을 완성하는 데 큰 도움을 받았다. 난해한 문장을 만나면 일역본으로 대체적인 내용을 파악한 뒤 원문을 거듭 읽었다. 그러면 안개처럼 뿌옜던 의미가 조금씩 드러나곤 했다.

이런 과정을 되풀이하면서 적어도 번역과 관련해 우리와 일본의 학문적 자세와 전통을 생각해보기도 했다. 이 책『한국전쟁의 기원』(1, 2권)은 그 수준과 분량에서 제임스 B. 팔레의『유교적 경세론과 조선의 제도들: 유형원과 조선 후기』와 함께 지금까지 산출된 해외 한국학의 근현대와 전근대 연구를 대표하는 저작일 것이다. 그 책들은 저자의 위상과 그들이 오랜 시간을 들여 완성한 필생의 역작이라는 사실 때문에 관련 분야를 공부하지 않는 사람에게도 큰 관심의 대상이 됐다. 나도 대학생 때『한국전쟁의 기원』(1권)이 어떤 책이기에 이렇게 화제가 되는지 궁금해 우리말 번역본을 대충이나마 들춰본 기억이 있다.

이 책의 1권은 우리나라와 일본에서 모두 번역됐다. 우리나라에서는 원서(1981년)가 출간된 5년 뒤 두 번 번역됐고 일본에서는 그보다 조금 늦게 역간됐다. 이런 상황은 2권의 번역에서 바뀌었다. 원서(1990년)가 나온 12년 뒤 일본에서는 1, 2권 전체를 다시 번역해 펴냈다. 그러니까 1권은 개정판이고 2권은 초역본이다. 1권은 처음 작업한 번역자 세 분이 그대로 참여했고, 2권은 전문 번역가 한 분이 새로 들어왔다. 일역본의 중요한 특징이자 장점은 전공자와 전문 번역가의 협업으로 이뤄졌다는 것인데, 내용으로나 언어로나 수준 높은 학술서를 번역하는 데 이상적인 조합이라고 생각된다.

앞서 말한 대로 한국 현대사를 다룬 가장 중요한 저작 가운데 하나가 그 사건이 일어난 당사국이 아니라 다른 나라에서 먼저 완역됐다는 사실은 우리 학계가 무겁게 받아들여야 할 일이 아닐까 싶다. 그리고 이것은 우리나라와 일본의 학문적 태도—특히 번역과 관련해—의 한 측면을 보여주는 작은 창문처럼 생각되기도 했다.

번역은 창작보다 하위에 있는 작업이지만, 언어의 장벽을 넘어 지식을 교류하고 대중화하는데 중요하게 기여한 지적 노력이다. 라틴어를 비롯한 여러 언어로 이뤄진『성서』번역, 그리스 고전의 아랍어 번역, 인도 불경의 한역漢譯 그리고 근대 일본의 란가쿠蘭學가 수행한 서양어 번역 등은 캄캄한 미지의 동굴을 헤치고 빛을 찾아 나오는 지난한 모험과 견줄만한 지성사의 위업들이다. 창작의 성과를 가늠하는 가장 중요한 잣대일 독창성을 판단하는 기준 또한 그동안 몰랐거나 부분적으로만 알았던 성과의 전모가 번역으로 드러남으로써 한층 엄격하고 정교해졌다.

이를테면 번역은 연주와 비슷할 것 같다. 작곡된 음악이 없다면 연주는 성립할 수 없다. 그러나 아무리 아름다운 선율이 담긴 악보라도 연주자가 건반을 누르거나 활을 켜야 비로소 소리가 돼 우리의 귀와 마음을 울린다. 글도 마찬가지다. 아무리 훌륭한 내용이라도 읽을 수 없거나 읽기 어려운 언어로 쓰여 있다면 의미 없는 글자 더미에 지나지 않는다. 친숙한 언어로 정확히 번역돼 관심 있는 사람이라면 누구나 그 전모를 직접 확인할 수 있어야 그 가치는 더욱 빛난다. 그리고 그때야 찬사든 비판이든 제대로 이뤄질 수 있다.

능력은 부족하지만 그동안 영어로 된 한국사 연구서를 몇 권 번역했다. 그러면서 우리나라에서 학술번역은 세 가지 어려움이 겹쳐 있다고 생각됐다. 쉬운 작업이 아니고, 본격적인 학문적 성과로 인정받지도 못하며, 경제적 보상도 적다. 얼마 전 이런 이야기를 읽고 깊은 인상을 받았다. 예전 임나일본부 문제가 한참 뜨거웠을 때 북한의 김석형金錫亨은 분국설分國說을 발표해 일본 학계에 큰 충격을 줬다. 그때 일본 학자들은 그 논문을 세 번 번역했다고 한다. 앞뒤 사정을 정확히 몰라 단언할 수는 없지만, 그들은 그 충격에 대응하는 데 번역이 가장 일차적이고 중요한 일이라고 생각했고 기존 번역이 미흡하다고 판단되자 같은 작업을 되풀이한 것이 아닐까 싶다. 이른바 '식민사학'과 관련해서도 그 문제에 대응하고 그것을 조금이라도 해결하는 가장 효과적이고 빠른 방법은 그 대표적 학자들의 주요 저작을 번역하는 것이라고 생각한다. 실체와 전모가 과연 무엇인지 아는 것, 그것이 바로 학문일 것이기 때문이다.

한국전쟁은 남한과 북한을 가른 결정적 사건이었다. 너무도 익숙한 표현인 '동족상잔의 비극' 이후 두 체제는 돌이킬 수 없이 갈라섰고, 그런 대결과 경쟁은 지금까지도 기본적으로 이어지고 있다. 모든 개발도상국은 독재를 거칠 것이다. 그러나 결정적인 차이는 독재를 거친 뒤 나라가 발전했는가, 아니면 독재자와 그를 둘러싼 소수의 세력만 잘 살게 됐는가 하는 것이라고 생각한다. 그 극명한 대비가 지금 한반도에 있다.

충실히 번역하려고 나름대로 최선의 노력을 기울였다. 길고 뜻깊은 한국어판 서문을 써주신 저자께 감사드린다. 2권의 번역원고도 꼼꼼히 검토해 수정사항을 알려주신 김학재 박사님(서울대학교 통일평화연구원 HK교수)께 감사드린다.

적어둔 날짜를 보니 이 두 책을 옮기는 데 5년 정도 걸렸다. 그동안 내게도 많은 일이 일어났다. 조금 과장하면 나만의 작은 전쟁을 치른 것 같기도 하다. 그 과정을 통과할 수 있게 도와준 가족에게 사랑과 감사의 마음을 보낸다. 어머니께서 오래오래 건강하시길 기도한다.

2023년 3월

김범

찾아보기